LES ESCALIERS DE MONTMARTRE
*
Suzanne Valadon

DU MÊME AUTEUR
CHEZ POCKET

LES DEMOISELLES DES ÉCOLES
LES FLAMMES DU PARADIS
L'ORANGE DE NOËL
PACIFIQUE SUD
LES TAMBOURS SAUVAGES
CLÉOPÂTRE : REINE DU NIL

HENRI IV

T.1 — L'ENFANT DE NAVARRE
T. 2 — RALLIEZ-VOUS À MON PANACHE BLANC !
T. 3 — LES AMOURS. LES PASSIONS ET LA GLOIRE

MICHEL PEYRAMAURE

LES ESCALIERS DE MONTMARTRE

*

Suzanne Valadon

ROBERT LAFFONT

SOMMAIRE

1. La maison des veuves 7
2. Le jour des ballons 19
3. Le temps des cerises 39
4. Promenades interdites 81
5. Les petits métiers 99
6. La foire aux modèles 133
7. Le bois sacré 141
8. Plaisirs d'amour 161
9. La danse à la ville 187
10. Adios, Maria ! 217
11. Bonjour, Maurice ! 231
12. Les grandes baigneuses 251
13. Les nuits sauvages 273
14. Laudanum est 305
15. Inventaire avant liquidation 329
16. « Tendre Biqui » 383
17. Chagrin d'amour 395

© Éditions Robert Laffont, S.A., Paris, 1998
ISBN 2-266-09412-2

I

LA MAISON DES VEUVES

Décembre 1869

Durant la nuit quelle fée a déposé sur les carreaux de la fenêtre ces fleurs de givre ? Pareilles à de grosses araignées blanches, elles dévorent l'espace de verre grisâtre et escaladent le ciel au-delà du mur de la cour. La fillette s'est levée ; elle a jeté sur ses épaules la lourde pèlerine de sa mère et s'est approchée de la fenêtre en effleurant le parquet nu de la pointe des orteils, dans la lumière limpide et froide qui vient du dehors.

Le premier carreau est juste à la hauteur de son visage. Par jeu, d'un geste de défi, comme pour annuler l'espace, elle y colle ses lèvres, y écrase son nez, grimace. Cela a le goût de la poussière et l'odeur puissante du crottin qui stagne sur le sol. D'un coup de langue, elle laisse sur le verre des traces humides et de petites bulles.

Dans la cour, traversant un carré de ciel mauve, de murs gris, de terre piétinée, sa mère vient de passer, portant une lourde panière de linge humide. Il est encore tôt, mais déjà la neige est foulée comme par le passage de la troupe. Dans la pénombre du matin, le clocher de Bessines libère quelques notes claires. Il doit être huit heures.

La fillette souffle un rond de vapeur sur la vitre, recule, guette l'effacement de la fragile dentelle, l'obscurcissement blafard de la lumière extérieure à travers cet écran, les changements que le voile de l'haleine a provoqués sur le petit monde quotidien : il a pris un aspect fantomatique accentué par cette grosse orange de soleil qui, émergeant au-dessus du couderc, s'empêtre dans la résille du buisson d'églantiers et du portail de bois. Cette grosse boule incandescente semble correspondre à l'image que la mère a placée au-dessus de leur lit et qu'elle tient de l'abbé Faucher-Lacote : un Christ figé dans une lumière crépusculaire.

Elle dit tout haut :

— J'ai froid.

Pourtant elle reste plantée devant cette fenêtre, juste au-dessus de la rainure séparant le mur du plancher, qui lui souffle entre les jambes un peu du chaud de la cuisine.

Que la mère surgisse et ce sera la menace d'une poignée d'orties sur ses fesses — mais où trouver des orties en cette saison ? La voix de la mère... Ce n'est qu'un soupir comparée à celle de la patronne de l'auberge, la veuve Guimbaud qui, du matin au soir, roule en tonnerre assourdi entre la cave et le grenier. Pas mauvaise femme au demeurant mais d'humeur difficile, âpre comme une baie de genévrier.

Une autre bouffée d'haleine sur la vitre suscite un nouveau brouillard derrière lequel se dessine en noir et gris le mouvement d'un attelage devant les écuries. Aujourd'hui, jour de foire à Bessines-sur-Gartempe, il y aura du monde à l'auberge : des gens de Bellac, de Limoges surtout, des marchands ambulants, des colporteurs, des charlatans, des maquignons... Cet après-midi, si le temps se réchauffe un peu, elle vivra dans un chatoiement de berlingots, de massepains, de galetous ronds comme des soleils que le marchand fait sauter dans sa petite pelle de fonte avant de les enduire de miel.

Une montée de faim matinale la fait saliver ; elle devrait se recoucher avant que se manifeste ce picotement aux narines, annonciateur d'un rhume ; la moindre imprudence de ce genre lui est interdite : les bagages sont prêts pour le grand voyage qui les mènera, elle et sa mère, en carriole à Limoges, puis, par le train, à Paris.

Ce sera son deuxième voyage.

Du premier, elle ne garde aucun souvenir car elle était encore au sein. Elle sait seulement, pour l'avoir appris longtemps après, que la carriole de l'auberge, conduite par la Jeanne Derozier, veuve comme sa patronne et comme sa mère, l'a conduite pour le sevrage chez des cousins, au Mas-Barbu proche du bourg. Pas une impression, pas une sensation, pas une image n'émerge de cette randonnée et de ce séjour. En revanche, le trajet du retour, alors qu'elle était grandette, s'est déroulé, elle s'en souvient, comme une guirlande de fête sous un soleil de décembre, quelques jours avant Noël.

Tous ou presque, à Bessines comme au Mas-Barbu, avaient une mère et un père. La mère de la petite porte un joli prénom : Magdeleine-Célina. On l'appelle Madeleine. Quant à son père...

— Maman ! mon père, où il est ?

La première fois qu'elle a hasardé cette question, c'était à table. Ils avaient tous posé leur cuillère à soupe, échangé, tête basse, des regards embarrassés. La réponse était venue sous la forme d'une gifle du cousin Clément, du Mas-Barbu. La femme de Clément, l'ayant rabroué, avait posé sa grosse main de paysanne sur celle de la petite et lui avait dit à l'oreille :

— Pleure pas, Maria. Ton père est en voyage et pour un bout de temps. Vaut mieux pas en parler et tâcher de pas y penser. On te racontera, plus tard. Allez, pleure pas et finis de manger ta soupe.

« Plus tard, on te racontera. » Ils disent tous ça : plus tard.

La petite approche de nouveau son visage de la vitre, souffle à pleines joues, regarde la buée se répandre jusqu'aux limites du cadre de bois, souffle et souffle encore à s'étourdir. Posant sur la vitre embuée l'index de sa main droite, elle trace une ligne verticale, fait éclore autour de cette tige rigide des courbes en forme de pétales, incline la tête pour mieux juger de l'effet produit. Ce pourrait être une marguerite ou une reine-des-prés, ou, plus simplement, une rose du jardin de la veuve. Elle murmure :

— C'est joli.

Et elle ajoute :

— J'ai faim, moi !

Avec la nuée de visiteurs qui allaient s'abattre sur le foirail de Bessines et à l'auberge, l'heure était peu propice à la discussion. Pourtant il fallait bien parler. D'ailleurs c'est la patronne elle-même qui a ouvert le feu.

— Toi, Maria, s'est-elle écriée, tu finis ton bol de lait, tu prends ta poupée et tu vas t'amuser dans la grange ! Me regarde pas comme si tu voulais me manger !

La veuve Guimbaud avait sa voix des mauvais jours, celle à laquelle rien ne semblait pouvoir résister. Sa voix d'orage. Elle tournicotait dans la cuisine, brassant l'air avec violence, remuant sans raison casseroles et « toupis » de fonte, grognant dans sa moustache grise. Maria avala ce qui restait de lait dans son bol, s'empara de sa poupée et convia le chien Fétiche à la suivre. Elle entendit la veuve Guimbaud s'écrier, les poings sur les hanches :

— Alors, Madeleine, tu as bien réfléchi : tu nous quittes ?

— Ça, pour sûr qu'elle est décidée ! glapit la Jeanne. Têtue comme une mule, cette garce ! On dirait qu'elle se plaît qu'à faire des bêtises.

— Toi, Jeanne, ajouta sévèrement la veuve Guimbaud, tu vas fermer ton clapet et t'occuper des premiers clients. Vont plus tarder. Alors, Madeleine, tu vas te décider à me dire ce que tu vas foutre à Paris ?

Elle savait pourtant que, butée comme elle l'était, Madeleine ne dirait rien de plus que ce qu'elle lui avait dit quelques jours avant : « Faut que j'aille à Paris », mais elle ne perdait pas l'espoir de la faire revenir sur sa décision. Cela faisait une semaine que la petite lingère leur avait fait part de sa résolution. Quant à ses raisons...

— Écoute, petite... Tu sais que cette auberge est la maison du bon Dieu. Tu y es comme chez toi et tu peux en partir quand tu veux, mais faut me dire pourquoi, à moi qui suis comme ta mère.

Il ne fut pas facile de la faire parler, là, sur ce coin de table, au milieu des reliefs du déjeuner, et pourtant la veuve Guimbaud parvint à arracher à sa servante l'essentiel de ce qu'elle voulait savoir.

D'abord, il y avait la volonté de retrouver Armand, le père de Maria. Elle avait appris récemment qu'il travaillait à Paris, dans les Chemins de Fer. Il fallait donc qu'elle aille à Paris. Une fois sur place, elle finirait bien par le retrouver.

— Tu es folle... soupira la veuve. Folle à lier. Armand qui ? Tu sais même pas son nom à ce bougre de salaud. Des Armand, il y en a des milliers qui travaillent à la Compagnie, rien qu'à Paris.

Employé cinq ans auparavant environ sur le chantier des voies, à Saint-Sulpice-Laurière, localité proche de Bessines, Armand se disait ingénieur. Il venait assez souvent dîner à l'auberge. Un soir, il avait demandé une chambre. Durant la nuit, il avait poussé la porte de celle qu'occupait la petite lingère ; elle ne l'avait pas repoussé car cela faisait des semaines qu'il lui faisait une cour discrète mais assidue. Armand était un monsieur de la ville, bien mis, disert, volubile mais assez secret quant à son existence, ce qui ajoutait un brin de mystère à sa fréquentation. Il n'avait rien de ces vendeurs d'orviétan venant de Limoges les jours de foire avec leur attirail de pacotille, leur faconde étourdissante et leur miroir aux alouettes.

Malgré ses trente ans bien sonnés, Madeleine était dans sa fraîcheur. Elle ne refusa rien à son bel ingénieur et il en profita durant des mois, sans l'ombre d'un nuage. Lorsqu'elle lui annonça qu'elle était enceinte, il lui dit qu'il ne l'abandonnerait pas. Promis, juré !

Le chantier bouclé, il avait plié bagage pour remonter à Paris. Sans Maria : il reviendrait la chercher plus tard.

La veuve Guimbaud avait laissé échapper sa colère :

— Pauvre innocente ! Ils disent tous la même chose et ils ne reviennent jamais. Ton Armand, tu peux faire une croix dessus. D'ailleurs il est sans doute marié. À son âge et dans sa situation, ce serait normal. Et puis il a l'allure d'un homme marié. Je l'ai senti tout de suite et je t'ai mise en garde, tu te souviens ? Mais, toi, tête de mule, tu n'as rien voulu entendre.

La Jeanne avait ajouté :

— Qu'est-ce que tu vas faire de ta fille ? Comme si tu n'avais pas assez de misères sur le dos...

Des misères, Madeleine en avait eu plus que son compte.

Mariée à Léger Coulaud, forgeron-mécanicien à Bessines, natif du Mas-Barbu, elle n'avait connu avec ce personnage douteux qu'une brève liaison : une affaire de fausse monnaie avait conduit Léger aux assises de Limoges puis au bagne de Cayenne où il était mort peu après sa déportation en un lieu qui, ironie du sort, s'appelait la Montagne-d'Argent.

Veuve et désespérée, Madeleine avait repris son nom de famille : Valadon, et avait trouvé asile en qualité de lingère et de bonne à tout faire à l'auberge tenue dans le bourg de Bessines-sur-Gartempe par la veuve Catherine Guimbaud. Un matin de septembre, elle avait donné naissance à une fille née de père inconnu, à laquelle on donna le prénom de Marie-Clémentine, mais que l'on appela Maria pour la commodité.

Il y avait une autre raison au départ de Madeleine. Si la servante ne la lui avait pas avouée, elle l'aurait devinée : elle ne supportait plus l'ostracisme des gens du village, de ce chœur de grenouilles qui ne lui pardonnait pas d'avoir été l'épouse d'un criminel et d'avoir fauté avec un inconnu. Elle était lasse d'entendre dans la rue, sur son passage, murmurer : « Tiens, la putain à l'ingénieur et sa bâtarde... »

La veuve Guimbaud allait tenter un nouvel assaut lorsque la porte du vestibule s'ouvrit sur une grosse pelisse de maquignon et le visage rouge de froid du baron de Fromental, maire de Bessines.

— Salut la compagnie ! s'écria ce dernier. Catherine, un café bien chaud, s'il vous plaît. Et si vous pouviez me tourner une omelette de six œufs aux truffes ou aux champignons, elle serait la bienvenue.

Le maire se planta devant la cheminée, son manteau ouvert sur un ventre barré d'une chaîne de montre, et murmura dans sa barbe blanche de givre :

— Il semble que nous arrivions au mauvais moment : la Jeanne en larmes, la patronne à ne pas prendre avec des pincettes, Madeleine joyeuse comme une porte de prison... Qu'est-ce qui se passe ? Une catastrophe ?

— Non... bougonna la veuve. Ce n'est rien. Des bêtises. Vous pouvez passer à table, monsieur le baron. Eh bien, Jeanne, remue-toi un peu !

Le froid de la nuit avait gelé les fondrières de la cour, devenues dures comme du verre. De la dernière chute de neige il ne restait qu'un mélange de boue et de purin.

Dernière corvée pour Madeleine : balayer le crottin pour faire de la fumure destinée au potager.

Ensuite elle avait fait son balluchon : trois fois rien. Attelée de la mule Ponnette, la carriole de l'auberge attendait dans la cour sous les premières gouttes d'une averse qui avait précipité la fin de la foire.

— Madeleine, dit la veuve, je vais te montrer que je ne t'en veux pas. En plus de ton mois, je te donne deux cents francs. Tu en auras besoin pour le voyage et surtout pour ton installation, mais je suppose que tu n'as pas prévu de descendre au Grand Hôtel.

Elle essuya une larme du coin de son tablier en soupirant :

— Si tu n'arrives pas à retrouver ton Armand et que tu veuilles quitter Paris, dis-toi que tu peux revenir à Bessines et que tu trouveras toujours ma porte ouverte pour toi et ta Maria. Quand j'y pense... toi, la petite-fille d'un entrepreneur de convois militaires, héritière d'une famille honorablement connue dans toute la région, en être arrivée à ce point...

Elle balaya le sol d'un regard humide, comme pour mesurer la profondeur d'un abîme qui s'ouvrait à ses pieds.

— Qu'est-ce qu'on va dire dans le village ? Qu'est-ce que les femmes vont encore inventer ? On va m'en poser, des questions ! Et qu'est-ce que tu veux que je réponde ?

Elle se baissa pour embrasser Maria, lui noua une écharpe de laine autour du cou, lui enfonça le bonnet jusqu'aux sourcils et ajouta d'une voix brisée :

— Tiens, petite, c'est pour toi : des galetous qui restent de midi. Tu pourras les manger dans le train. Dès que tu auras appris à écrire, tu me donneras des nouvelles, parce que, si je comptais sur ta mère... La pauvre, elle n'a jamais pu aller à l'école.

Elle dit en se relevant :

— Madeleine, promets-moi de donner de l'instruction dès que possible à cette petite. Elle n'est pas sotte et mérite qu'on s'intéresse à elle. Quant à toi, méfie-toi des hommes ! Tu te montres trop faible avec eux. C'est à la baguette qu'il faut les mener.

— Merci de toutes vos bontés, bredouilla Madeleine. Je ne vous oublierai pas, madame.

Jeanne lança du haut de la banquette :

— Il est temps de partir ! Le train n'attendra pas, à la gare de Limoges, et nous avons du chemin à faire.

II

LE JOUR DES BALLONS

Paris, automne-hiver 1870-1871

Il s'est glissé en courant le long du mur, au ras du salpêtre. À peine visible dans l'ombre de la cour, il s'est rapproché de la nasse, en a fait le tour, a sauté dessus, s'est éloigné avec circonspection vers la cave, puis il est revenu pour renifler la croûte de pain servant d'appât. Un moment, il est resté immobile, la moustache agitée d'un frémissement de convoitise, appuyé des deux pattes de devant sur le grillage.

— Entre..., murmure Maria. Entre donc ! Décide-toi. C'est du pain, du bon.

Pour accéder à ce délice promis, il faut qu'il pousse le battant avec son museau et pénètre par un étroit vestibule dans ce palais des merveilles. « Il le faut... songe Maria, sinon... » Sinon sa mère se plaindra encore qu'elle n'est bonne à rien et elle l'entendra gémir qu'il n'y a rien à manger.

Victoire ! La bête s'est enfin décidée, preuve que la faim donne lieu à toutes les audaces. Maria quitte son poste d'observation : la futaille pourrie derrière laquelle elle se dissimulait. Prisonnier, le rat a néanmoins attaqué le morceau de pain. En la voyant surgir, il suspend son repas, darde vers elle un œil rouge et se jette à corps perdu contre le grillage avec des couinements affolés.

Elle tend la main vers la poignée de la nasse quand

elle voit un énorme sabot se poser sur le piège, tandis qu'une voix gronde au-dessus d'elle :

— Te réjouis pas trop vite, ma jolie. Cette nasse m'appartient et le gibier de même. Tu vas filer sans faire d'histoires, sinon...

L'homme au sabot pose sa canne sur l'épaule de Maria, lui ordonne de se lever et de déguerpir. C'est un de ces crocheteurs qu'on appelle des *biffins*, une de ces créatures de la nuit qui se glissent comme des ombres sous la guirlande des réverbères avec leur hotte sur le dos, armée de bossus fouillant au crochet les tas d'immondices. Celui-ci, Maria le connaît : un vieux au visage cussonné comme un bois de cave, avec des taches de pelade dans sa barbe. Plus bizarre que dangereux.

— Cette nasse, dit-elle calmement, c'est moi qui l'ai trouvée et ce rat est à moi.

Elle se relève, pose un pied sur la nasse, à côté du sabot, défie l'homme du regard. Il éclate de rire. Lorsqu'elle est parvenue à lui arracher sa canne et à le frapper au genou, il pousse un hurlement et vocifère en dansant sur place :

— Petite ordure ! Chienne galeuse ! Tu vas me payer ça !

Tandis qu'elle s'enfuit avec la nasse et le rat qui couine de plus belle, elle l'entend crier :

— Que tu en crèves ! Nous nous retrouverons !

Peut-être se retrouveront-ils puisque le *biffin* opère dans le quartier du bas de Montmartre, mais en attendant la mère aura de quoi préparer son repas. Correctement assaisonné, le rat est un régal, aussi savoureux que le chat et bien supérieur au chien.

Et celui-ci est de belle taille.

Le sacrifier n'a pas été facile. Il a fallu le larder d'aiguilles à tricoter à travers le grillage, attendre qu'il agonise pour le tirer de la cage par la queue, le saigner en pesant du pied sur son museau pour le maintenir immobile, enfin le dépiauter pour faire naître de cette fourrure mitée des délicatesses de chair rose.

Depuis l'aube, Madeleine a fait queue devant la boulangerie du boulevard Rochechouart et n'a rapporté qu'une demi-livre de pain. Avec quelques navets et des pommes en compote, on aura à manger pour la journée. C'est peu mais il faudra s'en contenter. La viande, on n'y comptait plus.

— Demain, dit la mère, tu changeras de place. Faudrait pas que tu retombes sur le *biffin*. Avec un rat ou deux par jour, on devrait pouvoir s'en tirer. Si tu en prends plusieurs, on pourra les revendre et en tirer deux francs pièce.

Le siège de Paris par les Prussiens dure depuis près d'un mois et personne ne peut dire quand il prendra fin.

La défaite des armées françaises à Sedan a entraîné la chute de l'Empereur et l'instauration de la République. On a baissé les bras à Sedan ? On résistera dans Paris. De retour d'exil, Victor Hugo l'a proclamé : « Paris va terrifier le monde et montrer comment il sait mourir ! » Des mots, bien sûr, mais proférés par une voix capable de bouleverser l'univers.

Quitter la capitale, l'abandonner aux mains des casques à pointe et des uhlans de Guillaume, les ministres du nouveau gouvernement s'y refusent. Les courants fiévreux qui traversent la ville sont le souffle d'une révolution. Lorsque, du haut des fortifications, on écoute le tonnerre des canons, on songe à ceux de Valmy. L'espoir habite chaque maison, chaque rue, chaque place. On fera le cas échéant une forteresse de chaque immeuble ; on creusera des tranchées dans les jardins publics. Jour après jour, une ceinture de fer et de feu se resserre sur la ville ? Soit ! mais l'on attend des secours de la province.

Pour défendre ce camp retranché, le plus formidable de tous les temps, on dispose intra-muros de plus de cent mille gardes mobiles issus de la conscription : les *moblots*, accourus à la première alerte au secours de Paris. Quant à la Garde nationale composée de soldats-citoyens, elle peut aligner deux cent mille hommes que l'on va initier au maniement des armes. En cas de nécessité, on pourra compter sur quelques centaines de milliers de femmes et d'enfants que l'on entraînera au combat de rue et au maniement de la grenade. C'est le peuple en armes : la plus redoutable des armées.

Le général Louis Jules Trochu, héros de la guerre d'Algérie et de la campagne de Crimée, a été nommé gouverneur de Paris. On dit que les Prussiens ne se hasarderont jamais à venir pisser sur ses bottes qui ont foulé la boue et le sang de Sébastopol.

La province... Reste à la prévenir que Paris a besoin de son secours pour rompre l'encerclement des Prussiens et les repousser. Prendre contact par terre et par eau, impossible : deux cent mille Prussiens sont en alerte et ne laissent rien passer. Les moindres tentatives de sortie se soldent par des massacres inutiles, si bien qu'il faut se contenter désormais de laisser aux *moblots* le soin de monter la garde aux portes de Paris et aux gardes nationaux la mission de prêcher la résistance dans les bistrots.

— Prépare-toi, dit Madeleine, nous sortons.

Maria ne posa pas de question : elle se peigna, revêtit sa robe verte, noua sa ceinture dans son dos. On allait, comme chaque jour, faire une courte promenade sur les boulevards, de la barrière Blanche aux abattoirs d'où, depuis la disette, ne vient qu'un épais silence. On s'installera à la terrasse d'un troquet ; sa mère commandera une absinthe et, pour Maria, un sirop de grenadine. On écoutera la musique militaire à la barrière des Martyrs en regardant passer d'élégantes Parisiennes que le siège n'a pas fait renoncer à leur goût pour la toilette. Un après-midi réglé à l'avance comme du papier à musique ? Eh bien, non.

— Prends tes grosses bottines, dit Madeleine. Nous montons sur la Butte regarder partir les ballons.

— Des ballons ? C'est la fête à Montmartre ?

— C'est ça ! Une drôle de fête. Et il y aura sûrement beaucoup de monde.

— Tu m'achèteras un ballon ?

— Trop gros pour toi.

— Gros comment ?

— Comme une maison. Si gros que des hommes vont monter avec eux dans le ciel.

Maria se dit que sa mère était d'humeur folâtre comme lorsqu'elle ramenait quelque provende à la maison ou qu'elle déparlait comme naguère lorsqu'elle avait écumé les rues de Paris à la recherche d'Armand et qu'elle avait bu pour se consoler de son échec. Dans l'incertitude, elle préféra se taire et tâcher d'imaginer ce que pouvaient être des ballons « gros-comme-des-maisons ».

Par la rue Virginie, qui débouchait en face des abattoirs, elles accédèrent à la place Saint-Pierre de Montmartre. Le temps était clément. Par-dessus les murs des jardins, les dernières verdures se balançaient dans le vent tiède.

À peine quitté le boulevard Rochechouart, elles avaient été prises dans une foule qui marchait dans le même sens en agitant des drapeaux et en chantant des hymnes patriotiques. Une cloche sonna les trois quarts de dix heures.

— Pressons-nous ! disait la mère. Si tu traînes, nous manquerons le départ.

La place Saint-Pierre, vaste espace dénudé en marge de l'église, était noire de monde. Autour des gigantesques montgolfières qui portaient les noms de *George-Sand* et d'*Armand-Barbès*, l'une blanche, l'autre jaune, partaient des coups de feu, des pétards et des gerbes de fusées d'artifice, comme pour la fête votive de Bessines.

En jouant des coudes, Madeleine et sa fille s'infiltrèrent à travers la foule, jusqu'au cordon de gardes nationaux habillés de vareuses dépareillées, coiffés de casquettes en guise de képi et armés de pétoires vieilles comme Hérode : les fusils à tabatière.

— Maman, dit Maria, comment ils pourront s'envoler, ces ballons ? Ils ont pas d'ailes !

Madeleine haussa les épaules ; elle n'en savait fichtre rien, mais n'avait pas, comme sa fille, la manie de poser toujours des questions pour lesquelles on n'avait pas de réponse.

— Tu es trop curieuse. Comment veux-tu que je le sache ? Tout ce que je sais, c'est qu'ils vont monter dans le ciel et aller chercher du secours contre les Prussiens, loin, très loin, au diable Vauvert.

Une voix d'homme murmura dans leur dos :

— Ces ballons ont été gonflés au gaz et, comme le gaz est plus léger que l'air, ils s'envoleront dès qu'on les aura lâchés. J'ai aidé à leur confection dans les anciennes carrières de Montmartre et à la gare du Nord.

Un bras se tendit entre elles, montrant un détail de la cérémonie d'envol.

— L'homme qui approche de l'*Armand-Barbès*, le ballon jaune, est Gambetta. Celui qui se tient près de la nacelle est le pilote, Alexandre Trichet, un spécialiste de l'aérostation.

Lorsque Madeleine se retourna vers l'inconnu pour le remercier de ses informations, elle constata qu'il s'agissait d'un garde national qui, n'étant pas de service, n'était pas armé. C'était un bel homme à petites moustaches blondes, aux yeux d'un doux violet, qui fumait une pipe en terre blanche.

— Sergent Joseph Dumas, pour vous servir, dit-il en soulevant sa casquette à grosse visière. C'est un plaisir que de vous renseigner.

Il semblait ne rien ignorer de cette cérémonie. Ces militaires à cheval, au fond, à droite, étaient des officiers d'état-major groupés autour du général Trochu. Sur la gauche, dans le groupe des civils, on pouvait reconnaître Georges Clemenceau, maire de Montmartre, des écrivains comme Alphonse Daudet et Victor Hugo...

— Victor Hugo ? s'étonna Madeleine. L'écrivain ?

— Lui-même. Il n'aurait voulu manquer cet événement pour rien au monde. Il en fera sûrement un poème. Il est peut-être déjà en train de l'écrire dans sa tête.

Le sergent expliqua que les nacelles transporteraient, outre les passagers, des sacs de courrier et des cages de pigeons voyageurs. Le ballon blanc emporterait deux observateurs américains et le sous-préfet de la Haute-Vienne, M. Curson du Rest.

— De la Haute-Vienne ! s'écria Madeleine. J'en viens, justement. C'est là-bas que je suis née, près de Limoges. C'est là aussi qu'est née ma fille, Maria, à Bessines.

— Par exemple !... dit le sergent. Pour une coïncidence...

Madeleine se demandait pourquoi, malgré le temps doux, les passagers étaient revêtus de pelisses. Le sergent lui précisa qu'en altitude la température changerait à la baisse.

Maria commençait à perdre patience. Quand allait-on se décider à donner le signal du départ au lieu de faire des discours et de se congratuler ? Une réponse lui vint des canons qui lâchèrent leur décharge depuis une longue esplanade de terre rapportée où avaient été dressées les batteries. Une autre sous forme d'une aubade militaire jouant *Le Chant du départ*. La troisième du sergent :

— On attend que le vent se lève, dit-il. Ça ne va plus tarder. Les ailes des moulins commencent à tourner.

Entre les deux montgolfières, un homme doté d'une folle chevelure d'artiste se démenait. Le sergent, qui paraissait connaître tout Paris, savait son nom : Félix Tournachon, un photographe plus connu sous le nom de Nadar ; il tenait à ce que les deux aérostats prissent leur vol d'un même élan, ce qui ne semblait pas gagné d'avance.

Onze heures avaient sonné à Saint-Pierre lorsque l'embarquement débuta dans les flonflons des cuivres et les pétarades du feu d'artifice. Le « Lâchez tout » raviva le délire dans la foule. Le sergent Dumas salua militairement. Maria s'était mise à trépigner.

— Maman ! maman ! Regarde, ils s'envolent...

Après avoir décollé pesamment, les deux aérostats s'élevèrent en tanguant dans le grand soleil tandis que la foule reprenait *La Marseillaise* que venait d'attaquer la fanfare. Les hommes agitaient leurs chapeaux, les femmes leurs mouchoirs, les enfants des petits drapeaux tricolores.

— Le plus dangereux va commencer pour les voyageurs, dit le sergent d'une voix grave. Ce sera un miracle s'ils échappent au feu des Prussiens. Regardez ! Ils lâchent du lest pour prendre de la hauteur et, quand ils voudront redescendre, ils laisseront s'échapper du gaz. Pour qu'ils s'éloignent de cette zone dangereuse, il faudrait davantage de vent. Ils ne sont pas au bout de leurs peines...

Il ajouta que l'on était mal placé pour suivre les péripéties du voyage.

— Suivez-moi si vous voulez bien, dit-il. Nous aurons une meilleure vue des événements depuis la tour de Sébastopol. C'est à deux pas.

— Oui ! oui ! s'écria Maria. Allons-y, maman. Je vois rien d'ici.

— Eh bien, soit ! soupira Madeleine qui commençait à se sentir de la fatigue dans les jambes, mais nous ne pourrons pas trop nous attarder : du travail m'attend à la maison.

Ils n'avaient pas fait deux cents mètres au milieu d'un courant de foule qui se portait vers le même point, qu'ils savaient l'essentiel l'un de l'autre : identité, lieu d'origine, domicile, et même certaines astuces qui leur permettaient d'affronter la disette. Il apprit qu'elle vivait de son travail de lingère, boulevard Rochechouart, et acceptait, le cas échéant, de faire des ménages dans les quartiers bas de Montmartre. Il lui confia qu'il exerçait la profession de vitrier mais qu'il s'était porté volontaire pour la Garde nationale depuis le début du siège et avait très vite pris du galon ; la solde que lui accordait Trochu lui suffisait pour vivre, dans l'attente des jours meilleurs. À la fin du siège, il y aurait du travail pour les vitriers...

En débouchant sur le terre-plein de la tour de Sébastopol d'où l'on embrassait Paris d'une part et la plaine Saint-Denis de l'autre, le sergent Dumas savait que Madeleine était fille mère sans attache d'aucune sorte ; elle n'ignorait pas qu'il vivait « en garçon » dans un « placard » de la rue des Martyrs, à une centaine de mètres de son logement à elle. Autant de détails qui semblaient mis en gerbe pour les réunir.

Il lui prit le bras pour monter un dernier raidillon entre les moulins, souleva la petite dans ses bras pour escalader la butte de sable et d'herbe sèche aboutissant au pied de la tour. Ils respiraient dans le vent qui roulait sur la crête une odeur de printemps : celle des derniers genêts en fleur éclos dans un creux humide.

« Tant pis pour le boulot ! se dit Madeleine. J'ai bien mérité une petite récréation... » Elle veillerait un peu plus tard à la chandelle, voilà tout. La petite semblait heureuse : elle sautait sur place, battait des mains, agitait son chapeau à rubans, se donnait au délire de la foule qui menait autour d'elle un tel tapage que l'on n'entendait qu'indistinctement le tonnerre lointain des batteries prussiennes.

Durant une heure, sans fatigue, sans ennui, ils suivirent la lente et incertaine évolution des aérostats qui, après s'être séparés, prenaient chacun de leur côté le cours du vent, montant, descendant, remontant selon que le terrain sous eux semblait libre ou occupé par les Prussiens.

— M'est avis, dit le sergent, qu'ils échapperont aux tirs des canons ennemis. À l'heure qu'il est, le ballon de Gambetta doit se trouver dans les parages de Montdidier, donc à l'abri. De là il prendra la direction de Tours, par la route, pour organiser la résistance et la contre-offensive. J'ai le sentiment que les événements vont très vite tourner à notre avantage.

Il consulta sa montre et dit en s'éventant avec son képi :

— Bigre ! près de deux heures... Et cette petite qui n'a rien mangé... Moi, j'ai plutôt soif. Que diriez-vous d'un bock bien frais ? Je connais un cabaret tout proche : le Moulin de la Galette.

— Ma foi, répondit Madeleine, c'est pas de refus...

Dressée dans une gloire de soleil et de vent à l'embranchement des rues Lepic et Tholozé, la silhouette massive de l'ancien moulin à vent, peinte d'un rouge délavé, couvait à son ombre un espace de galeries, d'allées, de tonnelles et de salles de spectacle. Le samedi soir, jour d'ouverture aux danseurs, on y déambulait dans un concert de musique populaire, de pétarades venues du stand de tir, de discussions autour des jeux de boules et de quilles, dans un air qui sentait le parfum bon marché des grisettes, l'absinthe et le gros vin.

— Maman, dit Maria, j'ai faim et soif. Et je suis fatiguée. Faut s'arrêter.

— Eh bien, mademoiselle, dit joyeusement le sergent Dumas, vous allez être servie. Reste à trouver une place. Il y a du monde aujourd'hui.

En les accueillant, le père Debray, le patron, se gratta le menton. Il restait quelques places, au fond de l'allée des Chaperons, un peu bruyantes à cause des tireurs qui exerçaient leur adresse à la carabine sur des effigies bariolées de casques à pointe et de grosses moustaches rousses.

— Ça sera quoi ? Deux bocks et une limonade, plus une galette pour la môme. Tout de suite, sergent !

Le sergent dit en s'asseyant à côté de Madeleine :

— Le père Debray sait y faire avec la clientèle. Ça fait plaisir de s'entendre appeler « sergent », même si l'on est incapable de réciter le manuel du fantassin ou de démonter un chassepot. Pour tout vous dire, j'attends encore celui qu'on m'a promis, fabrication parisienne à ce qu'il paraît.

Il vida son bock d'un trait, imité par Madeleine, puis en commanda deux autres, tandis que Maria trempait sa galette dans la limonade.

— Curieux... dit-il d'un air songeur.

— Qu'est-ce qui est curieux, monsieur Joseph ?

— Je constate que l'histoire tourne en rond. Certains événements se renouvellent d'une façon étrange. C'est là, où nous sommes en ce moment, que le père du patron a été tué au combat alors qu'il défendait Montmartre contre les Cosaques, au temps du grand Napoléon.

Il ajouta avec un sourire énigmatique :

— On dit même qu'il a été éventré là, à l'endroit où vous êtes assise.

— Mon Dieu ! balbutia Madeleine, est-ce possible ? Éventré ?

Joseph posa brusquement sa main sur la sienne, éclata de rire, poursuivit avec un regard soudain attendri :

— Rassurez-vous : je plaisantais. En fait, si les choses se sont passées comme je l'ai dit, c'était un peu plus loin.

Elle lui demanda s'il venait souvent au Moulin de la Galette. Cela lui arrivait, pour danser, le samedi soir, mais de moins en moins, à cause des bagarres déclenchées par les voyous.

— Et vous venez... en bonne compagnie, je suppose ?

Il éclata de nouveau d'un rire retentissant qui découvrait ses dents très blanches et régulières.

— Bigre ! seriez-vous jalouse, déjà ? Voyons, Madeleine, nous nous connaissons à peine. Je ne demande d'ailleurs qu'à faire plus ample connaissance, si vous voyez ce que je veux dire.

Madeleine rougit et commanda une autre limonade pour Maria qui commençait à trouver un peu longuette cette scène de séduction. Pour tromper son ennui, elle trempait un doigt dans une flaque de bière et dessinait des ronds sur la toile cirée. Madeleine la rabroua : cette table était couverte de poussière.

— Ne la grondez pas, cette petite, dit Joseph. Qu'est-ce que tu dessines ? Des melons ?

— Non, monsieur, pas des melons.

— Alors des cerceaux, peut-être ?

— Non, pas des cerceaux.

— Suis-je bête ! Ce sont des ballons ! Tu n'as pas oublié la petite nacelle.

D'un geste rageur, Maria effaça les images du plat de la main.

— Petite sale ! s'écria Madeleine. Regarde tes mains. Va les laver à la fontaine. Tiens, prends mon mouchoir.

— Je vous trouve sévère, dit Joseph. Il faut bien qu'elle s'amuse, cette petite.

— Un amusement... Si je la laissais faire, elle dessinerait sans arrêt à la maison, avec des craies de couturière et des bouts de charbon. Elle en couvrirait les murs...

— Vous en ferez peut-être une artiste. Cette gosse a du tempérament. Ne la contrariez pas trop.

— Du tempérament, Maria ? Ah ça, oui ! Un petit

monstre. Elle n'en fait qu'à sa tête. Je sais pas de qui elle tient ça.

Maria se leva et s'éloigna en direction de la fontaine par l'allée des Chaperons, encombrée par les évolutions des clients. Sa mère lui cria de ne pas trop s'éloigner : on n'allait pas tarder à partir.

— Partir... soupira Joseph. Nous venons tout juste de nous rencontrer et déjà... Vous n'êtes pas bien, ici, avec moi ? C'est comme un dimanche...

Madeleine haussa les épaules, l'air maussade. Certes, elle aimait cet endroit, la présence de ce garçon séduisant qui, sans en avoir l'air, entrebâillait des portes sur l'avenir, tentait de lui démontrer qu'il y avait dans l'existence autre chose que le travail et les soucis quotidiens.

Elle acccpta de bonne grâce un troisième bock, lui trouva le même goût de bonheur que celui que lui avait offert, un après-midi d'été, à la fête de Bessines, ce beau parleur qui se disait ingénieur à la Compagnie, M. Armand « je-ne-sais-qui ». Armand... Durant des mois elle l'avait cherché en vain, inlassablement, à la gare d'Orléans et dans les autres gares de la capitale, essuyant des rebuffades et des sarcasmes. Des Armand, il y en avait des centaines à la Compagnie. La veuve Guimbaud l'avait bien prévenue... Depuis peu, de guerre lasse, elle avait interrompu ses recherches. Chaque piste menait à un vide désespérant.

Maria a poussé jusqu'au stand de tir en s'essuyant les mains. Béante de surprise, elle assiste à un réjouissant jeu de massacre : des Prussiens tombant comme des mouches sous le plomb des carabines.

Un garçon s'approche d'elle.

— Ça t'intéresse, petite ? Tu veux essayer ? Attends, je vais te montrer. Tu cales la crosse dans le creux de ton épaule, tu inclines la tête, tu vises le plus laid de ces Prussiens, Guillaume, tiens ! et tu appuies là...

Elle cale la crosse, ajuste, presse la détente. Des cris fusent autour d'elle :

— Elle a fait mouche, la gamine ! Elle a abattu Guillaume ! Et un Prussien de moins ! On devrait te présenter aux *moblots*. Tu aurais vite la médaille.

Maria est aux anges. On se bouscule autour d'elle. On lui propose Bismarck, et le chancelier bascule dans les oubliettes. Elle a vraiment l'œil, cette môme ! On lui caresse les cheveux, on lui demande son nom. Une dame lui offre une limonade. Un monsieur lui propose un autre tir. Elle refuse d'un timide « merci », avale sa limonade et se retire fièrement dans un concert de bravos.

Maria s'arrête en bordure du jeu de boules. Il ne manque pas d'attrait. Les lancers donnent lieu de la part des joueurs en manches de chemise à des attitudes qui rappellent une figure de ballet. Le temps de la trajectoire des boules de bois verni, on peut lire sur leur visage la crispation d'une attente anxieuse, parfois pathétique.

Elle trouve moins d'intérêt aux joueurs de cartes. Graves, figés, ils prennent, en abattant leur jeu d'un geste d'automate, des mines compassées de diplomates, comme pénétrés d'une mission dont dépendrait le sort du monde. Aucun de ces austères personnages ne semble lui prêter plus d'attention qu'à leur mégot de *crapulos* et ils la repoussent même d'un regard glacé comme si elle allait leur porter la guigne. Elle renverse sciemment la bouteille de picrate que l'un d'eux avait à ses pieds, coiffée d'un verre, et passe dignement son chemin.

Les joueurs de quilles, ça, c'est un spectacle ! Près d'eux, une jeune femme en chapeau, vêtue d'étoffes aux couleurs vives, fume distraitement une cigarette sans perdre une séquence de la partie. Elle est belle comme une gravure de la *Mode illustrée*. Pas un pli de son visage n'exprime, au milieu de cette tempête de cris, de jurons, de provocations, le moindre sentiment.

Elle griffonne au crayon, sur un calepin posé sur ses genoux, on ne sait quoi.

Un chien ! Elle s'accroupit, l'appelle d'une aspiration sonore des lèvres ; il arrive en remuant la queue et en bâillant, se laisse caresser, ventre à l'air sur le sable de l'allée. Maria aime les animaux. La semaine passée, elle a trouvé sous le porche un petit chat en train de fouiller dans un monceau d'immondices. Elle l'a ramené à la maison pour lui donner une soucoupe de lait. Il a passé la nuit caché sous sa couverture. Le matin, il avait disparu ; elle n'a pu retrouver de lui que la tête et la fourrure jetées dans le seau aux ordures. À midi, sa mère a posé sur la table une gibelotte de lapin.

Maria avait encore faim. Elle réclama une autre galette mais l'auberge n'en fournissait plus : manque de farine. Quant à sa mère et au sergent, ils avaient d'autres idées en tête.

— La bière, dit Joseph, c'est bien pour se désaltérer, mais l'absinthe vous met le cœur en joie. La meilleure est celle du père Lathuile, avenue de Clichy, à deux pas de chez nous.

Il avait bien dit « chez nous ».

Avant de quitter le Moulin, ils burent trois absinthes chacun, puis Joseph déclara avec une pointe d'embarras :

— Madeleine, ça vous dérangerait de régler l'addition. Étourdi comme je suis, j'ai oublié mon portefeuille.

Madeleine régla sans barguigner. Elle devait être un peu allumée car elle avait du mal à aligner la monnaie. À la maison, elle buvait surtout du vin. Trop. Beaucoup trop. Certains soirs elle laissait la vaisselle à Maria pour aller se coucher. « Le vin, disait-elle, c'est bien pour oublier. » Et elle avait tant à oublier...

Comme ils avaient encore très soif, ils s'arrêtèrent en route pour boire une autre absinthe dans un estaminet de la rue Léonie qui sentait le graillon et la crasse, au milieu d'une humanité grisâtre et morne affalée sur les tables. L'auberge du père Lathuile, où le sergent avait ses habitudes, était toute proche : ils y firent une dernière halte dans la clarté des boules vertes, sous les arbres ombrageant le jardin intérieur peuplé d'amoureux, commandèrent une omelette et n'obtinrent qu'une tranche de pain rassis et une longueur de pouce d'un saucisson *chevaleresque*.

Ils parlaient à voix étouffée, si bien que Maria n'entendait rien de leurs propos. Ce qu'ils se disaient devait être de la première importance car ils s'observaient d'un air grave, mains enlacées. Elle avait faim. Elle avait sommeil. Après avoir suivi d'un regard distrait le vol obstiné d'un gros machaon autour de la lampe, elle s'endormit.

La rumeur d'une querelle l'éveilla. Le moment venu de régler l'addition, Joseph avait demandé qu'on lui fasse crédit. Le père Lathuile avait regimbé : le sergent Dumas n'avait pas d'ardoise dans l'établissement et on ne le connaissait pas. Joseph fit un esclandre. Un gros garçon à favoris menaça d'alerter la police. Madeleine dut régler une nouvelle fois. Il manquait six sous ; on passa l'éponge.

Joseph aida sa compagne à se mettre debout ; elle titubait et se raccrochait aux dossiers des chaises.

— Croyez-moi, Madeleine, dit-il d'une voix pâteuse, je suis un honnête garçon. Dès que Trochu aura réglé ma solde, je vous rembourserai.

Il ajouta en soutenant Madeleine :

— Bigre ! quelle journée... Je m'en souviendrai !

Madeleine n'émit aucune réserve lorsque Joseph proposa de la raccompagner jusqu'à la porte de son appartement, Maria somnolente accrochée à sa jupe. Il dut la pousser au derrière pour accéder à l'étage et sembla y prendre du plaisir car, de temps à autre, il s'arrêtait pour souffler et se mettait à rire grassement.

Ils s'installèrent devant un reste de haricots et une bouteille de vin, avec la même bonne humeur que s'ils s'attablaient au Tortoni, devant un de ces balthazars de bourgeois bien faits pour oublier la rigueur du temps.

Maria se réveilla au milieu de la nuit, tirée de son sommeil par un bruit d'ablutions. Dans la clarté de la chandelle elle aperçut sa mère accroupie sur une bassine à linge. Assis au bord du lit, Joseph la regardait en chantonnant. On avait installé la petite sur un épais matelas de couvertures pliées. Elle se dit en se rendormant qu'elle devrait désormais compter avec la présence de cet inconnu et que, peut-être, ce serait une bonne chose : il était insouciant, gentil, attentionné ; elle aimait bien lorsque, par jeu, il lui chatouillait le cou avec ses moustaches.

III

LE TEMPS DES CERISES

Après quelques journées d'une exceptionnelle douceur, octobre avait sombré dans la brouillasse.

Joseph avait pris ses habitudes chez Madeleine mais, prétextant ses obligations militaires, ne passant que rarement la nuit avec elle. Ils faisaient assez bon ménage, sauf lorsque l'argent venait à manquer, ce qui était fréquent. Elle lui reprochait son impécuniosité permanente ; il répliquait qu'un jour viendrait où il ne la laisserait manquer de rien.

Lorsqu'il arrivait, la pipe au bec, auréolé d'une gloire militaire, Madeleine envoyait la petite jouer dans la cour ou sur le trottoir par beau temps, sous le porche lorsqu'il pleuvait, avec une recommandation expresse : si elle entendait tonner le canon des Prussiens, elle devait se précipiter dans la cave qui servait d'abri aux locataires.

Elle lui disait encore :

— Prends mon porte-monnaie et va faire queue chez l'épicier. Reste le temps qu'il faut mais ramène-moi quelque chose à manger. Tu es assez grande pour te débrouiller. Moi, j'ai du travail...

Du travail ? Trois ou quatre fois par semaine, son client s'appelait Joseph Dumas. Il arrivait rarement les mains vides, rapportait de ses tournées d'inspection une brioche, un nougat ou un sucre d'orge qu'il se procurait nul ne savait comment, et qu'il offrait à Maria en lui disant :

— Sois mignonne. Va voir jusqu'à la place Blanche si j'y suis. Et prends ton temps.

Maria profitait de cette permission pour flâner dans ce quartier du bas Montmartre, très animé, où chaque heure offrait un spectacle nouveau autour du marchand de marrons, du cireur de bottes, des bûcherons amateurs qui abattaient les arbres des boulevards pour en faire du bois de chauffage, de l'omnibus qui faisait sonner sa clochette au-dessus de la foule...

Lorsque Maria, ayant pris son temps pour respecter la consigne, retournait à son foyer, elle trouvait sa mère en train de chantonner en repassant du fin. Elle lui lançait, à peine la porte refermée :

— Maria, refais le lit ! Moi, j'ai pas le temps. Je me suis un peu reposée tout à l'heure.

Devant le regard dubitatif de la petite, elle ajoutait d'un ton hargneux :

— Eh bien, quoi ? J'ai bien le droit de me reposer, moi aussi ?

Maria montait parfois jusqu'aux combles de l'immeuble et, juchée sur un vieux meuble, parcourait du regard par un vasistas une ville à laquelle la lumière de l'automne donnait une grâce délicate, comme dans ces tableaux exposés non loin de chez elles, dans la vitrine d'un marchand de couleurs.

Elle aimait ces orages qui, à certaines heures du jour, apparaissaient à l'horizon, ces lueurs sourdes et fugaces au bas du ciel, entre deux immeubles, ces tonnerres qui faisaient vibrer l'air et s'épanouir des fleurs de feu et des bouquets de fumée blanche, la rumeur du tocsin qui se propageait dans les campagnes proches et les quartiers voisins.

Le dimanche, en compagnie de sa mère et du sergent, elle montait au village de Montmartre qui, depuis peu, avait changé d'aspect : on voyait se promener ou faire les cent pas devant les monuments publics une étrange population militaire : marins à pompons rouges, zouaves à culottes bouffantes, officiers galonnés jusqu'aux yeux, que Joseph saluait. Le Moulin de la Galette était occupé par un poste militaire ; on avait érigé une barricade devant l'école désertée.

Lorsque le temps était clément, ils s'asseyaient sur le revers d'un talus, une bouteille de vin entre eux, et restaient une heure ou deux à contempler le panorama de la plaine, qui, du côté nord, présentait le spectacle navrant de villages et de hameaux détruits, de bois rasés ou incendiés, de postes et de batteries occupés par l'armée de Bismarck. Les promeneurs se passaient longues-vues ou jumelles qui permettaient de distinguer l'évolution de la troupe ennemie à l'exercice ou quelque engagement au-dessus duquel flottaient, dans une rumeur d'orage, des bouquets de fumée rougeâtre qui, en s'élevant, répandaient dans le ciel une blancheur de craie.

— Là-bas, disait Joseph, c'est Aubervilliers. Les Prussiens y lancent une nouvelle attaque mais les nôtres tiennent bon.

Il régnait sur ce lointain théâtre d'opérations comme un stratège, désignait les emplacements des troupes, les forts, fortins et redoutes autour desquels on s'étripait, les points où les assiégés avaient tenté une sortie.

Des défilés populaires avaient salué l'évasion de Léon Gambetta. Parvenu non sans mal à Tours, il y organisait la défense du territoire. On avait applaudi à l'arrivée sur la Loire des troupes italiennes de Garibaldi : les fameuses « chemises rouges » qui s'étaient fixé pour but de libérer la Bourgogne. Tout Paris se reprenait à espérer.

Sur la fin du mois d'octobre, il fallut déchanter.

L'impératrice Eugénie s'opposait aux conditions d'armistice proposées par Bismarck qui exigeait la cession des provinces d'Alsace et de Lorraine. À Metz, à la tête d'une armée de cent cinquante mille hommes prêts au combat, le traître Bazaine avait capitulé. Thiers mijotait un armistice dont Paris ne voulait pas. Et Paris se souleva en apprenant que les pourparlers étaient en bonne voie. C'était assez d'humiliations et de honte !

— C'est une infamie ! grondait Joseph. Nos chefs d'État se conduisent comme des maquignons !

— Comme des maquignons... répétait Madeleine qui reprenait à son compte les moindres propos de son militaire.

— Clemenceau a raison, ajoutait Joseph. Accepter un armistice dans ces conditions serait une nouvelle trahison.

— Il ne pourra accepter. Ce serait une trahison...

Un matin où elle jouait à la marelle devant le magasin du bougnat Tourlonias, « Café-Charbon », Maria assista à un spectacle fascinant : une foule excitée, brandissant des drapeaux, hurlant des invectives contre Trochu, Thiers et leurs complices, descendait de Montmartre par la rue des Martyrs et s'engouffrait dans la rue Saint-Georges en direction du centre.

— Mort aux traîtres ! À bas Trochu ! Refusons l'armistice ! Vive la Commune !

Renonçant à son jeu solitaire, Maria leur emboîta le pas, emportée par ce torrent vers elle ne savait quelle fête sauvage dont elle eût regretté d'être exclue. Elle se mêla à un groupe de gamins, garçons et filles, qui suivaient le mouvement, répétant les invectives lancées par les groupes de tête et par les gens du quartier qui les saluaient de leur fenêtre ou du seuil de leur boutique.

— À l'Hôtel de Ville ! lança un manifestant.
— À l'Hôtel de Ville ! reprit la foule.
— À l'Hôtel de Ville ! répétait Maria.

C'était au bord de la Seine, au bout du monde pour ainsi dire, mais l'aventure n'en était que plus tentante.

La fête se poursuivit jusqu'au terme du cortège grossi par de nouveaux manifestants : l'ancienne place de Grève. Là, Maria, comme dégrisée, ne comprit plus rien à ce qui se passait, si tant est que le sens de cette manifestation lui eût été perceptible. Elle se trouvait prisonnière d'un magma humain houleux et vociférant devant la majestueuse façade du bâtiment municipal où l'on avait allumé des lanternes. Elle crut comprendre qu'il ne s'agissait pas d'une fête, que la populace avait capturé des personnages importants et que l'on négociait. Autour d'elle bourdonnaient des bribes de conversations, des éclats imprécatoires, des mots qui chantaient une étrange chanson et ne lui disaient rien. Le bel enthousiasme qui l'avait soulevée et emportée avait tourné court. Pour comble, il s'était mis à tomber une pluie aigre et glacée qui la prenait au dépourvu.

Elle se mit à pleurer, à trépigner, à crier qu'elle voulait rentrer chez elle. Une grosse femme qui arborait aux cheveux une cocarde tricolore la prit en pitié, lui demanda son nom, son domicile et les raisons pour lesquelles elle s'était mêlée à cette chienlit.

— Eh bien, ma petite, dit-elle, le boulevard Rochechouart, c'est pas la porte à côté. Je veux bien te raccompagner jusqu'au boulevard Poissonnière. Après, faudra te débrouiller.

L'accueil que lui fit Madeleine se résuma en une paire de gifles accompagnée d'un déluge d'imprécations :

— Coureuse ! Où étais-tu passée ? Ça fait trois heures que je t'attends et que Joseph te cherche dans le quartier. Et toute mouillée, en plus ! C'est bon pour attraper la crève, toi qui es si fragile ! Ah, misère...

Elle se laissa tomber au bord du lit, fondit en larmes en geignant :

— Elle me tuera, cette gamine ! Elle n'en fait qu'à sa tête !

Joseph prit une serviette, lui frictionna vigoureusement le crâne, commença à la déshabiller.

— Allons, raconte, dit-il. Où étais-tu passée ?

Sans une larme, sans un remords, elle relata son odyssée : le défilé, la fête, la traversée de Paris, les drapeaux et les chants. Joseph soupira :

— Je ne peux t'approuver mais je dois convenir que tu es une bonne graine de patriote. Nous aurions besoin de beaucoup de filles comme toi. Sais-tu à qui tu me fais penser ? À celle qu'on appelle la « Vierge rouge », Louise Michel, une institutrice qui est en train de soulever Montmartre contre les traîtres à la patrie.

Madeleine bondit, le feu aux joues :

— C'est ça ! s'écria-t-elle. Soutiens-la, mets-lui tes idées de révolution dans la tête. Tu crois qu'elle n'est pas assez folle comme ça ? Si c'est pas malheureux ! Pendant que je me tue au travail, elle joue les patriotes, à son âge ! Et toi, tu la soutiens et tu l'encourages.

Elle lui montra la porte avec un beau geste de théâtre.

— Tiens ! fous le camp ! Je veux plus te voir...

« Je veux plus te voir... » Parole en l'air, jetée dans un moment de colère. Sans y penser vraiment.

De plusieurs jours, le sergent Joseph Dumas ne daigna plus reparaître.

Un matin, alors que Maria, en compagnie de sa mère, gribouillait des dessins sur un papier d'emballage, on frappa à la porte.

— Va ouvrir ! dit Madeleine. Ça doit être la concierge qui passe pour le terme.

La silhouette d'une jeune femme immobile, en manteau de couleur sombre, se découpa dans la pénombre du palier. Comme il faisait très froid et qu'elle venait d'escalader quatre étages, une buée flottait autour de son visage qu'elle dégageait lentement d'une écharpe de laine.

— Madame veuve Valadon ? dit-elle.

— C'est moi-même, madame.
— Puis-je entrer ?

Madeleine dégagea rapidement une chaise encombrée de linge à repasser. Elle fit entrer la visiteuse, la pria de s'asseoir, lui demanda ce qui l'amenait. La dame fit le tour de l'appartement, jeta un regard par la fenêtre donnant sur le boulevard, haussa les épaules en passant devant le lit qui venait juste d'être fait, murmura en secouant la tête :

— Là... devant cette innocente...
— Mais enfin, protesta Madeleine, qu'est-ce que vous me voulez ?

La dame s'assit, jeta son parapluie humide sur la table d'un geste méprisant et dit d'une voix calme :

— Je m'appelle Arlette Dumas. Joseph est mon mari.

Un silence de banquise accompagna ces propos. On entendit simplement craquer la chaise sur laquelle elle avait pris place et la table à laquelle Madeleine venait de s'appuyer. Mme Dumas ajouta d'un air indifférent :

— Vous oubliez votre fer à repasser, ma chère. Votre linge est en train de brûler. Ça sent le roussi...

Elle poursuivit :

— Ainsi vous ignoriez que Joseph est marié ? C'est surprenant, mais je veux bien vous croire. Rassurez-vous : je ne vous jouerai pas une scène de vaudeville. Si je devais prendre la mouche chaque fois que ce pauvre Joseph lève une gigolette, j'y passerais le plus clair de mon temps et cela deviendrait fastidieux.

Elle prit sur la table la feuille de papier sur laquelle Maria avait gribouillé un dessin, lui demanda ce qu'elle avait voulu représenter.

— Des ballons, madame.
— Oui, bien sûr, des ballons. Le jaune, celui de Gambetta, est assez réussi. Tu as l'œil, ma petite.

Elle se retourna vers Madeleine.

— Si j'ai décidé, exceptionnellement, d'intervenir, dit-elle du même ton froid, c'est que cette fois-ci mon

Joseph paraissait sérieusement accroché. Vous vous connaissez depuis...

— ... le 7 octobre, madame, le jour des ballons, justement.

— Depuis plus d'un mois, donc ! Il faut croire que vous êtes bien naïve ou qu'il tenait à vous. D'ordinaire... d'ordinaire une gigolette ne résiste guère plus d'une semaine. Bref ! je viens vous annoncer que votre idylle a pris fin. Ne le regrettez pas ! De toute manière ça n'aurait pas duré bien longtemps. Il vous a promis quoi, mon Joseph ? Un grand voyage ? La vie de château quand le siège serait terminé ? Le mariage, peut-être ? Ah ! il s'y entend, le bougre, pour appâter la morue. Pardonnez-moi : ce n'est pas à vous que je pense, madame Valadon... Vous êtes semble-t-il une femme sérieuse et travailleuse. Puis-je vous demander votre âge ?

— Bientôt quarante ans, madame.

— On vous en donnerait moins, jolie, fraîche comme vous l'êtes. Dire que vous auriez pu gâcher vos dernières chances par la faute de ce don juan de barrière, ce... Allons, allons, ne pleurez pas ! Joseph ne vaut pas une de vos larmes.

Tout à trac, pour détendre l'atmosphère, elle dit à Maria :

— Puisque tu sais si bien dessiner, tu veux faire mon portrait ? Ces crayons de couleur, c'est Joseph qui te les a offerts, n'est-ce pas ? Alors, allons-y : je prends la pose.

Revenant à Madelcine qui essuyait ses dernières larmes avec un coin de son tablier, elle ajouta :

— Je suppose que ce pique-assiette invétéré a dû s'arranger pour vivre à vos crochets, vous emprunter de l'argent, sans doute, en vous promettant de le rembourser aux calendes. Bien. J'ai apporté trois cents francs. Les voici. Ne protestez pas ! J'ai l'habitude de régler ses dettes, et ça me coûte assez cher. Si je comptais sur le salaire de vitrier de ce pauvre garçon et sur les trente sous de sa solde... Il n'est pas sergent comme il a dû vous le dire, un garde national de bas étage...

Elle raconta qu'elle dirigeait l'école de Montmartre et qu'elle avait deux enfants. Si elle ne songeait pas au divorce, c'est qu'elle était bonne catholique et qu'elle aimait « son Joseph » en dépit de sa conduite. C'était une grande femme corsetée de dignité bourgeoise, un peu sèche mais encore jolie avec son visage de nonette et ses longs yeux clairs.

— Montre ! dit-elle à Maria.

— Je n'ai pas fini, madame. Vous bougez tout le temps.

— C'est sans importance. Bien... Bien... Tu as chipé la ressemblance, mais tu m'as fait le nez un peu long. Joseph m'a dit que tu allais avoir six ans. Quand le siège sera terminé, il faudra venir à mon école. Tu y apprendras à écrire, à lire, à dessiner, bien que tu sois encore jeune, mais précoce, il faut le reconnaître.

Elle ajouta en se levant :

— Madame Valadon, quand vous déciderez de me donner cette enfant, vous savez où me trouver...

Après une arrière-saison suave et dolente comme un printemps qui se serait trompé dans le calendrier, le froid était tombé brutalement sur la capitale avec des brouillards tenaces qui sentaient la poudre et la fumée. Le combustible devenant rare, on avait abattu la plupart des arbres des boulevards, des avenues et des jardins publics. La neige ajouta à la détresse avec des températures qui tombaient fréquemment au-dessous du zéro. Faire queue était une corvée ; cela devint un calvaire. Maria y contracta une bronchite qui l'obligea à garder la chambre durant une quinzaine.

La chasse aux chiens, aux chats, aux rats devenait aléatoire. On n'en trouvait plus que dans les boutiques ou sur les marchés : entre quatre et huit francs pour un chien, vingt francs pour un chat, deux francs pour un rat. Le beurre frais était devenu un luxe qu'on payait jusqu'à soixante francs la livre. Il fallait compter six francs pour un corbeau ou un chapelet de moineaux.

Les animaux des jardins d'acclimatation furent sacrifiés et leur viande retenue par les grands restaurants qui se donnaient des allures d'établissements exotiques et affichaient des menus hors de prix.

Peu avant les fêtes de fin d'année, un groupe de fantassins se présenta au Jardin des Plantes. On fit sortir de leur cage Castor et Pollux, deux frères éléphants, et, en dépit des lamentations des enfants, on les abattit à coups de fusil pour en faire de la viande de luxe. On les retrouva en pièces détachées aux éventaires des bouchers : le kilo de trompe, un mets de choix, se payait quatre-vingts francs. Qui pouvait s'offrir un tel régal ? Les aristos. Les grands restaurants en faisaient leur plat de résistance, avec les viandes *chevaleresques*.

Seule distraction pour Maria et sa mère : les départs des ballons qui, de temps à autre, place Saint-Pierre, prenaient leur essor ; mais avec moins de cérémonial que pour les premiers.

Autre distraction, mais moins paisible : les bombardements par les batteries prussiennes.

Ils avaient repris dans les premiers jours de janvier, et pas seulement sur les redoutes que tenaient encore les Parisiens. Chaque jour, plusieurs centaines de projectiles à longue portée éclataient dans la ville, au petit bonheur, déchaînant des rumeurs de tocsin, des évolutions d'ambulances marquées de la croix rouge, des ruées vers les abris où, à chaque alerte, il fallait descendre infirmes, malades, vieillards et enfants, dans l'affolement général.

De leur étage du boulevard Rochechouart, Madeleine et Maria avaient vue sur quelques quartiers populeux du centre et du sud de la capitale. Le spectacle hallucinant se renouvelait, sans que l'on sût à quoi correspondait ce rythme irrégulier. Au grondement des pièces d'artillerie dans le lointain succédaient des envols de fleurs rouges ou safranées, des bouquets de fumée emportée par le vent.

Un matin de janvier, un obus éclata au milieu du boulevard, presque sous les fenêtres de l'immeuble. En remontant de la cave une heure plus tard, Maria s'attarda à dessiner un cheval éventré dans les brancards d'une ambulance. Sa mère prit la feuille et la jeta dans la cuisinière :

— Dessine des ballons, des fleurs, des maisons, autant que tu voudras, mais pas de ces scènes abominables !

Les bombardements se poursuivirent durant presque tout le mois de janvier, tuant une centaine de personnes, en blessant plus de trois cents autres.

Au café Guerbois, grand-rue des Batignolles, où Madeleine se rendait parfois pour consommer une absinthe ou un bol de punch, et se distraire de son travail et de ses soucis, des orateurs de comptoir racontaient que ces bombardements n'étaient que le prélude à une attaque générale des Prussiens. Elle tardait à se préciser. Dans l'espoir que Paris finirait par succomber à la famine, l'ennemi se terrait dans ses retranchements. Il attendrait longtemps ! Le chancelier Bismarck et le roi de Prusse avaient annoncé qu'ils « laisseraient Paris mijoter dans son jus ». Paris attendait l'ultime assaut de pied ferme. Le maire de Montmartre, Georges Clemenceau, fit annoncer solennellement qu'il n'hésiterait pas, en cas de bataille de rues, à armer les bras des femmes et des enfants avec des « bombes d'Orsini ».

On n'en était pas là.

Malgré les bombardements, les ballons continuaient à quitter la capitale avec des dizaines de milliers de lettres miniaturisées sur papier à cigarettes. Des pigeons voyageurs ramenaient à Paris des nouvelles de la délégation gouvernementale installée à Tours : un système ingénieux permettait de glisser sur pellicule, dans une seule plume, la valeur de cinquante mille dépêches !

— Maria, va faire queue pour le pain. N'oublie pas la carte de boulangerie.

— Il fait trop froid, mère. Je risque d'attraper encore du mal.

— Tu n'as qu'à bien te couvrir. Moi, j'ai du travail en retard.

Les trois cents francs de Mme Dumas avaient été les bienvenus. Ils étaient là, dans le tiroir, au fond d'une boîte à sucre en fer-blanc, en réserve. La présence, trois ou quatre jours par semaine, de Joseph, avait obéré les finances familiales : il entraînait sa maîtresse au café ou au restaurant, mangeait comme un curé, empruntait même à sa compagne l'argent de son tabac et ne parlait plus de rembourser. Fort heureusement pour Madeleine, le travail ne manquait pas. On appréciait sa dextérité dans le traitement du linge fin, sa ponctualité, ses tarifs honnêtes. Sa clientèle avait peu à peu débordé le boulevard. Des bourgeoises des quartiers du sud, du gratin, la sollicitaient. Elles semblaient se passer le mot. Ainsi le ménage ne manquait pas d'argent, bien que la vie fût devenue hors de prix.

N'eût été le froid intense de ce mois de janvier, la pluie ou la neige, la fatigue occasionnée par les longues attentes, ces séances n'eussent pas déplu à Maria : elle rencontrait là les enfants du quartier, écoutait leurs propos. Elle n'entretenait aucune relation familière avec eux, se contentait le plus souvent de suivre leurs jeux d'un œil attentif au moindre de leurs comportements.

Des palabres de files d'attente qui parfois s'envenimaient, elle ne retenait pas grand-chose. Ces propos portaient surtout sur les attaques lancées par les Prussiens autour de la capitale. On commentait les affiches que les « rouges » placardaient dans Paris pour réclamer une réquisition généralisée des ressources, la gratuité du rationnement et la contre-offensive. À Versailles, le roi Guillaume de Prusse avait pris le titre d'empereur d'Allemagne. Quelques jours plus tard, les premiers pourparlers s'engageaient en vue d'un armistice. On se battait encore sur le plateau d'Avron, à Buzenval, au mont Valérien, à la Malmaison. Il semblait qu'il n'y eût pas un village proche de la capitale qui ne fût battu par le flux et le refux qui portait la victoire d'un camp à l'autre.

En comptant ses sous au creux de sa main, Maria se prenait à chantonner :

*Neuilly... Avron...
Champigny... Malmaison...*

Les noms qu'elle entendait dans la queue l'amusaient par leur consonance bizarre : Trochu... Bismarck... von Moltke. Ils suscitaient en elle des images de spectacle de marionnettes comme ceux qu'elle allait voir parfois avec sa mère, place de la Barrière.

À la fin du mois de janvier, des événements graves se déroulèrent à l'intérieur de la capitale.

Hostile aux négociations d'armistice dont on voyait bien à quoi elles menaient, la foule avait de nouveau envahi la place de l'Hôtel de Ville et menacé de prendre d'assaut cette citadelle de la renonciation.

Cette fois-ci, Maria ne se laissa pas entraîner par le flot descendant de la Butte. Des coups de feu s'échangèrent de part et d'autre devant le bâtiment municipal. Sans l'intervention de l'armée régulière, les « rouges » se seraient rendus maîtres de la place, mais le cœur n'y était pas vraiment, d'autant que ces événements se déroulaient un dimanche et que le soleil revenu incitait davantage à la promenade qu'aux escarmouches.

Ces dimanches qui, pour Madeleine, auraient pu devenir une plage de repos salutaire dans une vie de labeur intense, la rongeaient d'ennui. Le souvenir de ceux qu'elle avait partagés avec Joseph Dumas la harcelait. Elle le trompait par de brèves aventures. Jeune encore, bien mise, elle refusait de se laisser tenter par le bas gibier de barrière, la faune faubourienne qui hantait les boulevards, envahissait les troquets et sifflait d'admiration sur son passage.

Maria avait pris son parti de ces rencontres et de ces liaisons furtives : elles la laissaient indifférente. Lorsque sa mère recevait de jour, elle quittait d'elle-même l'appartement pour aller flâner sur le boulevard ou assister, dans la cour de l'immeuble, aux jeux des autres enfants.

Par temps froid ou lorsqu'il pleuvait, elle trouvait refuge dans la boutique du père Tourlonias. Il y faisait bon et on y tolérait sa présence, à condition qu'elle restât dans son coin, entre deux sacs de charbon, à dessiner sur des bouts de papier avec des morceaux de braisette.

La nuit, elle dormait sur des couvertures repliées, tandis que sa mère préparait, derrière le paravent tapissé de vieux journaux, le lit qu'elle partagerait avec son nouveau partenaire.

Madeleine faillit s'enticher pour de bon d'un lieutenant des mobiles de la Seine ; il revint plusieurs nuits de suite avant d'aller se faire éventrer d'un coup de baïonnette prussienne au mont Valérien. Une nuit, elle jeta dehors un ivrogne qui, ouvrant la fenêtre, s'était mis à entonner la *Badinguette*, la chanson salace qu'on chantait dans les assommoirs des Porcherons, pour tourner en dérision Napoléon et Eugénie.

Un matin, Madeleine constata avec stupeur que les trois cents francs de Mme Dumas avaient disparu. L'homme qu'elle avait hébergé pour la nuit était un de ces *moblots* bretons qui ne parlaient pas un mot de français mais connaissaient la valeur de l'argent.

— L'armistice est signé, dit Madeleine, de retour de livraison. C'est pas trop tôt. Nous allons pouvoir manger à notre faim, et de la nourriture de chrétiens.

Elle rapportait de chez la crémière trois œufs payés au prix fort dont elle se promettait de faire une de ces grosses crêpes que, dans sa province, on appelle *boulégou*.

Elle ajouta :

— Dimanche prochain, nous irons voir du côté de Pantin ou d'Aubervilliers si les casques à pointe et les uhlans ont laissé quelque chose à grappiller.

Le terme réglé, il lui restait de quoi se procurer chez les paysans de la plaine de la nourriture pour une semaine. Elles partirent à pied, mêlées à des groupes d'ouvriers, d'artisans, de boutiquiers qui avaient eu la même idée. Elle ne tarda pas à acquérir la certitude qu'il n'y avait plus grand-chose à acheter et que les prix avaient augmenté à proportion de la rareté. Elles ne rapportèrent que des pommes de terre, une vieille poule, une douzaine d'œufs et une grosse fatigue.

Les subsistances qui étaient réapparues dans les boutiques n'avaient pas ramené la sérénité dans les esprits. La paix avait été rétablie pour vingt et un jours, le temps pour les Prussiens de traiter avec un gouvernement véritable. Elle coûtait cher : deux cents millions ! Pour le chancelier, une bagatelle quand on connaissait la richesse de la capitale. « Paris, avait-il coutume de dire, est une fille riche et bien entretenue. » La garnison serait désarmée et réduite mais la Garde nationale pourrait conserver ses armes.

À Bordeaux, le gouvernement s'était donné un chef : Adolphe Thiers, vieux requin de la politique poussé au pouvoir par l'autorité de vingt-six départements. « Un serpent à lunettes », selon Rochefort. Restait à traiter avec les Prussiens pour aboutir à un armistice général. Ce coup-ci, Bismarck se montra intransigeant et exigea la cession des provinces d'Alsace et de Lorraine, une indemnité de cinq milliards et, honte suprême, l'entrée solennelle, dans Paris, des troupes de von Moltke.

Madeleine, ne sachant pas lire, se fit expliquer ce que signifiait l'affiche que les « rouges » venaient de placarder sur la façade de l'immeuble et dans tout le quartier : elle conseillait aux Parisiens de fermer les édifices publics, théâtres, restaurants, cafés, et même leurs fenêtres lorsque l'ennemi entrerait dans Paris ; il fallait qu'il trouvât rues désertes et portes closes. Le rédacteur de l'affiche concluait par ces mots : *Unis dans cette attitude calme et digne nous serons certains de déjouer toutes les menées et nous aurons droit au respect de l'Europe qui a les yeux fixés sur nous...*

Pour cette visite à Paris, les Prussiens avaient enfilé leurs gants beurre frais comme en vue d'une demande en mariage ou pour un rendez-vous galant. Ils se disaient qu'ils allaient séduire cette « belle fille entretenue » dont parlait le chancelier. Elle leur tourna le dos. Lorsqu'ils arrivèrent devant l'arc de Triomphe, surprise ! Un chantier de restauration leur interdisait le passage sous l'arche, dont ils avaient rêvé. Ils durent contourner le monument. Comble d'humiliation, il ne se trouva pour les accueillir que des enfants, des bourgeois qui préféraient Bismarck aux « rouges » et quelques traîneurs de bancs publics familiers des allées des Champs-Élysées. La belle ordonnance de la troupe qui marchait au son des fifres et des tambours, l'éclat des uniformes et des armes, la majesté hiératique des uhlans ne firent pas s'entrouvrir une fenêtre. Paris boudait.

Entrés dans Paris le 1er mars, les Prussiens en repartirent le lendemain pour regagner leurs bases extérieures. Ils avaient fait boire leurs chevaux dans le bassin des Tuileries, dansé entre eux place de la Concorde, entonné leurs chants de guerre place du Carrousel et devant la statue de Strasbourg, mais ce fut une triste fête.

Un matin, Maria et sa mère furent réveillées par une rumeur qui ressemblait à celle d'une fête. Maria se pencha à la fenêtre. La foule avait envahi les abords de l'immeuble, groupée autour de quelques canons arrêtés sur la chaussée.

— Maman ! s'écria Maria. Des canons, là, en bas !

— Des canons ? Qu'est-ce que tu me chantes ?

Madeleine vint rejoindre sa fille et s'écria, les mains devant son visage :

— Mon Dieu ! Ils vont encore se battre. Ferme vite cette fenêtre !

Maria ferma la fenêtre mais ouvrit la porte.

— Où vas-tu ?

— Voir les canons, tiens !

— Je te l'interdis ! Maria ! Maria !

La voix de la mère ricochait d'étage en étage, sans arrêter l'élan de la gamine qui, à cheval sur la rampe, descendait les étages à la vitesse d'une avalanche.

Ce n'était pas une escarmouche qui se préparait car pas un coup de feu ne fut tiré et pas une bousculade ne vint agiter la foule. Debout sur l'affût d'une lourde pièce, vêtue d'un uniforme de la Garde nationale, une femme pérorait : les canons de la Garde nationale, disait-elle, devaient rester aux Parisiens ; on allait donc les hisser sur les hauteurs de Montmartre ; quelques chevaux avaient été réquisitionnés mais le concours de la population serait le bienvenu. Elle y alla d'un petit couplet patriotique qui suscita des frissons dans la foule et fit pleurer les femmes.

Maria arriva près du canon alors que la communarde descendait, comme auréolée de ses propres paroles et d'une gloire naissante. Quand elle aperçut la gamine elle la prit dans ses bras et lui dit :

— Petite, tu n'es pas en état de comprendre ce qui se passe aujourd'hui, mais souviens-toi de cette journée et n'oublie pas mon nom : Louise Michel. Maintenant tu vas chanter avec moi l'hymne de la Commune, *Le Temps des cerises*, de mon ami Clément :

> *Quand nous en serons au temps des cerises*
> *Et gais rossignols et merles moqueurs*
> *Seront tous en fê... ê... te...*

Tandis que Louise Michel dansait sur place avec la

petite dans ses bras, la foule se pressait autour d'elle et reprenait en chœur :

> *Les belles auront la folie en tête*
> *Et les amoureux du soleil au cœur...*

C'était un bel après-midi de mars qui sentait le printemps. Les premières hirondelles sabraient le ciel au-dessus de Paris et les quelques arbres épargnés par la hache commençaient à mettre leurs verdures acides.

— Veux-tu nous accompagner jusqu'à Montmartre ? dit Louise Michel. Rassure-toi : je suis institutrice et j'aime les enfants.

— Oui, madame, je veux bien.

— Ta mère ne te grondera pas ?

— Non, madame.

— Alors, en selle, soldat !

Elle hissa la petite sur l'un des percherons attelés à la pièce et donna le signal du départ. On se bouscula pour aider au démarrage et le convoi composé d'une dizaine de pièces attaqua la pente sévère de la rue des Martyrs en direction de la Butte où il devait rejoindre ceux qui partaient des boulevards de Pigalle et de la Chapelle.

On arrivait en vue de la mairie lorsque Maria, fière comme Artaban, acclamée par la foule, entendit son nom lancé derrière elle. Sa mère fendait la foule pour la rejoindre, haletante, sa robe relevée sur ses mollets.

— Maria ! s'écriait-elle. Descends tout de suite ! Maria !

— C'est ta fille ? demanda Louise Michel.

— C'est ma fille et je vous prie de me la rendre.

— Calme-toi, citoyenne ! Elle ne risque rien, ta Maria. Elle est en train de vivre un des plus beaux jours de sa vie. Elle se souviendra de Louise Michel, de la Commune et du *Temps des cerises*.

Bon gré, mal gré, Madeleine dut suivre le convoi jusque dans les parages du Moulin de la Galette où il fit halte pour laisser se reposer les chevaux dont le pelage se fleurissait d'écume. Louise Michel aida Maria à descendre et fit claquer deux baisers sur ses joues roses.

— Toi, petite, s'écria Madeleine, tu me le paieras !

Ce ne sont pas des baisers qu'elle fit claquer sur les joues de la petite mais deux gifles fort sèches. Maria la fixa d'un air de défi, sans une larme. Elle avait le cœur plein d'amour pour les gens de la Commune et pour cette grande femme sèche mais chaleureuse qui lui avait fait chanter *Le Temps des cerises*.

La guerre de siège ayant pris ses quartiers, la révolution fit sortir les Parisiens dans la rue.

Rendre les canons réclamés par les traîtres du gouvernement d'Adolphe Thiers ? On s'y refusait. Ces canons, on les avait et on les garderait. Ou alors il faudrait que l'on tentât de les reprendre par les armes, mais on se battrait pour les défendre. Plutôt brûler Paris que de lâcher ce qui était le bien de la Commune !

Boulevard Rochechouart et dans les bas quartiers de la Butte se tenaient, à même le trottoir, des réunions improvisées. Des orateurs populaires s'écriaient :

— Les traîtres qui ont organisé la défaite, livré aux Prussiens deux de nos plus belles provinces et notre or, sont seuls responsables de la révolution ! Soldats de la Garde nationale, vous êtes les enfants du peuple ! Nous conserverons nos armes et nous choisirons nos chefs ! S'ils nous déçoivent, nous les révoquerons !

Madeleine revenait, brisée de fatigue, de livrer du linge à ses clientes quand elle traversa cette tempête en train de se lever. Elle prit Maria à témoin de son indignation, comme si la petite pouvait y comprendre quelque chose.

— Ces gens sont fous ! D'ici qu'ils mettent le feu à Paris comme ils l'ont promis... Pauvres de nous ! Comme si c'était pas assez de misère...

Adolphe Thiers ne décolérait pas : cette histoire de canons lui restait en travers de la gorge. Comment négocier avec les Prussiens, rassembler l'argent nécessaire à régler la note, avec ce ferment d'indiscipline et d'anarchie qui risquait de déclencher une guerre civile ?

C'est alors que le gouvernement décida de quitter Bordeaux où il se trouvait trop éloigné des événements pour regagner l'Île-de-France et s'installer non à Paris, ville dangereuse, mais à Versailles.

De sa fenêtre Maria regardait tomber la dernière neige de la saison qui tirait à sa fin. Dans la première ombre de la soirée le quartier semblait calme, mais d'un calme où semblait mûrir la tempête.

En se réveillant le lendemain, elle courut à la fenêtre. Déception : la neige n'avait pas tenu ; elle était en train de fondre sous un soleil printanier. Il lui prit soudain un désir de promenade.

— Maman, je peux sortir ?

— Pour aller où, encore, coureuse ? Tu vas d'abord faire ta toilette, t'habiller et déjeuner.

« Il » était parti de bonne heure. Le lit était encore défait et deux bouteilles de vin vides étaient posées sur la table. Cette fois-ci, c'était un de ces fédérés de la Garde nationale, un authentique sergent qui ne se consolait pas de la suppression de sa solde et jurait de se venger du *nabot*, ainsi qu'il appelait Adolphe Thiers. Il n'avait aux lèvres que les mots d'Internationale, de Commune, de gouvernement révolutionnaire : des expressions que Madeleine comprenait mal mais qui lui faisaient froid dans le dos.

Ces mots d'un nouveau vocabulaire, mystérieux, annonciateurs d'un autre temps, d'une autre vie, Maria se contentait de les chanter et de savourer les vagues images qu'ils faisaient renaître dans sa mémoire avec la voix âpre de Louise Michel, le roulement des canons de Montmartre, le hennissement des chevaux harassés et la rumeur profonde qui montait de la foule sur le parcours du cortège. Au cours de ses vadrouilles dans le quartier, elle se mêlait à des groupes de gosses qui brandissaient des fusils et des sabres de bois en criant : « Vive la Commune ! » et « À bas Thiers ! » en chantant les hymnes de la révolution appris devant les limonaires.

Une fois prête, chaussée de sabots à cause de la neige fondante qui se transformait peu à peu en gadoue, Maria se retrouva sous le porche où dormaient encore deux ou trois miséreux surpris par le froid de la nuit. Elle distribua aux oiseaux devenus rares après la famine les miettes de son petit déjeuner. Bien que ce ne fût ni un dimanche ni un jour férié, le quartier semblait plus calme que d'ordinaire. Les boutiquiers n'avaient pas ouvert leur porte. La crémière inspectait l'horizon derrière sa vitrine. Alors qu'elle passait devant le magasin du bougnat, le père Tourlonias, qui se tenait en retrait sur le seuil, la pipe plantée au milieu de ses grosses moustaches, les mains dans la grande poche ventrale de son tablier bleu, lui lança avec son accent d'Auvergne :

— Petite, c'est pas prudent de te promener à ct'heure. Paraît qu'il va y avoir de la casse. Tu ferais bien de rentrer chez toi.

Elle haussa les épaules et poursuivit sa promenade avec l'impression délectable d'être seule.

Parvenue à l'embranchement du boulevard Rochechouart et de la Petite-Rue-Pigalle, en face de la place de la Butte-Montmartre, Maria vit s'avancer une colonne de soldats précédée d'un officier à cheval, qui remontait le boulevard en direction de l'abattoir, dans un piétinement lourd et un clapotis de pas dans la neige molle.

Alors que la colonne arrivait à sa hauteur, elle mit ses mains en porte-voix et s'écria :

— Vive la Commune ! À bas Thiers !

L'officier poussa un juron, leva le bras pour arrêter

la progression de la colonne. Des soldats se poussaient du coude en rigolant. L'officier descendit de cheval, s'approcha de Maria en cinglant ses bottes avec sa cravache, et demanda à la jeune manifestante qui elle était et où elle habitait.

— Tu es trop jeune pour comprendre, dit-il, mais sache tout de même que nous sommes des militaires de l'armée régulière, des *lignards* comme on dit, et non de ces bandits de la Commune, de ces anarchistes que nous allons mettre à la raison. Tu devras apprendre une autre chanson, sinon toi et tes parents vous vous retrouverez en prison.

Éberluée, Maria regarda l'officier remonter à cheval en la menaçant de sa cravache et lancer l'ordre de reprendre la marche. Elle se disait que les affaires des adultes étaient bien compliquées et qu'elles la dépassaient. Pour elle, un soldat était un personnage destiné à une mission bien précise : abattre le plus possible de casques à pointe, comme au tir du Moulin de la Galette, et parfois se donner en spectacle comme les marins et les zouaves qui lui rappelaient le carnaval de Bessines.

Après avoir fait quelques pas sur sa monture, l'officier se retourna et lui lança :

— Tu ferais bien de rentrer chez toi, petite. Tout à l'heure, ça va barder.

Maria lui tira la langue. Elle supportait mal ce genre de conseils donnés par des inconnus. Au lieu de retourner à son domicile, elle emboîta le pas à la colonne qui, par la rue des Martyrs, prit la direction de la Butte. Arrivée à mi-pente, elle se retourna en entendant crier son nom par sa mère qui agitait ses bras sous sa pèlerine, ce qui lui donnait l'apparence d'un gros oiseau noir.

— Je te cherche depuis un quart d'heure ! Qu'est-ce que tu fiches là ? Tu pouvais pas rester dans la cour, comme les autres gamins ? Tu as envie de te faire tuer ?

Ça commençait à tirailler sur la Butte. On ne tarderait pas à entendre tonner le canon. Par la concierge de l'immeuble, Madeleine venait d'apprendre ce qui se préparait : les *lignards* qui venaient de longer le boulevard s'apprêtaient à livrer combat aux insurgés de la Commune. Cela ne faisait pas son affaire : elle avait du linge à livrer rue Léonie ; il faudrait qu'elle attende demain, et plus tard peut-être.

Dans la soirée, un voisin de palier lui apprit les dernières nouvelles : Montmartre était en ébullition. Le général Lecomte était parvenu à s'infiltrer dans le parc d'artillerie des rebelles et attendait les chevaux de trait qui lui permettraient de ramener les pièces à l'armée régulière. Les rebelles, qu'on appelait aussi les fédérés, n'avaient pas tardé à surgir, l'arme au poing, avec parmi eux des déserteurs des troupes de ligne qui, alors que le général donnait l'ordre de se retourner contre ses agresseurs, avaient mis la crosse en l'air.

Ivre de joie, la population de la Butte, femmes en tête, avait entraîné les soldats dans les bistrots pour les faire boire. Dans le beau soleil de mars la fête avait gagné toute la Butte et *Le Temps des cerises* mettait du baume au cœur et des larmes aux yeux.

Rue de Clignancourt, au Château-Rouge où on l'avait entraîné de force, le général Lecomte avait dû sous la menace signer l'ordre d'évacuation de ses troupes. Peu après, il avait été rejoint par le général Thomas qui venait d'être arrêté alors qu'il effectuait une simple promenade en tenue civile. Celui-là, on le connaissait ! Parlant du peuple il disait « la canaille » ; en 1848, il avait maté férocement l'insurrection populaire.

Les deux officiers avaient été jugés sommairement puis exécutés rue des Rosiers[1].

Dès lors, chaque jour fut une fête.
On apostrophait avec des expressions méprisantes

---

1. Aujourd'hui rue du Chevalier-de-la-Barre.

les bourgeois qui abandonnaient précipitamment la ville. Après Montmartre, Paris descendait dans la rue, faisait retentir en fanfare les airs de la grande Révolution, dansait sur les places, déployait par milliers des banderoles et des guirlandes aux trois couleurs de la République.

— Tout cela finira mal ! maugréait Madeleine. Si on s'imagine que M. Thiers va se laisser impressionner par cette mascarade... Il a de la troupe de ligne à Versailles et il n'attend que le moment de la faire marcher sur Paris. Et alors, gare !

Madeleine ne faisait que répéter ce que lui confiait M. Schulz. Ce voisin de palier, retraité de l'administration des Octrois, se prenait à la fois pour une Pythie et un Argus. Il collectait les nouvelles, les flairait, les accommodait à sa manière qui n'était guère portée à l'imagination.

Elle ajoutait :

— Quand j'y pense, je crois que nous aurions mieux fait de rester à Bessines. Là-bas, au moins, tout est calme.

Elle donnait de ses nouvelles une fois par mois à la veuve Guimbaud : des billets brefs rédigés d'une plume savante par M. Schulz qui prenait très à cœur son rôle d'écrivain public. La veuve répondait à intervalles irréguliers pour répéter que, depuis le départ de Madeleine et de Maria, la maison paraissait bien vide, que l'on était accablé de travail, que les gamines qu'on embauchait ne songeaient qu'à s'amuser, que le chien Fétiche se faisait vieux et qu'on avait dû vendre la mule Ponette. Et patati et patata...

En donnant lecture à sa voisine des lettres de Bessines, M. Schulz se posait des questions : pourquoi Madeleine avait-elle quitté cette province qui paraissait si calme, et cette situation qui lui convenait parfaitement ? Lorsqu'il s'ouvrait à elle des problèmes qu'elle posait à sa raison, elle se contentait de hausser les épaules. Trop curieux, ce monsieur...

Un matin, au saut du lit, M. Schulz décréta qu'il convenait, étant donné les événements qui se préparaient, de construire une barricade devant le porche de l'immeuble.

Témoin des événements de 1848, il savait de quoi il parlait. Avec le concours de la concierge, il fit circuler parmi les locataires un appel destiné à une mobilisation générale des bonnes volontés et des énergies. Des hommes, des femmes, des enfants se présentèrent spontanément et commencèrent à collecter les matériaux nécessaires : vieux meubles, futailles abandonnées, déchets de construction, planchailles à moitié pourries... M. Schulz veillait à l'édification de cette redoute comme s'il s'agissait d'un château de sable, soucieux de ce que le moindre orifice fût colmaté soigneusement avec des moellons, de vieux chiffons, de la boue. Sous l'œil narquois des voisins inactifs, il s'amusait comme un fou, et Maria avec lui.

Contre qui défendrait-il l'immeuble ? Il n'en savait fichtre rien. Ce serait selon... Et avec quelles armes et quelles munitions ? Des cailloux, des marrons d'Inde ? Il souriait finement, tirait de sa poche un pistolet datant de la Révolution. Lorsqu'on le poussait dans ses retranchements, qu'on tentait de lui démontrer l'absurdité de ce système de défense, il répondait qu'il se battrait à mains nues s'il le fallait mais qu'aucun étranger à l'immeuble ne franchirait cette barricade.

Poussant à l'extrême son souci d'héroïsme, il assurait la garde en permanence, de jour et de nuit, avec une vieille catin des Batignolles qui faisait du tricot en attendant l'attaque.

La tourmente ne tarda pas à s'abattre sur Paris, peu après les événements de Montmartre, qui avaient jeté la consternation chez les versaillais.

Au cours des engagements qui se livraient le long des fortifications, avec des fortunes diverses de part et d'autre, les prisonniers étaient fusillés sans jugement, après avoir été maltraités et parfois torturés. Le souffle d'enthousiasme qui avait soulevé la Commune commençait à perdre de son intensité ; sujette à des divergences idéologiques, elle tremblait sur ses fondements. Les assemblées de ses dirigeants se traduisaient par des parlotes stériles et des querelles pharisaïques, alors que les versaillais faisaient bloc autour du « serpent à lunettes » qui, à défaut de générosité, faisait preuve d'une énergie inlassable.

Les nouvelles que M. Schulz rapporta début avril d'une incursion dans les quartiers du centre n'étaient guère réjouissantes.

Thiers avait lancé une nouvelle offensive ; elle avait permis d'occuper Châtillon, Courbevoie, Neuilly... Il disposait de cent mille soldats, de chefs éprouvés, d'une puissante artillerie, alors que la Commune n'alignait qu'une vingtaine de mille de véritables combattants et un seul officier de valeur éprouvée : Rossel. Une lutte inégale.

La destruction de la colonne Vendôme, dont la responsabilité incombait au peintre Courbet, artiste de génie mais esprit fumeux, avait suscité des mouvements divers dans la population. M. Schulz, qui, au milieu de la foule, avait assisté à la chute du monument impérial, en était revenu bouleversé, au bord des larmes, bégayant :

— On n'aurait pas dû... C'est un acte de vandalisme, un sacrilège. On a oublié que Napoléon était un fils de la Révolution. Mon père a dû se retourner dans sa tombe : il a combattu sous ses ordres durant les Cent-Jours. Cette colonne était chère à mon cœur. Quelle tristesse !...

Il rappela avec émotion que les fresques qui la tapissaient avaient été faites avec le bronze des canons pris à Austerlitz. Si l'on décidait de la reconstruire, il serait le premier à retrousser ses manches.

— Sacré Courbet ! On devrait lui faire payer les pots cassés.

C'est ce que l'on fit plus tard.

Tandis que les Parisiens venaient rendre hommage aux décombres de l'illustre monument, Thiers développait sa stratégie offensive avec obstination et succès. A chaque affrontement, les troupes gouvernementales balayaient la horde des communards dont l'héroïsme ne parvenait pas à ébranler la puissance des versaillais auxquels le chancelier Bismarck venait de confier cent mille prisonniers qu'il détenait encore.

Face à une Commune moribonde, le temps travaillait pour les gouvernementaux.

Fin avril, Madeleine avait hébergé un jeune cordonnier de la rue des Acacias, qui avait son échoppe à une centaine de mètres de son domicile.

Ce garçon discrètement obèse, assez joli de visage avec des favoris à l'ancienne qui descendaient jusqu'au menton, s'était arrêté pour regarder d'un œil amusé M. Schulz jouer au génie militaire et à l'architecte barricadier. Sollicité par le vieil homme, il avait retroussé ses manches pour aider Madeleine à trimbaler une vieille carcasse de lit.

— Votre fille, dit le cordonnier, est très éveillée pour son âge. Six ans...

— Elle ne l'est que trop, avait bougonné Madeleine. Elle est moins facile à garder qu'un troupeau de chèvres.

Le cordonnier ôta sa casquette et se présenta cérémonieusement. Il s'appelait Carolus Berthier, un prénom qui ne lui plaisait guère, mais ses parents avaient gardé de la Révolution le goût des prénoms bizarres et prétentieux.

— Si vous préférez m'appeler Charles...

— J'aime bien Carolus. Ça fait latin, comme à la messe.

Il allait vite en besogne, ce cordonnier. La chaleur d'avril lui donnant soif, il proposa à Madeleine d'aller se rafraîchir chez le bougnat Tourlonias. Ils burent deux canons d'un aimable piccolo de Suresnes. Le moment venu de se séparer, il promit à Maria de revenir le lendemain prêter la main à la barricade, car la clientèle, avec les événements, boudait la cordonnerie. Il revint trois jours de suite, provoqua des confidences, y mêla les siennes.

Au soir du troisième jour, Madeleine l'invita à déguster une gibelotte et lui ouvrit son lit.

Garçon foncièrement honnête, Carolus ne tarda pas à révéler son souci de voir cette aventure finir dans les normes d'une morale à laquelle il ne voulait pas faillir. Il n'était pas riche mais gagnait en temps normal de quoi subvenir à l'entretien d'un ménage. Madeleine demanda le temps de la réflexion, pour la forme car, si le cœur avait été conquis dès le premier jour, l'esprit pratique suivait de peu.

Carolus tirait déjà des plans sur la comète : la guerre terminée, ils loueraient l'appartement de trois pièces situé au-dessus de son échoppe et qu'il guignait depuis quelque temps en vue d'un mariage.

On célébra leur union au début de mai, à la mairie de Montmartre, place de l'Abbaye. Le maire, Georges Clemenceau, y alla de son allocution. Pour le curé, on s'en passa fort bien, Carolus n'ayant guère l'esprit religieux et Madeleine moins encore. Comme le marié n'avait ni parents ni amis dignes de ce nom, la fête sommaire mais agréable, sous une charmille du Moulin de la Galette revenu à sa vocation de guinguette. Le père Debray se fendit d'une bouteille de mousseux.

— Montre-moi les dessins que tu as faits aujourd'hui, demandait Carolus.

Maria n'aimait pas trop exposer ses œuvres à des regards critiques. Elle était passionnée par le dessin, certes, mais ses petits camarades du quartier faisaient de même, quoique avec moins de sérieux et d'application. Ils jalousaient un peu la sûreté de son trait et son esprit d'observation.

— C'est bien, disait Carolus. C'est même très bien. Ma fille, tu es très douée.

Un soir, il sortit un carnet de sa poche et lui demanda de faire son portrait. Il lui promit un franc ; elle en exigea deux. Elle crayonna une sorte de courge flanquée de favoris exubérants, qu'elle barbouilla de couleurs outrancières. Il n'aimerait pas cette caricature, mais tant pis : c'est ainsi qu'elle le voyait.

Carolus eut un haut-le-cœur.

— C'est moi, ça ? C'est à cette courge que je ressemble ?

Il prit Madeleine à témoin de cet essai irrévérencieux.

— Ma foi, dit-elle, il y a quelque chose de toi, mais c'est vrai qu'elle a un peu forcé sur tes rondeurs. Si tu voyais les portraits qu'elle a faits de ce pauvre M. Schulz ! C'est à frémir. Il a cru qu'elle se moquait de lui !

— Mes sous ! réclama Maria.

Carolus ouvrit sa bourse à regret, jeta deux piécettes sur la table en lui demandant ce qu'elle allait en faire.

— C'est pour ma tirelire. Dans quelque temps, je pourrai acheter d'autres crayons de couleur et du papier. Du beau.

— Si c'est pas malheureux ! glapit Madeleine. À son âge, vouloir devenir *artisse*. Comme s'il n'y en avait pas assez de ces crève-la-faim qu'on voit dans les rues de Montmartre...

— Si tu veux mon avis, Maria, dit Carolus, tu ferais mieux de faire lingère et repasseuse, comme ta mère. C'est un joli métier, où on gagne bien sa vie. Ça t'empêcherait pas de dessiner à tes moments perdus.

La concierge était venue proposer à Madeleine de s'inscrire à l'Union féminine pour la défense de Paris et le soin aux blessés. Elle refusa. Soigner des blessés, cela allait de soi dans certaines circonstances, mais assister à des réunions auxquelles elle ne comprendrait rien, à quoi bon ?

Les dimanches n'avaient jamais paru aussi mornes à Maria. Ils se traduisaient ordinairement par des visites au cimetière de la rue Marcadet où Carolus avait la tombe de ses vieux, à la porte de Clignancourt pour admirer la vue sur Saint-Ouen, Aubervilliers, Saint-Denis, avec, sur le retour, l'apéritif au Moulin : un canon pour Carolus qui supportait mal l'alcool, des absinthes pour Madeleine.

Dans ce couple en apparence sans histoire, quelque chose clochait, que Maria avait du mal à définir. Des querelles éclataient souvent, en pleine nuit, assourdies par le paravent. La voix de Madeleine clamait :

— Tu m'as trompée ! Je croyais avoir affaire à un homme, un vrai !

Celle de Carolus, pitoyable, répliquait :

— Il faut être patiente. Ça reviendra sûrement. À la longue...

— À la longue ! À la longue ! Tu en as de bonnes. Si ça revient dans dix ans...

Que Carolus ne fût pas un homme, voilà qui intriguait la petite. Il en avait pourtant toute l'apparence, malgré sa voix fluette et ses manières délicates d'artiste en chaussures. Sa mère ne pouvait pas avoir épousé une femme ! Maria, ayant surpris son beau-père en train d'uriner au-dessus du pot, savait bien de quel sexe il était et qu'il était correctement pourvu. Les gamins du quartier, délurés et sans gêne, lui avaient assez souvent démontré la différence entre les sexes.

Alors fréquemment, et même dans le courant de la journée, les rapports entre les conjoints tournaient à l'aigre, ce qui laissait Maria parfaitement indifférente. La générosité de Carolus ne se démentait pas : un petit sou par-ci, une pièce par-là...

— Petite, va me chercher un paquet de *crapulos*. Tu garderas la monnaie.

Il lui arrivait de fouiller subrepticement dans la bourse du cordonnier et de rafler quelques piécettes qui allaient engraisser le cochon rose.

Elle décida un beau jour de faire le compte de son bien. Riche de quinze francs — une fortune ! — elle s'acheta une panoplie de crayons de couleur ; deux mains de beau papier légèrement azuré et une nouvelle tirelire représentant une tête grotesque de uhlan.

Depuis l'intrusion de Carolus Berthier dans l'intimité de ses voisines, M. Schulz boudait. C'est une situation, se disait Madeleine, qu'il eût peut-être aimé assumer lui-même. Mais, vieux comme il l'était, sans grâce sinon sans pécune, il n'avait osé se déclarer. Les nouvelles, c'était désormais Carolus qui les apportait au logis : il avait une clientèle communicative et lisait la presse de la Commune.

Les événements prenaient mauvaise tournure.

Les versaillais avaient eu la bonne fortune de constater qu'un bastion, celui du Point-du-Jour, proche de Boulogne, n'était pas gardé. Une négligence que les fédérés allaient payer fort cher. Les troupes de Thiers purent pénétrer sans coup férir dans la capitale. Le délégué à la Guerre du gouvernement de la Commune, le citoyen Delescluze, sorte de héros fatigué et désabusé, était sujet à des erreurs stratégiques. Celle-ci était de taille. Les Parisiens assistèrent, impuissants, à la ruée des versaillais, à la prise de Passy, d'Auteuil, de Chaillot. Delescluze donna sa démission en souhaitant que cette guerre ne fût plus l'affaire des militaires mais des « combattants aux bras nus », de préférence aux « bras galonnés ».

L'idée était moins absurde qu'il n'y paraissait de prime abord. Les versaillais ne tardèrent pas à l'admettre : ils trouvèrent en face d'eux non des officiers imbus de leurs prérogatives et des soldats moutonniers mais une masse populaire portée par un élan irrésistible.

Madeleine s'en prenait à Carolus et lui disait :

— Au lieu de ressemeler tes bottines, tu devrais prendre les armes et aller te battre comme les autres hommes du quartier !

Carolus baissait le nez.

— J'en suis incapable, geignait-il. J'ai voulu m'engager dans la Garde nationale, l'année passée, mais on n'a pas voulu de moi. La seule vue d'un fusil me fait peur.

— À part tirer le ligneul, je ne vois pas de quoi tu es capable !

Piqué au vif par ces banderilles, Carolus réagit et se porta volontaire pour aider à édifier des barricades. Le soir, il rentrait épuisé, avalait sa soupe et se couchait sans un mot. Il ne s'agissait plus de construire des *barriquettes* dans le genre et de la dimension de celle sur laquelle régnait M. Schulz mais de véritables fortifications auxquelles des femmes et des enfants venaient en masse prêter leurs bras.

Le jour où Carolus proposa d'amener Maria avec lui, Madeleine regimba violemment : cet homme était fou ! il voulait faire tuer son enfant ! Maria, quant à elle, n'eut pas demandé mieux. Les « fêtes » qui se déroulaient dans le centre de la capitale et dans quelques autres quartiers l'attiraient irrésistiblement. À plusieurs reprises, elle avait tenté une fugue mais sa mère, qui la surveillait étroitement, l'avait toujours rattrapée par le fond de sa jupe et l'avait copieusement corrigée, ce qui laissait la petite indifférente.

— Elle est dure, cette gamine ! s'écriait la mère. On pourrait la tuer, elle aurait pas une larme ! Qu'est-ce que t'as dans la peau, dis, charogne ?

Un jour de grand tumulte, Maria, postée à sa fenêtre, eut son attention attirée par une scène dramatique. Une voiture de la Croix-Rouge s'était arrêtée devant l'immeuble. Il en descendit des blessés que l'on s'apprêtait à loger dans un entrepôt voisin à usage d'infirmerie. Une dame vêtue de blanc passait d'un blessé à un autre pour leur donner à boire. Il ne lui manquait que des ailes dans le dos pour ressembler à un ange. Bouleversée, Maria prit ses crayons et se mit à dessiner. Elle ne pouvait aller vers les événements ; c'étaient eux qui venaient à elle.

On se battait depuis des jours au cœur de la capitale : rue de Rivoli, rue Royale, faubourg Saint-Honoré... Dans la dernière semaine de mai, les communards incendièrent plusieurs monuments publics : l'Hôtel de Ville, la Cour des Comptes, le Palais de Justice, la bibliothèque du Louvre...

— Ils sont devenus fous ! gémissait Carolus. Mettre le feu à une bibliothèque... Pourquoi ? Les vandales !

Lorsqu'il apprit que le palais des Tuileries était en proie au sinistre, il pleura en se souvenant de ce que son père lui avait raconté de l'incendie de Moscou. Paris allait-il subir le même sort ? Plusieurs nuits de suite, au-dessus de la capitale, le ciel rougeoyait comme si quelque aurore boréale eût surgi, annonciatrice de la fin du monde. Accoudé à la fenêtre d'où l'on découvrait une partie du sinistre, il se lamentait :

— L'Apocalypse... C'est l'Apocalypse... Nous allons tous disparaître.

L'air était lourd d'une tenace odeur de roussi et de fumées roussâtres. Sur le boulevard Rochechouart devenu une allée de l'enfer, on voyait défiler des combattants harassés, des convois de blessés et de cadavres accompagnés de femmes éplorées, des groupes de prisonniers versaillais que l'on s'apprêtait à fusiller sans jugement. La même fureur destructrice et criminelle animait les hommes des deux camps. Ils n'avaient qu'un mot d'ordre : détruire et tuer.

— Les communards, assurait Carolus, ont assassiné l'évêque de Paris, Mgr Darboy, ainsi que plusieurs religieux. C'est une infamie !

Informée par M. Schulz, Madeleine répliquait :

— Et les versaillais, tu crois qu'ils se montrent plus

tendres ? Ils ont fusillé une fournée de quarante communards !

Les batailles de rues se déplaçaient insensiblement vers les quartiers de la rive gauche, après l'investissement par les troupes régulières de toute la rive droite. Du haut de la Butte, Louise Michel animait la résistance entre deux combats aux barricades où elle se battait comme un soldat, le foulard rouge autour du cou.

Madeleine décréta qu'il n'était plus question de sortir dans la rue. Ça tiraillait dans tous les sens, comme dans les bois, les jours de l'ouverture de la chasse à Bessines. Elle s'était pourvue en subsistances pour environ une semaine. Après, on verrait. Il restait un chat à la maison.

— Toi non plus, dit-elle à Carolus, tu ne bouges pas ! Laisse faire ces enragés. De toute manière, si j'en crois M. Schulz, tout sera terminé dans moins d'une semaine.

Il rompit la consigne. Une nuit, il se retira sans bruit en profitant de ce que son épouse dormait profondément. Quelle pulsion avait pu naître dans sa cervelle fragile ? Avait-il agi poussé par un ultime sentiment patriotique ? Avait-il souhaité rompre avec l'autoritarisme de Madeleine ?

Le lendemain, il ne reparut pas. On ne le revit pas non plus le surlendemain.

— Il a dû aller se faire massacrer, cet imbécile ! Je lui avais pourtant interdit de quitter la maison...

Carolus avait échappé au massacre. Il revint le matin du 29 mai, hâve, l'œil égaré, des taches de sang sur sa vareuse, quasi muet. Il mangea un morceau de fromage et une tranche de pain, se coucha sans se déshabiller et dormit jusqu'au soir. Il ne se réveilla que pour se mettre à table, ce qui, dit-il, ne lui était pas arrivé depuis son départ. Il avait participé aux combats de Charonne, de Montmartre, sur la même barricade que Louise Michel — une « sacrée bonne femme ! » — et à travers les tombes du Père-Lachaise.

La veille, il avait appris que la Commune de Paris avait cédé sous le nombre, victime de la mésentente qui régnait au sein du gouvernement. Affalé sur la table, pitoyable comme un ange auquel on aurait coupé les ailes, il semblait incapable de prononcer plus de dix mots de suite.

— Je vais être obligé de me cacher, dit-il en se levant. La répression va être terrible. Nous avions des traîtres parmi nous. Ils m'ont repéré. S'ils me reconnaissent, je suis foutu.

À défaut d'être né héros, il se disait qu'il finirait peut-être en martyr. Cela ne semblait pas lui déplaire, malgré les mines tragiques qu'il prenait pour annoncer que les exécutions sommaires des séditieux avaient débuté, que M. Thiers se montrait inflexible, qu'il fallait s'attendre à des milliers de victimes expiatoires.

— Te cacher, dit Madeleine, mais où ? Pas ici en tout cas ! Trop dangereux pour moi et la petite.

Il avait son idée : une cave voûtée située sous son immeuble ; on y accédait par une trappe dans son atelier, avec un soupirail pour donner un peu de lumière. Il faudrait que Madeleine ou la petite vienne lui porter chaque jour sa nourriture.

— J'espère que ça durera pas longtemps ! grogna Madeleine, parce que j'ai pour ainsi dire plus de sous...

M. Thiers avait promis de venger Paris des excès que la Commune lui avait infligés. Il tint parole.

Plus de vingt mille prisonniers furent passés par les armes, près de deux mille en une seule journée dans la prison de la Roquette. Il en fit déporter des dizaines de milliers, parmi lesquels Louise Michel, en Algérie ou en Nouvelle-Calédonie. Au total, il fit procéder à quarante mille arrestations. On ne pouvait comptabiliser les exécutions sommaires de passants à l'allure suspecte, un exercice dans lequel le sinistre général Galliffet s'était rendu maître. On se moquait des raisons pour lesquelles on tuait. On tuait, c'est tout !

Intrigué par le manège de la petite partant chaque matin avec un cabas pour la rue des Acacias, le bon M. Schulz l'intercepta un matin sur le boulevard, lui demanda où elle allait et ce qu'elle portait. Chapitrée par sa mère, elle répondit sèchement :

— Ça vous regarde pas !

— Il se pourrait bien, au contraire, que ça me regarde.

Ce brave citoyen qui, pour défendre son petit lopin, avait édifié une barricade d'opérette avait tourné casaque depuis que M. Thiers s'était installé à Versailles en se promettant de remettre de l'ordre dans Paris. Pour le vieil homme, le monde se partageait entre les bons bourgeois préparant l'assaut contre le Paris révolutionnaire et les ouvriers mêlés aux intellectuels qui animaient le gouvernement de la Commune — des communards ! disait-il en traînant avec mépris sur le « r ». À l'inverse, Carolus Berthier, qui avait témoigné de ses préventions contre les vandales et les massacreurs de curés, avait décidé en fin de compte que sa présence était à côté des siens : les gens du peuple. C'était un homme de devoir et seul son devoir lui dictait sa conduite.

M. Schulz ne tarda pas à obtenir confirmation de ses doutes. Un jour, à travers les vitres poussiéreuses de l'atelier de cordonnerie, il vit Maria soulever la trappe et disparaître. Le lendemain, alertée par ses soins, la police de M. Thiers était sur place et mettait la main sur le rebelle. Par lui on remonta aisément à sa complice.

Un matin, alors qu'elle était occupée à repasser sa lingerie fine, des pas retentirent dans l'escalier. Un coup de poing ébranla la porte.

— Madeleine Valadon, épouse Berthier, veuillez nous suivre.

Madeleine ne chercha ni à résister ni à protester : cela devait arriver, comme à d'autres femmes du quartier avant elle. Alors qu'elle préparait son balluchon, M. Schulz la rassura :

— Ne vous tracassez pas, Madeleine. Je vais intervenir pour que l'on ne vous garde pas longtemps. En attendant qu'on vous libère, je prendrai soin de votre fille.

— Vous êtes bien bon, soupira Madeleine. Je vous revaudrai ça.

Le soir de l'arrestation, M. Schulz proposa à Maria de venir coucher chez lui. Il n'avait qu'un lit et l'invita à le partager pour éviter un déménagement. Désemparée par le départ de sa mère, elle accepta. Au milieu de la nuit, elle s'éveilla en hurlant : une grosse araignée plaquée dans son dos promenait ses pattes gluantes sur sa peau. Elle crut à un cauchemar ; ce n'en était pas un. La voix aigre du vieillard soufflait dans son dos :

— Tais-toi, petite idiote ! Tu vas réveiller toute la maisonnée. Je veux pas te faire de mal. Simplement te toucher et me réchauffer un peu. Si tu veux que ta mère revienne vite, il faut me laisser faire. Je t'aime comme si tu étais ma fille...

Le lendemain soir, elle décida de coucher dans le lit de sa mère et de fermer sa porte à clé. Au matin, Madeleine était de retour, la mine rogue. On n'avait pas tardé à admettre que cette provinciale illettrée et naïve ne pouvait être impliquée dans les événements dont on l'accusait et qu'elle n'avait pu empêcher Berthier de choisir le mauvais parti.

— Et Carolus, dit Maria ? On va le fusiller ?

— Le pauvre... Il va être envoyé aux travaux forcés, très loin d'ici. On a décidé de lui épargner la mort parce qu'il n'avait pas d'arme quand on l'a arrêté et qu'il était honorablement connu dans le quartier.

Elle ne faisait que répéter ce que les policiers lui avaient confié. Elle ajouta en s'agenouillant devant Maria et en la prenant dans ses bras :

— Je sais qui l'a trahi. Je le savais d'ailleurs avant qu'on l'arrête. C'est ce bon M. Schulz ! Cette petite vengeance va lui coûter cher. Il s'est comporté comment avec toi ?

Maria détourna la tête.

— Tu veux rien me dire ? Il t'a... il t'a touchée, caressée ?

La petite hocha la tête. Madeleine se releva lentement et se prit le front à deux mains.

— Ce vieux salaud...

À deux jours de là, alors qu'il allait acheter son journal, M. Schulz fit une chute dans l'escalier et se brisa le col du fémur. Il prétendit qu'on avait dû le pousser, mais quant à savoir qui... On n'attacha guère d'importance à ses soupçons : ce vieil original n'avait plus toute sa tête.

Le même jour, alors que Maria jouait à la marelle devant la porte du bougnat, elle aperçut un groupe sortant d'une maison voisine. Deux policiers en uniforme poussaient devant eux une femme qui tenait son nourrisson dans ses bras et souriait. En passant près de Maria, elle s'arrêta pour lui caresser les cheveux et lui dire en souriant :

— Au revoir, Maria. Continue à faire de beaux dessins sur le trottoir. Mon mari était artiste peintre. Il aimait bien ce que tu faisais.

Les policiers la reprirent par le bras et l'entraînèrent. Pour les narguer, elle se mit à chanter la chanson interdite :

> *Quand nous en serons au temps des cerises*
> *Et gais rossignols et merles moqueurs*
> *Seront tous en fê... ê... te...*

Jamais mois de mai n'avait été aussi radieux. Les premières cerises ne tarderaient pas à arriver sur le marché.

IV

PROMENADES INTERDITES

Madeleine Berthier n'allait pas tarder à retrouver son nom de jeune fille : Valadon.

En reprenant possession de la capitale, Adolphe Thiers avait promené ses besicles sur les actes d'état civil et constaté avec surprise que, durant les soixante-dix jours qu'avait duré la Commune, on s'était beaucoup marié à Paris. Dans le seul XVIIIe arrondissement, celui de Montmartre, Georges Clemenceau, le maire de l'époque, n'avait pas célébré moins de cinquante-cinq mariages. Thiers décida immédiatement de les faire annuler. Les couples qui le souhaitaient pourraient rester ensemble mais devraient confirmer leur union en repassant devant le maire.

Une aubaine pour Madeleine.

Ce pauvre Carolus ne s'étant pas montré à la hauteur de ses devoirs conjugaux, elle s'était dit qu'elle n'avait pas fait le bon choix. La déportation de son mari fermait une porte et en laissait une autre ouverte. Elle comptait bien mettre à profit cette situation pour reprendre sa liberté et se donner du bon temps avant qu'il ne fût trop tard. Dans sa quarantaine, cette femme qui avait été belle et de nature généreuse avait mal supporté les épreuves du siège, celles de la guerre civile, et inclinait inexorablement vers une vieillesse précoce. Sa chevelure commençait à grisonner, sa mâchoire à se dégarnir, sa taille à prendre une ampleur inquiétante. Maria la surprenait parfois, le matin, à se lamenter devant la glace. En même temps, son caractère s'aigrissait au point que quelques bourgeoises de sa clientèle s'étaient passées de ses services : à la moindre observation, elle prenait la mouche.

M. Schulz veillait comme un corbeau sur la branche. « Ce vieux salaud ! » s'était écriée Madeleine au retour de son interrogatoire. Peu à peu la mauvaise humeur qu'elle manifestait à son voisin s'était dissipée ; elle avait repris avec lui des rapports courtois, sinon franchement amicaux.

Un jour, encouragé par ces bonnes dispositions, il s'était découvert :

— Madame Valadon, je n'irai pas par quatre chemins. Voulez-vous de moi comme époux ? Il est vrai que nous ne sommes plus jeunes l'un et l'autre, moi surtout, mais je peux améliorer votre existence et peut-être vous rendre heureuse. J'ai des économies, de petites rentes et quelque bien au soleil. Vous connaissez mon caractère, ma façon de vivre et quelques innocentes manies que vous pourriez facilement corriger.

Madeleine lui éclata de rire au nez et le projet en resta en plan.

M. Schulz ne désarma pas pour autant. Peu susceptible, conscient des inconvénients relatifs à leur différence d'âge, il renouvela sa demande quelques jours plus tard, assortie d'un bouquet de violettes et d'une boîte de chocolats. Persuadée, après deux nouvelles expériences pitoyables, qu'elle ne tarderait pas à sombrer dans des coucheries crapuleuses, Madeleine l'écouta avec attention et finit par l'agréer.

Au retour de la mairie, après une bamboche au mousseux chez le père Lathuile, elle lui dit :

— Arsène, je connais certaines de vos « petites manies », comme vous dites. Alors, pour Maria, pas touche ! Si je vous reprenais à vouloir tripoter cette pauvre innocente, vous auriez affaire à la police. Ai-je votre parole ?

Il ne pouvait la lui refuser. Madeleine lui suffirait amplement et il se flattait, là encore, de la rendre heureuse.

Le temps était venu, avec le retour à la normale, de confier Maria à l'école.

Celle de Montmartre, dont la directrice n'était autre que Mme Dumas, l'épouse de Joseph, était la plus proche. Arsène l'y conduisit aux premiers jours d'octobre, pour la faire inscrire. En confidence il dit à la directrice :

— Cette petite est très éveillée et très douée, notamment pour le dessin, mais elle n'a pas un caractère facile et ses manières manquent de discrétion. Regardez : elle fouine partout. Il faudra la surveiller.

Le bâtiment doté d'un étage où Mme Dumas et son mari s'étaient installés après la tourmente avait souffert du siège et des événements de la Commune, la compagnie des mobiles bretons qui y avait trouvé asile ayant brûlé tout ce qui pouvait l'être. Louise Michel, institutrice elle-même, y avait installé son quartier général pendant quelques jours, alors que les versaillais commençaient à investir la capitale. On s'était battu de part et d'autre d'une barricade. Les crédits affectés aux opérations de rénovation étaient encore en attente lorsque Maria occupa la place qui lui était affectée parmi les petits. Aux impacts de balles qui avaient percuté les murs on pouvait lire encore les traces des combats. On avait gratté sur le plâtre et sur le parquet des traces de sang séché.

La misère des temps, ajoutée à son caractère irascible, ayant amoindri la clientèle de la lingère, Arsène lui avait proposé de renoncer à travailler pour ne s'occuper que de son ménage, mais, outre qu'elle redoutait de s'ennuyer, elle se refusait à dépendre d'un mari, fût-il à l'aise.

Elle travailla quelque temps comme bonne à tout faire chez une bourgeoise des Batignolles mais, objet d'une surveillance humiliante, elle lui jeta son tablier à la figure. Par la suite, elle décida de faire des ménages quelques heures par jour, ce qui rapportait peu mais coûtait moins d'efforts.

Maria lui manquait. Le premier jour, elle pleura mais comme, depuis quelque temps, elle broyait des idées noires et sombrait dans une apathie annonciatrice d'un comportement sénile, Arsène n'y attachait guère d'importance et se contentait de la gourmander :

— Il faut te faire une raison. Tu ne pouvais pas garder cette petite toute ta vie dans tes jupes. Il fallait bien lui donner l'instruction qui te manque. Sois raisonnable.

Raisonnable, Madeleine ne l'était pas. Elle ne semblait reprendre goût à la vie qu'au soir tombant, lorsque Arsène lui ramenait Maria. Elle protestait :

— Vous en avez mis du temps pour rentrer !

— Tu sais que, depuis mon accident, j'ai du mal à marcher normalement.

Parfois, lorsqu'elle s'en sentait le courage et que son travail lui laissait un peu de temps libre, elle montait jusqu'au village et, par-dessus le mur de la cour de récréation, observait sa fille. Surprise un jour par Mme Dumas, elle fut invitée à entrer dans la salle de classe.

— Maria, ta maman vient te rendre visite. Veux-tu l'embrasser ?

Maria ne daigna ni se lever ni quitter sa place.

— Eh bien, Maria, insista la directrice, je te parle. Allons, viens embrasser ta mère !

À contrecœur, Maria se leva, s'avança vers Madeleine, lui tendit sa joue et revint s'asseoir, l'air boudeur. Elle tenait rigueur à sa mère de cette visite. Cela rimait à quoi ? Mme Dumas rassura Madeleine en la reconduisant : ces enfants avaient vécu des années difficiles, subi des privations, des épreuves affectives, au point que leur comportement pouvait paraître singulier. Il en était de même pour Maria, et en pire : c'était une nature hypersensible.

— Rassurez-vous, madame Valadon, cela lui passera avec l'âge, et elle est encore si jeune...

— Au moins, est-ce qu'elle apprend bien ?

— Difficile à dire pour le moment. Il faudra attendre quelques mois pour la juger. C'est une gamine imprévisible, capable du meilleur comme du pire. Elle apprend vite, à condition qu'elle le veuille. Elle se moque des quatre règles de l'enseignement. Une seule discipline l'intéresse, et vous devinez laquelle... Au lieu de faire des bâtons, elle dessine ce qu'elle voit autour d'elle ou ce qui lui passe par la tête. Elle est douée, d'ailleurs. Nous avons peut-être là un Léonard en herbe.

— Léonard ? Qui est Léonard ?

— Léonard de Vinci : un grand peintre italien.

La scène qui éclata dans la soirée, au retour de l'école, Madeleine s'en souviendrait longtemps, comme d'une blessure longue à cicatriser.

— Pourquoi tu es venue à l'école ?

— Pour voir où tu travailles, tiens !

— Je veux pas ! Je veux plus, tu entends ? Plus jamais !

Arsène arrêta au vol la main de Madeleine.

— Ne frappe pas cette petite. C'est elle qui a raison.

Mme Dumas l'avait pris à part, lui avait révélé qu'à la récréation qui avait suivi la visite de la mère, des élèves avaient fait la ronde autour de Maria en chantant : « C'est la fille à la bonniche ! »

— Alors je te déconseille ces visites, dit-il. Tu as la chance de voir ta fille tous les jours. Que dirais-tu et que ferais-tu si elle était en pension chez les sœurs de Saint-Jean ?

Les jours de congé scolaire, lorsque le temps était favorable, Maria s'installait devant la boutique de son ami le bougnat. Le père Tourlonias la prenait sur son genou, la laissait par jeu tirer sur sa bouffarde, s'amusait de l'entendre tousser. Il lui chantait des chansons de son Auvergne natale dont elle comprenait le patois : celui que sa mère parlait jadis à Bessines, avec la veuve Guimbaud, la bonne et les clients.

Le bougnat s'était lié d'amitié avec un autre Auvergnat natif d'Ambert, Emmanuel Chabrier, qui était devenu, au sortir de l'Administration où il végétait, l'un des meilleurs pianistes de sa génération et un ami de quelques grands peintres, parmi lesquels Édouard Manet, qui le recevait souvent. Il s'arrêtait une fois ou deux par semaine pour boire un canon et manger une frotte à l'ail sur le cul d'une barrique. C'était un colosse jovial et généreux.

— Qu'est-ce que tu veux aujourd'hui pour dessiner ? De la braisette ou de la craie ?

Elle demandait les deux.

— Qu'est-ce que tu vas dessiner ? Ta maîtresse, tiens !

Maria s'accroupissait sur le trottoir, traçait lentement mais d'un trait sûr le visage et le corps fluet de Mme Dumas. Elle allongeait le nez, faisait sortir les yeux des orbites qu'elle avait creusés, ébouriffait sa chevelure qu'elle avait buissonnante. Elle faisait figurer près d'elle un gros chien et un bonhomme malingre.

— Le chien, disait-elle, c'est Euréka. Il est plein de puces, il pue, mais je l'aime bien. On est copains.

— Et ce gringalet à côté de la dame ?

Elle hésitait à répondre, finissait par soupirer :

— Lui, c'est Joseph, le vitrier, le mari de la dame. On le voit presque jamais. Il a beaucoup de travail.

— On dirait un couple de crapauds. Chez ces bêtes, la femelle est plus robuste que le mâle. Elle le porte sur son dos à la saison des amours.

Des passants s'arrêtaient, commentaient ces œuvres d'art, hochaient gravement la tête.

— Elle a du talent, cette môme. Dis, tu voudrais pas faire mon portrait ?

Si le modèle lui déplaisait ou la laissait indifférente, elle secouait la tête et posait sa braisette. Quand elle était dans de bonnes dispositions, elle consentait à crayonner sur le papier commercial du bougnat un portrait rapide à la braisette ou au crayon, et lançait :

— C'est dix sous !

Un jeudi après-midi, peu avant la fin de l'année, un homme de haute taille, habillé comme un milord, barbe abondante et chapeau haut de forme, une demoiselle à son bras, s'arrêta devant la vitrine alors que Maria était en train de dessiner le chien de la maison, un majestueux saint-bernard.

— Comment t'appelles-tu, petite ?

— Maria Valadon, monsieur.

— Quel âge as-tu ?

— Six ans, monsieur.

— C'est bien, ce que tu dessines. Un peu maladroit mais, à ton âge, je ne faisais guère mieux.

Il tira de son gousset une pièce d'un franc, la déposa sur le trottoir, entre les pattes du chien.

— Continue, dit-il. Tu as du talent et de l'esprit d'observation. Il faudra beaucoup travailler si tu veux que ton talent se confirme. Tu comprends ce que je te dis ?

— Oui, monsieur. Merci.

Elle aurait bien aimé que ce monsieur lui demandât de faire son portrait mais n'osa le lui proposer.

Lorsqu'il se fut éloigné, Tourlonias s'approcha en lissant ses moustaches.

— Eh bé... Un franc, c'est pas rien. Le commencement de la fortune. Je le connais, ce monsieur de la haute. C'est pas un de mes clients, pour sûr ! Lui, ce serait plutôt le genre Tortoni ou la Maison dorée. C'est un grand artiste qui porte un nom à rallonge : Puvis de

Chavannes. La demoiselle qui l'accompagne est une sorte de princesse. Cantacuzène qu'elle s'appelle. Ils habitent tout près de là, place Pigalle...

Maria venait d'avoir sept ans lorsque Madeleine reçut de la mairie du XVIIIe arrondissement l'avis de décès concernant Carolus Berthier. Il était mort quelques mois plus tôt en Nouvelle-Calédonie où il avait retrouvé quelques autres insurgés. Dans quelles circonstances ? Le document ne le précisait pas.

Aucune émotion chez Madeleine : Berthier était mort pour elle depuis le jour où il avait quitté Paris pour le bagne. On ne revenait pas, disait-on, de ces lointaines contrées. Aucun souvenir ne subsistait dans le ménage de son bref séjour, sinon une pipe de terre blanche à tête de uhlan, un briquet queue-de-rat, un paquet de Maryland entamé et une paire de souliers qu'il avait fignolés pour le Noël de la petite. Il restait aussi, épinglé entre les deux fenêtres, le portrait en forme de courge qui avait tant choqué ce brave garçon.

Pour ses huit ans, Arsène Schulz, qui suivait attentivement les progrès de Maria à l'école, lui offrit un cartable de cuir, un plumier neuf illustré d'une scène de guerre : la charge des cuirassés de Reichshoffen, un porte-plume en ivoire tarabiscoté au travers duquel, en l'approchant de son œil, on pouvait apercevoir le Mont-Saint-Michel.

Le vieil homme déclinait à vue d'œil. Comme pour résister au temps, il s'ancrait dans des habitudes de maniaque, repoussait toute épreuve physique qui eût risqué de lui donner trop précisément conscience de ses limites. Il lui était venu un tremblement des mains qui lui faisait répandre sa soupe sur sa serviette et uriner hors du pot. Un bégaiement tenace rendait ses propos inaudibles.

C'est désormais Madeleine qui conduisait sa fille à l'école.

À la rentrée de 74 alors que Maria venait d'avoir neuf ans, Mme Dumas prit Madeleine à part et lui confia :

— Je vais être contrainte de faire redoubler votre fille, madame Valadon. Elle devient de plus en plus difficile et n'en fait qu'à sa tête. L'année passée n'a apporté aucun progrès : nulle en calcul, faible en histoire et géographie sauf quand il s'agit de dessiner et de peindre des cartes, mais elle se laisse aller à sa fantaisie. En morale et instruction civique, elle se montre réticente. Et tout le reste à l'avenant. J'avais espéré qu'elle pourrait se distinguer en rédaction mais elle raconte des balivernes dans ses devoirs, et toujours hors du sujet. Il n'y a qu'en dessin qu'elle fait des progrès, mais je suis parfois obligée de lui confisquer ses crayons. Elle le prend très mal. Une fois même, elle m'a injuriée. Alors, voilà : je vais la garder encore cette année mais, à la rentrée prochaine, il faudra la placer ailleurs, chez les sœurs de Saint-Vincent-de-Paul, ou celles de Saint-Jean de Montmartre. J'espère qu'elles pourront mater ce petit démon...

— Et avec les autres élèves ?

— Je préférerais ne pas en parler. Durant les récréations elle se complaît à dire et à faire des sottises, à inventer des distractions scabreuses. Quand elle abordera l'âge ingrat, vous aurez du mal à la tenir. Elle est rebelle à toute discipline.

L'âge ingrat... Il semblait que Maria l'eût déjà abordé et qu'elle s'y complût. Elle ne supportait pas les remontrances de sa mère, insultait le pauvre Arsène quand il s'en mêlait, jetait des poignées de sel dans sa soupe, contrefaisait son élocution embarrassée, cachait sa canne et s'amusait à le voir s'étrangler d'indignation.

Devenue passive, Madeleine semblait prendre son parti de cette situation. Elle n'aspirait plus qu'à un travail qui lui permît de vivre décemment, à une solitude génératrice de la tranquillité d'esprit à laquelle elle aspirait. Elle regrettait l'atmosphère animée, souvent joyeuse, qui régnait à l'auberge de la veuve Guimbaud, l'attention que la clientèle masculine vouait à cette fille robuste, saine et peu farouche. Elle se sentait aussi étrangère dans le monde où elle vivait que ce pauvre Carolus avait dû l'être dans son enfer des antipodes. Elle avait renoncé à tenter de maîtriser les mauvais penchants de Maria qui ripostait vertement à la moindre de ses observations. On ne dompte pas un chien fou ; on l'enferme en attendant qu'il se calme. Mais pouvait-on mettre Maria en cage ?

On ne la mit pas en cage mais ce fut tout comme.
À la rentrée suivante, ainsi qu'elle l'avait annoncé, Mme Dumas renonça à la reprendre. Madeleine alla la présenter à la directrice de l'institution Saint-Vincent-de-Paul. À la lecture des bulletins scolaires, la religieuse eut un haut-le-cœur.

— C'est un petit monstre que vous m'amenez là ! dit-elle.

— Elle n'est pas facile, c'est vrai, ma mère, mais c'est pas de sa faute. Le siège, la guerre, mon mari déporté et mort en Nouvelle-Calédonie...

— Je vois, soupira la directrice : une enfant de la Commune... J'en ai connu d'autres, difficiles à mater comme elle. J'accepte donc de la prendre, mais, si elle se montre trop rétive, je serai forcée de vous la rendre. Je dirige une institution religieuse, pas une maison de force.

La séparation fut moins pénible à Madeleine que lorsqu'elle avait dû confier Maria à l'école de Mme Dumas. Elle ne retrouvait sa fille qu'en fin de semaine et passait le dimanche avec elle.

Madeleine l'assaillait de questions : avait-elle fait des progrès ? qu'avait-elle appris ? disait-elle ses prières ? se tenait-elle convenablement ? Maria haussait les épaules.

— Va demander à la mère supérieure !

C'est tout ce qu'elle pouvait en tirer. Autrement dit : rien. Les bulletins mensuels égrenaient un chapelet de notes médiocres ou nulles, notamment en calcul et en instruction religieuse. Curieusement elle n'obtenait que des notes passables en dessin ou en modelage et relativement bonnes en conduite. Cela venait du fait que la majorité des enfants de l'institution, qui comptait beaucoup d'orphelins, étaient de nature indocile, ce qui faisait paraître son propre comportement convenable. Sainte Nitouche chez les voyous...

Le premier trimestre se déroula à la va-comme-je-te pousse. Les choses se gâtèrent après les fêtes de fin d'année qui, au pensionnat, furent sinistres, alors que Paris dansait et chantait sur les ruines de la Commune. À Bessines, c'était la bamboche durant une semaine : on mangeait gras, on plaisantait, on dansait au moindre coulis d'accordéon ou de cabrette, on échangeait des cadeaux.

Des cadeaux... Le seul que Maria reçut fut un missel assorti d'un chapelet, dons de la mère supérieure. En revanche, Arsène lui donna cinq francs mais Madeleine en préleva une partie pour acheter des bottines fourrées.

Pour compenser la discipline du pensionnat, Maria s'offrait des journées de liberté. On ne pouvait appeler ces fugues « école buissonnière », car, des buissons, il n'y en avait guère là où elle se rendait. Le lundi matin, au lieu de regagner le pensionnat, elle s'accordait un jour de congé supplémentaire de temps à autre et ne rentrait que le soir, avec un faux billet d'excuse.

Elle apprit très vite le bon usage des omnibus de la Compagnie générale et, pour se diriger à travers Paris, à reconnaître leur itinéraire à la lettre qu'ils arboraient et à la couleur de leur carrosserie. Elle se campait à l'angle de la rue Bonhomme et du boulevard Rochechouart. La ligne « K » était sa préférée : elle la conduisait dans une voiture jaune dotée de lanternes rouge et vert dans le quartier du Collège de France dont elle aimait l'agitation estudiantine. Le jeu subtil des correspondances, dans lequel elle excellait, pouvait la conduire par la ligne « G » Batignolles-Clichy jusqu'au Jardin des Plantes. S'il lui arrivait de s'emmêler dans ce réseau elle ne perdait pas la tête : le receveur debout à l'arrière la remettait dans la bonne direction.

Le prix du billet était de trente centimes pour l'intérieur et de quinze pour l'impériale. Lorsque le temps était clément elle choisissait cette dernière formule, moins pour la différence de tarif que parce qu'elle pouvait saisir Paris à bras-le-corps.

Elle passait sa journée entière en promenades, ne s'arrêtant que pour croquer quelques marrons grillés, boire un chocolat dans une crémerie ou flâner dans les boutiques à peintres.

Ces chemins de découverte la ravissaient. Entre un dimanche au quatrième du boulevard Rochechouart et cinq jours de confinement au pensionnat, tout lui était spectacle. Elle se gavait de scènes de rue, engrangeait dans sa mémoire le trot pesant d'un attelage, la silhouette pitoyable d'un pochard allongé sur un banc public, les mines précieuses d'une bourgeoise dégustant un saint-honoré, la gueule d'un patron de troquet...

Son cartable lui pesait mais elle ne sentait la fatigue que lorsque, ses ressources épuisées et le receveur se montrant inflexible, elle devait remonter à pied la pente de Montmartre.

Aux alentours de Pâques, Madeleine se rendit à une convocation de la mère supérieure qui lui dit :

— Maria me déçoit beaucoup. Elle pouvait passer pour une élève somme toute passable, compte tenu du niveau moyen des enfants que nous hébergeons. Son comportement a changé depuis quelques mois, et pas en bien : elle se montre indocile, répond à ses maîtresses, brutalise ses camarades, sans faire le moindre progrès dans ses études. Il est vrai qu'elle va atteindre ses onze ans et que certaines incommodités propres aux femmes peuvent influer sur son comportement.

La mère supérieure feuilleta une liasse et poursuivit :

— Pouvez-vous me dire, madame Valadon, à quoi correspondent ces absences répétées du lundi ?

— De quelles absences voulez-vous parler ?

— Ne me dites pas que vous les ignorez ! Vous gardez votre fille deux jours : dimanche et lundi, deux à trois fois par mois. J'ai là vos billets. Voici l'un d'eux, que vous avez signé.

— Pardonnez-moi, ma mère, bredouilla Madeleine, mais ce billet ne peut être de ma main : je ne sais ni lire ni écrire, et ce n'est pas non plus l'écriture de mon mari.

— Alors, madame Valadon, je dois vous prévenir que votre fille est une faussaire.

Faussaire... C'est l'expression que l'on avait employée jadis, dans les journaux, pour qualifier le crime de Léger Coulaud, le premier mari de Madeleine. Avant de répondre, elle prit le temps de laisser cette plaie se refermer.

— Une faussaire... Je voudrais en avoir le cœur net. Voulez-vous la faire appeler ?

Maria ne pouvait faire moins que de reconnaître son forfait, tant les preuves étaient accablantes. Elle avoua tout, y compris les prélèvements qu'elle effectuait dans le porte-monnaie d'Arsène qui n'y voyait que du bleu.

— Je serais en droit de renvoyer cette élève à son foyer, dit la mère supérieure, mais je consens à la garder jusqu'à la fin de l'année scolaire. Après quoi vous en disposerez à votre guise. Elle sera bientôt en âge d'être mise en apprentissage.

Maria accepta sans trop de réticence les sanctions qui lui furent imposées : interdiction de sorties pendant un mois, mise en quarantaine avec interdiction de lui adresser la parole ou de l'écouter, régime au pain et à l'eau durant une semaine. En revanche elle eut une crise de rage le jour où son professeur de français lui confisqua le carnet de croquis qu'elle cachait dans son pupitre. L'affaire faillit tourner au pugilat et Maria dut subir une journée de placard pour rébellion.

On l'enfermait dans un cercle de silence et d'exclusion ? Elle accepta sans rechigner cette mesure disciplinaire. En refusant de dire ses prières à haute voix ou de répondre à ses professeurs, elle s'attira des punitions humiliantes et insupportables : lécher le parquet, rester à genoux avec une règle sous les rotules, nettoyer les cabinets...

Le jour où un incendie se déclara mystérieusement dans la resserre où le jardinier plaçait ses outils, tous les regards se tournèrent vers Maria. Pressée de questions, elle refusa de répondre. Comme les preuves faisaient défaut, on s'en tint là.

À la fin de l'année scolaire, la directrice fit appeler Maria et la sermonna :

— Ma fille, vous m'avez beaucoup déçue mais je ne puis vous en vouloir. Cela vous surprend ? Vous me posez des problèmes, mais pas seulement par votre attitude de rebelle. J'ai connu des sujets pires que vous, que je suis parvenue à mater. L'inconvénient avec vous, c'est ce mystère dont vous vous entourez, cette coquille dans laquelle vous vous réfugiez. J'aurais bien aimé vous percer à jour, voir si ce bloc ne cachait pas quelque trésor.

Elle leva les yeux sur Maria comme pour attendre une réponse ou une réflexion qui ne vint pas.

— Ma fille, poursuivit-elle, nous allons donc nous séparer. J'admets mon échec et j'en souffre. Je pourrais prier pour vous mais ce serait en pure perte car la religion vous est indifférente. Est-ce exact ?

— Oui, ma mère.

— Fort bien ! C'est le seul mot que j'entends sur vos lèvres depuis des semaines. Eh bien, poursuivons !

Que comptez-vous faire dans la vie ? Avez-vous une idée ? Il est temps de prendre une décision.

La question ne prenait pas Maria au dépourvu. Un sourire effleura ses lèvres quand elle vit la directrice sortir un calepin de son tiroir et le feuilleter d'un air grave.

— Je sais que le dessin est votre seul sujet d'intérêt. Ne prenez pas cette réflexion comme un encouragement, mais je dois convenir que vous ne manquez pas d'un talent précoce. Cette vue de la chapelle est ma foi bien rendue. Ces scènes de rue sont bien observées. Cependant... ne me dites pas que vous comptez devenir artiste ! Ce n'est pas un métier de femme. Certes : Rosa Bonheur, Berthe Morisot, Vigée-Lebrun... Mais ce sont des bourgeoises, et vous, Maria Valadon, fille d'une pauvre lingère illettrée, vous auriez du mal à vous imposer, quel que puisse être votre talent.

Maria resta quelques instants à triturer son mouchoir entre ses mains moites. On ne lui avait jamais tenu ce genre de propos, et surtout pas sur ce ton maternel. Désorientée, tenue de répondre, elle ne savait que dire.

— Oui ou non, mon enfant, dit la mère supérieure, comptez-vous poursuivre dans cette voie, devenir... artiste ?

— Il n'y a que ça qui me plaise, ma mère.

La religieuse fit claquer ses mains à plat sur son bureau et dit d'un air réjoui :

— J'ai fini par briser la coquille. C'est un premier pas. Il va falloir m'en dire plus, mon enfant, vous laisser aller. Vous pouvez tout me dire.

Maria lui dit tout, enfin presque : les premiers essais en cachette de sa mère, les gribouillis sur le trottoir, les promenades dans Paris et les images qu'elle en ramenait, les cahiers de cours transformés en carnets de croquis... La mère supérieure venait, par quelques mots, de déclencher un mécanisme de libération qui lui livrait de cette étrange petite personne plus qu'elle n'eût espéré.

Maria lui parla enfin de sa rencontre avec M. Puvis de Chavannes.

— Vous dites Puvis de Chavannes ? C'est un peintre très connu, et même illustre, qui expose au Salon. Eh bien, ma petite, ce qu'il vous a dit, les compliments qu'il vous a faits, beaucoup de jeunes peintres aimeraient les entendre. J'espère que cela vous portera chance.

Elle ajouta en faisant signe que l'entretien était terminé :

— Si j'ai un vœu à formuler, Maria, c'est que vous réussissiez dans cette voie, sans que vos proches souffrent trop de votre choix. Sachez que vous trouverez toujours en moi une oreille attentive et, si vous consentez à prier, le secours de Notre-Seigneur.

La mère supérieure lui tendit la main ; Maria la porta à ses lèvres.

V

LES PETITS MÉTIERS

Madeleine avait mis les choses au point : puisque Maria était réfractaire à l'école, qu'elle prenne elle-même une décision dans le choix de son avenir.

— Tu vas avoir onze ans. On t'en donnerait treize. Il est temps de te mettre au travail. Moi, je peux plus continuer à faire des ménages et des travaux de lingerie en m'occupant de cet infirme et en t'ayant toujours entre les pieds.

Elle décida de la confier pour un apprentissage à une modiste qu'elle connaissait pour avoir travaillé sur son linge fin.

— Modiste, c'est un beau métier. On y gagne bien sa vie et on y voit du beau monde.

Mme Laforestie avait son atelier et son domicile rue de Laval[1], au-delà de la barrière de Montmartre, en tirant vers le centre de Paris. L'atelier occupait un étage, derrière une longue et haute verrière donnant sur les toits de Notre-Dame-de-Lorette. Elle employait trois ouvrières à temps plein et fournissait une clientèle évoluant entre la grisette et la petite bourgeoise, avec des tentatives obstinées pour accéder à des milieux plus huppés. Malgré ses airs revêches, sa coiffure plate

1. Aujourd'hui, rue Victor-Massé.

à bandeaux, ses besicles en sautoir, elle n'avait rien d'un dragon.

En présentant Maria, Madeleine dit à la modiste :

— Je crois que vous serez satisfaite de ma fille : elle a des dispositions artistiques à ce qu'on dit.

« Dispositions artistiques »... Elle tenait cette expression d'Arsène qui avait de l'instruction et lisait couramment le journal et même parfois des livres. Elle l'utilisait en parlant avec ses voisines.

— Je n'en demande pas tant, répliqua la patronne, pourvu qu'elle ait du goût et soit habile de ses mains. Il faudra aussi qu'elle ne rechigne pas à la tâche. Les fainéantes ne font pas long feu chez moi.

L'ambiance de l'atelier plaisait à Maria. Elle s'y fit des amies et la modiste l'avait à la bonne. Elle n'eut pas encore accès au salon d'essayage, le saint du saint, qui exigeait, outre des qualités professionnelles, de bonnes manières et un langage châtié, mais on appréciait sa belle humeur et ses bonnes dispositions.

— Maria, tu vas livrer ce chapeau à Mme Untel. Surtout ne t'attarde pas en route.

C'était comme lui interdire de boire en traversant un désert. Fort heureusement peu sévère, la patronne se retenait de la gourmander pour de menus retards : elle-même ne s'en privait pas, quelques années auparavant, alors qu'elle était arpette rue de Rivoli.

Ces courses rapportaient parfois des pourboires, souvent des grimaces et des critiques ;

— Qu'est-ce que c'est que ce bibi ? J'avais demandé une plume de lotophore et je trouve cette aigrette. Tu diras à ta patronne que je suis mécontente !

La porte lui claquait au nez. Elle tirait la langue.

La patronne s'absentait deux ou trois après-midi par semaine, durant quelques heures.

— Les filles, je vais voir mes fournisseurs. Tâchez de travailler et de ne pas faire les folles.

Elle quittait l'atelier nerveuse, agitée, inquiète, revenait en chantonnant, le teint avivé, la coiffure en désordre. Une des ouvrières confia à Maria :

— Elle a rendez-vous avec son amant, à jours fixes. Réglé comme du papier à musique. Ses fournisseurs ? tu parles !

Elle s'était toquée d'un jeune choriste de l'Opéra demeurant dans le quartier des Mathurins. On l'avait aperçu à plusieurs reprises dans l'atelier, coiffé d'un chapeau melon, une rose à la boutonnière, une canne à pommeau d'argent à la main. M. Laforestie était au courant mais laissait faire : lui-même se consolait avec une ancienne ouvrière de sa femme chez qui il retrouvait parfois le peintre Edgar Degas, grand amateur de froufrous et de fanfreluches.

Dès que Mme Laforestie avait franchi le seuil de l'immeuble, les conversations allaient bon train, sans retenue, et, comme, en dépit du rideau de cretonne, la température derrière la verrière était torride dès le premier soleil, les filles se mettaient à l'aise.

— Toi aussi, Maria ! Enlève ton jupon, sinon tu prendras un coup de chaud. Ton corsage aussi. Montre tes nénés ! Dis donc, ça pousse et c'est joli !

Parfois, comme par inadvertance, M. Laforestie pénétrait dans cette cage aux filles, cigare au bec, s'installait dans le fauteuil destiné aux clientes et se rinçait l'œil, le visage au bord de la congestion.

— Ne vous gênez pas pour moi, les filles. J'en ai vu d'autres...

— Mais jamais aussi jolies, hein, monsieur Laforestie ?

Quelque temps après son embauche, une des ouvrières avait dit à l'arpette :

— C'est vrai que tu es artiste ? J'ai entendu ce que ta mère a dit à la patronne. Tu feras mon portrait, dis ?

— Je veux bien, mais j'ai rien pour dessiner.

— On va te donner ce qu'il faut.

Maria ne se faisait pas prier. On allait chercher des factures à en-tête de la maison et un crayon à encre. Après avoir choisi pour son modèle un angle favorable, Maria demandait à la fille de garder l'immobilité et de ne pas pouffer de rire. Le portrait terminé, on se l'arrachait.

— C'est très ressemblant !
— J'ai pas le nez aussi long tout de même !

Maria avait la réplique toute prête :

— Je te fais comme je te vois et comme tu es. J'y peux rien, moi !

On se souviendrait longtemps dans l'atelier du jour où Mme Laforestie mit la main par hasard sur un de ces chefs-d'œuvre qui représentait l'une des filles à demi nue assise sur les genoux de son mari. Du coup l'ambiance de l'atelier vira à l'aigre.

— Je vois qu'on ne s'ennuie pas en mon absence ! Rien d'étonnant à ce que le travail n'avance pas. Cet atelier est une annexe du gros numéro. Il n'y manque que le champagne.

Elle avait ajouté en foudroyant Maria d'un regard glacé :

— Inutile, je pense, de demander à la coupable de se dénoncer.
— Ne la grondez pas, madame, dit l'aînée des ouvrières. C'est nous qui lui avons demandé de faire ce portrait.
— Et quelques autres, je suppose ! Eh bien, les filles, ça va changer...

Les rapports entre Maria et Mme Laforestie se gâtèrent lorsque débutèrent les premières séances d'apprentissage.

— Puisque tu as du goût pour le dessin, dit la patronne, tu vas nous montrer ce que tu sais faire. Tu vas me composer un chapeau tout simple : une toque avec un bouquet de myosotis. Allons, au travail !

L'épreuve tourna au désastre. La toque faisait des plis et le bouquet était posé de traviole. Maria n'avait rien retenu des leçons de couture du pensionnat. De plus, elle jugeait ces bibis ridicules.

— Ridicules ! Non mais, entendez-la, cette morveuse ! Elle se permet de critiquer notre travail. Il faudra pourtant que tu t'y mettes si tu veux plus tard toucher un salaire. Tu ne vas tout de même pas continuer des années durant à livrer la marchandise !

C'est pourtant cette tâche, ingrate en apparence, qui plaisait à Maria.

Cet été, après la guerre, le siège, la révolution, les répressions, Paris s'était repris à vivre intensément. Des chantiers s'étaient ouverts aux quatre coins de la ville pour réparer les dégâts de la guerre civile et des bombardements prussiens. On arasait le palais des Tuileries, ce gigantesque colosse de pierre noirci par les flammes. Ailleurs, on reconstruisait ; des fourmilières humaines s'y employaient.

Le jour où Maria fut présentée à la modiste, on posait sur les hauteurs de Montmartre la première pierre d'un monument à la gloire de la religion triomphante. Grincements de dents chez les libertaires nostalgiques de la Commune ; hosanna chez les bigots. On s'écriait d'une part : « C'est un monument à la gloire de la théologie jésuitique et à la crédulité sans borne de l'esprit humain ! » ; on protestait de l'autre : « Ce sera le plus beau monument de France à la gloire du Sacré Cœur de Jésus ! »

On inaugurait peu après, en grande pompe, le nouvel Opéra, dont la construction avait débuté treize ans plus tôt. Mme Laforestie fut invitée à la soirée inaugurale. Pour la circonstance, elle se confectionna une toque à longs rubans de velours grenat et à perles des îles que son choriste put admirer à son aise entre deux coupes de champagne.

Deux grands peintres venaient de disparaître : Jean-Baptiste Millet et Camille Corot, précurseurs d'une nouvelle école d'artistes amoureux de la nature. Édouard Manet lançait un défi au jury du Salon officiel avec des œuvres à donner des haut-le-cœur aux vieux crocodiles qui, pourtant, s'inclinant devant l'évidence du génie, avaient accepté deux de ses tableaux : *Le Bon Bock* et *Argenteuil*, sans pour autant fermer la porte au scandale.

Mme Laforestie demanda à Maria de venir la rejoindre dans le salon d'essayage qui faisait office de bureau et lui demanda de fermer la porte derrière elle.

— J'ai le regret de t'annoncer, dit-elle, que je ne peux plus te garder. Une de mes clientes m'a informée que tu lui avais tendu la main pour recevoir un pourboire. Ce ne sont pas des manières honnêtes. De plus, je désespère de t'enseigner quoi que ce soit. Tu aurais de bonnes idées mais tu es incapable de les mettre en application. Tu finiras ta semaine et tu ne reviendras pas.

Elle ajouta :
— Je vais rédiger une lettre à l'intention de ta mère.
— C'est inutile, madame : elle ne sait pas lire.

Le samedi soir, la patronne lui remit cinquante francs, l'embrassa et lui souhaita bonne chance. Les filles y allèrent de quelques larmes.

— Reviens nous voir quand la patronne sera absente. On t'aimait bien, tu sais. Tu nous amusais...

— Quand tu seras devenue une grande artiste, tu penseras à nous. On pourrait te servir de modèles.

Libre, avec cinquante francs en poche : un miracle et un pactole !

Le premier jour de sa liberté retrouvée, Maria s'offrit une débauche de choux à la crème et de tartelettes dans une pâtisserie de l'avenue de Clichy. Bien décidée à ne pas révéler de quelque temps son renvoi à sa mère, elle se promit une exploration détaillée de certains quartiers de Paris qu'elle connaissait mal ou pas du tout. Elle revenait rompue de ces odyssées pédestres, si bien que sa mère finit par concevoir inquiétudes et soupçons.

Arsène prenait la défense de sa belle-fille :

— C'est qu'elle travaille trop ! Je les connais, ces patronnes de mode : elles prennent leurs ouvrières pour des esclaves. Madeleine, tu devrais aller trouver cette Mme Laforestie et lui demander des comptes.

Madeleine se décida à effectuer cette démarche. Elle en revint bouleversée.

— Mauvaise fille ! petit démon ! Tu m'as trompée une fois de plus. Je peux pas te faire confiance, décidément. Et qu'est-ce que tu as fait de ces cinquante francs qu'elle t'a donnés, ta patronne ? Hein ?

Elle s'épongea le visage, se laissa tomber au bord du lit gémissant :

— Si tu continues, tu sais comment tu finiras ?

Comme une fille de noce ! Sur le trottoir ! Et moi qui ai tant fait pour que tu sois convenable... Tu refuses de t'instruire, de travailler. Qu'est-ce qu'on va bien pouvoir faire de toi ?

Elle se releva brusquement, la colère à fleur de peau, prenant Arsène à témoin de son indignation :

— Si seulement mademoiselle consentait à s'expliquer ! Mais rien, pas un mot de regret ! Tu sais à qui tu me fais penser ? À ce pauvre Coulaud, ce misérable. Il était pas plus bavard que toi, même devant ses juges.

Maria revêtait ce soir-là cet air de miraculée qui exaspérait tant sa mère. Elle avait passé la journée à courir les salles et les galeries du Louvre et en gardait comme un éblouissement sur la rétine. En ressortant du palais, elle s'était sentie portée comme par un nuage, avec l'envie d'embrasser les passants, de rire, de chanter, de crier sa joie à la face du monde.

Arsène Schulz déclinait à vue d'œil.

Il avait dû renoncer à quitter l'immeuble pour acheter son journal, puis à se promener dans l'appartement, enfin à se lever car ses jambes ne le portaient plus. Il faisait sous lui, ce qui lui arrachait des larmes de rage impuissante. Une idée le tenaillait : il souhaitait mourir le plus tôt possible, réclamait du laudanum ou de la mort-aux-rats, menaçait de sauter par la fenêtre.

Un matin, comme toutes les fois où sa mère s'absentait pour ses ménages, Maria alla lui chercher son journal. Au retour, elle aperçut un attroupement à quelques pas du porche et passa sans y prêter attention. En arrivant dans l'appartement, elle constata que le lit était vide. Personne derrière le paravent qui cachait les nécessités ni dans la chambre que M. Schulz occupait naguère. Une chaise posée près de la fenêtre attira son attention. Elle se pencha : quatre étages plus bas, sur la chaussée, gisait une marionnette désarticulée, en chemise.

On porta le corps au cimetière de Montmartre, rue

Caulaincourt, près de l'ancienne barrière Blanche où il avait la tombe de ses parents. Le dimanche, alors qu'il était encore ingambe, il y emmenait Madeleine et sa fille.

Une journée durant, pour Madeleine, ce furent les grandes eaux de Versailles puis, les larmes taries, une activité fébrile s'empara d'elle, comme si elle souhaitait faire table rase des traces de son époux et jusqu'à ses odeurs de vieil infirme.

Arsène prétendait avoir du bien au soleil. En fait il était propriétaire aux Batignolles d'un hangar qu'il avait loué à un peintre en bâtiment, dont il tirait un revenu dérisoire. Chargée par sa mère de dépouiller les documents que le vieillard tenait enfermés dans un coffret dont il gardait jalousement la clé sur lui, Maria ne découvrit rien, sinon un pécule de quelques billets de cent francs et quelques lettres témoins d'amours aussi brèves que lointaines, un daguerréotype des années cinquante représentant une vieille femme qui aurait pu être sa mère mais dont il n'avait jamais rien dit, et son diplôme de fonctionnaire des Octrois.

Le portrait d'Arsène réalisé par Maria aux crayons de couleur prit place au-dessus de la cheminée, entre ceux de deux idoles, découpés dans un journal illustré : l'empereur Napoléon III et l'impératrice Eugénie, auxquels Madeleine vouait une vénération qui avait résisté aux événements.

La disparition d'Arsène Schulz avait été bénéfique pour le ménage. Il laissait peu d'argent et de biens, mais on pouvait espérer une part sur la retraite de l'administration.

Et surtout, que de tracas en moins !

Pour Madeleine, le problème se posait de nouveau, plus crucial de jour en jour : que faire de Maria ?

Elle lui trouva une place de bonne à tout faire chez la veuve d'un colonel versaillais. Elle habitait, face au gazomètre de l'avenue Trudaine, un appartement qui distillait un relent de sacristie et de nécropole. Mme Larroque, vieille dame toute blanche, au visage lisse comme une pomme, vivait seule, confite en dévotion pour les mânes du colonel, ne recevant personne hormis une lointaine parente entrée dans les ordres, le curé et, deux fois par semaine, à dîner, son fils Gustave, employé au palais Brongniart comme fondé de pouvoir d'une compagnie de transports maritimes.

Un emploi rêvé pour Maria.

Son service assuré, libre de ses mouvements, elle reprenait en omnibus le chemin du Louvre. Assise sur une banquette, elle s'exerçait à reproduire des personnages de Delacroix ou de Géricault. Des visiteurs s'arrêtaient pour examiner son travail, ce qui ne lui plaisait guère. Excédée par cette curiosité, elle refermait son cahier. Certains s'en offusquaient — cette chipie ! D'autres passaient leur chemin avec un sourire indulgent.

En feuilletant un journal illustré de Mme Larroque, Maria avait découvert une gravure reproduisant une toile intitulée *Les Jeunes Filles et la Mort*, signée Puvis de Chavannes. Aucun doute : il s'agissait bien du vieux monsieur qui s'était arrêté devant la porte du bougnat pour commenter avec faveur ses gribouillis.

Mme Larroque ayant la vue basse, Maria lui faisait la lecture, le soir, sous la lampe. Des lectures édifiantes comme *Le Reliquaire* et *Les Humbles*, de François Coppée, des romans d'Alphonse Daudet et des poèmes de Sully Prudhomme. La vieille dame avait entrepris de lui faire lire *La Faute de l'abbé Mouret* d'Émile Zola, mais, jugeant que ce roman comportait trop de détails réalistes pour cette enfant, elle avait renoncé à lui en confier la lecture.

Deux à trois fois par semaine, Maria rendait visite à sa mère. Par souci d'économie, Madeleine avait abandonné son appartement du boulevard Rochechouart dont le loyer devenait trop onéreux pour une femme seule et avait choisi un petit deux-pièces dans le nord-ouest de Montmartre, rue du Poteau, à l'angle de la rue du Ruisseau. Elle avait trouvé dans ce quartier une clientèle peu reluisante mais fidèle et qui lui permettait de mener une existence convenable.

Les visites assidues de Gustave Larroque à sa mère avaient changé insensiblement de fréquence et de nature depuis l'arrivée de Maria.

La première fois qu'elle l'avait rencontré, elle avait failli pouffer de rire : cette gravure de mode qui se donnait des allures de *sportsman* faisait quelque peu illusion sur un personnage long et pâle comme une asperge, au regard triste et aux lèvres minces soulignées d'un trait de moustache.

M. Gustave, fort cérémonieux, avait procédé à un interrogatoire serré avant de conclure :

— Ma petite, puisque c'est là votre premier poste, vous avez tout à apprendre. En premier lieu, à obéir aveuglément. J'exigerai de votre part une discipline sans faille. Ma mère est une faible créature, trop souvent encline à l'indulgence. D'autres que vous en ont profité. Je veillerai à ce que vous vous comportiez correctement avec elle.

À quelques nuances près, c'était le langage qu'on lui avait servi au pensionnat et chez Mme Laforestie. Elle encaissa la mise en garde en se disant que ce petit monsieur ne l'impressionnait pas avec ses grands airs. Précaution superflue, d'ailleurs : elle n'avait nullement l'intention d'abuser de la crédulité de la bonne Mme Larroque.

À chacune de ses visites, M. Gustave exigeait un rapport au jour le jour. Maria se prêtait volontiers à cette lubie, d'autant qu'elle apprenait ainsi les habitudes d'une bonne maison.

Au début de l'année suivante, alors qu'elle se trouvait depuis quatre mois chez la veuve, le gandin révéla ses batteries sans y mettre de formes.

Comme il paraissait nerveux en posant son chapeau sur la patère, Maria se dit que la journée au palais Brongniart n'avait pas dû être mirobolante. Il tapota avec sa canne les tentures et les rideaux pour vérifier s'ils étaient exempts de poussière, embrassa sa mère sur le front, feuilleta un roman des frères Goncourt, *Sœur Philomène*, dont Maria avait commencé la lecture.

— Maria, dit-il, il faut que je vous parle, dès ce soir, lorsque ma mère sera couchée. N'oubliez pas. C'est important.

Non seulement elle n'oublia pas mais, durant le reste de la journée, elle ne cessa de songer à ce mystérieux rendez-vous. Avait-elle commis une faute ? Elle ne s'en souvenait pas. Dans l'après-midi, avec la permission de sa patronne, elle prit l'omnibus pour se rendre rue du Poteau aider sa mère à aménager. Il n'y avait que deux étages à monter au lieu de quatre précédemment, ce qu'appréciait la nouvelle locataire. Le quartier était moins animé et moins pourvu en commerces, mais l'air était plus salubre. De la fenêtre, on découvrait des espaces de jardins et de terrains vagues, à proximité de la porte de Clignancourt et des fortifications qui constituaient un but de promenade agréable. Maria avait obtenu de Mme Larroque la permission d'y venir coucher une nuit ou deux par semaine.

M. Gustave paraissait plus nerveux encore que dans la soirée lorsque Maria, après avoir aidé la patronne à faire sa toilette du soir et à prendre ses médicaments, vint le rejoindre. Il était en gilet, déboutonné à cause de la chaleur, la cravate dénouée ; il fumait un *londrès* en évoluant entre le piano et le vestibule.

— Asseyez-vous ! dit-il d'un ton sec.

— M'asseoir en votre présence ? Mais, monsieur, vous m'avez appris que...

— Oubliez un moment ce que je vous ai appris. Ce n'est pas à la gouvernante de ma mère que je m'adresse mais à la jeune fille que vous êtes.

Maria resta béante de surprise : elle venait d'apprendre qu'elle était une *gouvernante* et une *jeune fille*. Une double promotion qui l'intriguait. Pour ce qui était de la jeune fille, elle avait, en prenant son service, majoré son âge de deux ans, ce qui était fort bien passé car elle était précoce et déjà bien formée pour ses douze ans et quelques mois.

M. Gustave resta un moment à tournicoter, égrenant quelques notes sur le piano, regardant une gravure représentant la charge des cuirassés de Reichshoffen. Il toussa, écrasa son cigare dans le cendrier et s'assit en face de Maria, sur un pouf, les mains ballant entre ses genoux.

— Je n'irai pas par quatre chemins, dit-il, mais je vous prie de ne pas vous offusquer de ma requête. Pour vous la faire brève, j'ai envie de vous.

— Monsieur Gustave...

— Hé oui ! Monsieur Gustave s'est épris de vous. Cela vous semble singulier ? Comment aurais-je pu rester insensible à votre charme un peu... comment dire ? un peu sauvage, à votre fraîcheur, à ce corps qui me rappelle certains nus de Courbet.

Maria pouffa derrière sa main.

— Pas à ses *Baigneuses*, j'espère ? Elles sont grasses comme des oies !

Il parut estomaqué.

— Par exemple ! Vous connaissez les œuvres de Courbet, vous, Maria ?

— De Courbet et de quelques autres, comme Ingres, Delacroix, Millet, Corot... Je fréquente le Louvre, le Luxembourg. Surtout les salles de dessins et de gravures.

Sûre de n'avoir pas été convoquée pour une semonce, elle s'exprimait avec un sentiment de liberté qui semblait plaire à son interlocuteur. Elle ajouta :

— J'ai même rencontré M. Puvis de Chavannes.

— Ça, par exemple ! Et que vous a-t-il dit ?

— Il m'a parlé de mes dessins. Il les trouve excellents.

M. Gustave leva les yeux au ciel et frappa sur ses genoux. Ainsi elle dessinait, cette bonniche, et elle connaissait des artistes célèbres ! Flairant une supercherie, il lui demanda à quoi ressemblait cet artiste. Il boitait à ce qu'on lui avait dit. Elle protesta : il ne boitait pas. Il était accompagné d'une jeune femme : la princesse Cantacuzène.

— Pardonnez-moi, dit-elle, mais il se fait tard.

— Attendez ! dit-il en se levant. Je ne vous ai pas tout dit et vous paraissez avoir oublié mes préliminaires. J'aimerais... j'aimerais que vous et moi ayons des rapports plus intimes. Il n'y a pas de femme dans ma vie. Maria, ma petite Maria, accepteriez-vous de combler ce vide ? Vous n'auriez pas à le regretter.

Maria ne manifesta aucune surprise. En plusieurs circonstances déjà, dans l'omnibus, au cours de ses séances de copie, elle avait été l'objet d'approches sans équivoque. Loin de s'en offusquer, cela la flattait et l'amusait.

— Vous voudriez que je devienne votre maîtresse, monsieur Gustave ? Eh bien, c'est non ! Ce serait tromper la confiance de madame votre mère. D'ailleurs je suis trop jeune.

Il eut un petit rire aigrelet qui découvrit une denture de fauve. Sa mère ? Elle se moquait bien de ses aventures. Quant à la jeunesse de Maria, fariboles ! c'était une femme, déjà.

Il lui accorda le temps de la réflexion. Alors qu'elle se levait pour se retirer, lasse de cette scène de vaudeville, il tenta de la retenir et de la prendre contre lui. Elle le pria de rester sage et parvint à se dégager. De retour dans sa chambre, elle ferma la porte à clé.

Le lendemain, elle s'ouvrit à Mme Larroque des propositions que son fils avait formulées. La vieille dame n'en parut pas choquée ni surprise. Elle prit la main de Maria et lui dit en souriant :

— Ma fille, j'aurais dû vous prévenir. En l'espace de trois ans, quatre servantes sont passées par chez moi. Deux d'entre elles, les plus jeunes et les plus jolies, sont reparties enceintes, ce qui m'a coûté fort cher. Sachez qu'il en est souvent ainsi dans les familles bourgeoises : une sorte de tradition. En général, les fils de famille ont la permission de s'initier à l'amour dans le lit des servantes. La morale est bafouée mais il est parfois difficile de la concilier avec les exigences de la nature. Mon mari... savez-vous comment est mort ce pauvre homme ? Dans les bras d'une petite bonniche de dix-sept ans qui n'était même pas jolie. Je lui ai pardonné, et à elle de même.

— Je n'ai pas l'intention, madame, de céder à votre fils.

— Alors tant pis pour vous. Il n'aura de cesse que je vous renvoie.

— S'il en est ainsi, madame, je préfère vous rendre mon tablier. Votre fils trouvera sans peine une autre *bonniche* moins délicate.

Le lendemain, Maria fit son paquet. La vieille dame l'embrassa en pleurant, lui versa deux mois de traitement et lui demanda de revenir de temps à autre lui faire un brin de lecture.

— Je viens de recevoir, dit-elle, un livre des frères Goncourt : *Manette Salomon*, et me proposais de vous le donner à lire. Il se déroule dans le milieu des peintres parisiens. Ce livre vous intéressera sûrement, vous qui avez, à ce que mon fils vient de me dire, des goûts artistiques. Emportez-le et ne m'oubliez pas.

Maria avait quitté Mme Larroque quelques jours après son anniversaire, au grand dam de Madeleine qui craignait, comme elle le lui avoua, de l'avoir de nouveau « sur le dos ».

À treize ans, Maria avait gardé son visage d'enfant : yeux bleus, visage rond « fermé comme une noix », bouche bien dessinée et généreuse avec parfois un pli amer dans la contrariété, menton volontaire, chevelure d'un brun clair où couraient des reflets de châtaigne. A priori, rien en elle qui pût attirer ou repousser, mais un ensemble de traits qui sollicitait le regard et la curiosité. Son corps était déjà celui d'une jeune fille ; la taille était petite mais parfaite.

La mère Leriche tenait un petit étalage de fleuriste à l'angle de la rue du Ruisseau. Lorsqu'elle dut s'absenter pour un voyage en province, Madeleine lui proposa Maria pour la remplacer. La clientèle était rare, les attentes interminables dans le froid et, de plus, il fallait veiller à ce que les fleurs conservent leur fraîcheur.

Les semaines précédant les fêtes de fin d'année amenèrent quelque animation. Beaucoup d'hommes s'arrêtaient pour parler à la nouvelle vendeuse et repartaient avec une rose, histoire de lui acheter quelque chose.

Les propositions qu'elle recevait, notamment de la part de jeunes ouvriers, de militaires, de rapins et de calicots la trouvaient indifférente ou l'amusaient. Elle les laissait chanter leur chanson et les oubliait. Elle eût volontiers accompagné au troquet voisin certains qui ne lui déplaisaient pas, mais elle redoutait un entraînement sentimental qui lui eût fait emboîter le pas aux erreurs de sa mère.

Le plus pénible était le réapprovisionnement.

Chaque matin, dans le petit jour glacé, Maria empruntait la carriole du marchand de vin pour se rendre rue du Port-Saint-Ouen où l'horticulteur, que chacun appelait maître Clauzel, lui fournissait son étalage pour la journée.

En la voyant paraître, poussant devant elle sa carriole, il s'écriait :

— Et voilà la plus belle de mes fleurs, ma fraîcheur du matin !...

Il rangeait lui-même les plantes et les fleurs coupées dans la voiture, offrait à sa cliente un verre de café arrosé d'une rasade de fil-en-quatre, un alcool redoutable, et, lorsqu'elle reprenait la bricole, faisait claquer sa main sur ses fesses.

— Hue, la petite mule ! Tâche de pas verser en chemin.

Maria se trouva un matin chez maître Clauzel en même temps qu'un peintre maigre et barbu, au regard vif, aux gestes délicats et mesurés, qui caressait les fleurs du regard, avec une telle intensité qu'on eût dit qu'il allait leur faire une déclaration d'amour.

— C'est un artiste, lui souffla maître Clauzel. Un impressionniste, comme on dit, un révolutionnaire dans sa partie. Tu as peut-être entendu parler de lui. Il s'appelle Auguste Renoir.

Ce nom n'était pas inconnu à Maria ; elle l'avait lu dans les gazettes de Mme Larroque et, dans l'atelier de Mme Laforestie, les filles en parlaient avec des rires étouffés : il vivait dans un monde de modèles nus bien en chair et ne devait pas s'embêter, le bougre !

— Bonjour, mademoiselle, dit le peintre. Ainsi vous aimez les fleurs, vous aussi. Pour moi, c'est une passion. Il semble qu'elles soient de même nature que les femmes.

Il recula de quelques pas, l'examina avec l'œil exercé d'un lad appréciant les qualités d'une pouliche. Il lui demanda ce qu'elle faisait là, de si bonne heure. Elle était fleuriste ? Quel beau métier ! Il ajouta :

— Cela vous tenterait de poser pour moi ? Nue, évidemment, et au tarif habituel, environ trois francs la pose. Si ça vous chante, vous me trouverez chez mon frère Edmond, 35, rue Saint-Georges, mais ne tardez pas trop. Je vais bientôt déménager pour me rapprocher de Montmartre.

Poser pour un peintre ? Poser *nue* ? Se livrer, pour ainsi dire, au regard de l'artiste puis à celui des amateurs de peinture dans les galeries et les salons ? Savoir qu'un client peut vous acheter, se délecter de votre corps, l'offrir en pâture à ses amis ?

En redescendant, la bricole en travers de la poitrine, les mains solidement crochetées aux brancards, Maria se disait qu'à la réflexion cette perspective, en apparence révoltante, relevait d'une certaine logique : sans modèles nus, les grands peintres qu'elle admirait n'auraient pu produire leurs chefs-d'œuvre.

Elle choisit de ne rien dire à sa mère de cette proposition : la pauvre femme eût poussé de hauts cris et assimilé cette activité à une forme de prostitution. À tout prendre, tant qu'à poser pour un artiste, elle eût préféré que ce fût pour M. Puvis de Chavannes.

Mme Leriche ne revint qu'au mois de mars, sans inquiétude pour son petit négoce : Maria avait promis de l'informer chaque semaine de la marche des affaires et avait tenu parole. La fleuriste fit ses comptes, se déclara satisfaite, offrit vingt francs à sa remplaçante et lui proposa de venir la seconder de temps à autre. Maria déclina cette offre : elle nourrissait d'autres ambitions.

Elle avait retenu mentalement l'adresse d'Auguste Renoir et décida de se rendre rue Saint-Georges. Hébergé par son frère, le peintre y avait installé sa maîtresse, Marguerite Legrand. Un homme vint lui ouvrir, qui n'était pas Renoir. Il écouta sa requête sur le pas de la porte, lui répondit que M. Renoir ne pourrait la recevoir de quelque temps, à la suite d'un deuil récent. La concierge l'informa que Mlle Legrand venait de mourir.

— Je t'ai trouvé un autre emploi, dit Madeleine. Mon fournisseur de légumes a besoin d'une fille pour tenir la caisse. Tu connais Charmois : c'est un homme dur au travail mais honnête. Si tu sais t'y prendre avec lui, tu pourras te faire des sous.

« Ça ou autre chose... », songea Maria.

Elle ignorait dans quel enfer elle avait échoué.

On travaillait en plein vent. En ce mois de mai, l'épreuve n'eût rien eu de redoutable, mais le pire était une perpétuelle station debout dans le brouhaha, le tintement des plateaux des balances, les discussions avec les clients, les éclats de voix coléreux du patron :

— Pas pommée, ma salade ? Pas frais, mes haricots verts ? Qu'est-ce qui m'a foutu des emmerdeurs pareils ? Et alors, Maria, tu rêves ? Faut revenir à l'école ! Trois bottes de radis à six sous, ça fait pas vingt sous, tonnerre de Dieu !

Houspillée, bousculée, humiliée, Maria se dit un beau jour qu'elle en avait assez, d'autant que cet « honnête homme » de Charmois glissait en toute occasion ses mains sous sa jupe.

— Fini Charmois ! dit-elle un soir à Madeleine. J'en ai assez de me faire engueuler et peloter.

— Il a osé te toucher, ce saligaud ? Je vais lui dire deux mots. Il a perdu ma clientèle !

Maria n'eut pas de mal à la dissuader d'entreprendre cette démarche. Madeleine était devenue passive. Cantonnée aux ménages chez de petites-bourgeoises des environs et au repassage du fin, elle se consolait avec une bouteille de vin sur laquelle elle s'endormait à moitié ivre.

Depuis l'arrestation de Carolus, qui avait marqué le point d'orgue de sa vie sentimentale, plus un homme, si ce n'est ce pauvre M. Schulz, n'avait franchi le seuil de sa chambre. Elle inclinait peu à peu à une ivrognerie modérée mais constante : il lui fallait ses deux bouteilles par jour.

Elle avait amorcé une vieillesse précoce. À la cinquantaine, déjà une vieille femme, elle perdait ses dents, ses lèvres se rétractaient sur ses gencives, ses cheveux grisonnaient ; elle se voûtait, marchait avec peine, négligeait sa toilette, ne se vêtait que de noir et portait toujours, à l'intérieur, le même tablier qui sentait le graillon.

— Tu pourrais arrêter tes ménages, lui conseillait Maria. En conservant la lingerie et surtout le repassage nous devrions nous en tirer. Et puis je finirai bien par trouver à m'employer.

Ce n'était pas l'envie qui la poussait à chercher un travail. Les postes qu'elle avait occupés précédemment l'avaient rebutée pour la plupart, sauf son travail de gouvernante chez Mme Larroque. Elle allait de temps à autre rendre visite à la vieille dame ; durant une heure ou deux, elles bavardaient sur la douillette, buvaient un cassis ou un bishop. Maria lui lisait un conte de Maupassant ou un poème de François Coppée. Une servante jeune et aguichante l'avait remplacée.

— Elle s'entend très bien avec mon Gustave, disait la vieille dame, mais je vis dans la hantise qu'il lui fasse un enfant ou ne se décide à l'épouser. J'aurais préféré que ce fût vous...

Un après-midi de novembre, c'est M. Gustave qui lui ouvrit.

— Ma mère est morte il y a une semaine, dit-il. Elle m'a chargé de vous remettre ceci.

C'était un paquet contenant des livres et une enveloppe. Les livres étaient ceux qu'elles avaient lus ensemble ; l'enveloppe contenait quelques billets et un petit mot de la vieille dame pour lui dire qu'elle l'avait aimée comme sa fille.

Un soir, Maria dit à sa mère :

— Tu vas faire un brin de toilette. Nous allons passer la soirée au cirque Fernando. Ce sera ton cadeau d'anniversaire. Avec ce que m'a laissé en héritage la colonelle, on peut bien s'offrir de temps en temps un petit extra.

Quelques jours auparavant, elle avait découvert dans le paquet de livres que lui avait laissés Mme Larroque un roman des frères Goncourt, *Les Frères Zemganno*, qui se déroulait dans les milieux du cirque. Cela lui avait donné l'envie d'assister à un de ces spectacles qui devaient la changer de ceux qu'on l'amenait voir à Bessines, sur la place.

— Nous n'aurons pas beaucoup de chemin à faire, ajouta Maria. Le cirque Fernando est à deux pas.

Madeleine avait fini par accepter, non sans bougonner : elle n'avait rien de convenable à se mettre, il faudrait qu'elle fasse la grande toilette.

— Enfin, si ça te fait plaisir...

Le cirque Fernando, construit sur un ancien terrain vague, à l'angle du boulevard Rochechouart et de la rue des Martyrs, était, avec le Mollier, le plus renommé de la capitale. Maria, alors qu'elle était plus jeune, allait souvent se planter devant la façade illuminée ornée d'un porche de palais oriental. Elle glissait un regard sur la piste lorsque les rideaux s'écartaient. Il en venait des musiques allègres où dominaient les cuivres, des applaudissements nourris, des vivats et des hennissements. Ce cirque se flattait de présenter le plus beau spectacle équestre de Paris. Contournant la bâtisse par la rue des Martyrs où se tenaient les écuries, Maria respirait avec délice les odeurs sauvages qui lui rappelaient l'écurie de l'auberge, à Bessines, et le carrousel des chars à banc.

— J'aurais préféré, dit Maria, t'offrir une soirée au cirque Mollier, mais c'est un peu trop rupin pour nous. Et puis, en pleine nuit, le boulevard des Filles-du-Calvaire n'est pas sûr pour deux femmes seules. Toi qui aimes les chevaux, le spectacle du Fernando te plaira sûrement.

Ernest Mollier était un véritable aristocrate. Élève du célèbre Franconi, il recevait sur ses gradins le gratin de Paris et le traitait royalement dans son hôtel particulier, rue de Bénouville. Il avait épousé une des meilleures écuyères du temps, Blanche Allarty, qui était parvenue à présenter un numéro de dromadaires. Il recevait sur la piste des amateurs de la bonne société bourgeoise qui se plaisaient à démontrer leurs talents équestres. Cela tenait du club de *sportsmen* autant que du spectacle.

Ferdinand Waltenberg, connu sous le nom de Fernando, donnait plutôt dans le populaire, sans se départir pour autant de son goût pour le beau spectacle. Inaugurée en 1877, sa piste, vouée principalement au spectacle équestre, attirait un public modeste qui, loin de manifester la retenue aristocratique du Mollier, ne se privait pas de huer et de siffler les mauvais numéros ou d'envahir la piste pour manifester son enthousiasme, si bien que le spectacle pouvait être aussi bien sur la sciure que dans les gradins. De toute manière, on en avait pour son argent.

Maria prit deux troisièmes à cinquante centimes.

— Tu te souviens, dit Madeleine, de la mule de Mme Guimbaud : la Ponnette ? Une brave bête. Tu montais sur son dos et je te faisais faire le tour de la maison. Ah, pour sûr, ça te plaisait ! Tu riais, tu te cramponnais à la crinière, tu lui parlais et tu voulais plus redescendre...

Dans la mémoire de Maria, un brouillard se déchira. Elle éprouva comme si c'était d'hier le contact du crin sur ses paumes, de la peau rêche et tiède sur ses cuisses nues, elle respira l'odeur sauvage de sa monture, mêlée à celle du crottin et de la soupe des porcs, la *baccade*. Le brouillard se referma comme un rideau en même temps que s'ouvrait celui de l'entrée des artistes.

Quelques galops circulaires préludèrent au programme, soulevant des jets de sciure qui faisaient protester les bourgeoises des premières. Une mulâtresse, Miss Lala, prit la suite : suspendue par les dents à dix mètres au-dessus de la piste, elle fit frémir l'assistance. Puis surgirent un clown et un auguste et, pour terminer cette première partie, un numéro de trapézistes moustachus en maillots collants constellés de médailles.

Pendant l'entracte, en épluchant une orange, Maria poussa sa mère du coude.

— Regarde ce bonhomme maigrichon à barbiche, au premier rang, à droite. Je l'ai rencontré chez Clauzel. C'est un artiste peintre très connu : Auguste Renoir. Il vient de s'installer à Montmartre. Et cet autre en frac noir, un peu plus loin, près de la barrière, qui dessine sur son genou, je crois que c'est un autre artiste, M. Degas. Je l'ai vu dans une galerie qui exposait ses œuvres.

La deuxième partie du spectacle débuta par une pyramide humaine à trois chevaux traînant dans son sillage des étendards de gaze colorée. Le programme se poursuivait par des exercices de voltige équestre : arabesques, cabrades, passages, valses... En intermède, l'entrée des artistes s'ouvrait à des apprenties écuyères, de pauvres filles payées au numéro qui, à défaut de talent, offraient leur gaucherie en spectacle et montaient des horses fatiguées et somnolentes qu'en termes de métier on appelait des *chevaux mécaniques*.

En voyant surgir l'une d'elles, vêtue d'une grotesque tenue de ballerine, Maria s'écria :

— Je la reconnais ! C'est l'apprentie modiste qui m'a remplacée chez Mme Laforestie. Elle s'appelle Clotilde mais, sur le programme, elle se fait appeler Claudia, c'est plus chic. Regarde comme elle se tient, cette pauvre gourde ! Elle fera sûrement pas carrière dans le métier.

Le numéro de Claudia se termina sous les huées et, pour la malheureuse, dans la sciure.

— Attends-moi là ! dit Maria. Je vais lui faire une petite visite : elle doit avoir besoin de consolation.

Elle parvint sans trop de peine à se glisser dans les coulisses et à trouver Claudia, en train de se déshabiller en chantonnant dans la loge des artistes.

— J'ai bien aimé ton numéro, dit Maria, et je regrette qu'on t'ait sifflée.

Clotilde éclata de rire.

— Te donne pas la peine de me consoler, ma petite. Tout ça était du tape-à-l'œil, un numéro de gugusse. Ce qu'il faut, c'est que le public rigole. Comme dit M. Fernando, ces numéros servent à mettre en valeur ceux des professionnels.

— Ainsi, tu faisais exprès de...

— ... de monter comme un cul-de-jatte ? Parfaitement, et je compte faire mieux encore dans le genre rigolo. Alors, je viens m'entraîner tous les jours. C'est mieux payé que chez la mère Laforestie, cette pingre ! Et puis... regarde là-bas, au fond de la loge, tous ces beaux messieurs. C'est pas par amour des chevaux qu'ils se trouvent ici. Ils sont en train de repérer leur gibier pour la nuit, et ils payent bien.

Elle ajouta en enfilant ses bottines :

— Bâtie comme tu l'es, si le cœur t'en dit...

— Tu crois que je pourrais ? Tu crois que M. Fernando...

— Rien de plus simple. Attends-moi quelques minutes, je vais lui dire deux mots dès que j'aurai fait la barrière, je veux dire me mêler aux gens en uniforme et aux caillettes qui veillent sur le bon déroulement du spectacle. C'est exigé dans mon contrat.

Le spectacle terminé, Claudia revint en précédant M. Waltenberg, un gros homme vêtu de rouge, la poitrine corsetée de brandebourgs dorés, qui suait comme un bloc de saindoux au soleil. Elle lui présenta Maria, vanta sa beauté, sa santé, sa disponibilité.

— Tourne-toi ! dit le bonhomme. Marche ! Fais un tour complet ! Montre tes jambes ! Plus haut, tonnerre ! Bien... bien... Tu commenceras dimanche, aux mêmes conditions que Claudia. Elle t'expliquera. À propos : ton nom ?

— Marie-Clémentine Valadon. On m'appelle Maria.

— Maria... Ça fait bonniche. Chez moi, tu seras Olga. Ça colle avec ton petit air slave. Quand ces messieurs te poseront des questions, tu répondras... heu... que tu es une princesse cosaque zaporogue. Tu te souviendras ?

— Mais, monsieur...

— C'est à prendre ou à laisser. Ton âge ?

— Quinze ans, monsieur.

— Hum... c'est bien jeune. Mais tu fais plus que ton âge. Salut !

Au sortir du cirque, encore éberluée de cet accueil, Maria invita Clotilde et sa mère à boire un bock dans un estaminet voisin où le public refluait en masse. Lorsqu'elle annonça à sa mère qu'elle allait travailler au cirque Fernando, Madeleine protesta :

— Toi, ma fille, au milieu de ces saltimbanques, en tutu, montrant tes jambes ?

— Comme les demoiselles de l'Opéra, dit Clotilde. Il n'y a rien là d'inconvenant, madame Valadon. D'autant que votre fille a de jolies guibolles. Pourquoi aurait-elle honte de les montrer ?

— C'est pas un métier pour elle. Tout ça finira mal, je le sens. Quand on commence à montrer ses jambes en public, le reste ne tarde pas à suivre...

M. Waltenberg était un bon patron. Bourru mais juste, avec, lorsqu'il était entre deux vins, ce qui semblait son état naturel, du goût pour la gaudriole : il faisait sauter ses petites écuyères sur ses genoux ; un exercice de voltige qui ne déplaisait pas à certaines.

Les premiers entraînements sur un reliquat de terrain vague où l'on lâchait les chevaux se révélèrent concluants. Olga, princesse cosaque zaporogue, fut propulsée sur la piste après une semaine d'exercices.

— Tu t'en tireras, dit le patron. Balancée comme tu l'es, tu risques pas de te faire houspiller. Et, dans les loges, tu feras pâmer ces messieurs de la haute.

Un dimanche en matinée, Olga, pour ses débuts en public, montait Sultan, un cheval rescapé de l'insurrection de la Commune, qui avait reçu du plomb dans la croupe et en avait gardé haine et méfiance pour le genre humain. Vêtue d'un corsage pailleté et d'un tutu mauve, Olga effectua quelques tours de piste fort convenablement et parvint à réaliser une pirouette qui, à l'entraînement, lui avait donné du fil à retordre. Les applaudissements et les cris scandés montant de l'assistance : « Olga ! Olga ! », sonnèrent comme un carillon de gloire.

— C'est bien, ma petite ! lui dit M. Waltenberg en lui claquant les fesses. Tu as de l'avenir dans le métier. Je vais te faire confectionner un costume de cosaque. Tu vas en tomber, des cœurs...

— C'était parfait ! ajouta Claudia. Je ne serais pas capable d'en faire autant.

Des messieurs en chapeau melon ou haut de forme, cravatés de soie, une fleur à la boutonnière, l'interrogèrent sur ses origines. Elle adopta pour leur répondre l'accent du Limousin qu'ils prirent pour celui de la Volga. Lorsque certains lui proposèrent de boire un verre au bar de la maison, elle leur tourna le dos en riant.

— Et à moi, dit une voix connue, refuseriez-vous le verre que je vous offre ?

Elle se retourna et sourit.

— À vous non, monsieur Renoir. Laissez-moi le temps de changer de tenue.

Ils s'attablèrent au bar devant une prune à l'eau-de-vie. Renoir lui montra les croquis qu'il venait de réaliser à la volée ; elle les examina avec attention, les trouva étonnants de justesse et le lui dit. Il décida de la mettre à l'épreuve.

— Que dites-vous de celui-ci ? Il y a une faute. À vous de la découvrir.

— Peut-être un défaut de perspective. Cette jambe a trop d'importance par rapport au reste du corps.

— Ma petite, dit-il en rejetant en arrière son chapeau de feutre, vous m'épatez ! Vous vous exprimez en professionnelle. Seriez-vous de la partie ? Faites-vous des études ? Travaillez-vous dans un atelier ?

Elle éclata de rire. Des études... un atelier... Cela la tenterait mais, outre qu'elle n'avait pas les moyens de se livrer à sa passion, elle ne se sentait pas prête.

— Pas prête... pas prête... Qu'est-ce que ça veut dire ? Il faut travailler. Vous me semblez très douée.

Il ajouta en se rapprochant d'elle :

— En vous écoutant tout à l'heure singer les princesses zaporogues pour ces messieurs, j'ai cru reconnaître l'accent de ma province d'origine. Vous n'êtes pas une princesse cosaque, c'est évident. Encore une invention de Waltenberg ! Vous êtes originaire du Limousin, n'est-ce pas ?

— De Bessines.

— Et moi de Limoges. J'en suis parti tout jeune, mais j'en ai gardé du goût pour la porcelaine.

Elle lui raconta ce qui émergeait de sa mémoire, y

ajouta un piment romanesque : elle était la fille d'un personnage important de la région qui avait abandonné sa mère. Il hochait la tête et faisait mine de croire à ces balivernes.

— Ma proposition tient toujours, dit-il. J'aimerais vous avoir comme modèle. Vous savez où me trouver.

Quelques semaines après ses débuts sur la piste du cirque Fernando, Olga débuta un soir son numéro d'amazone zaporogue dans de mauvaises dispositions pour s'être disputée avec sa mère. Sultan, avec cet instinct infaillible des chevaux, la devinant nerveuse et irritable, se permettait des caprices : il obéissait mal, faisait des écarts, bronchait sans raison apparente.

À son troisième tour de piste, alors que l'écuyère se ramassait pour se dresser sur la croupe de sa monture, Sultan amorça un brusque écart qui la déstabilisa et la projeta à terre.

Quelques minutes plus tard, une saveur violente dans la gorge tira Maria de son inconscience. Au mouvement qu'elle fit pour se dresser sur ses coudes, elle ressentit une vive douleur à la jambe.

— Bouge pas ! lui dit M. Waltenberg. Je crois que tu as un tibia cassé. Bois encore une gorgée, ça t'aidera à supporter la souffrance.

Clotilde lui tamponnait le front avec un mouchoir humide en pleurnichant.

— C'est ma faute ! J'aurais jamais dû t'embringuer dans ce foutu métier. Mais aussi, quelle idée de vouloir jouer les acrobates ? Tu n'y étais pas préparée !

Un médecin du quartier, qui se trouvait dans le public, fit héler un fiacre pour la ramener rue du Poteau.

— Ça devait arriver ! gémit Madeleine. Je l'avais prévu. Eh bien, nous voilà dans de beaux draps ! Toi avec une jambe cassée, moi quasiment impotente. Et si tu boitais le reste de tes jours, imagine un peu !

Le médecin la rassura : après trois ou quatre semaines d'immobilité, elle pourrait remonter à cheval.

— Ah ça, non ! protesta Madeleine. Il y a des métiers plus honnêtes et surtout moins dangereux. Ma fille ne sera pas une saltimbanque, docteur. Jamais elle ne remontera à cheval ! Elle n'a que quinze ans et peut choisir un métier plus honnête.

Trois à quatre semaines, avait annoncé le médecin.

Trois à quatre semaines d'ennui, occupées à lire les livres de Mme Larroque sur lesquels elle bâillait, à dessiner, à colorier. Elle eût aimé reproduire des scènes de cirque mais elle s'en sentait incapable car sa mémoire la laissait en plan. Elle se contenta de grappiller autour d'elle ce qui pouvait assouvir sa passion : un coin de table avec une assiette et une bouteille, Madeleine en train de repasser, le chat endormi sur un coussin, une perspective de toits ruisselants de pluie ou couverts de neige, et puis sa mère encore, avec ses premières rides et ses mines de martyre résignée.

Les ressources du ménage s'épuisaient rapidement.

Des quelques économies que Maria avait pu rassembler, de l'indemnité que M. Waltenberg lui avait allouée, il ne restait pour ainsi dire rien. On ne pouvait compter désormais que sur le maigre revenu que Madeleine tirait de son travail.

Maria ne manquait pas de visites. La concierge s'informait chaque jour de sa santé et le patron, chaque semaine, lui donnait des nouvelles du cirque en déposant sur la table quelque gâterie. Clotilde était plus assidue : elle venait d'entamer une véritable carrière d'écuyère et gagnait bien sa vie ; on avait dû confier le vieux Sultan à l'équarrisseur : il se montrait de plus en plus irascible et dangereux.

La concierge, une grosse Berrichonne de Saint-Amand, débordait de faconde. Elle s'asseyait, attendait la bouteille de vin que Madeleine sortait du placard et soupirait sur la misère du monde : Jules Ferry formait le nouveau ministère (« Un homme à poigne, à ce qu'on dit, madame Valadon, mais qu'a pas beaucoup de religion ») ; on allait, le 14 juillet, célébrer pour la première fois la Fête nationale (« Encore une idée des communards qui se cachent en coulisses ! ») ; comble de scandale, on venait d'amnistier Louise Michel et quelques autres assassins de la Commune, qui allaient revenir en France aux frais de la République (« Comme si on pouvait pas les laisser crever là-bas ! »)...

— Et votre petite, madame Valadon, vous allez en faire quoi quand elle sera sur pied ? Si ça lui disait d'être concierge, je pourrais appuyer sa candidature, bien qu'elle soye un peu jeune...

— Ah, ma pauvre ! Regardez-la. Tout ce qu'elle aime faire, c'est ses gribouillis.

Elle ajoutait avec un soupir venu du plus profond de son corps délabré :

— Si seulement ça pouvait se vendre...

VI

LA FOIRE AUX MODÈLES

Première sortie de Maria : impasse de la Grande-Bouteille, derrière l'immeuble de la rue du Poteau.

Le plus pénible a été de descendre l'escalier, pas à pas, en s'accrochant à la rampe, avec des crampes au genou et l'impression que tout va basculer autour d'elle au moindre faux mouvement.

Il fait un doux temps de mars. Les talus commencent à ruisseler de fleurs. Le soleil se roule comme un gros chien sur les espaces jaunâtres des terrains vagues, les jardinets et les lointains des plaines du nord. Une légère brume de chaleur stagne au-dessus de la poterne Montmartre et des fortifications. Attelées d'un âne, des carrioles de maraîchers passent de temps à autre dans un bruit de sonnailles.

Maria s'assied sur le revers d'un talus, sous un buisson d'aubépines qui portent leurs premières fleurs. L'air laisse sur la langue une saveur de pain chaud qui est celle du printemps. Bientôt ce sera Pâques, le retour des promenades à travers Paris. Elle aimerait visiter les galeries, voir les œuvres d'Auguste Renoir et de ceux qu'on appelle les impressionnistes.

— Tu veux qu'on rentre ? dit Madeleine. Le fond de l'air est frais. Faudrait pas que tu t'enrhumes.

— Pas encore. Laisse-moi. Je suis bien.

Elle se sent un peu ivre de cette première sortie,

comme lorsque sa mère lui fait boire une gorgée d'absinthe. Ivre de ce printemps, de cette caresse de soleil sur sa peau, de cette odeur d'herbe qui perd sa dernière rosée. Pourquoi n'a-t-elle pas pris son carnet à croquis ? Cette perspective de jardins potagers derrière leurs palissades déglinguées, cette baraque en planches tapissée d'enseignes de chocolat Gala-Peter, d'alcool de menthe Ricqlès, de chapeaux Delion, ce vieux bonhomme en train de bêcher sa terre : autant de détails pittoresques qui la sollicitent.

Elle se promet d'y retourner avec ce qu'il faut pour dessiner.

Maria est revenue.

Elle a dessiné le vieux jardinier au tablier bleu, avec un énorme arrosoir en arrière-plan ; elle a conservé et traduit ses attitudes empreintes de lassitude lorsqu'il s'arrête pour souffler, appuyé au manche de son outil, sa femme près de lui, accroupie pour arracher la mauvaise herbe. Et ce chien à leurs pieds, qui gratte ses puces, et ce rouge-gorge qui les observe sur la palissade...

Elle marche maintenant sans canne, mais avec précaution, en regardant où elle pose les pieds. Le plus difficile, le plus dangereux est de monter les deux étages ; elle y parvient en prenant son temps.

— Bientôt, lui jette la concierge au passage, tu pourras aller guincher avec tes galants au Moulin de la Galette.

Ses galants... Elle aurait pu, comme Clotilde, les collectionner depuis ses débuts au cirque Fernando, et pas du gibier de barrière, pas de celui qui bat la dèche : non ! du gandin, du milord, du *sportsman*, de ce qui porte cravate de soie et costume de *Scotch-Tailors*. « Tu pourrais t'en faire, de la fraîche, avec ta jolie petite gueule ! » lui disait Clotilde. Sans doute, mais cette porte qu'elle lui ouvre débouche sur un monde qui la rebute ou qu'elle ne se sent pas prête à affronter :

il reste en elle trop d'innocence à préserver, trop de naïveté, trop d'angles vifs, trop de rancœur contre ces nantis parfumés au gardénia qui se trouvaient à Versailles au temps de la Commune et auraient abattu Louise Michel s'ils l'avaient trouvée au bout de leur fusil.

À choisir entre ces messieurs et les artistes misérables et débraillés qu'elle rencontre, occupés à peindre des vues de Montmartre pour les vendre trois sous à leur épicier, et qui l'interpellent familièrement, elle n'hésiterait pas.

La cohabitation constante avec Madeleine tournait souvent à l'aigre. Il ne pouvait en être autrement : l'argent manquait et la vie était de plus en plus chère.

MARIA : Tu devrais boire un peu moins et travailler un peu plus.

MADELEINE : Et toi, fainéante ! Pourquoi tu cherches pas un travail au lieu de passer ton temps à ces gribouillages dont personne ne veut ? N'oublie pas que c'est moi qui te nourris.

Maria la surprit et l'arrêta un jour où, ayant réuni quelques dessins, sa mère s'apprêtait à les emporter. Elle lui expliqua qu'elle allait les exposer place Pigalle pour tâcher d'en tirer quelques sous. La querelle faillit dégénérer en crêpage de chignons lorsque Madeleine, au comble de la colère, menaça de jeter les dessins dans la cuisinière.

— Fais-toi belle, dit Clotilde : je t'emmène en promenade. C'est mon jour de relâche. Nous irons au marché, ou, mieux, à la foire. À la foire aux modèles. Tu verras : c'est très drôle.

Les tractations avaient commencé autour de la fontaine de la place Pigalle. Des filles se pavanaient pour faire valoir leurs charmes ; d'autres restaient assises sur le bord du bassin.

— Tous ces hommes que tu vois là, dit Clotilde,

sont des peintres. J'en connais quelques-uns. Tiens, cette sorte de porc-épic en redingote noire, c'est Edgar Degas. Il est accompagné de son amie, Ellen Andrée, qui lui a servi de modèle pour un de ses meilleurs tableaux : *L'Absinthe*. Ce bel homme à barbe blonde, au front dégarni, à l'allure un peu fatiguée, c'est Édouard Manet, l'auteur du *Déjeuner sur l'herbe* et de l'*Olympia*. Celui qui fait des moulinets avec sa canne devant cette grosse fille...

— Celui-là, je le connais : c'est Auguste Renoir. Je l'ai déjà rencontré. Il m'a proposé de poser pour lui.

— Accepte ! Il est généreux et, de plus, très drôle. Cette jeune femme qui lui tient compagnie est je crois sa maîtresse : Aline Charigot, une fille d'aubergistes d'Essoyes.

Maria lui demanda qui étaient toutes ces filles qui faisaient le pied de grue autour de la fontaine. Clotilde, qui fréquentait à distance le milieu de la peinture, en connaissait quelques-unes. La plupart étaient des Juives, comme la Manette Salomon du roman des frères Goncourt, que Maria avait lu avec ennui ; elles étaient reconnaissables à leurs formes épanouies, à leur allure nonchalante, à leurs longs yeux de biche ; elles restaient groupées, apparemment indifférentes aux solliciteurs. Cet étrange marché proposait aussi bon nombre de petites fleuristes, de filles de gargote, de la jeunesse à petits métiers, maigres et timides, promises pour la plupart à la prostitution. De l'autre côté de la fontaine, se tenait un groupe d'Italiennes volubiles et démonstratives, qui hélaient le chaland et le provoquaient en fumant de petits *crapulos*, en exhibant leurs jambes et leur poitrine.

— Celles-là, malgré leurs efforts, dit Clotilde, ne trouvent guère d'amateurs. Des allumeuses qui finissent pour la plupart sur le trottoir...

Au milieu de cette cohue qui rappelait singulièrement un marché aux esclaves, Maria ne se sentait pas à l'aise. Elle refusa, comme son amie l'en priait, de se présenter, évita Renoir qui d'ailleurs repartait, bredouille en apparence, brandissant sa canne, son visage de faune rouge d'animation, suivi de celle que Clotilde appelait sa « bergère », et d'un bohème à chapeau cabossé, débraillé, Marcellin Desboutin, peintre et graveur, ivrogne notoire et, disait-on, « agent de liaison » entre les impressionnistes.

Clotilde désigna un banc à Maria.

— Celui-là, dit Clotilde, est facile à reconnaître. Il s'est fait une petite célébrité en servant de modèle à la toile de Degas : *L'Absinthe*. Il y figure à côté d'Ellen Andrée, devant une verte, évidemment. Facile aussi de savoir où ils se rendent : au bistrot voisin, la Nouvelle-Athènes, qui a pris la place du Guerbois comme lieu de rendez-vous des impressionnistes.

Clotilde désigna un banc à Maria.

— Attends-moi là. Je vais tâcher de décrocher un contrat.

Peu après elle revenait, radieuse : elle avait conclu pour une dizaine de poses avec un jeune peintre encore peu connu : François Gauzi, qui demeurait rue Tourlaque, à Montmartre.

— Beau garçon, dit-elle, et pas chien. Il m'a proposé six francs par séance. C'est bien payé. Faut croire que je lui ai tapé dans l'œil. S'il me fait des avances, je l'enverrai pas se faire lanlaire...

— Tu veux dire que tu coucherais avec lui ?

— Ben... C'est comme ça la plupart du temps, ma petite. Et c'est normal, surtout quand l'artiste est jeune, beau et fortuné, comme c'est le cas. En revanche, si tu poses pour un nabot comme Toulouse-Lautrec, que tu vois là-bas, en discussion avec une Italienne, c'est une autre affaire. Moi je m'y risquerais pas, aussi friqué soit-il. Pouah...

Elle ajouta en s'asseyant près de Maria :

— Va falloir que je m'arrange avec le père Waltenberg pour arriver à combiner les heures de répétition et celles que je consacrerai à la pose. Il m'a à la bonne.

Suffit de se laisser tripoter, mais il y a des limites à ne pas dépasser quand on est comme moi une fille honnête.

Elle éclata de rire, reprit un air grave pour ajouter :

— Ma petite, je me fais pas trop de mouron pour toi. Un jour tu trouveras chaussure à ton pied. Mais rien ne presse : à quinze ans on a la vie devant soi...

VII

LE BOIS SACRÉ

Madeleine paraissait surexcitée. La chaleur épaisse de ce mois de juillet s'ajoutant à celle de son repassage n'était pas étrangère à son état, mais, de surcroît, elle venait de prendre livraison d'une panerée de fin à rapporter d'urgence après repassage. Elle passa son poignet sur son front humide et se tourna vers Maria, assise au bord du lit, son chat sur les genoux.

— J'y arriverai pas, dit-elle d'une voix lasse. Faut que tu m'aides. J'ai cette corbeille de linge à livrer à une bourgeoise de la place Pigalle, numéro 11, premier étage. Mme Demaison. C'est écrit sur ce papier.

En cours de route Maria se souvint que le numéro indiqué était celui de l'immeuble occupé par M. Puvis de Chavannes. Elle se dit qu'avec un peu de chance elle pourrait le croiser dans l'escalier.

Elle avait parlé à Clotilde de ce personnage à la fois impressionnant et fascinant. Un vieux monsieur ? Pas si vieux à en juger par son allure, l'air de bonté qui baignait son visage sans rides et son regard vif. Puvis... Tout Paris le connaissait. Ses œuvres étaient exposées au Salon et il avait reçu la Légion d'honneur. À part Degas et quelques autres artistes, il avait dans son milieu plus de détracteurs que d'admirateurs : on lui reprochait sa peinture trop académique, malgré, disait-on, « quelques touches impressionnistes ».

— Eh bien, ma petite, lui avait dit Clotilde, mine de rien, tu en sais, des choses sur la peinture !

Mme Demaison donna un bon pourboire à la commissionnaire et, comme la chaleur était intense, lui offrit un *lemon-squash*. Mise en confiance, Maria lui demanda confirmation de la présence dans l'immeuble de M. Puvis de Chavannes : il avait son atelier principal à Neuilly et un autre, de moindre importance, au troisième où il demeurait avec « sa princesse ».

— Il a pris l'omnibus ce matin pour Neuilly, ajouta la cliente. En général, il est de retour vers six heures. Il ne saurait tarder.

Maria décida de l'attendre à la terrasse d'un troquet, juste en face de l'arrêt de l'omnibus, devant un sorbet à la vanille. Elle n'eut pas longtemps à patienter.

Lorsqu'elle aperçut sa longue silhouette sur la plate-forme arrière elle se leva et, prenant une allure de promeneuse, fit en sorte de le croiser. Elle sentit un grand froid descendre en elle lorsqu'il poursuivit son chemin sans lui accorder un regard. Le cœur en berne, elle décida de s'en retourner puis, jugeant l'occasion trop belle pour la laisser échapper, elle revint sur ses pas.

— Monsieur ! dit-elle. Monsieur, s'il vous plaît...

Il se retourna, fronça les sourcils et prit un air peu amène pour lui dire :

— Que voulez-vous, mon enfant ?

— Vous ne me reconnaissez pas ? Moi, je sais qui vous êtes : M. Puvis de Chavannes. Il y a quelques années, alors que je dessinais sur le trottoir, vous m'avez fait des compliments. Je n'ai pas oublié. C'était sur le boulevard Rochechouart, devant chez le bougnat.

— Vraiment ? Je ne m'en souviens pas. Il faut dire qu'à ton âge on change vite. Au fait, quel âge as-tu ?

Elle majora son âge, avoua dix-sept ans. Il murmura dans sa barbe :

— Dix-sept ans... C'est un an de plus que la fille qui m'a servi de modèle pour *L'Espérance*. Et... tu continues à dessiner ?

— Oui, monsieur. Je n'arrête pas. C'est ma passion.

— Votre passion, vraiment ? Et... accepteriez-vous de me montrer vos dessins ?

— Oh, monsieur ! je n'oserais pas.

Il caressa sa barbe avec le pommeau de sa canne.

— Cette chaleur est insoutenable, dit-il. Voulez-vous me suivre jusqu'à mon appartement ? Il fera meilleur qu'ici pour bavarder.

Rouge de plaisir et de confusion, elle accepta. Il lui prit le bras mais ne lui adressa pas un mot jusque sur le palier. Il dit en tirant le cordon :

— Je partage cet appartement avec une amie : la princesse Marie de Cantacuzène. Une femme charmante, vous verrez.

Une bouffée de fraîcheur odorante les accueillit sur le seuil, mélange de vieilles étoffes, de tabac et de fleurs. La princesse sourit en les faisant entrer.

— Je vois, dit-elle, que vous avez fait une nouvelle conquête, mon ami. Compliments, mademoiselle, vous êtes très jolie.

— Au fait, dit le peintre, je ne connais pas votre nom.

— Marie-Clémentine Valadon. On m'appelle Maria.

— Eh bien, Maria, entrez donc. Nous allons boire un rafraîchissement. Je meurs de soif.

Ils s'assirent dans le petit salon, un espace dévoré par un énorme ficus et des pots d'hortensias bleus. Il lui demanda de lui parler d'elle, de lui dire d'où elle venait, ce qu'elle comptait faire dans la vie. De la peinture ? Diable... c'était très ambitieux. À part Éva Gonzalès, Victorine Meurent et son amie Berthe Morisot, il ne connaissait que des bourgeoises qui peignaient à l'aquarelle comme on fait du tricot, pour passer le temps.

Elle but abondamment pour éliminer cette gêne qui faisait comme une glaire dans sa gorge. Prisonnière des regards qui la sondaient, elle peinait à trouver en elle les idées et les mots pour les exprimer. Elle se sentait mal à l'aise, au point de regretter son audace.

Comme s'il devinait son trouble, il l'invita à voir quelques toiles et des ébauches qui ornaient le petit et le grand salon, en guettant sa réaction. Les brefs commentaires qu'elle en fit parurent le combler. Il sursauta quand elle parla des « touches impressionnistes ».

— Ça, par exemple ! Vous entendez, Marie ? Cette gamine a déjà un esprit critique très affûté.

Il sortit d'un carton quelques ébauches, les posa sur la carpette. Devant ces simples études, plus à son aise, elle se permit quelques commentaires plus osés. Il l'encouragea à préciser sans complaisance son opinion.

— Je trouve, dit-elle, certaines attitudes un peu raides, un peu... figées.

Puvis eut un sursaut de surprise ; il prit la princesse à témoin de ce jugement.

— Entendez-vous, mon amie ? C'est ce que dit de mes œuvres ce Goncourt qui ne m'aime guère !

Maria blêmit, chancela.

— Pardonnez-moi, monsieur, je n'aurais pas dû...

— Mais si, au contraire ! C'est moi qui t'ai demandé un avis sans indulgence. Ce que tu dis est très juste, mais, vois-tu, c'est ma manière, et je n'y puis rien changer.

Elle glissa un regard vers le cartel : il se faisait tard ; sa mère allait s'inquiéter. Elle se dit qu'elle n'aurait pas dû parler de sa mère car il lui posa des questions sur elle. Maria y répondit par des fables.

— Attendez ! dit-il alors qu'elle se préparait à partir. J'ai une proposition à vous faire. J'ai reçu de la ville de Lyon commande d'une toile de grandes dimensions pour laquelle il me faudra un modèle. Accepteriez-vous de poser pour moi ? Vous seriez rémunérée convenablement.

De nouveau, dans la tête de Maria, ce fut le grand

chambardement. Que répondre, là, au pied du mur ? Elle dit qu'elle devait en parler à sa mère.

— ... mais je pense, ajouta-t-elle, qu'elle acceptera.

Décidément cette gamine ne faisait rien comme tout le monde ! Elle avait voulu devenir artiste de cirque, et voilà qu'elle allait poser pour un peintre. Oh, certes, pas de ces minables rapins qui hantaient les rues de Montmartre, toujours entre deux vins. Un monsieur, oui, avec un nom à rallonge, mais ce n'était guère plus rassurant. Qui pouvait dire qu'il ne s'agissait pas d'un de ces vieux marcheurs, amateurs de tendrons ? Il y avait du piège là-dessous. Et puis, poser nue, une gamine de son âge, tout montrer de son corps, oui, tout, c'était choquant. C'était i-nad-mis-sible ! Mais que faire ? Quand elle a une idée en tête, cette petite, rien ne peut lui faire entendre raison.

Enfin...

Montrer ses dessins à M. Puvis ? Maria s'y est résolue non sans hésitation.

Elle feuillette ses liasses enfermées dans une boîte à chapeau, se prend la tête à deux mains, soupire. À côté des ébauches que le peintre lui a montrées, comme tout ce fatras lui semble inepte ! Quelle maladresse, quelle lourdeur ! Seuls lui paraissent dignes d'intérêt les croquis pris sur le vif du vieux jardinier et de sa grosse dondon de femme. Le reste ne mérite pas d'être montré à qui que ce soit, surtout pas à un maître comme M. Puvis. Si Maria a pu se faire quelque illusion, autant mettre pavillon bas.

— Je ne sais pas dessiner ! Je suis nulle ! Tout ça, c'est de la merde !

— Qu'est-ce que tu as encore à ronchonner ?

— Rien. Ça me regarde.

— Si c'est à cause de ce dessin colorié que j'ai donné à la concierge, y a pas de quoi en faire une histoire.

— Parce que tu...
— Oui, et alors ? C'est pas une œuvre d'art, non. Ça lui plaisait, qu'elle m'a dit. En échange elle m'a donné une bouteille de bordeaux. Tu étais bien contente de la boire avec moi, non ?

L'envie brutale, soudaine, de tout détruire : cette paperasse, ces crayons, ces couleurs. Par la fenêtre ! Elle se retient, cramponnée au rebord de la table. Elle était si sûre d'elle, pourtant, pas plus tard qu'hier, en dessinant la petite marchande d'oublies. Si sûre d'elle et si heureuse de dessiner, de prolonger un moment de vie. Les seuls plaisirs de son existence, c'est dans ces circonstances qu'elle les trouve. Alors, pourquoi se les refuser, et à quoi riment ces crises de doute ?

Modèle... Maria sera modèle. Dans la compagnie de M. Puvis et d'autres artistes comme M. Renoir, peut-être apprendra-t-elle les rudiments qui lui manquent pour devenir elle-même une artiste. Peut-être, mais elle devra se battre. Contre elle-même d'abord, contre ces doutes qui l'assaillent et qu'elle repousse mal.

Trois fois par semaine, le matin, ils montaient dans l'omnibus, place Pigalle, et en descendaient à un arrêt de Neuilly, proche de l'atelier du peintre : une vaste pièce en rez-de-chaussée ouvrant d'un côté sur la rue et de l'autre sur un parc à moitié sauvage où jouaient des enfants de familles heureuses.

— Allons, Maria, s'écriait Puvis, sur l'estrade !

Dès les premières séances de pose elle avait fait litière de ses réticences et s'était dévêtue avec l'aisance d'une vraie professionnelle. Il s'était montré surpris et choqué qu'elle portât un corset, à son âge et avec une taille d'une telle minceur. Il le lui avait interdit ; elle en avait passé par sa volonté.

— Laissez ça aux vieilles rombières. Diane et Vénus ne portaient pas cet instrument de torture.

Nue, elle se laissait envelopper de voiles qu'elle avait parfois du mal à retenir sur ses épaules ou ses hanches. Puvis aimait les drapés souples, légers, transparents ; la plupart des figures féminines qu'il avait peintes en étaient pourvues.

L'œuvre sur laquelle il avait commencé à travailler était celle dont il avait parlé à Maria et que la ville de Lyon destinait au Palais des Arts. Il avait déjà trouvé son titre : *Le Bois sacré cher aux arts et aux Muses* ; Maria avait fait la moue.

— Ça ne vous plaît pas ? Eh bien, dites !

— Je trouve ce titre trop long et pompeux. Pour moi, *Le Bois sacré* suffirait.

Il bougonnait : cette gamine, quelle prétention et quelle insolence !

Certaine qu'il ne s'en offusquerait pas, elle prenait des libertés, ne se privait pas de critiquer certaines de ses ébauches auxquelles manquait un élément essentiel : le mouvement.

— Peut-être... marmonnait-il, mais c'est ainsi. Vous ne me verrez pas, comme Degas, peindre les courses de Longchamp ou des scènes de cabaret. Moi, j'ai choisi l'immobilité, l'intemporel. Comme le poète, « je hais le mouvement qui déplace les lignes ». Remontez ce drapé, je vous prie... On trouve deux sortes de personnages dans mes œuvres : ceux qui ont les pieds sur terre et qui attendent quelque événement merveilleux... moins raide, votre bras droit... et ceux qui viennent du ciel et qui volent comme des anges. C'est une peinture de sérénité, mettez-vous bien ça dans la tête. Vous êtes fatiguée ? Repos ! Nous reprendrons dans un moment.

Il lui jetait sur les épaules une vieille cape qui sentait le tabac. Elle s'en enveloppait, s'allongeait sur le sofa, observait le maître occupé à fignoler son travail sans cesser de marmonner dans sa barbe des propos qui accompagnaient en les commentant les mouvements de sa main tenant le fusain ou le crayon.

Sans être un géant il était plus grand qu'elle. Quand ils marchaient côte à côte dans la rue on devait les prendre pour le père et sa fille ou même sa petite-fille. Il avait quarante ans de plus qu'elle mais l'âge ne semblait pas avoir de prise sur lui. Le nez était un peu fort, presque bourbonien, mais la barbe lui concédait de la majesté. Il semblait que cet artiste n'eût pu faire une autre peinture que celle à laquelle il s'était voué. Maria ne le voyait pas assis sur un pliant, à Montmartre, peignant une scène de rue ou au cirque Fernando en train de croquer une écuyère en tutu.

De temps en temps, il interrompait ses esquisses pour fignoler des peintures en cours d'exécution ou terminées mais auxquelles il trouvait toujours quelque détail à reprendre.

Il vivait en marge de la société des peintres et des milieux officiels, comme s'il eût été indifférent au succès. Il savait qu'un jour ou l'autre justice serait rendue à son talent. Le critique Félix Fénéon l'en avait assuré. Alors, tout ce que cette vieille baderne de Goncourt pouvait vomir sur lui le laissait indifférent. Il n'avait nul besoin d'un succès immédiat : sa fortune lui permettait de vivre sans soucis des lendemains.

Il semblait avoir oublié la requête qu'il avait faite à Maria : qu'elle lui présentât ses dessins. Tant mieux ! elle n'était pas pressée de les lui soumettre, craignant un de ces verdicts foudroyants qui lui eût ôté toute envie de poursuivre dans cette voie et l'eût privée d'une passion essentielle.

Un matin de la fin septembre, après une matinée de pose, M. Puvis fit une surprise à Maria. Sur le coup de midi, on sonna à la porte. Un garçon livreur apportait dans une grande panière des victuailles et de la boisson.

— Vous attendez quelqu'un ? demanda Maria. Madame, peut-être ?

— Non : elle vient rarement à Neuilly, tu le sais.

Selon son humeur ou les circonstances, il adoptait avec son modèle le vouvoiement ou le tutoiement. En général, quand il était d'esprit primesautier, ce qui lui arrivait souvent, quand il était satisfait de son travail, il la tutoyait.

Ce jour-là, M. Puvis n'attendait personne. Le repas qu'il avait commandé était pour eux seuls : un poulet, des frites, une pâtisserie et du champagne.

— Du champagne, maître ? En quel honneur ?

— Tu devrais le savoir mieux que moi. Nous sommes le 23 septembre. Cette date ne te rappelle rien ?

— Mon anniversaire ! Vous avez pensé à mon anniversaire ! Oh, maître...

Elle essuya les verres qui leur servaient d'ordinaire à se rafraîchir car il faisait toujours très chaud dans l'atelier. Il lui demanda de prendre les flûtes que l'on réservait aux visiteurs de marque.

Il lui fit la leçon : chez lui, on ne servait le champagne que dans les flûtes ; les coupes étaient bonnes pour le populaire. Les communards, ces barbares, buvaient le champagne dans des verres ordinaires ou le sabraient à la hussarde.

Ils déjeunèrent de bonne humeur. Au dessert, il entonna quelques chansons datant de sa lointaine enfance lyonnaise. Par jeu elle répondit par des chansons de la Commune qui lui hérissèrent le poil. La bouteille de champagne vide, ils attaquèrent le poulet au bordeaux et finirent avec un blanc doux du Jura. Elle se gava de pâtisseries et, soudain, porta la main à son front.

— Pardonnez-moi, maître, dit-elle en se levant. Je crois que je suis ivre. Il faut que je me repose sur le divan. Je boirai mon café tout à l'heure.

Elle dormit deux heures. Quand elle se réveilla, il était à son chevet, assis sur un pouf, l'air songeur.

— Maître... vous me regardiez dormir. Je devais être laide. Ma mère me l'a souvent dit.

— Ta mère a tort. Tu ressembles à l'un de ces personnages célestes que je lâche dans le ciel.

Il ajouta en triturant ses mains entre ses genoux :

— Tu n'as pas dû t'en rendre compte, mais je t'ai embrassée pendant que tu dormais.

Elle jeta les bras derrière sa nuque pour soulever sa tête et mieux le regarder. Il paraissait inquiet, contemplait la carpette avec un regard coupable, n'osait pas lever les yeux sur elle.

— Me pardonneras-tu ? Réponds-moi, Maria. Pourquoi ne dis-tu rien ?

Parler ? Elle n'en avait nulle envie. Elle lui lia les

bras autour du cou et l'attira contre sa poitrine sans qu'il fît un geste pour lui résister. Il semblait que cet événement fût convenu depuis leur première rencontre, qu'il fût dans l'ordre des choses. Si cette étreinte ne s'était pas produite, elle eût manqué à l'équilibre de leur vie commune.

Il se mit nu, la rejoignit sur le sofa. Comme il était trop exigu ils basculèrent sur la carpette et firent l'amour avec une fièvre qui apportait un point d'orgue à une longue attente. Il se retira d'elle en marmonnant :

— Ça, par exemple ! Tu étais... tu étais...

— Oui, maître, je n'ai connu aucun homme avant vous.

— Mon Dieu... Mon Dieu... Une vierge...

— En seriez-vous fâché ? Je suis heureuse que ce soit vous le premier. Je vous dois même une confidence : j'ai triché avec mon âge. J'ai tout juste quinze ans.

Il s'assit sur le bord du sofa, ses longues mains battant entre ses genoux.

— Maria, ma chérie, je ne voudrais pas que tu t'imagines que j'ai pour habitude d'abuser de mes modèles. Cela ne m'était jamais arrivé, sinon à mes débuts. Aujourd'hui, je me méfie de ces filles et je n'y touche pas. Mais toi, Maria, toi...

— Que dites-vous là, maître ? Vous n'avez pas abusé de moi et, de plus, vous m'avez rendue heureuse.

Elle l'embrassa dans le cou et ajouta :

— Il serait temps de se remettre au travail.

Lorsque le temps de ce mois d'octobre était favorable, ils revenaient à pied de Neuilly à Pigalle. C'était une longue randonnée mais il aimait marcher et elle ne se ressentait plus de sa blessure à la jambe. En cours de route, il se livrait à un interminable soliloque ; consciente d'avoir beaucoup à apprendre de lui sur la vie et sur l'art, elle se contentait de l'écouter. L'essentiel de ses propos portait sur la toile qu'il avait en chantier :

il n'avait jamais douté d'en faire son chef-d'œuvre, mais son travail avançait lentement, sujet à des remises en cause générales ou simplement à des repentirs de détail.

— Je veux faire de ce *Bois sacré*, disait-il, une image d'éternité. L'éternité, on la découvrira dans l'attitude de ces femmes demi-nues, dans cette amorce de temple, dans ce décor immuable, dans ces couleurs délavées qui rappellent les fresques de l'Antiquité, et qui ne te plaisent guère.

— Oh, maître...

Il lui parlait de ce « pauvre Manet » qui souffrait d'un mal étrange à ce qu'on disait.

— Étrange... Ce mal n'a rien d'étrange. C'est tout bonnement une syphilis contractée dans sa jeunesse avec une mulâtresse, au cours d'une fête, en Amérique. Je tiens cette information d'un de ses proches. Je crains que ce pauvre ami ne puisse continuer longtemps à travailler.

Il aimait sa peinture, plus impressionniste qu'il ne voulait l'admettre, mais il comprenait mal le goût des honneurs qui l'animait. Naguère Manet se serait fait damner pour avoir une toile acceptée au Salon et obtenir la Légion d'honneur.

— Curieux personnage, ajoutait Puvis. Je n'arrive pas à le comprendre. Il déteste les maîtres du classicisme, les Cormon, les Bouguereau, les Meissonier, mais ne peut s'inclure dans la nouvelle génération, celle des impressionnistes. Il nage perpétuellement entre deux eaux. Si cette attitude est décevante, il faut reconnaître que Manet est le meilleur d'entre nous. Son *Déjeuner sur l'herbe* est un chef-d'œuvre.

Reprenant conscience de la présence de cette gamine qui trottinait à côté de lui, il ajoutait :

— Avez-vous déjà vu des œuvres de ce peintre ?

— Dans les vitrines des galeries, maître. Manet est un grand artiste.

— À la bonne heure. Cela prouve que tu as un goût très sûr malgré ton jeune âge.

Elle attendait avec une pointe d'angoisse qu'il lui demandât de lui présenter ses dessins. Rien ne venait. Elle en était à la fois déçue et rassurée.

Il parlait avec chaleur des artistes du Quattrocento italien, des fresques des primitifs, de Giotto dont son œuvre le rapprochait.

— J'aurais aimé peindre à la détrempe, mais je préfère la toile marouflée qui me permet de travailler dans mon atelier, en toute sérénité. Je préfère la toile à la pierre : elle me donne l'impression d'une chair de femme.

Il était sensible aux compliments, ceux notamment de ses amis Théophile Gautier, Baudelaire, Théodore de Banville. En revanche les critiques de ses détracteurs le laissaient indifférent. La dernière en date venait d'un certain Castagnary ; il avait écrit que Puvis était « un fabricant de papier peint ». Celles qui l'irritaient profondément et le blessaient, quoi qu'il en dise, venaient d'Edmond de Goncourt qui l'avait pris en grippe.

— Il prétend, disait-il, que je suis dénué de toute qualité picturale, laborieusement ingénu, idiotement plagiaire du passé, que je caricature les Anciens ! À mon propos, il a cité Renan disant que je prêche pour mon siècle et il a ajouté : « Il vaudrait mieux qu'il prêche moins et qu'il peigne mieux... » Ces rosseries ne me font ni chaud ni froid.

Il se tournait vers elle, lui prenait le bras.

— J'espère que ce n'est pas ce que tu penses de moi !

— Oh, maître ! Vous me taquinez...

Il lui passait un bras autour des épaules, lui prenait la main, s'arrêtait pour la serrer contre lui. Elle protestait sans conviction : si la princesse les voyait...

— C'est une femme adorable, disait-il. Et compréhensive. Je peux tout lui dire : elle me comprend et se montre indulgente à mes faiblesses. Je ne lui ai rien avoué de nos relations mais je suis persuadé qu'elle a déjà tout deviné. Ah ! les femmes... Des monstres de perspicacité. Ce qu'elles discernent le mieux, c'est ce que nous leur cachons. Paradoxal, non ?

Que pensait-elle vraiment de la peinture de Pierre Puvis de Chavannes ? Le meilleur et le pire. Elle n'aimait pas chez ses personnages cette allure de cartons découpés, ce manque de dégradé, cette ambiance mièvre, sirupeuse, sulpicienne, ce manque de vie. En revanche, elle était sensible à l'habileté du maître, à son inspiration élevée, à la profonde sérénité qui émanait de la plupart de ses œuvres.

Lui demandait-il son avis, au soir d'une séance de pose, elle faisait en sorte de garder ses critiques en elle pour ne pas le heurter et risquer de déclencher une colère qui eût pu aboutir à une rupture. Le maître était généreux, sa compagnie agréable et enrichissante.

Pour la première fois, grâce à lui, elle avait l'impression de vivre intensément.

Après des journées de travail ininterrompu, Pierre Puvis de Chavannes, de retour à son domicile de la place Pigalle, se muait en homme du monde et se plaisait à bien traiter ses amis.

Un soir, il dit à Maria :

— Nous recevons demain Manet, Renoir, le musicien Emmanuel Chabrier et quelques autres artistes et journalistes. J'aimerais que tu sois présente.

— Ce serait avec plaisir mais je n'ai pas de toilette qui convienne.

— Qu'à cela ne tienne : la princesse y pourvoira.

Morne soirée. On ne parla durant une heure que de l'événement de la semaine : Renoir s'était cassé le bras droit, ce qui l'obligeait à peindre de la main gauche, un exercice difficile. La conversation porta ensuite sur les dissensions entre les impressionnistes au sujet de leur quatrième exposition à laquelle, pour d'obscures raisons, Sisley, Cézanne, Renoir et Berthe Morisot entre autres avaient renoncé à participer. En revanche — était-ce une révolution ? — le Salon officiel avait ouvert ses cimaises à ces exclus qu'étaient Manet, Renoir, Éva Gonzalès et, à la surprise générale, ce maudit : Claude Monet ! On finirait bien par investir cette citadelle du pompiérisme, à faire circuler un peu d'air frais et de lumière dans cet antre qu'était le palais de l'Industrie ! Les toiles des impressionnistes n'étaient pas mises en valeur, accrochées trop haut et en dehors des couloirs de circulation, soit, mais on était dans la place.

Renoir, son bras en écharpe, semblait d'humeur maussade. Après avoir baisé la main de la maîtresse de maison, il avait tendu à Maria sa main libre, surpris semblait-il de la trouver en ces lieux. Il détestait ces réunions mondaines et s'y présentait sans apprêt, dans son costume de ville ordinaire, luisant d'usure.

Il invita Maria à s'asseoir près de lui.

— Alors, lui dit-il, fini le cirque ? Êtes-vous satisfaite de votre nouvelle situation ? C'est parfois dur de tenir la pose, hein ? Il est vrai que Puvis passe pour ne pas martyriser ses modèles et pour les payer généreusement, mais il ne doit pas être rigolo tous les jours.

Il ajouta en posant la main sur son genou :

— Mon invitation tient toujours. Je vais m'attaquer à une série sur la danse : à la ville, aux champs... Pour la ville, j'aimerais que ce soit vous qui posiez. Vous êtes le modèle qui me convient. Mais rien ne presse. J'en suis à peindre de la main gauche. L'enfer...

Emmanuel Chabrier, coiffé de son chapeau haut de forme, cigare aux lèvres, s'était mis au piano à la demande de la princesse pour faire diversion à la conversation qui ronronnait. Il joua avec entrain, en marmonnant, quelques-unes de ses *Pièces pittoresques*. C'était un gros homme jovial, à forte carrure d'Auvergnat.

Vautré dans un fauteuil, sous un oranger en caisse,

le buste convexe comme s'il venait de recevoir un coup de poing au creux de l'estomac, Édouart Manet promenait sur l'assistance un regard égaré. L'auteur du *Déjeuner sur l'herbe* venait d'entrer dans la phase terminale des syphilitiques.

Il s'était fait accompagner par sa belle-sœur, Berthe Morisot qui, disait-on, n'avait épousé Eugène, le frère de l'artiste, que par désespoir, amoureuse qu'elle était du maître. Très *genre* mais pas vraiment séduisante, elle suscitait l'intérêt par son teint d'ivoire contrastant avec le vert profond de ses yeux. Elle avait été l'élève de Corot, l'amie de Daubigny et de Daumier. Après avoir peint des marines à Lorient, elle s'était vouée au portrait qu'elle traitait en couleurs claires et heureuses. Puvis avait montré à Maria une de ses œuvres, *L'Été* : une femme au visage candide émergeant d'un brouillard de verdure et de fleurs, comme vêtue d'éclats de verre, en lui disant :

— Berthe est une artiste d'avenir. Le Salon lui est ouvert régulièrement, un succès qui fait enrager ce pauvre Manet qui, lui, peine à se faire accepter...

L'artiste s'assit près de Maria, à la place que Renoir venait de libérer pour s'entretenir avec un critique.

— Pierre m'a parlé de vous, dit-elle. Il ne tarit pas d'éloges sur votre compte : un corps parfait, au galbe grec, de la résistance à la fatigue, un caractère accommodant. On trouve rarement toutes ces qualités réunies dans un modèle. S'il vous plaît de poser pour moi, n'hésitez pas.

Elle lui confia un bristol que Maria glissa dans sa ceinture en la remerciant.

— Eh bien, mes petites, dit au-dessus d'elle la voix de Puvis, vous ne paraissez guère vous amuser. Encore une autre flûte ! C'est un ordre...

Berthe prit Maria par la main, la guida vers le buffet et lui présenta quelques invités : Gustave Moreau, Alphonse Daudet, dont Maria avait lu les *Contes du lundi* chez Mme Larroque, un jeune peintre au visage taillé à coups de serpe, à l'air embarrassé : Paul Gauguin, et un butor à visage de griffon, qui parlait haut, avec des tonalités sentencieuses : Edgar Degas, un artiste que l'on trouvait plus souvent, dit Berthe, dans les coulisses du cirque ou de l'Opéra qu'à l'église.

La chaleur n'avait rien d'insupportable dans le grand salon, mais Maria se tamponnait le visage avec son mouchoir comme si elle transpirait. Elle se sentait mal à l'aise, inutile, condamnée à faire tapisserie. De plus, cette obsédante musique de piano gonflée de fortissimos étourdissants, cette rumeur de conversations, les quelques flûtes de champagne qu'elle avait bues la mettaient au bord de la syncope.

Lorsque le maître d'hôtel annonça que Madame était servie, Maria demanda à la princesse de l'excuser : elle souhaitait se retirer.

Elle retrouva avec bonheur la fraîcheur humide de la nuit d'octobre, le pavé mouillé comme dans une peinture de Caillebotte, le fiacre qui la ramènerait rue du Poteau. Le trajet à travers la nuit fut comme une longue réminiscence des heures passées, intenses, trop intenses, riches, trop riches. Cette plongée dans un monde qui lui était étranger, où elle ne se sentait pas à sa place, loin de lui donner de l'assurance, la rejetait dans son insignifiance. Elle en voulait à la princesse mais surtout à Puvis, de l'avoir lâchée sans bride au milieu de ces monstres sacrés, de ne lui avoir pas donné latitude de s'exprimer, d'entrouvrir des perspectives sur son petit monde, d'avoir fait d'elle un simple élément décoratif.

— Où es-tu encore allée traîner ? bougonna Madeleine. Si tu voyais ta mine...

Maria haussa les épaules sans répondre. Elle se déshabilla, dîna d'un morceau de pain et de fromage, puis s'installa avec son carnet de croquis sous la lampe, s'efforçant de faire surgir de sa mémoire un personnage, une scène, un élément de décor. Elle y parvenait imparfaitement : elle n'était à l'aise qu'avec le motif sous les yeux. Quoi de plus fugace qu'une attitude ou l'expression d'un visage ?

Il était près de minuit et sa mère était couchée depuis des heures quand elle renonça. Elle ne reconnaissait aucun des personnages dont elle avait tenté de restituer l'apparence. Elle déchira ces feuillets, les jeta dans la cuisinière et se mit à pleurer.

VIII

PLAISIRS D'AMOUR

Adrien Boissy se disait chansonnier et poète, mais sa lyre n'était qu'une vieille mandoline fêlée et ses œuvres attendaient vainement la clientèle. Dans les cabarets : au Chat noir ou au Lapin agile, il jouait les paillasses, se faisait huer et chahuter. On ne le jetait pas dehors car il servait de repoussoir aux véritables artistes et incitait le public à la consommation.

Il passait ses journées dans un obscur bureau de l'Enregistrement et ses nuits sur la Butte. Joli garçon au demeurant, d'un commerce agréable quand il se trouvait à jeun ou entre deux vins, insupportable au-delà.

C'est le Chat noir qui avait sa préférence. Il avait fait ses débuts de noctambule à la Grande Pinte, avenue Trudaine, en même temps que le propriétaire du Chat noir, Rodolphe Salis : ç'avait été un milieu favorable à l'éclosion de son modeste talent de chansonnier et, pour le futur patron de cabaret, un apprentissage bénéfique. Salis avait réussi ; Boissy était resté en rade.

Le moment venu de voler de ses propres ailes, Salis avait loué, boulevard Rochechouart, le local désaffecté d'une agence postale pour y installer son établissement. Son ambition n'était pas de donner dans le luxe mais dans l'insolite. Il avait conservé les poutres anciennes et la haute cheminée, avait meublé cet espace réduit d'un mobilier Louis XIII, dispersé sur les murs et au-dessus de la cheminée un bric-à-brac de brocante, revêtu les garçons d'uniformes d'académiciens. Un chat empaillé avait donné son nom au cabaret ; le peintre Steinlen avait réalisé des affiches et des programmes.

Passé une trentaine de personnes, on se sentait à l'étroit.

Salis ouvrit son cabaret en décembre 1881, en musique. Dans ce magasin de curiosités, il était parvenu à insérer un piano droit et une contrebasse.

— Que sera votre boîte ? lui demandait-on : un rendez-vous d'artistes, un cabaret à chansonniers, un bordel ?

— Tout ce que je souhaite, répondait-il en caressant sa lavallière, c'est que ma clientèle passe du bon temps. Elle sera un peu à l'étroit mais ça réchauffe et ça met de l'ambiance.

Peu désireux d'ouvrir ses portes à un cénacle, à une académie ou à une école, Salis accepta néanmoins l'installation, dans une arrière-salle à laquelle on donna le nom pompeux d'Institut, d'un groupe de joyeux drilles, les Hydropathes, dont le moins qu'on puisse dire est qu'ils avaient peu de goût pour la limonade.

Le succès fut immédiat. On vit apparaître une clientèle où dominaient écrivains, poètes, musiciens, chansonniers et une joyeuse bohème sans spécificité. Théodore de Banville y retrouvait Verlaine toujours entre deux absinthes, Alphonse Allais y débitait ses calembours à la chaîne, Georges Auriol s'y tailla un succès de chansonnier en lançant une rengaine : *Quand les lilas refleuriront*. Maurice Rollinat, l'un des plus fameux hydropathes, y donna libre cours à ses névroses.

Chaque soir, autour du piano où parfois improvisait un jeune musicien, Claude Debussy, c'était la fête. Il était rare, passé minuit, qu'il y eût une place libre.

Boissy accrochait Salis par le fond de ses basques et lui disait :

— Je viens de composer un poème. J'aimerais le dire ce soir.

— Bien... bien... bougonnait Salis. Tu le feras, ton numéro, mais c'est à tes risques et périls.

Si le pauvre Boissy ne recevait pas de tomates, c'est que la clientèle n'en avait pas dans ses poches. En interrompant son récital sous les huées, il s'écriait :

— Un jour on rendra justice à mon talent. En attendant, je vous emmerde !

— Oui, murmura Boissy, je suis convaincu qu'on reconnaîtra mon talent. Et ça n'attendra guère !

Il s'assit entre deux jeunes femmes qui venaient d'entrer et avaient trouvé place sous le chat empaillé, devant la cheminée. Il expliqua qu'il avait déjà écrit une centaine de poèmes sur des documents administratifs, pendant son travail à l'Enregistrement. L'inconvénient, c'est que ces œuvres n'étaient pas faites pour être débitées devant un public ignare et imperméable à la poésie.

— Permettez que je vous offre un verre, dit-il. Je m'appelle Adrien Boissy. Vous entendrez bientôt parler de moi dans les gazettes. Et vous, mesdemoiselles ?

— Je m'appelle Clotilde.

— Moi, c'est Maria.

— Avez-vous aimé mon dernier poème : *Fleur de la Butte* ?

— Ouais... dit Clotilde.

— C'est beau, dit Maria. Surtout la fin, très émouvante.

Déjà à moitié ivre, Boissy se leva lentement, se découvrit, embrassa la main de Maria et s'écria avec emphase :

— Enfin une jeune beauté qui rend hommage à mon talent !

D'un air cérémonieux, il sortit de la poche de sa

veste le poème plié en quatre, le déplia d'un revers de main sur la toile cirée poisseuse de vin et de bière et, laborieusement, rédigea une dédicace avec un crayon-encre qu'il humectait du bout de sa langue.

— Pour vous, mademoiselle Maria : un sonnet, un vrai, sans une faute de prosodie.

Maria le glissa dans son sac en promettant de l'apprendre par cœur.

Depuis quelques jours, elle était libre comme l'air. M. Puvis lui avait donné congé pour une semaine en se montrant généreux. Le couple allait passer quelques jours de détente en Picardie, chez un ami, le peintre Léon Bonnat qui souhaitait faire le portrait du maître et lui obtenir la commande d'une œuvre allégorique sur cette province. Il avait laissé à Maria toute latitude de poser en son absence pour d'autres artistes en lui disant :

— Je souhaite te retrouver à mon retour. Ne me trahis pas. Tu es le soleil de ma vie.

Adrien Boissy commanda une autre tournée en oubliant de régler les précédentes. On en était à la quatrième. Aux approches de minuit l'ambiance était à son comble. Poètes, chansonniers, musiciens se succédaient sans relâche sur l'étroite estrade. Boissy continuait à vaticiner dans le désert car personne ne lui prêtait attention.

— Comment te sens-tu, Maria ? demanda Clotilde.

— Comme sur un nuage, mais je crains le réveil et la gueule de bois qui m'attend.

— Si je suis en forme, tout à l'heure, pour l'entraînement au cirque, ça tiendra du miracle. Partons. Nous aurons de la chance si nous trouvons un fiacre à cette heure.

Elle secoua l'épaule de Boissy, annonça qu'elle lui laissait régler l'addition.

— Vous rêvez, les filles ! protesta le poète. J'ai pas la moindre thune.

Maria régla l'addition. Dans la nuit de mars où tombait un aigre crachin, elles attendirent devant le beuglant le passage hypothétique d'un fiacre lorsque Boissy surgit derrière elles en criant :

— Eh là ! les filles, ne me laissez pas. J'habite à l'autre bout de Paris, au Quartier latin. Je peux pas me présenter chez ma mère dans cet état ni coucher sous les ponts.

— Tu coucheras où tu pourras, mon vieux ! lui jeta Clotilde. Sûrement pas chez moi.

Elles finirent par trouver un fiacre à la station de la place Butte-Montmartre. Malgré les réticences de Clotilde, Boissy s'y engouffra. Maria déposa sa copine et garda le fiacre, en lui promettant un gros pourboire, jusqu'à la rue du Poteau, un quartier où les cochers n'aimaient guère s'aventurer pendant la nuit.

Elle aida Boissy à descendre de voiture.

— Qu'est-ce que je vais bien pouvoir faire de toi ? dit-elle. Je peux quand même pas te faire coucher dans mon lit. Tu imagines la tête de ma mère !

Il se laissa tomber au pied du mur en gémissant que tout le monde l'abandonnait, qu'il finirait poète maudit, comme ce pauvre Verlaine.

— Je suis comme un chien perdu... gémissait-il. Personne ne veut de moi !

— C'est bon... soupira Maria. Tu peux monter, mais sans bruit pour ne pas réveiller la concierge et les voisins.

Maria, depuis leur nouvelle installation, occupait une pièce de dimensions exiguës jouxtant la salle commune abandonnée à sa mère. Un choix nécessaire : Madeleine avait des sommeils agités, parlait en dormant, se levait souvent pour uriner, ce qui chaque fois réveillait sa fille. La petite pièce donnait sur le palier. Maria tapissa une encoignure avec des couvertures et des coussins en guise de matelas, aida Boissy à se déshabiller, ce qui ne se fit pas sans mal.

— Demain, bredouilla-t-il, y a école. Faudra me réveiller à huit heures tapantes.

— Il te reste peu de temps pour récupérer, mon gars : quatre heures seulement.

Lorsque Maria se réveilla, le poète avait disparu. Elle se jeta sur son sac, le fouilla, y trouva ce qui restait de son argent. Boissy n'était pas un voleur.
À quelques jours de là, il frappa à la porte, correctement vêtu, un macfarlane sur les épaules à cause de la pluie, portant un bouquet de roses.
— Je suis confus, dit-il, de vous avoir occasionné tous ces tracas. Me pardonnerez-vous, mademoiselle Maria ? Vous avez été indulgente et généreuse avec moi et je vous en suis reconnaissant.
Il lui tendit le bouquet, ajouta :
— J'ai joint à ces quelques fleurs une enveloppe avec un poème que je viens d'écrire pour vous. Celui-là, je n'irai pas le déclamer devant les béotiens du Chat noir. Au revoir, mademoiselle. J'espère ne pas vous avoir laissé un trop pitoyable souvenir de moi.
Elle aurait aimé le remercier, le retenir : il s'était déjà engagé dans l'escalier.
— Qu'est-ce que ça signifie ? demanda Madeleine. C'est qui, ce garçon ? Pourquoi ce bouquet ?
— Je t'expliquerai. C'est un poète.
— Un poète ! Manquait plus que ça...
Maria disposa le bouquet dans un pot à eau et lut le poème intitulé : *Des roses pour Maria*. Par son insignifiance il lui rappelait ceux qu'on lui faisait lire à la pension. Il avait ajouté au bas de la page : « *Je serai demain, vendredi, à six heures, à l'Auberge du Clou, avenue Trudaine. J'aurais plaisir à vous y retrouver.* »
Il signait : « *Votre ami.* »
« Irai-je ? n'irai-je pas ? » se demandait Maria. Elle hésita durant toute la journée. Adrien Boissy lui apparaissait comme un personnage à double face : le poète et le poivrot. Une dualité sujette à des conflits, ce qui rendait le personnage intéressant. Elle décida enfin de se rendre à ce rendez-vous : Madeleine avait du linge

à faire livrer rue Léonie, et l'Auberge du Clou était à deux pas.

Boissy se tenait sur la terrasse, engoncé dans son macfarlane, devant un bock. Lorsqu'il la vit paraître, il se leva pour aller à ses devants, chapeau bas, un sourire sous sa fine moustache blonde. Elle se dit que l'avers de la médaille pouvait faire oublier le revers.

Il la remercia chaleureusement d'avoir accepté ce rendez-vous, lui demanda ce qu'elle souhaitait boire : elle opta pour une menthe à l'eau. Avait-elle lu son poème ? lui avait-il plu ? souhaitait-elle en lire d'autres ? Il était en pourparlers avec Lemerre pour l'édition d'un recueil, mais on le faisait lanterner. Il ne se formalisait pas trop de ce manque d'intérêt pour son œuvre, persuadé qu'il était que le temps travaillait pour lui.

— Un jour viendra, dit-il avec assurance, où Lemerre, Charpentier et quelques autres éditeurs viendront me lécher les bottes !

Il avait une voix agréable. Maria l'écoutait avec un sourire en coin, sans croire un traître mot de ses ambitions et de ses prétentions. Il lui prit brusquement la main, la porta à ses lèvres.

— Me croyez-vous, au moins ? Avez-vous confiance en moi ? J'aimerais tant que quelqu'un croie à mon talent. Ce serait merveilleux que ce fût vous. J'aime tout chez vous : votre gentillesse, votre générosité de cœur, cette grâce un peu... sauvage, et jusqu'à votre nom : Maria... Maria Valadon...

Il répéta le nom à plusieurs reprises et soudain, tête basse, soupira :

— J'ai conscience de m'être conduit l'autre soir comme un goujat. Vous laisser régler l'addition, d'autant qu'elle devait être salée. Je vous rembourserai !

— N'en faites rien. Nous étions tous les trois un peu ivres. Vous surtout. Laissez...

Il n'insista pas, s'abandonna de nouveau à l'envie de parler de lui, de sa poésie, gémit sur la condition des poètes dans ce siècle bourgeois, où l'argent faisait la loi. Excédée, elle interrompit ses jérémiades en lui jetant d'un ton abrupt :

— Assez de pleurnicheries ! Tâchez de vous conduire en homme. Si vous croyez m'attendrir avec vos lamentations, vous faites fausse route. C'est bien assez de ma mère !

Il tenta de nouveau de lui prendre la main ; elle la lui retira violemment et se leva en lâchant sa dernière bordée :

— Et puis, zut ! J'en ai assez de vous et de vos états d'âme. Devenez adulte, nom de Dieu !

Boissy ne fit pas un geste pour la retenir. Il la regarda s'éloigner, bien droite dans sa robe simple mais seyante, sa panière à linge vide à son bras comme si elle se rendait au marché. Il se dit qu'il ne la reverrait jamais. Soudain il sursauta : elle avait fait demi-tour et revenait vers lui.

— Pardonnez-moi, dit-elle d'un ton âpre. J'avais oublié de régler l'addition. Je suppose que vous n'avez pas le moindre sou en poche...

Puvis lui manquait. Il lui avait écrit qu'il prolongeait son séjour d'une semaine pour profiter des premières chaleurs du printemps.

Si ce vieil amant ne suscitait pas en elle les feux de désir qu'elle en attendait, l'artiste la détachait de sa médiocrité quotidienne, la projetait dans un univers où, avant que leurs destinées se fussent croisées, elle n'aurait jamais espéré pénétrer. Sa conversation, ses monologues plutôt, c'était du miel sur le triste pain de tous les jours. Il avait amorcé par sa seule présence la lente désagrégation de sa coquille de provinciale et de pauvresse. Il l'avait prise par la main et, par les allées radieuses du *Bois sacré*, lui avait révélé, derrière les espaces gazonnés, les buissons, les colonnes, les arbres, des horizons magiques, un théâtre où évoluaient des personnages qui avaient nom : Renoir, Manet, Gustave Moreau, Berthe Morisot, Jean-Jacques Henner... Elle avait parfois l'impression de vivre dans un monde de statues vivantes dont les regards ne s'animaient que lorsqu'ils se posaient sur elle.

Jean-Jacques Henner...
Lors d'une soirée intime chez les Puvis, à laquelle elle s'était rendue pour ne pas contrarier le maître, il l'avait longuement observée sous ses gros sourcils poivre et sel abritant un regard intense mais sans chaleur. Avant de se retirer il lui avait glissé sa carte dans la ceinture en murmurant :

— Venez dans mon atelier quand il vous plaira. J'aimerais que vous posiez pour moi. Mais pas un mot à Puvis. Je ne voudrais pas qu'il s'imagine que je veux vous débaucher à mon profit.

Elle s'était décidée deux jours plus tard, par curiosité plus que par intérêt. Cet homme aux allures un peu pataudes lui plaisait. Il lui dit en la faisant entrer :

— Vous êtes le modèle dont j'ai besoin pour une œuvre que je projette et que j'intitulerai : *La Mélancolie*.

— C'est le burin de Dürer qui vous a inspiré ?
Il fronça les sourcils, repoussa son chapeau sur la nuque.

— Ça, par exemple ! Vous connaissez la *Mélancolie*, de Dürer ?

Elle répondit qu'elle en avait vu une reproduction dans un album, chez Puvis, et que cette œuvre l'avait fascinée. Il tourna un moment autour d'elle en se grattant le front et en répétant : « Étonnant... vraiment... un modèle qui a de la culture... Étonnant... »

Il lui demanda de se dévêtir, l'installa sur l'estrade et la pria de prendre la pose.

— Surtout restez naturelle. Votre visage exprime exactement ce que je souhaite. Imaginez que vous posez pour Dürer. Fermez la bouche, gardez les yeux mi-clos en regardant le coin gauche de ma bibliothèque. Songez à quelque chose de triste. À un amour déçu, par exemple...

Durant toute la pose elle s'acharna à songer à Boissy. Elle l'avait trouvé un matin allongé devant la porte de son immeuble, pitoyable comme un traîneur de bancs publics ; elle l'avait conduit dans sa chambre, lui avait fait avaler un café très fort. Il lui avait dit d'une voix pâteuse : « Je sais que je finirai comme un poète maudit, à la manière de Verlaine, de Laforgue et de quelques autres. Personne ne me regrettera. Pas même vous... »

Durant une quinzaine, sans en informer Puvis, Maria fit la navette entre l'atelier de Neuilly et celui de Henner.

Elle posait principalement le soir, avant de rentrer chez elle. Elle se plaisait dans la compagnie de cet artiste d'apparence rude, fruste, qui, disait-on, rappelait un « lourd sabotier alsacien ». Né à la fin des années vingt à Bernwiller, il demeurait à Paris depuis 1846. Prix de Rome douze ans plus tard, il s'était voué aux paysages dans le style de Corot avant d'aborder des sujets d'inspiration religieuse, des portraits et des nus. En dépit de son style jugé académique, il se sentait tiraillé par les impressionnistes dont on pouvait déceler l'influence dans certains effets de clair-obscur. La critique qui lui était acquise disait de lui : « Henner est le peintre des nudités pâles et des femmes rousses. » Zola, dans ses articles, lui accordait une mention honorable. Le Salon lui avait ouvert ses cimaises, ce qui lui permettait de vivre sans contraintes matérielles.

Boissy filait un mauvais coton.

Il venait d'être renvoyé du service de l'Enregistrement après que le directeur eut découvert dans son tiroir une liasse de poèmes rédigés sur des papiers administratifs. Il avait trouvé peu après un poste de démarcheur pour une compagnie d'assurances, ce qui lui permettait tout juste de vivoter en compagnie de sa mère.

Lorsque d'aventure il était à jeun, Adrien se montrait un charmant commensal. Spirituel, volubile, il ne ménageait pas ses confrères en poésie, des mondains comme Sully Prudhomme, Stéphane Mallarmé, Papadiamantopoulos qui se faisait appeler Jean Moréas, François Coppée... En revanche il avait la larme à l'œil en parlant de Verlaine avec lequel, il partageait dans des troquets sordides une passion pour cette maîtresse : la verte.

Maria le trouvait « beau comme l'antique », une expression qu'elle tenait de Puvis, et se délectait dans la contemplation de son visage lisse et pâle que l'ivrognerie n'avait pas encore gâté, de son regard brumeux, de ses fines moustaches.

Bonne fille, Clotilde leur abandonnait pour une heure ou deux son petit appartement situé dans la proximité du cirque Fernando, les rendez-vous rue du Poteau étant devenus aléatoires. Madeleine détestait ce bohème qui avait une fâcheuse tendance à se croire maître des lieux, s'attablait comme au restaurant et la traitait comme sa bonne.

— Ce galapiat, s'écriait-elle, je veux plus le voir ! S'il revient, je le fais passer par la fenêtre.

Ce n'est pas Boissy qu'elle défenestra mais ses frusques. Maria les trouva éparpillées devant l'immeuble, menaça sa mère de l'abandonner mais fila doux. La chaude médiocrité quotidienne était nécessaire à son équilibre au sortir de chez Puvis ou de chez Henner.

Ils passèrent dans l'appartement de Clotilde de radieuses heures du plein été, volets clos, nus dans la chaleur lourde de la sentine et la rumeur du boulevard. Il lui apprit diverses subtilités dans les jeux de l'amour ; elle imposa une certaine gravité à leurs étreintes. Il l'inondait de poèmes qu'elle écoutait en étouffant des bâillements ; elle crayonnait devant lui et ce lui était chaque fois un émerveillement.

Puvis était revenu guilleret de son séjour chez Bonnat, en Picardie, où il avait décroché la commande d'une grande toile à la gloire de cette héroïque province. Restait, en attendant de s'y attaquer, à en finir avec *Le Bois sacré*.

Le maître avait envisagé pour cette œuvre une figuration mixte et projeté de faire appel à des modèles masculins pour ses éphèbes. À la réflexion, il jugea que Maria ferait fort bien l'affaire.

Les essais furent concluants. À elle seule Maria peupla les verdoyants espaces du *Bois sacré*. Elle était les Muses, elle était les envoyées célestes porteuses de lauriers, elle était les Adonis. Ni tout à fait la même, ni tout à fait une autre, comme disait Paul Verlaine... Elle en conçut un sentiment de fierté, un regain de tendresse pour le vieux maître et de l'indulgence pour ses timides élans de passion.

Lorsqu'elle lui avoua ses relations avec Boissy, il fronça les sourcils mais se garda de lui faire le moindre reproche. Cependant, à certaines réserves, elle devinait la gravité de la blessure qu'elle lui avait infligée par souci de franchise. Quand, à l'issue d'une séance de pose, elle s'allongeait nue sur le divan, il avait du mal à retrouver la vivacité de ses premiers élans ; il s'en excusait en termes tournés en forme de galanteries surannées, accusait ses préoccupations, sa fatigue, évitant de mettre en cause son âge — comme Henner, il n'était pas loin de la soixantaine ; sa vie mondaine l'avait usé autant que son travail. Lors de la fête qui avait marqué la remise de la Légion d'honneur à ce « pauvre Manet », il avait eu une légère défaillance, mais d'une autre nature qu'avec Maria.

Un matin, non sans quelque embarras, le maître lui dit :

— Nous en aurons bientôt fini avec ce sacré *Bois* qui nous a demandé tant d'efforts et de patience. Tu peux donc te considérer comme libre de tout engagement. Sache pourtant que tu pourras frapper à ma porte si tu te trouves dans la gêne. Nous avons fait ensemble du bon travail et je ne peux l'oublier.

Frapper à la porte de Berthe Morisot ? Elle s'y était décidée puis avait renoncé. Cette petite-bourgeoise n'avait éveillé en elle aucune attirance.

En revanche, elle se dit qu'elle aimerait poser pour Renoir et confia à Puvis son intention d'aller le solliciter.

— Ce n'est peut-être pas le bon moment, lui répondit le maître. Il traverse une crise, brise ses pinceaux, crève ses toiles, houspille ses modèles. Outre qu'il éprouve de la difficulté à peindre à la suite de son accident, les critiques s'acharnent sur lui, le traitent de « décorateur de porcelaine », ce qu'il a été d'ailleurs. Certains disent qu'il peint « à la sauce tomate ». Il supporte très mal ces insanités car il a pour son œuvre une sensibilité de collégien.

Renoir revenait d'un voyage en Italie et se trouvait dans le Midi en compagnie de son ami Cézanne qui le dorlotait à la suite d'une pneumonie. Il n'allait plus tarder à revenir à Paris pour préparer une exposition conjointement avec Manet et quelques impressionnistes.

Boissy essuya ses moustaches d'un revers de poignet, commanda une autre verte pour lui, Maria et Clotilde.

— Ce soir, dit-il, on va apprendre qui je suis et ce que je vaux. J'ai là un poème qui va mettre toute l'assistance à genoux.

Il posa sa main sur la poche droite de sa vareuse et proposa à ses deux amies de leur en faire la lecture en priorité. Il en avait montré une copie à Verlaine, retour d'Angleterre, et le poète lui en avait dit beaucoup de bien.

— Il devait déjà avoir son pompon, dit fielleusement Clotilde.

Boissy balaya cette impertinence d'un regard méprisant.

— Bien entendu, ajouta-t-il, ce soir vous êtes mes invitées.

— Comme d'habitude, soupira Clotilde. En attendant, si tu as de la thune, règle cette première addition. On verra pour la suite.

De la thune, il en avait. Il tint à préparer de ses propres mains les absinthes de ces demoiselles. L'Auberge du Clou accueillait ses premiers clients pour le dîner. Au fond de la salle, un piano ouvrait la soirée avec quelques airs allègres.

— Tiens ! observa Clotilde. Ils ont trouvé un nouveau pianiste. Il a une drôle de dégaine.

— Il s'appelle Erik Satie, dit Boissy. Je l'ai rencontré la semaine passée, alors qu'il débutait. Nous avons parlé. Il va mettre quelques-uns de mes poèmes en musique.

— Il m'a l'air d'un drôle de zigoto, ajouta Clotilde, avec son costume de croque-mort, son galure de traviole, ses petits lorgnons.

Elle heurta son verre avec sa cuillère à absinthe.

— Et alors, Maria, tu roupilles ? Tu vas pas faire la gueule, au moins ? Adrien a promis de nous faire rigoler.

— Vous rigolerez sans moi ! dit Maria.

Boissy protesta.

— Tu vas pas nous faire ça ! Le jour où ma carrière va prendre un nouveau tournant...

— Je suis fatiguée et je n'ai pas envie de m'amuser. Vous vous passerez de moi. Ce ne sera pas la première fois...

Elle n'avait pas été longue à comprendre que, de temps à autre, Boissy allait retrouver Clotilde dans son petit appartement, et pas pour lui lire des poèmes. Elle n'en aurait pas fait un drame, sa liaison avec Boissy n'étant qu'une passade, mais elle supportait mal leurs dénégations.

Ce qui, ce soir-là, la mettait dans cette humeur, c'était la fin de ses relations avec Puvis de Chavannes. Avant de le quitter elle avait jeté un dernier regard au *Bois sacré* et en avait conçu une profonde tristesse. Tant de souvenirs, de patience, de fatigue, de plaisirs volés s'attachaient à cette œuvre. Tant de passion...

Ces adieux remontaient à une semaine. Depuis, Maria n'était plus la même : elle rabrouait sa mère pour des peccadilles, détruisait ses dessins, passait des heures de nuit à se tourner dans son lit sans trouver le sommeil. Ce n'est que sous les ombrages de l'impasse de la Grande-Bouteille qu'elle ressentait quelque impression de sérénité, en compagnie du couple de vieux jardiniers qui lui offraient une botte de radis, une salade, et acceptaient de poser pour elle sans cesser de travailler.

— Ma petite, dit Clotilde, pas question de nous laisser choir. Faudra être là pour applaudir notre petit génie.

— Tu peux pas me faire ça, protestait Boissy. Si tu n'es pas là, je perdrai tous mes moyens.

Maria se laissa fléchir.

— Je vous suivrai mais je partirai de bonne heure. J'ai fini par obtenir des séances de pose chez Renoir. Je ne tiens pas à me présenter avec ma gueule des mauvais jours...

Ce soir-là, au Chat noir, il y avait de l'électricité dans l'air.

Au moment où les trois clients se présentèrent, Salis était en train de faire une annonce sur la scène : il venait d'être prévenu d'une descente possible de la bande de voyous de La Chapelle. Que chacun garde son calme. La police était prévenue.

Persuadé que son heure de gloire allait sonner, Boissy s'était mis sur son trente et un et commençait à parader, passant de François Coppée à Jehan Rictus, le « poète des humbles », de Charles Cros à Léon Xanroff, proclamant comme un augure que la soirée se passerait sans grabuge et que la descente des voyous n'était que pure provocation, qui ne serait pas suivie d'effet.

Le spectacle débuta avec Charles Cros qui dévida un long monologue intitulé *Le Caillou mort d'amour*, ou *Histoire tombée de la lune*, qui laissa le public amorphe. Maurice Donnay le réveilla avec un poème érotique : *À ta gorge*. Une diseuse replète, Rita, interpréta une scène bien enlevée : *Sonnerie Louis XV*, et reçut l'hommage d'un bouquet.

— C'est mon tour, dit Boissy d'une voix étranglée.

Il avala cul sec son vermouth, s'éclaircit la voix, se leva avec beaucoup de dignité et, sous les quolibets, accéda à la scène. Il annonça en faisant bouffer sa lavallière :

— Je vais avoir l'honneur de vous dire mon dernier poème, un sonnet : *L'Amour au bois de Boulogne*. Je le dédie à mes amies Maria et Clotilde. Mesdemoiselles, levez-vous, je vous prie...

Maria posa une main autoritaire sur celle de Clotilde pour éviter qu'elle se levât. Boissy s'écria :

— Ces demoiselles sont timides comme des violettes ! Voici donc ce poème que mon ami Paul Verlaine a jugé de qualité supérieure...

— ... comme le picrate ! cria un butor.

— Vas-y ! dit une fille. Fais sauter le bouchon.

Boissy se livra à un discret dandinement, prélude à l'explosion du génie, déploya la feuille, leva lentement le bras comme pour cueillir une étoile et lança d'une voix vibrante :

Marquise, pour ce soir laissons courir la chasse
Et la meute qui lance aux échos ses abois...

Tumulte dans la salle. Une meute de molosses parut se déchaîner tandis que des voix vociféraient : « Taïaut ! Taïaut ! » François Coppée se planta devant la cheminée, bras écartés, et réclama le silence et une bonne tenue du public. Comme il était célèbre, académicien et décoré, la meute obtempéra.

— Mesdames et messieurs, dit-il, si j'en juge par ces premiers vers d'un classicisme parfait, M. Boissy a l'étoffe d'un poète. Laissons-le au moins poursuivre jusqu'à l'hallali !

Boissy salua cet hommage d'un mouvement de tête. Il s'apprêtait à reprendre son sonnet depuis le début quand un autre tumulte éclata au-dehors. Découragé, il baissa les bras et, les mains jointes sur son bas-ventre, dans l'attitude du Christ au moment d'être cloué sur la croix, attendit que se calmât la tempête.

Des gars des fortifs, mêlés à des voyous de La Chapelle et de Poissonnière, venaient d'arriver en bande et se préparaient à affronter le service d'ordre. Des clameurs montaient de la rue et se rapprochaient dangereusement.

Un voisin occupé à fumer son cigare devant un bock, dit à Clotilde :

— Je les connais, ces chenapans : ils ne respectent rien ni personne. Ils tirent leur couteau comme vous votre rouge à lèvres.

— Que faire ? dit Maria. Comment sortir de ce guêpier ? Nous n'allons pas nous laisser égorger ?

— Il n'y a rien à faire, dit le voisin, sinon tâcher de se mettre à l'abri. Ne vous éloignez pas de moi. J'ai une canne et je sais m'en servir.

Il n'avait pas achevé que des vitres volaient en éclats et que les policiers, qui étaient parvenus à contenir la horde, commençaient à céder du terrain et à se battre dans la place. Des femmes hurlèrent et cherchèrent refuge sous les tables. Des messieurs brandissaient leur canne ; l'un d'eux sortit un revolver de sa poche et tira une balle dans un lustre, ce qui augmenta la panique.

— Mesdames, dit le voisin en se levant, il est temps d'effectuer une retraite vers des lieux moins exposés. Veuillez me suivre. Je connais un abri sûr.

— Adrien ! s'écria Clotilde. Où est Adrien ?

— Ne vous tracassez pas pour lui, répondit le voisin. Il vient de se cacher sous une table.

— Le lâche, murmura Maria. Le salaud !

La petite salle dans laquelle l'homme à la canne les précéda en jouant des coudes au milieu de la mêlée était celle où se tenaient les réunions houleuses des Hydropathes. Quelques poètes et artistes qui connaissaient bien les lieux y avaient déjà trouvé refuge. Sur le seuil, François Coppée plastronnait en invectivant la *racaille* ; Maurice Donnay battait la chamade sur un tambour ; Jehan Rictus somnolait en mâchonnant un mégot de cigare ; Salis vilipendait les services de police qui ne lui avaient envoyé que trois pèlerines ; les garçons entassaient dans l'entrée les caisses de vin et d'apéritif qui feraient une solide barricade et une réserve de munitions.

— Eh bien, mes amis, s'écria Salis, nous voici revenus au temps des barricades, comme en 71 !

Quelques truands ayant réussi à franchir le barrage en se glissant entre les jambes des gardiens de l'ordre, le saccage commença dans le glapissement des femmes, les vociférations indignées des hommes que ponctuaient les éclatements des verres et des bouteilles contre les murs et les hurlements sauvages des agresseurs.

— Mes amis ! s'écria Salis, haut les cœurs et feu à volonté ! Servez-vous en munitions. Elles sont fournies gratis par la maison.

— Aux armes, citoyens ! Sus à la pègre ! proclama Coppée dont les sentiments patriotiques ne se démentaient jamais.

Le voisin se tourna vers ses protégées.

— Il est temps que je me présente, dit-il en soulevant son chapeau : Miguel Utrillo i Morlius. Je suis d'origine catalane. Pour vous servir. Restez où vous êtes et attendez les événements. J'ai mon arme secrète.

D'un simple déclic, il fit jaillir à l'extrémité de sa canne une lame d'acier longue comme une baïonnette et, hissé sur une caisse de vermouth, se mit en garde à la manière des mousquetaires sur le Pré-aux-Clercs. Un loustic dont une bouteille fracassée sur son crâne avait mis le visage en sang recula en hurlant :

— Foutons le camp ! Ces bourgeois sont armés !

La meute décrocha en distribuant quelques horions aux gardiens de la paix. Le calme rétabli, Salis, ses garçons et ses clients redescendirent vers la salle. Spectacle affligeant ! Ils se hasardèrent à tâtons, la plupart des lampes ayant été brisées, à travers un champ de bataille où s'emmêlaient, au milieu des tables renversées et des chaises démantibulées, des amas de victimes parmi lesquelles on ne retrouva que quelques blessés et aucun cadavre. Montant des bouteilles et des verres brisés jonchant le parquet, une odeur composite d'apéros et de bière imprégnait l'atmosphère, comme après une orgie.

— Eh bien... bougonna Salis, pour une catastrophe, c'est une catastrophe ! Tous ces dégâts...

— L'essentiel, dit Coppée, c'est que nous ayons fait fuir l'ennemi, grâce, il faut le dire, à ce monsieur et à sa canne-épée.

— Victoire à la Pyrrhus, maître, gémit Salis. On voit bien que vous n'aurez pas à régler les réparations.

— Sans doute, mon ami, mais dites-vous que cet événement aura des suites. Je vais en faire un poème héroï-comique, dans le style du *Combat des grenouilles et des rats* ou de l'*Orlando furioso* !

— Ça me fera une belle jambe... conclut Salis.

Clotilde et Maria se mirent en devoir de retrouver dans ce capharnaüm des traces de Boissy. Vainement. Le poète, peu enclin à jouer les héros, avait pris la poudre d'escampette au fort du combat. Utrillo affirma l'avoir vu se glisser entre les groupes affrontés pour gagner la sortie. Ce minable chaperon les avait bel et bien laissées tomber.

— Vous, l'Espagnol, s'écria Clotilde, foutez-lui la paix ! Boissy est un poète, pas un héros.

— Pas Espagnol, dit Utrillo : Catalan.

Il se tourna vers Maria et lui dit en lui prenant le bras :

— Cette soirée a mal débuté. Elle peut finir beaucoup mieux. Puis-je vous offrir un dernier verre ?

— Il est un peu tard, dit Maria, et toutes ces émotions m'ont tuée.

— Je puis vous ressusciter. Suivez-moi jusqu'à la brasserie des Martyrs. C'est tout près d'ici et l'atmosphère y est plus respirable.

— Je connais bien ce quartier, monsieur. Ma mère et moi y avons vécu durant des années. La brasserie dont vous parlez est proche de la boutique du bougnat.

— Pauvre Tourlonias... soupira Utrillo. Il est mort l'année passée, très imbibé à ce qu'on dit. Je l'ai bien connu : il me fournissait en vin et en charbon. Sa femme a pris la suite.

Le père Tourlonias, mort... Maria sentit basculer dans le brouillard un large pan de son enfance. « Tu fais mon portrait, dis, petite ? Je te donnerai un franc. Et n'oublie pas mes moustaches. » Il la fournissait en craie et en braisette pour lui permettre de dessiner sur le trottoir ou, les jours de pluie, dans la boutique, assise sur un sac de charbon. Il la prenait sur ses genoux, lui disait qu'il aurait bien aimé avoir une petite fille comme elle. Sa moustache sentait le tabac, le vin et l'anis.

À la brasserie des Martyrs, au numéro 9 de la rue du même nom, il n'était question que de l'échauffourée qui avait ravagé le Chat noir, surtout pour vilipender la police qui assurait imparfaitement la sécurité des citoyens. Le préfet aurait dû, depuis belle lurette, débarrasser les quartiers de Montmartre de cette tourbe de truands qui vivaient comme des rats dans les anfractuosités des fortifs, les anciennes carrières de gypse et faisaient régner la terreur dans tout l'arrondissement.

Clotilde ayant refusé de les suivre pour tâcher de retrouver le pauvre Boissy, ils s'attablèrent en tête-à-tête dans la taverne du sous-sol décorée de futailles. Utrillo commanda deux bières bavaroises qu'on leur servit dans de lourdes chopes de grès décorées de motifs naïfs. La tabagie faisait naître des strates de nuages bleutés sous le plafond aux poutres armoriées. Utrillo tira de sa poche un étui en or, en sortit un petit *londrès* qu'il fit rouler entre ses doigts sous sa moustache, en proposa un à Maria qui refusa. Préférait-elle les cigarettes ? Elle fumait rarement.

La glace, en face d'elle, lui renvoyait le profil d'un bel homme d'une vingtaine d'années, élégant dans son costume strict, visage mince avec une moustache discrètement relevée aux pointes et cheveux plats, très bruns et calamistrés.

Il lui demanda si elle fréquentait cette boîte. Il y venait lui-même, certains soirs, pour se mêler aux palabres entre artistes. C'était l'antre de celui qu'on appelait le « maître d'Ornans », le peintre Gustave Courbet, arrêté peu après les événements de la Commune et la chute de la colonne, dont il était responsable.

— J'aurais aimé le rencontrer, dit Utrillo. Il était fou, mais de cette sorte de folie propre au génie.

Il rencontrait là, en revanche, des artistes reconnus, comme Manet, qui, malade, s'y rendait de moins en moins souvent, Renoir parfois, une nuée de rapins faméliques plus riches d'ambition que de talent, et des filles, beaucoup de filles : des modèles et des putains.

— Tenez, regardez là-bas, au fond, ces trois gigolettes en train de fumer des cigares devant leur chope. C'est Noisette, Mimi-la-Bretonne, Peau-de-pêche. On ne les connaît que par leur sobriquet.

Il ajouta :

— Je vous ennuie, peut-être ?

— Je préférerais que vous me parliez de vous.

Il se mit à rire en allumant son *londrès* mais accepta de la satisfaire. Il évoqua son enfance à Barcelone où il était né vingt ans plus tôt dans une famille aisée qui, pour des raisons politiques, avait émigré en France, à Avignon, puis à Paris où elle se trouvait depuis deux ans. Soucieux de préserver son indépendance et de faire s'épanouir sa vocation de peintre, il avait opté pour la Butte. Il avait loué une chambre qui lui servait d'atelier, au Moulin de la Galette.

Le visage de Maria rosit de surprise.

— Nous sommes presque voisins, dit-elle. J'habite avec ma mère, rue du Poteau.

Il parut prendre un vif intérêt à sa situation et,

l'ayant poussée à lui en dire plus, apprit qu'elle avait été le modèle de Puvis de Chavannes et de Henner, qu'elle allait poser pour Renoir, qu'elle avait une unique passion, le dessin, avant d'aborder, peut-être, la peinture, mais, là, elle ne se faisait guère d'illusions : les femmes peintres étaient rares et toutes de la « haute ».

— Accepteriez-vous de me montrer votre travail ? dit-il.

Elle haussa les épaules, la mine sombre. À quoi bon ? Il serait déçu : ce n'étaient que des ébauches sans intérêt. Les avait-elle montrées à Puvis, à Henner, à Renoir ? Elle s'en était bien gardée et d'ailleurs ils ne l'en avaient pas priée. Malgré la pulsion irrésistible qui la portait à ses gribouillis, elle doutait de faire un jour parler d'elle. Modèle elle était, modèle elle resterait, jusqu'à ce que ses seins lui tombent sur le nombril et que ses fesses commencent à se rider.

— Je vous en prie, dit-il. J'aimerais voir ces dessins. Convenons d'un rendez-vous. Demain, peut-être ?

— Demain, je dois rencontrer Renoir. Après-demain, c'est possible.

Ils décidèrent d'une heure, puis Maria se leva en s'excusant. Cette soirée mouvementée l'avait épuisée. Il se proposa de la raccompagner. Ils trouvèrent place Pigalle un fiacre à un tarif diurne car il n'était pas encore minuit trente.

Lorsqu'elle descendit de la voiture qui poursuivrait sa route jusqu'au Moulin de la Galette, Utrillo lui prit les mains et les plaqua sur son visage.

IX

LA DANSE À LA VILLE

La porte s'entrouvrit sur un visage de grosse poupée aux cheveux en désordre, d'une mine peu avenante.

— Vous dites que vous avez rendez-vous avec M. Renoir. C'est à quel sujet ?

— Le maître m'a demandé de venir poser pour lui.

La porte s'ouvrit d'un cran supplémentaire, le temps d'un léger courant d'air.

— Attendez là. Je vais le prévenir. Votre nom ?

La porte claqua au nez de Maria. Quelques minutes plus tard, elle se rouvrit en grand et la poupée fit entrer la visiteuse dans une cuisine proprette et qui sentait bon la soupe au choux. Un énorme tilleul occupait l'espace de la fenêtre donnant sur un jardinet où était dressé un chevalet, le maître aimant peindre en plein air.

— Suivez-moi, dit la poupée, M. Renoir vous attend.

Elle ajouta avec un sourire un peu fat :

— Je suis Aline Charigot, sa compagne et son modèle.

Le maître chantonnait en fignolant une des toiles qu'il avait rapportées de son voyage en Italie : une vue de Venise qu'il destinait à la traditionnelle exposition des Impressionnistes. Sans ôter sa pipe de sa bouche, il murmura :

— Approchez, mon enfant. Que dites-vous de ça ? C'est bath, hein ? Ah, Venise !... Venise la belle !... Avec les œuvres de Raphaël, ma rencontre avec Richard Wagner dont j'ai fait le portrait — un fameux ratage ! — et une excursion à Capri, c'est le plus beau souvenir de mon séjour.

Il s'excusa de « ruminer son Italie », tourna vers elle un visage de faune, assez beau malgré sa maigreur, mais inquiétant. Le jour où il l'avait rencontrée chez Édouard Manet il portait la même veste, le même pantalon, mais il avait mis alors sa plus belle cravate.

— Eh bien ! dit-il avec un mouvement d'humeur. Vous êtes muette ? Qu'en dites-vous ? Puvis prétend que vous avez en matière d'art un jugement sûr. Alors, ça vous plaît, oui ou non ?

Maria fit la moue, un peu par provocation, beaucoup par conviction.

— On sent bien, à travers cette toile dit-elle, la passion que vous a inspirée ce paysage. Tout y est : le soleil, la couleur, ce dégradé dans les ombres. Et pourtant...

— Et pourtant ?

— Il semble que vous soyez moins à l'aise que dans vos portraits de femmes et dans vos nus. À mon humble avis, vous sentez mieux les paysages des bords de Seine que ceux d'Italie. Ah ! Bougival, les canotiers, Fournaise...

Renoir, de surprise, faillit laisser tomber sa palette.

— Aline ! Rapplique ! Tu entends ? Nous avons l'honneur de recevoir non pas un nouveau modèle mais un critique d'art. Eh bien, mademoiselle, bravo ! Votre opinion recoupe celle de mon ami Manet. Vous savez comment il qualifie mes toiles italiennes ? Il dit que c'est « du tricot » ! C'est raide !

— Pardonnez-moi, maître. Je suis confuse !

— Ta ta ta ! Vous dites ce que vous pensez, et c'est ce que j'attendais de vous. Je déteste les lèche-bottes, les faux culs.

Il ajouta en tapant le fourneau de sa pipe éteinte dans une coupelle de terre :

— J'ai eu plaisir à apprendre chez Manet, où nous nous sommes rencontrés, que vous êtes native du Limousin. Vous avez gardé un léger accent de cette province, comme un fruit au bout d'une branche. Moi, l'accent, je n'ai guère eu le temps de le chiper. J'avais trois ans quand ma famille a quitté Limoges et je n'y suis pas revenu depuis. Y reviendrai-je ? J'en doute, et je le regrette un peu. Il y a de fameux paysages à peindre, dans la Creuse notamment. Monet et Guillaumin en sont friands.

Il bourra sa pipe, l'alluma, tira quelques bouffées, la reposa.

— Voyons... dit-il, montrez-moi vos tétins. Votre poitrine quoi !

Lorsque Maria eut défait son corsage, il émit un léger sifflement, fit glisser son index sous son nez, un tic qui lui était familier, tourna autour d'elle en marmonnant :

— Mon ami Manet juge la beauté et les qualités amoureuses d'une femme à ses pieds. Moi, c'est les tétins qui m'intéressent. C'est autrement esthétique. Les pieds, quelle idée !

Il l'entraîna vers la fenêtre, la fit tourner dans tous les sens comme s'il estimait le pouvoir d'absorption de la lumière solaire par cette chair. Il dit, entre deux grommelos dans la gorge :

— Ici, de la pêche... Là, plutôt de l'abricot... Et cette pointe de groseille à la pointe des seins. Ouais... joli, très joli. Du premier choix. Nous ferons quelque chose d'intéressant avec ça.

— Ne vous frappez pas, ma petite, dit Aline. Avec ses modèles, c'est toujours la même manie : il les prend pour des étalages de fruitier.

— Fiche-moi la paix ! s'écria le maître. Tu es jalouse, hein ? Toi, ce serait plutôt un étalage de légumes ! À la cuisine, s'il te plaît !

La porte refermée il expliqua que les modèles qu'il trouvait à Paris c'était « autre chose » que du temps où il « paysannait » en compagnie de Pissarro, de Monet, de Sisley dans les environs de Paris, à la recherche de filles d'auberge ou de gardiennes de troupeau. C'était une époque difficile ; on avait à ses trousses la faim et les créanciers. En fait de modèles on prenait ce qu'on trouvait. Depuis quelques années, Dieu merci, il pouvait s'offrir le *nec plus ultra* sans même se rendre au marché hebdomadaire de la place Pigalle où il n'allait que par curiosité ou pour tâcher de découvrir la perle rare dans la scorie.

— Vous pouvez vous rhabiller ! dit-il d'un ton abrupt. Pour le tableau qui m'intéresse vous serez habillée, dans les bras d'un gandin. Rassurez-vous, je ne vous habillerai pas en fille de bastringue. Votre partenaire sera l'un de mes amis, Paul Lhote, un ancien de la Marine, aujourd'hui employé chez Havas et qui peint à ses moments perdus. C'est encore lui qui sera le cavalier d'Aline pour le pendant de cette œuvre : *La Danse à la campagne*. Aline boude un peu. Elle aurait préféré figurer dans le premier tableau, mais elle n'a pas votre distinction, ma chère...

Tandis qu'elle se rhabillait, il lui demanda son âge.

— Dix-sept ans ? Bien... très bien... Comme disait mon maître de l'Académie Gleyre, les filles ne sont en fleur que jusqu'à dix-huit ans. Je partage son avis. Après, c'est très souvent la dégringolade. Quoi que j'en dise, Aline est une exception. À vingt-trois ans, elle pourrait faire la pige à beaucoup d'adolescentes.

— C'est dire que ma carrière sera brève, observa Maria.

— Hé, hé ! Mais c'est qu'elle a de la repartie, cette mignonne ! Allons, ne prenez pas tout ce que je dis au pied de la lettre. Tout ce que je vous demande, c'est de forcir légèrement. Vos attaches sont un peu fluettes et le popotin demanderait à être rembourré d'un peu de lard bien rose.

Il prit un air de gravité pour ajouter :
— Je puis vous proposer cinq francs pour cinq heures de pose quotidienne. Ça vous va ?
— Ça me va, dit Maria.
— Alors nous commencerons demain.

Adrien Boissy l'attendait depuis deux heures rue du Poteau, un bouquet de roses à la main, et commençait à perdre patience. Il lui demanda les raisons de ce retard ; elle répliqua qu'elle n'avait pas de comptes à lui rendre et que, de toute manière, ils n'avaient pas rendez-vous.

— Merci pour les fleurs, ajouta-t-elle, mais tu peux les rapporter où tu les as volées : sur une tombe du cimetière Saint-Martin. Si tu crois que je ne suis pas au courant...

Il balbutia :

— Maria, tu dois m'écouter. Je...

— Quoi encore ?

— Je voulais m'excuser pour l'autre soir. Je ne sais pas ce qui m'a pris. Je...

— C'est la pétoche, mon vieux, tout simplement. Tu es un pauvre type. J'ai mis longtemps à le comprendre. Aujourd'hui, mon opinion est faite. J'ajoute que ta poésie, c'est de la merde. Maintenant que je t'ai servi ton paquet, tu fous le camp et tu ne reviens pas. Tu trouveras à te consoler auprès de Clotilde.

— Ainsi tu as déjà tout oublié !

— Qu'est-ce qu'il y avait à oublier ?

— Notre amour. J'ai compris : tu en aimes un autre. Sans doute ce métèque avec qui tu es partie hier soir. Il t'a bien fait l'amour, au moins ?

Elle lui arracha le bouquet des mains, lui en fouetta le visage et le jeta au ruisseau.

Madeleine avait préparé le plat préféré de Maria : des farcies dures de pommes de terre présentées avec un civet de lapin. On respirait depuis le vestibule cette odeur du pays. À l'auberge, la Jeanne s'en était fait une spécialité. La Jeanne était morte, comme la veuve Guimbaud, comme le chien Fétiche, comme la mule Ponnette. Autant d'images qui sombraient insensiblement dans la nuit de la mémoire.

— Qui est cet homme avec qui tu te disputais sur le trottoir ? demanda Madeleine.

— Tu aurais pu le reconnaître. C'est Boissy. Je m'en suis débarrassée.

— Tu as bien fait. C'était un bon à rien. Et ce monsieur qui t'a raccompagnée en fiacre la nuit dernière et que j'ai aperçu de la fenêtre ? Un autre de tes galants ?

— Celui-là, c'est une autre nature d'homme. Un hidalgo. Un grand d'Espagne, si tu préfères. Un gentleman et pas une chiffe molle comme Boissy. Il poursuit ses études d'agronomie à Montmartre où il habite. Je dois le revoir demain, après une séance de pose chez Renoir, un grand peintre, aussi connu que Puvis de Chavannes et aussi généreux. Il va me peindre dans une scène de danse à la ville.

Elle posa sa main sur celle de sa mère, lui dit d'une voix tendre :

— Si tout marche comme je le souhaite, tu n'auras bientôt plus besoin de travailler.

Miguel Utrillo lui baisa la main et la garda dans la sienne pour la guider à travers son appartement : un deux-pièces modeste mais coquet, qui sentait le tabac. La pièce principale, à usage de chambre et d'atelier, ouvrait sur un espace de Maquis fait de jardinets et de baraques déglinguées, au-delà de l'enceinte du Moulin dont on apercevait à proximité les allées constellées de globes lumineux menant aux tonnelles de chèvrefeuille et à l'esplanade où avaient lieu les dîners et les soirées dansantes.

Il s'informa de cette première séance de pose chez Renoir. Elle ne poserait pas nue, du moins pour le moment. Le maître s'était borné à quelques études de profils. C'était un curieux personnage, très différent de Henner et surtout de Puvis. Un peu exubérant, des idées originales et bien arrêtées sur toutes choses, semblait-il. Il y avait du faune chez lui : il le savait sans doute, et il en jouait.

Miguel fit monter du champagne. Il remplit les coupes, leva la sienne et dit avec un sourire :

— À nous deux, Maria.
— À nous deux, Miguel.
— Vous devriez enlever votre manteau. Il fait très chaud dans cette pièce, malgré la saison.

Il lui montra quelques souvenirs de Barcelone et de la Catalogne : quelques daguerréotypes représentant le port, la cathédrale, le Barrio-Chino, les Ramblas, la colline de Monjuic. Il avait placé au-dessus de son lit un portrait qu'il avait fait de sa mère, forte femme trop fardée sous la mantille, entourée d'une constellation d'éventails.

— Soyez indulgente, dit-il. J'ai encore beaucoup à apprendre.

À sa grande confusion, elle n'en pensait pas grand bien. Le trait était maladroit, rigide, austère. Il ne se dégageait de ces œuvrettes et de ce portrait qu'une impression de froideur.

— Tout cela, dit-elle, est un peu figé. Un paysage, ça doit donner l'impression de bouger.

Il prit un air sombre pour reconnaître que ses amis peintres catalans ne disaient pas autre chose. Cela devait tenir à une sorte de pudeur qu'il avait devant le motif et qui lui paralysait la main.

— Vous en viendrez à bout, dit-elle. L'essentiel est d'être passionné. La passion finit par ouvrir toutes les portes. Allons ! ne faites pas cette tête. Servez-moi plutôt une autre coupe. Je meurs de soif.

Il s'informa maladroitement de ses rapports avec Henner et avec Puvis. Elle sourit, s'assit sur le bord du lit. Henner ne lui était rien ; elle n'avait avec lui que des relations professionnelles.

— En revanche, pour vous parler avec franchise, Puvis a été mon amant, mais je ne lui ai cédé que par tendresse. L'amour n'avait rien à voir dans nos rapports. Il a quarante ans de plus que moi. Alors...

Il voulut savoir où en était sa liaison avec Boissy, mais s'y prit si maladroitement qu'elle faillit répondre que cela ne le regardait pas.

— Je viens d'y mettre fin, dit-elle. Pas plus tard qu'hier. Je suis donc libre. Une situation particulièrement agréable. On peut s'y tenir comme derrière une porte fermée ou devant une porte ouverte.

— Et cette porte, elle est, aujourd'hui...

— ... ouverte, dit-elle.

Ils se retrouvèrent au Moulin de la Galette, à quelques jours de là, un soir balayé de bourrasques de pluie qui arrachaient aux arbres de la rue des Brouillards leurs premières feuilles mortes. Elle lui apportait dans un carton, sous son manteau, quelques dessins qu'elle avait sélectionnés. Il feuilleta la liasse d'une main fiévreuse, comme s'il cherchait un article dans le rayon lingerie de la Samaritaine. Elle suivait son regard, observait son profil aigu, ses lèvres qui tremblaient comme s'il monologuait avec lui-même.

De longues minutes s'étaient passées lorsque, impatiente, elle posa une main sur son épaule.

— Ça ne vous plaît pas, hein ? C'est mauvais ? Eh bien, dites quelque chose !

Il se redressa lentement.

— Si c'était mauvais, je vous l'aurais déjà dit. C'est... stupéfiant, ce qui m'a laissé sans voix. Dire que cela vous ressemble, c'est un peu tôt pour l'affirmer. En fait, c'est le prolongement de ce que j'attendais de vous.

— Et qu'attendiez-vous ?

— Un style plus... féminin, dans le genre des œuvres de Berthe Morisot. Charme, grâce, sourire...

— ... des bouquets de myosotis et des églises sous la neige !

— Ne vous moquez pas. J'aime beaucoup ces dessins, leur vigueur, leur réalisme, ce trait qui enferme les personnages dans un filet comme pour mieux se les approprier, ce refus de les laisser se dissoudre dans le décor... La nudité absolue. Qui est cette femme à l'air accablé qui tient ses mains croisées dans son tablier ?

— Ma mère. Ça ne lui plaît guère quand je lui demande de poser. C'est ce qui lui donne cet air triste.

Elle s'amusa à contrefaire la voix geignarde de Madeleine : « Tu n'en auras pas bientôt fini ? J'ai une crampe ! Faut que je prépare mon fricot... »

— Elle est de bonne composition mais, avec elle, les séances de pose ne peuvent durer longtemps. Elle me répète : « Si seulement ça pouvait se vendre ! »

Il voulut tout apprendre des sujets qui l'inspiraient : ce chat, Puce, un matou trouvé sur un tas d'immondices, ce clochard endormi sur un banc, dont elle ignorait l'identité, ce couple en train de sarcler son jardin, et cette femme longue et acariâtre qui était la concierge du boulevard Rochechouart.

Il dit d'un air agressif :

— Ce bellâtre au chapeau de travers, je le reconnais : Boissy !

Elle se reprocha de l'avoir joint par inadvertance à cet ensemble. Elle déchira le feuillet, en dispersa les morceaux par-dessus son épaule.

— Boissy ? C'est fini !

Elle rassembla ses dessins, les replaça dans le carton.

— Surtout, dit-il, ne vous découragez pas. Vous êtes plus douée que moi, plus forte aussi. J'ai la conviction que vous serez reconnue. Ce jour-là, peut-être vous souviendrez-vous d'un mauvais apprenti peintre du nom de Miguel Utrillo i Morlius qui vous a encouragée à vos débuts.

— Si vous êtes à mon côté ce jour-là, j'en serai heureuse, mais, ce jour, je crains bien qu'il n'arrive jamais.

Elle ajouta :

— J'ai envie de faire votre portrait. Là, tout de suite.

— C'est beaucoup d'honneur, maître ! dit-il en riant. Je vais allumer la lampe. Le jour baisse et, avec ce temps de chien, il ne va pas tarder à faire nuit.

Elle lui emprunta un carnet à dessins, un crayon Conté, orienta son visage en lui plaçant la main sous le menton, lui demanda d'ôter le petit cigare de ses lèvres, de prendre son air le plus naturel.

Il lui fallut moins d'un quart d'heure pour réaliser cette esquisse. Il l'examina, regarda Maria. C'était tout à fait lui ; elle avait chipé la ressemblance d'un seul coup d'œil. Le dessinateur Steinlein, que Miguel connaissait bien, n'aurait pas fait mieux. Il était temps qu'elle se mette à la peinture. Le père Tanguy, marchand de couleurs et collectionneur de la rue Clauzel, l'y encourageait. Elle y songeait mais elle hésitait à pénétrer dans ce domaine qui lui semblait interdit, gardé par des cerbères redoutables. Et puis, cette nouvelle discipline exigeait un matériel compliqué et fort coûteux : chevalet, palette, brosses, pinceaux, couleurs, toiles...

— Je vous aiderai à acquérir tout ce matériel, dit-il. Nous irons voir le père Tanguy quand vous serez décidée.

Ils passèrent le temps qui leur restait à parler de ce personnage singulier. Il avait souhaité vendre à Miguel un Cézanne pour quelques francs : un joli paysage de Provence avec au fond une montagne toute rose.

Miguel avait hésité puis renoncé : c'était pour lui une grosse dépense, malgré la modicité du prix.

— Il s'est toqué, dit-il, de deux artistes aussi fous l'un que l'autre : Cézanne et un certain Van Gogh. Il achète leur production dans l'espoir qu'un jour ils seront reconnus. Je crois qu'il fait fausse route.

Rien ne préparait Tanguy, ce fils de tisserand des Côtes-du-Nord, au métier qu'il cxerçait. Après avoir épousé une charcutière, Tanguy avait quitté la province pour Paris, s'était employé aux chemins de fer de l'Ouest, était devenu broyeur de couleurs puis avait ouvert boutique rue Clauzel. Aux temps héroïques de l'impressionnisme, il avait promené sa carriole de Barbizon à Argenteuil, de Bougival au Point-du-Jour, procurant aux artistes ce dont ils avaient besoin pour peindre et se payant en œuvres dont il tapissait sa vitrine et sa boutique.

— Sacré bonhomme ! dit Miguel. Il prend le contrepied de la critique et de l'opinion et semble se moquer de rentabiliser son négoce. Je l'ai entendu dire : « Tout homme qui vit avec plus de cinquante centimes par jour est une canaille. » Dans son genre, c'est une sorte d'anarchiste.

Il répéta qu'il l'aiderait à se procurer le nécessaire. Son père lui versait régulièrement une petite pension pour l'aider à préparer l'agronomie. Il ne roulait pas sur l'or mais il était à l'abri du besoin.

Elle s'opposa à ce sacrifice. Il insista. Ils finirent par convenir d'un contrat tacite : elle le rembourserait dès qu'elle aurait vendu son premier tableau. Cela tournait au jeu enfantin : je serais un prince, tu serais une bergère... Ils se prenaient les mains, se jetaient des baisers comme autant de défis au-dessus d'une frontière que ni l'un ni l'autre n'osait encore franchir.

La nuit était tombée sans qu'ils s'en rendissent compte et le temps avait passé sans les effleurer. Par la fenêtre entrebâillée le Maquis soufflait son odeur d'octobre : pluie et verdure mouillée. Assis au bord du lit, conscients l'un et l'autre que le moindre élan pouvait les faire basculer, ils cherchaient à travers la pénombre les traits de leur visage que la lampe laissait surnager.

Il lui proposa de rester dîner ; sa soirée était libre, mais sa mère n'était pas prévenue. Elle en serait quitte pour une réprimande, mais elle en avait l'habitude. Il bondit, ouvrit grande la fenêtre et siffla, deux doigts dans la bouche. Elle l'entendit crier :

— Tu peux nous monter à dîner ? N'oublie pas le champagne et le bordeaux.

Il ne fallut pas plus d'un quart d'heure pour que la table fût mise : un grand plat de fer noir contenant un riz mordoré parsemé de fruits de mer et de morceaux de poulet, des bols de potage froid et des soucoupes de terre ocre contenant de la crème brûlée. Le champagne était bien frappé. Miguel fit sauter le bouchon.

— Ça sent bon, dit Maria, penchée sur le plat. C'est quoi ?

— Une recette de mon pays. Ça s'appelle la *paella*, une nourriture de pêcheurs catalans. Ce potage froid, c'est un *gaspacho*, et ce dessert est une crème catalane. C'est moi qui ai donné la recette de ces plats au cuisinier.

Ils burent le champagne en évoquant leurs relations communes.

Il avoua ne pas aimer Clotilde qu'il soupçonnait d'entraîner Maria dans des mauvais lieux et de lui faire rencontrer des gens peu recommandables, comme ce Boissy ; elle le détrompa, se prétendit assez forte pour résister aux mauvais penchants et disculpa son amie. Elle lui parla des artistes qu'elle avait rencontrés dans l'atelier de Puvis : des peintres dits académiques comme Bouguereau, Cabanel, Gérôme ou Cormon, spécialisé dans la peinture d'hommes préhistoriques. Outre qu'elle n'aimait guère ce genre de peinture, elle s'élevait contre leur prétention à régenter le marché de l'art en rejetant les novateurs. Elle se plut à relater la réception chez Puvis et la princesse Cantacuzène : tous ces gens qui semblaient l'ignorer... Elle ne reconnaissait à ces rencontres qu'un avantage : elle apprenait à juger une œuvre, à se familiariser avec un vocabulaire d'artiste, à mesurer le degré de prétention de certains qui se prenaient pour des génies.

Manet lui avait fait une forte impression : un véritable génie, lui, malgré son insatiable appétit de succès et d'honneurs, avide d'une consécration qu'il estimait lui être due. La Légion d'honneur avait été son Capitole ; son incurable agonie de syphilitique sa roche Tarpéienne. Il tournait à pas mesurés autour des impressionnistes, hésitant à s'incorporer à leur groupe, de crainte de s'aliéner les faveurs du jury du Salon officiel.

Elle éprouvait un vif regret de n'avoir pas connu le peintre Frédéric Bazille, ce « grand garçon aux joues de fille » dont parlait Renoir. Ce jeune artiste avait ramené de son Midi natal des toiles inondées d'une lumière couleur de sable jouant sur des robes de femmes et des paysages africains. Bazille avait abandonné ses études de médecine pour s'adonner à sa vocation. Fort heureusement pour lui, sa famille était riche, ce qui lui permettait de se montrer généreux avec ses amis. Il était mort à Beaune-la-Rolande au cours de la débâcle de 70, sous les balles prussiennes. Renoir disait encore de lui, avec des larmes dans la voix : « C'était un pur chevalier et un grand artiste. »

— Vous avez eu de la chance, dit Miguel, de connaître tous ces gens. Moi, je ne fréquente que des artistes de mon pays, des exilés comme Ramon Casas, Leandre Calceran, Rusiñol i Prats. Autant dire des inconnus...

Son grand homme était Narcisse Diaz de la Peña, un artiste né à Bordeaux de parents espagnols. Il n'avait pu le rencontrer, et pour cause : il était mort en Provence d'une morsure de vipère. Il savait mieux que quiconque jouer avec les taches de lumière d'un paysage forestier. Les impressionnistes le considéraient comme l'un des leurs et des meilleurs.

— Renoir lui doit une fière chandelle, dit-il. Un jour qu'il peignait en forêt de Fontainebleau, il a été molesté par des voyous quand Diaz a surgi et, malgré sa jambe de bois, a dispersé les agresseurs. Cette anecdote a fait le tour de Paris.

Lorsqu'ils se taisaient, la nuit leur chantait sa chanson de vent et de pluie.

— J'ai bien aimé votre *paella*, dit Maria, mais je crois que je suis un peu grise et que j'aurai du mal à rentrer chez moi. Il y a longtemps que je n'ai pris autant de plaisir à manger, à boire et à parler.

— Reposez-vous sur le lit, dit Miguel. Je me charge de débarrasser la table.

Lorsqu'il vint la rejoindre dans la chambre, elle l'attendait, nue sur la courtepointe, sa chevelure défaite.

— Il fallait en venir là, dit-elle en lui ouvrant les bras.

Les soirées du samedi étaient consacrées au bal.

On voyait se presser au Moulin de la Galette, de tout le village de Montmartre et des environs, une joyeuse affluence de petit peuple bien décidé à se donner du bon temps. Dans ce coin de campagne qu'était Montmartre, avec ses taillis, ses buissons sauvages, ses jardinets, ses rues étroites et ses sentiers qui débouchaient sur les horizons de Saint-Ouen, le Moulin de la Galette, l'un des derniers de la Butte, revêtait l'aspect d'une guinguette rurale.

Maria n'avait pas oublié l'après-midi passé dans ces lieux, au début du siège de Paris, en compagnie de sa mère et du faux sergent de la Garde nationale, Joseph Dumas, la saveur de la limonade et des galettes, les jeux auxquels elle avait assisté ou participé. Elle n'y était pas revenue depuis.

Un soir de printemps, Miguel lui dit :

— Suis-moi : nous allons danser.

Ils avaient passé des heures à faire l'amour dans la tiédeur d'avril ; elle se sentait lasse mais elle n'osa pas refuser. La musique des cuivres les accueillit comme une fanfare. Le bastringue avait déjà fait le plein. Le *sénateur*, cette banquette qui faisait le tour de la salle, était garni de grisettes parfumées à outrance, aux yeux faits à l'allumette, d'ouvriers, de commis, de mères de famille venues surveiller leur progéniture. L'orchestre jouait des valses, des polkas, des quadrilles. Miguel donna deux sous pour une valse puis quatre pour un quadrille. Indisposée par la chaleur, la fumée de la tabagie, l'odeur de la sueur et des parfums bon marché, Maria demanda à sortir prendre l'air. Miguel l'accompagna.

Le jardin sentait la terre humide. Il restait sur les bas-côtés quelques résidus de neige. En contrebas, la rue Tholozé, mal éclairée par des lampadaires, drainait quelques couples qui venaient prendre leur part de plaisir.

— Je préfère rentrer, dit-elle. J'ai froid.

Ils venaient de retrouver leur place quand une voix féminine interpella Maria. Dans la lumière rosâtre, elle vit s'avancer vers elle, toute froufroutante de soie et de dentelle, une silhouette qu'elle n'eut aucun mal à reconnaître.

— Clotilde ! Si je m'attendais à te trouver ici...
— Eh bien quoi ? Oui, c'est moi. Lâcheuse !

Clotilde avait minci et cela lui allait à la perfection. L'obésité précoce qu'elle avait amorcée avait nui à ses exercices d'écuyère. Elle arborait une toilette un peu voyante et même agressive : corsage rouge largement échancré sous la dentelle, ruban de soie noire autour du cou, front encadré de bandeaux plats...

— Ça fait une éternité, dit-elle. J'ai cherché à te revoir mais je suis chaque fois tombée sur ta mère. Elle m'a reçue comme si je lui apportais la peste.

— Boissy... Que devient-il ? Tu es toujours avec lui ?

Clotilde eut une moue dégoûtée. Elle lui avait signifié leur rupture.

— Depuis la soirée au Chat noir, il s'arsouille lamentablement au point qu'il s'est fait virer de son boulot. Il n'a pas supporté votre séparation. Il vit de quoi ? Je l'ignore. Je viens d'apprendre qu'on songe à l'interner : il a fait plusieurs crises de delirium. Avec moi, ça n'a pas duré. Je l'ai envoyé se faire lanlaire. Il avait décidé de vivre à mes crochets en attendant la publication de ses œuvres. Tu parles...

Clotilde avait rompu son contrat avec le cirque Fernando depuis peu. Le père Waltenberg était devenu trop entreprenant. Un soir où il était ivre et se montrait brutal, elle lui avait flanqué son poing sur la figure.

Elle ajouta en prenant Maria par la main :

— Permettez, monsieur, que j'enlève votre amie. Nous allons faire un tour de valse. *Fleur de printemps*... C'est le succès du jour.

— Danser ? dit Maria. Toi et moi ? Ça ne se fait pas !

— Peut-être, mais c'est pas interdit. Allez, décide-toi. J'ai la monnaie.

Elles s'engagèrent sur la piste et se mirent à tourner la valse.

— Alors, dit Clotilde, toujours avec ton hidalgo ? Tu as tiré le bon numéro, dis-moi. Tu es heureuse avec lui ?

— Parfaitement heureuse. Et toi, que deviens-tu ?

— J'ai enfin trouvé ma voie. Ça n'a pas été facile par les temps qui courent. Depuis peu je travaille dans un bar : le Hanneton, 45, rue Pigalle. Si tu passes dans le quartier, je me ferai une joie de t'offrir un whisky. Je suis là comme chez moi. La patronne, Mme Armande, m'a à la bonne et je gagne bien ma vie.

La valse terminée, Clotilde s'excusa de devoir revenir à sa table.

— Je dois, dit-elle, rejoindre mon amie Irma, cette belle garce coiffée en gerbe, près de l'orchestre. Elle est très jalouse et je crains qu'elle me fasse une scène.

Lorsque Maria relata leur entretien à Miguel, il eut un sursaut d'indignation.

— Tu dis bien le Hanneton ? Tu sais ce que c'est ?

Un bar de gouines. Ta copine a mal tourné, ce qui ne me surprend guère. Tu devrais tirer un trait sur elle.

— Mais je l'aime bien, Clotilde ! protesta Maria. Un peu vulgaire, sans doute, mais généreuse. Elle m'a rendu des services à plusieurs reprises...

— ... notamment en abritant tes amours avec Boissy !

Elle se leva brusquement.

— Partons !

En traversant la piste déserte, elle fit un petit signe de la main à son amie.

La querelle s'envenima dès qu'ils eurent pénétré dans la chambre. Miguel, sèchement, lui intima l'ordre de renoncer à voir Clotilde. Elle regimba vivement : de quel droit se permettait-il de lui donner des ordres ?

— Je suis libre, Miguel. Entièrement libre. J'irai rendre visite à Clotilde si j'en ai envie. Ce n'est pas toi qui m'en empêcheras.

Elle attrapa au vol la main qu'il levait sur elle.

— Apprends, Miguel, que personne ne m'a jamais frappée. Seule ma mère en avait le droit, et encore !

Il découvrait avec stupeur un aspect nouveau du personnage de Maria : cette violence, cette volonté brutale, cette affirmation d'une liberté sans contrainte... Elle constatait avec stupéfaction le revers autoritaire d'un homme qu'elle croyait à sa dévotion. Ils restèrent quelques instants à s'affronter du regard, comme de part et d'autre d'une épaisse cloison de verre.

Elle enfila son manteau, ouvrit violemment la porte, descendit précipitamment l'escalier, s'arrêta sur le seuil en espérant qu'il allait la rappeler. Silence.

C'était leur première querelle.

Les séances de pose chez Renoir allaient bon train.

Ses études de tête terminées en décembre (il avait décidé de la peindre de profil, appuyée de la joue contre la veste de Paul Lhote), il avait entamé le tableau intitulé *La Danse à Bougival*, avec Aline dans la même attitude que Maria, mais le visage de face et sans la robe à falbalas.

Peu après les fêtes, il lui dit :

— Je n'en ai pas fini avec vous. Vous avez suivi mon conseil et avez forci. Ça me convient tout à fait. Le fruit est mûr, il faut le cueillir.

Elle posa nue. Le maître semblait se griser des effets de lumière qu'il faisait jouer sur sa peau. Il avait parlé de fruit ; il en retrouvait l'éclat ou le velouté sur la chair de son modèle. Elle le surprit un jour à marmonner :

— Certains critiques me reprochent de peindre à la sauce tomate. Je vais leur apprendre grâce à vous que j'aime aussi les fruits.

Il chantonnait avec une agréable voix de baryton :

Ah ! les fraises et les framboises...

Un après-midi, aux environs de Pâques, il lui fit une confession pathétique : elle lui avait mis le cœur à l'envers, la nuit il rêvait d'elle et, lorsqu'il restait plusieurs jours sans la voir, il tourneboulait.

— Aline... dit-elle.

— Eh bien quoi, Aline ? Je l'aime bien malgré son allure popote, sa voix de caporal, sa taille qui commence à prendre une tournure inquiétante. Mais vous, Maria, vous...

Pour Aline comme pour lui, le temps des fleurs était révolu. Alors qu'il fréquentait le restaurant Fournaise, à Chatou, il avait fait figurer cette petite couturière pommelée dans certaines de ses grandes toiles, au milieu des grisettes et des canotiers. On retrouvait ici et là son visage poupin. Il avait trouvé en elle un modèle docile et une passion sans ombre. Bien que ce fût dans l'ordre des choses, il tardait à en faire sa femme.

Un jour où Aline avait dû s'absenter pour rendre visite à sa mère, dans la lointaine banlieue d'Essoyes,

Renoir dit à Maria, alors qu'elle posait nue dans le jardin, par un beau soleil de mai :

— Je n'en puis plus. Je ne cesse de penser à vous de jour et de nuit. Vous m'avez ensorcelé. Cédez-moi, je vous en conjure. Une fois, une seule fois seulement, pour me délivrer de cette obsession.

Elle se donna au maître sans chaleur, par reconnaissance et par pitié, sur un coin d'herbe fraîche recouvert d'une couverture. La conclusion fut laborieuse mais donna lieu chez lui à un délire verbal qui amusa Maria.

— Nom de Dieu ! marmonnait-il. J'ai envie de te bouffer toute crue tellement tu es appétissante. Cette rosée sur ta peau, cette nacre, cette soie... Et cette odeur qui monte de ton ventre et qui me rappelle mes matins à Étretat... Cré nom ! Pourquoi est-ce qu'on n'a pas encore inventé des couleurs parfumées ?

Cela fit rire Maria. Quelle idée insensée ! C'était impossible.

— Impossible ! Qu'en sais-tu ? Faudra que j'en parle à mes marchands de couleurs, Mulard et Tanguy, en leur demandant d'effectuer des recherches. Ce serait l'invention du siècle ! Respirer l'odeur de la forêt en admirant un Corot, celle d'un bordel devant l'*Olympia* de Manet, d'une absinthe en regardant un Degas...

— ... de la femme en contemplant un Renoir ! Vous rêvez, maître ! Allons, revenez sur terre.

Il bougonnait dans sa barbe de faune :

— C'est bien une réflexion de femme, ça. Si un artiste n'a plus le droit de rêver...

La querelle entre Maria et Miguel avait duré le temps d'une ondée d'orage.

Elle revint au Moulin de la Galette sous un prétexte fallacieux : reprendre un carton à dessins. Sa colère retombée, il l'accueillit comme si rien ne s'était passé. Elle lui trouva les traits tirés, du bleu autour des yeux, une pâleur inhabituelle ; il observa qu'elle avait les paupières rouges.

Elle s'excusa de le déranger, réclama son carton, le prit sous le bras.

— Eh bien, soupira-t-elle, adieu.

Il réagit d'une voix ferme.

— Non, Maria, pas adieu ! Je ne peux me passer de toi. Cela fait deux jours que je n'ai pour ainsi dire ni mangé ni dormi. L'idée m'est même venue de sauter par la fenêtre pour en finir.

Elle étouffa un rire derrière sa main.

— Tu ne risquais pas grand-chose, gros bêta : tu serais tombé sur la tonnelle !

Il lui arracha le carton, le jeta sur la table.

— Je suis impardonnable. Je ne sais ce qui m'a pris l'autre soir, mais savoir que tu pourrais retomber sous l'influence de cette gouine, ça, non, je ne pouvais le supporter ! Quand je vous ai vues danser ensemble j'ai failli me lever et partir. C'était un spectacle tellement... indécent !

Elle se plaqua contre lui.

— Si ça peut te rassurer, je ne me sens pas du tout attirée par Clotilde. Si j'allais lui rendre visite à son bar, ce serait simple curiosité de ma part. En tout bien tout honneur, comme on dit.

— Vraiment ?
— Vraiment.
— Alors, je suis pardonné ?

Elle hocha la tête, enleva ses gants et son manteau.

— Viens, dit-elle.

Les séances de pose chez Auguste Renoir laissaient à Maria du temps libre. Lorsque le ménage était à court d'argent, les libéralités de M. Puvis interrompues, elle acceptait de poser chez des peintres qu'elle avait rencontrés dans l'atelier de Renoir ou à la Nouvelle-Athènes, un café d'artistes de la place Pigalle.

Elle ne fit chez Steinlen qu'une brève apparition. Rodolphe Salis le lui avait présenté un soir, au Chat noir dont l'artiste avait réalisé l'enseigne, le décor et les affiches. Il habitait rue Caulaincourt, une maison-atelier qu'il appelait son *Cat's House* car elle était envahie par les chats, sa passion après son art.

Cet ancien artiste en papier peint avait travaillé dans une fabrique de Mulhouse. Il avait une sainte horreur de la société de son temps, en bon anarchiste qu'il était, et de l'espèce la plus coriace. Caractère ombrageux, il s'était fait peu d'amis depuis qu'il avait posé son bagage à Montmartre, deux ans auparavant. Il détestait l'ambiance de libertinage, de légèreté, d'insouciance qu'il respirait en ces lieux et ne se trouvait à l'aise que dans sa maison de chats.

Maria posa pour quelques visages de femmes destinés à illustrer des revues. Elle ne se plaisait guère dans la compagnie de ce misanthrope. Sa maison et son jardin puaient l'urine et la crotte et il fallait regarder où l'on mettait les pieds. Elle ne fut pas triste de l'entendre lui déclarer qu'il se passerait de ses services : il comptait sur une commande du *Mirliton* ; elle lui était passée sous le nez.

Maria fit la connaissance de Paul Bartholomé dans un salon impressionniste où elle s'était rendue avec Miguel. Comment avait-il appris qu'elle exerçait la profession de modèle ? Il ne le lui dit pas. Il l'aborda avec quelque réserve et lui proposa des séances de pose pour quelques pastels.

Alors qu'ils convenaient des conditions et d'un rendez-vous, un homme d'âge mûr, à l'air sévère, au regard scrutateur, s'approcha d'eux en ajustant ses lorgnons.

— Monsieur Degas, dit Bartholomé, je vous présente mon nouveau modèle. Mlle...

— Maria Valadon, maître.

— Fichtre ! fit Degas en promenant son regard des pieds à la tête de la jeune femme, vous avez eu la main heureuse, mon ami ! Eh bien, mademoiselle, je serai ravi d'utiliser éventuellement vos compétences...

Il pivota sur lui-même après avoir touché le bord de son chapeau haut de forme avec le pommeau d'argent de sa canne.

L'atelier de Bartholomé avait toute l'apparence d'un funérarium. Il était plongé dans la pénombre ; on y respirait une tenace odeur d'encens et les murs étaient constellés du même portrait de femme dans des poses et sous des éclairages différents.

— Votre dernier modèle ? demanda Maria.
— Ma femme..., dit sombrement le peintre. Elle est morte récemment.

Taciturne de nature, il n'en dit pas plus. Une douleur sourde émanait de lui comme une mauvaise sueur. À quelques jours de leur rencontre, alors qu'ils buvaient une bière à la Nouvelle-Athènes, il se laissa aller à la confidence.

— Vous n'avez pas idée de la profondeur de ma peine, dit-il. Elle était tout pour moi : femme et maîtresse, ménagère exemplaire et collaboratrice efficace, avec un goût très sûr en matière d'art. Aujourd'hui, j'ai l'impression d'être abandonné dans un désert, d'errer sans but, avec cette soif d'elle que je n'arrive pas à satisfaire, sinon par le souvenir, mais ce n'est que mirage. Comprenez-vous cela, Maria ? Concevez-vous que l'on puisse aimer à ce point ?

Il avait un excellent ami en Edgar Degas, mais tout le secours que le maître pouvait lui apporter consistait à le bousculer pour le détacher des souvenirs dont il était prisonnier.

— Edgar ne me comprend pas, dit-il, et son amitié ne m'est d'aucun secours. En revanche, vous, Maria, une femme, il me semble que vous me comprenez mieux.

Elle redoutait qu'il lui proposât de pousser plus loin cette vocation de consolatrice, ce qu'elle n'aurait pu accepter car ce pauvre garçon avait toute l'apparence d'un *chariton*, un de ces croque-morts bénévoles qui portent en terre les pauvres gens.

À la première visite qu'elle fit à son atelier il lui montra ses œuvres en cours et celles qu'il venait d'achever : des enfants en train de jouer dans une cour d'école, une nourrice poussant une voiture d'enfant, un groupe de musiciens, et, naturellement, des portraits au pastel de la défunte dont l'un la représentait sur son lit de mort : une Ophélie au visage diaphane baignant dans une brume violette.

Il lui confia qu'en réalité c'est surtout vers la sculpture qu'il se sentait porté. Son ami Pissarro jugeait dignes de Rodin ses ébauches, qui, s'évadant de l'élégie funèbre, lui ouvraient une nouvelle voie dans laquelle il hésitait encore à s'engager, ce qu'il jugeait pourtant inéluctable. Peu sûr de lui, il quêtait compliments et encouragements.

Quelques jours plus tard Maria revint dans l'atelier de Bartholomé au moment où s'achevait la séance de pose d'un modèle masculin. Fascinée par ce garçon aux lignes parfaites, elle le pria de garder la pose encore quelques minutes pour elle.

— Montrez-moi ce croquis, dit le sculpteur quand elle eut terminé. Extraordinaire ! Vous êtes très douée. Dans quel atelier avez-vous appris à dessiner ? Chez Cormon, peut-être ?

— Non, dit-elle avec un sourire. À l'atelier Valadon.

— Je n'arrive pas y croire. La prochaine fois, apportez-moi d'autres dessins. Et ne jouez pas les modestes. En quelques secondes vous avez traduit avec exactitude cette ligne d'épaules, cette chute de reins, l'arc de la cuisse. Je n'aurais pas mieux fait.

— C'est d'accord, soupira-t-elle, mais vous risquez d'être déçu. Mes modèles à moi n'ont rien d'esthétique.

Elle raconta plus tard à Renoir la scène d'atelier qu'elle avait vécue chez Bartholomé. C'était la première fois que, modèle elle-même, elle avait fait poser un modèle professionnel. Le maître lui parla de ceux qu'il avait connus et utilisés. Ils étaient très différents de ceux d'aujourd'hui.

Dubosc était le modèle le plus réputé : corps splendide, taillé comme un gladiateur mais mauvais caractère. Il posait en chaussettes, son monocle à l'œil, sa pipe à la bouche et coiffé de son chapeau claque. C'était un monsieur. Il avait amassé une fortune. Ses prétentions étaient exorbitantes : il se prenait lui-même pour un artiste sans jamais avoir touché un pinceau, jugeait avec une autorité égale à son incompétence le travail des élèves et ne supportait pas la contradiction. Il y avait aussi Thomas l'Ours, ainsi surnommé parce qu'il imitait le barrissement de l'ours des cavernes. Un gentil, malgré son sobriquet. Et un galbe qui touchait à la perfection.

Renoir avait connu bien des modèles féminins, la plupart des pimbêches qui se prenaient pour Cléopâtre ou Pauline Bonaparte.

Il évoqua la mémoire d'un des premiers modèles de Manet, un adolescent, Alexandre, qui avait posé pour une de ses premières œuvres : *L'Enfant aux cerises*.

— C'était, dit-il, avant les espagnolades de ce peintre. Il utilisait le garçon aux soins du ménage, lui faisait gratter ses palettes, nettoyer ses brosses, le faisait poser. Un soir, Manet le trouva dans le grenier, pendu à une poutre, un sucre d'orge dans la bouche. Mon pauvre Manet ne s'est jamais consolé de cette tragédie dont, aujourd'hui encore, il ne s'explique pas les motifs. Je l'ai vu pleurer en regardant *L'Enfant aux cerises*.

À des signes divers Maria constatait chez la concubine du maître une apparence d'animosité. Aline l'accueillait sans un mot ou par une remarque acide, oubliait de lui offrir un verre au cours des séances de pose, ouvrait brusquement la porte de l'atelier et la refermait sans un mot, comme si elle avait espéré surprendre une attitude équivoque.

— Il semble que votre compagne soit jalouse de moi, dit Maria. Aurait-elle surpris nos secrets ?

— Oh ! les femmes... Vous n'avez nul besoin de certitudes pour vous faire une opinion. Tu es jolie ; elle l'est moins. Toi et moi, nous entendons parfaitement ; avec elle, les querelles deviennent de plus en plus fréquentes.

— Pourtant... j'ai entendu dire que vous alliez l'épouser.

— Diable ! qui a pu te raconter ça ?

— Elle, bien sûr.

Renoir parut embarrassé.

— Aline prend souvent ses désirs pour des réalités. Que j'en vienne à en faire ma femme, c'est logique, mais, sacrebleu ! je n'ai encore rien décidé. Je dois reconnaître pourtant qu'elle fera une épouse exemplaire. Elle tient très bien son ménage, et, pour moi, c'est capital.

Il reprit son travail en chantonnant l'air des *Magnanarelles*, de son ami Charles Gounod. Il s'interrompit pour laisser tomber avec une apparente indifférence :

— J'allais oublier de te donner la grande nouvelle : Édouard Manet vient de mourir. Il traînait depuis des décennies une vieille syphilis. Diagnostic des médecins : ataxie locomotrice...

X

ADIOS, MARIA !

Manet s'était confié à des allopathes, à des homéopathes, et même à une sorte de sorcier qui lui avait prescrit l'ergot de seigle — un poison — à prendre par petites doses, mais dont il avait abusé. Il avait suivi cure sur cure. En pure perte. Certains praticiens proposaient de couper sa jambe gangrenée ; d'autres s'y opposaient, de crainte que le cœur ne flanchât. Il avait fallu pourtant se résoudre à pratiquer l'amputation.

Travailler dans son atelier lui était devenu une corvée. Allongé sur le divan, fumant cigarette sur cigarette, il contemplait avec colère le tableau qu'il avait lacéré ou crevé, ses palettes où les couleurs avaient séché et que personne ne raclait. Tout cela : ébauches, tableaux inachevés, robes de modèles, faisait partie d'un monde qui lui était devenu étranger. Interminablement il revenait sur ses souvenirs du temps de sa croisière à Rio de Janeiro où son mal l'attendait : un sexe pourri de mulâtresse.

Quelques jours après l'amputation, il avait été sorti de sa torpeur par un juron de son fils, Léon, qui, au moment d'allumer un feu dans la cheminée, avait découvert la jambe de son père, sectionnée au-dessous du genou, parmi la cendre.

Un mois plus tard, sa femme lui fermait les yeux.

La semaine qui avait précédé la mort du maître,

Renoir, un de ses intimes, avait été admis à lui rendre visite. Rare privilège : la famille, et notamment Léon, s'opposait à l'invasion des curieux et sélectionnait les visiteurs. Un bulletin de santé signé de son médecin était affiché chaque matin sur la porte et, malgré la pluie et le froid, des passants faisaient halte et restaient les yeux rivés sur la fenêtre dans l'espoir de le voir paraître.

Le maître était entré en agonie dans les derniers jours du mois. Jusqu'à ses derniers instants il n'avait cessé de se plaindre de souffrir de cette jambe amputée. Avant de plonger dans le coma, il avait aperçu le gros visage affligé du bon Chabrier.

— Emmanuel. C'est bien aimable à vous de venir me tenir compagnie. Avez-vous bien travaillé ces temps derniers ?

— Le cœur n'y est pas, maître. Depuis *España*, qui date de l'an passé, je n'ai pour ainsi dire rien écrit.

— *España... España...* Je me souviens. Vous nous en avez interprété quelques mesures pour les fêtes de Noël. Voudriez-vous vous mettre au piano et m'en jouer un passage ?

Chabrier avait obtempéré et interprété le premier mouvement de cette rhapsodie pour orchestre. Manet avait pris la main de Berthe Morisot et fermé les yeux, un sourire sur ses lèvres décolorées. Il avait demandé l'heure qu'il était et Berthe avait répondu :

— Bientôt dix heures du matin, mon ami. Écoutez... La cloche vient de sonner au clocher de San Juan de los Reyes. Il va faire très chaud cet après-midi sur Tolède. Nous ne pourrons pas sortir avant cinq heures.

— Tolède... Il y a au musée un Greco que j'aimerais revoir : *Le Baptême du Christ*. Ou peut-être dans la cathédrale...

— Non, mon ami : à l'hôpital Tavera.

Il avait soulevé la tête et ajouté :

— Dites à Chabrier de ne pas cesser de jouer. À travers sa musique, je vois se dessiner des images de meseta, de villages endormis, de fêtes sur l'aire qui sent le blé mûr. Et ces couleurs, Berthe, ces couleurs...

L'agonie avait duré deux jours : les 29 et 30 avril, avec des soubresauts atroces accompagnés de hurlements, suivis de rémissions qui laissaient présager une fin prochaine.

La mort avait emporté le maître alors que les premiers visiteurs du Salon se pressaient aux guichets du palais de l'Industrie où ne figurait pas une seule toile de Manet. Lorsque la nouvelle de sa mort avait été annoncée, tous les hommes s'étaient découverts. Oubliés les scandales que ce novateur avait suscités, l'avenir lui ouvrait enfin ses portes.

— Il y a beaucoup trop de monde à ces obsèques, dit Puvis. Je n'ai pas le courage de suivre le cortège de cet excellent ami jusqu'au cimetière. Vous-même, Maria, resterez-vous ?

— Je crois que je vais suivre votre exemple, dit-elle. Je n'aime guère les cérémonies officielles, les obsèques surtout. Tout ce décorum m'indispose. Est-il vrai que M. Léon ait refusé que l'archevêque vienne donner l'extrême-onction au mourant ?

— C'est la vérité. Manet lui-même aurait refusé. Il ne manifestait aucune hostilité à la religion, comme cet anarchiste de Pissarro, mais refusait de perdre son temps dans les églises, si ce n'est pour contempler les tableaux des anciens.

Il ajouta en prenant le bras de Maria :

— Manet n'est pas le seul à être porté en terre aujourd'hui.

— Et qui d'autre, maître ?

— L'impressionnisme. Manet aurait aimé se débarrasser de cette étiquette qu'on lui collait dans le dos, mais elle s'est accrochée à lui, s'est gravée dans sa peau comme un tatouage. On ne pourra plus penser à ce mouvement sans penser à Manet, et vice versa.

Il ajouta :

— En revanche j'ai une bonne nouvelle à vous apprendre. NOTRE *Bois sacré* figurera au prochain Salon, celui de 1884. Je l'ai montré à quelques membres influents du jury qui l'ont trouvé à leur goût. Le jour de l'ouverture j'aimerais que vous soyez près de moi. Cette toile est notre œuvre, n'est-ce pas ?

Il avait bien dit « notre œuvre ». Maria s'était demandé dans quelle mesure elle pouvait se montrer fière de ce chef-d'œuvre et si l'on pouvait parler d'une véritable collaboration entre un modèle et un peintre.

Imperturbable, Puvis se gaussait des critiques plus ou moins perfides. Goncourt, par exemple, qui écrivait : « Une triste peinturlure... Ce *Bois sacré* a l'air habité par des personnages en planches découpées... » Edmont About renchérissait : « Défaut d'instruction première. » D'autres, comme Charles Cros, Gustave Moreau, le mage Joséphin Péladan, le portaient aux nues.

Critiques et louanges glissaient sur lui comme la pluie sur les ailes d'un oiseau.

Il avait vu exposer à Amiens deux de ses compositions : *Ludus pro patria* et *Doux pays* : deux hymnes chaleureux à la Picardie. On l'avait sollicité pour des décors destinés au Panthéon et l'Amérique s'intéressait à sa peinture.

— Vous n'êtes pas étrangère à ce succès, dit-il à Maria. Sans votre présence, sans votre amour, qui sait si j'aurais eu encore le courage de m'attaquer à ces grandes *machines* ?

Elle haussa les épaules : parler d'amour à propos de quelques coucheries...

Au début de l'année, il lui avait laissé à son domicile un bristol la priant de venir lui donner son avis sur sa dernière œuvre : *Le Rêve*. Elle s'était rendue de bonne grâce à cette invitation. L'amabilité du vieux maître, ses prévenances, sa conversation enrichissante lui manquaient, à une époque où ses relations avec Miguel Utrillo battaient de l'aile.

Elle s'était retrouvée dans le vaste atelier de Neuilly en compagnie de quelques amis du peintre, conviés comme elle à admirer cette œuvre en vidant une flûte. Il y avait là un écrivain, Joris-Karl Huysmans, un poète, Théodore de Banville, un critique, Jules Claretie, ennemi juré des impressionnistes, qui voyait dans cette nouvelle œuvre une réaction contre les excès de ces fous.

Puvis avait dit à Maria :

— Vous laisserez partir nos amis et vous resterez. Je souhaite savoir ce que vous pensez réellement de cette toile. Votre avis m'importe davantage que celui de ces gens qui n'ont que des opinions subjectives.

Restée seule dans l'atelier, plantée devant *Le Rêve*, elle se trouva embarrassée. Cette femme au visage cadavérique, cette lune en demi-tranche de citron surnageant d'un bac de lessive, ces créatures célestes qui semblaient échappées du *Bois sacré*, cet horizon sans relief la laissaient perplexe.

— Vous n'aimez pas cette œuvre, dit-il. Je le sens. Eh bien, dites quelque chose ! Je suis prêt à tout entendre. Elle s'essuya le visage avec son mouchoir comme si la chaleur était intense, hésitant à répondre, cherchant des termes qui ne soient pas trop blessants.

— On y retrouve votre manière, dit-elle d'une voix neutre. C'est limpide, léché, romantique. Pardonnez-moi, maître : malgré tout, je ne me sens pas conquise. J'éprouve un malaise comme durant un enterrement. On dirait... une scène de cimetière.

Il se mit à tourner en rond en bougonnant.

— Je sais bien ce que vous regrettez, Maria : que je ne peigne pas comme vos amis impressionnistes !

— Mes amis, dites-vous ?

— Oui, vos amis ! Je pense à Renoir et à ses bouchères, à Bartholomé qui est la consécration de la médiocrité, à Degas qui...

— Degas ? Pourquoi lui ? Je ne l'ai rencontré que

deux ou trois fois et nous n'avons fait qu'échanger quelques mots. Quant à me traiter de bouchère...

Elle arracha son manteau et son chapeau à la patère. Il s'écria :

— Je vous en conjure, ne partez pas ! Vos critiques me font mal mais je les accepte.

Il lui prit la main, l'entraîna jusqu'au divan, la fit asseoir à côté de lui, lui demanda de parler, d'être sincère. Elle soupira :

— Pour moi, votre œuvre maîtresse est *La Source*. Que cela vous plaise ou non, c'est une œuvre impressionniste par sa composition, ses couleurs fraîches, le fondu des formes et du paysage. La preuve : des artistes comme Gauguin et Seurat l'admirent et s'en inspirent. Vous avez fait figure de novateur mais vous en êtes resté là. Pourquoi, maître ?

Il lui prit la main, lui rappela la fascination qu'il avait éprouvée en Italie pour les artistes du Quattrocento, Giotto notamment. Pouvait-il se contenter de les imiter ? Non. Ils constituaient pour lui une base de départ qui lui avait permis de trouver sa voie. Alors, *La Source*, il ne la reniait pas mais *Le Bois sacré*, c'était autre chose...

Ils finirent les fonds de champagne, se gavèrent des restants de petits fours. Alors que la nuit tombait et que la pluie griffait les vitres, ils oublièrent d'allumer les lampes. Ils étaient l'un et l'autre un peu gris.

— Restez, dit-il. Une heure ou deux. J'ai tellement envie de vous tenir dans mes bras.

Elle resta. Puis elle revint.

Les échafaudages escaladaient le ciel du printemps comme un squelette de fortification médiévale dressée au-dessus de Paris baigné dans la brume de juin. Ici et là, des blocs de maçonnerie d'un blanc de craie parsemaient le plateau qui servait de terrain de jeux aux enfants de la Butte. Commencé sept ans plus tôt, le chantier du Sacré-Cœur avançait lentement.

— Il faudra encore des années, dit Miguel, avant que cette basilique soit terminée. Ce sera un monument magnifique, visible de tous les points de Paris.

Ils s'approchèrent d'un jeune artiste occupé à croquer sur son genou une scène de chantier. Miguel l'avait déjà rencontré au Chat noir et à la Nouvelle-Athènes. Il s'appelait Maximilien Luce. Ils s'entretinrent un moment avec lui puis le laissèrent achever son travail.

— Rentrons, dit Maria. Je suis fatiguée.

— Je te trouve une drôle de mine ces temps-ci. Tu ne serais pas en train de couver une maladie ?

— Justement, dit-elle. Je souffre d'une maladie commune à beaucoup de femmes. Je crois que je suis enceinte.

Il vacilla, se laissa tomber sur un moellon, lui prit la main pour la faire asseoir près de lui. Après un lourd silence, il égrena les banalités d'usage en la circonstance : était-elle certaine de ce qu'elle avançait ? depuis quand avait-elle constaté l'absence de ses règles ?

— Depuis deux mois. Avant de t'en parler, je voulais avoir une certitude.

Il fit tourner son chapeau entre ses mains fébriles.

— Qu'allons-nous devenir ? dit-il.

— C'est à toi de décider.

— À moi ? Tu en as de bonnes ! Si j'annonce la nouvelle à mes parents, ils vont me couper les vivres. Ils ne badinent pas sur ce chapitre. Sans compter que cette nouvelle tombe très mal. J'en ai une autre à t'apprendre.

Il allait devoir bientôt quitter Paris. Il avait renoncé à l'agronomie et sa vocation de peintre n'était qu'une illusion de jeunesse. Avec la bénédiction de sa famille, il avait décidé d'embrasser la carrière de journaliste. Il avait un beau brin de plume. Une gazette de Barcelone, à laquelle il envoyait de temps à autre des articles sur la vie parisienne, était prête à publier ceux qu'il lui adresserait de diverses capitales européennes.

— Laisse-moi terminer, dit-il, comme elle se levait. Tu dois bien convenir que je ne fais aucun progrès dans mon art, que je n'ai aucun avenir dans cette voie. Alors, à quoi bon m'obstiner ? Toi, tu feras ton chemin, je le sais, je le sens, et moi je ne veux pas rester à la remorque.

— Quand dois-tu partir ? dit-elle d'une voix blanche.

— Début juillet mais, dans ton état...

— Mon état ne fait rien à la chose. Tu as décidé de partir, eh bien pars ! Après tout je ne suis pas ta femme et tu ne me dois rien.

Abasourdi, il se leva. Il attendait une tempête ; Maria restait calme comme un roc.

— Ma décision semble te laisser indifférente, dit-il. À croire que tu ne m'aimes plus. Aurais-tu quelqu'un d'autre dans ta vie ?

— Imbécile ! S'il en était ainsi, tu en serais le premier informé.

Elle ne lui avait rien avoué de ses relations intimes avec Renoir et Puvis. Il en aurait pris ombrage et c'en eût été fini de la belle amour. Qu'attendait-elle de la révélation qu'elle venait de faire à Miguel ? Elle avait tout imaginé, sauf que lui-même allait lui annoncer leur séparation. L'aurait-il prise dans ses bras en remerciant le Ciel ? Lui aurait-il fait grief de sa maladresse ? Se serait-il abrité derrière l'autorité familiale pour justifier un abandon ? Se serait-il lamenté sur cet événement qui risquait de bouleverser son existence ? Non : il partait, les mains dans les poches, en sifflotant. *Adios, Maria !*

Sur le trajet qui les ramenait au moulin ils ne soufflèrent mot, chacun enfermé dans ses réflexions, incapables de trouver les mots pouvant convenir à la situation.

Il la surprit occupée à rassembler ses affaires et à les entasser dans un sac.

— Que fais-tu ?

— Tu le vois : mes bagages. Je te quitte.

Il s'effondra, la prit dans ses bras, pleura dans son cou. Qu'elle reste ! Encore quelques jours. Elle n'en voyait pas la nécessité. Ils n'avaient plus rien à se dire et, s'ils échangeaient des propos, ce seraient autant de crachats qu'ils se jetteraient à la figure.

— Cet enfant, dit-il, tu pourrais t'en débarrasser. Nous pourrions trouver une avorteuse.

— Qui te dit que je souhaite m'en débarrasser ? Te libérer à la fois de la mère et de son fruit, ça te conviendrait. Eh bien non ! Cet enfant, je suis décidée à le garder.

— Comment feras-tu pour l'élever ? À dix-huit ans, de santé délicate.

— Ma mère s'en chargera. Après mes relevailles, je reprendrai mes séances de pose. Tu vois, tout est simple. Tu peux partir tranquille.

— Et si je renonçais à partir ? Je n'ai pas pris d'engagement définitif. Tout peut être remis en question.

— Oh non ! Je m'en voudrais de compromettre la carrière qui s'offre à toi. Tu me le reprocherais et ce seraient des querelles à la chaîne. S'il te plaît, restons dignes, toi et moi.

— Ainsi... tu ne m'en veux pas ?

Elle l'aurait tué ! Ne pas lui en vouloir ? Comment pouvait-il à ce point se méprendre sur ses états d'âme, ne pas voir ou refuser de voir cette lueur glacée dans son regard, ces éclats de couteau ? La pire sanction qu'elle aurait pu lui infliger aurait été de le prendre au mot : accepter son sacrifice, le laisser renoncer à son projet, l'enchaîner au pain et à l'eau. C'eût été facile. Trop facile : elle l'eût payé un jour ou l'autre. Et puis quoi ? Il ne serait jamais un grand artiste, elle le savait depuis le début, et ses rubriques parisiennes ne lui permettraient jamais de faire vivre une famille. Quant à l'agronomie, il en avait fait son deuil par manque de conviction.

Elle accepta à contrecœur de rester quelque temps au Moulin mais elle n'y faisait que de brèves apparitions, prétextant des séances de pose chez Renoir, chez Bartholomé et chez un autre peintre de la rue Tourlaque, un Italien : Federico Zandomeneghi. Miguel l'entourait de prévenances, l'amenait dîner au restaurant, s'efforçait de jouer avec le temps en camouflant l'inexorable.

Un dimanche où il était allé retrouver des joueurs de boules au fond d'une allée, elle décida que l'heure était venue de trancher dans le vif. Elle souhaitait que ces adieux se fissent sans effusions et sans drame : un simple coup de gomme sur cette esquisse de vie commune et d'amour.

Elle rassembla ses affaires, rangea dans son carton les quelques dessins qu'elle avait réalisés sur place, déchira les portraits de Miguel, sauf un : le premier. Elle opérait froidement, sans une larme, comme pour une intervention chirurgicale.

Ce n'est qu'une fois installée dans le fiacre qui la ramenait chez elle qu'elle donna libre cours à son chagrin.

Madeleine n'avait plus la force de se mettre en colère. Pouvait-elle, d'ailleurs, reprocher à sa fille la faute qu'elle-même avait commise ? Maria l'avait mise en garde :

— Surtout, mère, ne me fais aucun reproche. Je ne le supporterais pas. J'ai fauté et je m'en repens, mais c'est ainsi. Je suis une bâtarde. Mon fils sera un bâtard. Ça ne m'a pas empêchée de vivre. Il en sera de même pour lui.

Madeleine adopta un profil bas devant ces évidences. Elle se cantonna dans l'embrasure de la fenêtre, Puce dans son giron, l'œil humide, murmurant d'une voix pâteuse :

— Je t'avais prévenue. Ça devait arriver avec la vie que tu mènes. Qu'est-ce qu'on va faire avec un mioche à élever ? Je vais être obligée de reprendre des ménages et je sais pas si j'en aurai la force.

— Ne dramatise pas. Tu t'en es bien tirée, toi. Nous allons traverser une passe difficile, et puis ça finira par s'arranger.

— Le père ? tu sais qui c'est, au moins ?

— Utrillo.

— Il va faire son devoir ? Reconnaître l'enfant ?

— J'en doute. Il va quitter la France. De toute manière je crois que je n'aurais pas pu vivre avec lui. Il est sous la coupe de sa famille qui lui permet de vivre. Et ce n'est pas d'elle qu'on peut attendre une aide.

— Quel malheur ! Mon Dieu, quel malheur !

— Cesse de pleurnicher ! Est-ce que je pleure, moi ?

— Oh, toi ! Tu as un cœur de pierre. Je sais pas ce qu'il faudrait pour te faire pleurer.

— Ne cherche pas. La vie s'en chargera sûrement.

XI

BONJOUR, MAURICE !

La difficulté : trouver un angle qui s'accommode de la lumière un peu crue de cette fin du mois d'août.

Maria dispose un miroir sur le bord de la fenêtre, un autre incliné sur la table. Un profil de trois quarts lui semble préférable à une vue de face plus directe mais trop molle du fait des stigmates de la grossesse. Le profil donne une allure plus tranchée au portrait, un autre personnage s'en dégage, dans lequel elle se reconnaît mieux.

Cet autoportrait, le premier qu'elle exécute, elle le veut réaliste, impitoyable, sans la moindre concession à la joliesse.

— Qu'est-ce que tu es en train de manigancer ? dit Madeleine. Tu te trouves belle, peut-être ? Ma pauvre fille... tu as une mine... Tu ferais mieux d'aller te promener dans le Maquis ou d'aller visiter ce nouvel appartement où tu veux nous installer, rue Tourlaque.

— Rien ne presse. Nous ne déménagerons qu'en janvier, après mon accouchement. M. Renoir a promis de nous aider. Il va lui aussi déménager pour s'installer rue Cortot. Nous serons presque voisins.

— Tu veux faire quoi, avec ces deux glaces ?

— Mon autoportrait, tant que mon visage n'est pas trop déformé.

Elle a fini par trouver le bon angle : les trois quarts

du visage éclairés, le reste dans la pénombre. Réminiscence ? Il lui semble découvrir dans ce profil une image de la Jeanne de l'auberge de Bessines, lorsqu'elle prenait un air sévère pour lui dire : « Maria, essuie tes socques avant d'entrer ! » Un visage de paysanne limousine à la chevelure sombre et plate, la raie au milieu, sans une frisette.

Elle griffonne plusieurs esquisses au crayon, s'attache au regard farouche, aux lèvres scellées mais avec un contour qui semble préluder aux invectives. Rien, dans cette ébauche, ne peut laisser deviner que ce modèle est celui qui a posé pour les Muses du *Bois sacré* ou pour *La Danse à la ville*.

Elle traitera cette œuvre au pastel, en utilisant des tonalités hésitant entre le bleu et le vert, avec des taches de rouge pour la lèvre inférieure, l'arête du nez et les cheveux. Le portrait dégage une impression de volonté inflexible, de défi. Le même visage qu'elle devait avoir lorsqu'elle a arrêté au vol la main de Miguel et lui a lancé : « Seule, ma mère... »

Ce portrait ne donne pas d'elle une image séduisante, mais peut-on faire mentir un miroir ?

— C'est bien toi, commente Madeleine. On dirait que tu vas mordre. Tu devrais porter ce portrait au père Tanguy. Peut-être qu'il te l'achèterait.

Maria hausse les épaules. Elle n'est pas mécontente de son travail. Quant à le vendre... Qui donc en voudrait ? Il reste à signer cette œuvre. Elle choisit le coin de droite, en haut de la feuille, écrit non Maria mais *Suzanne* Valadon. Un prénom qui lui plaît. Qui s'accorde bien avec son nom. « Maria, lui a dit Bertholomé, ça fait bonniche. »

L'été se traîne interminablement.

Depuis quelques semaines, malgré les injonctions de sa mère, Maria ne quitte pour ainsi dire plus son domicile. Parfois, le matin, avant que le soleil ne darde, lorsque la concierge et les voisins ont arrosé le devant de leur porte pour donner au trottoir une illusion de fraîcheur, elle descend dans la rue, un tabouret pliant d'une main, son carnet à croquis de l'autre. Elle dessine interminablement, couvre des feuillets de personnages familiers, de passants, de livreurs, de chiens et de chats. Elle affectionne particulièrement ce clochard barbu qui lui rappelle Monet ou Pissarro, auquel elle donne dix sous pour quelques minutes de pose. Que fera-t-elle de ce magma d'ébauches ? Rien, sans doute. Madeleine s'en servira pour allumer sa cuisinière. Un travail inutile ? Voire. Elle ne peut s'en passer, comme d'une drogue, mais elle apprend et elle progresse.

L'enfant commence à bouger dans son ventre. Lui aussi est son œuvre et elle tient à le garder, quoi qu'il lui en coûte. Cette vie en elle, déjà lourde à porter, c'est sa joie : une sorte de revanche sur sa condition, ses humeurs sombres, son abandon.

Miguel ne lui a pas donné signe de vie depuis qu'elle l'a quitté subrepticement. Il doit être loin, à présent, elle ne sait où, mais elle est certaine qu'il ne lui écrira pas. Un matin, au bras de sa mère, elle est montée jusqu'au Moulin de la Galette, et elle est restée quelques instants plantée devant l'appartement occupé naguère par Miguel. Volets clos. Elle ne partagera pas les espoirs et les déceptions de sa mère qui, treize ans plus tôt, parcourait les gares parisiennes pour y retrouver un certain Armand. Maria a fait une croix sur Miguel.

Parfois des doutes l'assaillent : et si cet enfant n'était pas de lui ? Après tout, Puvis, à moins de soixante ans, pouvait encore prétendre engendrer. A fortiori Renoir qui avait de peu passé la quarantaine et se montrait très vert. Elle se dit que seule, mais avec des réserves, la ressemblance pourrait trancher.

De ces deux maîtres, aucune nouvelle non plus. Puvis doit passer ses vacances d'été en Normandie. Renoir, méticuleux, a dû entreprendre par tranches un déménagement difficile.

Durant les premiers mois de sa grossesse Maria n'a reçu qu'une visite : celle de Clotilde.

Hormis quelques souvenirs communs, qu'est-ce qui l'attache encore à cette fille ? Elle a forci, son visage s'est coloré et le fard dont elle le couvre lui donne l'apparence d'un masque de carnaval. L'abus des liqueurs fortes, sans doute. Elle ne s'en cache pas, d'ailleurs : elle boit sec, du whisky de préférence, pour appâter la clientèle féminine du Hanneton. Sa toilette est révélatrice d'une mutation de fille normale en tribade : elle porte des robes fendues sur les jambes, encore belles sous la résille noire, un gilet écossais, un nœud rose ou noir autour du cou, des étoiles de strass dans les cheveux, qu'elle appelle son « étoile filante ».

Madeleine, qui la déteste, la fuit dès qu'elle arrive.

— Tu vas la fréquenter encore longtemps, cette fillasse ? Elle a mauvais genre. Je vois pas ce que tu lui trouves.

— Elle me distrait. J'en ai bien besoin.

— Elle fait sûrement le trottoir. Y a qu'à la regarder ! Prends garde de pas suivre le même chemin...

Clotilde entre sans frapper, se sert un verre de vin, s'assied au bord du lit en enlevant ses gants de chevreau boutonnés jusqu'aux coudes, s'évente avec son sac à main. Elle reproche à Maria de n'avoir pas daigné lui rendre visite au Hanneton, mais Maria ne se sent aucune attirance et pas la moindre curiosité pour les tribaderies de ces « hétaïres amphibiennes », comme dit Renoir. Miguel lui manque, et même ses *deux vieux* (Clotilde dixit), mais, de là à fréquenter les bars à gouines...

Clotilde fouille dans son sac, en retire un paquet de caporal et du papier Job.

— Je t'en roule une ?

— Merci. Tu sais que je ne fume pas.

— Tu as raison. Bébé n'aimerait pas ça.

Au Hanneton, ou à la Souris où elle se rend parfois

pour des extras avec des copines, elle fume de petits cigares, des *demi-londrès* pour rupins, mais elle préfère les tabacs populaires, les *crapulos* à deux sous, les cigarettes hongroises qui « arrachent la gueule » mais font rêver, ou le caporal du prolétaire. Elle a tâté du chanvre indien et, là, c'est le nirvana à domicile.

— Je t'ai parlé de Mme Armande, la patronne du Hanneton. Eh bien, elle s'est fait embarquer par la rousse. C'est bien de sa faute : elle faisait travailler des mineures. Je l'ai souvent prévenue mais elle ne voulait rien entendre : ses clientes veulent de la chair fraîche. Alors les flics ont débarqué et en route pour Saint-Lazare ! Une chance que la boîte n'ait pas été fermée. Nous avons une nouvelle patronne, Mme Palmyre. Elle, c'est la prudence même. C'est à ses bonnes relations avec la femme d'un homme politique en vue que la boîte a pu rester ouverte. Elle m'a à la bonne...

Elle soupire en tirant les premières bouffées :

— Quand je pense au temps que j'ai perdu au cirque Fernando, avec cette grosse limace de Waltenberg...

Un jour, en quittant Maria, Clotilde l'a prise dans ses bras et lui a fait une proposition :

— Quand tu auras accouché, je pourrais demander à Mme Palmyre de te prendre à son service. Contrairement à ce qu'on dit, le Hanneton est une boîte sérieuse. Nous avons une clientèle d'Anglaises et d'Américaines. Tu ne le regretterais pas.

— N'insiste pas, dit Maria. Je t'ai déjà répondu : cela ne m'intéresse pas.

Elle lui dit un autre jour :

— Ce qui me ferait plaisir, c'est d'être la marraine de ton enfant.

— Encore faudrait-il que je le fasse baptiser. Et tu connais mes opinions...

À peine Clotilde a-t-elle franchi la porte, Madeleine sort de la chambre voisine et ouvre grandes les fenêtres en bougonnant :

— Vivement un peu d'air frais ! Ça sent la pute...

Le fils de Maria naquit le lendemain de Noël.

Madeleine souhaitait qu'on lui donnât le prénom de Maurice, qui était celui d'un aïeul. Maria accepta. C'était un bel enfant, un peu fluet mais qui prenait bien le sein. À peine était-il sorti du ventre de sa mère, Madeleine lui chercha des ressemblances. Elle décréta que ce ne pouvait pas être le fils d'Utrillo.

— Vraiment ? Et pourquoi ?

— Il est pas basané. Tous les Espagnols sont basanés. Presque comme des nègres.

— Miguel, lui, ne l'était pas. Tu déraisonnes.

— Au fond, je préfère ça. Quand je pense qu'il aurait pu être le fils de cette crapule de Boissy...

Un mois après son accouchement, Maria rendit visite à Renoir pour lui apprendre la naissance de Maurice et lui demander s'il pouvait encore la faire travailler.

— Tu es toujours aussi belle, dit-il, avec quelque chose de moins juvénile mais qui ne me déplaît pas. Nous ferons encore des choses ensemble. C'est ton Utrillo qui t'a fait ce cadeau, n'est-ce pas ? Le salaud... il s'est empressé de disparaître.

— Ce n'est pas si simple, maître.

Il ne parut pas un instant envisager qu'il pût être le père de Maurice.

Il n'en alla pas de même avec Puvis.

À quelques semaines de la visite qu'elle avait faite à Renoir, elle reçut de lui un poulet la priant en termes impératifs de reprendre d'urgence contact avec lui. Elle se demanda ce qui pouvait bien justifier cette intervention. Le lendemain elle prit l'omnibus pour Neuilly et trouva le maître dans tous ses états. Il la saisit à bras-le-corps, la serra contre lui et lui dit avec des graviers dans la voix :

— Je viens d'apprendre ce qui vous est arrivé. Cette naissance... Ah ! ma chérie, ma chérie ! Cela fait des nuits que je n'en dors plus.

Il ajouta en se dégageant :

— C'est notre fils, n'est-ce pas ? Est-il en bonne santé ? Comment l'avez-vous appelé ? Maurice... C'est un beau prénom. Est-ce que... est-ce qu'il me ressemble ?

— Maître... Il est encore un peu tôt pour le dire.

Il s'essuya les yeux ;

— Bien sûr... Trop tôt... Suis-je sot ! Je veux vous affirmer que je ne vous abandonnerai pas dans cette épreuve, que j'assumerai ma faute, mais il faudra vous montrer discrète. Vous me comprenez : si la princesse apprenait...

Puvis tint à lui montrer le portrait qu'il avait fait de Marie Cantacuzène. Il l'avait avantagée.

— Cela fait si longtemps que nous vivons maritalement, dit-il, que je songe à l'épouser. Ce n'est plus la passion qui nous unit, vous le comprenez bien, mais un sentiment plus profond et plus fort, un mélange d'affection et d'amitié scellé par des goûts communs.

Alors qu'elle s'apprêtait à prendre congé, il lui tendit une enveloppe.

— Un peu d'argent, dit-il. Je ne souffrirais pas que vous soyez dans la gêne à cause de moi.

Elle ne fit aucune difficulté pour accepter. Il s'était montré généreux.

Renoir avait élu domicile dans le quartier sud de Montmartre, au-delà des boulevards, au 37 de la rue Victor-Massé, ancienne rue de Laval. Il était plus à l'aise que dans son domicile précédent mais il regrettait l'ambiance de la Butte en se disant que son goût pour le nomadisme l'y ramènerait sûrement.

Alors qu'il finissait d'aménager son atelier dans une sorte de chalet à croisillons, en marge d'un grand jardin, il dit à Maria :

— Vous avez eu raison de choisir pour votre nouveau domicile la rue Tourlaque. Elle donne sur le cimetière du Nord, mais c'est le calme assuré de ce côté. Gros avantage pour vous : l'immeuble est occupé principalement par des peintres : Zandomeneghi, François Gauzi et un nain : le comte Henri de Toulouse-Lautrec, un jeune talent qui promet.

Il lui avait proposé de l'aider à déménager ; il tint parole. Le transfert s'opéra en une journée grâce à une charrette qu'il avait louée à ses frais, avec le cheval, à un légumier des parages.

L'appartement avait un certain charme : outre que le loyer était plus modeste que rue du Poteau, il était plus vaste que le précédent, si bien que Maria put envisager d'installer un atelier véritable dans l'une des trois pièces, la mieux éclairée. L'immeuble, au numéro 7, se situait en haut d'une forte pente, à l'angle de la rue Caulaincourt. On y dominait les espaces immenses de la plaine de Saint-Ouen lumineuse comme la mer.

Renoir ne pouvait utiliser les services de Maria que de temps à autre, suivant les tableaux qu'il traitait. Il la fit poser pour une *Fille aux nattes* qui la représentait de face, l'air maussade, avec un visage rond et rose de campagnarde qui rappelait celui d'Aline Charigot.

— Puisque tu es disponible, dit-il, va trouver de ma part un de mes amis, un Italien : Guiseppe de Nittis. Ce garçon a du talent. Il peint dans le style de Manet, c'est-à-dire un peu trop académique à mon goût. Je lui ai parlé de toi. Il attend ta visite, avenue de Villiers. Attention : c'est un aristo ! Légion d'honneur... deuxième prix à l'Exposition universelle... habitué des soirées mondaines de la princesse Mathilde, cousine de feu l'Empereur...

De Nittis habitait une somptueuse villa avenue de Villiers. Il vivait là en compagnie de son épouse, Léontine, et travaillait dans un vaste atelier aux murs tapissés de paysages d'Italie, d'Angleterre, d'Île-de-France, ainsi que d'œuvres de ses amis Degas, Manet, Monet, Forain, mêlées à celles d'artistes japonais dont il était friand.

À moins de quarante ans, de Nittis faisait dix ans de plus que son âge. Retour d'Italie où il avait contracté une pneumonie, il ne bougeait de chez lui que pour aller, calfeutré dans sa voiture comme dans un cocon, rendre visite à Mathilde.

Maria n'eut guère le loisir d'apprécier le talent de cet artiste : il mourut quelques mois plus tard des suites de sa maladie.

Bartholomé avait fini par obtenir de Maria ce qu'il en attendait : qu'elle lui montrât quelques-uns de ses dessins. Elle avait longtemps hésité, par pudeur, puis s'était décidée. Il feuilleta la liasse, regarda Maria d'un œil perplexe comme pour lui demander confirmation de l'authenticité de ces œuvrettes. Maria le rassura.

— Je n'arrive pas à comprendre, dit-il. N'êtes-vous vraiment jamais passée par une académie. Confirmez-vous que vous avez travaillé sans maître ni conseiller ?

Elle le confirmait. Il ajouta :

— Laissez-moi quelques-uns de vos dessins. À l'occasion, j'aimerais les montrer à Edgar Degas.

Maria fronça les sourcils. Ce peintre avait la réputation d'avoir la dent dure avec ses confrères. Il allait l'exécuter en quelques mots féroces et, pour peu qu'il fût misogyne, ne daignerait même pas en prendre connaissance.

En retournant chez elle, elle se dit qu'elle n'avait pas fait un choix judicieux de ses œuvres et qu'il fallait réparer au plus vite cette négligence. Elle se mit au travail sans plus attendre. Veillant tard sous la lampe, peaufinant quelques esquisses, elle allait se coucher passé minuit, la mort dans l'âme. Jamais elle n'aurait dû accepter de laisser présenter ses gribouillis à un artiste comme Degas.

Elle revint chez Bartholomé, lui demanda de lui restituer les dessins qu'elle lui avait confiés et dont elle n'était pas satisfaite.

— Vous avez tort, dit-il en lui rendant ses œuvres, de ne pas profiter de cette chance qui vous était offerte. Degas pouvait faire beaucoup pour vous car il aurait aimé votre style. Mais si vous en décidez autrement, je m'incline.

Sans baigner dans l'abondance, Maria et sa mère vivaient dans un bien-être relatif. Chaque mois, M. Puvis envoyait une somme modeste mais qui permettait d'arrondir les fins de mois difficiles. Il avait demandé à voir l'enfant ; Maria le lui amena. Il délira, jurant de prendre soin de lui jusqu'à la fin de ses jours.

— Il me ressemble ! dit-il. C'est évident. Ce nez... cette bouche... C'est moi quand j'avais son âge.

Il lui montra un daguerréotype jauni où une sorte de gros poisson nageait à la surface d'une crème au chocolat. Elle se garda de le démentir. En lui révélant qu'il pouvait se tromper elle l'eût violemment déçu.

Renoir ne partageait pas, du moins en apparence, ce genre de préoccupations. Avait-il un seul instant songé qu'il pouvait être le père de Maurice ? Elle en doutait. Il avait réitéré ses assiduités, profitant de la moindre absence de sa concubine pour entraîner Maria vers le divan ou, les jours de beau temps, sous le tilleul du jardin. Il lui témoignait des élans généreux, une tendresse maladroite, l'inondait de caresses et ne subissait pas sans réticences la loi du coït interrompu qu'elle lui imposait.

Un matin, alors qu'elle se présentait chez le maître pour poursuivre la réalisation du groupe des *Baigneuses*, elle trouva Aline devant le pavillon-atelier proche de l'entrée du jardin.

— Si vous venez poser pour Auguste, vous pouvez repartir. Il a dû s'absenter.

— Je reviendrai donc demain.

— Inutile. Vos petites séances de baise, c'est terminé. Je ne suis pas dupe, ma petite. Dès que j'ai le dos tourné, hop là ! Eh bien, il faudra vous trouver un autre pigeon.

Elle lui claqua la porte au nez.

Plus que les émoluments que lui procuraient les séances de pose dans l'atelier de Renoir et ses épanchements, Maria ne tarda pas à regretter la compagnie du maître qui la divertissait en lui apprenant les ficelles du métier. Il lui révélait les secrets de son art et ceux de ses confrères, lui faisait côtoyer ses amis impressionnistes, lui contait des anecdotes, la faisait rêver.

Soudain, pour la deuxième fois, elle se sentit comme orpheline.

Dans l'escalier de la rue Tourlaque ou sur le trottoir de la rue Caulaincourt, elle croisait souvent des peintres seuls ou en groupe, qui logeaient dans le même immeuble qu'elle. Notamment Federico Zandomeneghi, qui occupait un appartement-atelier sur le même palier.

Étrange personnage. Il enveloppait sa taille courte et sa discrète gibbosité d'une sorte de cape de mousquetaire dont il se plaisait à se donner l'allure. Lorsqu'il descendait de son étage, coiffé d'un large chapeau noir, la pipe au bec, sa canne soulevant les pans de sa cape comme une épée, hurlant une chanson de salle de garde en italien, il rappelait quelque personnage des *Mous-*

quetaires au couvent se ruant au Pré-aux-Clercs pour y disputer un duel. En croisant Maria, il la saluait d'un sonore « Bonjourrr, mademoiselle ! » Elle se collait contre le mur pour laisser place à cette gigantesque pipistrelle.

Stupéfaction ! Elle le trouva un jour, alors qu'elle revenait de chez la crémière, installé dans son atelier, le regard perdu sur les immensités de la plaine de Saint-Ouen. Il la pria d'excuser cette intrusion intempestive, fit voler son chapeau, sa cape et sa canne sur le lit et s'assit sur un escabeau en balayant les cloisons d'un geste large.

— Ainsi, dit-il, vous êtes de la partie. C'est ce qu'on m'a dit — Gauzi, je crois — mais j'avais peine à le croire. On sent que vous avez travaillé en atelier ou en académie, bien que les sujets ne soient pas ceux que l'on y traite d'ordinaire.

Elle lui révéla qu'il se trompait, qu'elle n'avait jamais mis les pieds dans ces écoles, mais qu'elle avait beaucoup travaillé au Louvre, à son domicile, dans la rue et dans le Maquis.

— Vous me racontez des blagues ! s'écria-t-il joyeusement. Ces dessins ne sont pas un travail d'autodidacte, ou alors j'y perds mon latin, mais *basta* !

Il réclama à boire, du rouge de préférence, et bourra sa pipe. Maria se dit qu'elle allait avoir du mal à se débarrasser de cet olibrius, pour autant du moins qu'elle en eût envie. Ce personnage l'amusait et l'intéressait.

Ils restèrent plus d'une heure à parler, tandis que Maria allaitait Maurice. Fascinée par la bonhomie, la spontanéité, les connaissances artistiques du personnage, elle ressentait physiquement et mentalement les vibrations qui émanaient de lui. Elle lui révéla, ce qu'il savait déjà, qu'elle avait posé pour des maîtres, qu'il s'agissait de son gagne-pain et qu'elle espérait vivre un jour de son art. Il s'écria :

— Le diable m'emporte si vous n'y réussissez pas,

douée comme vous l'êtes ! Avez-vous essayé de la peinture ?

— Seulement le pastel, la sanguine, les crayons de couleurs. J'aime bien travailler à la sanguine.

Il se versa une nouvelle rasade de vin.

— Eh bien, ma petite, il faudra vous y mettre ! C'est la suite logique de votre travail. Cet autoportrait en couleurs est une indication. Vous êtes née pour peindre. *Magnifico !*

— Qu'est-ce que c'est que cet hurluberlu ? demanda Madeleine. Encore une de tes conquêtes ? Il s'est installé comme chez lui, a demandé à boire, ce que je lui ai refusé. Tout juste s'il ne s'est pas invité à dîner. De plus, il est laid à faire avorter un troupeau de chèvres !

— Je ne le trouve pas laid, moi. Très italien. Beaucoup de caractère.

— Italien... Encore un métèque ! Décidément, ma pauvre fille, c'est une habitude chez toi. Tiens, va plutôt changer Maurice et donne-lui le sein. Tu l'entends, le bougre ? Il réclame !

Le Bois sacré cher aux arts et aux Muses fit sensation au Salon. Puvis de Chavannes avait invité Maria à assister au vernissage et à participer à son triomphe. Il y tenait beaucoup.

— C'est impossible, maître, avait-elle répondu. Je n'ai aucune toilette convenable.

— Qu'à cela ne tienne. Venez place Pigalle, nous arrangerons cela. Marie a la même taille que vous, à peu de chose près. Elle vous prêtera une tenue décente.

Il tint à veiller lui-même à l'essayage, porta son choix sur une robe de foulard blanc, souple et fine. Maria n'aurait pas froid : il faisait toujours une chaleur intense sous les verrières du palais de l'Industrie. Dans le fiacre qui les conduisait sur les Champs-Élysées il lui expliqua que ce Salon était la manifestation artistique la plus prestigieuse du monde.

— Tant qu'un peintre n'y est pas admis, dit-il, il n'est rien, ou peu de chose. Les quarante membres du jury font barrage à tout ce qui pourrait menacer leur « fabrique à médailles » et cette « forteresse de la médiocrité », comme disent certains critiques désobligeants. J'y ai exposé plusieurs années et m'en suis fort bien trouvé. Une médaille vous ouvre des portes. C'est là que le ministère fait ses achats de toiles pour les musées de province, les établissements publics, le Luxembourg et, pour les chanceux, le Louvre.

Les impressionnistes avaient eu du mal pour pénétrer dans cette citadelle mais, après la chute de l'Empire, ils y étaient parvenus. Avant, c'eût été impossible. Le ministre des Beaux-Arts de Napoléon III, Alfred de Nieuwerkerke, disait des novateurs : « Ils font une peinture de démocrates. Ces hommes qui ne changent jamais de linge voudraient s'imposer aux gens du monde ! Cet art me déplaît et me dégoûte... »

— Ce Nieuwerkerke, dit Puvis, était un fameux imbécile et je n'ai pas regretté qu'il passe à la trappe. En revanche, les héritiers de ceux qu'il dénigrait exagèrent. Prétendre faire de l'art avec des confettis, comme ce jeune fou de Seurat ! Ses confettis, un coup de vent les balaiera et Seurat sera vite oublié. Cela dit, je ne suis pas mécontent que l'on expose de moins en moins de ces grandes *machines* académiques que peignaient Meissonier, Bouguereau et quelques autres. Elles ont fait leur temps.

Elle lui demanda comment il se situait, lui, Puvis, par rapport à ces écoles. Il appuya son menton sur sa canne, avança son chapeau sur ses yeux et se lança dans un long soliloque pour expliquer qu'il avait fait sa place à part, avec une tendance de plus en plus sensible à la sobriété et à l'intemporalité. La plupart des critiques avaient reconnu son talent et l'avis des autres lui importait peu.

Des milliers de visiteurs se pressaient sous les verrières, dans une chaleur d'étuve et un bourdonnement obsédant. Il fallait jouer des coudes et de la canne pour se frayer un passage dans ce magma humain d'où montaient des odeurs lourdes. Zola était en train de pérorer au milieu d'un groupe de messieurs, devant une grande toile de Cormon représentant une scène préhistorique que, semblait-il, il n'aimait guère. La foule se pressait devant les envois de Degas. Une autre foule stationnait devant *Le Bois sacré* ; Puvis fondit de bonheur lorsque des applaudissements retentirent à son approche et que des gens se précipitèrent pour le congratuler :

— Ah, maître ! C'est votre chef-d'œuvre !

— Quelle sérénité élyséenne ! Quelle pureté !

— On est comme transporté dans un autre temps et un autre monde !

La taille soudain redressée, la barbe ruisselante d'autosatisfaction, le verbe volubile, Puvis plastronnait outrageusement. Maria se dit qu'il avait dû l'oublier au bord de cette mare aux grenouilles, mais il vint à elle, la força à s'avancer, la présenta au public en s'attardant devant la princesse Mathilde, une grosse femme qui cacardait comme une oie derrière son éventail.

— Mon ami Pierre, dit-elle, semble avoir trouvé en vous un modèle proche de la perfection. S'il vous plaît de venir effectuer chez moi quelques séances de pose, j'en serais ravie. Voici ma carte.

Elle lui tourna le dos pour aller gourmander amicalement son vieil ami Edmond de Goncourt qui, un peu en arrière, appuyé sur sa canne et vêtu d'une redingote démodée, frisait sa moustache en ricanant.

Puvis et Maria étaient immobilisés depuis deux heures dans ce bain de guimauve quand il lui dit en lui prenant le bras :

— J'en ai par-dessus la tête ! Allons dîner, voulez-vous ? J'ai une faim de loup. Le succès sûrement. Ça creuse.

— Maître, dit Maria, je suis heureuse pour vous. Votre toile est le clou du Salon...

— ... et vous y êtes pour quelque chose, ma chérie.

Non sans peine, ils trouvèrent deux places au restaurant du Salon, sous une guirlande de verdures et de globes que l'on venait d'allumer. Puvis décida qu'ils ne se refuseraient rien : il commanda du champagne, des fruits de mer, des canetons farcis et des glaces géantes. Il buvait sec et mangeait avec un appétit d'ogre. Après avoir vidé un dernier verre de bourgogne, il dit à Maria :

— M'en voudrez-vous si je vous dis que j'ai envie de vous ?

— Ce n'est pas raisonnable, maître. Et puis il est un peu tard pour nous rendre à Neuilly.

— Qui vous parle d'aller à Neuilly ? Si vous en êtes d'accord, nous irons au Grand Hôtel, boulevard des Capucines. C'est le plus chic de Paris.

— Vous allez vous ruiner ! protesta-t-elle en riant. Les chambres sont au bas mot à dix francs.

— Disons entre vingt et trente, davantage avec le champagne et le service. Pour fêter notre succès, je ne vais tout de même pas vous conduire dans un hôtel de troisième ordre.

Le Grand Hôtel était une ville au cœur de la ville. On y trouvait une salle de conversation, un salon de lecture, un salon-divan, une salle de billard, une antenne télégraphique, un bureau de tabac, un magasin de souvenirs et de frivolités... La chambre qu'on leur indiqua, une des sept cents que comportait l'établissement, était un joyau encastré dans un palais des Merveilles. Une bouteille de champagne et un bouquet de roses fraîches les attendaient sur le guéridon. La fenêtre donnait sur le brouhaha du quartier de l'Opéra aux chaussées encombrées d'attelages et aux trottoirs envahis par la foule pressée de sept heures du soir.

Lorsqu'ils s'allongèrent sur le lit aux draps de soie mauve parfumés à la lavande ils étaient ivres tous les deux. Il lui fit l'amour avec plus de fougue que jamais.

— Ma chérie, dit-il, tout ce bonheur que vous me donnez... Je me sens revivre. Vous êtes une magicienne.

Il ajouta avec un sourire grave :

— J'aimerais que nous vivions ensemble, que nous ne nous quittions plus. Vous êtes libre, n'est-ce pas ?

— Je le suis. Vous non.

— J'en conviens, soupira-t-il. Marie... vous connaissez la nature de nos rapports. L'idée peut vous paraître absurde, mais c'est vous que j'aimerais épouser.

Elle le recouvrit de son corps, lui ferma la bouche avec sa main et lui dit dans le creux de l'oreille :

— Grand fou ! Cessez de rêver comme un adolescent. M'épouser ? Quelle idée ! J'ai quarante ans de moins que vous !

Il le savait si bien qu'il resta plusieurs semaines sans lui donner signe de vie.

XII

LES GRANDES BAIGNEUSES

Au fur et à mesure qu'il avançait en âge, Maurice confirmait sa ressemblance avec Miguel Utrillo : teint pâle, nez un peu long, visage aigu, regard brumeux, avec, de temps à autre, un air de surprise ou d'interrogation.

Lorsque Maria le prenait sur ses genoux pour le laisser jouer avec Puce, elle sentait parfois monter en elle une bouffée de regrets en songeant aux saisons d'amour qu'elle avait partagées avec Miguel.

Après quelques années de périple à travers l'Europe, d'une capitale à une autre, il avait regagné Barcelone et ne parlait plus de revenir à Paris.

Il ne s'était décidé à donner de ses nouvelles que plusieurs mois après son départ. Rien dans son courrier ne témoignait du regret de son absence et des remords pour son comportement. Maria lui répondait de la même encre. « S'il revenait, se disait-elle, comment l'accueillerais-je ? » Question sans réponse. Vindicative comme elle l'était, elle sentait en elle trop de rancœur pour décider qu'elle lui ouvrirait les bras, trop d'amour pour qu'elle se refusât à lui.

Un soir de printemps, alors qu'elle était attablée à la terrasse de la Nouvelle-Athènes en compagnie de Zandomeneghi, de François Gauzi et de Steinlen,

Maria vit arriver Auguste Renoir, lui-même entouré d'un groupe de jeunes peintres barbus et chevelus. Il s'avança vers elle, l'embrassa, demanda à s'entretenir seule à seul quelques instants.

— Il y a du nouveau dans nos rapports, dit-il. Je me suis expliqué avec Aline à la suite de votre dispute, et j'ai eu gain de cause. Je l'ai convaincue que nos petites coucheries ne tiraient pas à conséquence et que j'avais besoin de toi pour d'autres séances de pose. De toi et de personne d'autre. Le modèle que j'ai dégoté est nul. Je n'en voudrais pas pour nettoyer mes pinceaux et gratter ma palette.

Ils convinrent d'un rendez-vous pour la semaine suivante, à son atelier de la rue Victor-Massé.

Depuis le départ de Maria, il avait mis sous le boisseau les études consacrées à ses *Baigneuses*, un sujet inspiré par une toile de François Girardon qu'il avait admirée à Versailles. Il avait envisagé un groupe de trois femmes nues et imaginé — idée que Maria jugea saugrenue — de cerner le tableau d'une frise décorative.

— Tu n'imagines pas, dit-il, les soucis dont cette œuvre m'accable. J'ai là des dizaines de dessins préparatoires à la craie, au fusain ou au crayon dont je suis satisfait. C'est la composition elle-même qui me cause du souci. J'aimerais qu'on puisse dire devant mon travail achevé : c'est composé comme du Poussin.

Il ajouta avec feu en faisant tourner son feutre sur son crâne :

— Nom de Dieu, Maria, je suis foutrement content de te revoir. Avec toi, je peux échanger des idées. C'est pas comme avec la cruche que j'ai renvoyée ou même avec Aline.

Il éparpilla autour d'elle ses dessins, guettant les expressions de son visage et ses avis. Lorsqu'elle se montrait réservée ou critique, il se grattait la barbe.

— Tout ou presque est excellent, dit-elle. J'aimerais

avoir votre facilité à chiper une attitude, un geste, votre sûreté de trait dont le moindre vous contient tout entier.

Il lui demanda, ce qu'elle n'attendait pas, si elle persistait dans sa passion pour l'art mais, sans écouter la réponse, il ajouta :

— Je n'aime pas beaucoup que les femmes se mêlent de faire de la peinture. Qu'elles restent à leur tricot, à leur cuisine ou, à la rigueur, à leurs petites aquarelles. Quant à toi, contente-toi de rester le modèle que je connais et que j'apprécie. Tu gagnes bien ta vie à ce métier, non ? Dessiner... quelle idée ! Quand on voit le nombre de rapins sans le moindre talent qui claquent du bec en attendant une gloire qui ne viendra jamais...

Elle faillit réagir avec violence mais préféra se taire. Elle n'aurait pas eu le dernier mot. À plusieurs reprises, elle avait résisté à la tentation de lui montrer ses propres dessins mais, connaissant son caractère sarcastique, elle avait renoncé.

Le long séjour qu'il avait effectué en Italie avait suscité en lui un éblouissement suivi d'un doute, face aux chefs-d'œuvre qu'il avait admirés dans les musées, les palais et les églises. Tout ce qu'il avait peint au retour lui paraissait médiocre.

— J'avais l'impression, confia-t-il à Maria, de m'être engagé dans une impasse et de n'avoir plus rien à exprimer. Je travaillais sans conviction et détruisais mes toiles au fur et à mesure. L'impressionnisme était devenu un mot vide de signification. J'y ai adhéré avec enthousiasme jusqu'au jour où j'ai eu le sentiment de me perdre. Foutre ! que je me suis dit, il faut que j'en sorte.

Il avait peiné sur le portrait de Wagner qu'il avait rapporté de Venise où le maître avait daigné lui accorder quelques heures de pose.

— Tout ce que j'ai pu faire, c'est cette merde que tu vois accrochée là-haut. Pitoyable...

Il comptait sur ses *Baigneuses* pour le faire sortir du

marasme où il risquait de s'enliser. Elles lui ouvraient de nouvelles perspectives. Elles lui donneraient l'occasion de mettre l'accent sur les rapports entre le dessin et la peinture.

— À poil ! dit-il tout de go.

Il l'examina sous toutes ses coutures en marmonnant. Elle se dit avec un sentiment d'inquiétude qu'il allait trouver que sa maternité l'avait déformée. Il l'attira vers la fenêtre, la fit évoluer dans la lumière, la palpa comme la première fois qu'elle avait posé pour lui.

— Parfait ! dit-il. On attaque.

Il entreprit plusieurs études au crayon, les froissait, les reprenait inlassablement.

— Tiens-toi légèrement inclinée vers l'avant, dit-il, les mains au niveau des cuisses. Fais comme si tu étais dans une rivière et que tu veuilles arroser par jeu l'une de tes compagnes sur la rive. Moins raide, tonnerre de sort ! N'oublie pas que tu es en train de t'amuser.

Il avait retrouvé le profil exact de *La Danse à la ville* : celui d'une adolescente. Elle en fut émue.

— Nous y sommes ! décréta-t-il d'un air de triomphe. Nous pourrons commencer à la brosse la semaine prochaine. Je savais bien qu'avec toi ça marcherait comme sur des roulettes.

Ils bavardèrent quelques minutes en buvant du bourgogne. Il voulait savoir si elle se plaisait dans son nouveau domicile de la rue Tourlaque, comment elle s'y comportait avec sa mère et son « lardon ».

— Je me demande si je n'ai pas eu tort de t'indiquer cet appartement, dit-il.

— Tort ? Pourquoi, maître ? Cet endroit me plaît. C'est autrement agréable que la rue du Poteau.

— Je n'aime pas cette tourbe de rapins dont tu t'es fait des amis : Zando, Gauzy, Steinlen, Lautrec... Des bohèmes, des piliers de bistrot... Lautrec... Tu sais où il va chercher ses modèles ? Dans les bordels ! Prends garde à toi, ma fille. Je ne voudrais pas qu'ils t'entraînent dans leur sarabande et que tu finisses comme une pocharde, avec une maladie.

Maria n'était pas revenue au Chat noir depuis la bagarre qui avait causé sa rupture avec Boissy et la rencontre d'Utrillo.

Un soir de juin, Clotilte vint la relancer :

— Je veux que tu me suives au Chat noir. Mon amie Rita y racontera des histoires. Elle te présentera à son frère Albert, un joli garçon, tu verras.

— Pas envie, dit Maria d'un air maussade. Maurice me donne du souci. Il fait un peu de fièvre depuis ce matin.

— Une autre raison de te changer les idées. Salis présente de nouveaux numéros, tous plus rigolos les uns que les autres. Je passerai te prendre à neuf heures. Nous ne rentrerons pas tard, c'est promis.

Maria se laissa fléchir. Clotilde avait raison : elle avait besoin de sortir de sa coquille.

Il y avait peu de monde, ce soir-là. Elles arrivèrent en compagnie de Rita et d'Albert alors que Victor Margueritte débitait une *Ballade à Villon* « pour être dite en l'Hostellerie du Chat noir ». Une salve d'applaudissements accueillit les derniers vers. Un autre jeune écrivain, Pierre Mille, sauta à son tour sur l'estrade et annonça un poème bref ; il ne pouvait l'être davantage :

Les extases
Poème monosyllabique, par Haymar Beyzar
OH !
FIN

Jules Renard donna lecture d'un texte en prose sur un *Orage*, puis Jean Moréas célébra avec ferveur *Le Square des Batignolles*.

Rita n'attendait qu'un signe de Salis pour monter sur

scène et débiter un monologue qui avait déjà servi : *La Sonnerie Louis XV*.

Cette souris adipeuse, fardée à outrance, était possédée par le trac et triturait le feuillet roulé noué d'une faveur rose. Clotilde expliqua à Maria que l'auteur de ce texte était en fait Albert qui, dit-elle, s'intéressait au théâtre. Le frère de Rita sourit avec modestie. Il paraissait emprunté avec son veston étriqué, un col qui l'obligeait à tenir le menton haut, une ombre de moustache sous un nez d'une délicatesse de marbre antique. Joli garçon, sans doute, mais d'allure godiche. Quant à son talent...

Ce n'est pas Rita qui succéda à Jean Moréas mais un gros jeune homme qui se faisait appeler Willy. Il annonça en montant sur l'estrade un autre poème bref : *Le Mauvais Accueil*.

Que nul n'entre chez moi, dit l'auteur du Trouvère
Et, pour faire observer sa consigne sévère
Il avertit sa bonne, un monstre aux traits hideux.
Morale :
La bonne à Verdi en vaut deux.

— Peuh... soupira Clotilde, pas de quoi crever de rire.

La claque qui avait donné le signal des applaudissements ne fut pas suivie.

— Rita, lança Salis, ça va être à toi !

Sous les lazzi, la souris faillit trébucher. Elle dévida son monologue dans l'indifférence générale. Le spectacle se poursuivit avec des ombres chinoises dont Maurice Donnay accompagnait les évolutions par des roulements de tambour. Clotilde, jugeant que la chaleur qui stagnait dans la salle était incompatible avec l'ingestion de liqueurs fortes, commanda une tournée de bière. Tandis qu'elle papotait, mains jointes avec Rita pour la consoler, Maria, qui commençait à s'ennuyer ferme, dit à Albert :

— Parlez-moi de vous. Que faites-vous dans la vie ?

Ce fut comme si elle venait de débonder une citerne. Il était épicier, chez ses parents, rue d'Alger, mais il consacrait ses loisirs au théâtre en attendant d'être appelé pour la conscription. Il avait déjà écrit un drame populaire en trois actes, dans la manière de François Coppée : *Les Amants des Batignolles*, remplissait des cahiers de poèmes, des sonnets principalement, écrivait aussi des paroles de chansons.

Albert Sauvage avait de beaux yeux gris, un regard qui se perdait souvent dans le vague, une voix un peu chantante qui distillait les mots comme une liqueur de rose. « Boissy *bis* ? » songea Maria.

Il s'enhardit à lui dire :

— Si j'osais, je vous proposerais de vous lire quelques-uns de mes sonnets. La plupart parlent d'amour.

— Sans doute sont-ils dédiés à la petite crémière du coin ?

Il ne daigna pas relever ce trait ironique et acheva sa chope de bière. Il lui restait à la moustache un filet de mousse qu'elle essuya avec son mouchoir. Il rougit violemment.

Ce geste familier permit à Albert d'ouvrir la veine des confidences plus intimes. Il parla de son père qui avait quelque don pour la peinture. Il exerçait son art à ses moments perdus dans le grenier où il avait aménagé un atelier. Il avait comme modèles des adolescentes du quartier, qu'il payait en nature lorsqu'elles se montraient dociles à ses caprices extrapicturaux. Cette activité clandestine avait mis la puce à l'oreille de l'épicière. Elle surgissait à l'improviste dans l'atelier, ce qui obligeait l'artiste à certaines précautions contraignantes. L'épicière ne se faisait guère d'illusions : ces filles nues allongées sur le divan ne lui laissaient aucun doute sur les motivations pseudo-artistiques de son époux. Inquiète à l'idée qu'il pût prendre le large avec l'une de ces gourgandines, elle gardait son amertume en elle ou ne se plaignait de ces machinations qu'à quelques clientes fidèles : « Je ne suis pas dupe, ma bonne dame, mais mon mari est ainsi et rien ne le changera. Un artiste, vous comprenez, c'est faible, c'est ingénu, ça mord au moindre hameçon. Alors, je laisse faire... »

Mansuétude mal récompensée. Mme Sauvage vit un matin débarquer dans sa boutique une matrone traînant par la main une gamine rougissante qui cachait sous ses mains un ventre proéminent. Quelques gros billets étouffèrent le scandale.

— Les œuvres de mon père, dit Albert, on peut les voir dans la vitrine, du moins ses paysages, car ses peintures de nus, il les cache bien. Il prétend faire partie des impressionnistes et voudrait exposer à leur salon.

À onze heures, Clotilde décréta qu'il était temps de lever l'ancre. Salis, qui se tenait dans l'entrée, les interpella.

— Mercredi prochain, dit-il, je compte sur vous comme sur tous mes habitués. Vous pourrez assister à un déménagement qui restera dans votre mémoire. J'en avais assez des échauffourées, des plaintes des voisins, de la police qui me cherche des crosses.

Ils firent quelques pas sur le trottoir. La nuit de juin était douce, avec des odeurs de feuilles rissolées par la chaleur du jour. Ils croisèrent des groupes de passants qui déambulaient d'une allure de somnambules, des crocheteurs qui fouillaient dans les tas d'ordures, des mendiants qui réclamaient un petit sou.

Clotilde, laissant leurs compagnons prendre les devants, dit à Maria !

— Alors, il te plaît, le petit Sauvage ?

— Un béjaune, dit Maria, mais assez joli garçon.

— Ça te dirait de passer quelques heures en sa compagnie ? Tu dois en avoir assez de tes « vieux » et rester sans amour, à ton âge, ça n'est pas sain. Tiens, voilà ma clé. Mon appartement est à deux pas. Moi, je vais faire ma nuit au Hanneton.

— Qu'en pensera le béjaune ?
— Tout est arrangé. Alors, c'est d'accord ?
— C'est d'accord, soupira Maria.

Albert Sauvage se révéla malgré son inexpérience un amant fort convenable. En s'allongeant près de Maria, il lui avoua qu'il était puceau et qu'elle l'impressionnait beaucoup : un modèle de grands peintres... Ses réserves s'évanouirent dès le premier assaut. Il mena les suivants avec une fougue juvénile, des gémissements de chiot et des larmes de gratitude. Il lui fit promettre qu'ils se reverraient.

Ils se retrouvèrent le mercredi suivant, à l'occasion de la cérémonie qui marquait le déménagement du Chat noir.

Il y avait foule boulevard Rochechouart, et non seulement les habitués, les artistes, les écrivains célèbres, mais encore une foule de curieux.

Le bric-à-brac du mobilier avait été entassé sur une charrette tirée par une rosse efflanquée, au souffle rauque, qui, aidée par les garçons du cabaret, eut du mal à prendre son élan. Salis les avait déguisés, ainsi que quelques artistes familiers de ses planches, en hallebardiers qui précédaient le cortège en marchant d'une allure hiératique, comme pour les funérailles d'une altesse impériale. L'ambiance sonore était assurée par un groupe de musiciens amateurs animé par un nabot sautillant que Maria n'eut pas de mal à reconnaître : M. le comte Henri de Toulouse-Lautrec.

Rodolphe Salis plastronnait dans son costume des grands jours : chapeau rond, lavallière de soie mauve, gilet fleuri, redingote. En prenant la tête du défilé, il entonna, accompagné par l'orchestre, la célèbre chanson de Bruant :

Je cherche fortune/Autour du Chat noir...

Le cortège humoristique n'eut pas un long chemin à

parcourir. Les nouveaux locaux se situaient rue Victor-Massé, non loin du domicile de Renoir, dans l'hôtel particulier occupé naguère par un ami de Manet, le peintre belge Alfred Stevens. Sur deux étages, la clientèle serait au large.

— Maria, dit Clotilde, veux-tu mes clés ? En repartant, tu les laisseras sous le paillasson, comme d'habitude.

Elle s'éloigna en lançant, avec un geste de la main :
— Amusez-vous bien, les amoureux !

Au début de l'hiver, Miguel avait écrit de Barcelone : « J'aimerais avoir un portrait de notre petit Maurice. Un dessin de toi, de préférence à une photo. »

— Maurice, approche de maman : elle va faire ton portrait.

— Poté... Poté...

— Assieds-toi devant la fenêtre et ne bouge plus. Regarde dans la glace, en face de toi, et fais un sourire. Il va sortir un oiseau de toutes les couleurs si tu es sage.

Maurice avait encore son visage de bébé, bien rond, pâle avec des nuances de rose courant sous la peau, et ce regard interrogateur qu'elle aimait. Elle effilocha à la sanguine les cheveux qui descendaient jusqu'aux épaules et laissaient entrevoir la rondeur régulière du crâne.

— C'est fini ! lança-t-elle.
— L'oiseau ? dit Maurice.
— À un moment, tu as bougé et il a pris peur. Il est parti mais il reviendra.
— Tout à fait lui, dit Madeleine. Miguel va être content.

Maria signa « *Suzanne Valadon* » et ajouta : « *Maurice Utrillo, mon fils, à 2 ans.* »

Elle fit aussi poser son amie Clotilde.

— Ça me changera de ma mère, dit-elle. Tu seras mon premier nu féminin.

Elle lui demanda de dénouer ses cheveux et de rester debout, le pied droit posé sur le barreau d'une chaise. Clotilde avait des formes généreuses mais le visage avait conservé les grâces de la jeunesse malgré les fards dont elle abusait. Les seins étaient lourds, le ventre majestueux, avec quelques bourrelets. Maria traita cette œuvre au crayon noir et à la craie.

— J'avais des craintes, dit-elle en reposant son cahier, mais je suis assez contente de moi. Qu'en dis-tu ?

— C'est tout à fait moi, soupira Clotilde. Tu ne m'as pas avantagée et tu as sans doute eu raison. Où est passée ma taille de nymphe ?

Elle décida de montrer cette pochade à ses copines du Hanneton et de la Souris : elle la ferait encadrer. Cela pourrait attirer quelques clientes à Maria.

— Tu devrais chercher d'autres modèles, dit-elle.

— J'y ai pensé. Je ne peux pas faire travailler des professionnelles à six francs la pose. Je n'en ai pas les moyens. En revanche, je chercherai des modèles parmi les gamines du quartier.

— Je reviendrai poser quand tu voudras. Pour toi, ce sera toujours gratuit.

Au retour d'un rendez-vous avec Albert Sauvage, Maria trouva Renoir dans tous ses états, en compagnie de François Gauzi. Il s'écriait :

— Tout fout le camp ! L'impressionnisme, terminé ! On devrait tendre un crêpe sur la façade de la Nouvelle-Athènes en proclamant qu'il est mort et enterré !

Les expositions organisées par le groupe n'intéressaient personne. Hors du Salon officiel, point de salut ! Le public boudait ou, s'il venait, c'était avec l'intention de s'amuser aux dépens de ces illuminés qui n'avaient pas appris à dessiner et à peindre.

Le marchand Durand-Ruel avait traversé de rudes épreuves qui avaient failli le mettre sur la paille après les achats inconsidérés qu'il avait réalisés de peintures impressionnistes. Pour se remettre à flot, il avait emporté aux États-Unis trois cents toiles des meilleurs peintres novateurs. Succès inespéré : il avait tout vendu. À lui seul, un banquier avait acheté quarante toiles.

— Nous devrions nous en réjouir, dit Gauzi, mais quelle tristesse ! Ce patrimoine qui fiche le camp, que nous ne reverrons jamais... Des Monet, des Pissarro, des Sisley, des Renoir...

— Ces Américains, surenchérit Renoir, des parvenus. ces banquiers ignares nous donnent des leçons. Ah, misère !

Ce qui l'attristait surtout était la dispersion qu'il constatait au sein du groupe. Depuis la mort de Manet, il ne faisait que se survivre. À la Nouvelle-Athènes les rendez-vous d'artistes prenaient l'allure de réunions d'anciens de la guerre de Crimée. Ils avaient même perdu le goût des saintes colères, des joyeuses engueulades, des beuveries.

Pissarro macérait dans sa solitude d'Éragny et ne venait à Paris que sous le coup de la nécessité, pour chercher l'argent qui lui permettrait de nourrir sa nombreuse progéniture. Monet venait de s'installer à Giverny. Sisley assumait son désespoir et sa misère à Moret-sur-Loing. On ne voyait pour ainsi dire plus Degas.

Renoir devait convenir que lui-même prenait du champ avec ses compagnons. Il rêvait d'une maison sur un bord de Seine, de portes et de fenêtres ouvrant sur des jardins et des champs, d'enfants jouant au milieu des coquelicots. Il trouvait que l'air de Paris puait de plus en plus, jusque dans son jardin. Plusieurs fois par mois, il prenait le train sans prévenir, allait se saouler d'air pur et de solitude. Maria, lorsqu'elle lui rendait visite, se heurtait à Aline qui lui disait d'un air narquois :

— Le maître est parti, ma belle. Ne sais quand reviendra.

François Gauzi estimait qu'il ne fallait rien dramatiser. À son avis, l'impressionnisme était plus qu'une mode. L'avenir rendrait justice à tous ces artistes amoureux de lumière et de couleurs franches. Chacun travaillait et vivait de son côté ? Et puis après ? Ils poursuivaient leur œuvre. Le public boudait ou rigolait ? Il en reviendrait.

— L'impressionnisme ne s'est jamais si bien porté, dit-il. Il y a dans Paris des centaines de jeunes artistes prêts à assurer la relève.

— Des artistes ! protestait Renoir. Des rapins ! Leurs toiles ? De la merde ! J'en vois passer dans mon atelier, qui m'apportent leurs chefs-d'œuvre. C'est à vomir la plupart du temps.

Il dévisagea Maria d'un air furibond, lui lança :

— Toi aussi, tu veux devenir une artiste ! On aura tout vu. J'attends que tu me portes ta première toile. Je vais bien rigoler.

Il tourna dans l'atelier, donnant des coups de pied dans les meubles, ronchonnant, avant de revenir vers Maria, figée d'indignation.

— Pardonne-moi, dit-il. Certaines femmes ont du talent. Je pense à Victorine Meurent, qui a fait de belles choses. La pauvre... C'est une folle et elle finira mal, bien qu'elle expose au Salon, avec *ton* Puvis.

Il regarda par la fenêtre passer des fiacres rue Victor-Massé et ajouta brusquement :

— Qu'est-ce que tu viens faire à cette heure-ci ? Est-ce que je t'ai sonnée ?

— Je vous rappelle, maître, que nous avions rendez-vous et que vous devriez être déjà au travail.

— Nom de Dieu ! s'écria-t-il, j'avais oublié. Il est trop tard et j'ai pas envie de m'y remettre.

Il se saisit du bilboquet et, pour se détendre, en joua un moment, sans succès. Il dit en se retournant vers ses visiteurs :

— Maria, ça te dirait, une petite balade extra-muros, avec quelques séances de pose à la clé ? J'aimerais te dessiner nue sous les arbres. Gauzi, tu nous accompagneras et tu feras quelques photos de Maria.

L'affaire était décidée avant même que Maria et le jeune peintre eussent donné leur accord, mais une journée champêtre avait de quoi les tenter. Maria se fût bien passée d'avoir Gauzi pour chaperon et cette histoire de photos l'indisposait, mais, puisque le maître en avait décidé ainsi, elle se garderait bien de le contrarier.

— Gauzi, ajouta Renoir, nous allons étudier notre itinéraire. Je vous charge de prendre les billets de chemin de fer. Nous partirons de bonne heure. Demain...

Maria appréhendait la réaction de sa mère : elle fut favorable. Une journée à la campagne ferait du bien à sa fille qui, à force d'aller traîner elle ne savait où avec son greluchon, avait une mine de papier mâché.

Maria protesta : Albert, un greluchon ? C'était un garçon bien élevé, de famille honnête. Et généreux ! Il n'avait rien de ces gommeux qui traitent les femmes comme des bêtes à plaisir. À chacun de leurs rendez-vous il lui faisait de petits cadeaux : un livre qu'il avait aimé, une boîte de gâteaux ou de chocolats prélevés subrepticement dans la boutique de ses parents, des larcins qui, étant donné qu'il tenait les comptes, passaient inaperçus.

Il proclamait naïvement :

— Maria, je veux que toi, ta mère, ton enfant, vous ne manquiez de rien.

— Nous ne sommes pas dans la misère ! protestait Maria.

Elle commença à prendre ombrage de ses assiduités lorsqu'il lui proposa de la présenter à ses parents. Elle refusa courtoisement mais avec fermeté. Elle n'avait pas tardé à déceler chez son jeune amant des intentions qui sentaient la fleur d'oranger et le pot-au-feu familial.

Elle se proposait de lui annoncer la fin de leur idylle lorsqu'il lui apprit qu'il avait tiré le mauvais numéro et devait rejoindre son corps sans tarder, ses parents refusant de lui payer un remplaçant.

Il lui dit avec des larmes dans la voix :

— Je t'écrirai tous les jours. Dès mon retour, nous nous marierons et nous tiendrons la boutique de mes parents.

Le moment des adieux prit l'aspect d'un drame : on allait l'envoyer en Cochinchine ou au Tonkin, très loin en tout cas et sans la possibilité de revenir en permission. Il pleura, frappa du poing la cloison, murmura à l'oreille de sa maîtresse son dernier sonnet : *Départ*. Il lui abandonna une petite valise de vannerie contenant ses œuvres complètes : un dépôt auquel elle se montra sensible mais qui l'embarrassait. Elle le remit à Rita qui en ferait meilleur usage.

La lettre qu'elle reçut de Marseille sonnait comme un glas, avec des accents romantiques. Il avait lu dans le train *Tristesse d'Olympio*.

Ils prirent l'omnibus Paris-Rouen à la gare Saint-Lazare. Renoir avait demandé à Gauzi de prendre des billets de troisième classe.

— C'est bien suffisant pour le trajet que nous avons à parcourir. J'ai horreur des premières : on n'y voit que des gandins en train de lire des journaux financiers et des femmes qui ressemblent à des poupées d'horlogerie. Dans les secondes non plus, je ne suis pas à l'aise. On y trouve de la petite bourgeoisie un peu crasse, des épiciers, des fils à papa qui, voyant mon chevalet et ma boîte à peinture, me prennent pour Corot. Les troisièmes, en revanche... Ces voyageurs-là se foutent que je sois peintre ou charcutier, parce qu'ils n'ont jamais vu un chevalet. Ils te parlent de leur gniard qu'a la coqueluche, déballent leur boustifaille, t'offrent de bon cœur une tartine de rillettes et un verre de vin. Ça fait peuple et j'aime ça, nom de Dieu !

Gauzi se chargea de porter le fourniment du maître. Ce Méridional nourri dans les vignobles du Frontonnais était un beau gars solide, aux cheveux coupés court, au visage basané. Maria le connaissait depuis son installation rue Tourlaque où il avait un atelier.

La gare Saint-Lazare était à une petite demi-heure de la maison de Renoir. Gauzi avait pris des tickets pour Saint-Germain, avec arrêt au pont de Chatou. Renoir s'extasia sur le site que Caillebotte avait peint l'année précédente sous l'arche du pont, avec sur le fleuve des effets d'émaux dans les bleus et les verts, un bateau à aubes et une discrète cheminée d'usine.

Renoir rappela que ses parents demeuraient à Louveciennes, dans cette même banlieue ouest. Lorsqu'il leur rendait visite, il faisait des promenades jusqu'à l'île de Chatou et à la Grenouillère toute proche : une heure de trajet environ par des chemins de campagne où chaque pas était un éblouissement. Il évoqua le scandale que Manet avait suscité douze ans auparavant dans le jury du Salon, avec sa toile : *Argenteuil*. Il avait peint la Seine avec un bleu méditerranéen. Il racontait les réactions de sa mère, Marguerite, lors de ses débuts. Elle aimait les artistes qui peignaient dans le style de Corot ou de Rosa Bonheur ; la nouvelle génération la dépassait par ses outrances. Elle disait à son fils : « Auguste, tu mets du bleu partout ! C'est exaspérant et on ne comprend rien à ta peinture. Tu auras de la chance si, dans cinquante ans, les gens parviennent à te comprendre. Tu aurais mieux fait de continuer à peindre des stores et des assiettes. Ça rapporte mieux. Mais, après tout, si tu préfères crever de faim... »

Ils n'eurent pas un long chemin à faire pour se rendre à pied à la Grenouillère où naguère Renoir rencontrait Maupassant et quelques autres écrivains ou artistes, et où il avait peint ses toiles à grisettes et canotiers. La chaleur de la matinée de juin commençait à peser et Gauzi à se fatiguer. Maria le soulagea d'une partie de son barda. Quant au maître, il avait pris les devants, s'arrêtant ici et là, son petit chapeau rond sur le nez, pour inspecter des horizons riches de souvenirs qui renaissaient à chaque pas.

Il leur lançait alors qu'ils se trouvaient à cinquante pas de lui, traînant la jambe :

— Regardez ! Cette prairie grillée avec ce groupe de faneuses dans le fond... Cette ligne de chênes noirs, ce clocher qui émerge en tremblotant. Et le soleil, cet incendie de soleil !... Nom de Dieu, que c'est chouette !

Il les laissait le rejoindre, disait à Maria :

— Allonge-toi sur ce talus et ne bouge pas. Fais semblant de dormir. Oui... Pas mal. Mets ton chapeau... Enlève-le...

Il faisait un rapide croquis, jetait en marge des notations de couleurs, repartait sans un mot, en quête de nouveaux décors comme un général à la recherche de son champ de bataille. Gauzi s'amusait de ce manège.

— Notre ami est heureux. Il est en train de faire son miel. Plus rien ne compte que le motif, le coup de cœur. Tout le reste est oublié.

Renoir, ayant repéré une petite crique ombragée par des saules, pria Gauzi de déballer son matériel et Maria de se dénuder puis d'entrer dans l'eau, cheveux dénoués. Il lui fallut une bonne heure pour composer la scène au crayon, après diverses tentatives. Mécontent, il roulait la feuille du calepin en boule, la jetait dans le fleuve qui l'emportait.

Brusquement, il referma son carnet de croquis et lança :

— Tonnerre, j'ai faim ! Allons voir si Fournaise peut nous préparer un casse-croûte.

Ils trouvèrent la patronne en train de dépiauter des anguilles qui se trémoussaient sur le billot. Elle leur annonça de la friture, une omelette aux oignons et du fromage. Le repas serait accompagné d'un vin âpre des carrières de Poissy.

Renoir baignait dans l'euphorie. C'est à cet endroit précis qu'il avait peint son *Déjeuner des canotiers* et les groupes endimanchés tassés sur le Pot-de-Fleur, cet îlot parfaitement rond qui paraissait amarré à la berge comme un ponton. C'est là aussi, chez Fournaise, qu'il avait connu Aline Charigot, alors qu'elle arborait encore sa fraîcheur de fruit. Il se souvenait... Caillebotte lui aussi était amoureux d'Aline, mais il la lui avait soufflée. Il en riait encore.

La chaleur sous la charmille était intense. Les criquets et les courtilières faisaient une rumeur infernale dans la prairie voisine où une faneuse en blouse rouge éparpillait le foin avec des gestes de ballerine. Des bateaux à vapeur, des péniches, de rares canots montés par des hommes en canotier et chemise blanche, un train de bois pour Bercy sillonnaient le fleuve incandescent.

Renoir avait commandé une autre bouteille : de l'argenteuil cette fois. Au diable l'avarice ! Il la vida pratiquement seul. Peu à peu ses yeux se fermèrent et il s'endormit dans ses coudes étalés sur la table.

— Renoir supporte mal le vin, dit Gauzi. Il en a abusé et, avec cette chaleur, sûr qu'il a son pompon. Il doit être en train de faire de beaux rêves en couleurs.

Maria aida le maître à s'installer dans un fauteuil d'osier, sous une logette de chèvrefeuille située au fond du jardin, où la température était supportable. Elle défit sa cravate, ouvrit sa chemise, allongea ses jambes sur une chaise. Renoir l'attira vers lui en bredouillant :

— Cette petite sieste me fera du bien. Je crois que je me suis arsouillé. Va te promener avec François, mais ne faites pas de bêtises.

Gauzi prit Maria par la taille et l'entraîna le long du chemin de halage. Une fine sueur couvrait son visage brun de Méridional d'une discrète rosée.

— Le maître a eu raison, dit-il, de venir ici un jour

de semaine. Le dimanche, c'est la cohue. Tous ces baigneurs, canotiers, cyclomanes, gigolettes, cette musique de bastringue... À fuir !

— Vous y venez souvent ?
— Une fois ou deux par an.
— Seul ?
— Pas toujours, mais je n'ai personne depuis un an.

Ils firent halte devant une masure au toit à moitié défoncé, échangèrent un sourire et un regard de connivence. C'est elle qui, le prenant par la main, l'entraîna vers cette coquille de pénombre et de fraîcheur environnée d'un orage de feu stagnant sur les champs d'alentour.

Elle poussa un cri en arrivant sur le seuil.

— Ce n'est rien, dit Gauzi. Une couleuvre. Il y en a des quantités dans mes vignes et nous faisons bon ménage.

Il l'aida à défaire son corsage et à ôter sa robe.

XIII

LES NUITS SAUVAGES

Maria ouvrit les yeux, tendit l'oreille, se demanda d'où venait le bruit qu'elle venait d'entendre : trois coups secs frappés à la cloison ou à la porte. Elle avait pourtant demandé à sa mère de ne pas la réveiller avant onze heures ; elle n'avait rendez-vous avec Gauzi, pour aller déjeuner, qu'à midi, et la brasserie des Martyrs, où ils avaient rendez-vous, n'était pas loin de son domicile.

Elle allait se rendormir quand le même bruit retentit, cette fois-ci venant du parquet que l'on frapperait avec une canne. Elle se pencha hors du lit, parcourut du regard l'étendue déserte où jouaient des rayons de soleil. À en juger par la petite flèche de lumière qui touchait l'arête de l'armoire il pouvait être environ dix heures.

— Pardonnez-moi, dit une voix zézayante, si je me suis permis de venir vous déranger.

Un frisson à la racine des cheveux, Maria se dressa sur son séant, chercha à travers la pénombre la source de cette voix mystérieuse.

— Qui est là ? cria-t-elle. Que me voulez-vous ?

L'homme dont la voix l'avait interpellée lui semblait à présent jouer avec le silence et resta quelques instants sans donner signe de vie.

— Allez-vous me dire qui vous êtes et ce que vous me voulez ?

275

Elle sauta du lit dans l'intention de pousser les volets quand elle faillit s'entraver dans un homuncule portant lorgnon et chapeau melon.

— Qu'est-ce que vous faites à genoux ? Votre prière ? Allons, relevez-vous !

— Avec la meilleure volonté du monde, mademoiselle Maria, dit-il, ça m'est impossible. Si j'ai une prière à formuler, c'est simplement la permission de pousser moi-même ces volets.

Elle vit avec stupeur une sorte de troll se diriger d'une allure chaloupée vers la fenêtre, se hisser sur une chaise pour atteindre la crémone et pousser les volets avec sa canne. Il revint vers le lit en marmonnant.

— Qu'est-ce que vous baragouinez ?

— Un vers dont j'ai oublié l'auteur, un bel alexandrin classique : *Une beauté qu'on vient d'arracher au sommeil...*

Elle se couvrit de son drap pour cacher sa nudité, et s'écria :

— Mais je vous reconnais ! Nous nous sommes rencontrés hier, n'est-ce pas. Vous êtes ?

Il ôta son chapeau, s'inclina.

— C'est bien ce qui me peine : on me reconnaît toujours. Et comment ne me reconnaîtrait-on pas ? Avec ma dégaine... Henri, comte de Toulouse-Lautrec-Monfa, fils d'Alphonse-Charles et d'Adèle-Zoé Tapié-deussellerang, pour vous servir. Sans l'accent du pays, cela donne Tapié de Céleyran. Ma famille est originaire de la région d'Albi. Oui...

Elle étouffa un rire puis demanda brutalement comment il était entré dans sa chambre.

— Mais le plus simplement du monde : en demandant la permission à votre mère. Cette brave femme a fait quelque difficulté : « Monsieur le comte, faut pas la réveiller avant onze heures... » Elle m'a fait attendre sur le palier. Votre porte était entrebâillée. Alors je n'ai eu qu'à la pousser avec ma canne.

— Cela ne me dit pas, monsieur...

— ... ce que je fais dans votre intimité ? Je remplis un devoir d'honnête homme, tout simplement.

Il lui rappela leur rencontre de la veille au Chat noir, le bref entretien qu'ils avaient eu autour d'un bock avec un cercle d'amis parmi lesquels Gauzi et Steinlen. Avait-elle oublié ? Elle avoua qu'elle était un peu grise et qu'elle avait ce matin de la brume dans la tête. Elle avait laissé sur un coin de table un objet qu'il lui rapportait. Il sortit de la poche de sa redingote une aumônière qu'il agita devant lui comme le balancier d'une horloge comtoise. Elle sursauta.

— Hé oui, ma chère, vous avez oublié votre fortune. L'étourderie prend parfois l'apparence d'un jeu de hasard : elle peut créer les pires situations comme les meilleures. C'est un défaut qui, selon les circonstances, peut être bénéfique.

Il avoua que, curieux comme il l'était, il s'était permis de fouiller le petit sac. Il y avait trouvé un mouchoir taché de rouge à lèvres, un poudrier, de la monnaie, un pendentif en argent représentant un dragon entouré de flammes.

— Curieux, dit-il. Un dragon chinois...

— Tonkinois, dit-elle. Il m'a été offert par un soldat mobilisé dans cette contrée.

Elle ajouta :

— Je ne sais comment vous exprimer ma reconnaissance.

— Hein, quoi ? fit-il. De la reconnaissance ? Mon geste est tout naturel et mérite à peine un remerciement. Il est vrai cependant, hein ? que cette aumônière aurait pu tomber entre les mains de quelque aigrefin.

Elle observa qu'il avait un cheveu sur la langue, que dans sa voix les « s » se transformaient en « t » : la même difficulté d'élocution que chez Zola, dont ses adversaires se moquaient.

— Vous étiez hier soir, si je ne me trompe, avec une jeune femme un peu grassouillette mais assez jolie. J'ai oublié son nom.

— Clotilde.

— Clotilde ! C'est cela. Elle s'est proposée de vous ramener cet objet, ce qui l'obligeait à faire un long chemin, passé minuit. Alors que moi...

— Alors que vous ?

— Vous savez que je suis votre voisin. Cette maison est le paradis des peintres, décidément, hein ? Zando, Gauzi, vous, moi... Car, à ce que je vois, vous pratiquez aussi ce noble métier : artiste...

Il fit quelques ronds avec sa canne en désignant le chevalet, la table aux couleurs, les dessins qui constellaient les cloisons.

— Oui, ajouta-t-il ! cette maison est un véritable phalanstère. Nous pourrions presque, si nous avions des affinités communes, constituer une école comme celles de Fontainebleau ou de Barbizon. L'école de la rue Tourlaque. Ça sonne bien, hein ?

Il ajouta en glissant de la chaise où il était juché :

— Je suis impardonnable ! Je parle, je parle, et vous avez peut-être du sommeil en retard. Moi-même, j'ai hâte d'aller faire dodo. J'ai quitté le Chat noir à cinq heures du matin et, tel que vous me voyez, je viens de voir se lever le soleil sur la Seine, avec au retour un petit roupillon dans un troquet de la place Clichy. C'est chouette, une ville qui s'éveille. Je ne m'en lasse jamais.

La main sur la poignée de la porte, il lui dit :

— J'ai quelques ennuis avec mes modèles : Lily, Rosa... Puisque vous posez pour des peintres amis, accepteriez-vous de le faire pour moi ?

Il allait refermer la porte sans attendre la réponse quand il lui lança :

— J'aimerais que nous parlions de vos dessins. D'après ce que j'en ai vu, vous ne manquez pas de talent pour une autodidacte. À très bientôt, mademoiselle Valadon. Oui !

Maria ne rencontrait Bartholomé que de loin en loin, au milieu de groupes d'amis peintres. Avec François

Gauzi, les rencontres étaient quasiment quotidiennes, les séances de pose qu'elle lui consentait alternant avec des débats sur le divan.

Avec Zandomeneghi, que chacun appelait Zando, l'équivoque avait été dissipée à la suite d'une période de relations amoureuses. Ce mousquetaire contrefait, au verbe tonitruant, susceptible quant à son infirmité et à sa nationalité, l'avait subjuguée. Ils avaient vécu des moments intenses dans le travail comme dans le plaisir. Sombre, violent, il tolérait mal les infidélités de celle qu'il considérait comme sa maîtresse ; il lui faisait des scènes, lui reprochant ses sorties nocturnes au Chat noir, au Lapin agile ou à l'Élysée-Montmartre.

Il s'écriait d'une voix de tonnerre, en roulant les « r » à l'italienne :

— Je déteste ces gens que tu retrouves dans ces bouis-bouis ! Tu sais comment tu finiras ? Comme une poissarde ou comme une grenouille de trottoir !

Elle se disait qu'il parlait comme sa mère.

Son insuccès relatif réveillait en lui les nostalgies du révolutionnaire garibaldien qu'il avait été. Il fulminait lorsque Maria lui suggérait de retourner à Venise dont il était originaire, né dans une famille d'artistes. Cette idée remuait en lui une tourbe d'amertume. À Florence, il avait fait partie d'un groupe d'artistes italiens, les Macchaioli, une appellation qui évoquait une idée de tachisme. Après le Risorgimento et la ruée des chemises rouges de Garibaldi, ce groupe avait fait sa propre révolution, parallèle à celle des impressionnistes en France.

Douze ans auparavant, en 1874, Zandomeneghi avait rassemblé quelques toiles, un pécule et s'était écrié avec emphase : « Je remets mon destin entre les mains du Hasard, ma divinité protectrice. » Il donnait volontiers à ses comportements des allures d'opéra. La déesse Hasard ne lui avait pas été favorable : Zando était un grand artiste mais Paris, cette autre déesse, ne le reconnaissait pas.

L'année passée, il avait dit à Maria :

— Je vais peindre une toile qui nous représentera toi et moi et qui témoignera de notre attachement mutuel.

Il avait campé Maria sur une banquette de la Nouvelle-Athènes, devant des bouteilles, des verres et des pommes destinées à donner une note colorée. Il l'avait peinte de face et lui de dos mais son visage apparent dans une glace, au milieu d'une cascade de globes lumineux.

Cette toile avait fait l'objet d'une querelle.

ELLE : Ça ne me ressemble pas du tout ! Tu devais songer à quelque autre femme. Et c'est quoi, cette coiffure en gerbe ? Et ce sourire idiot ?

LUI : Je t'ai peinte comme je t'ai vue. Tu avais bien cette coiffure. Si ça ne te plaît pas...

Elle avait retenu son geste au moment où il s'apprêtait à crever la toile d'un coup de poing. Elle jugea qu'elle avait été trop sévère : c'était une belle œuvre, solide, bien charpentée, réaliste. Elle concéda une certaine vérité au visage de Zando, à ce regard à la fois sombre et attendri qui semblait la couver.

La toile avait trouvé place au huitième et dernier Salon des impressionnistes, avec trois autres peintures et huit pastels dans lesquels Maria apparaissait à plusieurs reprises. Le critique Félix Fénéon, qui faisait autorité, n'avait pas ménagé ses louanges.

Ils étaient à la longue convenus d'un modus vivendi : elle continuerait à poser pour lui ; elle lui garderait son amitié car il avait été bon pour elle dans des périodes difficiles, mais elle tenait à conserver sa liberté. Il avait fait contre mauvaise fortune bon cœur.

Avec François Gauzi, les rapports étaient simplifiés.

Il paraissait aussi attiré par la photographie que par la peinture. Fasciné par la plastique de Maria, il faisait d'elle des clichés qu'il confiait à son ami Renoir pour des études. Elle avait appris sans être trop peinée que ses relations avec ce brave garçon seraient brèves : il allait retourner dans sa province, s'y marierait, ne reviendrait peut-être jamais dans ce Paris qui n'avait pas reconnu son talent et qu'il méprisait.

Alors qu'elle prenait la pose, ils parlaient souvent de Puvis de Chavannes que Gauzi connaissait et visitait. Le vieux maître appréciait sa peinture et avait tenté de l'imposer, mais sans succès.

Chaque mois, à date fixe, Puvis, toujours persuadé d'assumer une paternité clandestine, adressait une petite somme à Maria. Il s'était indigné que sa maîtresse ne fît pas baptiser leur rejeton ; elle ripostait qu'incroyante comme elle l'était elle n'en voyait pas la nécessité. Si elle avait fini par renoncer à poser pour lui, c'est qu'elle avait compris qu'il ne la sollicitait que pour lui donner l'occasion de gagner quelque argent. Ses visites à l'atelier de Neuilly s'espaçaient sans qu'elle se décidât à y renoncer : elle tenait à la sympathie un peu paternaliste du peintre mais supportait de plus en plus difficilement ses caresses maladroites et ses vaticinations. Il commençait à rabâcher et s'enlisait dans des idéaux hors de saison.

Persuadé qu'il fallait en finir avec les relations de concubinage qu'il entretenait avec la princesse Marie, il avait décidé de l'épouser mais en se disant que rien ne pressait et que leur façon de vivre n'offusquait plus personne.

Maria avait retrouvé au fond d'un vieux sac à main le bristol que lui avait confié la princesse Mathilde Bonaparte. Cela lui rappela l'invitation qu'elle lui avait faite lors du Salon de 84 de venir poser pour elle. Elle faillit le déchirer puis se ravisa : elle irait à ce rendez-vous par curiosité.

Introduite dans l'hôtel particulier par un laquais costumé à l'ancienne mode, elle trouva la princesse dans le jardin d'hiver où elle installait parfois son chevalet quand elle avait besoin pour ses toiles d'un fond de verdure sur un écran de lumière solaire. Tandis qu'elle travaillait, une vieille dame à lunettes lui faisait la lecture du dernier livre de Zola.

Elle était telle que Puvis la lui avait décrite dans son intimité : un embonpoint généreux, une démarche que l'on aurait pu dire vulgaire, n'étaient sa toilette recherchée et le décor dans lequel elle s'épanouissait.

Fille de Jérôme, frère malheureux du grand Napoléon, cousine germaine de l'empereur déchu, Mathilde-Laetizia-Wilhelmine Bonaparte s'adonnait à la peinture par désœuvrement plus que par vocation, avec un talent d'aquafortiste dont la renommée ne franchissait pas le cercle de ses intimes.

Il lui fallut un effort de mémoire pour se souvenir de cette petite Valadon et des circonstances de leur rencontre.

— Le Salon, *Le Bois sacré* de Puvis, oui, oui, je me souviens. Eh bien, que puis-je faire pour vous, mademoiselle ?

— Voici votre carton, madame. Vous m'avez invitée à venir poser pour vous. J'ai longtemps tardé en raison d'autres engagements, mais aujourd'hui je suis disponible. Si votre offre tient toujours...

— Ma fille, s'écria la princesse, vous tombez à pic ! Il se trouve que je suis actuellement dépourvue de modèle. J'ai dû me séparer d'Edma. On m'avait prévenue de sa mauvaise conduite en dehors de ma maison mais je me refusais à y croire. On m'a apporté des preuves indubitables et je l'ai licenciée. Modèle le jour, prostituée aux Halles la nuit !

Elle nettoya un pinceau dans un bol de térébenthine, l'essuya soigneusement.

— Suivez-moi dans le jardin, dit-elle. Nous parlerons de ce cher Puvis qui se fait rare. Serait-il souffrant ?

— Je puis vous assurer que non. Je l'ai vu récemment à Neuilly. Il a beaucoup de travail.

— Qu'attend-il pour épouser Marie ? Vous avouerez qu'ils forment un couple singulier. Mais l'essentiel, n'est-ce pas ? c'est qu'ils s'entendent bien.

La princesse prit Maria par le bras. Elle avait la démarche lourde et se plaignait de sa sciatique. Ses yeux s'embuaient d'une petite brume de mélancolie très romantique. La chevelure blondasse frisottait anarchiquement sous le bonnet de dentelle. Des taches brunâtres ponctuaient le haut de la poitrine, le double menton et les bajoues. La princesse Mathilde venait d'entrer dans ses soixante-six ans.

— J'enrage, dit-elle, contre ce sacripant de Goncourt. Il continue à me tourner en ridicule dans son journal à ce qu'on m'a dit. Il se plaît à épingler les travers de ses proches mais ne voit pas les siens. La paille et la poutre...

Elle rit grassement, s'arrêta devant un buisson de belles-de-jour, arracha quelques fleurs, les mâcha et les recracha, signe chez elle de nervosité ou de contrariété. Elle ajouta :

— C'est l'heure du thé : le *five o'clock*, comme disent les Anglais. Vous tombez à pic. Je vous garde. Nous pourrons continuer à papoter.

De retour dans le jardin d'hiver, elles virent débouler dans leurs jupes trois affreux carlins. La princesse adopta une voix suraiguë pour leur parler :

— Lilli, cesse d'importuner la demoiselle ! Tom, couché ! Si tu grognes encore, tu auras du martinet. Et toi, Rouflot, tu fais la tête ? Viens faire un bisou à ta maîtresse...

La princesse raconta qu'un soir de réception l'un de ses carlins, Démo-Soc, s'était laissé aller à une incongruité. Les invités s'étaient bouché le nez avec une expression de dégoût. Elle avait détendu l'atmosphère en déclarant : « Mes amis, je vous trouve fort mal élevés. Ce n'est pas lui le coupable, c'est moi ! » Eh bien, figurez-vous, Goncourt s'est empressé de raconter cette horreur dans son journal !

Elles prirent le thé dans le petit salon en compagnie

de la lectrice, sous le buste de Carpeaux qui représentait Mathilde dans la majesté vénusienne de ses quarante ans.

La princesse raccompagna Maria jusqu'au perron et lui dit :

— Revenez vendredi prochain, à quatre heures, pour une première séance. J'ai confiance en Puvis. Je sais qu'avec vous je n'aurai pas les même déboires qu'avec Edma.

Tout l'automne et une partie de l'hiver Maria revint régulièrement rue de Courcelles, dans l'hôtel occupé jadis par la reine Marie-Christine d'Espagne. Elle posa pour des études, des aquarelles, des pastels et quelques huiles qui mettaient l'artiste dans tous ses états.

— Je n'arrive pas à saisir ce pli de l'aine. Qu'en dites-vous ?

Maria se plantait devant la toile.

— Le trait est trop appuyé, l'ombre trop prononcée. Votre noir est trop franc. Mêlez-y un soupçon de céruse.

— Eh bien, ma petite, on peut dire que vous avez l'œil ! Qu'attendez-vous pour vous essayer au dessin et à la peinture ? Je suis sûre que vous êtes très douée et que vous réussiriez. Quant à moi, je me suis fait une raison : jamais je n'aurai l'honneur de figurer au Salon, malgré les louanges de mes intimes, ces hypocrites.

Les intimes de la princesse se nommaient Guy de Maupassant, Marcel Proust, Paul Bourget, le jeune peintre Helleu et quelques poètes dont la critique vantait les talents. Goncourt, bien sûr : il venait chaque semaine traîner ses grègues chez son amie sans cesse de se plaindre des dîners qui n'étaient que rarement à son goût.

La princesse fulminait :

— S'il ne m'apportait pas ses collectes de nouvelles et de ragots, je lui aurais depuis belle lurette interdit ma porte. Mais il est si disert et si drôle ! Vous n'avez pas idée des horreurs qu'il raconte. Où va-t-il pêcher tout ça ?

Elle s'ouvrit un soir à Maria de son dernier amour, qui remontait à une dizaine d'années. Il s'appelait Claudius Popelin. Trois ans auparavant, il était parti brusquement pour l'Italie admirer les peintres du Quattrocento. Depuis, pas de nouvelles.

— Je l'aimais et je sais qu'il m'aimait, malgré notre importante différence d'âge, qui d'ailleurs ne faisait rien à l'affaire. Il m'a trahie mais je ne pourrai jamais l'oublier. Et même, s'il revenait...

Elle n'avait pas oublié non plus son époux, le prince Demidov de San Donato, qu'elle avait épousé à vingt ans et dont elle s'était séparée six ans plus tard. Quelques années avant la chute de l'Empire, elle avait été la maîtresse de Nieuwerkerke, directeur des Musées nationaux.

De temps en temps elle lançait :

— Aujourd'hui, relâche ! Maria, nous allons faire la brocante.

Elles partaient en voiture à travers le Marais et le quartier de Saint-Paul, revenaient avec un bric-à-brac hétéroclite dont elle garnissait son appartement ou qu'elle jetait, son caprice satisfait. Elle vouait une passion aux vieilles dentelles pour bonnets.

— C'est, disait-elle, mon côté *rococotière*.

Accablée au printemps par une grippe sévère, la princesse cessa quelque temps de satisfaire à sa passion pour la peinture. Maria vint à plusieurs reprises prendre de ses nouvelles.

Guérie après un mois de chambre, la princesse ne lui donna plus signe de vie.

— Je ne le regrette pas, dit Maria. Cette vieille bique commençait à me porter sur les nerfs. À ma dernière visite, elle a vomi des inepties sur Degas qu'elle déteste.

— Degas, dit Lautrec, est notre maître à tous. Je ne supporte pas qu'on le critique.

Il ajouta :

— Allons faire une virée au Mirliton, ça me changera les idées et j'en ai besoin : cette ébauche d'affiche est une merde ! Passe-moi mon crochet à bottines, ma canne si tu préfères. Tu vas promener ton vilain petit canard. Ça ne te gênera pas si je te donne le bras ?

Le Mirliton, que dirigeait Aristide Bruant, avait pris la place occupée naguère, boulevard Rochechouart, par le Chat noir. À peine cette nouvelle boîte avait-elle ouvert ses portes, ç'avait été la ruée. On venait de tous les coins de Paris voir et entendre celui que la bonne presse appelait le « chantre de la crapule » et François Coppée le « nouveau Villon ». Un critique avait écrit : « Bruant a une voix d'émeute et de barricade propre à dominer le rugissement des rues un jour de révolution. »

Lautrec s'en était fait un ami ; mieux : une idole.

Il est vrai que ce chantre du populaire avait de quoi le fasciner avec sa carrure de bûcheron auvergnat, son visage froid et glabre, son regard provocateur, sa vitalité de condottière. Sa tenue s'accordait à son physique : large galurin de feutre noir, chemise et foulard rouges, veste et pantalons de velours noir. Il entrait dans le domaine de la chanson avec l'allure d'un gladiateur dans l'arène. Il chantait le mal de vivre dans une société dominée par l'argent, les amours dramatiques, la misère. Si le peuple de Paris en avait fait son dieu, la bourgeoisie le vouait aux gémonies.

Le premier soir où Maria, invitée par Lautrec, était venue l'écouter, elle en avait été bouleversée et avait passé une nuit blanche à ressasser quelques-unes de ses chansons les plus pathétiques, qui lui avaient laissé comme une blessure au cœur.

L'été, par les chauds crépuscules
A rencontré Jules
Qu'était si caressant...

Ou bien :

> *Tas d'inach'vés, tas d'avortons*
> *Fabriqués avec des viandes veules*
> *Vos mères avaient donc pas d'tétons ?...*

Bruant avait fait au Mirliton une réputation d'accueil insolite mais efficace. Les clients s'installaient sous un déluge de quolibets lancés par le maître des lieux ou ses acolytes qui chantaient en chœur :

> *Oh, là là ! c'tte gueule, c'tte binette*
> *Oh, là là ! c'tte gueule qu'il a...*

Malheur à qui, arrivant en retard, troublait le récital du maître. Dans un langage vert et cru, il mettait en pièces ces importuns qui ne se tiraient de l'épreuve qu'à condition d'observer une soumission silencieuse et souriante. Bruant ne choisissait pas ses victimes : la gamme allait du modeste ouvrier au ministre en passant par la lionne de bastringue. Maria ne put échapper à la diatribe du chanteur qui lui lança : « Tiens ! une bonniche qui joue les affranchies ! » Prévenue par Lautrec que cela ne tirait pas à conséquence et que c'était le lot commun, elle ne broncha pas.

Par la suite elle eut l'occasion d'assister, hors spectacle, devant une verte, à des confrontations entre Bruant et Lautrec.

Les deux artistes se vouaient une admiration mutuelle, mais leurs opinions divergeaient sur l'art et la société. Lautrec reprochait à son ami le misérabilisme qui suintait comme une boue de toutes ses chansons, cette ombre tragique dans laquelle il se complaisait. Bruant admettait mal l'indifférence du peintre face à la misère et aux inégalités sociales, le mépris qu'il semblait manifester aux êtres, aux femmes notamment, qui avaient sombré dans la misère ou la prostitution. La vivacité des propos qu'ils échangeaient par-dessus la cuillère à absinthe ne dérivait jamais vers l'insulte : ils laissaient au vestiaire l'un son gourdin, l'autre son crochet à bottines.

Un jour qu'ils se trouvaient en tête-à-tête à la terrasse de la Nouvelle-Athènes, Bruant dit à Maria :

— Je souffre de ce que notre ami Lautrec ne me comprenne pas. Je parle dans mes chansons de ce que j'ai vu et connu, de ce que la vie m'a appris. Je ne suis pas né comme lui avec une cuillère d'argent dans la bouche. Le peuple, je connais ! Lui, il plane au-dessus de la misère et n'en voit que les aspects pittoresques. Je ne constate aucune sensibilité dans ses scènes de rue, de cabaret, de bordel. Ses modèles féminins ne sont que de la viande froide.

Maria partageait cette opinion mais se gardait d'abonder trop étroitement dans le même sens pour ne pas sembler prendre une revanche sur un personnage qu'elle aimait bien mais qui souvent la déconcertait. Subjuguée par le talent et la facilité de l'artiste, elle se montrait indulgente sur les aspects négatifs de l'homme.

— Lautrec et toi, ajouta Bruant, faites un drôle de couple. Vous ne paraissez nullement gênée, jolie femme comme vous l'êtes, de vous montrer avec ce...

— ... ce nabot ? Ma foi, non. Je suis même persuadée que certaines femmes m'envient.

Il lui demanda abruptement si elle était sa maîtresse. Elle sourit à cette question qui ne la gênait pas, que Gauzi, Zando et sa mère lui avaient déjà posée. C'était non.

— Nous n'avons lui et moi, dit-elle, que des relations amicales. Nous habitons le même immeuble et nous nous connaissons depuis peu. Je sais que nos rapports prêtent aux commérages, mais, pour tout vous dire, je m'en fous...

En évoquant ainsi ses relations avec Lautrec, elle se cantonnait en marge de la réalité. Elle avait mis quelque temps à accepter les promenades avec le nabot trottinant, accroché à son bras, comme un ourson près de sa mère. Les regards des passants la blessaient ; leurs réflexions l'irritaient au point qu'il lui arrivait de riposter. Oui, Lautrec, avec sa gueule de notaire de province, ses jambes qui ne s'étaient pas développées, suite à un accident dans sa jeunesse, ses tenues voyantes, avait l'allure d'un dégénéré. Oui, Lautrec fréquentait les cabarets louches et les bordels. Oui, Lautrec s'imbibait de liqueurs fortes et l'entraînait dans le vice... Mais comment oublier qu'il était, avec Degas et Renoir, le plus grand artiste de cette fin de siècle ?

— Non, répéta-t-elle, je ne suis pas sa maîtresse mais, le jour où il me le demandera, je crois que j'accepterai.

— Sans le moindre dégoût ?

— Comment savoir ?

Maria avait reproché à Lautrec sa parodie du *Bois sacré*, dont tout Paris faisait des gorges chaudes.

Il avait repris à sa manière la composition, le décor, les personnages de cette grande machine, avait donné aux femmes le visage de Maria et s'était représenté lui-même, de dos, comme il aimait le faire par dérision dans certaines de ses œuvres. Le Paris bien-pensant avait crié à l'iconoclastie.

— Désolé de ne pas partager ton avis sur ce fameux *Bois sacré*, lui dit-il, mais je considère cette toile de ton ami comme une merde. Goncourt a raison : c'est une infâme peinturlure. J'en avais assez d'entendre proclamer que ce barbouilleur est un génie. Mon tableau a fait rire ? Tant mieux s'il contribue à ridiculiser l'idole !

Comme avec Zando peu avant, Maria s'était emportée lorsque Lautrec lui avait montré le portrait qu'il avait réalisé.

— C'est moi, ça ? J'ai vraiment cette gueule de

miche mal cuite ? J'ai l'air de remonter de la Seine après huit jours au fond.

Il éclata de rire, un filet de salive dans la barbe, se trémoussa, comme possédé par la danse de Saint-Gui.

— Hein, quoi ? Je l'attendais, celle-là ! Pas ressemblant ! C'est peut-être toi qui vas m'apprendre à chiper la ressemblance ! Vous êtes toutes les mêmes, les grenouilles : vous voudriez qu'on vous compare à Vénus ou à Diane. Si tu crois ça, va te faire tirer le portrait par Nadar ou par Gauzi !

Très soupe-au-lait, il passait très vite de la gaieté à la colère. Il prit son chapeau, sa canne, enfila son manteau et sortit en claquant la porte.

Elle observa de nouveau le portrait. C'est vrai : il ne l'avait pas avantagée. Pas vraiment enlaidie non plus. Il avait même assez bien retrouvé son expression coutumière : un visage grave, hermétique, de déesse païenne, entortillé dans un lacis de traits bleus et violets sur un fond caca-d'oie qui donnait à l'ensemble un cachet funèbre.

« J'ai l'air d'une reine, se dit-elle, mais d'une reine de bordel trouvée morte dans le ruisseau. Et pourtant, c'est très beau... »

Il avait fait d'elle un autre portrait : une huile sur toile d'après un dessin à l'encre noire, au crayon bleu et au Conté, mais cette œuvre ne donnait pas d'elle une image plus radieuse : il l'avait représentée seule, avachie à la terrasse d'un bistrot, une main contre sa joue, le regard dans le vague, la chevelure ébouriffée, devant une bouteille et un verre. Il avait choisi comme titre : *Gueule de bois* ou *La Buveuse*.

Il avait crayonné l'esquisse de cette toile, elle s'en souvenait, lors d'une de ces beuveries auxquelles il l'entraînait et qui, deux ou trois jours durant, la laissaient sur le flanc.

Elle ne revit Lautrec que le surlendemain de leur dispute, un soir de décembre, à la nuit tombante. Alors qu'elle était en train de dessiner sa mère occupée à débarbouiller Maurice, elle entendit dans l'escalier le pas caractéristique de Lautrec, scandé par le choc de sa canne sur les marches.

Elle laissa son ébauche et dit à sa mère :

— Je vais voir si M. Lautrec n'a besoin de rien.

Elle jeta dans un panier ce qui restait du pot-au-feu de midi, un morceau de pain et une bouteille de vin. En montant au quatrième où il avait son atelier, elle l'entendit chanter un air de son pays et pester contre le froid. Elle frappa à la porte. Il était seul.

— Ah, c'est toi ? Entre. Qu'est-ce que tu m'apportes là ?

Il fourra son nez dans le panier, flaira le pot-au-feu avec une grimace, posa par terre ce qu'il en retira.

— C'est gentil, dit-il, mais j'ai déjà bouffé. En revanche, cette bouteille est la bienvenue. Débouche-la !

Elle l'aida à se débarrasser de son manteau, de sa redingote, de ses bottines qui sentaient la crotte de chien et la boue. Elle fit du feu dans le Godin car il grelottait, lui jeta une couverture sur les épaules et lui prépara son lit.

— Tu as bu, dit-elle. Tu sens l'absinthe.

— Hein, quoi ? Et alors ? Ça te regarde ?

— Non, dit-elle, mais si tu prends froid sur une cuite, ça risque de t'être fatal.

Il lui demanda de finir de le déshabiller et de le frictionner avec de la térébenthine. Puis elle lui prépara un vin chaud et bassina son lit avec une brique.

— Si j'ai bu, dit-il, c'est de ta faute. Cette réflexion stupide de ta part, sur ton portrait... J'ai pas oublié. Ça me fait mal là.

Il se frappa la poitrine.

— J'ai eu tort, dit-elle. C'est une très belle œuvre. Qu'importe qu'elle soit ressemblante ou non. Tu ne m'en veux plus ?

Il émit un grognement qui pouvait passer pour une

réponse affirmative et lui demanda une nouvelle friction à la térébenthine, qui lui avait fait du bien. Elle le fit allonger sur le lit, sur le dos puis sur le ventre. Elle poussa un cri. D'une touffe de mousse brunâtre surgissait un énorme champignon phalloïde qui, dans la lumière de la lampe, prenait une dimension monstrueuse.

— Hein, quoi ? dit-il. C'est la première fois que tu vois un pénis en érection ?

— Il est... Il est...

— Oui, tu peux le dire, sans proportion avec ma taille. Les femmes ne s'en plaignent pas. Demande à Rosa la Rousse et à Lili !

Cette disproportion du sexe avec la taille du personnage tenait du prodige. Debout, Lautrec devait ressembler à une cafetière. Maria aurait souhaité gommer cette image indécente mais ne pouvait en détacher son regard. Il lui prit la main, en enveloppa son pénis, le lui fit agiter lentement. Le regard de Maria allait du sexe au visage où s'amorçaient les signes annonciateurs du plaisir.

— Reste, dit-il. Encore un peu. J'ai envie de toi.

Elle alla se verser un verre d'eau-de-vie qu'elle avala d'un trait. Elle avait besoin de cette présence dans son corps, de cette boule de chaleur vivante au creux de son ventre, de ce bourdon de cathédrale sous son crâne. Elle entendit Lautrec, loin, très loin, lui demander de ne pas l'abandonner, de venir le rejoindre. Le temps de laisser l'alcool faire sa place en elle et se substituer à sa propre volonté, elle revint vers le lit en titubant.

— Mets-toi nue comme moi, dit-il.

Elle parvint à vaincre ses dernières réticences et escalada le lit. Tandis qu'elle chevauchait Lautrec elle sentait tourner dans sa tête une phrase lancinante : « Je fais l'amour à un infirme... »

— Ma petite Maria, dit Renoir, je viens d'apprendre que tu es à la colle avec Lautrec. Je te souhaite bien du plaisir. Il paraît qu'on te voit partout avec lui, comme une reine avec son fou, que tu assistes et participes à ses excentricités... Tu as vu ta tête ? Un cadavre ambulant ! Nom de Dieu, qu'est-ce que tu as dans la peau ? Tu sais où cette bringue permanente va te mener ? À Saint-Lazare ! Se coucher chaque jour à l'heure des balayeurs, s'empiffrer, boire comme des trous, on sait comment ça se termine. Sans compter qu'avec un pilier de bastringues et de bordels comme ce nabot de cirque, tu risques d'attraper une vilaine maladie. Lorsqu'il partira rejoindre sa famille pour les vacances, tu devras rompre définitivement avec lui.

Il ajouta :

— Je vais te donner l'adresse de mon médecin. À te voir, je crains que tu ne sois déjà malade. Voilà un peu d'argent pour la consultation. Reviens me donner des nouvelles.

Madeleine :

— Écoute, Maria, c'est ta mère qui te parle. Tu peux pas continuer à mener cette vie. Faire la noce de temps en temps avec des copains et des copines, c'est de ton âge, mais tous les jours ou presque, Sainte Vierge ! Comment tu peux tenir le coup ? Et surtout comment tu oses t'afficher avec cette moitié d'homme ? Paraît que tu le pousses en chaise roulante quand vous allez dans les expositions ! Faut entendre ce qu'on dit de vous deux dans le quartier, avec quels airs on me regarde, moi, ta mère ! La crémière m'a raconté des choses pas croyables sur ton Lautrec. Il a beau être noble, c'est une canaille. Et puis, pense à ton fils. Il te voit pour ainsi dire plus...

Clotilde :

— Ma petite, montre-toi un peu ? Eh ben, tu es chouette ! Une mine de noyée... Et ces poches sous les yeux, et ces joues gonflées... Toi, tu couves quelque chose de pas catholique. Faut consulter un médecin. T'as pas attrapé la vérole, au moins ? Remarque, avec tes fréquentations, y aurait rien d'étonnant. Bâti comme il l'est, que ton Lautrec veuille se détruire, c'est normal et ça le regarde. Mais toi, ma biche, t'as pas le droit. Songe à ta mère, à ton mioche, à ton avenir d'artiste. Si tu voulais, tu pourrais gagner correctement ta vie en faisant des portraits. À propos, tiens, voilà un peu de braise. Je suis en fonds en ce moment. Toi, tu m'as tout l'air d'être dans la dèche...

Maurice :

— M'man, tu m'avais promis de m'emmener au Jardin des Plantes. Tu pourras quand, dis ? Pourquoi t'es plus là ? Grand-mère dit que tu travailles trop. Faut te reposer. T'es pas malade, au moins, dis, maman ? Parce que, si tu tombais malade, je pourrais te soigner, te faire des cataplasmes et des tisanes. Regarde le dessin que j'ai fait ce matin : toi avec Puce sur tes genoux. Ça te plaît ? Pourquoi tu pleures, dis, maman ?

Lautrec est parti pour la banlieue où son ami Grenier s'est offert à l'héberger quelques semaines pour qu'il se refasse une santé. Pour lui, l'été à Paris est insupportable. Dès les premières chaleurs, il applique une méthode qu'il tient de son père, lequel l'a héritée d'un mage arménien : un bain de pieds dans une cuvette de lait et, sur le visage, des tranches de citron. Miraculeux mais insuffisant. On ne peut s'appliquer ce traitement jour et nuit, et les nuits elles-mêmes sont souvent torrides.

Gauzi lui aussi est parti au début de l'été et restera dans son vignoble du Frontonais au moins jusqu'aux vendanges. Reviendra-t-il ? Il n'en sait rien lui-même. À Paris, ses œuvres ne trouvent guère d'amateurs malgré son talent. Il envisage de demeurer à Toulouse. Après tout, la province a du bon. S'il n'est pas reconnu à Paris, peut-être le sera-t-il dans sa contrée d'origine. « François Gauzi, peintre impressionniste toulousain » : une étiquette qui en vaut bien d'autres.

Il a passé avec Maria sa dernière nuit parisienne. Il a pleuré dans son épaule.

Lautrec lui manque. En mêlant affection et pitié aux liqueurs fortes, elle a fini par ressentir du plaisir entre ses bras. En la quittant, il lui a dit :

— En mon absence, je te charge de veiller sur mon atelier. Tu y seras comme chez toi, avec tout ce qu'il faut pour peindre si tu en as envie. Hein, quoi ? Tu n'as pas de modèle ? Eh bien, tu n'as qu'à poser devant une glace. Et puis, tiens, pour te perfectionner, tu devrais étudier les Japonais. Merveilleux ! Je leur dois beaucoup pour la composition et le sens de la perspective.

Il a ajouté :
— Travaille, nom de Dieu ! À mon retour, je t'emmènerai voir le père Degas. Promis ! Tu lui montreras ce que tu sais faire.

Il ne fait pas trop chaud dans l'atelier de Lautrec, d'autant que la pluie s'est mise à tomber après son départ. Maria s'y rend chaque jour, entre deux séances de pose chez Renoir, chez Zando qui a cessé de la harceler, chez Steinlen qui l'a de nouveau sollicitée. Elle y emmène Maurice, lui confie une paire de ciseaux, des images de gazettes illustrées à découper et à coller, des feuilles et un crayon. Il gribouille n'importe quoi, comme elle à son âge. Pendant ce temps, il la laisse en paix.

L'atelier de Lautrec : un monde où il y a toujours quelque chose à découvrir, qui tient des boutiques de brocante où la princesse Mathilde l'entraînait naguère. Autour de l'estrade des modèles se déploie en désordre un mobilier hétéroclite : un large divan, un bahut en forme d'armoire normande tenant lieu de bibliothèque, des chevalets adaptés à la taille de l'artiste, un alignement de toiles vierges ou déjà couvertes d'esquisses, des palettes sur une table de bistrot en faux marbre, un alignement, sur des étagères, de bibelots insolites : chaussons de danseuse, faïences orientales, bilboquet comme chez Renoir, haltères comme chez Zando. Le mur et les cloisons sont tapissés de toiles, de dessins, de quelques esquisses dont elle lui a fait cadeau.

Les albums d'art japonais sont rangés dans l'armoire. Une reproduction de la *Dame marchant sous les arbres*, d'Utamaro, figure en bonne place.

Il lui a raconté comment est venue en France cette mode exotique : d'une découverte de Claude Monet.

— Figure-toi que, de passage chez un épicier, alors qu'il séjournait en Hollande, ce cher Claude a constaté que certains emballages étaient constitués par des estampes japonaises. Il a demandé à l'épicier s'il avait d'autres emballages de même origine. Il est reparti avec un paquet de ces merveilles. Extraordinaire, hein, quoi ? Un épicier batave venait de révolutionner la peinture !

Maria jugea la technique de ces artistes singulière : c'était de la peinture à plat, comme les cartes à jouer, des mises en page hardies, des couleurs nettes brossées à larges à-plats, une conception nouvelle de la construction, des décors, des attitudes des personnages.

— Des peintres s'en sont inspirés, et moi le premier, a ajouté Lautrec, et des collectionneurs s'en sont entichés. Tiens ! Goncourt, par exemple : il possède une énorme collection de fusakas, de kakémonos, de netsukés, d'estampes, de pipes à opium. Il se procure ces produits et ces œuvres d'art chez Mme Desoye, à la Porte chinoise, rue de Rivoli...

Pour Maria, la révélation a été tardive mais efficace. Le regard que, par le passé, elle portait négligemment sur ces œuvres, elle le concentre sur elles, les fouille, les décortique, en tire la quintessence, en subit la fascination en même temps qu'un désir d'imitation qui ne soit pas servile mais lui permette de mieux exprimer ses élans vers la forme pure.

Elle pose une toile sur un chevalet, prépare une palette, s'arme de brosses et de pinceaux et, sans dessin préalable, se jette dans ce vide blanc. Son motif : une vue de l'atelier, tout simplement. Le maniement du pinceau lui est moins familier que celui des craies de couleur, pastel et sanguine, mais, au-delà de l'élan qui la porte et la soutient, elle devine confusément que son avenir est peut-être lié à ce carré de toile vierge que le pinceau caresse avec souplesse : une fenêtre ouverte sur les joies de la création.

Maria a brossé sa toile en moins de deux heures, comme en état second. Elle pose sa palette, s'éloigne de quelques pas et se heurte à une réalité pitoyable et à une question :

— Qu'est-ce que c'est que cette horreur ?

Aveu d'impuissance : elle n'a pas réussi à retrouver la légèreté, les vides suggestifs, les lignes pures des estampes japonaises. Et ces couleurs, mon Dieu, ces couleurs ! Où est-elle allée pêcher ce rouge agressif, ce jaune vomitif, ce vert marécageux ?

Elle arrose un chiffon d'essence de térébenthine, en balaie la toile maudite, frotte, frotte jusqu'à ce qu'il ne reste qu'un brouillard caca-d'oie et éclate d'un rire amer.

— Je pourrais intituler cette horreur *Impression : soleil couchant* ! Merde, merde et merde !

Maurice quitte la table où il griffonnait et découpait, s'approche de sa mère, se colle à ses jupes :

— Qu'est-ce que t'as, maman ? T'es en colère ?
— En colère, oui, Maumau, contre moi.

Maurice regarde la toile, penche la tête à droite, puis à gauche et fait la grimace :

— C'est quoi, dis, maman ? De la cacabouilla ?

Le départ de ses amis, éparpillés par des vacances ou des amours, l'a laissée comme veuve. Leur violence et leur tendresse lui manquent. Elle a connu une semaine de désarroi, avec un vide qui se creusait chaque jour davantage, le matin surtout, où elle avait l'impression de se trouver devant un désert à affronter. Elle n'avait envie ni de sortir pour aller vagabonder au Louvre, au Luxembourg ou dans les galeries d'art, ni de se mettre au travail. Pas plus que de s'intéresser à sa vie de famille, cet autre désert peuplé d'ombres.

Après quelques jours d'une chaleur déprimante, la

pluie tombe sur Paris, interminablement, avec des alternances de violence et de rémission, des sourires furtifs de soleil de temps à autre.

Lautrec vient de lui écrire. Dans un style primesautier qui lui ressemble, il lui raconte qu'il s'ennuie chez Grenier. La pluie, encore et toujours la pluie. « *Que le diable, écrit-il, emporte Saint-Médard et son arrosoir ! Je regrette de ne pas être parti par Arcachon...* » Lautrec ne tardera pas à reparaître : ses modèles, Alix et Rosa, attendent son retour. Il s'est proposé avant son départ, grâce à Bruant, de peindre de grandes fresques les murs du Mirliton. Au cirque Mollier aussi on attend sa visite : il a promis de faire le portrait en action de Miss Lala et de l'écuyère Ada Meuken, amie de cœur d'Élisabeth d'Autriche. Il marchera sur les brisées de Degas, mais qu'importe !

Lautrec va abréger son séjour chez Grenier : il en attendait des promenades au soleil ; il souffre du confinement auquel le contraint la pluie ; il attendait une sorte de phalanstère estival : les amis ne sont pas venus. Il souffre de la même impression de viduité que Maria, avec en plus la nostalgie des étés lumineux d'Arcachon et de Taussat.

À peine Lautrec avait-il retrouvé son atelier de la rue Tourlaque et l'appartement de la rue Fontaine qu'il partageait avec Grenier, il reçut une visite inattendue : celle de Vincent Van Gogh, cet ancien pasteur évangéliste devenu artiste peintre et de l'espèce la plus acharnée à réussir.

Il avait connu Lautrec deux ans auparavant dans l'atelier du maître Cormon. Ils avaient fait là leurs premières armes et depuis, bien que Cormon eût fermé son académie, ils entretenaient des relations amicales.

Le « peintre batave », comme disait Lautrec, demeurait dans un modeste appartement, rue Lepic, entre place Blanche et Abbesses, à dix minutes à pied de la rue Tourlaque. Son modeste logis sentait l'essence de térébenthine, l'encens et le papier bible. Sans les secours de son frère Théo et du marchand Tanguy, on l'eût retrouvé à la soupe populaire. Son œuvre n'intéressait personne, peut-être parce qu'il était incapable de la mettre en valeur et de la défendre ; elle pouvait heurter par sa rudesse, la violence de ses coloris, la manière qu'il avait de gifler et griffer la toile.

Sans lui retirer son amitié, Lautrec prenait ses distances avec ce personnage austère, prêchi-prêcha qui, n'eussent été sa barbe, sa chevelure rousses et son aspect un peu sauvage et taciturne, eût passé inaperçu dans le milieu des peintres.

Lautrec disait à Maria :

— Comprends-moi : Vincent se goure à mon sujet. Voudrait faire de moi un saint ! Foutre ! Quelle idée ! Hein, quoi ? Il a du talent ? Oui, sans doute, mais je vais te dire : il m'emmerde.

Comme Théo, comme Tanguy, dont Vincent avait fait le portrait l'année précédente, Lautrec lui venait en aide pour lui éviter de crever de faim et lui fournir de quoi continuer à peindre.

Lorsqu'il le vit paraître alors qu'il était en train de fignoler une scène de cirque, Lautrec marmonna :

— Le voilà, le bougre, avec sa gueule de croque-mort !

Maria achevait de faire le ménage de l'atelier ; elle étouffa un rire derrière sa main. Après avoir aidé Vincent à ôter son manteau imbibé de pluie, qui sentait le chien mouillé, elle lui demanda d'essuyer sur le tapis-brosse ses croquenots boueux.

Il dit poliment :

— J'espère que je ne vous dérange pas...

Lautrec, de l'autre extrémité de l'atelier, lui cria d'entrer, lui demanda s'il voulait du café et s'excusa de devoir terminer un détail de sa toile. Avait-il faim ? Vincent ne répondit pas. Il était occupé à placer sur un chevalet, avec une sorte de râle, comme s'il soulevait un quintal de pommes de terre, une toile qu'il avait abritée sous son manteau.

— Qu'est-ce que tu fais ? lui lança Lautrec. Approche ! Que dis-tu de cette scène de cirque ? J'ai bien chipé l'allure du cheval mais l'écuyère m'échappe. J'arrive pas à donner de la grâce à la cuisse. Toi qui t'y connais en matière de « grâce », qu'en dis-tu ? Moche ? Hein, quoi ?

— Beuh, maugréa Vincent, moi, les jambes des femmes...

— Je sais, mon pauvre Vincent. C'est pas demain qu'on te verra peindre des modèles nus. Dommage pour toi. Tu te refuses de grandes joies, et pas seulement esthétiques, pas, Maria ?

— Fiche-lui la paix ! protesta Maria. Viens voir plutôt cette toile que Vincent vient d'apporter.

Lautrec posa sa palette à contrecœur, laissant l'écuyère à la cuisse lourde en équilibre sur son cheval. Il essuya son lorgnon, se planta devant le chevalet et murmura :

— Sacré nom de Dieu, si je m'attendais à ça !

C'était un autoportrait que Vincent venait de terminer et dont la peinture n'était pas tout à fait sèche. Lautrec alluma lentement une cigarette sans cesser de regarder la toile. Il répétait :

— Étrange... Vraiment étrange... Ça ne ressemble à aucun de tes autres autoportraits que je connais.

Van Gogh s'était représenté de demi-profil droit : regard farouche, comme égaré, bouche au pli amer dans une barbe flamboyante, cheveux ras à peine indiqués. Une image de bagnard émergeant d'un fond uniforme, d'un vert agressif.

— Étrange, dit Maria. C'est tout ce que tu trouves à dire ?

— Hein, quoi ? Ben oui, c'est pas dans ta manière habituelle, Vincent. T'es plus le même homme. Et ce vert, bon Dieu, ce putain de vert... Qu'est-ce que ça signifie ?

Ce qu'elle ressentait devant cette toile insolite et qu'elle eût aimé exprimer, Maria préféra le garder pour elle. Derrière cette toile, dans ce ciel vert, elle voyait se profiler des années de déception, d'angoisse, de misère. Le contraste était frappant entre le costume qui aurait pu être celui d'un artisan négligé et le visage qui était celui d'un réprouvé.

Elle posa ses mains sur les épaules de Vincent et jeta un baiser dans sa barbe rêche. Il eut un mouvement de recul.

— J'aime beaucoup cette toile, dit-elle. Sa simplicité, sa nudité me plaisent. Je trouve que ce portrait est plus proche de toi que les précédents.

Elle avait aimé celui que Vincent avait traité dans le style de Manet avec sa barbe couleur de sang séché et une grande partie d'ombre qui noyait un pan du visage. Elle n'était pas restée indifférente non plus devant un autre autoportrait de la même époque où, coiffé d'un chapeau de paille, l'artiste s'était campé dans un brasillement de points lumineux.

— Tu crois... dit évasivement Vincent.

— ... que c'est vraiment toi ? Comment en douter ? Là est ta voie. Il faut présenter cette toile dans une exposition.

Vincent se laissa tomber sur un escabeau de poupée et dit d'une voix amère :

— Exposer... exposer... Je voudrais bien. La dernière exposition à laquelle j'ai participé a été une déception pour moi. Je n'ai obtenu aucun succès.

— C'était au Tambourin. Je me souviens. C'est vrai que tu n'as rien vendu, mais je sais que ta manière de peindre a influencé Anquetin et Bernard. On commence à parler de toi. C'est bon signe.

Vincent avait jadis rencontré Camille Pissarro qui l'avait initié à la peinture impressionniste. Cela le changeait des œuvres misérabilistes dessinées ou peintes, alors qu'il promenait son attitail d'artiste dans les champs de betteraves du Nord. Très tôt, il s'était dégagé de cette manière proche de Daumier et de Millet et s'était lancé d'un cœur léger dans cette nouvelle voie en peignant des natures mortes et des vues de Montmartre en couleurs franches, avec une violence congénitale. Devant ses premières toiles, Paul Cézanne s'était écrié : « C'est une peinture de fou ! » Vincent ne pouvait le contredire : il était fou, oui, fou de lumière, de grands espaces aux lignes dures, de couleurs flamboyantes.

Accompagnée de Lautrec, Maria l'avait rencontré dans son atelier, au 54 de la rue Lepic dont la fenêtre ouvrait, par-delà un amas d'immeubles, sur le panorama gris-bleu de la capitale. Ils avaient rencontré là quelques amis et connaissances du peintre : Émile Bernard, Armand Guillaumin, qui vivait dans l'île Saint-Louis, et un jeune artiste encore quasiment inconnu, Paul Gauguin. C'était l'occasion de conversations, de discussions, de controverses et de disputes qui pouvaient durer des heures.

On ne connaissait à Vincent qu'une relation féminine : celle qu'il entretenait avec une beauté italienne, Agostina Segatori, ancien modèle de Corot et de Manet, qui, depuis quelques années, tenait un cabaret, le Tambourin, avenue de Clichy, pour une clientèle d'écrivains et d'artistes. Était-elle sa maîtresse ? Quand on connaissait les mœurs austères de l'ancien évangéliste, cela semblait peu probable. En revanche, ils nourrissaient une solide amitié. Agostina avait présenté dans son établissement les œuvres de son protégé avec celles de Bernard, de Lautrec et de quelques autres. Il avait fait son portrait assise à une table de son cabaret. Depuis peu, ayant découvert qu'elle en aimait un autre, il lui battait froid.

— Je ne sais plus où j'en suis, dit Vincent. Qu'est-ce qui va m'advenir ? Je souhaite gagner de quoi ne pas mourir de faim et continuer à peindre. Est-ce exagéré ?

— Ton frère Théo... dit Maria.

— Je ne peux pas continuer à le taper. Il n'est pas Crésus.

— Tanguy t'achète parfois des toiles ?

— Oui, pour quelques francs. Ça ne me permet pas d'aller bien loin. Et puis, il y a sa femme... Cette mégère trouve qu'il gaspille son argent en achetant des croûtes qu'il ne pourra jamais revendre. Ça fait des mois que je ne lui ai rien vendu. Je ne sais si je pourrai manger demain.

— Eh bien, s'écria Lautrec qui suivait de loin la conversation, tu fous le camp !

Vincent se leva lentement, blême, une lueur de folie dans l'œil. Il bredouilla :

— Tu me chasses, toi, Henri ?

— Hé non, bougre, je te chasse pas ! Je veux dire que tu devrais t'éloigner de Paris et même de la banlieue. Pourquoi ne suivrais-tu pas ton ami Gauguin qui va partir pour la Provence ? On vit pour presque rien dans ces provinces et tu aurais des sujets à profusion.

— La Provence..., dit Vincent en se rasseyant. La Provence... Tu crois que Gauguin accepterait que je le suive ?

— Il va revenir prochainement de Pont-Aven. Je pourrais lui en dire deux mots.

Vincent se baissa pour embrasser Lautrec qui eut un sursaut en voyant ce hérisson surgir près de son visage, l'œil humide.

Lautrec ajouta :

— Nous en reparlerons si tu te décides. En attendant, ne te fais pas trop de mouron.

Il sortit d'une boîte à confiserie quelques billets qu'il lui glissa dans la poche.

XIV

LAUDANUM EST

Après le retour de Lautrec et la fin d'un été pluvieux l'existence infernale reprit sur un rythme précipité.

Pour Lautrec, ces errances nocturnes d'un restaurant à un café, d'un cabaret à un lupanar étaient une nécessité : elles lui permettaient d'oublier ses misères physiques et mentales, de se dépasser, de faire illusion sur son état. Quand on lui reprochait sa conduite en l'avertissant qu'il se tuait à petit feu, il répliquait que ce feu était sa panacée et que ceux qui le lui reprochaient aillent se faire foutre.

Maria suivait.

Plusieurs fois par semaine, ils rentraient ivres, Lautrec sautillant, pendu au bras de sa maîtresse, hurlant des chansons qu'il scandait avec sa canne. Ils faisaient l'amour sur le divan de l'atelier, se réveillaient aux cloches de midi, parfois plus tard.

Le samedi soir était réservé à la réception des amis, dans l'appartement qu'il partageait, rue Fontaine, avec Grenier. Passionné de déguisements, il adoptait des costumes de théâtre loués chez les fripiers ; il apparaissait en danseuse espagnole, en mikado, en prostituée, dansait et chantait jusqu'à tomber d'épuisement.

Il s'était fait une spécialité de la confection des cocktails. Ses amis le regardaient avec inquiétude se livrer à des mélanges d'ingrédients suspects, aux couleurs vénéneuses.

— Tu ne vas tout de même pas ingurgiter ce poison ?

— T'occupe pas, Charlotte, et goûte mon *short english drink* ! C'est pas le fil-en-quatre du Chat noir ou du Lapin agile. Fameux, hein ?

Quand on lui demandait la nature des produits dont il composait ces mélanges, il annonçait en plaisantant :

— Un tiers de pétrole lampant, un tiers de mort-aux-rats, une rasade de vitriol et d'eau de Cologne. Rien que de bonnes choses...

Il avalait son verre cul sec et sans grimace. Tous les alcools lui étaient bons et il les connaissait tous, mais il tenait que la réussite d'un cocktail était dans la façon de « faire le précipité », ce qui laissait perplexes ses convives.

Les invités étaient servis par Léontine, une forte Bourguignonne avenante comme une chaisière qui suivait d'un œil réprobateur ces pitreries et ces excès de boisson et de propos.

Un soir, ex abrupto, alors que Léontine servait les œufs en neige, Lautrec, qui avait déjà son compte, dit à Maria :

— On va rigoler. Mets-toi à poil. Tu vas voir la tête de Léontine.

Maria, qui elle-même avait fait honneur à la cave, obtempéra sans protester.

— Vous n'allez tout de même pas... ! s'écria Léontine.

— Si fait ! dit Lautrec. Nous sommes entre peintres et la nudité d'une femme n'a rien de choquant pour nous. Allons, Léontine, ne faites pas votre sainte-nitouche et regardez comme elle est bath, Maria, comme elle est *carne* ! La perfection classique. Parfois je me dis qu'un corps comme celui-ci n'est pas fait pour l'amour, mais comment s'en passer ? Ah ! Léontine, c'est pas l'alcool qui me tuera, ni la bonne cuisine, et vous savez pourtant que je suis gourmand comme une chatte d'évêque. Si je creuse ma tombe, c'est avec ma queue !

Léontine ôta son tablier, le jeta sur une chaise en s'écriant :

— J'en ai assez vu et entendu ! Vous vous passerez dorénavant de mes services !

Le ménage allait à vau-l'eau. Madeleine se tassait sur une vieillesse précoce ; elle ne sortait pour ainsi dire plus, restait des heures assise au coin de la fenêtre à regarder les rares passants qui se risquaient sur la rude pente de la rue Tourlaque ou les fiacres qui longeaient la rue Caulaincourt ; elle se plaignait de ne pas fermer l'œil de la nuit, mais ses journées elles-mêmes se déroulaient dans une sorte de somnolence ; illettrée, elle se contentait de feuilleter les gazettes que lui rapportait Maria.

Elle n'ouvrait la bouche que pour se plaindre de ses rhumatismes, du manque d'argent, de la conduite de sa fille. Le leitmotiv était invariable et la litanie interminable :

— Tu t'es couchée à quelle heure, cette nuit ? Encore en train de faire la noce ! Est-ce que tu penses seulement à ton fils qui se demande s'il a encore une mère ? Le pauvre chérubin se plaint de ne te voir qu'en coup de vent. Mauvaise mère ! Tu ne t'intéresses même plus à tes dessins. Y en a que pour cet ivrogne de Lautrec. Tu finiras mal, ma petite, c'est moi qui te le dis...

Persuadée que ces reproches étaient justifiés, Maria allait se coucher sans répondre. Il n'était que trop vrai qu'elle était en train de gâcher ses dons et son avenir d'artiste. Qui donc s'intéressait encore à ses gribouillis ? Lautrec avait assez à faire avec son propre travail pour tenter de la propulser dans le milieu de la peinture. Il avait oublié, ainsi que Zando et Bartholomé, sa promesse de la présenter à Degas. Seule Clotilde lui témoignait quelque attention mais lui vouait une sympathie inefficace. Son petit univers se délitait : Zando ne parlait que de son retour en Italie, Gauzi semblait enfin décidé à quitter Paris pour sa province et Steinlen préférait la compagnie de ses chats à celle des humains, fût-ce les femmes.

L'été de la pluie, Maria avait sollicité des gamines du quartier pour poser nues. Elle y avait pris beaucoup d'intérêt : c'était pour elle une plastique nouvelle qui la changeait des séances avec Maurice, trop remuant et sans patience. Elle avait dû renoncer à utiliser ces jeunes modèles le jour où une mère de famille était venue faire du scandale et menacer de porter plainte.

Depuis cet incident, Maria macérait dans une impuissance créative. Clotilde venait de temps à autre poser pour elle, lui amenait des gouines du Hanneton ou de la Souris, la rabrouait : avec le talent qui était le sien elle n'avait pas le droit de renoncer. Elle devait se faire connaître.

— Si j'arrête, répondait Maria, ce ne sera pas une grosse perte pour l'art. Quand je vois le talent des peintres que je connais, j'ai conscience de mes insuffisances et ça ne m'encourage pas à poursuivre. Ma mère a raison : je finirai peut-être sur le trottoir.

Les larmes aux yeux, Clotilde la consolait à sa manière :

— Ma chérie, je ne te laisserai pas sombrer. Le jour où tu te décideras il y aura une place pour toi au Hanneton...

Lautrec rentra un soir tout guilleret d'une promenade avec Zando et l'un de ses amis, un étudiant en médecine, Bourges, ami des peintres.

— Ma chère, dit-il en embrassant Maria, ce soir je t'invite à l'inauguration du Moulin-Rouge. C'est une nouvelle boîte qui vient de s'installer à Pigalle. Le patron, Zidler, est un pote et il tient à ma présence. Il m'a commandé deux grandes toiles qu'il fera accrocher au-dessus du bar. Va falloir te faire belle. Y aura du linge...

Cet établissement n'avait d'un moulin que le nom et le décor artificiel. Il remplaçait le Bal de la Reine Jeanne, une boîte poussiéreuse qui avait fait son temps.

Ce qui frappait d'emblée, à peine avait-on pénétré dans le jardin intérieur, c'est un éléphant en stuc de dimensions monumentales, reliquat de l'Exposition universelle de 89, inaugurée par le président de la République, Sadi Carnot, dans un Paris tourmenté par les attentats anarchistes. Un spectacle se déroulait à l'intérieur du monstre : la Macarona, une ancienne prostituée reconvertie dans le cabaret, et quelques filles délurées y donnaient des numéros de danse du ventre. En attendant le spectacle de dix heures, la clientèle se promenait à dos d'âne dans les allées du petit parc.

Une salle de vastes dimensions était destinée principalement à la danse. Les glaces s'y renvoyaient un décor constitué d'un foisonnement de drapeaux. Les tables s'éparpillaient autour de la piste entourée d'un promenoir.

Vêtu d'un frac noir, une rose au revers de la veste, Zidler s'avança vers Lautrec, lui serra la main, baisa celle de Maria.

— Fichtre ! dit Lautrec, votre boîte est du dernier chic. Je sens que je vais m'y plaire. Enfoncé le bal Mabille et les guinches de la rue de Lappe !

— Mon cher, dit Zidler, vous êtes invité en permanence et aux frais de la maison. Il y aura toujours pour vous du champagne et une table. Tout est prêt pour l'ouverture. Il ne manque que vos peintures. Je vous rappelle votre promesse.

— Je la tiendrai, dit Lautrec.

Le spectacle débuta avec un pot-pourri d'airs d'Offenbach, à dix heures pile. La foule, sortant de l'éléphant d'où montait une musique orientale ou revenant d'une promenade à dos d'âne, se porta vers la grande salle.

Lautrec ne tenait plus en place. Il saluait à droite et à gauche à coups de chapeau, lançait des plaisanteries, vidait coupe sur coupe le champagne de la direction, oubliait de sortir de sa poche son carnet à dessins qui ne le quittait jamais.

— Je me sens revivre, dit-il à Maria. Ce lieu est pour moi une sorte de paradis. Ce champagne, cette musique, toutes ces filles...

Il demanda une autre bouteille qu'on lui apporta illico.

Très vite il fit du Moulin-Rouge à la fois son lieu d'élection et son havre de grâce. À peine y avait-il pénétré il se sentait ivre de parfums de femmes, de lumière, de couleurs, de musique et de mouvement. Il ne tarda pas à connaître et à tutoyer les acteurs et les actrices, les filles du *cancan* et du *chahut*, cette cordace païenne et licencieuse qui débutait aux environs de minuit, alors que le Père la Pudeur, fonctionnaire aux Bonnes Mœurs, somnolait au vestiaire.

La vedette principale du spectacle était Jane Avril. Fille d'une demi-mondaine et d'un prince italien, elle s'était produite dans un cirque comme écuyère en même temps que Maria et Clotilde, avant de régner sur la scène de ce qu'on appelait un *music-hall* pour sacrifier à la mode anglo-saxonne. Elle se piquait de littérature et l'on connaissait quelques-uns des écrivains qui avaient été ou étaient ses amants, notamment Alphonse Allais et Maurice Barrès, qui en avaient fait leur égérie. Aucune vulgarité dans ses numéros de danse : elle était l'élégance, elle était la grâce. On l'appelait Mélinite, du nom d'un nouvel explosif, car elle faisait sauter les cœurs comme on jongle.

Lautrec fit de cette danseuse des portraits dans diverses attitudes, mais il lui préférait des filles plus vulgaires, plus peuple, comme la Goulue, Grille d'Égout ou la Môme Fromage.

Étoile du quadrille composé par Zidler lui-même, la Goulue avait pour partenaire une sorte d'échalas au visage de gouape, d'une vivacité et d'une souplesse époustouflantes : Valentin le Désossé. Grille d'Égout, qui devait ce sobriquet à ses incisives espacées en créneaux, était, avec la Môme Fromage, l'étoile du « bataillon des vierges folles ». Zidler ajoutait : « Folles, sans conteste. Vierges, allez savoir... »

Lorsque le cancan se déchaînait, une écume de falbalas déferlant sur la piste dans un emmêlement de jambes gainées de noir, et que l'orchestre donnait à plein, on voyait surgir Nini Pattes-en-l'air, Demi-Siphon, la Sauterelle, Cléopâtre, Tonkin et Caca qui, levant la jambe à l'horizontale, jouaient à décoiffer les messieurs du premier rang.

Lautrec était aux anges. Passé l'effet de surprise des premières soirées, il dessinait sans relâche, saisissant au vol une attitude ou l'expression d'un visage déformé par l'effort. Autant de caricatures qui, dans le laboratoire magique de son atelier, se transformaient en œuvres d'art. Il ne retournait plus qu'en de rares occasions au Chat noir, au Mirliton ou au bordel, renonçait aux bars louches où naguère il avait traîné ses grègues : il avait découvert son univers d'élection et s'y épanouissait comme un oranger dans une serre chaude.

Il ne vivait pleinement son rêve que lorsque débutait le *chahut*. À ce moment-là, les filles se laissaient aller et certaines, négligeant d'enfiler leur culotte, exhibaient leur anatomie au naturel. Un vent de délire soufflait alors sur l'assistance. Hommes et femmes quittaient leur siège pour se mêler sans retenue à ces ballets orgiaques. Déjà ivre depuis le début de la soirée, la Goulue passait de table en table pour vider les bouteilles.

Amoureux fou de toutes ces garces, Lautrec ne montrait qu'indifférence pour une autre étoile de la troupe : le Pétomane.

— Vous avez tort, lui disait Zidler. Ce petit bonhomme est un véritable artiste. Figurez-vous, mon cher, qu'il a l'anus aspirant. Je l'ai vu, de mes yeux vu, vider plusieurs litres d'eau et la restituer, claire comme du cristal. Son tour de force, c'est la musique qu'il peut émettre grâce à des sphincters élastiques. Il peut vous imiter le ténor, le baryton, la basse et le soprano. Je l'ai même entendu faire des vocalises et des pizzicati. Un phénomène, je vous dis ! Et tout cela parfaitement inodore. Il se produit à l'éléphant, de huit à neuf. Venez donc. On s'y bouscule...

Maria était dans une grande confusion.

Elle venait de recevoir un mot de Miguel Utrillo lui annonçant un séjour à Paris. Il comptait la retrouver, voir enfin son fils qu'il ne connaissait que grâce aux dessins que lui avait adressés Maria. Elle se demanda quelle attitude adopter en sa présence. Elle l'avait aimé ; il était même l'objet du plus bel amour qu'elle eût connu, mais il avait pris vis-à-vis d'elle une telle distance, ne lui écrivant que de temps à autre pour lui envoyer un mandat, qu'elle ignorait si elle allait se réjouir de ce retour ou l'éconduire.

— Refuser de le voir ? protesta Madeleine. Tu n'y penses pas sérieusement ? Un monsieur qui va peut-être te mettre la bague au doigt !

— Cesse de rêver, maman ! Tu as oublié que Miguel est marié et père de deux garçons. D'ailleurs je n'éprouve plus aucun sentiment pour lui.

En feuilletant ses liasses, elle retrouva un dessin qu'elle avait fait de lui au temps de leurs amours. Miguel était beau avec son visage émacié à la Greco, ses petites moustaches de mousquetaire, son doux regard perdu dans le vague. Comment allait-elle le retrouver ? L'aimait-il encore ?

Maria ne dit rien à Lautrec de ce retour. D'ailleurs, l'artiste travaillait avec acharnement aux grandes toiles promises à Zidler. Il la délaissait un peu car il avait repris sa fréquentation des bordels, celui notamment de la rue des Moulins, dans le quartier chic de l'Opéra et de la Madeleine ; il y trouvait à la fois une pâture pour ses œuvres graveleuses et une satisfaction aisée à des appétits sexuels proportionnellement inverses à sa taille.

À peine arrivé à Paris, Miguel adressa un poulet à Maria : il avait trouvé une chambre dans un hôtel proche de la place Pigalle et lui fixait un rendez-vous en souhaitant qu'elle lui amenât son fils.

— Je n'irai pas ! dit Maria.

— Tu iras ! répliqua Madeleine, ou alors tu n'es plus ma fille.

Maria fit en bougonnant un brin de toilette : sobre et digne. Miguel l'attendait dans la salle de réception, devant un bock. En évitant de se faire remarquer de lui, elle l'observa quelques instants à travers la vitre. Il n'avait guère changé depuis six ans : toujours cette minceur de torero, cette moustache taillée plus rigoureusement, ces cheveux plats et très bruns.

Il se leva en la voyant paraître. Ses traits exprimèrent un sentiment de gravité lorsqu'il se pencha vers son fils pour l'embrasser.

— Ce monsieur est ton papa, dit Maria.

Elle se laissa prendre à pleins bras par Miguel et constata qu'il était secoué d'un léger tremblement. Elle lui rendit son baiser, respira sur lui une délicate odeur de cigare et d'eau de toilette. En l'invitant à s'asseoir, il lui prit les mains en bredouillant :

— Maria... Maria... Tu ne peux pas savoir ce que j'éprouve. Des regrets... Des remords... Il fallait que je parte, tu comprends ? Il y allait de ma carrière, de mon avenir. Au bout de quelques jours, j'ai failli reprendre le train pour Paris, mais j'ignorais comment tu me recevrais après notre querelle.

— Laissons cela, dit-elle. Tu n'as pas changé, Miguel.

— Toi si ! J'ai quitté une jeune fille, presque une adolescente, et je retrouve une femme. Une femme qui...

— J'ai soif ! lança Maurice.

Miguel commanda une grenadine pour le petit, une bière pour Maria. Il s'enquit de l'âge de Maurice, de sa santé, de ses dispositions naturelles.

— Il aura six ans en décembre, dit Maria. Il n'est pas très grand pour son âge mais sa santé est bonne, c'est l'essentiel. Quant à ses dispositions naturelles...

Maurice se plaisait à dessiner, comme elle à son âge ou à peu près. Il s'intéressait surtout aux maisons, qui paraissaient le fasciner. Elle demanda à Miguel s'il lui trouvait des ressemblances avec lui lorsqu'il avait son âge. Miguel ne sut que répondre.

Il alluma un cigare, raconta sa vie depuis qu'il avait quitté Paris.

Il avait voyagé à travers l'Europe pour conforter ses connaissances en agronomie, s'était retrouvé à Barcelone pour y poursuivre et terminer ses études en vue d'exercer une profession à laquelle il avait fini par renoncer pour choisir une carrière de journaliste à *La Vanguardia*, le grand journal de la Catalogne. Il revenait à Paris pour une période indéfinie, à titre de correspondant artistique et littéraire : un travail qui lui plaisait bien, d'autant qu'il connaissait Paris et qu'il se proposait de renouer avec la petite colonie de peintres espagnols qui vivaient et travaillaient à Montmartre.

Il demanda à Maria de lui parler d'elle, de la vie qu'elle menait, de sa vocation d'artiste. Elle haussa les épaules : le train-train, quelques amis peintres comme Puvis, Gauzi, Zando, Lautrec, Renoir...

— Fichtre ! dit-il en souriant, tu es bien entourée. Ces dieux tutélaires devraient faire de toi une artiste en renom. Où en es-tu ?

Elle jugea bon de ne pas lui révéler ses doutes, ses accès de découragement mais lui exprima son désir de faire de son art, en dépit de ses hésitations, le but de son existence.

— As-tu trouvé à te loger ? dit-elle. Ta femme et tes enfants t'ont-ils suivi ou vont-ils te rejoindre ?

— Ils sont restés à Barcelone, dit-il d'un ton glacé, comme s'il eût voulu éluder cette question. Je vais vivre à Montmartre. Le propriétaire du Moulin de la Galette a accepté de me louer une chambre, comme autrefois. Tu vois, c'est le retour de l'enfant prodigue.

Maria refusa un autre bock en prétendant qu'elle devait rentrer : Maurice commençait à balancer ses jambes, signe d'impatience ; Madeleine les attendait pour dîner.

— Nous reverrons-nous ? dit-il en se levant.

— Pourquoi pas ? Viens donc visiter mon atelier. Il est des plus modestes mais je m'y plais. Tu n'y trouveras pas de chefs-d'œuvre. C'est au numéro sept de la rue Tourlaque, premier étage...

Lautrec avait son visage des mauvais jours, sa voix grinçante, ses gestes brusques, ses trépignements.

— Décidément, je ne peux plus compter sur toi ! s'écria-t-il. Où étais-tu encore passée ? Tu m'as fait faux bond hier et aujourd'hui tu arrives avec deux heures de retard ! J'ai autre chose à faire qu'à attendre que Mlle Valadon daigne se présenter. Le ménage reste à faire, tout traîne. D'où sors-tu ?

Elle se contenta de sourire : à quelques détails près c'est le refrain que sa mère lui chantait fréquemment. Il explosa :

— Ça te fait rire ? Tu te fous de moi, Maria ? Hein, quoi ?

Elle prit un ton très posé pour lui répondre :

— Monsieur le comte, je ne suis pas votre bonniche. Monsieur abuse de ma gentillesse. Il faut que je lui serve de modèle, de maîtresse, de femme de ménage. Et tout ça pour quelques picaillons : une misère !

— Hein, quoi ? Je ne suis pas riche, et tu le sais. Ma mère, cette sainte femme, m'aide de son mieux, mais sa fortune n'est pas inépuisable.

— Vraiment ? Ce château qu'elle vient d'acquérir dans ta province : Malromé. On lui en a fait cadeau, sans doute ?

Il brisa son pinceau, jeta son chapeau sur le parquet, le piétina, courut en claudiquant vers le placard aux cocktails, se servit un verre d'absinthe qu'il avala sans le noyer d'eau. Quand il revint vers elle, le verre tremblait dans sa main. Il hurla :

— Je t'interdis toute allusion à ma famille ! Tu voudrais peut-être que je te passe la bague au doigt ? Imagine un peu : Henri-Marie, comte de Toulouse-Lautrec-Monfa, héritier des comtes de Toulouse qui furent les héros de la Croisade, les défenseurs des cathares, épouser une... une...

— Une putain ? Eh bien, dis-le ! T'épouser ? Non mais : regarde-toi !

Il chancela, lui jeta au visage ce qui restait dans son verre, s'écria :

— Fous le camp, salope ! Nous n'avons plus rien à nous dire. Allez du vent !

Ce n'était pas leur première dispute, mais celle-ci, de toute évidence, indiquait une rupture. Maria essuya son visage, mêlant quelques larmes aux traces d'absinthe.

— Ça devait arriver, dit-elle. Je me doutais bien que tu en avais assez de moi, que tu te suffisais des filles de bordel et des garces du Moulin-Rouge. Et cette Rosa la Rouge que j'ai trouvée endormie dans ton lit l'autre matin...

Il bredouilla :

— Hein, quoi ? Rosa est un de mes modèles. Elle a bien le droit de se reposer de temps en temps, non ?

— C'était une de tes maîtresses et tu l'as reprise. Je te connais bien, Lautrec : tu ne crois pas à l'amour. Seul le sexe a de l'importance pour toi. Et moi, pauvre dinde, qui croyais, qui m'imaginais... Tu es le dernier des salauds. Adieu !

À quelques heures de cette querelle, Lautrec venait de fermer à clé la porte de son atelier pour travailler en paix quand une rumeur de voix dans l'escalier attira son attention. Il se dit que Zando rentrait ivre et faisait du boucan chez le concierge, comme cela lui arrivait fréquemment, quand on frappa à la porte. Il refusa de répondre. À travers le panneau, il entendit la voix de Gauzi.

— Je sais que tu es là. Descends vite ! Maria vient de se suicider.

Lautrec jeta sa palette sur la table, se précipita sur le palier, se pencha au-dessus de la rampe et appela Gauzi qui redescendait en trombe. Il hésita à s'engager dans l'escalier car il sentait que ses jambes ne le porteraient pas. Il ne se décida qu'en entendant la voix de Gauzi qui le pressait de descendre.

Du bout de sa canne, il écarta le groupe des voisins et des amis qui encombraient le palier, s'avança jusqu'au lit où gisait Maria, immobile, le visage d'une blancheur de craie. Madeleine était assise à son chevet, un mouchoir sur la bouche, les yeux humides.

— Elle est... bredouilla-t-il.

— Rassure-toi, dit Gauzi. Elle n'est pas morte mais elle l'a échappé belle. Elle a avalé une fiole de laudanum. Si sa mère n'était pas intervenue et ne l'avait pas obligée à vomir, elle serait déjà dans un autre monde.

— Madame Valadon, balbutia Lautrec, je ne pouvais pas savoir. Je suis désolé, je...

— Désolé ! gémit Madeleine, c'est tout ce que vous trouvez à dire ? Ce qui arrive est de votre faute. Vous êtes un misérable. Cette pauvre petite... Vous n'avez pas deviné qu'elle vous aime ?

Gauzi prit Lautrec par le bras, l'attira au-dehors.

— Ne reste pas là, dit-il. Inutile d'ajouter à la peine

de cette malheureuse. Montons chez toi. J'ai à te parler.

Il dut le porter dans ses bras pour l'aider à remonter au quatrième. Lautrec tremblait et geignait comme un animal pris au piège. Gauzi lui servit un verre d'eau-de-vie et le fit s'allonger sur le divan.

— Cet incident, dit-il, est regrettable mais moins qu'on ne pourrait le penser. Finalement, c'est pour toi une bonne chose.

— Maria... gémissait Lautrec. Ma pauvre Maria...

— Ta Maria, comme tu dis, ne te méritait pas. Elle te trompait outrageusement, comme elle a trompé Zando, moi et quelques autres. Tout rentre dans l'ordre. Sais-tu quelle était son ambition ? Je vais te le dire...

La veille, en remontant à son appartement, son attention avait été attirée par le bruit d'une dispute venant de l'atelier par la porte entrebâillée. Les deux femmes discutaient avec âpreté, en poussant des cris. Il en ressortait que Maria avait manœuvré pour se faire épouser par son amant, ce que Madeleine n'acceptait pas : un ivrogne, un dégénéré, un salaud... Même avec un titre de noblesse, ce n'était pas un homme qu'on pouvait épouser.

— Tu as failli tomber dans un piège, mon pauvre ami, dit Gauzi. Au moins, est-ce que tu aimais cette garce ?

— Oui... non... j'en sais rien.

— En acceptant de l'épouser tu aurais fait la plus grande sottise de ta vie. Ta famille t'aurait renié. Serais-tu allé jusque-là ?

— Jamais ! Me marier, moi ? Tu plaisantes, François ! Tu me vois devant le maire et le curé, au bras de cette catin ?

Il se remit à gémir.

— N'empêche ! Elle a voulu se tuer, par ma faute...

— J'ignore si elle en a eu vraiment l'intention. Si tu veux mon avis, ça n'était que comédie. Le laudanum n'a jamais tué personne. L'opium qu'il contient ne fait que provoquer un profond sommeil et détraquer l'estomac. Pourquoi en est-elle arrivée à ce chantage ?

— Nous nous sommes querellés. Elle devenait insupportable, manquait nos rendez-vous, négligeait les soins du ménage, me traitait comme un chien. Elle est comme ça depuis le retour d'Utrillo, le père putatif de Maurice. Elle l'a revu. J'ai la conviction qu'ils ont repris leurs relations et, ça, nom de Dieu, je ne peux pas le supporter !

Gauzi ne put réprimer un éclat de rire.

— Tu me surprends, Henri ! Jaloux, toi ? On aura tout vu. Tu vas me faire une promesse : renonce à cette gigolette. Elle ne vaut pas le chagrin qu'elle te cause...

Maria ouvrit les yeux. Surprise de se trouver dans son lit, elle regarda autour d'elle. Le soir venait de tomber. De l'autre côté de la rue, on allumait les réverbères. Son étonnement fut à son comble lorsqu'elle aperçut à son chevet sa mère et Maurice, la mine soucieuse, les mains croisées entre leurs genoux.

— Qu'est-ce que je fais là ? dit-elle. Quelle heure est-il ?

— Maman, dit Maurice, tu es malade ? Pourquoi t'es pas venue m'attendre à l'école ?

— Va faire tes devoirs à la cuisine, dit Madeleine. Ta mère a encore besoin de se reposer.

Lorsque l'enfant eut poussé la porte derrière lui, Madeleine approcha sa chaise du lit.

— Pourquoi tu as fait ça ? dit-elle.

— Qu'est-ce que j'ai fait ?

— Tu te souviens vraiment pas ? Tu es allée chez le pharmacien, tu as acheté un flacon de laudanum et tu l'as avalé.

Tout ce qui émergeait dans la tête embrumée de Maria, c'étaient des bruits de voix : la sienne, celle de Lautrec et celle de Madeleine qui se coupaient l'une l'autre, sans la moindre cohérence. Madeleine lui rappela sa dispute avec Lautrec, la discussion qu'elles avaient eue peu après. Elle avait surgi dans l'atelier de

Maria en entendant le bruit sourd d'un corps tombant sur le plancher. Elle avait alerté le concierge qui avait pris sur lui de prévenir le médecin du quartier, lequel avait conclu que les jours de cette pauvre fille n'étaient pas en danger, qu'il fallait simplement la laisser se reposer.

— Tu aurais pu penser à moi et à ce pauvre Maurice, pleurnicha Madeleine. Qu'est-ce que nous serions devenues sans toi ?

Elle ajouta d'une voix raffermie :

— Au fond, à quelque chose malheur est bon. Si ça pouvait te guérir de ce dégénéré...

Guérir de Lautrec.

Après leur querelle, Maria avait sérieusement envisagé une rupture définitive. Elle n'avait cessé de retourner dans sa tête les perspectives d'une vie sans lui, et il ne lui était venu que des images de solitude et d'ennui. Lautrec avait enrichi son existence d'une telle présence, l'avait peuplée d'une telle masse d'événements et de personnages qu'une rupture finissait par lui apparaître comme le terme de sa vie terrestre. Lui demander de l'épouser ? elle y avait songé, mais sa mère refusait l'éventualité d'une union avec cet être difforme, accablé de tous les vices. Même si sa fille pouvait endosser un titre de comtesse... Maria, comtesse de Toulouse-Lautrec !

Si Lautrec lui avait fait cette proposition, aurait-elle accepté ? Cette perspective tantôt la tentait, tantôt la révulsait. Elle se doutait bien que cette idée n'avait jamais germé dans l'esprit du nabot. Lui avait-il assez répété qu'il abhorrait le mariage ?

Maria se rendormit pour ne se réveiller que fort tard, le lendemain. En se regardant dans la glace, elle constata que son visage ne gardait pas de traces visibles de sa tentative de suicide. Et même, singulièrement, elle sentait dans tout son être sourdre une énergie nouvelle, comme si cette longue plongée dans l'inconscient l'avait régénérée.

Elle déjeuna de bon appétit, entre sa mère et Maumau qui l'observaient d'un regard inquiet et douloureux. De temps à autre elle jetait un coup d'œil ironique au bouquet de roses rouges que Lautrec lui avait fait livrer ; elle avait résisté au désir de le faire retourner à l'envoyeur, mais c'eût été manifester envers lui un intérêt, même hostile, ce à quoi, préférant jouer l'indifférence, elle se refusait.

Abandonnée par Lautrec, elle se dit qu'il allait falloir envisager une stratégie propre à faire face à cette situation nouvelle. Reprendre ses séances de pose devenait une obligation impérative. Elle s'arma de courage et alla solliciter ses amis peintres.

Dans son atelier de la place Pigalle, qui jouxtait son appartement, Puvis de Chavannes travaillait à des études qui ne requéraient que rarement la présence de modèles masculins ou féminins. Côté femmes, il était pourvu : une jeune Américaine, amie de Mary Cassatt, venait à l'occasion poser pour lui. Il ne laissa pas repartir Maria sans lui demander des nouvelles de leur enfant et lui donner une petite somme.

Elle relança Zando. Cet artiste était à bout d'énergie : durant plus d'un an, il s'était battu pour réaliser une série de nus dans le style de Degas, mais avec un naturalisme moins poussé. Il penserait à elle dès qu'il aurait terminé cette tâche épuisante. Il songeait à une série de gravures destinées à figurer dans une exposition, avec celles de Mary Cassatt, bien qu'il ait eu avec cette artiste des rapports conflictuels : elle admirait son talent ; il jugeait le sien médiocre.

— Tu devrais revenir voir le père Renoir, lui conseilla Zando. M'étonnerait qu'il ne te fasse pas travailler. Il t'estime beaucoup et répète partout que tu as été son modèle le plus précieux.

Maria se rendit chez Renoir à quelques jours de là. Elle le trouva déprimé.

— Tu viens contempler le fantôme de Renoir ? dit-il.

Elle embrassa l'atelier d'un regard.

— Je ne vois ici aucun fantôme, dit-elle.

Elle avait eu un sursaut en le voyant : elle l'avait connu maigre et le retrouvait squelettique, joues creuses, cou tendineux sous la barbe en broussaille, mais avec dans l'œil la même paillette de malice qui lui plaisait.

— Hé oui ! dit-il en la faisant asseoir, je ne suis plus le même homme. Mon mal porte un nom : rhumatismes. J'en souffre atrocement. Pour peindre, c'est la galère.

Il avait passé des semaines en Provence où il avait pris un sévère coup de mistral glacé qui l'avait mis sur le flanc. L'automne écoulé, il avait séjourné chez le frère de Manet, Eugène, qui se trouvait avec son épouse, Berthe Morisot, à Mézy-sur-Seine, agglomération proche de Meulan. Son mal n'avait fait qu'empirer.

— Je me suis décidé à franchir le pas, poursuivit-il, et à épouser Aline. C'est une bonne ménagère et je n'en demande pas plus. Elle veut d'autres enfants ? Je lui en donnerai. Dieu merci, de ce côté-là, les rhumatismes n'ont pas de prise.

En faisant le tour de l'atelier, Maria tomba en arrêt devant une étude de nu représentant une jeune femme, presque une adolescente, occupée à peigner sa longue chevelure dans un jardin.

— Un nouveau modèle, dit-il. Il s'agit de Gabrielle, une cousine d'Aline. Elle est bath, hein, la petite garce ? Potelée à souhait, avec des tétons splendides. Elle n'a pas dix-huit ans...

— Vous restez fidèle à votre avis sur les modèles, maître ? Au-dessus de dix-huit ans, une femme est bonne à jeter.

Il éclata de rire.

— Il ne faut pas prendre au pied de la lettre toutes

les âneries que je débite ! Ainsi toi : tu es encore bonne à croquer à vingt-cinq ans.

Il poursuivit :

— Je peins actuellement des scènes d'intérieur : des natures mortes, des fleurs, des fillettes au piano ou dans le jardin. Ce que peignent ordinairement les artistes sur le déclin.

— Allons, maître, cessez de vous tourmenter et de vous faire plaindre ! Vous êtes en pleine possession de vos moyens. Le goût des modèles nus vous reviendra vite.

— Que Dieu t'entende, mon enfant ! Ce jour-là, quoi que puissent en penser Aline et Gabrielle, je ferai de nouveau appel à toi.

Maria se souvint brusquement de Paul Bartholomé.

Il lui avait jadis témoigné de l'amitié et de la confiance, l'avait encouragée à poursuivre son travail d'artiste. Elle avait depuis des années cessé de le voir alors qu'il commençait à devenir célèbre, moins comme peintre que comme sculpteur. Les bustes en cire qu'il avait exposés récemment avaient attiré l'attention sur lui beaucoup plus que les pastels pour lesquels Maria avait posé.

Elle le trouva à la Nouvelle-Athènes, seul devant un bock, dans l'attente de ses amis. Il lui ouvrit les bras et l'invita à lui tenir compagnie. Ces quelques années, grâce à un succès qui ne faisait que se confirmer, il avait perdu l'aspect sinistre qu'elle lui avait connu et semblait avoir jeté le souvenir de son épouse aux oubliettes.

— Vous êtes très belle, dit-il. Accepteriez-vous de poser pour un nu ? Je ne fais pratiquement plus que de la sculpture et m'en trouve fort bien. On compte me confier un monument aux morts pour le Père-Lachaise. Rien n'est encore décidé mais j'ai bon espoir que mon projet soit agréé.

Il lui demanda de ses nouvelles.

— Je n'ai pas eu votre chance et n'ai pas votre

talent, dit-elle. Mes dessins, mes pastels, mes sanguines, qui en voudrait ? Et pourtant je suis toujours possédée par la fureur de dessiner et de peindre. Mes tentatives pour me faire connaître se perdent dans l'indifférence.

— Il ne faut pas désespérer. Vous avez beaucoup de talent. Encore faut-il le montrer. Cette discrétion vous honore mais ne vous mène à rien. On vous jugera sur votre talent, pas sur votre modestie.

Il se gratta la barbe d'un air méditatif et dit soudain :

— Ne vous avais-je pas proposé de vous présenter à Edgar Degas ? Vous savez que nous sommes les meilleurs amis du monde et que nous sommes parmi les rares artistes à réaliser des sculptures en cire. J'ai rendez-vous chez lui après-demain. Il revient de Genève où il a passé quelques jours chez son frère Achille. Voulez-vous m'accompagner ?

— J'aurais mauvaise grâce à refuser.

Il lui présenta ses amis qui arrivaient en groupe.

— Maria Valadon, dit le dessinateur Forain, je vous connais. N'avez-vous pas posé pour des maîtres comme Puvis et Renoir ? Heureux de vous rencontrer : j'ai admiré les *Grandes Baigneuses* de Renoir, où vous figurez. On se demande qui a le plus de talent du modèle ou du peintre. Certains modèles peuvent avoir du génie...

Forain... Elle avait vu ses dessins humoristiques dans des gazettes illustrées. Passé une période de vaches maigres et de bohème échevelée où, vêtu de la tenue des garibaldiens et roulant à tricycle, il tentait de placer ses dessins féroces dénonçant les tares de la société bourgeoise, il était depuis peu reconnu, roulait carrosse, habitait un hôtel particulier, rue Spontini. Sans se départir de sa verve populaire et sarcastique, il vivait en bourgeois et, comme Bartholomé, faisait partie du cercle de Degas.

— Si vous êtes disponible, dit-il, je serai ravi que nous collaborions...

XV

INVENTAIRE AVANT LIQUIDATION

Maria faillit renoncer, au dernier moment, à rencontrer Edgar Degas.

Tour à tour Zando, Bartholomé, Lautrec et Forain l'avaient préparée à ce rendez-vous qui, pour elle, revêtait une importance exceptionnelle. Leurs avis étaient unanimes : elle pouvait attendre de cette confrontation le meilleur ou le pire ; Degas était capable de la congratuler ou de lui jeter ses dessins à la figure. On ne pouvait pas savoir. Le moindre détail pouvait l'émouvoir ou l'irriter.

Seul Bartholomé l'avait préparée avec soin, comme un chevalier sur le point d'être adoubé. Elle devrait s'habiller avec élégance mais sobriété, soigner surtout son chapeau en veillant à éviter telle ou telle couleur qu'il détestait, s'efforcer de faire peuple plus que bourgeois, parler modérément, éviter de porter des jugements sur ses œuvres, sauf s'il le demandait, ne pas vouloir se montrer cultivée car il avait horreur des bas-bleus.

— Combien comptez-vous lui présenter de dessins ?

— Une cinquantaine.

— Vingt suffiront, avec quelques pastels.

Bartholomé ajouta en l'embrassant :

— Soyez courageuse. De toute manière, je serai

près de vous. Tout se passera le mieux du monde, à condition que le Minotaure se soit levé du pied droit.

Degas demeurait au numéro 37 de la rue Victor-Massé, non loin de chez Renoir. Il occupait trois étages d'un immeuble où il avait appartement et atelier.

Les pièces du premier étage étaient consacrées aux collections de peinture. Il avait installé son appartement au second : quatre pièces sur lesquelles régnait une impératrice en bonnet de dentelle, sa gouvernante, Zoé Closier ; cette ancienne institutrice transformée en cerbère le menait à la baguette comme jadis ses élèves ; Degas cédait devant son autorité car, sans cette femme qui connaissait ses habitudes, il eût été comme un enfant perdu... Au troisième étage s'ouvrait son atelier. S'ouvrait... façon de parler car nul n'avait le droit d'y pénétrer en son absence, comme dans un laboratoire, de crainte que le moindre déplacement d'objets ne compromette l'équilibre de son petit univers.

Bartholomé frappa trois coups espacés, signal convenu.

— Souriez ! dit-il. Zoé nous observe par le judas. Tâchez de vous montrer aimable avec elle. Elle a beaucoup d'influence sur son maître.

Maria était au supplice. Elle avait gardé son mouchoir à la main et, de temps à autre, s'essuyait machinalement le visage. Elle sentait ses jambes se dérober sous elle et un frisson désagréable lui courir dans les reins. Lorsque la porte s'ouvrit, elle ressentit une douloureuse contraction dans la gorge, comme sous le coup d'une émotion intense.

— Vous êtes en retard, dit Zoé. Le maître vous attend.

Bartholomé fronça les sourcils et faillit riposter : d'après sa montre, on était en avance de quelques minutes. Zoé ajouta que le maître se tenait dans le salon et qu'il faudrait éviter de le fatiguer en restant plus longtemps qu'il n'était nécessaire. Ses bronches le tracassaient toujours malgré ses cures à Cauterets et au Mont-Dore.

— C'est qu'il n'est pas raisonnable, voyez-vous. Il sort sans précaution, oublie son chapeau ou son parapluie...

Tandis que Zoé s'adressait à Bartholomé, c'était Maria qu'elle examinait, sans que rien dans son comportement marquât la moindre hostilité. Cette Picarde bien ronde, qui avait l'aspect d'une bonne de curé, gardait un visage de marbre.

Le maître occupait un fauteuil de cuir, dans un pâle rayon de soleil, près d'une fenêtre donnant sur une cour profonde comme une citerne, laissant entrevoir un triangle azuré. Il avait le nez collé sur un journal ; depuis sa jeunesse il souffrait des yeux et, avec l'âge, son mal ne faisait qu'empirer.

Ce qui frappait d'emblée dans le personnage, c'était l'expression abrupte d'un visage au front haut avec des sourcils de cendre, un regard chargé d'ennui qui, sous la paupière lourde, semblait chercher à surprendre, derrière les apparences, la vraie nature des personnes.

Degas jeta son journal sur un fauteuil et se leva pour s'avancer vers ses visiteurs. Il embrassa Bartholomé, baisa la main de Maria et se rassit en montrant les sièges devant lui.

— J'étais en train, dit-il, de lire dans *L'Écho de Paris* un article d'Octave Mirbeau sur la mort de ce pauvre Van Gogh, à Auvers-sur-Oise. Quelle tristesse !...

Maria sursauta et pâlit.

— Vous paraissez surprise et émue, mademoiselle Valadon, dit Degas. Vincent s'est suicidé chez son ami, le docteur Gachet.

— Je le croyais encore en Provence, dit Maria. Quelque temps avant son départ, je l'ai rencontré. Il paraissait heureux de quitter Paris avec Paul Gauguin.

— Leur compagnonnage aura été bref, dit Bartholomé. Ils se querellaient sans arrêt, au point qu'un jour, pour marquer son dépit et sa colère, Vincent s'est tranché un morceau d'oreille. Il faut dire qu'il ne devait pas être facile à vivre. Quant à Gauguin...

— Un insolent, une brute... dit Degas. Nous avons eu des mots.

Il se frotta énergiquement les mains comme s'il venait de découvrir une aubaine.

— Mademoiselle, dit-il, permettez-moi de mieux vous connaître. Mes amis Zandomeneghi et Paul m'ont dit le plus grand bien de vos œuvres. J'ai hâte de les voir. Récemment, Renoir me parlait de vous : il ne tarit pas d'éloges sur vos qualités de modèle. Si vos talents artistiques sont à l'avenant, c'est la gloire qui vous attend.

En dénouant avec lenteur les lanières de son carton, Maria s'inventa des origines mystérieuses : un exercice d'illusionniste qui lui était familier et dans lequel elle excellait. Degas ne perdait rien de son propos, les mains à la tempe, le coude sur l'avant-bras du fauteuil, un petit sourire désarmant aux lèvres.

Il ne la laissa pas en finir avec sa fable.

— Voyons vos dessins ! dit-il.

Maria sentit son cœur s'affoler. Elle déposa dessins et pastels sur la tablette, devant le maître. Il prit délicatement les feuilles, une à une, les approchant de son visage comme pour les flairer.

— Veuillez m'excuser, dit-il. Je vois de plus en plus mal. Ma myopie s'est aggravée depuis dix ans, sans espoir de guérison. Peut-être quelque microbe attrapé en Louisiane. Certains jours, tout se brouille. Dans mes promenades, je dois porter des lunettes fumées car le soleil m'est pénible. Un drame pour moi, mademoiselle...

Tandis qu'il scrutait les dessins dont certains avaient été réalisés sur le papier Ingres de Lautrec, Maria et Bartholomé échangeaient des regards interrogateurs. Elle se sentit prise d'un vertige lorsqu'elle vit les sourcils du maître se froncer comme sous le coup d'une déception.

— Mademoiselle Valadon, dit-il d'un ton sévère, seriez-vous une fabulatrice ? Comment pouvez-vous prétendre qu'une autodidacte est l'auteur de ces dessins et de ces pastels ? J'ai peine à vous croire. Il y a là une maîtrise, une perfection dans le trait qui sont d'un artiste confirmé. J'exige la vérité avant d'aller plus loin.

Ce disant, il interrogeait son ami de son regard de menthe glacée. Bartholomé s'éclaircit la voix pour déclarer :

— Maître, je me porte garant de Mlle Valadon. Je puis vous assurer que personne ne l'a conseillée ni guidée. Moi-même, qui la connais bien, je ne suis jamais intervenu, sinon par des jugements. Seule la fréquentation des peintres a été son école. Ses dispositions remontent à sa prime enfance.

Le nez sur un dessin au crayon Conté représentant Maurice nu devant sa grand-mère au moment de la toilette, Degas bougonna :

— Difficile à croire... Il y a une sorte de perfection dans ce dessin. Rien de superflu. Et ce sens des volumes... Terrible ! J'achète.

— Plaît-il ? dit Bartholomé, interloqué.

— Je dis que j'achète ce dessin s'il est à vendre. Et celui-ci, si vous permettez. Ne soyez pas surpris, Paul : je suis persuadé de faire une bonne affaire.

Il ajouta en se levant, d'un air solennel :

— Mademoiselle Valadon, je suis heureux de vous annoncer que vous êtes des nôtres !

Il les invita à visiter son musée où figuraient des toiles de Tiepolo, du Greco, d'Ingres, de Delacroix et d'autres génies de la peinture, annonça à Maria que ses œuvres ne tarderaient pas à prendre place dans cet ensemble prestigieux. Avant de donner congé à ses visiteurs, il dit à l'oreille de Bartholomé :

— C'est votre maîtresse, cette petite, n'est-ce pas, Paul ? Vous la défendez si bien... Heureux homme !

— Vous vous méprenez, maître, répondit Bartholomé. Maria est seulement une amie pour moi.

Il n'avait pas fallu une semaine pour que reprissent les relations amoureuses entre Maria et Miguel. Il semblait que leur séparation se fût réduite à une période de vacances. Leur maturité confirmée leur donnait parfois l'impression de vivre l'existence d'un vieux couple qui aurait eu devant lui des années de bonheur paisible, sans surprises ni traverses. La rupture d'avec Lautrec avait ouvert à Maria une ère de disponibilité où elle avait libéré son ancienne passion, en écartant tout ce qui pût la compromettre.

Ils se retrouvaient chaque jour dans la petite chambre que Miguel avait organisée en lieu de travail. Les murs étaient ornés de photos et de dessins représentant des vues de Barcelone et de Sitgès. Pour ne pas choquer Maria, il avait éliminé tout ce qui concernait sa famille.

Certains soirs, lorsqu'ils rentraient à une heure tardive et répugnaient à escalader la Butte, ils restaient coucher rue Tourlaque, sans que Madeleine s'en formalisât. Il prenait son petit déjeuner avec elle avant de reprendre ses travaux de journaliste.

Maria retrouva Clotilde qui, de temps à autre, venait poser pour elle.

— Cette fille me déplaît, dit-il. Elle dégage un relent de stupre. De plus, j'ai l'impression qu'elle cherche à m'aguicher.

Maria éclata de rire.

— Tu te trompes ! Clotilde a viré de bord. C'est une gouine. Sais-tu comment Lautrec l'appelle ? « L'hétaïre amphibie » !

— Lautrec... On dit des choses singulières sur vos rapports...

— ... et on n'a pas menti. J'étais sa maîtresse et son

modèle en ton absence, mais j'ai rompu avec lui au bon moment. C'est une nature originale mais un monstre. Si j'avais décidé de le suivre, j'aurais sombré corps et biens.

— Tu le revois encore ?

Elle le revoyait. C'était inévitable. Ils se croisaient quotidiennement dans l'escalier ou dans la rue. Un jour, après des semaines de bouderie, il l'avait abordée alors qu'elle sortait de son atelier et lui avait avoué d'un air contrit :

— Tu me manques, Maria. Ma porte te reste ouverte. Si tu voulais...

Elle avait failli lui rire au nez.

— Reprendre une vie commune ? Tu plaisantes ? J'ai retrouvé mon équilibre. Il m'est trop précieux pour que j'y renonce.

Il lui avait demandé qui était ce bel homme à feutre mou qu'il voyait parfois sortir de chez elle. Elle ne lui cacha rien de cette liaison retrouvée et du bien qu'elle lui apportait, ainsi qu'à Maurice, qui adorait son père.

— Hein, quoi ? Maumau serait le fils d'Utrillo. Nom de Dieu, tu ne m'en avais jamais parlé !

— Je n'en voyais pas la nécessité.

Il s'était frotté vigoureusement la barbe avant de lui faire une proposition :

— Restons bons amis, et si tu veux continuer à poser pour moi...

Deux raisons poussèrent Maria à accepter : la cohabitation avec un génie lui manquait ; les émoluments qu'il lui versait comme à tout modèle professionnel seraient les bienvenus, car les aides qu'elle recevait de Puvis et de Miguel suffisaient à peine à faire vivre le ménage.

Trois ou quatre jours par semaine, durant deux heures chaque fois, elle posait, principalement pour des études de tête destinées à des scènes de cabaret dont il s'était fait une spécialité, et pour des scènes plus intimistes. Leurs relations se bornaient à ces quelques heures de travail. L'un comme l'autre surent résister à la tentation de les conclure sur le divan.

Cette réserve évita à Maria un grave inconvénient : en reprenant ses relations amoureuses avec Rosa la Rousse, Lautrec avait contracté une maladie vénérienne.

L'Auberge du Clou, avenue Trudaine, était devenue l'un des lieux de détente favoris de Miguel.

Les vastes locaux de cet établissement tenu par Tomaschet se partageaient entre un caveau orné de fresques, lieu de rendez-vous de la nouvelle bohème littéraire et, au rez-de-chaussée, plus paisible, une grande salle ornée d'un bric-à-brac d'ustensiles de cuivre, où se réunissaient pour des parties de manille des commerçants du quartier et des fonctionnaires. Courteline se retrouvait selon son humeur dans l'un ou l'autre de ces lieux qu'il animait de sa faconde et de ses histoires drôles.

À la limite de ces deux mondes un piano demi-queue et, assis à cet instrument, un pianiste chevelu, Erik Satie, qui attirait une clientèle de mélomanes.

Miguel se retrouvait dans le caveau en compagnie de quelques-uns de ses amis peintres catalans : Santiago Rusiñol, Ramon Casas, Mani Ferran, le graveur Carasso et le sculpteur Canudas, autant de joyeux compagnons qui se consolaient de leur exil par d'interminables palabres, des concerts de guitare et des beuveries de sangria.

Ce touche-à-tout de Miguel... Il avait jadis assisté au Chat noir à un spectacle d'ombres chinoises et, de retour à Paris, avait proposé au Clou le même type de spectacle. Il fut bien accueilli. Erik Satie proposa de composer une musique originale et Tomaschet de donner à son établissement une allure de cabaret. Le musicien Claude Debussy s'y rendait souvent, ainsi que le père d'un jeune prodige : M. Ravel.

Madeleine tolérait la présence de l'intrus, mais avec des restrictions. Que Maurice demeurât un enfant sans père lui gâtait la vie : c'était assez d'une enfant naturelle dans la famille. Elle souhaitait que Miguel adoptât Maumau.

— Jamais il n'acceptera, répondait Maria. Il a sa propre famille. Ça ferait un drame.

Lasse de ce harcèlement, elle en parla à Miguel qui, à défaut d'adopter Maurice, consentit à le reconnaître. L'acte fut passé à la mairie. Maria dit à son fils :

— Désormais tu ne porteras plus mon nom mais celui de ton père. Répète avec moi : Maurice Utrillo.

On fit une petite fête pour la circonstance.

Ce changement d'identité laissa Maurice parfaitement indifférent.

Maria l'avait fait inscrire au collège Rollin. Le moins qu'on puisse dire est qu'il ne s'y distinguait guère par des dons particuliers, si ce n'est un vague intérêt pour le dessin. De santé fragile, il tenait de sa mère une sauvagerie latente qui s'exprimait dans le regard, une mélancolie omniprésente et une propension au vagabondage. La ville l'attirait irrésistiblement ; échappant à la surveillance de Madeleine, il allait rôder sur les hauteurs de la Butte, à travers le maquis, dans le parc abandonné de la Belle-Gabrielle, au risque de faire de mauvaises rencontres. On devait parfois l'attendre pour le dîner. La grand-mère l'accueillait avec des invectives :

— Où es-tu allé traîner, galapiat ? Comment as-tu fait cet accroc à ton pantalon ? Tu t'es battu ? Tu as vu tes souliers ? D'où tu ramènes cette boue ?

Par ricochet elle en voulait à Maria :

— Si ton fils tourne mal, tu n'auras à t'en prendre qu'à toi ! Faut que je m'occupe de tout. T'es pour ainsi dire jamais là. Tu regardes même pas son carnet de notes. Ça doit pas être brillant.

Ça ne l'était pas, mais qu'y faire ? Maria laissait passer la semonce, admettait volontiers qu'elle était en faute, qu'elle aurait dû être présente au moins aux heures des repas, conduire son fils au collège et le ramener, veiller sur sa scolarité, mais comment concilier la vie qu'elle menait avec une existence familiale digne de ce nom ?

Ses rapports avec Degas s'étaient intensifiés.

Le maître voyait en elle une artiste qu'il aimait comparer à son amie Mary Cassatt en proclamant : « Vous valez mieux qu'elle. » Il annonça sa découverte, lui fit rencontrer des marchands et des collectionneurs qui lui achetèrent quelques œuvres. Il lui épargnait les observations sarcastiques qu'il dispensait avec une aigre alacrité à certains de ses collègues. Il redoutait de la blesser, comme ces sensitives qui se replient au moindre toucher. Lorsqu'il lui disait : « Ce qui me plaît, Maria, en plus de votre talent, c'est votre côté peuple », elle prenait cela, à juste titre, pour un compliment.

Sans la rechercher, elle avait gagné la confiance de Zoé. La gouvernante l'invitait parfois, en l'absence du maître, dans la cuisine où elles papotaient autour d'un thé et des pâtisseries qu'elle confectionnait elle-même. Elle lui dit un jour :

— Ma petite, ce que j'aime chez vous, c'est votre discrétion. Vous n'abusez jamais du temps de mon maître, comme cette Américaine, la Cassatt, cette pimbêche dont il s'est entiché. Mais surtout...

— ... surtout ?

— Vous ne cherchez pas à l'aguicher, bien qu'il semble en pincer pour vous. Sur ce plan-là, faut vous dire : monsieur est un cas. Pour parler franchement, je crois que ce n'est pas un homme.

Devant la mine stupéfaite de Maria, Zoé sourit et ajouta :

— Trouvez-vous naturel qu'un artiste aussi célèbre que lui, riche, de bonne famille, vive seul ? S'il avait une ou plusieurs maîtresses, j'en serais la première informée.

— Mais, Zoé, il est âgé : cinquante-six ans. À cet âge-là, beaucoup d'hommes...

— Ta ta ta ! Je l'ai toujours connu tel qu'il est aujourd'hui. Je vous le répète : il n'y a personne dans sa vie.

— On dit pourtant qu'il fréquente les maisons closes de la rue des Moulins.

— C'est vrai, mais je suis persuadée qu'il ne s'y rend que pour dessiner ces horreurs que vous avez vues dans son atelier : ces femmes nues, cuisses ouvertes comme des grenouilles, ces monstres. Je suis convaincue qu'il ne consomme pas.

— Peut-être est-il... impuissant.

— Allez savoir ! Il ne m'a jamais fait de confidences. Je pencherais pour une déception sentimentale...

Zoé avait appris que jadis, en Louisiane où une partie de sa famille s'était implantée, il s'était épris d'une jeune créole : Julie d'Étrange. Il avait été plus tard, en France, amoureux de Berthe Morisot mais s'y était pris pour lui témoigner son amour avec une rare maladresse. Un soir, au milieu d'un groupe d'amis où elle figurait, il avait annoncé son intention de lui faire la cour et s'était lancé dans un monologue, affirmant que la femme était « la désolation du juste », ce qui avait jeté un froid. La belle-sœur de Manet avait vertement éconduit le malotru. On parlait aussi de son aventure avec une plantureuse diva, la Ristori, qu'il comparait, dans ses moments de délire amoureux, à certains personnages des frises du Parthénon ; cette idylle avait tourné court.

En ce temps-là, il pratiquait le culte de la Femme mais il mêlait à ses déclarations une telle dose de goujaterie que toutes lui échappaient. Il semblait, l'âge venu, se satisfaire de ce substrat sentimental en égrenant le chapelet des souvenirs.

De temps en temps il se confiait à la brave Zoé.

— Savez-vous, ma fille, ce qu'il m'avouait récemment ? dit-elle. « Zoé, je n'ai pas de cœur. » Quand il me parle de ces gourgandines qui viennent poser pour lui et faire leur toilette devant son chevalet, il me dit : « Ce sont des bêtes qui se nettoient. » D'autres fois, il me dit qu'il regrette de ne pas s'être marié et qu'une vie de famille lui manque. En fait, sa famille c'est moi, et il n'a pas à s'en plaindre : je veille sur lui comme sur un enfant infirme.

Un soir qu'elle revenait d'une séance de pose dans l'atelier de Renoir, Maria fut stupéfaite de trouver Degas chez elle.

— Pardonnez-moi, dit-il, cette visite impromptue, mais j'avais depuis quelque temps envie de savoir où vous habitez, comment vous vivez et travaillez. Beau quartier... Belle vue sur Clignancourt et la plaine de Saint-Ouen...

Maria était partie tôt le matin pour accompagner Maurice au collège et faire quelques courses, si bien que son lit n'était pas encore fait et que tout traînait. Elle fit asseoir le maître dans le fauteuil de rotin où Clotilde et quelques-unes de ses amis posaient pour elle.

En essuyant ses verres fumés avec son mouchoir, il se lança dans un discours incohérent sur les rapports des artistes avec leur lieu de vie. Elle apprit avec surprise qu'il aimait le désordre, une jouissance dont Zoé le privait.

— Le désordre, dit-il en conclusion, c'est la vie. L'ordre nous coupe de notre nature profonde en créant autour de nous un environnement factice. Maria, si vous êtes une femme désordonnée, je ne vous en aimerai que davantage.

Ce goût pour la pagaille s'exprimait en toute liberté dans son atelier, un lieu où personne n'avait accès sans sa permission, pas même Zoé, si ce n'est une fois par semaine pour balayer la poussière.

— Mon atelier est bouclé comme une prison ! dit-il avec feu, et, quand je reçois des visites, pas touche !

Il avait récemment jeté dehors un marchand qui avait osé déranger le drapé d'une tenture qu'il avait eu du mal à réaliser. De même, interdiction de toucher à ses travaux préliminaires, aux calques dont il faisait un usage important. Un jour, il avait interrompu une séance de pose pour aller uriner ; à son retour, il avait surpris le modèle en train de feuilleter une liasse d'études ; il l'avait expulsée en tenue d'Ève et lui avait jeté ses vêtements par-dessus la rampe.

Degas demanda un verre d'eau qu'il tint dans sa main le temps de faire le tour de l'atelier dont les murs s'ornaient de dessins, de pastels et de sanguines de Maria. Les œuvres qu'elle avait consacrées à sa mère et à son fils retinrent particulièrement son attention. À son âge, dit-il, il ne faisait pas mieux.

— La ligne de cette jambe d'enfant, parfaite ! Le visage de cette vieille femme, terrible ! Votre mère, sans doute ? Tout y est : une sorte de désespoir, comme devant un mur de prison. Et cette jeune femme nue, ces gamines, où les avez-vous trouvées ? Quelle allure ! Elles sont nature.

Il voulait tout voir et tout savoir. Il lui demanda de lui ouvrir ses cartons. L'autoportrait qu'elle avait réalisé quelques années auparavant le laissa pantois. Elle avait alors dix-huit ans.

— Prodigieux ! Pourquoi cette signature : Suzanne n'est pas votre prénom ?

— Je le préfère à Maria et je voudrais qu'on m'appelle ainsi, mais les habitudes sont difficiles à perdre.

— Pour moi vous resterez Maria, la terrible Maria.

Il remarqua sur le coin de la table l'étude qu'elle venait de réaliser d'après une toile de Gauguin datant de son séjour en Bretagne, à Pont-Aven : une jeune Bretonne en coiffe.

— Ainsi, dit-il, vous aimez ce que fait ce sauvage ?

Elle avoua de la vénération pour ce peintre : elle aimait cette violence, cette agressivité des couleurs, ces lignes dures, viriles, cet art sans concession à la mode et aux écoles. Elle en parla avec tant d'enthousiasme, proclamant qu'elle aimerait le rencontrer, qu'il éclata d'un rire sarcastique.

— Vous auriez fait un drôle de couple ! dit-il. À raison d'une ou deux disputes par jour, vous n'auriez pas supporté longtemps sa compagnie. Ce bonhomme a l'esprit de travers. Il détruit tout ce qu'il touche. Ce pauvre Van Gogh en savait quelque chose. Si leurs relations avaient duré quelques mois de plus, il n'aurait pas eu besoin de se suicider : Gauguin l'aurait tué !

Il ajouta :

— Savez-vous qu'il vient de quitter la France ?

Maria l'ignorait.

— Il a convié ses amis à un repas d'adieu fin mars, afin de leur annoncer son départ pour Tahiti. Je lui ai suggéré d'aller plutôt peindre en Louisiane, mais il a jugé que ce n'était pas assez loin et trop civilisé. Il lui faut des sauvagesses avec des anneaux dans le nez et des fleurs aux oreilles. Il ne tardera pas à regretter Paris.

Il revint à l'autoportrait signé « Suzanne ».

— Vous aimez le pastel, dit-il, et vous en usez fort habilement, bien qu'il s'agisse d'une technique délicate. Si cela vous tente, je vous aiderai à aller plus loin. Vous verrez : on peut obtenir des effets extraordinaires.

Lorsqu'il se fut retiré, Maria eut soudain l'impression d'être brusquement éjectée de l'épicentre d'un cyclone. Pantelante, elle s'allongea sur son lit en s'efforçant de retrouver des bribes des propos qu'il lui avait tenus, des impressions et des émotions. Elle s'interrogea sur un problème qui l'obsédait : l'admiration qu'il lui vouait était-elle sincère et n'était-elle pas le prétexte à une approche sentimentale ? N'allait-elle pas, à son corps défendant, réveiller chez ce vieil ours des appétits longtemps maîtrisés ? S'il se déclarait, quelle attitude pourrait-elle bien adopter ? En dépit de son âge, Degas lui plaisait, mais elle ne parvenait pas à imaginer entre eux des relations physiques.

Lorsqu'elle raconta à Miguel la visite du maître, il se renfrogna. Elle tenta de le rassurer : ce vieil homme ne constituait pas un danger pour leur couple car on ne lui connaissait aucune aventure sentimentale.

— À qui feras-tu croire ça ? s'écria-t-il. Degas est un génie mais il a aussi la réputation d'un vieux salaud amateur de chair fraîche. Toujours fourré au foyer de l'Opéra à lorgner les ballerines qu'il appelle ses « petites chéries ». Il fréquente les bordels. Il fait prendre à ses modèles, dans son atelier, les postures les plus salaces. Comment imaginer qu'il puisse être impuissant ?

Il ajouta :

— Fais-moi plaisir : renonce à cette relation.

— Jamais de la vie ! s'écria-t-elle. Il aime mon travail, me soutient, me procure des acheteurs, ne demande rien en échange. Et tu voudrais...

— Eh bien ! il faudra choisir entre lui et moi.

Miguel sortit de l'atelier en claquant la porte. Elle ne le revit pas de plusieurs jours.

Ce n'était pas leur première querelle depuis le retour de Miguel mais c'était une des plus violentes. Il se montrait irritable, possessif, intransigeant et jaloux. Il avait très mal supporté que le pianiste Erik Satie annonçât à l'Auberge du Clou qu'il allait interpréter une de ses compositions, conçue pour elle, qu'il vînt s'asseoir à leur table et qu'il ne la quittât pas du regard.

Maria se dit qu'il allait une nouvelle fois lever l'ancre, mais il revint peu après, penaud, repentant. Et le train des jours repartit.

Une fièvre de découverte le possédait, comme s'il courait après un double de lui-même impossible à rattraper ou qu'il voulût tout voir de la capitale avant une nouvelle fuite. Il prenait des notes pour son journal et faisait au cours de ses promenades des croquis rapides.

La tour Eiffel, ce nouveau monument adoré par la population comme la borne marquant des temps nouveaux, honni par les écrivains et les artistes, avait été inaugurée deux ans auparavant par le président Sadi Carnot entre deux attentats anarchistes. Elle se présentait comme le fleuron de l'Exposition universelle organisée à la gloire de la Révolution, dont on fêtait le centenaire.

Miguel voyait dans ce monument une gigantesque toile d'araignée tendue pour prendre un dieu ou filée par ce dieu lui-même pour y prendre les hommes. Il lui arrivait de rêver tout haut et Maria s'en inquiétait : il semblait peu à peu se détacher d'elle.

À plusieurs reprises, il lui demanda de l'accompagner pour une promenade en bateau-mouche. Ils embarquaient au quai d'Orsay, passaient une demi-journée à naviguer entre Paris et Saint-Cloud, Neuilly et Bercy. Il ne se lassait pas de ces interminables flâneries aquatiques, concentrait son attention sur le moindre détail nouveau comme s'il amassait une réserve d'écureuil en vue des mauvais jours.

Il l'amena au théâtre voir la nouvelle pièce de Porto-Riche : *Amoureuse*. C'était l'histoire d'une femme, Germaine, éprise de son mari qui témoignait davantage d'intérêt à son entreprise qu'à son épouse et s'en débarrassa en la jetant dans les bras d'un ami. Elle eût aimé en parler avec lui mais chaque fois qu'elle lui demandait son avis il se fermait comme une huître.

Au mois d'avril, elle parvint à l'entraîner à une exposition consacrée à Van Gogh par Le Barc de Boutteville, rue Le Pelletier. Il se répandit en commentaires désobligeants. Comment Maria avait-elle pu s'enticher de la peinture de ce fou ? Ces soleils plaqués en jaune d'œuf sur des ciels vermiculés, d'un bleu de lessive, ces arbres torturés, ces personnages issus d'un pandémonium, étaient dignes des pensionnaires de l'hospice des Incurables. Maria serrait les dents et ne répondait pas, préférant le mutisme à un nouvel échange de diatribes.

Il refusa de l'accompagner au vernissage d'une exposition consacrée à Degas, pour laquelle Maria avait reçu un carton assorti d'une invitation personnelle manuscrite. Elle se rendit seule à la galerie de Paul Durand-Ruel, rue des Petits-Champs. De tout le temps que dura la visite, l'artiste voulut l'avoir près de lui afin de solliciter un avis qui lui tenait plus à cœur que les jugements hypocrites des officiels ou les critiques des confrères. Au retour, elle ne fit aucune allusion à cette sortie et Miguel ne lui demanda rien.

À l'issue d'une longue promenade aux Buttes-Chaumont, elle lui dit :

— Sais-tu à qui tu me fais penser ? Au propriétaire d'un immeuble qui, avant de l'abandonner définitivement, ferme une à une portes et fenêtres.

Bouleversé, il la prit contre lui.

— Ah, Maria, Maria... Je n'aurais jamais dû te quitter, il y a huit ans. Je t'aurais épousée, nous aurions vécu à Barcelone et nous aurions été heureux, j'en suis persuadé.

— Jamais je n'aurais pu vivre à Barcelone, tu le sais bien.

— Alors nous nous serions fixés à Paris.

— C'est toi qui n'aurais pas pu t'adapter. Il faut que tu bouges, que tu changes de milieu, de personnes. Ce n'est pas moi qui aurais pu modifier ton comportement et ta femme, semble-t-il, a échoué.

Elle parvint à articuler une question qui lui brûlait les lèvres :

— Quand vas-tu repartir ?

Elle ne fut pas surprise de l'entendre lui répondre que rien n'était encore décidé mais qu'il allait devoir quitter la France pour l'Amérique où *La Vanguardia* souhaitait l'envoyer comme correspondant de presse. Il eût aussi bien accepté de partir pour la Chine.

— Maria, dit-il, ma chérie, il ne faut pas te méprendre. Je t'ai aimée et je t'aime encore, plus que tu ne sembles le croire, mais nous avons des conceptions différentes d'une vie commune. J'avais espéré de ta part non de la soumission, ce que tu n'aurais pas accepté, mais une fidélité volontaire. J'ai conscience aujourd'hui que c'est trop te demander.

Elle réagit avec vivacité :

— Faut-il te répéter que je n'ai personne en dehors de toi ? Degas est devenu mon ami et je tiens à cette amitié. Sans lui je ne serais rien et personne ne s'intéresserait à mon travail. Si j'ai pu vendre quelques dessins et des pastels, c'est à lui que je le dois. Il ne m'a jamais rien demandé en échange. Si je parviens à exposer à la Société des beaux-arts, ce sera sur ses instances. Et tu voudrais que je rompe avec lui à cause de soupçons injustifiés ?

— Je te crois, mais je sais qu'à peine aurai-je le dos tourné tu reprendras une vie de patachon qui te détruira comme elle est en train de détruire Lautrec.

Elle s'arracha brutalement à lui, s'écria :

— Voudrais-tu que j'entre au Carmel alors que tu ferais le joli cœur en Amérique ? C'est ma vie dont tu parles, et je la mène à ma guise. J'y veillerai mieux le jour où je parviendrai à m'imposer comme artiste. Sinon je ne ferai que poursuivre une œuvre de destruction, ce qui laissera tout le monde indifférent.

— Raisonnement égoïste ! As-tu pensé à ta mère, à notre fils ?

— Notre fils ? Il ne semble guère peser dans ta décision. Une fois en Amérique tu nous oublieras, *notre fils* et moi.

— Je ne supporterai pas que vous soyez dans la gêne.

— Ce n'est pas à l'argent que je pense mais à l'affection.

Au soir de cette journée ils se donnèrent l'un à l'autre comme s'ils regrettaient leur querelle, avec la même tendresse que lors de leurs premiers élans, une décennie auparavant. Elle avait alors dix-sept ans, une tête pleine d'illusions, un corps pétri de désir. Miguel Utrillo revêtait à ses yeux l'apparence d'un demi-dieu venu d'un autre monde pour lui faire oublier les Puvis, les Boissy, les Zando et quelques autres amants de rencontre qui la faisaient jouir mais pas rêver.

L'automne perdurait dans un bain de pluies tièdes qui tissaient sur les êtres et les choses une brume à la Monet. Ce qu'elle voyait de la fenêtre du Moulin lui rappelait le spectacle qu'elle avait jadis observé, mais sous un autre angle, avec des perspectives différentes, et notamment le Maquis de la Butte et les immeubles de l'allée des Brouillards, de la rue des Saules, de la rue Saint-Vincent. Renoir venait de déménager pour s'installer sur ces hauteurs où l'air est plus pur, où la campagne souffle ses odeurs par les fenêtres.

Ils reprirent leurs prospections à travers Paris : ce que Maria, par dérision, appelait un « inventaire avant liquidation ».

En novembre, Santiago Rusiñol mit la dernière touche à une toile représentant Miguel en pied, dans une allée du Moulin de la Galette. Il avait l'allure compassée, poseuse, un bras replié sur son flanc gauche, sa main droite tenant un papier, l'autre sa canne.

Miguel semblait porter un regard nostalgique sur un monde condamné.

Degas ne demanda jamais à Maria de poser pour elle, ce qui la laissait perplexe. En revanche, sans en avoir l'air, il en faisait son modèle. Lorsqu'elle visitait son atelier — un véritable musée — ou qu'ils prenaient un café dans le salon, elle le surprenait à griffonner sur son calepin, d'un air détaché. Le jour où, par accident, ces ébauches lui tombèrent entre les mains, elle éclata de rire.

— Mais c'est moi ! Cette robe est celle que je portais la semaine dernière. Ce chapeau, je le portais avant-hier pour aller à la Nouvelle-Athènes !

— Non, ma chère, il y a trois jours.

Il pouvait avancer une date, évoquer une situation à propos de chacune de ces esquisses : Maria rectifiant l'ordonnance d'un bouquet... Maria rongeant l'ongle de son pouce devant une de ses femmes au bain... Maria levant les bras pour rectifier sa chevelure, une barrette dans la bouche... Ici c'était la jambe qu'il mettait en valeur, là une ligne de la nuque à l'épaule, ailleurs sa croupe inclinée. Il eût été amoureux d'elle qu'il n'en eût pas fait davantage.

Amoureux ? Degas était-il amoureux d'elle ?

Pour Maria c'était devenu une quasi-certitude. Cette façon qu'il avait de la prendre dans ses bras quand il était d'humeur joyeuse, de la caresser, de vanter sa plastique. Et cette lueur brumeuse dans son regard quand il la regardait par-dessus sa tasse. Pourquoi ne se déclarait-il pas ? Pourquoi ne faisait-elle rien pour le provoquer ? Elle ne l'eût pas repoussé car, malgré son âge, il était encore vert, d'une distinction aristocratique et moins misogyne qu'il voulait le laisser croire. « Il a peur de moi, se disait Maria. Il craint d'être entraîné dans une passion qui risquerait de compromettre son travail. » Elle devinait qu'une pichenette suffirait pour qu'il se déclarât, mais jugeait qu'il eût été indécent de sa part, et maladroit, de faire les premiers pas.

Degas lui apprit à travailler au pastel. Il s'était attaché à cette technique avec passion, au point de la préférer à la peinture. Les couleurs suaves, vaporeuses qui sortaient de ses craies, il les charpentait, les durcissait par des traits rudes, des hachures, des griffures.

Il lui disait :
— Utilisé tel quel, le pastel est un divertissement pour vieilles personnes désœuvrées. Je lui ai découvert des possibilités nouvelles.

Il y mêlait de la gouache, de la détrempe, de l'essence combinée à de la peinture à l'huile. Il travaillait la couleur au crayon puis au pinceau, soufflait sur la toile ou le papier de la vapeur d'eau pour humidifier le pastel, ajoutait des couches à la couche initiale...

— C'est mon côté alchimiste ! proclamait-il.

Quelques années auparavant, il avait éprouvé des déboires dans ses recherches. Il avait abouti à un résultat catastrophique en essayant de mélanger du blanc d'œuf à la peinture. La plupart des œuvres réalisées grâce à ce secret qu'il prétendait avoir hérité des maîtres anciens se détruisaient d'elles-mêmes, comme atteintes d'une lèpre.

— J'ai souffert de cet échec, dit-il, sans pour autant renoncer à mes recherches. J'espère toujours découvrir de nouvelles techniques qui me permettront de donner à mes sujets le maximum d'expression : une sorte de réalité transcendantale.

On l'avait classé parmi les impressionnistes, mais, s'il ne les reniait pas, il gardait ses distances avec eux. S'il détestait Pissarro, cet anarchiste, ce poseur de bombes, pour ses idées politiques, il avait de l'estime pour son œuvre, son obstination, son ardeur au travail. Degas raconta à Maria que, durant la guerre de 70, ce peintre fuyant précipitamment devant les troupes d'invasion, alors qu'il se trouvait à Louveciennes, avait dû abandonner dans sa demeure quinze cents de ses œuvres, peintures et dessins. À son retour, il avait constaté avec stupeur que tout avait été détruit, dispersé ou emporté. Il s'était remis tout de suite à son chevalet.

Un matin, Degas se présenta sans prévenir chez Maria, comme cela lui arrivait parfois. Elle était absente. Madeleine le fit attendre dans l'atelier.

— J'ai bien réfléchi, dit-il : il faut vous mettre à l'huile sur toile. Vous trouverez là une nouvelle voie, conforme à votre nature.

Il lui avait apporté quelques toiles vierges, des pinceaux, des brosses, une collection de tubes de couleurs et même un flacon d'essence de térébenthine. Il se proposa de surveiller ses premiers essais. Elle accepta de mauvaise grâce.

— Je ne me sens pas prête pour cette technique.

— Allons donc ! vos pastels sont d'excellente qualité. C'est facile, vous verrez.

Il fit la grimace lorsqu'elle lui présenta ses premières toiles : c'était gauche, mal composé, avec des perspectives faussées et un choix de couleurs déplorable. Et puis, un jour...

Il prit la toile que lui présentait Maria, l'éloignant et la rapprochant de son lorgnon en grognant.

— J'ai intitulé cette toile, dit-elle, *Jeune fille faisant du crochet*. Qu'en pensez-vous, maître ?

— Eh bien, ma chérie, dit-il, cette fois-ci je crois que vous tenez le bon bout ! Cette expression attentive, presque inquiète de votre modèle, cette lumière jaune qui enveloppe la nuque et le cou, ces ombres subtiles, ce décor sobre, rigoureusement éclairé... Bravo ! c'est exactement ce que j'attendais de vous !

Elle lui confia qu'elle avait d'autres sujets en chantier : des portraits surtout. Pour les compositions elle attendrait un peu.

— Nous allons fêter ça ! dit-il joyeusement. Je vous invite à dîner. En amoureux...

C'était quelque temps avant le départ de Miguel. Elle se dit qu'il allait l'attendre mais jugea qu'il était trop tard pour le prévenir et que, d'ailleurs, elle ne saurait où le trouver.

Degas choisit de l'inviter à la Grande Pinte, à Montmartre.

Fondé par le père Laplace, marchand de couleurs et ami des peintres de Montmartre, cet établissement était l'un des lieux de rendez-vous favoris d'artistes comme Édouard Manet, Marcellin Desboutin, Gustave Moreau, Camille Pissarro... Degas fit apporter du champagne, commanda un menu aux perspectives vertigineuses.

— C'est trop, maître ! protesta Maria. Jamais nous n'en viendrons à bout. Ce sera du gâchis.

— Nous prendrons notre temps, ma chérie. Toute la nuit s'il le faut.

Cela le changerait, ajouta-t-il, des menus spartiates de Zoé : veau, pâtes à l'eau, poireaux. Si, de temps à autre, subrepticement, il ne s'offrait pas des agapes roboratives, il n'aurait plus que la peau sur les os. Il prenait ces revanches au restaurant car il était de moins en moins souvent invité dans le monde où, chaque fois ou presque, il occasionnait un scandale par ses exigences quant au choix des convives, son franc-parler et ses insolences.

— J'aurais aimé vous faire rencontrer mon ami

Gustave Moreau, dit-il en levant sa flûte, mais c'était une idée saugrenue : il vient d'être nommé membre de l'Institut, professeur aux Beaux-Arts et ne remettra sans doute jamais les pieds dans ce restaurant. Je le regrette : c'est un bon compagnon, mais, Dieu, qu'il est triste ! Il est vrai qu'il vit en célibataire rue de La Rochefoucauld auprès de sa mère devenue sourde.

Il lui demanda ce qu'elle pensait des œuvres de ce peintre. Maria avait vu quelques-unes de ses peintures dans des galeries ; elle avait apprécié, sinon vraiment aimé, ses compositions préraphaélites et rosicruciennes, scintillantes et brumeuses, ses architectures trop élaborées...

— Notre amitié, dit Degas, remonte à la fin des années cinquante. Nous avons séjourné ensemble en Italie pour effectuer des copies de maîtres italiens. Je l'ai présenté à ma famille, à Naples. Heureux temps... Nous passions nos journées en promenade dans les environs et nos nuits dans les quartiers chauds où les putains, pour appâter le client, soulèvent leur jupe pour montrer leur cul. Je n'étais pas encore frappé d'ophtalmie mais je commençais à souffrir des yeux.

Il rappela que la critique avait mal accueilli les premières œuvres de Moreau. Degas, qui avait une mémoire sans faille, se souvenait de celle, féroce, de Castagnary : « Vous êtes prié d'assister au convoi de M. Moreau, âgé de deux Salons, qui fit un Œdipe mais ne sut pas rester à l'état de sphinx. » On lui avait reproché d'utiliser le haschisch pour entretenir ses hallucinations. Degas n'avait pas été le dernier à faire preuve d'ironie contre son ami, disant qu'il « peignait des dieux avec des chaînes de montre » et que « cet ermite connaissait l'heure des trains ». Degas ne pouvait résister au plaisir de faire un bon mot, même à l'encontre des gens qu'il aimait.

La bouteille de champagne à laquelle s'étaient ajoutées deux bouteilles de bordeaux et une prune à l'eau-de-vie les avaient rendus d'humeur folâtre, d'autant que plusieurs peintres amis se trouvaient dans le restaurant et que Degas éprouvait de la fierté à leur présenter sa compagne : Mlle Valadon, artiste peintre.

Sur le coup de dix heures du soir, alors qu'ils attaquaient leur deuxième bouteille avec une crépinette de lapereau, ils virent surgir, la démarche pesante, leur ami Paul Bartholomé. Il accepta l'invitation de Degas à goûter leur vin et à s'asseoir avec eux quelques minutes.

La brève conversation porta sur la randonnée qu'ils avaient récemment effectuée en Bourgogne pour y rencontrer notamment Jeanniot, un artiste peintre aussi sourd que Degas était mal-voyant. Ils voyageaient dans une carriole attelée d'un cheval blanc qu'ils avaient déguisé en zèbre, ce qui occasionnait des mouvements de stupeur dans la traversée des villages. Ils étaient arrivés chez Jeanniot sous une pluie battante qui donnait à la robe du cheval un aspect boueux. Jeanniot, lui-même amateur de plaisanteries, les avait fait accueillir par un faux sous-préfet, une fanfare et un service d'ordre qui leur avait demandé leurs papiers.

Cette anecdote revenait en leitmotiv à chacune de leurs rencontres et ils en riaient chaque fois avec autant de plaisir.

Il était minuit passé lorsque Degas demanda l'addition. Il pria Maria de héler un fiacre. Une fois installés, elle lança au cocher l'adresse de la rue Victor-Massé. Degas rectifia d'une voix pâteuse : il devait se rendre rue Tourlaque. Le cocher regimba : à cette heure tardive il préférait ne pas se hasarder dans Montmartre ; il devrait s'arrêter à la limite du quartier des Abbesses. La promesse d'un gros pourboire le fit changer d'avis.

— J'ai chaud sous les ongles ! bredouilla Degas. Pas l'habitude de boire autant. Si je rentrais dans cet état, vous imaginez la réception de Zoé ! Mademoiselle Valadon, puis-je vous demander l'hospitalité ? En tout bien tout honneur, naturellement.

— Si vous ne rentrez pas de la nuit, répondit Maria, c'est pour le coup que Zoé prendra la mouche. Mais aussi, quand on n'a pas l'habitude de boire, a-t-on idée de s'arsouiller comme vous l'avez fait ?

— Je ne regrette rien, et merde pour Zoé ! Elle se conduit avec moi comme un tyran. Le sirop de grenouille qu'elle me fait boire me rend hypocondriaque. Vive le picrate, nom de Dieu !

Il laissa sa tête s'abandonner contre l'épaule de Maria. Lorsque le fiacre eut fini sa course, il dormait comme un bébé, ses lunettes sur son plastron. Maria régla le cocher, aida le pochard à descendre de voiture et le soutint jusqu'à la porte de son atelier. Elle tendit l'oreille : on devait faire la fête chez Lautrec car on entendait, deux étages au-dessus, une rumeur de voix, de chansons et des coups de talon sur le parquet.

En pénétrant dans l'atelier de Maria, Degas émergea de sa torpeur. Hagard, il se laissa tomber sur le bord du lit et s'inquiéta de son chapeau qu'il avait oublié dans le fiacre. Il demanda une liqueur que Maria lui refusa, sous prétexte qu'il était ivre mort. Il répliqua par un alexandrin de Jehan Rictus :

Au mourant, ne refusez pas le coup de grâce !

Maria se montra intraitable.

Il bredouilla quelques mots qu'elle lui fit répéter. Il baignait dans l'Italie de sa jeunesse, reprenait par le souvenir les périples dans les nuits chaudes de Naples et de Florence, riait en se souvenant de la chaude-pisse que Gustave avait contractée dans un bordel.

— Sacré Gustave ! Ce qu'il pouvait aimer les femmes...

— Plus que vous, c'est certain, dit Maria. Vous semblez les détester. Vous les traitez comme du bétail.

Il se redressa, la foudroya du regard.

— Par exemple ! Les femmes... je les traite comme tu le fais toi-même : sans complaisance. Si elles ont une tache sur la fesse, je montre cette tache. Si elles sont laides, je me garde de les embellir. Nom de Dieu, je ne fais que respecter la Création ! Je peins ce que je vois mais avec un petit quelque chose en plus qui fait que je suis un artiste IM-PRES-SION-NISTE !

Il poursuivit :

— Je sais ce qu'on dit de moi : si je n'aime pas les femmes c'est que je suis impuissant. Van Gogh était des premiers à colporter cette sornette. Il disait... il disait : « Pourquoi dis-tu que Degas bande mal ? Il vit comme un petit notaire et n'aime pas les femmes, sachant que, s'il les aimait et les baisait, il deviendrait inapte en peinture. » C'est gravé là, dans ma tête ! De quoi se mêlait-il, ce fou furieux ?

Il semblait parti pour vaticiner jusqu'au petit jour. Soudain il se mit à entonner une rengaine napolitaine. Maria lui plaqua sa main sur la bouche : il allait réveiller Madeleine et Maurice.

— Allongez-vous, dit-elle, et tâchez de dormir un peu.

Il se laissa faire comme un enfant quand elle défit ses vêtements. Il fredonnait *O sole mio* et *Torna a Sorriento* en caressant Maria. Elle lui laissa seulement sa chemise, son caleçon et ses chaussettes. En s'allongeant sur le lit, il balbutia :

— Ne me laisse pas, Maria. Reste près de moi.

Son haleine avait gardé l'odeur du vin et de l'ail de la salade. Elle se dépouilla de ses vêtements et, nue, s'allongea près de lui après avoir soufflé la chandelle. Une faible clarté baignait la chambre : celle du bec de gaz. Alors qu'elle le croyait endormi, il lui prit la main et la porta à son bas-ventre.

Van Gogh avait menti.

Le lendemain, Maria se leva la première pour accompagner Maurice au collège. Sa mère l'intercepta sur le palier.

— Il est encore là ? dit-elle. Qui est-ce que tu as ramené cette nuit ?

— Un ami, Edgar Degas.

— M. Degas ? En voilà une affaire ! On parle de lui dans les journaux et il est ici, dans ta chambre...

— Et alors ? On parle aussi dans les gazettes de Lautrec, de Zando, et nous les voyons tous les jours.

— Il va rester longtemps ?

— Tu plaisantes ! Sa gouvernante, Zoé, l'attend chez lui avec un rouleau à pâtisserie.

De retour du collège Rollin, Maria trouva la chambre vide.

Trois jours plus tard, Degas vint lui rendre visite et, sans faire allusion à leur soirée, lui donna à lire un article que *L'Écho de Paris* venait de lui consacrer et dont il se montrait très fier. Il avait retrouvé ses manières aristocratiques et ne la tutoyait plus.

— Il faudra, dit-il en replaçant le journal dans sa poche, que je vous apprenne une nouvelle technique : la gravure. Ça devrait vous convenir. J'aimerais aussi que vous vous intéressiez au monotype. C'est nouveau et ça promet.

Il ajouta en l'embrassant :

— J'allais oublier... Votre participation à l'exposition de la Nationale est en bonne voie. J'y veille personnellement...

En se rendant quelques heures plus tard au Moulin de la Galette, Maria se dit qu'elle allait trouver Miguel dans tous ses états et qu'elle ne couperait pas à une scène. Elle eut un sursaut en ouvrant la porte : non seulement Miguel était absent mais l'appartement avait été déménagé. Plus un cadre au mur, plus un vêtement dans la penderie, draps et couvertures soigneusement pliés et entassés.

Une lettre l'attendait sur la table. Elle lui apprit que Miguel avait quitté Paris pour Barcelone afin d'y régler quelques affaires de famille avant de prendre le bateau pour l'Amérique. Le ton était banal sans être froid, avec, in fine, cette formule : *Je t'embrasse. Veille bien sur Maurice.*

Elle trouva dans une autre enveloppe quelques billets. Un bouquet de roses encore humides de rosée, qu'il était allé cueillir au jardin, était posé sur la table. Elle en prit une, l'accrocha à son corsage et s'allongea sur le matelas pour pleurer.

Il faisait un joli temps de mai, avec une vivante palpitation de vent, comme de légers coups d'ailes, qui apportait par la fenêtre ouverte sur les allées l'odeur des lilas en fleur du Maquis et les premières rumeurs du troquet.

Maria se dit que c'en était fini de sa belle aventure, qu'elle ne reverrait jamais Miguel. Une intense impression de vacuité l'oppressait jusqu'à l'étouffement et provoquait en elle un début de nausée. Elle se leva brusquement, jeta le bouquet par la fenêtre et se mit à tourner en rond dans la pièce en chantonnant, comme pour se convaincre qu'une telle rupture était préférable à des adieux, et que cela devait finir ainsi. Elle allait devoir faire front à sa nouvelle condition, mais, au préalable, gommer tout ce qui pouvait rappeler le souvenir de cet amour à éclipses. Tout, vraiment ? Elle aperçut, piqué dans un angle, au-dessus du lit, le portrait qu'il avait fait d'elle quelques mois auparavant : une sanguine mêlée à des crayons de couleur, avec cette annotation : *Record de la guerra de set anys* (*Souvenir de la guerre de sept ans*).

Ce soir-là l'Auberge du Clou bourdonnait comme une ruche au printemps.

Le temps de ce début d'été, après une période de pluie, était favorable aux sorties. À cette heure, des clients descendaient des fiacres et des omnibus pour s'engouffrer dans l'établissement ou rester au grand air sur la terrasse.

Maria commanda un bock. Elle n'avait pu trouver place dans le caveau où un peintre qu'elle ne connaissait pas fêtait elle ne savait quel événement. Elle parcourut la salle du rez-de-chaussée du regard, reconnut Steinlen et Forain mais ils étaient entourés de filles ou de modèles. Elle se dit qu'une bière que l'on boit seul a un goût particulier, comme un surcroît d'amertume.

Erik Satie jouait au piano un air espagnol de Chabrier. Ce musicien venait de mourir et le pianiste, qui l'avait bien connu, rendait chaque soir hommage à son talent. Maria se souvint de cette lointaine soirée chez Édouard Manet où le compositeur avait interprété des extraits de sa suite *España* et de *La Habanera* : on avait laissé les fenêtres ouvertes et des groupes s'étaient formés dans la rue pour l'écouter.

Mauvaise journée.

Après le départ de Miguel, Maria avait traversé une période de désarroi que les pitreries de Lautrec fêtant son départ pour Londres n'avaient pu dissiper. Elle n'avait rien dit à Degas de cette rupture, tant elle craignait qu'il ne prît l'annonce de cette séparation pour une incitation à le remplacer. Pas plus d'ailleurs, et a fortiori, à Puvis, très occupé à mettre la dernière main à sa grande fresque des *Quatre Saisons*, une commande de l'Hôtel de Ville. Désireuse de recueillir son avis sur ses pastels, elle lui en avait présenté quelques-uns. Il les avait feuilletés distraitement et avait soupiré :

— Qu'est-ce que c'est que ce mauvais gribouillage ? On dirait des Degas ratés. Vous l'avez copié, avouez-le ! Ma pauvre Maria, je garde un excellent souvenir de vous en tant que modèle mais, de grâce, renoncez à peindre.

Elle eut du mal à avaler cette critique et à s'en relever. Elle lui avait fait l'effet d'une douche froide.

Au retour de l'atelier de la place Pigalle elle avait fait halte devant le cirque Fernando. Un jeune artiste exposait sur le trottoir des œuvres singulières : des visages pareils à des masques outrageusement fardés, des couleurs agressives. Il signait ces œuvres Kees Van Dongen. Tassé sur un escabeau pliant, il paraissait abandonné comme une épave sur la grève. elle avait renoncé à lui adresser la parole car elle était attendue à la Nouvelle-Athènes par Zando qui fêtait le succès de son exposition chez Durand-Ruel, mais elle lui avait acheté une petite toile pour cinq francs.

Alors qu'elle entamait son bock solitaire, elle vit s'avancer une pauvresse dont le visage ne lui était pas étranger. Elle reconnut un ancien modèle qui s'était lancé dans la peinture, et avec un certain succès : elle était parvenue à faire accepter ses œuvres par le jury du Salon, dans les années soixante-dix, sous le nom de Victorine Meurent. Maria l'avait rencontrée lors d'une réception chez les Manet où Puvis l'avait entraînée au début de leur liaison. Elle était devenue la maîtresse de Manet et avait posé pour l'*Olympia*, cette œuvre qui avait soulevé un scandale. Instable de nature, elle était partie pour l'Amérique mais, complètement désargentée, n'avait pas tardé à reprendre le bateau. Manet lui avait trouvé une place d'ouvreuse dans un théâtre. Début de la déchéance. La nuit, elle faisait le trottoir boulevard Rochechouart et le jour, un singe sur l'épaule, elle vendait des pochades et des dessins dans les cafés.

— Tiens ! s'écria un garçon, v'là la Glu qu'arrive. Elle va pas continuer longtemps à emmerder la clientèle ! Dehors ! Fous le camp !

— Laissez-la, dit Maria. Il faut bien qu'elle gagne sa vie et elle ne fait de mal à personne.

Elle lui acheta pour un franc une copie au crayon d'une *Bourgeoise de Nuremberg*, une de ses œuvres et, de même qu'avec Van Dongen, négligea de lui faire la conversation : elle craignait de voir se dégager de cette épave une préfiguration de son avenir.

Après avoir sifflé une absinthe, Erik Satie venait d'entamer une *Fantaisie* de Claude Debussy. Maria alluma une cigarette, ce qu'elle ne faisait qu'en de rares occasions, et, la tête renversée contre le dossier, ferma les yeux. Cette musique inédite pour elle suscitait une émotion très différente de celle qu'elle éprouvait au café-concert : elle ne donnait pas envie de danser et de rire mais de rêver et de pleurer ; elle ne pénétrait pas seulement par les oreilles ; tout le corps en était imprégné. C'était, se dit-elle, une musique qu'elle aurait aimé peindre : elle voyait se révéler à travers elle des formes, des couleurs, une réelle émotion.

Lorsque Satie eut plaqué la dernière mesure elle resta un moment immobile, les yeux clos, sa cigarette éteinte aux lèvres. C'est un bruit de gorge près d'elle qui la tira de son absence. Elle ouvrit les yeux et vit en face d'elle celui qu'elle croyait encore assis à son clavier : le magicien.

Satie s'éclaircit de nouveau la voix pour lui dire :

— Il semble, mademoiselle, que vous ayez aimé cette pièce. Je vous observais du coin de l'œil en pianotant. Oui. Vous paraissiez baigner dans cette musique de mon ami Debussy. J'ai une certaine pratique de la clientèle, voyez-vous. Je peux lire sur le visage des gens l'indifférence, l'irritation ou, comme c'est le cas pour vous, l'émotion. Est-ce que je me trompe ?

Maria hocha la tête et ralluma sa cigarette. Elle se souvenait de la scène que Miguel lui avait faite le soir où le pianiste avait joué une de ses compositions pour elle. De ce jour, elle avait eu confirmation de ce qu'elle pensait depuis quelque temps déjà : ils ne vieilliraient pas ensemble. Sa jalousie, la plupart du temps sans objet, l'exaspérait. Après quelques jours de détresse, elle s'était faite à cette idée de vivre sans lui. Et voilà que ce garçon, qui devait avoir son âge à un ou deux ans près, était là, devant elle, à sa table, occupé à bourrer sa pipe, tout disposé semblait-il à envisager de passer le reste de la soirée avec elle.

Elle se plut à l'écouter parler, d'une voix un peu précieuse, avec des « oui » à tout bout de champ. Il lui révéla que, depuis bientôt deux ans qu'il se produisait au Clou, et même avant, au Chat noir, il l'avait remarquée mais n'avait jamais osé l'aborder, entourée qu'elle était de peintres célèbres et de rapins sans nom. Aujourd'hui qu'elle était seule, lui, timide de nature, avait eu cette audace. Lui en voulait-elle ?

Elle sourit, lui tendit sa boîte d'allumettes pour qu'il rallumât sa pipe.

— Vous me surprenez, dit-elle. Qu'est-ce qui, en moi, a pu retenir votre attention ?

Elle s'attendait à ce qu'il lui répondît : « Votre beauté » ou quelque autre banalité, mais il se recueillit comme pour laisser distiller en lui un compliment qui sortît de l'ordinaire.

— Il y a en vous, dit-il, quelque chose de difficile à définir, oui. Votre élégance naturelle, le charme un peu... sauvage qui émane de vous, votre visage de prêtresse, ce regard, oui, ce regard qui semble prendre possession des personnes.

Il tira quelques bouffées de sa pipe avant d'ajouter :
— Si j'étais en quête d'une égérie, c'est à vous que je penserais.

Une égérie ! Elle resta béate de surprise. Personne, pas même Miguel, ne lui avait parlé sur ce ton et avec une telle chaleur qui s'exprimait avec des hésitations dans la voix qu'il avait un peu rauque mais d'une texture subtile.

— S'il vous faut une égérie, dit-elle, pensez à quelque fille plus jeune que moi. Je vais avoir trente ans, vous savez...

Il écarta l'objection d'un revers de main.

Satie n'était pas un Apollon. Le visage était long, cerné d'une barbe noire ; les lèvres minces et délicatement contournées s'ornaient de petites moustaches relevées en crocs. Sous les binocles, le regard était à la fois tendre et scrutateur. Son costume de clergyman, en velours gris, était râpé par endroits ; les manches trop courtes de la redingote démodée libéraient des poignets de chemise douteux et des mains délicates qui battaient machinalement la mesure tandis qu'il parlait. Ce qui chez lui attirait d'abord l'attention était le chapeau noir déformé rappelant un haute-forme qui aurait passé sous les roues d'un omnibus.

— Pardonnez-moi, dit-il. Je dois retourner à mon piano. Si vous permettez, je vais improviser pour vous une petite musique. Que diriez-vous d'une villanelle dans le genre populaire italien. Au moment où je vous parle, le motif commence à tourner dans ma tête : une sorte de nébuleuse sonore, oui. Sol... mi... sol... Attendez-moi là et veillez sur ma pipe.

Il fit quelques pas, se retourna pour lui lancer :
— Si vous êtes libre ce soir, je vous invite à dîner.

Avant qu'elle ait pu répondre il était de nouveau assis devant son clavier et, les yeux perdus dans les strates de fumée qui stagnaient au plafond, attaquait sa villanelle. Maria tenta une nouvelle fois de s'abstraire de la réalité ambiante, mais le charme était rompu. Cette musiquette, trop légère par rapport à la précédente, évoquait une danse plutôt qu'une incitation à la rêverie.

Plaqué le dernier accord il revint vers elle.

— Vous êtes-vous reconnue ? demanda-t-il.

— Ma foi, je...

— Savez-vous à quoi je pensais en improvisant ? Au grand tableau où vous avez posé pour Puvis de Chavannes : *Le Bois sacré*, que j'ai admiré au salon. J'ai tenté d'animer tous ces personnages qui vous ressemblent, comme pour un ballet.

— Vous aimez donc la peinture de Puvis ?

— C'est pour moi une passion, oui. J'y retrouve le côté mystique de ma personne. Cet artiste vit comme moi dans une sorte d'empyrée, détaché des réalités sordides de ce monde.

Maria cacha un sourire derrière sa main.

— Je conviens, dit-elle, que Puvis est un être à part. Ce n'est pas lui qui pourrait se laisser aller à des privautés avec ses modèles, comme la plupart de ses confrères.

Elle le laissa parler. Il rallumait de temps à autre sa pipe qui répandait une suave odeur de virginie et ne s'interrompait que pour regagner son poste. Il joua des partitions de Chausson, de Lalo et d'un tout jeune musicien qui s'exerçait à la composition et venait parfois au Clou, accompagné par son père qui couvait l'enfant prodige : Maurice Ravel.

À plusieurs reprises Maria tenta d'endiguer la loghorrée pour dire qu'elle ne pouvait satisfaire à son invitation, qu'elle était attendue chez elle. Il faisait le sourd, et elle était elle-même sous le charme.

Elle apprit qu'il était né à Honfleur, il y avait vingt-neuf ans. Il vivait à Paris depuis son enfance, demeurait à Montmartre, rue Cortot, au cœur de la Butte, où il composait de petites musiques et des opéras. Après sa sortie du Conservatoire il avait rempli l'office de maître de chapelle des Rose-Croix et du Saint-Graal.

Il lui en aurait raconté bien davantage si brusquement, avec un regard vers la pendule, Maria n'avait pris congé. Pour lui éviter de nourrir des idées moroses, elle ajouta :

— Je dois m'occuper de mon fils et de ma vieille mère.

Il lui dit, en lui prenant les mains :

— Revenez ! Revenez vite, oui ! Nous dînerons en tête-à-tête, comme des amoureux.

« Comme des amoureux »... La même formule que Degas avait employée lorsqu'ils étaient allés dîner à la Grande Pinte.

Elle s'en retourna en fiacre, la tête bourdonnante des échos de cette musique et de cette voix grave, colorée d'intonations qui lui conféraient un charme pénétrant.

Que cherchait-il ? Une aventure ou simplement une occasion de meubler son temps libre en agréable compagnie ? À en juger par la préciosité qui émanait de lui, elle se dit qu'il pourrait bien s'agir d'un inverti.

Elle trouva du remue-ménage en rentrant.

Un agent de la force publique venait de ramener Maurice par les oreilles. Profitant de son jour de congé, le garçon était allé flâner dans les anciennes carrières de gypse de Montmartre, où il retrouvait une petite bande qui se livrait, avec quelques gamines délurées, à des jeux incompatibles avec leur âge. Il se trouvait dans ce groupe de la graine de voyous ; ils rapportaient dans une anfractuosité en forme de caverne le fruit de leurs rapines, des bouteilles de vin et d'alcool, des cigarettes raflées dans des arrière-boutiques.

Ce soir-là, les chenapans avaient eu une visite inattendue : celle de deux argousins en tenue, qui les avaient conduits au commissariat. L'un d'eux avait ramené Maurice à son domicile en annonçant qu'en cas de récidive ce serait la maison de force.

— Tu peux dire qu'il promet, ton fils ! s'écria Madeleine. Toujours à traîner avec la canaille. Il mériterait une bonne correction.

Maria décela sur le visage de son fils des traces de coups.

— Ils t'ont battu au commissariat ? Réponds-moi !

Maurice haussa les épaules sans répondre.

— Tu vas me raconter ce qui s'est passé et nous n'en parlerons plus. Est-ce que tes copains t'ont fait boire ?

Maurice hocha la tête. Il avait fait « comme les autres ». Même les filles buvaient et fumaient à s'en rendre malades. Et ça durait depuis des semaines ! Maria voulait en savoir davantage mais elle trouvait mal les mots destinés à lui faire avouer ce qui se passait entre les garçons et les filles. Maurice répondit qu'« elles leur montraient tout » et qu'« ils les caressaient ».

— Il ne faudra plus retourner là-bas, dit-elle. C'est dangereux. Ces anciennes carrières abritent des monstres. Parfois il y a des éboulements, des maisons qui se lézardent et disparaissent. On dit même que des gens qui assistaient à un mariage ont disparu dans un trou et qu'on ne les a jamais revus. Et puis tu risques de te trouver nez à nez avec le fantôme de saint Denis qui revient de temps en temps laver à la fontaine la tête qu'on lui a tranchée. Tu te rends compte du danger que tu cours ? Promets-moi de ne plus aller vadrouiller dans ces coins. Si tu recommences, tu ne seras plus mon fils.

Outre qu'il n'était pas un élève digne d'éloges, Maurice semblait en proie à une sorte d'innocence congénitale qui le poussait à ne faire aucune différence entre le bien et le mal. Il n'avait de goût que pour le dessin, sans que rien annonçât des dispositions exceptionnelles, comme cela avait été le cas pour sa mère. Elle avait tenté de le conseiller : il ronchonnait et se repliait sur lui-même d'un air buté.

Miguel venait de quitter Barcelone pour l'Amérique.
Depuis son départ de Paris il avait adressé à Maria quelques lettres dépourvues de tout épanchement : il ne lui parlait que de ses préparatifs et de l'air du temps. À chacune de ses lettres il joignait un post-scriptum destiné à Maurice pour lui donner des leçons de conduite. À l'une d'elles il avait joint un mandat international, ajoutant qu'il en enverrait d'autres dès qu'il serait installé à New York.

L'hiver plombait la ville d'une épaisse couche de brouillard mêlé de crachin. Montmartre, émergeant comme une île de cette mer cotonneuse, se donnait des allures de montagne islandaise.

Maria sortait peu. Elle accompagnait Maurice au collège, revenait le chercher en fin d'après-midi et en profitait pour faire quelques courses. Le reste du temps, elle restait enfermée dans son atelier pour préparer, sur les conseils de Degas, les œuvres qu'elle comptait présenter au jury de l'exposition de la Nationale qui ouvrirait en mai. Elle se retrouverait aux cimaises en compagnie de quelques peintres célèbres. Une chance à laquelle, quelques années avant, elle n'aurait osé rêver.

Revoir Satie ? Elle y pensait souvent mais, au moment de reprendre le chemin de l'Auberge du Clou, elle renonçait. Elle n'aurait pas eu un long chemin à faire pour aller le retrouver rue Cortot, mais à quoi bon ? Ce qu'elle avait appris du personnage lui suffisait. Elle redouta un moment que lui-même ne vînt la relancer ; elle s'était gardée de lui confier son adresse mais il aurait pu se la procurer auprès des peintres qui fréquentaient le Clou. Il n'en avait rien fait. Par retenue ou par timidité ?

De Renoir, pas de nouvelles non plus.
Il avait emménagé dans son logis de la Butte où il

savait trouver un air plus salubre que dans les quartiers bas de Montmartre. Aline, enceinte d'un deuxième enfant, avait voulu, pour elle et sa progéniture, une campagne pas trop éloignée du centre de Paris. Montmartre lui convenait : ce n'était rien d'autre qu'un gros village.

Il avait élu domicile dans le château des Brouillards, une antique bicoque de vastes dimensions, qui n'avait de château que le nom, dans une allée donnant sur la rue Girardon. Cet espace de jardins, de jardinets populaires, de friches que le printemps constellait de fleurs, Maria le connaissait pour y avoir fait jadis de longues promenades en compagnie de Boissy et, naguère, de Miguel. À diverses reprises, avant de s'installer rue Victor-Massé, Renoir l'y avait conduite pour des séances de pose en plein air, à l'abri d'un taillis.

La réputation du maître n'était plus à faire.

Les expositions Renoir se succédaient. Une rétrospective organisée par Durand-Ruel n'avait pas groupé moins de cent dix peintures prêtées en grande partie par des collectionneurs ; certaines devaient à Maria un hymne de chair rose, entre ombre et soleil.

Renoir voyageait beaucoup, souvent avec son ami Paul Gallimard, directeur du théâtre des Variétés : Normandie, Provence, Espagne... Il semblait trouver dans ces escapades un apaisement provisoire à ses maux : les terribles crises de rhumatisme aux membres et au visage qui le faisaient se traîner devant son chevalet comme un galérien sur son banc de nage.

Un matin, en conduisant Maurice au collège, Maria se trouva nez à nez avec Renoir et son épouse. Elle n'aurait su dire s'il avait encore maigri. En revanche, Aline avait pris de l'embonpoint : elle avait l'allure d'une grosse bourgeoise nourrie de chocolat et de petits fours, avec un visage de poupée gourmande ; elle tenait par la main leur premier fils, Pierre, un bel enfant de dix ans.

Renoir dit à Maria :

— Je vais t'apprendre une nouvelle qui, je l'espère, te fera plaisir : nous allons être voisins. Grâce à Zando, je viens de louer dans ton immeuble un local qui sera mon second atelier.

— Nous espérons, ajouta Aline, vous voir plus souvent.

Était-elle sincère ? Maria, surprise, en douta. Elle ne pouvait oublier les scènes de jalousie déclenchées par la dondon au temps où elle posait pour le maître et satisfaisait sa libido.

— Je m'en fais moi-même une joie, répondit Maria.

Renoir ajouta :

— Lorsque nous procéderons au baptême de notre deuxième enfant qui vient de naître, nous serions heureux que tu sois des nôtres. Ce sera pour la fin de l'été.

Degas était dans l'état d'un porc-épic en colère, tous poils hérissés. Il venait de congédier sans y mettre de formes son ami Stéphane Mallarmé, le délicat poète, l'être le plus doux de la terre, qui venait, cédant aux sirènes de la gloire officielle, de postuler pour la Légion d'honneur, comme on l'y invitait.

— L'imbécile ! il est venu m'annoncer la nouvelle, comme s'il attendait un rendez-vous avec le Christ. Il avait une gueule de miraculé. Lui, le meilleur de nos poètes, décoré comme pour un comice agricole...

Il soumettait souvent à Mallarmé les sonnets qu'il écrivait, non sans quelque apparence de talent : une innocente manie destinée à découvrir d'autres émotions esthétiques que celles de la peinture, mais qui n'apporteraient rien à sa gloire.

— Vous tombez un mauvais jour, ma chérie ! bougonna-t-il. Depuis ce matin, je ne décolère pas !

Elle se proposait de se retirer ; il la retint.

— Restez, Maria ! Vous ne m'importunez pas, au contraire. J'avais justement besoin de la présence de quelqu'un qui m'écoute, me comprenne, ne me juge pas.

Il venait d'apprendre que des amis à qui il avait offert une toile l'avaient revendue.

— Les goujats ! Pour moi ils sont morts, ils n'existent plus.

Il avait éconduit dans la matinée un commerçant venu choisir une toile. Il lui avait jeté à la figure : « Ici, monsieur, on ne vend pas, on travaille ! » En revanche, il avait accepté d'ouvrir le saint du saint à un ami de Desboutin qui avait fait l'acquisition d'un pastel.

— C'est un con ! s'écria-t-il avec un rire sarcastique. Il a choisi le plus mauvais...

Il tourna dans l'atelier en donnant des coups de pied dans les meubles.

— Ma chérie, dit-il, je commençais à me demander ce que j'avais bien pu faire ou dire pour que vous restiez une quinzaine sans donner signe de vie.

— Mais rien, maître ! Je travaille pour préparer l'exposition de la Nationale où je vais exposer grâce à vous et à Paul Bartholomé. Cela me demande beaucoup de temps. Mais vous-même ? J'attendais votre visite.

— Oh, moi...

Il venait de traverser une période de dépression et de doute. Il avait détruit des liasses de calques, des pastels et des monotypes qui ne lui donnaient pas satisfaction.

— J'en ai fait dans mon Godin des feux de joie. Enfin, de joie, si l'on peut dire... Vous avez connu ça vous aussi, Maria, ces moments où l'on se dit : qu'est-ce que je fous sur cette terre ? à quoi sert s'échiner pour un travail qui n'intéresse personne ?

— Vous exagérez, maître !

— C'est vrai, j'exagère, mais enfin, quand on y pense... J'ai fait appel au seul remède efficace : une visite aux coulisses de l'Opéra. Dès que je retrouve les ballerines, mes « petites chéries », je me sens revivre. Je suis là dans un monde qui est le mien.

Quels sentiments, quelles sensations le maître éprouvait-il en compagnie de ces fillettes ? Zando lui avait raconté que Degas se plaçait sous l'escalier menant à la scène pour lorgner leurs dessous.

Une mauvaise nouvelle récente avait accru les pitoyables dispositions de Degas : son vieil ami Gustave Caillebotte, le peintre des *Raboteurs de parquet* et des scènes de rues sous la pluie, était à l'agonie dans sa demeure champêtre du Petit-Gennevilliers, au milieu d'un jardin dont il était fier. Il entretenait avec Degas des rapports épisodiques, parfois orageux mais non dépourvus d'une sorte de fraternité d'armes. Caillebotte n'avait pas cinquante ans.

Degas demanda à Maria où elle en était de son travail.

Elle était assez satisfaite de deux peintures réalisées récemment : les portraits d'une fillette du quartier et d'une jeune femme, une voisine, Mme Dumaret, « à la beauté faite de charme et de vertus », avait-elle écrit en bas de la toile.

— Je crois que je fais des progrès en peinture, dit-elle, mais c'est encore le dessin que je préfère. Je m'y sens plus libre et je m'y exprime mieux. De même pour le pastel.

— Eh bien ! dit-il d'un ton bourru, continuez, accrochez-vous !

Il ajouta en la prenant par la taille :

— J'ai besoin de parler à d'autres qu'à des imbéciles. Restez dîner avec moi. Je dirai à Zoé de faire un effort, d'éviter les pâtes sans beurre et les poireaux à la vinaigrette qui constituent mon ordinaire.

Elle déclina cette invitation, prétextant les soucis que lui donnaient Maurice et la santé de sa mère.

Ce n'est pas à l'Auberge du Clou que Maria retrouva Satie mais à la Nouvelle-Athènes où elle avait accompagné Zando et ses amis italiens. Elle ne s'attendait pas à le trouver là.

— Jour de relâche ! dit-il. J'en profite pour me promener. C'est ma passion, oui. Vous ne pouvez imaginer le nombre de kilomètres que je peux faire, à pied, en une journée ou une nuit.

— Vous vous promenez seul dans Paris, la nuit ?

— Seul, oui, mais avec ça...

Il sortit de sa poche un marteau, une arme, dit-il, dissuasive parce que inattendue. Un jet de marteau bien dirigé pouvait envoyer un malfaiteur à l'hôpital ou à la morgue.

— Pourquoi ne vous voit-on plus au Clou ? dit-il. Tous les jours, j'espère votre venue. Vous aurais-je importunée par mes bavardages ?

— J'ai eu plaisir à vous rencontrer et à vous écouter, mais, ces temps-ci, je suis très prise par les préparatifs d'une exposition.

Il lui demanda qui étaient ces gens turbulents qui l'accompagnaient et qui menaient grand bruit. Elle les lui nomma. Il parut contrarié.

— Je suppose que l'un d'eux est votre ami de cœur. Il n'y aurait rien que de très normal : à votre âge, belle comme vous l'êtes...

— ... et facile ? riposta-t-elle avec aigreur. Dites-le ! Eh bien non, aucun d'eux n'est mon amant.

Elle n'allait pas lui révéler qu'elle et Zandomeneghi avaient connu une brève liaison au début de son installation rue Tourlaque : elle n'avait pas de confidences à lui faire.

— Pardonnez-moi, dit-elle, mais je dois rejoindre notre groupe.

— Attendez ! J'ai quelque chose pour vous : un dessin que je porte dans mon portefeuille depuis notre première rencontre. Ne vous moquez pas : je suis loin d'avoir votre talent.

Il lui montra une feuille de partition où il avait dessiné d'un trait enfantin une caricature qu'elle jugea assez ressemblante. Il avait écrit au-dessus, en gothique soigné : *Suzanne Valadon : Erik Satie facit, anno Domini 1893.*

— Vous êtes gentil, dit-elle, émue. Que faire pour vous remercier ?

— C'est simple : me rendre la pareille. Vous avez mon adresse. Je suis chez moi tous les matins. Puisque vous-même habitez Montmartre il vous sera facile de me rendre visite sans perdre trop de temps.

— Je viendrai, dit-elle. D'ici peu.

À plusieurs reprises, pour monter au cœur de la Butte, Maria était passée par la rue Cortot. Elle connaissait la maison étirée en longueur, à deux étages, posée sur une base talutée, dont il occupait une mansarde.

— Mon *placard*, dit-il en la faisant entrer. La cuisine se résume à un réchaud à pétrole, la chambre à cette paillasse, le bureau à ce guéridon, la salle de musique au recoin où vous voyez cette guitare. On ne pourrait vivre plus simplement, oui. Ma pauvreté n'est qu'apparente : elle a quelque chose d'évangélique, ne trouvez-vous pas ?

Elle trouvait plutôt que cette caverne évoquait l'arrière-boutique des brocanteurs qu'elle allait visiter en compagnie de la princesse Mathilde : le moindre espace libre, sur les murs et jusqu'au ras du plancher, était occupé par des bibelots insolites, des images et des insignes rosicruciens, des allégories du Graal, des ouvrages du Sâr Joséphin Péladan, prophète inspiré des Rose-Croix, et des partitions de Wagner...

— Qui est, demanda Maria, ce personnage à jabot de dentelle, qui ressemble à la femme à barbe de la Foire du Trône ?

— Mon maître, le Sâr Peladan, dans sa tenue de Grand Pontife. Quelle allure, hein ? J'ai dû rompre avec lui à la suite de malentendus concernant ma musique que, de toute évidence, il ne comprend pas. Lorsque je lui ai joué ma pièce *Le Fils des étoiles*, il a jugé qu'elle ressemblait a une « wagnérie chaldéenne ». Quelle idée ! Debussy, qui est mon ami, oui, prétend que cela sent la choucroute, à cause de l'inspiration wagnérienne de cette pièce et de quelques autres comme mes *Sonneries et fanfares*. Le Sâr a détesté mes *Danses gothiques*, ce qui a occasionné notre brouille. J'ai publié ma réponse dans le *Gil Blas*, en déplorant le manque de culture musicale du Sâr.

Il annonça à Maria, avec le plus grand sérieux, qu'il avait décidé de fonder sa propre religion : l'Église métropolitaine d'Art de Jésus conducteur.

— J'en suis le maître de chapelle, oui. Si cela vous intéresse, je puis vous donner connaissance de notre hiérarchie. Je compte recevoir dans nos rangs un million six cent mille trois cents « pénéants » noirs convers : des pénitents, si vous préférez. Oui. Le journal que je vais publier vous en dira davantage. J'ai trouvé un titre : *Cartulaire*. Qu'en dites-vous ?

— Mon Dieu, dit Maria qui réprimait une envie de bâiller, je trouve que c'est un beau titre, mais je dois vous prévenir que je n'ai pas de religion et que ça ne m'empêche pas de vivre. Ceci dit, je suis sensible à votre foi et à votre courage.

— Un jour, vous serez touchée par la lumière divine. Je ne désespère pas de faire de vous une de mes catéchumènes et de vous baptiser dans l'eau de la Seine. Il me plairait de faire de vous mon épouse mystique, oui.

Il débitait ces inepties sur un ton monocorde évoquant une partition pour violoncelle de Bach, sans un geste, le regard fixe, les traits immobiles sous ses longs cheveux noirs. Il rappelait à Maria ce demi-fou, Sédir, qui se disait traducteur de la Cabale et rêvait de conduire l'humanité à sa rédemption sous sa houlette. Elle devait pourtant convenir que Satie était plus séduisant, en dépit de sa tendance à l'élucubration. Zando l'appelait le « dérangé de la rue Cortot ».

— Mon portrait, dit-il. Vous m'aviez promis...

Elle lui demanda une feuille de papier, un crayon gras, le fit asseoir sur un escabeau avec son chapeau cabossé, elle-même s'asseyant au bord du lit qui semblait n'avoir pas été fait depuis des jours et dont les draps étaient couleur de cendre. Il ne lui fallut que quelques minutes pour le croquer. En regardant le portrait terminé, il eut un cri de joie : c'était lui, tout à fait lui, oui, oui, oui ! Il demanda la permission de le garder et lui promit de ne jamais s'en séparer.

— Ne le prenez pas en mauvaise part, dit-elle, mais vous allez vous déshabiller et me confier votre linge de corps. Il a besoin d'une lessive. Ma mère s'en chargera.

Il fouilla dans son armoire, en retira un magma grisâtre dont il fit un balluchon. Au moment de franchir le seuil elle l'entendit, éberluée, lui dire cérémonieusement :

— Mademoiselle Valadon, voulez-vous être ma femme ?

Elle raconta à Degas sa visite au musicien.

— Méfiez-vous de ce personnage, dit-il. Les mystiques de cet acabit, je les connais : c'est la plaie de notre société. Sous prétexte d'ambitions philosophiques, ils sont bas de plafond et dangereux. On a tourné Péladan en ridicule sous prétexte qu'il néglige de se laver les pieds et qu'il roule à bicyclette. On l'appelle le « Péladan pédalant ». Satie est peut-être un brave garçon, il a peut-être du talent, mais méfiez-vous de lui.

Il lui montra deux toiles de Gauguin que, malgré ses préventions contre le « sauvage », il venait d'acquérir chez Durand-Ruel. Ce « loup sans collier », comme il disait, avait du talent. Après un séjour en Polynésie, il venait de rentrer à Paris. La première : *Mahana no atua (Le Jour de Dieu)*, représentait des femmes se baignant autour d'un dieu de basalte. L'autre : *Hina* te *Fatou (La Terre et la Lune)*, évoquait en couleurs violentes une scène païenne.

— Le père Tanguy, dit-il, aurait été fier du succès de son protégé. Il a acheté ses toiles à une époque où personne n'en voulait. Il vient de mourir sur un matelas de trésors. Des Gauguin, mais aussi des Cézanne.

Degas semblait émerger de sa période de dépression. Cette rémission se traduisait par une fièvre d'acquisitions : il allait acheter un *Saint Ildephonsus*, du Greco, et était en pourparlers pour des fragments de *L'Exécution de Maximilien*, de Manet. Ses œuvres à lui trouvaient des acquéreurs. Tout cela lui redonnait de la vigueur.

— Maria, dit-il d'un air joyeux, la semaine prochaine, si cela vous convient, je vous enseignerai la gravure.

Madeleine accueillit sa fille avec un regard torve.
— Qu'est-ce que c'est encore que cet hurluberlu qui est venu te voir tout à l'heure ? Un nommé Satie.
— Qu'est-ce qu'il voulait ?
— Faire sa demande en mariage, qu'il m'a dit. Il avait des gants et tenait un bouquet de fleurs d'oranger. Il m'a dit : « Madame, en l'absence de votre fille, j'ai l'honneur de vous demander sa main. » Il a l'allure d'un saltimbanque endimanché. Si tu as l'intention de te marier, tu aurais pu m'en parler.

Maria éclata de rire. Si l'idée lui venait de convoler, ce ne serait sûrement pas avec ce pitre.

— Je vais lui dire deux mots ! ajouta-t-elle en reprenant son sérieux...

Elle partit aussitôt, le balluchon de linge propre sous le bras. Erik se trouvait dans son *placard*, en train de composer à la guitare. Il bondit vers elle, la prit dans ses bras.

— Maria, dit-il d'un air radieux, nous allons franchir le pas. C'était écrit dans les astres.
— Vous le franchirez seul ! Qu'est-ce que cette

comédie ? Vous auriez pu me prévenir de votre visite. Ma mère est dans tous ses états. Elle a failli vous prendre au sérieux.

— Mais, Maria, je suis sérieux ! Je vous aime, oui. Je n'ai jamais aimé une femme à ce point.

— J'en suis désolée pour vous mais il faut en rester là. Qui vous a dit que moi je vous aimais et que j'accepterais de vous épouser ?

— Une voix m'a réveillé cette nuit. Elle m'a dit : « Erik, Maria sera ta femme, mais tu dois te déclarer. » Vous ne pouvez refuser. Ma vie est en jeu.

Il se laissa tomber sur son escabeau, ôta son lorgnon, s'essuya les yeux, promena son regard autour de lui comme un naufragé qui attend du secours. Il dit avec des sanglots dans la gorge :

— Ne me laissez pas, Maria, je vous en supplie. J'ai l'impression d'être au bord d'un gouffre et de vous tendre la main. Si vous m'abandonnez, j'en mourrai sans laisser de regrets. Personne ne m'aime.

— Votre famille...

— Ma famille ? Des excentriques, oui ! Un drôle de mélange : du sang écossais du côté de ma mère, normand du côté de mon père. Je vous raconterai.

— Votre art devrait vous soutenir.

Son chagrin redoubla : il venait de recevoir une lettre du directeur de l'Opéra lui annonçant que son œuvre, *Aspur*, avait été refusée. Deux ans de travail s'effondraient dans l'indifférence.

— Vous voyez bien, Maria, que personne ne m'aime.

Elle s'agenouilla près de lui, essuya avec son mouchoir le visage baigné de larmes.

— Ce n'est qu'une mauvaise passe, dit-elle. Détendez-vous. Souriez-moi. Je vais rester. Nous allons faire l'amour.

Elle avait l'impression de lui offrir l'aumône, mais c'est au fond ce qu'il attendait.

Avant de le quitter elle enleva les draps, les roula pour les emporter.

— Je vous ai rapporté votre linge, dit-elle. Vous aurez vos draps après-demain. Je ne peux vous voir vivre dans cette saleté.

— Biqui, vous êtes un ange.

— Comment m'appelez-vous ?

— Biqui. C'est la voix de la nuit passée qui vous nommait ainsi. Ça ne vous plaît pas ?

— Maria, Suzanne ou Biqui, peu importe. Attendez-moi demain à la même heure et ne faites pas de bêtises.

Elle ajouta en le serrant contre elle :

— Vous m'avez bien fait l'amour...

XVI

« TENDRE BIQUI... »

Aline Renoir avait accouché à la mi-août d'un deuxième fils qui avait reçu le prénom de Jean. À quelques jours de cet événement, Renoir dit à Maria :

— Nous comptons sur toi pour le baptême. Il aura lieu à mon domicile, au château des Brouillards. En plus de la famille, j'ai invité quelques amis et les voisins les plus proches. Tu peux venir avec ta mère et Maurice.

Maria fit un brin de toilette et revêtit Maurice de son costume des dimanches. Il faisait un temps de paradis. Alors que Paris haletait sous un soleil de plomb, sur les hauteurs de Montmartre l'air était léger, animé d'une petite brise du nord qui avait un goût de printemps.

Pour se rendre à la fête, Maria s'engagea dans la rue Caulaincourt, puis dans la rue Girardon qui donnait directement sur la demeure du peintre. Elle s'aventurait assez rarement dans cette zone de Montmartre, le Maquis, un quartier qui avait conservé le caractère agreste et un peu sauvage d'un village, avec ses terrains vagues, territoires de jeux des enfants, ses jardins de retraités avec leurs cabanes en planches évoquant les qualités du Bouillon Kub et les mérites du Thermogène. Cet espace en marge de Paris était le domaine d'une population clairsemée comptant des peintres, des écrivains, des personnages originaux. Des allées et des sentiers ne méritant pas le nom de rues divisaient cette étendue, domaine de la paix et du silence, hanté le jour par des vaches, des chèvres, des chiens et des chats errants, des vagabonds et, la nuit, par les amoureux et les apaches.

Maria avait évité d'assister à la cérémonie religieuse. Elle arriva, tenant Maurice par la main, au moment de la distribution des dragées. Tous les mioches du quartier étaient présents et menaient grand tapage en se bourrant la bouche et les poches de ces friandises.

À l'extrémité de l'allée menant au château des Brouillards on avait dressé sous un énorme tilleul une longue table croulant sous les victuailles, au milieu de laquelle trônaient deux barriques de vin enrobées de lierre.

Dès qu'il aperçut Maria, Renoir vint vers elle et l'embrassa en s'écriant, le chapeau sur la nuque, un mouchoir à la main pour s'éponger le visage :

— Quelle journée, nom de Dieu ! Cette cérémonie à l'église... interminable. Il me tarde d'être à ce soir.

Il fit goûter à Maria du frontignan qu'il avait fait venir pour l'occasion, fourra une poignée de dragées dans les poches de Maurice, le dirigea vers les pâtisseries alors que le gamin lorgnait plutôt les barriques.

— Bouffe, nom de Dieu ! s'écriait-il. Mets-t'en plein la lampe, c'est gratuit et y en a pour un régiment...

Renoir, radieux, présenta Maria, en vrac, à son cousin Eugène, officier de la Coloniale en tenue, Georges Durand-Ruel, parrain du nouveau-né, Jeanne Baudot, marchande de poisson, voisine et marraine, et à quelques intimes comme Abel Faivre et Eugène Lestringuez. Le petit Pierre, premier fils d'Aline et Auguste, se gavait de vol-au-vent.

Renoir confia Maurice à son fils aîné en leur demandant d'aller jouer ensemble — ils étaient approximativement du même âge. Les deux enfants venaient de s'éloigner en courant lorsqu'une adolescente aborda Maria avec un plateau et lui dit :

— Goûtez de ces brioches de viande, madame. Elles viennent de chez Mangin, le meilleur traiteur de Paris.

— Nous nous connaissons, je crois, dit Maria. Rappelez-moi votre nom.

— Gabrielle Renard. Aline est ma cousine. Nous nous sommes rencontrées, vous et moi, chez le maître. J'ai posé dans son atelier et dans le jardin en gardant mes vêtements car j'étais et suis encore toute jeune, mais il m'a promis de me faire bientôt poser nue. Savez-vous ce qu'il m'a dit ces temps derniers ? Que, depuis que vous ne posez plus pour lui, il n'a pas rencontré de plastique aussi parfaite que la mienne ! Vous pensez si j'en suis fière...

Maria voyait se dessiner, sous la robe rose et bleu serrée à la taille par une large ceinture et nouée sur les reins d'un gros ruban, une promesse d'abondance charnelle. Elle lui dit avec un sourire avenant :

— Le maître a un goût parfait : il a sûrement raison, du moins pour ce qui vous concerne.

Sans cesser d'offrir aux invités ses brioches-à-la-viande-de-chez-Mangin, Gabrielle apprit à Maria qu'elle prenait soin des enfants et donnait la main à Aline pour les soins du ménage.

— C'est fou ce qu'il y a de poussière dans cette vieille baraque ! dit-elle. Plus on en essuie et plus il en vient. Et je ne vous parle pas de la pluie qui tombe par les trous du grenier...

Maria chercha des yeux Aline.

Elle aperçut la génitrix épanouie assise sous un bouquet de seringas, occupée à bavarder avec des voisines en s'éventant le visage. Elle s'approcha pour la saluer, lui fit un compliment, lui disant que, dans cette ombre de feuilles, elle ressemblait à un Renoir, ce qui décrispa d'un sourire le visage poupin. Maria comprit que le restant d'hostilité qui subsistait entre elles serait long à se dissiper, ce qui la laissait indifférente.

Maurice avait renoncé à jouer avec Pierre qui ne songeait qu'à s'empiffrer. Il prit sa mère par la main pour lui amener voir les chèvres.

Par un étroit sentier enfoui sous de denses ramures de noisetiers, ils traversèrent le jardin que limitait une clôture à claire-voie. De l'autre côté se pressaient quelques chèvres auxquelles les enfants distribuaient des morceaux de pain et des gâteaux.

— Elles sont gourmandes, dit Maurice. Elles préfèrent les babas au rhum au pain.

— Ne leur en donne pas trop, dit Maria. Elles risquent d'être saoules et de se mettre à danser.

— J'aimerais voir ça ! dit Maurice en éclatant de rire. Des chèvres en train de danser...

Les allées étaient encombrées de gens en toilette qui, verre en main, bavardaient et fumaient. Sous une charmille, un couple s'étreignait. Faivre et Lestringuez avaient entamé un duo sur un air de Gounod, grand ami de Renoir, dont on avait célébré les obsèques l'année précédente.

Gabrielle, libérée de son plateau de brioches-à-la-viande-de-chez-Mangin, revenait à la charge.

— Madame Valadon, dit-elle, je crois que vous ne connaissez pas la maison. Si vous voulez me suivre, je vous la ferai visiter.

L'allure vive d'un elfe grassouillet, elle prit les devants, poussa la porte du rez-de-chaussée qui ouvrait directement sur le jardin, à l'abri d'une marquise. Le salon et la salle à manger qui occupaient ce niveau étaient peints en gris Trianon avec, dans cette dernière pièce, des vitres ornées de scènes mythologiques qui laissaient passer une lumière de vitrail. Le premier étage était composé de trois pièces, des chambres dotées d'un cabinet de toilette. L'atelier du maître occupait le niveau supérieur, mais il travaillait surtout dans celui de la rue Tourlaque, ce que confirma Gabrielle :

— Il y est plus à l'aise pour travailler. Il aime les enfants mais redoute le remue-ménage qu'ils occasionnent.

Elle ajouta avec une pointe du curiosité dans la voix :

— Vous... vous le rencontrez souvent ?

— Assez souvent, dit Maria, mais je ne vais jamais le déranger lorsqu'il travaille, sauf s'il me demande mon avis sur une de ses toiles.

Elle ajouta :

— Cette demeure est bien agréable. Les pièces sont petites mais coquettes et bien disposées. Et ce jardin, cette campagne autour... Vous devez vous y plaire.

— Pour moi, c'est le paradis. Et vous n'ignorez pas qui est Dieu le Père...

Erik Satie écrivait chaque jour, plusieurs fois par jour même, à celle qu'il appelait son « Biqui » ou sa « tendre Suzanne », alors qu'ils se retrouvaient deux ou trois fois par semaine dans le *placard* de la rue Cortot, à l'Auberge du Clou ou au Lapin agile où il se produisait parfois pour des extras.

Peu après leur première rencontre, il lui avait fait part d'une incertitude qui le tourmentait : on l'appelait Maria mais elle signait ses toiles « Suzanne Valadon ». Quel était son véritable prénom ?

Elle avait haussé les épaules et lui avait laissé le choix. Il préférait Suzanne. Elle en avait parlé à Lautrec en lui demandant ce qu'il pensait de ce changement d'identité ; il lui avait répondu :

— Maria... Les maisons et les châteaux de ma famille sont pleins de bonniches qui portent ce prénom. En revanche, Suzanne, ça me plaît assez. Hein, quoi ? Oui, ça fait biblique. Suzanne et les vieillards, la chaste Suzanne. C'est chic, c'est genre, c'est bath...

Satie passait une partie de son temps libre à composer des pièces aux noms bizarres : *Gymnopédies... Gnossiennes... Prélude de la porte héroïque du Ciel... La Messe des pauvres...* Lorsqu'il lui arrivait d'en jouer en public, elles passaient inaperçues ou se faisaient siffler. Ce que lui demandait le public de fonctionnaires du Clou, c'étaient des airs à la mode pour accompagner leur partie de manille ou de piquet. Philosophe de nature et de comportement, le musicien prenait bon gré mal gré son parti de cet ostracisme, persuadé que l'avenir lui rendrait justice.

Maria flottait dans un imbroglio permanent.

Erik lui faisait correctement l'amour depuis qu'elle lui avait imposé de renoncer à mêler à leurs ébats l'expression orale des méditations transcendantales qui lui agitaient l'esprit et le faisaient divaguer. Dès qu'elle avait fait mine, après avoir maîtrisé ses débordements, d'entrer dans le jeu de cet artiste, de paraître prendre intérêt à ses ambitions mystiques et musicales, sa présence devenait distrayante et riche d'enseignements. Erik n'était pas de ces « bas de plafond » dont parlait Degas. Dans sa jeunesse, il avait passé des heures à la Bibliothèque nationale ; il connaissait notamment toute l'œuvre d'Andersen dont il pouvait réciter des pages par cœur, de Gustave Flaubert, du Sâr Joséphin Péladan dont il pouvait énumérer la bibliographie, ce qui constituait en soi un exploit. En matière musicale il jouait de mémoire des pages de Wagner.

Erik savait gré à Maria de se conduire avec lui comme une épouse : elle lui tenait son appartement propre et rangé, lui faisait laver et repasser son linge par sa mère. Elle lui inspirait une passion qui déclenchait en lui une ardeur créatrice.

Ses lettres, qu'elle gardait toutes, Maria les enfermait dans une boîte à sucre. Elle relisait souvent l'une des premières qu'il lui eût écrites, tantôt avec émotion, tantôt avec un sourire indulgent. Elle disait, dans une calligraphie subtile de moine :

Cher petit Biqui,
Impossible
de rester sans penser à tout
ton être : tu es moi tout entière, partout.
Je ne vois que tes yeux
exquis, tes mains douces
tes petits pieds d'enfant...

Il écrivait en conclusion :

Biqui chéri, je ne me mettrai nullement en furie
si tu ne peux venir à nos rendez-vous ; mainte-
nant que je suis devenu terriblement raisonnable,
et malgré le bonheur que j'ai à te voir
je commence à comprendre que tu ne peux point
toujours faire ce que tu veux.
Tu vois, petit Biqui, qu'il y a commencement à
tout.
Je t'embrasse sur le cœur.

L'écriture de ces lettres, leur graphisme serré, précis, la bouleversaient. L'italique semblait précipiter les mots vers un but incertain, toujours remis en question. Le papier à lettres portait un cachet singulier : La Société des Vieilles Poules, avec une devise humoristique : *Aigle ne puis, dindon ne daigne, poule suis.*

Il lui dédia deux œuvres : *Bonjour Biqui !* dont la partition s'ornait d'un portrait de Maria, et une *Danse gothique* qui portait en sous-titre : *Neuvaine pour le plus grand calme et la plus forte tranquillité de mon âme.*

Le calme, la tranquillité, c'est ce dont Satie manquait le plus. Comme Miguel Utrillo avant lui, il se montrait jaloux et, à plusieurs reprises, d'une agressivité sournoise, sans un affrontement qui eût généré une rupture mais où il glissait un poison insidieux qui risquait de détériorer leur vie commune.

Erik détestait Lautrec : cet antéchrist, ce débauché

qui traitait les femmes comme du bétail, de même que Degas qui prenait un plaisir sadique à avilir ses modèles. Il avait appris par Debussy sa longue liaison avec le premier et ses rapports équivoques avec le second. Il en voulait surtout à Lautrec :

— Comment as-tu pu coucher avec cet homuncule ? C'est insensé !

Riposte de Maria qui n'y allait pas de main morte :

— Lautrec a une particularité physique qui te manque : une queue magistrale. Lui au moins, il me faisait jouir. Avec toi, j'ai toujours l'impression de déniaiser un puceau. Cesse de m'importuner avec ta jalousie. C'est de ma vie qu'il s'agit, et je ne te dois pas de comptes sur mon passé.

Elle ajoutait avec une perfidie étudiée :

— Occupe-toi plutôt de ton petit Ravel. Tu sembles au mieux avec lui...

— Maria, je t'interdis...

Il regimbait quand elle hasardait la moindre allusion à des tendances de sa nature qu'il s'attachait tant bien que mal à maîtriser.

— Ravel... Eh bien quoi, Ravel ? Nous sommes bons amis et il promet d'être un grand musicien, oui. Et puis après ?

Le petit Maurice lui avait confié une copie de son *Menuet antique*, une partition qui comportait plus que des promesses. Ils jouaient parfois du piano à quatre mains au Clou et se donnaient des récitals de guitare rue Cortot. Mais de là à penser que leurs rapports allaient au-delà... Il ferait justice de ces médisances. Oui !

Erik et Maria se connaissaient depuis six mois lorsqu'un soir, au Clou, après une scène qui les avait laissés sur les nerfs, Erik s'empêtra dans la pièce qu'il interprétait : il venait d'apercevoir Maria pénétrant dans la salle accompagnée d'un habitué qui la serrait de près : Paul Moussis. Il les suivit de l'œil alors qu'ils prenaient place et entendit Mousis commander deux coupes de champagne. Ils restèrent un long moment en tête-à-tête, sans le moindre regard pour lui, même lorsqu'il interpréta, pour attirer l'attention de Maria, *Bonjour Biqui !* Lorsqu'ils eurent fini de consommer, ils quittèrent la salle bras dessus, bras dessous.

Le lendemain, pour la première fois, Maria essuya de la part d'Erik une philippique orageuse. Sa voix semblait sabrer l'air autour de lui avec des accents métalliques qui ne lui étaient pas coutumiers.

— Comment as-tu osé ? C'est de la provocation ! Je le connais, Moussis : sous prétexte qu'il est fortuné, il s'imagine que toutes les femmes peuvent tomber à ses genoux. Reconnais que tu as pris plaisir à me narguer ! Oui. Je suis sûr que Moussis est ton amant ou que ça ne tardera guère. Oui, oui !

Prise en faute, consciente d'avoir passé les bornes, elle garda le profil bas et, mollement, tenta de se justifier. Eh quoi ? elle avait rencontré Moussis sur la terrasse, il l'avait invitée à boire une coupe pour lui parler de ses dessins qu'il aimait ; elle n'avait pu refuser. Y avait-il de quoi fouetter un chat ?

Il s'écria, au comble de l'exaspération :

— Vous êtes partis ensemble, oui ! Vous vous êtes retrouvés à l'hôtel ou chez lui. Chez lui, oui, sûrement !

— Il m'a invitée à visiter la rétrospective de Signac aux Indépendants, si tu veux savoir.

La colère lui faisait flamber les joues quand elle ajouta :

— Fous-moi la paix ! Je suis une femme libre, et à trente ans, je peux refaire ma vie. Et puis, tiens, j'en ai assez de toi et de tes musiquettes !

— C'est une rupture que tu cherches ? Hein, c'est ça ? Tu veux la reprendre, ta chère liberté ? Eh bien, je ne te retiens pas !

Il ajouta d'un ton abrupt :

— Mes musiquettes, comme tu dis, valent bien ta peinturlure !

Fin de l'idylle. Silence. Aucun applaudissement sur la chute du rideau. Le moment venu pour chacun de se replier sur lui-même et de faire le bilan.

Triste bilan. Petites joies, grandes déceptions emmêlées comme les décombres suivant un cataclysme. Pour solde de tout compte, une détresse commune, sans rien à l'horizon qui permette d'espérer que la main mystérieuse du destin puisse remettre de l'ordre dans ce fatras.

Un cataclysme, oui.

XVII

CHAGRIN D'AMOUR

Maria en était à sa quatrième absinthe et se disait que la beuverie ne faisait que commencer.

Elle allait, selon toute probabilité, connaître la biture la plus raide de sa vie. Elle se sentait déjà dans un autre monde, comme à l'épicentre d'un maelström, ballottée par des vagues contraires qui venaient battre sa table, en bordure de la piste du Moulin-Rouge. Des bras d'hommes tentaient de l'entraîner mais elle résistait, avec des injures. Elle se sentait saoule non seulement d'alcool mais de rumeurs, de lumières crues, de couleurs violentes, de parfums vulgaires.

Comme tous les soirs du samedi, le Moulin était comble.

Lorsqu'une main se posa sur son épaule, elle lâcha d'une voix pâteuse :

— Vous m'emmerdez ! Foutez le camp !

Le peintre Bernard Lemaire, voisin et ami de Maria, Clotilde qui l'accompagnait, s'interrogèrent du regard.

— Tu ne te sens pas bien, ma chérie ? demanda Clotilde.

— Elle a son pompon, observa Lemaire. Il vaut mieux la laisser cuver tranquillement.

— C'est sûrement un chagrin d'amour. J'ai connu ça : ça vous ravage de l'intérieur comme du vitriol et, quand on y ajoute de l'alcool, ça fait des dégâts. C'est sans doute la rupture avec son musicien qui la met dans cet état.

Maria releva lentement la tête, l'œil égaré.

— Et alors ? bougonna-t-elle, qu'est-ce que ça peut te faire ? Foutez le camp, vous aussi. Vous voyez pas que vous m'emmerdez ? Je veux être seule.

— Il se fait tard, dit Clotilde. Comment vas-tu rentrer rue Tourlaque ? Tu ne trouveras pas un fiacre et, seule dans ce quartier...

Maria haussa les épaules : elle se débrouillerait. Lautrec n'allait pas tarder à rappliquer.

— Lautrec... dit Clotilde. Tu sais bien qu'il est à Arcachon.

— Je vais régler l'addition, proposa Lemaire, et nous te raccompagnerons.

— Garde ton fric, répondit Maria. C'est moi qui régale.

Elle était en fonds : Degas lui avait acheté deux pastels et elle avait vendu quelques dessins à la Nationale, grâce à Zando qui l'avait présentée à des collectionneurs. Elle avait l'impression de rouler sur l'or et se sentait pleine d'élans généreux. Elle poursuivit :

— Allez faire un tour à l'Auberge du Clou. Si Satie joue encore, dites-lui que je l'emmerde.

— Sûrement pas ! protesta Clotilde. Tu le lui diras toi-même.

Satie. C'était de sa faute si, ce soir, elle était là, seule et dans cet état. Le premier jour qui avait suivi la rupture elle avait éprouvé une sensation de délivrance, de bénéfique vacuité, et elle s'était mise au travail avec une ardeur accrue. Le lendemain, la journée lui avait paru interminable ; elle regardait la pendule à tout bout de champ, tournait en rond dans son atelier, tachant de faire la sieste et n'y parvenant pas. Le troisième jour, elle était allée rôder dans les parages du Clou sans se décider à franchir le pas : elle avait aperçu Moussis qui devait l'attendre depuis près d'une heure.

Dans les jours qui avaient suivi, elle avait dû se faire violence pour ne pas se précipiter rue Cortot et implorer sa grâce. Elle dormait mal, résistait à la tentation d'ouvrir les pneumatiques qu'Erik lui adressait à raison de deux à trois chaque jour et qu'elle jetait sans en prendre connaissance dans la boîte à sucre. Elle se disait qu'il devait être lui aussi dans un triste état, au bord du suicide peut-être, mais cette consolation perverse ne parvenait pas à l'apaiser et à l'inciter à revenir vers lui : elle était trop solide, trop résolue dans ses déterminations pour engager cette démarche de réconciliation.

Elle prit la main de Clotilde et dit en pleurnichant :
— Excuse-moi, Clotilde... Excuse-moi, Bernard... Je...
— Tu ne veux vraiment pas qu'on te ramène ? insista Lemaire.
— Non. Laissez-moi. Je vous expliquerai. Plus tard.
— Inutile, dit Clotilde. J'ai compris.

Passé minuit, le spectacle du Moulin-Rouge tournait à l'orgie.

Les fausses odalisques de l'éléphant avaient donné le signal par une danse du ventre, seins à l'air sous des colliers de pacotille. Nini Pattes-en-l'air avait fait sur les mains, fesses nues, le tour de la piste. Cha-Hu-Kao avait entamé son numéro favori : le grand écart avec, au point central, une bouteille de bière. Cet exploit accompli sous les vivats frénétiques du public, le chahut débuta dans un vacarme de musique endiablée et de joyeuses vociférations. Les filles s'avançaient en ligne vers le public, soulevaient leurs dessous de dentelle sur leur ventre nu et se retournaient pour dévoiler dans une révérence à l'envers le reste de leur anatomie. Les pères la pudeur de la rue de Valois se tenaient cois : avec l'âge leur attention s'était émoussée.

Louise Weber, dite la Goulue, reine du Moulin-Rouge, devenue obèse, avait disparu du programme.

Depuis peu, elle avait ouvert à la Foire du Trône une baraque foraine décorée de grands panneaux par son ami — certains disaient son amant — Toulouse-Lautrec, qui avait suivi pas à pas sa carrière et l'avait dessinée et peinte dans toutes sortes d'attitudes.

Il était près de deux heures et l'ambiance commençait à s'alourdir lorsque Maria sentit de nouveau une main se poser sur son épaule. Elle s'apprêtait à rabrouer l'importun quand, ouvrant les yeux, elle vit dans une sorte de brume une main gantée de noir se poser sur la sienne comme une grosse araignée, tandis qu'une voix féminine lui disait à l'oreille :

— Ça n'a pas l'air d'aller, ma fille. Vous avez trop bu. Un chagrin d'amour ?

Maria se dit que Clotilde revenait à la charge : c'était en fait la nouvelle égérie de Lautrec, et son modèle, la divette à la mode, Yvette Guilbert. Elle lui demanda la permission de s'asseoir en face d'elle. Maria fit un vague geste d'acquiescement, tandis que la voix joyeuse et grinçante de Lautrec retentissait dans son dos :

— Manquerait plus qu'elle refuse ! Après tout, cette table est la mienne.

Il fit le compte des soucoupes : il y en avait une dizaine.

— Mazette ! grogna-t-il. Elle doit être complètement poivre. Hein, quoi ? C'est pas des manières, ça, mademoiselle Valadon ! Qu'est-ce qu'on va faire de toi ?

Il prit place à côté d'elle, en face de la divette, commanda une bouteille de champagne et deux coupes seulement.

— Il va falloir la ramener chez elle, dit Mlle Guilbert. C'est miracle qu'on ne l'ait pas encore enlevée. Où habite-t-elle ?

— Rue Tourlaque, mais, à cette heure, aucun fiacre n'acceptera de monter jusque là-haut. Faudrait que nous la portions. Tu me vois avec cette pocharde sur le dos ? Et puis il y a la mère. Elle lui ferait une de ces scènes...

— Dormir... balbutia Maria. Dormir... Malade...

Mlle Guilbert la conduisit aux toilettes. Maria vomit longuement, douloureusement, puis se lava le visage à l'eau froide. Tout tanguait autour d'elle ; il y avait dans la glace qui lui faisait face les reflets multiples d'un visage décomposé.

— Tu vas me dire enfin, poursuivit Lautrec, pourquoi tu t'es biturée à ce point. Tu cherches à oublier ? Mais quoi ? Mais qui ? Hein ? Ce petit musicien de bastringue ? Tu veux pas répondre ? Après tout, je m'en balance...

Lautrec revenait, en compagnie d'Yvette Guilbert, de l'Élysée-Montmartre où, plusieurs soirs par semaine, elle chantait ses succès : *Le Fiacre... Les Vierges... La Pocharde...* Lautrec était devenu à la fois son ami, son fou et son artiste préféré : il avait réalisé des affiches que l'on s'arrachait et qui représentaient sa protégée sous l'apparence d'une longue sauterelle au visage ingrat et au sourire de sorcière. Depuis ses débuts au Divan japonais, les boîtes se disputaient sa présence.

Sans se déganter, avec un geste d'une suprême élégance, Mlle Guilbert but sa première coupe en fixant d'un regard apitoyé ce spectre qui somnolait en face d'elle et dont Lautrec lui avait parlé récemment.

— Puisqu'il est impossible de ramener chez elle cette pauvre fille, dit-elle, je veux bien l'emmener coucher chez moi.

Malgré l'heure tardive — environ quatre heures du matin — un chasseur du Moulin-Rouge leur trouva un fiacre pour les conduire dans le quartier de Saint-Lazare où Yvette Guilbert avait son appartement au 2 de la rue Portalis, à deux pas de la gare. Petite rue, modeste appartement. Lautrec, au retour, fit un crochet pour aller réveiller son lithographe, Ancourt : une idée lui était venue et il voulait la graver sur la pierre sans attendre davantage.

Lorsque Maria se réveilla, peu avant midi, Yvette était en train de préparer le café dans la cuisine. Elle bascula sur le bord du lit et faillit se retrouver le nez sur la carpette. Elle ignorait où elle se trouvait et ce qui l'avait amenée dans cet intérieur qui lui était totalement étranger.

— Pour une gueule de bois, dit-elle à haute voix, c'est une gueule de bois.

Elle parvint à se lever en s'accrochant au dosseret du lit, à faire quelques pas en direction de la lumière venant de la fenêtre et qui paraissait l'aspirer. Elle écarta le rideau. Il pleuvait. Le long sifflement aigre d'un train traversa le silence comme une flèche perdue dans le ciel. En se retournant elle heurta un guéridon chargé de livres. Le bruit attira l'attention d'Yvette qui s'écria de la cuisine :

— Ah ! tout de même... J'ai cru que tu ne te réveillerais jamais.

— Qui êtes-vous ? demanda Maria. Où est-ce que je suis ? J'ai l'impression que la cuite d'hier soir m'a fait perdre la mémoire.

— Regarde cette grande affiche au-dessus du lit et tu comprendras.

En fait, les murs et cloisons de la chambre se présentaient comme des cimaises de galeries ou des vitrines de marchands d'art. Affiches, programmes, pastels, photographies envahissaient le moindre espace. Une grande affiche de la Scala, réalisée par Ferdinand Bac, occupait la tête du lit, avec en grosses lettres le nom de la chanteuse : Yvette Guilbert. Une autre, signée Toulouse-Lautrec, représentait la divette dans une posture familière de son tour de chant, verdâtre, gantée de noir jusqu'au coude.

Divan japonais... Moulin-Rouge... Lautrec...

— Ça y est ! s'écria Maria. Je me souviens !

— Eh bien, ma fille, il était temps ! lança Yvette. Le café est prêt.

Elles déjeunèrent sur la petite table de la cuisine et bavardèrent. Yvette aurait aimé poser pour des peintres et se voir dans les expositions et les galeries, savoir qu'elle pourrait se survivre à travers quelques œuvres de maîtres, mais voilà ! elle était trop maigre et ne pouvait intéresser qu'un artiste comme Lautrec qui ne prenait pas en considération dans ses œuvres les qualités physiques de ses modèles, mais seulement leur vérité.

— Lautrec... murmura Maria. On ne peut pas dire qu'il ait cherché à vous embellir. Il a gommé tout ce qui fait votre charme.

— Mon charme, dis-tu ? Les hommes n'y sont guère sensibles. Sais-tu ce que cette vipère de Jean Lorrain, cet homo, a dit de moi ? Il paraît que je suis « un monstre fantomatique de laideur anglaise et de ridicule protestant » ! C'est vache, mais je m'en fous. Je suis comme je suis.

Elle ajouta en trempant sa tartine dans le bol de café :

— Je sais que tu es peintre après avoir été modèle. Lautrec m'a tout dit sur vous deux. J'aimerais... j'aimerais poser pour toi.

— Ça me ferait rudement plaisir ! répondit Maria. Je vous trouve belle, moi : ce visage rond, plein, avec quelques traits de malice, ces yeux pétillants, ce long corps souple...

— Un corps de mante religieuse, disent certains. Ne te donne pas tant de peine pour me réconcilier avec moi-même. C'est déjà fait. Je m'accepte comme je suis.

Elle raconta à Maria qu'elle était revenue depuis quelques mois d'une tournée des capitales européennes et allait sous peu embarquer pour les Amériques.

— Nous nous retrouverons à mon retour, dit-elle, et, si tu veux toujours faire mon portrait, j'y consentirai volontiers.

Elle ajouta en se levant :

— Je vais être obligée de te donner congé : j'attends un journaliste du *Gil Blas* ou de *L'Écho de Paris*, je ne me souviens pas, et je dois me préparer. S'il nous trouvait ensemble, il irait s'imaginer des choses et peut-être les raconter.

Tandis qu'elle faisait sa toilette, Maria l'entendit fredonner *Madame Arthur* et *L'Hôtel du numéro 3*, deux de ses succès.

À l'heure convenue pour le rendez-vous avec le journaliste, la diva était sur son trente et un : longue robe noire un peu austère ornée d'une délicate collerette blanche, sans la moindre fantaisie.

— Yvette, dit Maria, je te remercie du fond du cœur. Sans toi, qui sait où j'aurais pu échouer ? Je ne me souviens pas d'avoir réglé l'addition du Moulin. Elle devait être gratinée. Si c'est toi, je tiens à te rembourser.

— Lautrec s'en est chargé, ma chérie. Ne te tracasse pas pour si peu. Il est plein aux as actuellement.

Yvette ajouta :

— Ma petite, les chagrins d'amour, ça me connaît. Il n'y a pas trente-six manières d'y échapper : c'est le suicide ou l'alcool. En fin de compte, tu as choisi la voie la plus raisonnable. Te sens-tu guérie ?

— Pas tout à fait, mais ça ne tardera guère. Dieu merci, il n'existe pas d'homme irremplaçable. Tu connais sans doute le nom de celui qui m'a mis dans cet état, par ma faute, d'ailleurs : Erik Satie, le pianiste de l'Auberge du Clou. Lautrec a dû t'en parler.

— En effet. Je le connais, d'ailleurs. Il aurait bien aimé accompagner mon tour de chant, mais je n'en ai pas voulu. Ce freluquet a du talent, j'en conviens, mais il est à moitié cinglé à ce qu'on dit.

— À moitié ? soupira Maria.

— Quoi qu'il en soit, cette rupture est salutaire pour toi. Après tout, un clou chasse l'autre, à ce qu'on dit.

Yvette posa ses longues mains sur les épaules de Maria et l'embrassa sur les deux joues.

À peu de temps de sa soirée au Moulin-Rouge, alors que Maria rendait visite à Lautrec, au quatrième étage de son immeuble de la rue Tourlaque, elle le trouva en plein déménagement. Un monceau de caisses, de balluchons, de boîtes, une rangée de chevalets et de toiles encombraient le palier. À l'intérieur, dans un air irrespirable, grisâtre de poussière remuée, c'était le grand chambardement.

— Ah ! te voilà, s'écria le nabot. Tu tombes à pic. Viens nous donner un coup de main. Tiens ! range dans ce carton les croquis, les calques, les photos qui traînent encore. Hein, quoi ? tu n'es pas en tenue ? Eh bien, va te changer. Presto !

Lautrec avait loué et attelé d'un gros percheron somnolent le fardier d'un marchand de vin de la rue Caulaincourt. Déjà s'y entassait un énorme bric-à-brac. Atteint, comme Renoir, de nomadisme, il avait décidé de s'installer au 27 de la rue Caulaincourt, dans des locaux plus vastes et dotés d'un meilleur éclairage diurne que le précédent.

— Nous serons toujours voisins, dit-il à Maria, et nous pourrons nous rencontrer quand tu voudras. J'ai envie de faire de toi d'autres dessins ou même des toiles. Je n'ai jamais retrouvé un modèle qui te vaille.

Alors qu'elle était occupée à ranger des documents

épars sur un guéridon, elle tomba sur deux photos qui devaient dater des dernières vacances du peintre à Arcachon. Sur l'une d'elles, il était entièrement nu, en train de gesticuler à l'avant d'une barque. La seconde le représentait, le derrière à l'air, en train de déféquer sur une plage. Elle en eut une nausée.

Durant le transbordement, alors qu'ils avaient pris place sur le banc du fardier, Lautrec debout, vociférant et gesticulant comme un conducteur de char romain, s'interrompit pour dire à Maria :

— À présent que tu es reconnue comme artiste, tu devrais te trouver un nouvel appartement et y installer un atelier vaste et convenablement éclairé.

On lui avait indiqué un local qui ferait parfaitement l'affaire, au numéro 6 de la rue Cortot. Comme elle s'étonnait qu'il ne s'y fût pas lui-même installé, il répondit qu'il avait besoin d'un atelier, pas d'un appartement : il avait, 19, rue Fontaine, ce qui lui convenait.

Le soir venu, Lautrec garda ses compagnons à dîner : le brave Zando, le docteur Bourges récemment installé et voisin, Forest et, bien sûr, Maria, pour pendre la crémaillère.

La soirée fut joyeuse parce que largement arrosée. Lautrec était en verve. Il venait de toucher un arriéré de la pension que lui versait sa mère et, comme disait Yvette Guilbert, il était « plein aux as ». L'argent coulait entre ses doigts comme l'eau d'une source. De plus, ses affiches de cabarets, ses illustrations pour la presse, ses toiles et ses dessins trouvaient facilement des acquéreurs.

Il revenait fréquemment sur son vieux rêve : un voyage au Japon.

— Nom de Dieu ! s'écria-t-il. Je veux voir ce pays avant de crever, ce qui ne tardera guère. Ma collection d'estampes ne fait qu'attiser mon envie.

Durant près d'une heure, vidant coupe sur coupe et cocktail sur cocktail tout en grignotant comme une souris, il parla du Pays du Soleil levant comme s'il en revenait. Il animait comme sur la scène d'un théâtre d'ombres les images d'Hokusaï, d'Utamaro, de Sharaku et d'autres artistes dont il allait picorer les œuvres à la Porte chinoise de la rue de Rivoli, chez Mme Desoyes. Il rêvait tout haut, se voyait en train de se baigner un soir de printemps dans les lourdes vagues vertes du Pacifique, au pied d'une montagne couverte de cerisiers en fleur, au milieu des geishas et des buffles paisibles.

La conversation dériva tout naturellement sur Paul Gauguin qui, lui, avait eu le courage de réaliser son rêve, de s'expatrier aux antipodes pour régénérer son inspiration et sa palette, loin des bretonneries de Pont-Aven. Il était reparu lors de l'exposition que Durand-Ruel lui avait consacrée et qui n'avait pas suscité un grand intérêt, puis avait plié bagage pour aller retrouver ses amis installés en Bretagne, accompagné de son modèle favori, Annah la Javanaise, sorte de grenouille négroïde qu'il exhibait comme la huitième merveille du monde.

Au cours d'un entretien dans la galerie, Lautrec, par manière de plaisanterie, lui avait posé une question incongrue en lui demandant si les règles d'Annah étaient aussi noires que sa peau. Gauguin l'avait foudroyé du regard et lui avait tourné le dos sans riposter.

— J'ai eu tort, confessa Lautrec. Il aurait pu me tuer, l'animal ! J'ai appris qu'il allait repartir d'ici peu et, cette fois-ci, pour les îles Marquises. Difficile d'aller plus loin et de trouver plus sauvage. Sacré bonhomme ! Je l'envie. La Polynésie, c'est son Japon, mais lui il y va et il y revient.

Brusquement, passant du coq à l'âne selon ses habitudes, il sauta sur ses courtes jambes gainées d'un pantalon à carreaux de garçonnet, et lança :

— Mes amis, la maison, ne reculant devant aucun sacrifice, offre à son aimable clientèle un spectacle gratuit !

Il se retira en sautillant dans son cabinet. On l'entendit défaire des caisses en lançant des imprécations. Quelques minutes plus tard on le vit resurgir déguisé en geisha, avec sur les bras un drôle d'instrument en forme de cithare — un *koto*, dit-il — dont il pinçait les cordes avec des dandinements grotesques et des miaulements de chatte amoureuse. Zando tint à faire une photo.

Il était près de minuit quand l'assemblée se dissocia.

Lautrec accrocha le bras de Maria au moment où elle allait franchir la porte et lui dit d'une voix geignarde :

— Maria, reste avec moi, ce soir. J'ai envie de faire l'amour avec toi. Il y a si longtemps...

— Non, dit-elle fermement. Plus jamais. Ça nous ferait du mal, à toi comme à moi. Tu sais que je n'ai pas pour habitude de revenir sur mes résolutions, et j'ai décidé depuis notre séparation que je ne reviendrais jamais vers toi.

— Alors, ne rentre pas tout de suite. Accompagne-moi.

— T'accompagner ? Il est un peu tard, tu ne crois pas ?

— Un peu tard, ça ne veut rien dire pour moi. Je t'emmène à l'Élysée-Montmartre. Il y a un bon numéro de danseuse nue.

— Je suis fatiguée. Je préfère rentrer, me coucher, dormir. Tu ferais bien d'en faire autant.

— Tu as raison, dit-il, je vais me coucher, mais au bordel.

Maria trouva sa mère en larmes. Maurice n'était pas rentré.

— Depuis quand est-il parti ? demanda Maria en se laissant choir sur une chaise.

— Je suis allée le chercher au collège comme tu me l'as demandé. À peine rentré il est reparti, soi-disant pour acheter des crayons de couleur, et je l'ai pas revu.

Jamais j'aurais dû le laisser partir ! C'est ma faute. Que faire ? En pleine nuit...

— Cesse tes jérémiades et va te coucher.

— Si tu crois que je pourrai dormir...

« Que faire ? se demanda Maria. Rien. Attendre. Il finira bien par rentrer. » Elle songea à se rendre au commissariat ; c'était la seule solution raisonnable, mais le risque était trop important : il y avait toutes les nuits des agressions de femmes seules que les apaches dépouillaient, violaient ou tuaient.

Elle prit la seule solution logique : se coucher.

Madeleine avait raison : il manquait un homme dans le ménage, et pas un de ces artistes minables comme Boissy ou ce pauvre Satie. Un homme, soit. Mais qui ? Ceux qu'elle avait rencontrés depuis ses débuts de modèle l'avaient déçue : elle ne pouvait faire fonds sur eux pour vivre une existence commune à long terme. Elle-même, d'ailleurs, y était-elle prête ?

Maurice reparut au petit matin, grattant à la porte comme un chat fugueur. Il courba l'échine sous une avalanche d'invectives en feux croisés et, poussé par la fringale, ouvrit le buffet. Maria arrêta son geste.

— Tu vas d'abord nous expliquer d'où tu sors et ce que tu as fait toute la nuit ! s'écria-t-elle. Tu mangeras après.

Il raconta d'une voix incertaine qu'il avait rencontré une bande de copains rue Caulaincourt, des gars plus âgés que lui qui l'avaient contraint à les suivre dans les rues chaudes de Montmartre. Ils s'étaient rincé l'œil au spectacle des prostituées qui racolaient le client puis avaient poussé jusqu'aux Batignolles, à l'ouest de la Butte. Il leur avait affirmé qu'il devait rentrer ; ils l'avaient traité de mauviette et de poltron et l'avaient entraîné à son corps défendant. Rue des Moulins, ils s'étaient campés devant un bordel et, en se hissant jusqu'à une fenêtre, ils avaient assisté à des débats réjouissants.

— J'ai rien fait de mal, pleurnicha-t-il. C'est eux qui...

— Pourquoi n'es-tu pas rentré après cet exploit ?

Il expliqua que des cognes les avaient repérés et les avaient pris en chasse, les forçant à se disperser. Maumau s'était retrouvé seul dans un quartier inconnu, au milieu d'un réseau de rues et de venelles dont, à travers l'ombre, il n'arrivait pas à déchiffrer le nom. Il avait fini par trouver refuge dans un tas d'ordures, sous un porche.

— Là, je te crois ! s'écria Maria. Tu pues comme un chiffonnier ! Et tu es propre, tiens ! Tu vas te laver tout de suite. En attendant, je préparerai ton déjeuner.

Madeleine fondit en larmes.

— Ce sale gamin... gémit-elle. Il finira mal, je le sens. À ta place, je lui aurais donné une bonne correction.

Elle ajouta :

— Tout ça est de ta faute ! Tu n'es jamais là, ou presque. Sa mère, c'est moi et, à mon âge, fatiguée comme je suis, je peux pas le surveiller comme il faudrait. Je te le répète, Maria : ça s'arrangera pas tant qu'il y aura pas un homme à la maison.

— Rassure-toi, dit Maria. J'y songe...

La passion d'Erik Satie pour Maria s'éteignit comme la flamme d'une bougie parvenue à son terme.

Il lui avait écrit chaque jour à la suite de leur rupture, puis la fréquence de ses lettres s'était espacée en raison du silence obstiné de Maria. Un mois plus tard, il ne donnait plus signe de vie. Elle apprit de Zando, qui se rendait fréquemment au Clou, que c'était le désespoir qui avait interrompu cette correspondance à sens unique. Il lui parlait souvent d'elle ; il l'aimait encore mais doutait de lui voir accepter de reprendre leurs relations.

Maria avait pris le parti de ne plus se rendre à l'Auberge du Clou. Elle se contentait de passer de temps à autre devant la terrasse, regardait à la dérobée le pianiste toujours coiffé de son chapeau cabossé, le nez chaussé de binocles.

— Te rends-tu compte, lui dit Zando, que tu as été la grande passion, peut-être la seule, de sa vie ? Il ne t'oubliera jamais.

Il avait ajouté à voix basse :

— Moi non plus, d'ailleurs. Maria, si tu avais voulu...

Pauvre Zando. Son exposition personnelle chez Durand-Ruel, deux ans auparavant, lui avait fait vendre quelques toiles, obtenir quelques critiques élogieuses mais ne lui avait pas permis de s'imposer malgré son talent. Il tolérait mal ce qu'il tenait pour de l'ostracisme. Relevant d'une grave maladie, il avait passé sa convalescence à Gif-sur-Yvette où, en compagnie de sa sœur Tonina, il s'était découvert une nouvelle passion : la bicyclette, sans pour autant renoncer à peindre. Les quelques œuvres qu'il parvenait à placer ne lui permettaient de vivre que chichement.

Paul Moussis avait connu Maria à peu près en même temps que Satie, à l'Auberge du Clou. Il avait noué avec le musicien une relation amicale épisodique mais suffisamment intense pour résister au temps et aux événements. Avec Zando et quelques amis italiens et français, ils formaient une équipe plus soudée et moins turbulente que celle de Lautrec.

Sans être lui-même artiste, Moussis se plaisait à ce compagnonnage. Il bénéficiait d'une situation stable et confortable. Employé à la Banque de France, puis fondé de pouvoir aux Halles pour les Établissements Bel et Saimbenet, il avait opté pour une situation plus lucrative chez Fourneuse et Cie. Très à l'aise financièrement, il s'offrait de temps à autre une œuvre d'art chez ses amis peintres qu'il invitait à la belle saison dans sa villa modeste de la Butte-Pinson, à Montmagny, près de Pierrefitte, dans la banlieue nord de Paris, au-delà de Saint-Denis.

C'est à l'occasion du vernissage de son exposition à la Nationale que Maria avait retrouvé ce bel homme vêtu comme un bourgeois : redingote grise sans un pli, chapeau melon, canne à pommeau d'argent. Il lui avait baisé la main et lui avait adressé des regards insistants tout au long de la cérémonie. Elle s'était montrée sensible aux compliments qu'il lui avait adressés et qui dénotaient une connaissance pertinente de l'art pictural.

À quelques jours de là, elle avait appris qu'il avait acheté un de ses dessins qui l'avait touché. Peu de temps après, elle l'avait revu au même endroit et l'avait remercié.

Moussis lui avait dit :

— Votre dessin m'a plu pour deux raisons. Son exécution d'abord : on y voit le coup d'œil et la main d'une artiste qui ne triche pas avec la réalité. Ensuite, l'ambiance que suggère cette œuvre : un petite famille sans histoire...

Il l'avait discrètement questionnée sur sa situation ; il parut peiné d'apprendre que Maurice était un enfant naturel né, lui dit-elle avec son goût pour la fabulation, d'un prince espagnol émigré en Amérique. Il lui avait confié qu'il aimerait la revoir ; elle en était d'accord. Il lui avait donné rendez-vous à l'Auberge du Clou et, ignorant leurs rapports, lui avait présenté Erik Satie !

Paul Moussis s'absentait souvent, soit qu'il fût occupé par son travail, soit qu'il se reposât dans sa villa francilienne où il se délassait de ses fébriles activités professionnelles.

Maria n'avait pas tardé à deviner les raisons de l'attirance qu'elle provoquait chez ce beau garçon très *genre*, au visage traversé d'une petite moustache brune, aux cheveux lisses et plats, aux yeux sages, qui fumait avec distinction des richmond et parfois du virginie dans une petite pipe anglaise. Elle, de son côté, se montrait sensible à ses approches faites de courtoisie et de discrétion.

Par des détours et des périphrases il lui fit comprendre qu'il attendait d'elle une aventure sentimentale, mais elle jouait les coquettes, faisait mine de ne pas comprendre où il voulait en venir. Elle était alors en pleine lune de miel avec Satie et cette aventure que Moussis lui faisait miroiter lui apparaissait incongrue et sans avenir. Elle n'avait pas tardé à deviner qu'il envisageait une relation solide, profonde, bien ancrée.

Moussis suivait avec attention, sous une apparence de désinvolture, l'idylle entre Maria et son ami Erik.

Le musicien ne se faisait pas faute de lui livrer ses confidences, de faire état d'une vénération sans limite pour sa jeune maîtresse. Connaissant Erik comme il le connaissait, Moussis se disait que ces deux-là cherchaient à concilier la carpe et le lapin, que cette aventure insolite ne durerait guère et que, lorsque l'inévitable rupture interviendrait, il n'aurait qu'à avancer son pion.

C'est Satie qui, le premier, informa Paul Moussis de la débâcle de ses amours. Hypocritement, Moussis fit mine de s'apitoyer sur un événement qui arrangeait bien ses affaires. Sans quitter de l'œil sa proie désemparée, veillant à ce qu'elle ne pût lui échapper, il s'efforça de consoler son ami. Dans ce domaine, il menait une stratégie identique à celle dont il usait dans ses activités professionnelles et qui rappelait celle des maquignons.

L'heure était venue pour lui de dévoiler ses batteries et de s'engager dans la voie des décisions.

Il s'informa auprès de Zando et de ses amis de la manière dont Maria avait réagi à cette rupture. Il apprit avec soulagement qu'il n'y avait dans sa vie personne d'autre que son fils et sa vieille mère. Désireux de s'en assurer, il sonna à la porte de Maria, sous prétexte, ainsi qu'il lui en avait exprimé l'intention peu avant, de venir choisir un autre dessin. Maria était en blouse, sa palette à la main, décoiffée, pieds nus.

— Si je vous dérange, dit-il, je peux revenir. Demain, peut-être...

— Vers six heures. Je préparerai quelques dessins pour vous faire choisir.

À six heures pile, il était à sa porte, un bouquet de violettes à la main.

— Fallait pas... dit-elle d'une voix lasse, mais c'est gentil à vous. J'aime les violettes. Finissez d'entrer, comme on dit chez nous, en Limousin.

Elle lui présenta sa mère, devant laquelle il s'inclina

cérémonieusement, Maurice auquel il caressa les cheveux et qui lorgnait vers la poche de la veste d'où dépassait un ruban.

— Pour toi, mon garçon. Quelques friandises... Si tu aimes les chocolats...

— Vous ne pouviez lui faire plus plaisir, dit Madeleine.

Paul inspecta l'appartement d'un regard discret mais qui ne négligeait aucun détail. Il le jugea agréable.

— Ce panorama sur la plaine Saint-Denis, d'un côté, les premières pentes de la butte Montmartre, de l'autre... C'est presque la campagne !

Il ajouta d'une voix joyeuse :

— Si vous en êtes d'accord, il faudra venir visiter ma villa de Montmagny. C'est à deux pas d'ici. Bien entendu, madame Valadon, et toi aussi, Maurice, vous pourrez être des nôtres.

« Voilà, se dit Maria, qui est entrer dans le vif du sujet ! » Elle avait subodoré, surtout depuis la fin de sa liaison avec Satie, une manœuvre habile de sa part. Excluant la perspective d'une banale aventure, il avait déjà dû élaborer un avenir, avec, au centre, une artiste qui serait le contrepoint d'une profession qu'il exerçait sans passion et ne lui faisait pas oublier les velléités artistiques de sa jeunesse, contrariées pas sa famille.

De cette famille, Moussis parlait peu, sinon avec quelque sourde ironie qui confinait au mépris ; elle était l'émanation d'une ancienne caste bourgeoise guindée et stricte sur le chapitre des mœurs. Elle n'eût pas accepté que Paul épousât une femme modèle et artiste, dotée de surcroît d'un bâtard. Maurice avait été reconnu, soit, mais il n'en restait pas moins que la mère se conduisait comme une catin et sortait en cheveux dans la rue. Paul avait tenu bon après une rude empoignade et, avant même de se déclarer à Maria, avait revendiqué sa liberté de choix auprès des siens. Il avait brossé un tableau édulcoré de sa promise et avait obtenu sinon un assentiment, du moins une permission.

Maria se prenait à rêver.

Des images sereines hantaient ses veilles et son sommeil : une existence sans histoire, des heures à tailler les rosiers du parc, des jours paisibles. Elle imaginait quelques scènes de cette ambiance familiale : les soirées d'hiver au coin de la cheminée, des lectures sous la lampe. Près d'elle, Paul feuilletant ses bulletins financiers ou ses comptes, Maurice penché sur ses devoirs, Madeleine tricotant, Puce sur ses genoux, le chien allongé à ses pieds. Une oasis de paix et de silence : ce vers quoi, dans les tourmentes passées, elle tendait en se disant que ce rêve ne parviendrait jamais à se concrétiser, qu'elle, fille des orages, créature d'un autre monde, était vouée à une vie sans contrainte.

L'excursion à Montmagny se déroula une fin de semaine du mois de mai. Toute la famille y participa.

Plutôt que de prendre le chemin de fer, Paul avait retenu pour la journée une voiture de louage qu'il conduisit lui-même avec une maestria héritée de ses goûts de jeunesse pour les chevaux. Ils quittèrent Paris par la porte de la Chapelle, prirent la direction du nord, traversèrent les monotones banlieues de Saint-Ouen et de Saint-Denis avant d'arriver à Pierrefitte, puis, par une côte raide, à Montmagny et à la Butte-Pinson, sous une redoute abandonnée où vivaient des tribus de romanichels.

La villa, bâtie en pierre meulière, se dressait au cœur d'une campagne radieuse sous les risées du soleil printanier. Un jardin l'entourait. Face au perron, une Pomone de plâtre dominait un petit bassin envahi par les herbes aquatiques et les grenouilles.

Ils déjeunèrent en plein air, sous un tilleul bourdonnant d'abeilles saoules. À l'issue du repas, qui fut très détendu, Paul demanda la permission de se retirer pour faire une sieste, selon son habitude.

— Voilà un monsieur très comme il faut et bien

aimable, dit Madeleine. Un fondé de pouvoir... Il doit avoir des sous. Ça me change des godelureaux que tu m'amenais.

Sous-entendu limpide pour Maria : « S'il te demande en mariage, ne refuse pas ! »

— Il y a bien longtemps, ajouta Madeleine, que je n'ai pas fait une promenade champêtre. Montmartre, les Buttes-Chaumont, c'est pas vraiment la campagne. Ici, c'est un peu comme à Bessines, tu te souviens ?

De Bessines-sur-Gartempe, Maria ne gardait que des images éparses et confuses, des sensations imprécises, notamment cette vitre de sa chambre où, certains jours d'hiver, elle dessinait des fleurs sur un écran de givre et de buée.

— Regarde ton fils, poursuivit Madeleine. Il guette les grenouilles. Je suis sûre qu'il se plairait ici, qu'il serait plus sage.

Ses spéculations l'entraînèrent à poser la question qui lui brûlait les lèvres :

— Ton nouvel ami, est-ce qu'il s'est déclaré ?
— Quelle idée !
— Et s'il se déclarait, qu'est-ce que tu lui répondrais ?
— Fiche-moi la paix ! Nous n'en sommes pas encore là.

On en était là, justement.

Retour de sa sieste, Paul tendit la main à Maria pour l'aider à s'extraire de son fauteuil de vannerie tapissé de coussins.

— Voulez-vous m'accompagner ? dit-il. J'aimerais vous montrer le village. C'est tout près. Prenez une ombrelle. Ce soleil de mai peut être redoutable.

Ils traversèrent le village par la rue principale dominée par une église moderne et banale. Paul s'arrêtait ici et là pour saluer des commerçants et des artisans qu'il connaissait depuis sa plus tendre enfance et qui l'estimaient. Il s'arrêta à l'épicerie, au carrefour de l'avenue qui menait à Pierrefitte, pour acheter des cigarettes, s'entretint avec le forgeron, le fabricant de futailles et des paysans chez qui, le soir, il allait chercher son lait frais dans une cantine. Ça sentait l'étable et l'herbe mûre.

Sur le chemin du retour, il lui prit le bras et lui dit :

— Il est trop tard pour nous rendre sur le bord de la Seine. Je connais une bonne auberge près d'Enghien. Nous irons la prochaine fois.

Il ajouta :

— Maria, j'ai longtemps tardé à vous faire part des sentiments que vous m'inspirez et de ma résolution : accepteriez-vous de m'épouser ?

Elle réfléchit un moment. La route, sous ses pas, prenait une consistance souple et légère, ses jambes paraissaient amorcer un pas de danse.

— J'accepte d'être votre femme, Paul. Embrassez-moi.

Michel Peyramaure

Michel Peyramaure est né à Brive, en Corrèze, en 1922. À sa sortie du collège, il travaille dans l'imprimerie de son père. Il devient ensuite journaliste à *La Montagne*, avant de se consacrer à la littérature.

Son premier roman, *Paradis entre quatre murs*, paraît en 1954. Une cinquantaine d'autres suivront, marqués par son goût pour l'histoire de France – celle de ses provinces, en particulier – et pour la littérature de terroir. Au début des années quatre-vingt, il fonde, avec Claude Michelet et Denis Tillinac, l'école de Brive, un mouvement d'écrivains du terroir, tous corréziens, qui renouent avec la tradition romanesque et populaire du XIXe siècle. Il est également l'auteur de biographies (*Henri IV, Cléopâtre, Suzanne Valadon*).

Michel Peyramaure a reçu en 1979 le Grand Prix de la Société des gens de lettres pour l'ensemble de son œuvre. Écrivain "régional", il dit avoir "les deux pieds en Corrèze".

LE TEMPS DES IVRESSES

**

Suzanne Valadon

DU MÊME AUTEUR
CHEZ POCKET

LES DEMOISELLES DES ÉCOLES
LES FLAMMES DU PARADIS
L'ORANGE DE NOËL
PACIFIQUE SUD
LES TAMBOURS SAUVAGES
CLÉÔPÂTRE : REINE DU NIL

HENRI IV

T. 1 — L'ENFANT DE NAVARRE
T. 2 — RALLIEZ-VOUS À MON PANACHE BLANC !
T. 3 — LES AMOURS. LES PASSIONS ET LA GLOIRE

SUZANNE VALADON

T. 1 — LES ESCALIERS DE MONTMARTRE

MICHEL PEYRAMAURE

LE TEMPS DES IVRESSES

✶✶

Suzanne Valadon

ROBERT LAFFONT

Sommaire

1. L'exil à Montmagny 7
2. La soirée chez Vollard 35
3. Nu sur un divan 51
4. Délirium 77
5. Hosties à l'abricotine 93
6. Jeune homme blond avec échelle 115
7. L'archange aux yeux morts 137
8. La fontaine scellée 153
9. Enfers et paradis 177
10. Adam et Ève 211
11. La Sainte Famille 231
12. Le roi Lear 259
13. À La Belle Gabrielle 271
14. L'esclave 299
15. Un château en Beaujolais 339
16. La « bonne Lucie » 369
17. Par une nuit d'avril 387

© Éditions Robert Laffont, S.A., Paris, 1998.
ISBN : 2-266-09386-X

1

L'EXIL À MONTMAGNY

MONTMAGNY (banlieue de Paris), 1897

Au sortir de la gare de Pierrefitte, lorsque Suzanne arrive par le train de Paris, la route est longue, qui mène à Montmagny et à la villa de la Butte-Pinson, surtout avec la chaleur de cette fin d'été et chargée comme elle l'est. « Longue et raide comme la justice », dit Madeleine qui n'a pas oublié les expressions de sa lointaine province.

Bordée de commerces qui font place peu à peu à des habitations puis à des fermes, la rue principale pique droit vers le sommet de la colline. Sans s'en rendre compte on passe de Pierrefitte à Montmagny et de Montmagny à la Butte-Pinson. Au-delà, l'artère principale s'effiloche à travers un plateau parsemé de cabanes de jardinier et peuplé de nomades campés autour de la Redoute, vestige d'une citadelle à la Vauban.

La villa des Moussis, facile à trouver, toute proche du café-vins Dauberties, l'un des rendez-vous des plâtriers, ne paie pas de mine dans sa robe de meulière.

Suivant son habitude, Suzanne observe un arrêt au Bon Coin, à deux pas du carrefour qui marque la limite des deux agglomérations, s'attable sous le chèvrefeuille de la charmille et commande un bock. La patronne claironne :

— Et un bock bien frais pour Mme Moussis !

Julia, opulente Polonaise dont le mari est contremaître de l'usine à plâtre, ajoute, les poings au creux des hanches :

— Monter cette grimpette avec cette chaleur et chargée comme vous l'êtes, c'est pas prudent. Vous auriez pu attendre à la gare : il se serait bien trouvé quelqu'un pour vous amener en voiture !

Elle a raison, Julia. Elle aurait pu ajouter : « À votre âge... » À trente-deux ans, on n'est pas vieille, mais la prudence s'impose. D'ordinaire, ce trajet, Suzanne l'effectue en tilbury, avec sa mule, mais Paul l'a pris la veille pour se rendre à son travail et ne reviendra que ce soir. Ou demain. De son côté elle aurait pu attendre pour se rendre à Paris mais elle manquait de tubes de couleur et de châssis. Une imprudence qu'elle risque de payer d'une grosse fatigue.

— Votre bière est bien fraîche, ajoute Julia. Buvez doucement. Votre barda, vous pouvez le laisser ici. Émile vous le montera.

— Il est moins lourd qu'encombrant. Ces châssis, on ne sait jamais comment les prendre. Ils glissent sous le bras... Prenez quelque chose : vous me tiendrez compagnie.

Julia s'éloigne vers le comptoir, revient avec un diabolo menthe, s'assied.

— Votre fils, Maurice, j'ai appris que vous alliez le faire entrer au collège Rollin, à Pierrefitte. Maison sérieuse. Ça lui fait quel âge ?

— Treize ans et déjà un caractère difficile. À l'école primaire de Montmartre il n'a pas fait de miracles. Il est vrai qu'à son âge je n'en faisais pas non plus.

— Ça vous a pas empêchée de devenir une artiste et de faire un riche mariage.

Sourire de Suzanne derrière son verre embué. Une artiste ? Oui, enfin... c'est ce vers quoi elle tend. Quant au « riche mariage », il est vrai qu'elle ne pouvait espérer mieux. Elle n'a pas eu lieu de regretter que Paul Moussis, l'année précédente, lui ait passé la bague au doigt. Depuis, si ce n'est pas un bonheur de carte postale en couleurs, cela y ressemble. Elle est « établie », comme dit sa mère. Chaque matin, à son réveil, elle ressent la même impression tenace : elle va se laisser emporter un jour de plus comme une péniche sur la Seine, entre deux rives monotones sur lesquelles défilent des images que le temps commence à éroder ; Puvis, Renoir, Degas, Lautrec, Satie... De beaux fantômes, des voix diffuses.

Julia se lève en s'excusant pour gagner sa cuisine d'où vient un parfum de ragoût. Les yeux mi-clos, Suzanne suit d'un regard distrait la carriole de gitans chargée de planchailles, poussée et tractée à la bricole par deux gamins en guenilles. Par-delà le dévalement des toitures, des verdures luxuriantes et des friches envahies par les clématites et les ronciers, sous un floconnage de brume recouvrant la plaine de Saint-Denis et de Saint-Ouen, émergent quelques amers : le clocher de la basilique, des immeubles en construction, des cheminées d'usine. La chaleur commence à tomber.

Retour de sa cuisine, Julia soupire :

— Oui, madame Moussis, vous avez fait un riche mariage. Mon Émile, c'est pas avec son salaire qu'on pourrait se débrouiller. Avec le Bon Coin on joint tout juste les deux bouts mais c'est pas toujours facile.

Elle s'interrompt pour lancer aux deux gamins qui soufflent au carrefour :

— Qu'est-ce que vous avez à nous regarder comme des bêtes curieuses ? Filez, graine de voyou !

Elle reprend :

— Votre mère, on la voit jamais. C'est-y qu'elle est malade ?

— Elle se porte bien, à part ses rhumatismes. Elle a soixante-six ans. Alors... Comme elle ne peut rester sans rien faire, elle s'occupe encore du ménage et de la cuisine.

D'ordinaire, lorsque Suzanne s'arrête au Bon Coin, c'est « bonjour », « bonsoir », ou quelque banalité sur le temps qu'il fait. Aujourd'hui, Julia semble disposée à tailler une bavette. Ce n'est pas tous les jours qu'on peut causer avec cette femme étrange, impressionnante, dont on commence, dit-on, à parler dans la presse. Sous une curiosité légitime se devine pour Julia, sensible à l'expression un peu crispée du visage de l'artiste, à des toussotements, à des frottements de mains sur les genoux, une question difficile à formuler. Suzanne a des rapports courtois avec cette matrone blondasse mais ne semble pas disposée aux confidences.

Julia repousse la pièce que Suzanne a posée sur la table.

— C'est ma tournée, dit-elle. Contente d'avoir bavardé avec vous. C'est pas souvent qu'on en a l'occasion, pas vrai ? Je voulais vous dire, au sujet de votre fils... Vous le savez peut-être pas mais il m'arrive d'avoir sa visite.

— C'est normal. Vous avez un fils du même âge. Ils se connaissent, je crois.

— C'est pas pour mon fils qu'il vient, mais pour boire, et pas de la limonade ! Tenez : un soir il s'est trouvé au comptoir avec des plâtriers, de sacrés soiffards, sauf votre respect. Ils lui ont fait boire un verre de vin, puis un autre. Au troisième, j'ai dit : « Halte-là ! » Le bougre : il m'a insultée. J'ai pensé vous prévenir, mais, après tout, ça me regarde pas.

Suzanne sent la moutarde lui monter au nez.

— Si, justement, Julia, ça vous regarde ! Vous n'avez pas le droit de servir du vin à un mineur. C'est la loi.

Julia réplique d'un air penaud :

— Je sais bien, mais faut comprendre : votre garçon fait plus que son âge. Et puis un client c'est un client. Faut bien vivre.

Pour Suzanne ce n'est pas une révélation. Cela fait des années que Maurice s'adonne à la boisson : depuis qu'avec les voyous de la Butte il écume les réserves des épiceries et des bistrots. La faute en incombe à

Madeleine : sous prétexte d'accélérer sa croissance elle lui a donné l'habitude du chabrol en noyant de vin le bouillon restant au fond de son assiette. Il aime ça, le bougre ! Ce qui n'était qu'une habitude est devenu un vice. Suzanne a eu beau se gendarmer, rien n'y a fait : aussi bien Madeleine que Maurice jugeait cette pratique salutaire. Suzanne ne peut, aujourd'hui, surveiller ses sorties, ses fréquentations, l'enfermer. « Si tu étais moins souvent absente, lui dit Madeleine, nous n'en serions pas là. Moi j'arrive pas à le tenir ! » Elle n'a pas tort. Alors que l'on emménageait à la Butte-Pinson, Suzanne se disait qu'éloigné de ses mauvaises fréquentations, Maurice perdrait ses habitudes d'intempérance. Il a fallu déchanter.

— Faut plus lui donner d'argent, conseilla la patronne, sinon il continuera.

Suzanne ne lui donne pas d'argent ; Madeleine si : pour s'acheter, dit Maurice, des sucreries ou des crayons de couleur. Si Madeleine lui en refuse, il sait dénicher le magot, ou alors il puise dans la poche de monsieur Paul. Aucune notion de moralité ne peut faire obstacle à son penchant.

— Je devine que vous m'en voulez, dit Julia.

— Je vous en veux, c'est vrai, et je vous conseille d'interdire votre comptoir à mon fils. Je ferai la même démarche auprès des autres cafetiers. Quant à Maurice, je lui ferai la leçon. Je ne veux pas qu'il sombre dans l'ivrognerie.

— La leçon, ça suffira pas. Faut le priver d'argent et le punir.

Punir Maurice ? facile à dire. Cette donneuse de conseils connaît pourtant ses colères lorsqu'on s'oppose à sa volonté ou à ses désirs. Elle sait qu'il peut devenir féroce.

— Et M. Moussis, dit Julia, comment prend-il la chose ?

Suzanne hausse les épaules. Lorsque Paul rentre le soir — quand il ne reste pas coucher à Paris —, c'est pour mettre les pieds sous la table, s'installer sur la terrasse ou devant la cheminée et lire les cours de la Bourse dans *Le Temps*. Il sait que Maurice est un garçon difficile mais il ignore ou feint d'ignorer son vice. Dans la petite bourgeoisie à laquelle il se flatte d'appartenir il est de bon ton d'occulter ce genre de problèmes.

— Il faut que je rentre, dit brusquement Suzanne, et je tiens à régler l'addition.

Elle fait glisser la pièce vers Julia comme un pion sur un damier. La patronne a dû oublier sa proposition de faire porter le barda à la Butte-Pinson par son mari. Suzanne place les châssis sous son bras.

— Je vous rappelle votre promesse : plus le moindre verre pour mon fils !

Madeleine donnait la pâtée aux canards tandis que Maurice jetait avec un bâton le trouble dans une paisible tribu de tortues d'eau. Derrière, assise dans l'herbe, la petite Rosalie démembrait une vieille poupée.

— Eh bien ! dit la grand-mère, tu en as mis du temps ! Tu es folle de courir avec cette chaleur, chargée comme un baudet !

— Rosalie, dit Suzanne, si tu es prête, nous allons travailler.

La petite voisine hocha la tête : elle était toujours prête pour ces séances de pose qui l'amusaient. L'idée de Suzanne de la choisir comme modèle pour des nus remontait au début de l'été, lorsqu'elle avait observé la fillette en train de jouer à la balle près du bassin avec Maurice. Elle l'avait trouvée jolie et gracieuse dans ses attitudes. Le soir même, en la raccompagnant, elle avait proposé aux grands-parents de la lui confier pour des scènes de toilette. De toilette ? nue ? Oui, nue, et pourquoi pas ? Tous les artistes, depuis toujours, peignaient des nus et de tout âge. Puvis de Chavannes notamment. Oh, alors, si M. Puvis... Reste qu'il fallait en parler aux parents, et rien ne disait qu'ils accepteraient : un honnête ménage d'ouvriers, pensez donc ! Rosalie poserait en présence de la grand-mère ? Là, ça changeait tout...

Après quelques réticences, le conseil de famille avait donné son accord, d'autant plus facilement que

Mme Moussis avait promis une récompense : quatre francs ; toujours bon à prendre...

Rosalie n'avait fait aucune difficulté pour se mettre nue. Elle avait l'âge de Maurice, des fesses bien rondes, une poitrine déjà pommelée, des bras un peu maigres mais des jambes parfaites. Une petite femme, déjà.

Lorsque Maurice, ébahi, assistait au déshabillage, Suzanne lui demandait de déguerpir. Pour ne pas lasser la petite, les premières séances avaient été brèves : le temps de jeter sur le papier quelques esquisses au crayon ou au fusain. Rosalie assise au bord du lit, une jambe repliée cachant son sexe impubère... Rosalie debout, se grattant l'épaule... Rosalie ôtant sa chemise... Comme naguère pour les séances de pose avec Maurice, Madeleine était omniprésente pour provoquer un contraste : sa lourde démarche de duègne, ses vêtements épais et ternes mettaient en valeur la grâce et la beauté charnelle du modèle.

Edgar Degas se montra sensible à ce souci d'instaurer des contrastes dans la composition des dessins de la « terrible Maria ». Lorsque Suzanne lui avait présenté ses dernières œuvres il revenait d'une cure au Mont-Dore pour y soigner ses bronches et d'un séjour à Montauban pour y admirer les œuvres d'Ingres.

— Cette enfant, dit-il avec émotion, est l'image même de la vie. Elle semble à peine sortie du ventre de sa mère. Toutes les proportions sont respectées et les attitudes naturelles. Ma petite Maria, on peut dire que vous avez l'œil !

Suzanne avait tout déballé : sanguines sur papier jaune, crayons gras sur papier, pierre noire... Il lui avait acheté deux dessins et s'était promis de lui en faire vendre d'autres. Les collectionneurs commençaient à montrer le bout de leur nez et le coin de leur portefeuille devant ses œuvres.

Ces quelques semaines hors de Paris lui avaient été salutaires mais il lui tardait de retrouver les ballerines de l'Opéra, ses « petites chéries », et ses promenades à travers Paris.

Bien qu'elle signât ses œuvres Suzanne Valadon il persistait à l'appeler Maria. Il s'excusa de ne pas lui avoir écrit plus souvent mais cet exercice lui était de plus en plus pénible : sa vue baissait et il maniait plus aisément le pinceau que la plume. En fait, il ne lui avait jamais écrit.

Degas avait emporté dans son voyage sa « chambre photographique Eastman-Kodak » mais ne s'en était pas servi, malgré la passion qu'il vouait à cet art nouveau pour lui et dans lequel il excellait. Il avait promis à Maria de prendre des clichés d'elle, vêtue ou dénudée, mais semblait y avoir renoncé.

— Cela ne me surprend pas, ma petite, avait dit Zoé. Le maître vous aime beaucoup mais vous l'impressionnez. Je crois qu'il a peur de vous...

Cet amour contrarié par la timidité et la crainte, Suzanne s'efforça de le déceler sur la photo que le sculpteur Paul Bartholomé avait faite du vieil artiste : assis sur le divan, de profil, vêtu de sa blouse d'atelier, accroché aux coussins comme à une bouée ; sous la casquette de sportsman le visage de vieil ermite semblait attendre les premières ombres de la nuit ; on y lisait le désespoir et la tristesse.

Zoé avait ajouté :

— Si le maître ne se montre pas plus audacieux envers vous, c'est à cause de la *vieillerie*, mais il y va aussi de votre faute. J'ai la conviction qu'il vous aime. Je le surprends parfois en admiration devant vos dessins, avec une larme au coin de l'œil. Alors, pourquoi ne pas faire le premier pas ?

Une aventure avec Degas ? Cette perspective aurait séduit Suzanne quelques années auparavant. Aujourd'hui, il était trop tard. Cela aurait ouvert la porte à trop de déceptions, d'amertume, de querelles. Elle se satisfaisait de la confiance et de l'amitié qui les unissaient depuis leur première rencontre.

Suzanne lança ses crayons de sanguine sur la table à dessin et s'écria joyeusement :

— Fini pour aujourd'hui ! Tu peux te rhabiller. Tu sais où se trouve la boîte de chocolats : tu te sers.

Tout en grignotant Rosalie jeta un regard aux esquisses, inclinant la tête de droite et de gauche avec un petit râle de plaisir au creux de la gorge.

— Joli... joli... mais, la grand-mère ?

— Je l'ajouterai plus tard. Je la placerai derrière toi, dans cette scène et dans cette autre. Là, elle sera en train de préparer ton bain...

Suzanne ajouta en l'aidant à se rhabiller :

— Tu vas rentrer bien sagement. Maurice t'accompagnera. Moi, j'ai du travail...

Paul ne rentrera pas ce soir : l'heure est passée où son arrivée est annoncée par les sonnailles de la mule. Il sera resté coucher au 2 de la rue Cortot, dans l'appartement que le ménage a conservé. Ces absences sont coutumières et Suzanne n'y attache guère d'importance, mais il lui aurait plu qu'il fût présent : après des heures dans son atelier, elle appréciait cette présence rassurante, cette tendresse qu'il lui témoignait, cet amour qu'il lui dispensait quand la fatigue ne lui pesait pas trop. Elle sait que ces absences ne sont pas prétexte à des sorties nocturnes. Elle n'a nul besoin de preuves pour se convaincre de la fidélité de Paul : ses certitudes lui suffisent.

Après un an de mariage, Paul a changé, mais en bien. Son visage s'est arrondi et affermi ; la moustache qui lui barre le visage lui donne du sérieux. Sa toilette soignée confirme l'importance de ses fonctions dans sa société. Lorsque, de retour à la Butte-Pinson, il la serre dans ses bras, elle respire sur lui l'odeur du bureau et le parfum qu'elle lui a offert.

A peine la mule dételée il lui dit :

— As-tu bien travaillé aujourd'hui ? Montre-moi...

Elle le conduit à l'atelier, déballe ses dessins dont

certains vont être publiés par Ambroise Vollard, l'un des meilleurs marchands de Paris. Paul les examine avec soin, y apporte quelques critiques qui révèlent chez lui, à défaut de connaissances artistiques, du bon sens. Suzanne lui fait confiance : il est son premier public, et le plus attentif.

— Cette attitude manque un peu de naturel... Je trouve cette jambe un peu longue... Trop de blanc dans cette ébauche...

Il lui apporte plusieurs fois par semaine des livres et des journaux. Leurs veillées sont paisibles : il se plonge dans la lecture du *Temps*, Suzanne feuillette les gazettes, Madeleine tricote, Maurice suce son porte-plume et bâille sur son devoir.

On pourrait comparer cette scène à une image du bonheur conjugal, mais ce n'en est que l'apparence bien imitée. Lorsque Suzanne s'interroge, elle découvre la même réponse : « Je suis comme une curiste en voie de guérison. » Le bain de bien-être que lui apporte chaque journée fait illusion sur sa vacuité.

Couper définitivement les ponts avec Montmartre : cette idée n'a jamais effleuré Suzanne.

Elle s'y rend seule, une fois ou deux par semaine, par le train ou en tilbury, avec ou sans Paul. Elle passe son temps à courir les galeries et les petits marchands, à flâner dans les rues de la Butte et les allées sauvages du Maquis où des promoteurs immobiliers détruisent pierre à pierre, parcelle à parcelle, ce qui restait de charme agreste dans ces lieux chargés pour elle de souvenirs. Elle rend parfois visite à son ami Paul Bartholomé qui travaille à son projet de monument aux morts du Père-Lachaise, passe une heure ou deux à la terrasse d'un café avec Zandomeneghi, arpente les salles et les galeries du Louvre ou du Luxembourg dont elle ressort avec une impression heureuse de vertige.

Un soir, Paul posa sa canne sur l'épaule de son épouse comme pour l'adouber. Il lui dit d'un air sentencieux :

— Samedi, ma chère, vous devrez vous faire belle. Nous dînerons au Grand Hôtel. Mon chef vénéré, M. Fourneuse, nous a invités. Il souhaite vous connaître.

Le Grand Hôtel...

Suzanne avait pénétré pour la première fois dans ce somptueux établissement au bras de Puvis de Chavannes il y avait treize ans, pour fêter le triomphe au Salon du *Bois sacré*. Depuis cet événement elle avait peu revu le maître : il baignait dans les honneurs, recevait des commandes officielles, s'offrait les plus beaux modèles de Paris. Il venait d'épouser la princesse Marie Cantacuzène et avait quitté Pigalle pour la prestigieuse avenue de Villiers. Après toutes ces années il avait dû oublier celle qui avait été à la fois son modèle et sa maîtresse.

Se faire belle ? Facile à dire.

Suzanne passa une heure à essayer toilette sur toilette. Aucune ne lui convenait. Elle finit pourtant par choisir, avec l'assentiment de Paul, une robe en poult-de-soie de couleur puce, serrée à la taille ; elle devrait la porter avec un corset, ce qui la terrorisait à l'avance, habituée qu'elle était à avoir la taille libre bien qu'elle commençât à s'épaissir.

— Le corset est indispensable, dit Paul. Il faudra de même soigner ta coiffure, porter la toque à aigrette noire que je t'ai offerte l'an passé. Fourneuse est très strict en matière de toilette et sa femme est considérée comme un arbitre de la mode dans le quartier de la Bourse. Tu prendras l'éventail peint par Renoir : Fourneuse apprécie cet artiste.

Renoir... S'il l'entendait... Lorsque Aline se plaignait qu'il ne lui donnât pas les moyens de s'habiller correctement, il bougonnait : « Tu m'emmerdes ! Quand il s'agit de mode on dirait que les femmes n'ont plus de cervelle ! »

— Tu devras aussi surveiller ton langage. Fourneuse déteste la vulgarité, surtout chez les femmes.

Fourneuse par-ci... Fourneuse par-là... Il n'y en avait que pour ce potentat. Paul eût été invité à déjeuner à la cour du tsar qu'il eût fait moins de manières. Elle prit la mouche.

— J'en ai assez de *ton* Fourneuse ! Tu iras seul à ce déjeuner. Tu diras... tu diras que je suis souffrante !

— Impossible : la table est retenue et ce repas est prévu à ton intention.

Il déploya des trésors d'arguments pour la convaincre, si bien qu'elle finit par céder, décidée au demeurant à se conduire à sa façon.

— Et merde pour Fourneuse et sa femme !

En apparence, Eugène Fourneuse était un homme très ordinaire : fort sans être adipeux, à moitié chauve, visage rouge et carré encadré de favoris comme au bon vieux temps, voix aux accents faubouriens qui détonnait avec son statut social. Son épouse, Irma, semblait détachée d'une gravure de mode ; elle devait être issue de cette caste de bourgeoises mondaines, artistes et volontiers délurées qu'on appelait les *demi-castors* ; elle se piquait de défendre l'avant-garde de la peinture.

Entre le champagne et la hure d'esturgeon Suzanne apprit l'essentiel de ce qu'elle eût préféré ne pas connaître de ces bourgeois : dans leurs rapports avec leurs pairs ils respectaient les notions de grande et de petite saison ; ils possédaient chasse en Gâtinais où ils pratiquaient les « curées aux flambeaux » et villa à Deauville ; ils étaient invités aux bals masqués de Boni de Castellane. Leurs autres obligations mondaines se partageaient entre les parties de chasse à la grouse en Écosse, les courses, les soirées au théâtre ou à l'Opéra (pour elle), les parties de baccara au cercle (pour lui), suivies d'une visite aux « petites femmes ». Il lui avait offert pour son dernier anniversaire un trotteur et un élégant coupé ; elle aurait préféré une rivière de diamants...

Irma minaudait en faisant claquer son étui à cigarettes.

— C'est une vie exténuante, ma chère ! Vous n'imaginez pas. Toujours en réception, en voyage, à la chasse. Je reste parfois des semaines sans avoir une heure à moi !

Entre les grives au gratin et le vol-au-vent, Irma Fourneuse lâcha à l'oreille de Suzanne, derrière son éventail :

— Ces obligations sont heureusement compensées par quelques plaisirs. Vous voyez de quoi je parle... Il s'appelle Gaston. C'est un merveilleux baryton de l'Opéra. Si vous l'entendiez dans *Rigoletto*...

Elle ajouta en abaissant sa serviette :

— Je vous appelle Suzanne, appelez-moi Irma.

En allumant son havane entre les fromages et la glace Mangin, Eugène paraissait au bord de l'apoplexie. Conviée à parler de son travail de peintre, Suzanne, mise en verve par le champagne et les vins, raconta quelques anecdotes sur les grands artistes qu'elle avait connus, en dépit des signaux de détresse que Paul lui adressait à travers la fumée de sa cigarette.

— Mon Dieu ! s'exclamait Irma, qu'elle est drôle ! Vous avez de la chance d'avoir vécu dans ce milieu bohème.

— Ma femme est passionnée par la peinture moderne, dit Eugène. Il faudra qu'elle vous montre sa collection d'estampes japonaises érotiques. Son nouveau caprice : elle aimerait que vous fassiez son portrait. À vos conditions, cela va de soi.

— Je suis désolée, Irma. J'ai renoncé depuis quelque temps aux portraits pour me consacrer au dessin, et j'ai de nombreuses commandes en train.

— Mais, voyons, ma chérie..., protesta Paul.

Suzanne le foudroya du regard ; il se tut. Ulcérée de cette réponse qui ressemblait fort à une fin de non-recevoir, Irma jouait nerveusement avec son fume-cigarette.

— Nous en reparlerons, dit Eugène. Au moins trouverez-vous le temps de nous rejoindre en Gâtinais l'automne prochain pour une chasse à courre ? Ce spectacle vous divertira certainement, et notamment la « curée aux flambeaux ».

Suzanne répliqua sèchement :

— J'en doute, monsieur Fourneuse. J'aime trop les animaux pour me divertir à les voir souffrir et mourir.

Elle fut ébahie d'entendre Eugène éclater de rire et s'exclamer :

— Voilà qui est parlé ! J'aime cette franchise, madame Moussis. Au moins accepterez-vous de participer à l'une de nos soirées : un bal mauresque avec des danses orientales en intermède. Des danses du ventre, comme dans l'éléphant du Moulin-Rouge, pour appeler les choses par leur nom.

— Eugène ! glapit Irma. Un peu de décence, je vous prie.

— Il y aura du beau monde, ma chère, poursuivit Eugène. J'ai même prévu d'inviter un chanteur de l'Opéra, un certain Gaston. Il sera costumé en brigand de l'Atlas...

— Cela suffit ! éclata Irma. Vous devenez indécent !

— ... ou trop lucide, ma chère.

Suzanne se leva brusquement et fit signe à Paul de l'imiter. Elle prétexta un rendez-vous urgent. On n'attendrait pas les mazagrans et les liqueurs.

— Ce que femme veut... murmura Eugène. Madame Moussis, j'aime les femmes qui ont du caractère et de la personnalité. Mon épouse vous ressemble au moins sur ce point.

Salutations. Baisemain. Promesse de se revoir.

Dans le tilbury qui les ramenait à leur banlieue, Paul éclata : Suzanne s'était montrée d'une rare incorrection. Qu'est-ce que les Fourneuse allaient penser d'eux ?

— Ça, alors, mon cher, c'est le dernier de mes soucis.

— Pas pour moi ! Fourneuse me tient dans sa main et je veux garder ma situation.

— Il ne te lâchera pas. Tu lui es trop précieux. Tu lui sers de paillasson.

— Je ne te permets pas de dire ça ! Ce ménage est d'un commerce agréable et nous avons tout intérêt à le fréquenter.

— Lui, peut-être. C'est un vieux cochon. Il n'a pas arrêté de me faire du pied. Mais il est compréhensif et indulgent. Quant à elle, tu ne me feras pas changer d'avis : c'est une conne et je n'ai pas envie de la revoir.

Ce fut leur première brouille.

Durant une semaine, il fit chambre à part. Le matin il partait sans l'embrasser, rentrait le soir sans un mot, n'ouvrait pas la bouche durant les repas et allait lire *Le Temps* dans sa chambre.

— Si vous vous êtes chamaillés, dit Madeleine, c'est sûrement ta faute. Je te connais...

— Fous-moi la paix, maman ! Si nous nous sommes engueulés c'est qu'il voudrait m'imposer son Fourneuse et sa bourgeoise.

— J'espère que ça durera pas trop longtemps.

— J'en sais rien ! Nous ne vivons pas dans le même monde, lui et moi, tu comprends ? Lui, c'est les affaires et moi, l'art. Comment veux-tu que ça marche ?

— Au moins tu regrettes ce qui s'est passé ?

— Oui, là, je le regrette ! Mais c'est pas moi qui ferai le premier pas.

— Alors je vais lui parler.

— Je te l'interdis ! C'est pas tes oignons.

Madeleine lui parla. Quelques jours plus tard, à son retour de Paris, il embrassa Suzanne et déposa une enveloppe sur la table.

— C'est un cadeau. J'espère qu'il te plaira.

C'était une petite sanguine de Degas : une fille à sa

toilette. Suzanne contempla longuement cette œuvre, sentit ses yeux se mouiller, se jeta dans les bras de son mari.

— Tu ne pouvais pas me faire un plus grand plaisir. Il faut me pardonner si...

— N'y pensons plus. Pour moi c'est oublié.

Il ajouta, resplendissant :

— Dimanche prochain, mes enfants, nous irons déjeuner à Enghien, au bord de la Seine...

Cette sortie à Enghien relevait du serpent de mer. Paul en parlait souvent mais remettait chaque fois son projet aux calendes. Cette fois-ci, il semblait décidé. Madeleine renonça à les suivre : le tilbury ravivait ses rhumatismes. Maurice, lui, était aux anges. Suzanne heureuse.

Le déjeuner les changea de celui du Grand Hôtel : omelette et friture, plantureux plateau de fromages et tarte aux pommes, le tout arrosé de château-chinon avec, pour terminer, des cerises à l'eau-de-vie. Il faisait un doux temps d'arrière-saison. Barques, yoles et vapeurs glissaient avec indolence sur le fleuve, bleu comme dans l'*Argenteuil*, de Manet, qui avait fait un scandale au Salon. Lorsque les musiciens du dimanche se mirent en place pour le bal, Paul se leva.

— Nous allons en « suer une », comme on dit rue de Lappe. Ensuite nous irons nous promener.

Ils dansèrent une valse puis une polka et laissèrent Maurice jouer sur la berge avec des adolescents de son âge.

— J'ai reçu, dit Paul, un carton de Fourneuse. Il nous invite pour le début d'octobre à son bal masqué. Je n'ai pas voulu lui répondre avant de t'en parler.

— Tu sais ce que j'en pense. Pour moi c'est non. Mais toi tu fais comme tu veux.

— Cette invitation m'embête, mais je crains, en refusant, de mécontenter mon patron. Je vais répondre que nous serons absents.

Elle lui prit la main, se serra contre lui.

— Ce soir, tu me feras l'amour. Ça fait près de quinze jours que tu boudes, et moi j'ai besoin de ça, tu comprends ? Je n'ai pas encore l'âge de l'indifférence.

Ils poussèrent jusqu'à une ferme sur le mur de laquelle séchaient des filets, restèrent un moment à regarder évoluer les porcs et la volaille dans la cour.

— À Bessines, dit-elle, c'est moi qui donnais à manger aux poules et aux canards. Je les appelais et ils accouraient. Parfois je prenais une poule et je la caressais. C'était lisse et chaud, surtout sous le ventre. Quand on en tuait une je me cachais et je pleurais.

Le corniaud de la ferme, venu les saluer, effectuait autour d'eux une danse de séduction comme pour les inviter à entrer et à jouer.

— J'aimerais avoir un chien, dit-elle. Un bon gros toutou comme celui que j'avais à Bessines.

— Tu l'auras. C'est promis.

Ils retournèrent à pas lents, bras dessus, bras dessous, vers l'auberge.

— Mon Dieu ! s'écria Suzanne, qu'est-ce qui lui est arrivé ?

Maurice gisait dans un fauteuil de rotin, une blessure au front. La patronne expliqua qu'il avait provoqué un groupe d'adolescents. Une bagarre avait suivi. La blessure était sans gravité.

— Faut dire, ajouta la patronne, que votre gamin a le diable au corps. Il a bu le vin que vous aviez laissé. Ensuite il a fait le tour des tables et vidé les fonds de bouteille. Ah ! il était dans un bel état, le bougre...

Le « bougre » se refusa à la moindre explication et se débattit quand on voulut l'embarquer dans le tilbury. En route, Paul dit à Suzanne :

— Ton fils me donne décidément bien du souci. Qu'allons-nous pouvoir en faire ? Le mettre en pension au collège, peut-être. Ce serait la meilleure solution...

— Ou la pire.

L'attirance pour l'alcool en moins, Suzanne se

reconnaissait en lui lorsqu'elle avait son âge : même indépendance d'esprit, même répugnance aux contraintes, même goût de la provocation. Plutôt que de le punir, elle s'efforçait de se mettre à sa place, de découvrir ce qui provoquait son comportement asocial. Elle n'y parvenait pas. Madeleine se contentait de répéter :
— Je me demande de qui il tient ça...

L'entrée au collège se fit sans histoire de la part de Maurice. Il revenait chaque fin de semaine à la Butte-Pinson. Lorsque ni Paul ni Suzanne ne pouvaient venir le chercher il montait à pied, s'arrêtait devant le Bon Coin et, campé sur le seuil, lançait :
— Julia ! une mominette, vite fait !
Lorsque la Polonaise, indignée, quittait son comptoir il lui faisait un bras d'honneur avant de déguerpir.
Il fallait bien en convenir : Maurice était une nature « difficile ». Les notes rapportées du collège n'étaient pas brillantes : un élève à la limite du médiocre. Suzanne les commentait d'un ton acerbe.
— Deuxième prix en mathématiques ? Pas mal, mais c'est surprenant. Troisième accessit en langue française ? Ben, c'est pas brillant. Quant à tes notes de dessin, je te fais pas de compliments : zéro ! Pourtant tu aimes dessiner, non ?
Il ne pouvait en disconvenir, mais les sujets proposés par M. Perruchot, son professeur, ne l'inspiraient guère : des plâtres de l'Antiquité... Il écoutait d'une oreille distraite les banalités moralisatrices de *monsieur Paul,* comme il appelait son beau-père : dans la vie on ne fait pas forcément ce qu'on a envie de faire... Il faut s'imposer des sacrifices, une discipline si l'on souhaite réussir... Lui, à son âge...
Réussir ? Dans quelle branche et pourquoi ? Certains mots glissaient sur Maurice, vides de sens. Il répondait effrontément qu'il n'avait nul besoin de « réussir » pour vivre ; il connaissait des gens qui vivaient de rien et n'en souffraient pas.

— Je sais à qui tu penses ! répliquait monsieur Paul : aux romanichels de la Redoute. Eh bien, si leur sort te semble digne d'envie, va les rejoindre ! On verra si tu supporteras longtemps leur crasse et leur vermine !

Un soir, par acquit de conscience, il demanda à feuilleter le cahier de dessin de son beau-fils. Des notes inférieures à la moyenne sabraient les marges et des commentaires affligeants fleurissaient en rouge autour des bustes de Périclès ou d'Antinoüs.

— Pitoyable... commenta monsieur Paul. Je serais surpris que tu fasses une carrière dans la peinture, comme ta mère.

Le cahier claqua en se refermant avec un bruit de gifle.

Suzanne dit à Paul, en aparté :

— Ne soyons pas trop sévères avec lui. Une enfance et une jeunesse sans père, j'ai connu ça. Il faut bien convenir que nous ne sommes pas suffisamment présents et ma mère n'a pas une vocation de garde-chiourme.

— J'admets qu'il m'est difficile de le juger, moi qui ai vécu dans une famille unie, prospère, qui ai fréquenté les meilleurs collèges. Mais que faire ? Il m'est impossible d'exercer mon métier depuis la Butte-Pinson pour le surveiller comme à toi de renoncer à tes démarches à Paris.

— Le jour où il fera une grosse bêtise nous serons bien obligés de réagir...

La « grosse bêtise », Maurice la fit durant les fêtes de fin d'année.

En l'absence de sa mère partie faire des emplettes à Paris, Maurice se trouva seul avec Madeleine. Seul et morose. Essayait-il de réviser ? Les mots lui effleuraient l'esprit sans le pénétrer. Se plongeait-il dans la lecture des livres « osés » que monsieur Paul cachait dans sa bibliothèque ? Ils lui tombaient des mains. Il aurait aimé rendre visite à ses copains de la Redoute et vider une bouteille avec eux mais il tombait une pluie mêlée de neige qui le décourageait.

Il se rendit en bâillant au salon où Madeleine somnolait sur son tricot.

— Donne-moi la clé du buffet.
— Je l'ai perdue.
— Alors celle de la cave.
— Monsieur Paul l'a sur lui, tu le sais bien.

Il se gratta nerveusement le crâne.

— Alors faut que je sorte. Donne-moi des sous. Deux ou trois francs, ça ira.
— La cassette est dans le buffet et je te répète que j'ai perdu la clé. D'ailleurs, qu'est-ce que tu veux aller faire dehors avec ce temps de chien ?
— Ça me regarde ! Si tu refuses d'ouvrir le buffet je vais forcer la porte.

Elle se dit qu'il n'oserait pas et laissa faire. Lorsqu'elle entendit le bruit d'une serrure forcée et du verre brisé elle se porta lourdement vers la cuisine et poussa un cri : Maurice était en train de boire l'eau-de-vie des cerises.

— Fameux ! lança-t-il avec un sourire de défi, mais je préfère le vin. La clé de la cave, vite ! Je sais que tu as un double.

Elle jura ses grands dieux qu'elle ne la détenait pas et lui demanda de tout remettre en ordre. Elle expliquerait ce bris de verre par une maladresse de sa part. Il s'approcha d'elle, lui souffla au visage une haleine qui puait l'alcool.

— Je sais où est la clé : dans ta poche, avec ton trousseau.

Il la plaqua contre le buffet, la fouilla, découvrit le trousseau, mais sans la fameuse clé. Tant pis ! il forcerait la serrure.

— Je te l'interdis ! Petit brigand ! Arrête !

Elle saisit une poêle suspendue au-dessus de la cuisinière et l'en menaça. Il éclata de rire, ouvrit la porte du placard à balais, y poussa de force la pauvre vieille et referma en criant :

— Comme ça tu me foutras la paix, la vieille !

Il fit éclater une autre vitre du buffet, tomba sur la boîte à sucre où l'on puisait l'argent des emplettes, fourra quelques pièces dans sa poche en ignorant les gémissements et les coups sourds venant du placard à balais. Il revêtit son manteau, chaussa ses bottes et s'enfonça dans la brouillasse.

Arrivant une heure après Suzanne, Paul flaira une ambiance inhabituelle. Madeleine était déjà au lit et Suzanne aux fourneaux. Quant à Maurice... Il jeta un coup d'œil dans la chambre vide, demanda où il était passé. Suzanne s'éclaircit la voix et parvint à articuler :

— Il est invité à passer la soirée chez les parents de Rosalie et ma mère s'est alitée : une crise de rhumatismes. Elle a même fait des dégâts aux vitres du buffet. Ses pauvres mains, tu comprends ?

Ils dînèrent en tête à tête, silencieux et maussades. À la fin du repas, alors qu'elle rangeait la vaisselle, Paul lui fit part de son trouble : cette atmosphère lui paraissait singulière. Il voulut en avoir le cœur net.

— Tu me caches quelque chose. Où est Maurice ?
— Je te l'ai dit.
— Alors je vais le chercher. Il se fait tard.
— Inutile. La vérité c'est que je ne sais pas où il est. Ça fait plus de trois heures qu'il est parti.
— Et tu restes là sans broncher ! C'est insensé !
— Je ne vais tout de même pas courir les bistrots pour le ramener, avec le temps qu'il fait !
— Eh bien j'y vais, moi !

Il sortit en trombe dans la nuit noire et glacée, fila droit chez Julia. Le « Maumau » ? on ne l'avait pas vu depuis belle lurette. Il descendit jusqu'à Pierrefitte, se rendit directement à la Demi-Lune où on lui fit le même accueil. Au Café de la gare on ne le connaissait même pas. Il poursuivit la tournée des troquets sans plus de succès. À tout hasard, en remontant à la Butte-Pinson, il frappa à la porte des voisins, les Dauberties : pas de Maurice...

C'est alors que Paul songea au campement des nomades. Il y parvint à bout de souffle, sous une bourrasque de pluie glacée, marchant à l'aveuglette dans une boue puante, réveillant au passage les chiens de garde. Il toqua à la porte d'une roulotte : on l'écouta puis on lui ferma la porte au nez. Un jeune romano lui conseilla d'aller voir chez le gardien de la Redoute, le père Sommier.

Il eut du mal à repérer la longue bâtisse sans étage aux vitres de laquelle clignotait la lumière d'une lampe à pétrole. Une grosse femme portant un marmot dans ses bras ne parut pas surprise de le voir.

— Vous venez chercher Maurice ? Il est là.

Maurice était allongé sur des couvertures, au fond de la cuisine. Sommier, qui était occupé à écaler des châtaignes, ne daigna pas se lever. Il désigna son hôte de la pointe du couteau.

— Il est en train de cuver son vin, votre môme. Une fameuse biture, tonnerre de Dieu ! Bourré comme il l'est, il aurait pu attraper la crève à coucher dehors. Devriez mieux le surveiller...

— Il est incapable de vous suivre, dit la femme. Vous inquiétez pas. Mon mari vous le ramènera demain matin.

Suzanne était en train de fignoler une sanguine lorsque Maurice poussa la porte.

— Cette lettre... J'y arrive pas.

Il avait entrepris de rédiger à l'intention de son père une lettre de vœux. Les mots venaient mal ou pas du tout et ne correspondaient en rien aux sentiments qu'il aurait voulu exprimer pour cet inconnu. Il avait beau se répéter : « Mon père... Miguel Utrillo y Molinas est mon père... On dit que c'est un grand artiste... », sa plume restait en panne. Miguel donnait rarement de ses nouvelles ; Suzanne lisait ses lettres et les faisait lire à son fils, sans qu'elle sentît le moindre frémissement dans ses fibres. Quant à Maurice, il restait indifférent : il aimait ce prénom étrange : Miguel, mais le nom d'Utrillo le laissait perplexe.

— Dis-toi bien, Maurice, affirmait Suzanne, qu'Utrillo est aussi ton nom. Répète : « Je m'appelle Maurice Utrillo. »

— Je préfère m'appeler Valadon, comme toi.

Elle lui rappela qu'elle ne signait Suzanne Valadon que pour sa peinture, qu'elle s'appelait Suzanne Moussis. Il regimbait : pour lui elle était Suzanne Valadon et il était son fils. Au collège, d'ailleurs, ses copains l'appelaient Valadon.

— Je vais t'aider, soupira-t-elle. Il faut bien en finir avec cette lettre.

Elle s'assit près de lui, sous la lampe. Il avait revêtu son tablier de collégien, qui sentait le plumier.

— Commence : *Mon cher papa...*

— Je préfère : *Mon cher Miguel...* Et après ?

— Après... après... Tu lui dis que tu penses beaucoup à lui et que tu l'aimes.

Il soupira, écrivit : *Je ne veux pas commencer cette nouvelle année sans te dire que je t'aime et que je pense à toi...*

— C'est bien. Continue tout seul.

Maurice poursuivit : *Pourquoi ne viens-tu pas à la maison ? Pourquoi ne penses-tu pas à moi ? Je suis bien malheureux parce que maman me dit tout le temps que tu ne reviendras plus jamais près de nous et je pleure en t'écrivant...*

— C'est un peu trop sentimental, dit Suzanne, mais tu es sur la bonne voie. Continue. Je vais aider grand-mère à la cuisine.

Pris soudain d'une vague d'émotion, il rédigea deux pages d'une traite. À travers les lignes laborieusement calligraphiées il lui semblait recomposer mot à mot l'image du père, le dégager d'une brume d'incertitudes, lui conférer une apparence de plus en plus concrète, qui rejoignait l'image qu'il en connaissait par le portrait que sa mère avait conservé et une photo prise à Sitges.

Suzanne lut le brouillon, corrigea quelques fautes, lui conseilla de s'appliquer en le recopiant. On posterait la lettre demain.

En récrivant au propre, Maurice ajouta :

Maman est bien malheureuse et toujours malade. Tu ne la reconnaîtrais plus tellement elle a vieilli. C'est grand-mère qui m'a dit de te l'écrire... Depuis longtemps je voulais t'écrire, mais maman ne voulait pas me donner ton adresse... car elle me disait que tu ne voulais plus me voir[1](...)

Il glissa la lettre dans l'enveloppe qu'il colla.

— C'est bien, dit Suzanne. Tu vois, quand tu veux...

---

1. Texte original.

2

LA SOIRÉE CHEZ VOLLARD

Puvis de Chavannes venait de mourir. Suzanne apprit la nouvelle une semaine plus tard, de la bouche d'Ambroise Vollard. Son déménagement dans l'hôtel de la princesse Cantacuzène ne lui avait pas porté chance : quelques semaines après, son épouse décédait. Puvis l'avait suivie de peu dans la tombe.

Il venait d'achever une de ses grandes compositions : *Sainte Geneviève veillant sur Paris*, pour laquelle la princesse, comme d'autre fois, lui avait servi de modèle. On avait pu admirer ses dernières œuvres peu avant sa mort, à l'exposition Durand-Ruel, parmi d'autres peintres aussi célèbres : Pissarro, Monet, Renoir, Sisley... Suzanne ne l'avait pas revu depuis des années et répugnait à solliciter une visite pour ne pas risquer de troubler son intimité.

— Sa mort n'a pas fait beaucoup de bruit, dit Vollard. Il est vrai qu'avec l'affaire Dreyfus et le barouf que Zola mène autour d'elle avec son « J'accuse », l'art passe au second plan.

Puvis n'avait pas eu d'élèves dignes de ce nom, plutôt quelques épigones au nombre desquels se comptait Suzanne Valadon. Elle avait aimé en lui l'homme plus que l'artiste. En remontant le fil de ses souvenirs elle s'efforçait d'éliminer les éléments incompatibles avec l'image lumineuse qu'elle voulait conserver de lui : leurs longues promenades de Neuilly à Pigalle, ses soliloques sur l'art, leur tendresse...

Que restait-il des maîtres qu'elle avait aimés ? Lautrec, rongé par l'alcoolisme et la syphilis, était insaisissable. Renoir, perclus de rhumatismes, s'était retiré à Essoyes, près de Bar-sur-Seine, où Aline avait sa famille, et ne tarderait pas, disait-il, à se retirer dans le Midi. Erik Satie venait de s'exiler à Auteuil où il vivait entouré des souvenirs de son cher *Biqui*. Seuls Degas et Zandomeneghi s'incrustaient à Paris.

La nouvelle résidence de Suzanne, en l'éloignant de Montmartre, l'avait coupée de quelques relations qui, naguère, avaient donné un sens à son existence. Le succès lent mais continu qui accueillait sa production compensait imparfaitement cet abandon volontaire.

« Un jour, se disait-elle, je reviendrai à Montmartre pour de bon. C'est là qu'est ma vie... »

Ambroise Vollard venait de recevoir les épreuves d'un album de gravures réalisées par Suzanne sur la presse de Degas.

Elle éprouvait vis-à-vis de ce personnage une gêne qui tenait moins à son cadre de vie qu'à sa nature et à son comportement.

La galerie de Vollard se situait au 6 de la rue Laffitte, entre la rue La Fayette et le boulevard Haussmann. Elle ne payait pas de mine avec sa façade jaune sale rébarbative et le désordre qui régnait à l'intérieur. La galerie occupant le rez-de-chaussée se prolongeait en entresol par une sorte de crypte transformée en souk où régnait une odeur insolite de cuisine exotique, ce créole natif de la Réunion y régalant ses amis.

Les rapports avec le marchand étaient difficiles et pénibles. Son aspect relevait d'un compromis entre l'ours et l'« orang-outan ». Plus jeune que Suzanne, il semblait avoir dix ans de plus qu'elle, avec son visage épais de primate, son crâne précocement dégarni, ses yeux de cocker neurasthénique. Il donnait l'impression d'être sur le point de sombrer dans une somnolence profonde, paupières mi-closes et lèvres pendantes.

À leur première rencontre à Montmagny où il s'était

invité, Suzanne avait pensé qu'elle ne ferait jamais d'affaires avec ce zombi. Enfoncé dans son fauteuil, il paraissait totalement indifférent aux dessins qu'elle lui présentait et se contentait de pousser de temps à autre un sourd grognement. Il l'avait quittée sans qu'elle ait pu lui arracher un jugement. Quelques jours plus tard il lui demandait de passer rue Laffitte et lui soumettait son projet d'album.

L'existence d'Ambroise Vollard était connue de Moussis. Il savait qu'il avait pris sur le marché de l'art la succession du père Tanguy et de Théo Van Gogh, qu'il avait défendu Renoir, Cézanne, Degas, Gauguin et quelques jeunes peintres encore dans les limbes. Les expositions qu'il organisait dans ce que Suzanne appelait son *foutoir* étaient très fréquentées.

Persuadé qu'ils avaient des tempéraments de maquignon et qu'ils exploitaient la misère et la crédulité des jeunes artistes, Moussis se méfiait des marchands. Il n'avait pas tort mais, pour quelques requins qui évoluaient dans ces eaux, combien d'entre ces négociants avaient fait sortir de l'ombre des peintres qui, sans eux, y seraient demeurés ?

Suzanne avait surpris un jour le fauve dans sa tanière, en pourparlers avec un client amateur de Cézanne. Vollard ne quittait pas des yeux ce jeune bourgeois qui se délectait à contempler des toiles représentant des paysages de Provence, en détaillant chaque coup de pinceau.

— Ce paysage de montagne me plaît particulièrement. Combien en demandez-vous ?

Vollard enleva le tableau et le retourna contre le mur.

— Pas pour vous ! Rien qui puisse vous intéresser.

Le jeune homme se dirigea vers un autre tableau.

— Et celui-ci, pensez-vous qu'il puisse me convenir ?

— Sûrement pas. D'ailleurs il n'est pas à vendre.

Outré, le gandin salua et prit la porte sans un mot.

— Je ne comprends pas, dit Suzanne. Pourquoi avez-vous refusé de vendre ces toiles ?

— Ma fille, je connais ma clientèle. Ce petit monsieur a tourné autour de l'hameçon et reviendra pour y mordre. C'est alors que je lui demanderai le prix fort. Mais ce client-là n'a pas une tête à acheter un Cézanne, ou alors ce sera pour épater la galerie. De toute manière il n'en trouverait pas ailleurs. Cézanne m'écrivait récemment : *Vous seul vendrez mes toiles. Les autres marchands se foutent de ma peinture.*

Intelligent, doué d'un flair magique, dynamique en dépit des apparences, Vollard refusait de se cantonner dans des valeurs acquises. Dix ans auparavant, alors qu'il avait fait son beurre avec les impressionnistes, il s'était mis sur la piste d'un groupe postimpressionniste, les nabis, qui évoluaient entre les estampes japonaises et Gauguin, et dont Maurice Denis était le chef de file. Dix ans plus tard ce groupe se lézardait et chacun reprenait son autonomie, après avoir illuminé comme le passage d'une comète les cimaises parisiennes.

— Vous qui avez un pied-à-terre à Montmartre, dit Vollard, que pensez-vous de ces jeunes fous du Bateau-Lavoir ?

Suzanne n'en pensait pas grand-chose, sinon rien. Au cours de ses haltes rue Cortot elle était passée devant la grande bicoque de la rue Ravignan, plus délabrée que le Château des Brouillards. Picasso vivait là en compagnie d'autres peintres parmi lesquels des compatriotes aussi miséreux que lui.

— Ma question est ridicule, j'en conviens, dit-il. Vous n'avez aucun lien avec eux. Vous vivez dans un autre monde, n'est-ce pas ? en dehors de toutes les modes, de toutes les écoles. C'est ce qui fait votre force et c'est ce que j'aime en vous.

Persuadée que Paul n'aurait pas été à l'aise dans ce milieu et en cet endroit, Suzanne avait décidé de se rendre seule à la soirée à laquelle Vollard l'avait conviée, en prenant soin de la prévenir d'éviter les recherches de toilette. Elle pouvait venir en cheveux.

C'était au début de 1899, quelques mois après la sortie de son album de gravures, par un temps de neige. L'ouvrage publié par Vollard avait attiré l'attention des critiques d'art sur Suzanne Valadon. Elle voisinait dans le catalogue avec des noms illustres.

C'est Misia Natanson qui l'accueillit. Vollard, aidé d'un maître queux et d'accortes servantes, était aux fourneaux. En quelques mots, en dégustant un punch, cette grande blonde élégante la mit au courant de sa situation : elle s'appelait de son nom de famille Gobebska, était l'épouse de Thadée Natanson, rejeton d'une famille de banquiers juifs polonais établie en France. Ils possédaient une importante collection, notamment de nabis, dans leur hôtel de la rue Saint-Florentin.

— Ma chère, dit Misia, nous avons deux de vos sanguines et nous en sommes fiers. Votre modèle était, autant qu'il m'en souvienne, votre femme de ménage, Catherine.

— Votre mémoire est excellente. Cette femme passait plus de temps à poser pour moi qu'au ménage. Elle était grosse et laide mais ce n'est pas parmi les girls de Mortimer que je choisis mes modèles.

Misia paraissait peu pressée de rejoindre ses amis dans la crypte de l'entresol d'où montaient déjà une rumeur joyeuse et une savoureuse odeur de cuisine. Misia reprit :

— C'est Edgar Degas qui le premier m'a parlé de vous. Nous l'avons invité à plusieurs reprises rue Saint-Florentin. Il s'est chaque fois montré insupportable, contestant son voisinage à table, jetant des piques à tort et à travers, critiquant la qualité des vins, se lançant dans des charges contre les dreyfusards. Il n'accepte d'être reçu que dans des familles où il n'y a ni enfant ni chien ni Juif. C'est dire que nous nous passons désormais de sa présence.

Sans cesser de parler, de fumer des crapulos dans son fume-cigarette d'ambre cerclé d'or, de savourer son punch, Misia fouillait d'un doigt léger dans les peintures alignées le long des murs.

— J'abuse peut-être de votre patience, dit-elle, mais, au milieu de ces exaltés, de ces rabâcheurs, nous aurions du mal à converser sérieusement. Attendez-moi là, dans ce fauteuil, je vais vous chercher un punch.

Quelques minutes plus tard elle présentait un verre à Suzanne et lui offrait une cigarette.

— Votre parfum m'intrigue, dit Suzanne. Il vous *habille* parfaitement.

— Héliotrope blanc, dit Misia. Je vous donnerai l'adresse de mon parfumeur, si cela vous tente. Si je me permets de vous retenir quelques minutes, c'est pour vous parler de Lautrec. Nous l'avons hébergé l'été dernier dans notre domaine de Villeneuve-sur-Yonne. Il n'allait pas fort. Il restait des jours sans paraître à table, à demeurer enfermé dans sa chambre, à rêvasser, à boire, à écrire à sa mère pour lui réclamer de l'argent, à travailler sans conviction. Il ne fera pas de vieux os : l'alcool et la syphilis ne font pas bon ménage, surtout quand on y ajoute l'éther et l'opium. Oui, notre ami se drogue, ma chère. Pour oublier. Vous notamment.

— M'oublier, moi ? Je croyais que c'était fait !

— Allons donc ! Vous savez bien qu'il a mal accepté votre rupture. Vous avez été la seule femme qu'il ait vraiment aimée. À Villeneuve il me parlait souvent de vous. De vous et de son cormoran.

Lautrec avait acheté et apprivoisé ce cormoran qu'il appelait Tom et qu'il promenait sur la plage de Taussat, près d'Arcachon. Un chasseur imbécile l'avait tué.

Au début de l'année il avait été conduit dans une maison de santé de Neuilly où il était resté plusieurs mois. Misia était allée lui rendre visite et l'avait sermonné : mener cette vie de patachon, passer des nuits au bordel, boire et se droguer le conduiraient rapidement au cimetière. Il s'en foutait. Il lui avait répondu avec sa désinvolture habituelle : « T'occupe pas de ça, Charlotte ! »

Après avoir quitté la rue Tourlaque il s'était installé rue Frochot, près de Pigalle pour y travailler et avait loué un appartement rue de Douai. Il avait invité ses amis à pendre la crémaillère et leur avait offert du lait !

— Selon vous, demanda Suzanne, combien de temps lui reste-t-il à vivre ?

— Deux ans... Trois tout au plus... Vous devriez lui rendre visite.

— Je n'en ai pas le courage. D'ailleurs, à quoi bon ?

La main de Misia se posa sur l'épaule de Suzanne.

— Allez-y, je vous en prie. Pour lui. Il a besoin d'amitié. De même, faites-moi le plaisir de votre visite rue Saint-Florentin. J'ai l'impression que nous avons beaucoup de choses à nous dire.

Suzanne hocha la tête en se disant qu'elle se garderait de répondre à cette invitation : Misia vivait dans un monde trop différent du sien, comme les Fourneuse. Tout ce qu'elles avaient à se dire elles se l'étaient dit.

Vollard surgit de l'entresol, le visage congestionné par le feu des fourneaux.

— Nous allons passer à table ! s'écria-t-il. Nos amis vous réclament.

Elles furent accueillies par des regards interrogateurs et quelques acclamations de gens qui connaissaient Suzanne mais qu'elle-même ne se souvenait pas avoir rencontrés. Vollard lui fit servir un autre verre de punch. Il avait un peu forcé sur le rhum qu'il se faisait envoyer de la Réunion où son père était notaire. À part Maurice Denis, Odilon Redon, Alfred Jarry, qu'elle avait croisés dans diverses expositions ou des cafés d'artistes, les autres convives lui étaient inconnus.

Misia les lui nomma : des poètes, des romanciers de seconde zone mêlés à des célébrités comme Octave Mirbeau.

Vollard laissa ses invités s'installer à leur guise et réclama le silence pour expliquer qu'à la Réunion la préparation des repas est d'une simplicité biblique : les femmes jettent du riz mélangé à de l'eau dans une calebasse qu'elles placent sur un feu de débris de canne et laissent cuire le temps de la sieste. Quand elles se réveillent le riz est cuit à point...

— Et il est délicieux ! Les indigènes ne possèdent pas de montre. Le sommeil est leur unité de temps.

Misia se pencha à l'oreille de Suzanne.

— En matière de sommeil, notre ami s'y entend. Au bout d'un moment il s'endormira. On dit qu'il a été piqué dans sa jeunesse par la mouche tsé-tsé. Quant à l'histoire qu'il raconte, elle est sûrement inventée.

Les conversations roulaient tambour battant, brouillonnes mais intenses. Elles portaient sur l'affaire Dreyfus, la première de la *Pavane pour une infante défunte*, de Maurice Ravel, sur le soutien de la gauche au ministère Waldeck-Rousseau, sur l'exposition du groupe nabi à la galerie Durand-Ruel, sur la première à l'Opéra des *Troyens*, d'Hector Berlioz, sur la guerre des Boers qui venait d'éclater en Afrique du Sud...

Habituée aux paisibles dîners sous la lampe, à la Butte-Pinson, Suzanne se sentait ballottée comme dans une tempête. Engourdie par le rhum et les vins capiteux, elle avait peine à suivre les conversations qui bourdonnaient autour d'elle et a fortiori à y participer.

Les plats succédaient aux plats sans marquer de trêve. Le cuisinier métis les annonçait et les commentait sans omettre de mentionner les épices dont ils étaient relevés.

— Cela nous met le palais en feu, dit Misia, mais, Dieu merci, nous avons de quoi le combattre. Que dites-vous de ce bourgogne, Suzanne ? Eh bien, secouez-vous, ma chère ! Vous n'allez pas imiter Ambroise et vous endormir !

L'une des servantes, Odette, piquante dans son costume des îles, se penchait fréquemment à l'oreille de Misia ; elles éclataient de rire, se jetaient de rapides baisers sur les lèvres en se tenant la main, les doigts croisés.

Le voisin de gauche de Suzanne, le poète Léon Dierx, paraissait bien connaître cette servante.

— Joli brin de fille, n'est-ce pas, madame Valadon. Mais mieux vaut ne pas l'approcher de trop près : elle peut vous mener en enfer.

— Travaillerait-elle, répondit Suzanne, dans la boîte du boulevard de Rochechouart qui porte ce nom ?

Dierx éclata de rire.

— C'est une ancienne servante du Hanneton, une amie de Marie de Régnier, la femme du poète, de Colette Willy, de Pierre Louÿs qui s'en est inspiré, dit-on, pour ses *Chansons de Bilitis*. Misia est sa compagne la plus proche. Une relation qui risque d'ébranler son ménage déjà vacillant. Ma chère, ne vous formalisez pas de mes propos. De nos jours, toutes les femmes du monde sont lesbiennes ou rêvent de le devenir.

Misia intervint bruyamment.

— De quoi parliez-vous, cachottiers ?

— Nous méditions, dit Dierx, sur le mot de cet inverti de Jean Lorrain : *Fin de siècle, fin de sexe !*

— Très drôle, dit Misia d'une voix pincée.

Après deux verres de punch et des libations de bourgogne, Suzanne commençait à sombrer dans une brume où floconnaient des images de marines à cocotiers et de corps à la Gauguin. De temps en temps elle sentait la cuisse brûlante de Misia presser la sienne et sa tête s'appuyer contre son épaule dans un effluve d'héliotrope blanc et d'épices.

— Odette, dit Misia, me racontait qu'Ambroise est amoureux d'elle et qu'à la fin de ces bamboches il l'oblige à partir de peur de ne pouvoir résister à la tentation. En amour il est d'un étonnant élitisme : il lui faut des femmes de la haute société ou personne.

— Vous aurait-il fait des avances ?

— Dieu m'en garde ! Vous me voyez en train de faire l'amour avec cet orang-outan ?

Alors qu'affluait sur la grande table la théorie des desserts exotiques, Suzanne, à travers la fumée opaque de la tabagie, parvenait mal à distinguer les convives qui lui faisaient face et dont les silhouettes confuses se balançaient comme des peupliers sous le vent. Son fume-cigarette planté dans ses moustaches, Mirbeau ne la quittait pas des yeux. Elle avait du mal à reconnaître Alfred Jarry qui déblatérait après s'être fait une barbe de crème chantilly. Un cigare aux lèvres, yeux mi-clos, Odilon Redon levait et abaissait la main sur la table comme pour donner sa bénédiction.

Il lui semblait avoir de la pâte d'amandes à la place des gencives lorsqu'elle dit à Misia :

— Je ne me sens pas bien. Je vais partir. Pardonnez-moi.

Elle ne put en dire plus. Misia posa ses mains sur ses épaules pour la maintenir assise et lui appliqua un baiser sur les lèvres.

— Ne pars pas encore, ma chérie. La soirée n'est pas terminée. Ambroise ne te pardonnerait pas ta désertion.

Vollard sortait de temps à autre de sa torpeur, avalait une gorgée de vin, piquait un morceau dans son assiette, puis ses paupières lourdes s'affaissaient sur les petits yeux gris qui allaient et venaient avec une régularité d'automate, ne perdant rien de l'attitude et des conversations de ses convives.

Misia sortit de son réticule un étui de cuir noué d'un lacet et commença à rouler une cigarette. Elle la tendit à Suzanne.

— Tu vas fumer ça, dit-elle, et ton malaise disparaîtra. Ce n'est pas du tabac mais du haschisch. Il faut aspirer profondément et garder la fumée en toi le plus longtemps possible.

Elle alluma la cigarette, la glissa entre les lèvres de Suzanne, en roula une autre pour elle et Odette, ajoutant :

— Les couche-tôt ne vont pas tarder à se débiner. Odette, prépare-toi à faire ton numéro.

— Faut que je demande la permission à M. Vollard.

— Il ne refusera pas.

Odilon Redon et sa femme, une créole antillaise, filèrent à l'anglaise. Jarry, accompagné d'une créature dépoitraillée, lut un poème pour annoncer qu'il levait l'ancre. Deux autres couples suivirent, accompagnés par Mirbeau qui baisa la main de Suzanne : il aurait aimé parler avec elle ; sa collection de peintures comptait plusieurs de ses œuvres. Dierx s'était littéralement évaporé.

Pendant que les servantes débarrassaient la table en ne laissant aux deux bouts que des coupelles d'hibiscus et d'orchidées, le maître queux, Raymond, joua sur sa guitare quelques airs de la Réunion et de Maurice en fumant une petite pipe de bambou qui répandait une odeur opiacée.

Misia paraissait sérieusement allumée. Dressée sur sa chaise, elle lança :

— Place au spectacle, mes amis. Au programme : une « vision d'art », comme aux Folies-Bergère, mais en plus pimenté. Ouvrez vos mirettes !

Comme à travers un voile de gaze Suzanne perçut la silhouette d'une longue femme nue qui, en s'aidant d'une chaise, escaladait la table. Comme dans le poème de Baudelaire, elle n'avait gardé que ses *bijoux sonores* et un foulard des îles qui faisait deux cornes sur sa tête. Le temps que Raymond égrène quelques notes sur sa guitare, elle garda la posture de la statue de cire que Degas avait modelée d'après l'une de ses « petites chéries » de l'Opéra, sauf qu'Odette avait piqué dans la toison de son pubis des boutons de rose et un gros gardénia.

Soudain, comme sur un déclic d'automate, la statue s'anima avec des mouvements de filao dans le vent du large. Les bras dressés en gestes serpentins semblaient cueillir des fruits ou des fleurs dans un arbre invisible, les jambes mimer une marche sur le sable d'une plage dans une rumeur d'océan, le ventre tressauter comme pour mimer le plaisir. Elle tomba à genoux, cuisses ouvertes, sa lourde chevelure rousse balayant la nappe, la croupe animée d'un mouvement de possession, puis elle se releva lentement, se tendit de toutes ses fibres vers le lustre comme pour en absorber la lumière par tous ses pores. Dans l'épaisse fumée qui noyait la crypte, elle prenait insensiblement l'apparence d'une statue barbare évadée des Marquises ou des forêts vierges du Douanier Rousseau. La chaleur ambiante et l'effort faisaient sourdre de sa peau une nacre humide qui lui donnait la carnation des statues de Gauguin dont Vollard avait meublé son appartement.

La fumée du haschisch aidant, Suzanne se sentait projetée dans un exil bienheureux, un Éden sauvage où s'abolissaient le futur et le passé, où le présent dansait sur un fil d'émotion. C'était mieux qu'un rêve : la transposition d'une réalité à une autre.

Lorsque la danseuse se pencha vers elle et Misia pour les prendre dans ses bras, qu'elle respira son odeur musquée et son souffle âpre, elle se dit qu'il est des réalités que même les rêves les plus débridés n'auraient pu lui proposer. Lorsque Vollard, qui venait de se lever pesamment, donna le signal de la fin, Suzanne tenta de s'arracher à sa chaise et dut se cramponner au bord de la table pour ne pas s'écrouler.

Soudain tout chavira autour d'elle dans un grésillement de guitare en folie.

C'est une sensation de froid qui réveilla Suzanne. Il faisait grand jour. Elle enjamba le corps d'une femme endormie, s'avança en titubant vers le carré de lumière blanche, écarta le rideau de la fenêtre et cligna les yeux.

Où se trouvait-elle ? Dans quel quartier, dans quelle rue ? La neige avait recouvert les toits et la chaussée jusqu'au jardin public qui occupait l'extrémité de la rue et composait une délicate fantaisie de Noël.

Prise d'une soudaine nausée, elle alla vomir dans le cabinet de toilette. De retour dans la chambre elle constata avec effroi que la pendule marquait dix heures. Deux femmes, Misia et Odette, dormaient nues sous une couverture. Assise au bord du lit dont les montants avaient été sculptés par Gauguin de motifs polynésiens, elle s'efforça de reconstituer la soirée de la veille. Des images émergeaient sans lien entre elles, par bribes, confuses comme ces rêves que, le matin, on tente de rattraper par la queue. Elle se dit qu'elle devait partir, qu'on allait s'inquiéter à la maison.

Elle fit une rapide toilette et s'habilla sans que ni Misia ni Odette se réveillent. Vollard dormait encore, vêtu du costume qu'il portait la veille, allongé sur le divan de la salle à manger, ronflant comme un bienheureux.

Le froid était intense. Elle se serra dans son manteau et se dirigea vers la station de fiacres, près du jardin. Elle se hissa dans le premier qu'elle trouva et lança :

— À la gare du Nord !

3
NU SUR UN DIVAN

Avec Maurice ils n'étaient pas au bout de leurs surprises.

Monsieur Paul fut le premier à s'interroger. En ouvrant la lettre du collège annonçant la distribution des prix, il eut un sursaut d'étonnement : Maurice Utrillo était « à l'honneur » ; il avait décroché une mention en morale pratique. Maurice, une mention ! Maurice, à l'honneur !

La deuxième surprise arriva à la famille sous forme d'une lettre personnelle du directeur faisant état des commentaires des professeurs : on reprochait à l'élève Utrillo Maurice insuffisances, négligences et absences répétées.

— Je ne comprends pas, dit Suzanne. Un jour nous apprenons que tu es un élève « honorable » et « honoré », et le lendemain que tu es un cancre. Ça rime à quoi ces *absences répétées* ?

Il ne se laissa pas démonter, répliqua avec aplomb :

— J'ai fait comme toi : j'ai séché les cours qui me barbaient.

— Apparemment tous ou presque te *barbaient*, sauf la morale appliquée. Toi, champion de la morale... Je rêve !

Un post-scriptum avertissait la famille que Maurice et quelques autres élèves de son acabit seraient appelés à redoubler. C'était à n'y rien comprendre : un prix d'honneur qui redoublait !

— C'est un collège de fous ! Je vais demander une entrevue au directeur.

— Inutile. J'ai décidé d'arrêter mes études.

— Tu préfères travailler ? Et dans quelle profession ?

Maurice haussa les épaules. Monsieur Paul avait le bras long. Il lui trouverait une situation.

— Tu veux dire une sinécure ! Une place où tu pourrais t'absenter à ta guise.

C'était bien ce qu'il souhaitait : ce que la grand-mère appelait un *plaçou*. Ou alors rejoindre ses amis nomades qui, eux, savaient vivre et appréciaient la liberté. Ils le connaissaient bien, lui offraient à chacune de ses visites un canon de rouge. Il lutinait leurs filles, les aidait à rechercher des escargots, des hérissons, des couleuvres. Lorsqu'il revenait de la Redoute, sa mère respirait sur lui une étrange odeur de vin, de feu de bois et de poussière.

À la fin du mois de juin, Paul et Suzanne assistèrent à la distribution des prix. Lorsque Maurice monta sur l'estrade, auréolé de son prix d'honneur, ils se dirent qu'ils avaient peut-être, un peu hâtivement, préjugé de sa nature, qu'il leur cachait des qualités.

Paul avait son idée : client du Crédit lyonnais, il avait de bons rapports avec le directeur de la succursale du boulevard des Italiens ; il lui demanderait un emploi pour son beau-fils.

— Bonne idée, dit Suzanne.

Elle n'en croyait rien : Maurice était fait pour des petits boulots provisoires ou des expédients. Même sous le patronage de monsieur Paul, il était à craindre qu'il ne fît jamais rien de bon de sa vie.

— Tu as tort de le mésestimer, dit Paul. Inséré dans un service, avec un minimum de responsabilités et un salaire modique, il pourrait renoncer à son vice et à ses excentricités.

Les festivités qui marquèrent le passage au XXᵉ siècle furent sans incidence sur la vie du couple. Si l'on dédaigne les manifestations officielles et artificielles, un siècle qui bascule dans le passé ne se traduit par aucun signe tangible. Sur les hauteurs de la Butte-Pinson, l'horizon, ce matin du 1ᵉʳ janvier 1900, se révélait identique à celui de la veille : même pluie insistante, même brouillard sur la plaine de Saint-Denis. On avait simplement observé dans la nuit un semis inhabituel de lumières à Pierrefitte et Montmagny, des rumeurs de musique et de chants, des pétarades comme pour le 14 Juillet.

Paul avait passé la nuit de la Saint-Sylvestre chez les Fourneuse. Suzanne s'était récusée : elle ne tenait pas à affronter les harcèlements d'Eugène et les élucubrations d'Irma.

Elle avait repoussé une autre invitation : Misia Natanson souhaitait qu'elle la rejoignît au Weber pour le réveillon ; elle y retrouverait la bande à Villard. Elle prétexta une indisposition, et elle ne mentait pas.

Parfois, le matin, en faisant sa toilette, elle confie au miroir le soin d'un bilan. Maudit témoin ! Chaque fois l'envie la prend de le fracasser, de faire disparaître avec lui l'image de cette femme de trente-cinq ans, au visage déjà empâté, aux yeux fatigués, à la mine plombée, aux formes alourdies.

Un jour, sur le mode ironique, elle s'était plainte à Paul de ce qu'elle considérait comme le début d'une déchéance physique. Il lui avait répondu en la prenant dans ses bras :

— Quelle idée, ma chérie ! T'ai-je jamais donné l'impression de te considérer comme un laideron ? Je t'aime toujours autant, tu le sais.

Elle le savait. Paul ne la négligeait pas, même si elle eût aimé de sa part plus d'assiduité et de flamme.

Au mois d'avril, ils allèrent en famille visiter l'Exposition universelle installée au Champ-de-Mars, que le président Loubet venait d'inaugurer en même temps que le pont Alexandre III. Ils y passèrent la journée, déjeunèrent au restaurant du Transsibérien, dans le dining-car d'où l'on assistait à la projection d'un *panorama mouvant*. Paul acheta un jeu de poupées russes pour sa femme, des chocolats suisses pour Madeleine et, pour son beau-fils, une trompette qui sonnait « sous les vibrations de la voix ».

Au retour Maurice insista pour que l'on prît le chemin de fer métropolitain dont la première ligne allait de l'Étoile à la Nation.

Il y avait ainsi, dans la vie de Suzanne, des jours bien calmes qui ressemblaient au bonheur.

Depuis l'invitation des Fourneuse au Grand Hôtel, Suzanne supputait l'existence d'une liaison entre Paul et la belle Irma, mais sans faire jamais état de ses soupçons. Jalouse ? même pas. La jalousie est le corollaire de l'amour et ce qu'elle éprouvait pour son mari inclinait de plus en plus vers une banale affection, avec par moments des élans de tendresse auxquels il répondait sans affectation. Elle se gardait par fierté de fouiller les poches de ses complets mais respirait sur eux des effluves différents des parfums qu'elle lui avait offerts. Dans le milieu familial de Paul, si l'adultère était en quelque sorte banalisé, le mot de divorce était honni. Le vaudeville, oui, le drame, non ! Il eût été singulier que Paul, lorsqu'il découchait, ne suivît pas son patron et complice à une table de baccara, puis dans une maison de filles. Elle avait d'ailleurs la quasi-certitude qu'il en était ainsi.

Elle ne pouvait passer plus de deux ou trois jours à la Butte-Pinson sans ressentir, comme une chape de plomb, les premières atteintes de l'ennui.

Elle respirait dans cette maison un air à la fois confiné et lénifiant. Les objets devenaient étrangement obéissants ; ils avaient pris de la mollesse, de la soumission. Elle avait parfois l'impression de vivre dans un monde où la moindre révolte, le moindre accès de mauvaise humeur menacerait d'occasionner des séismes. Il convenait de marcher doucement, à pas feutrés, de parler sans hausser le ton, ne pas chanter trop haut pour ne pas risquer de provoquer des lézardes.

Au début de cette année 1900, Suzanne décida de s'essayer de nouveau à la peinture.

Elle se souvenait d'avoir abordé cette technique, quelques années auparavant, à l'incitation de Degas et de Zando, non sans quelque réticence. Elle avait l'impression d'aborder un monde hostile qui, pour s'entrouvrir, réclamait un sésame qu'elle ne possédait pas encore. Elle se souvenait de la réaction du vieux peintre quand, huit ans auparavant, elle lui avait présenté sa première œuvre peinte : la *Jeune Fille faisant du tricot*. Enthousiaste, il l'avait incitée à persévérer. La suite, il en était convenu, était décevante. Autant ses dessins lui semblaient témoigner d'un talent inné, autant la pratique du pinceau lui semblait gauche, non aboutie. Dans ce domaine nouveau pour elle, Suzanne avait tout à apprendre ; en premier lieu à maîtriser ses appréhensions. Le public exigeait d'elle autre chose que des dessins, des pastels, des sanguines ; elle le sentait à l'affût, prêt à briser ses nouvelles tentatives.

Un premier essai, en ce début d'année, fut une déception. Pour la Saint-Sylvestre, Paul lui avait offert un chevalet perfectionné, doté d'une poulie et d'une crémaillère. La belle affaire ! Ce n'était pas ce qui lui donnerait du talent.

En réalisant son autoportrait on eût dit qu'elle se vengeait en les soulignant des signes d'une proche déchéance physique. Elle avait accentué le trait jusqu'à la violence, traçant des rides où il n'y en avait pas, forçant le pli amer des lèvres, ébouriffant sa chevelure.

— Mais, maman, ce n'est pas toi ! avait protesté Maurice.

— On te donnerait cinquante ans ! avait glapi Madeleine.

— Non, vraiment, avait renchéri Paul, ça ne te ressemble pas. On dirait que tu as cherché sciemment à t'enlaidir.

Elle en était convenue et avait détruit son œuvre.

Suzanne faillit renoncer définitivement au pinceau lorsqu'elle reçut, à quelques mois de là, une visite qu'elle n'attendait plus : celle de son amie Clotilde qu'elle alla chercher à la gare en tilbury.

Cette visite ne l'enchantait guère. Son installation à Montmagny lui avait permis de couper court à des rapports qui lui étaient devenus importuns : elle voyait en Clotilde l'image récurrente d'un passé fait de misère, de petites passions, d'amours misérables, qu'elle souhaitait oublier.

Clotilde avait bien changé. Sous la voilette, son visage était celui d'une duègne : lèvres épaisses fardées d'un rouge outrancier, à la Van Dongen, triple menton, cheveu lisse et gras.

— Tu es superbe ! lui dit Suzanne en l'embrassant.

— Si tu fais allusion à ma toilette, peut-être, parce que je ne m'habille pas au décrochez-moi-ça. Pour le reste, n'en parlons pas.

Elle était montée en grade au Hanneton : la patronne lui avait confié les responsabilités de la boîte, avec un honnête pourcentage sur les consommations. Sa clientèle *up to date* se composait essentiellement d'Américaines et d'Anglaises. Elle faisait sa pelote en attendant de lever le pied pour d'autres perspectives.

Elles passèrent ensemble une agréable journée de juin. Accompagnées de Maurice et du chien Lello que Paul avait offert à Suzanne pour son anniversaire, elles traversèrent la forêt de Montmorency et déjeunèrent dans une auberge de Sarcelles.

Au retour elles s'attardèrent dans la chambre-atelier. Suzanne offrit à son amie l'album publié par Vollard, avec une dédicace à son *amie de toujours*, lui montra ses derniers dessins, ceux notamment qui concernaient la petite Rosalie.

— C'est excellent, dit Clotilde, mais je regrette que tu aies renoncé à la peinture. J'aimais bien celles que tu faisais de moi il y a quelques années. Pourquoi as-tu abandonné ? S'il te manque un modèle adulte, je suis à ta disposition, encore que mon galbe ait subi quelques dommages. L'abus d'alcool, tu comprends...

Elles convinrent de se retrouver rue Cortot où Suzanne avait conservé un modeste atelier : le vieux chevalet de Renoir, vestige de l'époque où il allait *paysager* sur les bords de la Seine avec Gauzy, quelques toiles vierges, un reliquat de pinceaux et de tubes...

— Tu risques d'être déçue, lui dit Clotilde.

— La beauté du corps m'importe peu. C'est sa vérité qui m'intéresse. Je ne suis pas obsédée par la grâce et je ne chercherai pas à t'avantager. Te voilà prévenue.

Elles se retrouvaient une fois par semaine rue Cortot. L'élaboration de la toile allait bon train : à chaque séance une dizaine d'études de diverses attitudes. Petit à petit, Suzanne s'acheminait vers la formule définitive : le modèle allongé sur le divan comme un cétacé rejeté par la mer, mamelles lourdes, ventre flasque, cuisses de matrone.

— Ouais... marmonnait Clotilde. On peut pas dire que tu m'aies avantagée, mais j'ai relevé le défi. Comment vas-tu intituler cette toile ?

— Simplement *Nu sur un divan*, ou quelque chose de ce genre. Il faudra une semaine au moins pour terminer cette toile. Je le ferai à Montmagny. Je ne veux pas te revoir avant le dernier coup de pinceau. Quand je peins, je n'aime pas qu'on regarde par-dessus mon épaule...

Elle se mit à l'œuvre comme on se jette à l'eau pour apaiser sa fièvre. Elle y fut encouragée par de bonnes nouvelles : un marchand, Le Barc de Bouteville, avait vendu un lot de ses eaux-fortes et de ses dessins ; Vollard, ayant presque tout vendu de son album, lui réclamait des peintures...

Les journées n'étaient pas assez longues. Pour se détendre elle lisait, allait sarcler la mauvaise herbe, se promener avec Lello jusqu'à la Redoute, cette taupinière géante creusée de cryptes pharaoniques.

Maurice prenait son mal en patience.

Il avait fini par accepter un travail dans l'agence du Crédit lyonnais. Monsieur Paul lui avait fait couper par son tailleur un costume seyant, l'avait coiffé d'un chapeau melon, lui avait offert une canne, ce qui lui donnait l'allure d'un clerc de notaire.

Suzanne en était aux retouches de son *Nu sur un divan* lorsqu'elle reçut un billet de Zoé : M. Degas n'allait pas bien du tout et souhaitait qu'elle lui rendît visite.

À dates espacées, Suzanne recevait des nouvelles du vieux maître qui persistait à l'appeler la « terrible Maria » ou l'« illustre Valadon ». Il lui demandait chaque fois ou presque de lui apporter quelques-uns de ses dessins dont les « gros traits souples » lui plaisaient tant. Son dernier poulet datait du début de l'année ; il lui faisait grief de ses absences et de son silence : *Je deviens vieux. De temps en temps, dans ma salle à manger, je regarde votre dessin au crayon rouge... et je me dis toujours : « Cette diablesse de Maria avait le génie du dessin... »*

Profitant d'une entrevue avec Vollard, elle décida de rendre visite au vieux maître. C'est une jeune servante, Argentine, qui ouvrit ; elle secondait la pauvre Zoé qui devenait bien vieille, elle aussi, et servait de modèle au peintre ; elle avait un visage réjoui de paysanne, des formes pleines, une allure godiche.

Degas était allongé sur le divan de son atelier, en blouse, la visière de sa casquette sur le nez. Il était en train d'examiner avec une loupe, comme s'il les flairait, des estampes japonaises.

— Vous, enfin ! dit-il d'une voix âpre. Je commençais à me dire que vous m'aviez oublié. Quelle idée d'aller se cloîtrer dans cette banlieue minable ! Heureusement que vous n'avez pas eu l'idée d'aller peindre en Creuse comme certains que je connais ! C'est la mode ! Ils iront tous. Il y aura bientôt dans ce désert autant de peintres que de vipères...

Il lui raconta que Guillaumin et Monet y travaillaient. Désireux de peindre le site de Crozant mais gêné par un arbre, Monet avait loué les services d'un paysan pour dépouiller l'arbre de ses feuilles.

— Vous semblez d'excellente humeur, maître, dit Suzanne.

— Parce que vous voilà, ma chérie ! En fait, depuis quelques jours je broie du noir. Cette rupture avec Mary Cassatt m'obsède.

Les relations de Degas avec cette artiste américaine remontaient à plus de vingt ans. Elle s'était insérée dans le groupe des impressionnistes et s'y sentait chez elle. Depuis, ils n'avaient cessé de se voir, d'échanger des idées, de se soutenir. Sans atteindre le renom de son compagnon de route, elle s'était acquis une certaine notoriété. Elle se défendait d'être l'élève de Degas mais l'influence du maître affleurait dans ses œuvres, d'un caractère plus intimiste. Malgré quelques éclats sans conséquence leur amitié semblait devoir résister au temps. Soudain, patatras !

— Mary est vraiment très susceptible, dit-il. L'âge, sans doute. La moindre critique la met dans les transes. Quant à l'humour, elle en est totalement dépourvue.

Mary avait invité quelques amis et Degas pour leur présenter ses dernières œuvres dans son atelier. Avec cette causticité irrépressible qui était sa faiblesse, Degas avait émis quelques critiques : il trouvait tel sujet mièvre, tel personnage maladroitement dessiné, telles couleurs mal conçues. L'atmosphère était devenue glaciale lorsque, devant une maternité, il avait laissé échapper un bon mot : « On dirait le petit Jésus avec sa nurse anglaise. »

Une phrase de trop. Mary lui avait envoyé un billet fort raide qui mettait un terme à leurs relations. Cet éclat précédait un long voyage qu'elle devait faire en Égypte puis aux États-Unis.

— Je sens que je ne me relèverai pas de cet incident, déclara-t-il d'un air accablé. Elle partie, vous trop absente, que vais-je devenir ? Je finirai mes jours comme un vieux croûton derrière une malle.

Elle détestait cet air geignard et le lui dit. Il protesta.

— Vous en avez de bonnes ! Vous êtes encore jeune et jolie, vous semblez en bonne santé, alors que moi...

— Mary vous reviendra, maître. Elle vous doit trop. Et puis vous avez Argentine pour vous consoler...

— Une cruche ! Tout juste bonne à racler mes palettes.

— Elle vous sert de modèle. Peut-être pourrait-elle vous rendre quelques services... plus intimes.

Les yeux vitreux du presque aveugle s'écarquillèrent.

— Vous plaisantez, ma chérie ? J'aurai bientôt soixante-dix ans. À cet âge on renonce aux galipettes. Il y a vingt ans, peut-être...

— Il y a vingt ans, vous me connaissiez et pas une seule fois vous n'avez tenté de me séduire ou même de me faire poser.

Il lui prit les mains, les appliqua contre son visage, y laissa une trace humide et chaude. Elle le plaignait mais rien ne l'incitait à répondre à cet épanchement sénile.

— Tout ce qui vous arrive, cette solitude dont vous vous plaignez mais qui est toute relative, c'est votre faute. Vous possédez une sorte de don maléfique pour écarter de vous des amis sincères.

— Que voulez-vous, soupira-t-il, il n'y a que vous que je supporte. Si vous m'abandonniez, je crois que je...

Elle lui mit une main sur la bouche pour l'empêcher de poursuivre. Elle se leva et dit :
— Je vous ai apporté un carton de dessins...

Décidément, cette toile lui faisait peur.

Elle ne se décidait pas à écrire à Clotilde pour lui demander de venir voir son œuvre terminée, rue Cortot. Les lignes du corps évoquaient une sorte de monstre à figure humaine ; la pâte était lourde, molle, comme travaillée à la graisse d'oie. Seul le décor, une tenture indienne louée à un broco de Montmartre, le père Deleschamps, apportait une note gracieuse. Elle se dit que Clotilde allait regimber, provoquer peut-être une rupture.

Elle apporta la toile à Degas. Il la considéra longuement, l'éloignant, la rapprochant avec un grommellement.

— Vous m'épatez, ma petite Maria ! dit-il. C'est bien vous qui avez peint cette toile ? Tonnerre de Dieu, c'est un travail d'homme.

— C'est mauvais, n'est-ce pas ?

— Vous plaisantez ? C'est superbe ! Ces lignes à la fois souples et accusées, cette pâte charnelle, cette vigueur sans complaisance, ce souci de vérité...

Il ajouta en la pressant contre sa poitrine :

— Souvenez-vous, Maria, de ce que je vous ai dit lorsque vous m'avez apporté vos premiers dessins : « Vous êtes des nôtres : une grande artiste... »

Paul Moussis songeait à quitter Eugène Fourneuse. On venait de lui proposer un poste d'attaché à la Banque de France, ce qui lui ouvrait des perspectives mirobolantes. S'il atermoyait, se disait Suzanne, c'était moins pour éviter d'affronter son patron que pour ne pas risquer de devoir rompre avec Irma. Elle avait acquis la certitude que des rapports intimes s'étaient noués entre eux. Clotilde lui avait rapporté qu'on les voyait souvent ensemble au Grand Hôtel.

À la fin de l'année, elle refusa d'inviter les Fourneuse à la Butte-Pinson pour fêter la Saint-Sylvestre : cette bicoque, accueillir un homme d'affaires de cette importance et sa pimbêche d'épouse, il n'y pensait pas ! Il protesta.

— Mais enfin, qu'est-ce que tu leur reproches ?

— À Eugène, rien. En revanche, à Irma... Nous nous comprenons. Si tu tiens à ce réveillon, réserve une table au Grand Hôtel. Tu y as tes habitudes...

Il rougit violemment, se frotta les moustaches, laissa éclater une colère pitoyable comme un pétard mouillé. Des ragots ! encore des ragots malveillants ! Il réclamait des preuves. Elle haussait les épaules : sa liaison était de notoriété publique.

— Mon pauvre ami... Tu as pris la succession du ténor. Irma ne perd pas au change. Il n'était guère généreux. Toi, en revanche, tu la couvres de cadeaux, et moi je n'ai droit qu'à la portion congrue.

Il enfourcha ses grands chevaux. Lui avait-il jamais

refusé ou reproché l'argent nécessaire au ménage ? Et pourtant, c'était un vrai panier percé. Et son ivrogne de fils, qui est-ce qui subvenait à son entretien ? Elle ne réagit pas quant à ses dépenses excessives ; en revanche, l'injure faite à Maurice lui fut sensible : son beau-père le traitait comme un étranger, ne lui avait jamais témoigné la moindre affection sincère ! Il répliqua :

— Je lui ai donné sa chance. Il n'a pas su en profiter. Faut-il te rappeler ce qui lui est arrivé ?

Suzanne ne l'avait pas oublié. Maurice n'avait pas renoncé à boire, même pendant son travail à l'agence du Crédit lyonnais. Le jour où on l'avait brocardé sur son chapeau *made in London*, il s'était pris de querelle et avait à demi assommé un collègue. Sa mise à pied l'avait soulagé : il détestait ce travail de gratte-papier.

— Qu'est-ce qu'on va bien pouvoir en faire ? s'écria Paul. Il est incapable d'assumer un travail de manière continue. Je ne vais tout de même pas lui faire une rente !

— Tu préfères dépenser ton argent avec cette... cette grue !

Il lui reprocha ses rapports avec Puvis, avec Renoir, avec Lautrec. C'était comme une nausée longtemps contenue qui lui montait aux lèvres. Excédée, elle saisit un vase et le jeta dans sa direction ; il l'évita de justesse. Madeleine surgit, s'exclama :

— Allez-vous finir de vous chamailler ? J'en ai assez ! Va falloir que je balaie les débris. Un si beau vase... Le seul souvenir qui me restait de Bessines...

La réaction de Clotilde devant le *Nu sur un divan* fut mi-figue, mi-raisin. Elle eut un recul puis, à la réflexion mais sans enthousiasme, elle jugea cette œuvre originale dans sa conception et dans sa forme. Quant à la faire acheter par la patronne de La Souris pour la faire figurer au-dessus du bar, c'était une autre affaire. Elles s'étaient d'ailleurs querellées pour des questions de service, au point que Clotilde allait précipiter son départ. Elle avait fait sa pelote et songeait à acquérir un local pour y ouvrir une boîte.

— Tu veux dire un bordel pour femmes ?

Ce n'était pas vraiment son intention, mais elle se dit qu'après tout ce n'était pas une mauvaise idée : de plus en plus de femmes de la haute société se livraient aux jeux de Lesbos.

Vollard était occupé dans son souk à peintures avec des collectionneurs américains amis de Gertrude Stein et amateurs de Cézanne. Il leur tenait, avec son apparente indolence, la dragée haute. À l'entendre gémir on eût dit qu'on lui arrachait ses enfants.

— Vous comprenez, expliquait-il, j'aime tant ces toiles que c'est un crève-cœur que de m'en séparer. Je vais réfléchir. Repassez un de ces jours...

Quand ils furent partis, Vollard fit un clin d'œil à Suzanne.

— Bien manœuvré, hein ? Je viens de faire monter la côte des Cézanne. Qu'est-ce qui vous amène, ma chérie ? Ça fait des mois que je n'ai pas eu votre visite.

— Des mois, oui : depuis ce piège que vous m'avez tendu.

Il protesta mollement : ses convives s'étaient bien divertis et Suzanne n'avait pas boudé son plaisir.

— Misia a gardé un excellent souvenir de vous.

— Je n'en dirais pas autant de cette gousse.

Vollard examina la toile que lui présentait Suzanne. Ses paupières d'orang-outan se déplissèrent, laissant s'échapper une étincelle de surprise.

— Ne me dites pas que c'est vous qui avez peint ça ?

— Si ça ne vous plaît pas, dites-le !

— J'ai pas dit ça, mais ça m'en fiche un coup, nom de Dieu ! Pas l'habitude de voir ça. C'est fort. Trop peut-être.

Il posa la toile sur les bras du fauteuil, se gratta furieusement la barbe.

— Qu'est-ce que vous voulez que je fasse de cette chose ? Elle flanque la trouille ! Votre modèle, c'était qu ? Une vieille grenouille de la rue de Steinkerque ?

— Quelque chose comme ça... Gardez cette toile en dépôt. Je ne suis pas pressée.

— Bien... bien... Je vais essayer de vendre cette motte de beurre rance, mais je me demande qui ça pourrait intéresser.

Il ajouta :

— Apportez-moi quelques dessins. Je trouve toujours des amateurs. Les dessins, c'est ce que vous faites de mieux.

Il devenait difficile à Suzanne de veiller sur Maurice autant qu'à lui de se maîtriser : privé de vin ou d'alcool, il devenait intenable et, lorsqu'il était ivre, c'était pire.

Un soir de février on le lui avait ramené ivre mort à la suite d'une tournée de libations qui s'était achevée par un nouveau scandale sur la voie publique : il n'avait rien trouvé de mieux que de se planter entre les rails du tramway et d'en bloquer la circulation. Le commissaire de police s'était montré ferme : en cas de récidive, c'était la prison.

Suzanne lui trouva une situation de manœuvre à l'usine à plâtre. Il y resta trois mois. Sa journée de travail terminée, il retrouvait ses collègues au Bon Coin : il y avait ses habitudes et Julia avait renoncé à le sermonner depuis qu'il avait menacé de mettre le feu à la gargote si la patronne refusait de le servir. Son arrivée était accueillie par des ovations.

— Tiens, voilà Maumau !

— Salut, fiston ! Tu paies une tournée ?

Il ne lésinait pas. Tournée générale ! Du picrate de prolo, de celui qui met le feu aux tripes et des rêves dans la tête. La patronne protestait pour la forme. On la rassurait.

— T'en fais pas, Julia ! Faut bien qu'il apprenne à boire, le Maumau, s'il veut devenir un vrai plâtrier. Y a que le vin pour faire descendre la poussière.

Maurice opinait et remettait ça. D'où lui venait l'argent qu'il dépensait en beuveries ? Mystère. Il devait piquer la fraîche dans la poche de son beau-père, ou peut-être, avant, dans la caisse du Crédit lyonnais. Mais, après tout, on s'en foutait.

— Alors, Maumau, la dernière ?

— Laissez-le, ce môme, bande de soiffards ! s'écriait Julia. Il tient plus debout. Pourvu qu'il vomisse pas comme hier ! Maumau, les vécés sont au fond de la cour. Laisse pas échapper la marchandise en cours de route...

Ce qu'il y avait de bien avec Maumau c'est qu'il n'avait pas le vin mauvais. Il se livrait à des excentricités, se mettait à chanter *Nini Peau d'chien*, à danser et, spectacle de choix réservé aux grands soirs, à montrer son cul.

Il ne s'était pris de rogne, Maurice, que lorsqu'un malotru avait mis en doute la vertu de sa mère. Il avait saisi une chaise et s'apprêtait à la fracasser sur le crâne de son collègue. Il avait fallu quelques gros bras pour le maîtriser.

Histoire de détendre l'ambiance familiale, Paul proposa à Suzanne un voyage en Bretagne. Surprise, Suzanne accepta, à condition que Maurice fût de la partie.

Cette tentative de rabibochage se solda par une réussite. Maurice n'était pas très expansif mais au moins pouvait-on le surveiller.

À la faveur d'une accalmie on fit une excursion à Ouessant. Assise sur un rocher, au milieu des ajoncs en fleur qui répandaient leur odeur miellée sous le soleil et le vent âpre du large, Suzanne jetait des croquis sur son calepin, avec en marge des indications pour les couleurs. Allongé près d'elle dans la bruyère, Paul fumait sa pipe et somnolait, son chapeau sur le nez. Maurice regardait voler les mouettes et jetait des cailloux dans la mer.

Au retour, Suzanne trouva un mot de Zando : Lautrec souhaitait la revoir avant de quitter la capitale pour un séjour à Malromé, dans le château de sa mère. Le dernier, sans doute : on venait de le libérer de l'asile d'aliénés du château Saint-James, avenue de Madrid, et de le confier à un gardien.

Lorsque Suzanne pénétra dans l'atelier, le nabot se démenait comme une épave tournoyant dans des courants contraires, au milieu d'un capharnaüm de meubles, de toiles, de dessins, d'objets héroclites, de costumes de carnaval, dans l'odeur de la poussière qui dansait au soleil.

Il feignit la surprise en la voyant paraître.

— Tu tombes bien, dit-il. Il faudra me donner un coup de main. Seul, j'y arrive pas. Quant à mon gardien, il s'en fout !

Il était en chemise et gilet, cravate dénouée, coiffé de son vieux galurin de feutre. Assis sur le bord du divan, ses pieds nus touchant à peine le plancher, il se tapait en cadence sur les genoux en soupirant qu'il n'y arriverait pas. Son visage s'était émacié ; sous la barbe rare et grisâtre les joues creusées avaient pris une couleur terreuse. Il promenait sur ce qu'il appelait son *bordel* un regard éteint. Seules les lèvres épaisses et humides avaient gardé leur pigment.

— J'ai soif ! dit-il en bâillant. Cette poussière, cette chaleur... Viaud, mon ange gardien, est allé se promener, ma chère. Le salaud ! Il doit être en train de se taper un bock bien frais à ma santé. Passe-moi mon crochet à bottines.

Elle lui tendit sa petite canne. Il dévissa le pommeau, le porta à ses lèvres. Et glou, et glou...

— Fameux... dit-il en rotant. Une canne creuse, fallait y penser ! Viaud n'y a vu que du bleu. Toi, évidemment, tu m'as rien porté à boire. Si je comptais sur les amis... Plus de femmes à cause de ma syphilo, plus d'alcool à cause de mon foie et de ma cervelle... Me reste plus qu'à crever !

Il tapota la courtepointe du plat de la main.

— Viens t'asseoir près de moi. Ce divan... Il a souvent été à la fête. Hein, quoi ? tu te souviens, c'pas ? Toi... moi... des heures à s'en donner à cœur joie. Et aujourd'hui... aujourd'hui il m'arrive encore de bander, mais je vais tout de même pas baiser mon ange gardien, mon cornac ! Si tu voyais sa gueule...

Il se mit à chantonner d'une voix aigre et glaviotteuse :

Ah ! c'qu'on s'aimait, c'qu'on s'aimait
Tous les deux...

— Je viens d'apprendre que tu vas nous quitter, dit Suzanne. Tu comptes revenir quand ? J'ai l'impression que tu m'avais oubliée.

— Hein, quoi ? t'oublier, toi, Maria ? Pardon : paraît que tu te fais appeler Suzanne. Splendide ! Tu as suivi mon conseil. Suzanne Valadon... ça sonne vachement bien.

— En fait je suis Mme Moussis, mariée depuis cinq ans. Je partage mon temps entre Montmagny et la rue Cortot.

Il posa une main lourde et brûlante sur la cuisse de Suzanne.

— Mariée... Oui, oui, je suis au courant. Une bourgeoise à ce qu'on dit. Au moins tu continues à travailler. Ça, c'est bien. Vollard m'a montré tes dessins. Merveilleux ! Tu iras loin si tu te débourgeoises. Moi...

moi j'ai l'impression que je suis fini. Plus de goût à rien.

Il prenait plaisir au spectacle des animaux, comme un enfant. Viaud le promenait en chaise roulante au Jardin d'Acclimatation. Il restait des heures à regarder de pauvres bêtes prisonnières crevant d'ennui, tirait de chacune de ces visites un sentiment d'amertume comme s'il retrouvait là une image de sa propre condition. Son amour des animaux n'avait fait que croître depuis qu'un chasseur imbécile avait tué son cormoran apprivoisé sur la plage de Taussat.

Son père était un chasseur invétéré. Il avait lui aussi un cormoran apprivoisé qu'il faisait pêcher dans le Tarn. Ses excentricités ne s'arrêtaient pas à ce jeu innocent. Il avait dressé une tente en poil de chameau devant la cathédrale d'Albi et y avait vécu quelques jours avec ses chiens et ses faucons : il voulait vivre au plus près de la « cathédrale de ses ancêtres ». Il avait offert, alors qu'il se trouvait à Paris, devant la vitrine d'un joaillier, une bague de diamant à une inconnue, sous prétexte qu'elle avait de beaux yeux.

Lautrec demanda à Suzanne comment elle vivait dans sa banlieue, si elle ne regrettait pas Montmartre et comment elle supportait son bourgeois de mari, puis, sans attendre sa réponse, il lui dit :

— C'est moi que tu aurais dû épouser, nom de Dieu ! Si je te l'avais proposé, aurais-tu accepté ? Tu aurais porté un titre de noblesse : comtesse de Toulouse-Lautrec, et moi je n'en serais peut-être pas là où j'en suis : pour ainsi dire à l'agonie...

Il paraissait avoir oublié l'incident qui avait occasionné leur rupture : cette conversation surprise par Gauzy entre Suzanne et sa mère qui la poussait à l'épouser.

— Ne revenons pas sur ce passé, dit-elle sèchement. Mon avis est que nous aurions sombré ensemble. Je m'en suis tirée à temps, mais toi...

— Moi, c'est fini. Le naufrage total, la mort à brève

échéance, mais avec une consolation : j'aurai bien vécu. Mille vies en une !

Il sauta sur ses pieds, comme mû par un ressort, se planta en face d'elle, son visage flétri auréolé de soleil et de poussière.

— Ce qui m'aurait fait plaisir, c'est une dernière nuit au bordel, mais pas dans un claque minable de La Chapelle : au Chabanais, tiens ! Oui : une dernière nuit à zieuter des filles nues, à baiser à mort en buvant du champagne. Ah ! tonnerre de Dieu, si je pouvais vivre encore dix ans...

Il lui demanda de l'aider à classer des dessins, des calques, des ébauches. Il jetait dans le poêle Godin tout ce qui lui paraissait d'un intérêt négligeable. Il lui confia le soin de faire livrer à Deleschamps son vestiaire de travesti en ne gardant que son costume de geisha. Il revint en titubant s'asseoir sur le divan, déboucha de nouveau la canne creuse.

— Du whisky offert par les Natanson, dit-il. Si tu en veux une gorgée... Non ? bien... Dis donc, ma chérie, il semble que Misia en pince pour toi. Méfiance : c'est une bardache de l'espèce la plus redoutable. D'ailleurs, le ménage se lézarde. Ça sent le divorce...

Il avait envisagé, avant son départ pour l'asile, de faire le portrait de Misia. Consciente des risques de se retrouver sur la toile sous la forme d'une grosse araignée verdâtre, elle avait néanmoins accepté.

— Trop tard, soupira-t-il. Je le regrette. Veux-tu me faire un dernier plaisir ? Prépare-toi comme si tu allais poser pour moi. Tu enlèves tout, oui, tout.

— Ça te ferait vraiment plaisir ? Tu risques d'être déçu. Je n'ai plus vingt ans, tu sais...

— C'te blague ! Tu es bâtie comme une déesse. Le genre Misia, mais en plus... en plus étoffé. Pas pour me déplaire.

Suzanne obtempéra sans barguigner. Il ne la quittait pas des yeux. Son visage soudain empourpré, l'œil avivé sous le pince-nez, il lui demanda de rester debout, dans une attitude naturelle, il chercha un cahier à dessin, un Conté, se mit à crayonner avec une sorte de rage. Elle eut l'impression qu'il retrouvait les gestes de l'amour ou qu'il luttait contre son impuissance à la restituer dans sa vérité. Elle l'entendit gémir.

— J'y arriverai pas, nom de Dieu ! J'ai perdu la main !

À la dixième tentative il lui montra le dessin final. Elle eut un sursaut : c'était un gribouillage d'écolier ; Maurice faisait mieux.

— C'est excellent, dit-elle. Tu as bien chipé la ressemblance.

— Non ! De la merde... Je ne suis bon à rien.

Il lui tendit la main, l'attira contre lui, promena ses mains tout le long de ses flancs, lui pétrit les reins à la faire crier, enfouit son visage entre ses seins.

— Je suis fini, bredouilla-t-il, fini. J'ai même plus envie de toi. Tu avais raison en parlant de naufrage. Le mien est total.

— Remettons-nous au travail, dit-elle. Il reste beaucoup à faire.

En sortant de l'asile d'aliénés, Lautrec connaissait une rémission, pas une guérison. Le spectacle des fous auxquels il avait été mêlé le poursuivait et hantait son sommeil.

Zandomeneghi dit à Suzanne :

— J'ai pu parler récemment de notre ami avec le docteur Dupré, un des médecins aliénistes de l'établissement : il m'a avoué que son cas est désespéré. Son organisme est complètement délabré. J'ai vu sa dernière œuvre : le portrait d'une habituée de La Souris, Lucy Jourdan : c'est pitoyable. Le plus triste c'est qu'il a conscience de son état et de sa fin prochaine. Il a promis de me donner de ses nouvelles. Tu en seras informée.

Il ajouta :

— Je connais sa dernière passion : Misia Natanson.

Elle lui rendait visite à l'asile. Il l'appelait son Hirondelle, sa Colombe de l'arche. Il est peut-être passé à côté d'un grand amour...

Le rendez-vous avait été pris pour le 15 juillet, gare d'Orléans.

Quelques fidèles s'étaient retrouvés sur le quai en même temps que Suzanne, pour ce qui ressemblait à des adieux plus qu'à un au revoir. Zando révéla à Suzanne qu'avant de quitter Paris pour n'y plus revenir, Lautrec avait brûlé par les deux bouts ce qui lui restait de chandelle. Trompant la vigilance de son gardien, il était retourné au Chabanais pour une dernière nuit de folie qui l'avait laissé abattu au point qu'il avait fallu le raccompagner, ivre mort, à son domicile.

C'est une sorte de fantôme sorti d'une peinture de Jérôme Bosch qui monta dans le train. Sur les marches du wagon il lança à ses amis :

— Pensez un peu à moi de temps à autre car nous ne nous reverrons plus.

De tout le temps qu'il resta à la portière on le vit agiter son gros mouchoir à carreaux.

4

DÉLIRIUM

Début septembre, Suzanne reçut un billet de Zandomeneghi la priant de lui rendre visite ; elle alla le jour même dans son atelier. Il venait de recevoir des nouvelles de Malromé lui annonçant la mort de Lautrec.

À la mi-août, à Taussat, au cours d'une promenade dans une pinède, il s'était effondré. Prévenue par Viaud, la mère de l'artiste était accourue pour le conduire à Malromé. Il avait perdu l'appétit et l'usage de ses membres, devenait sourd mais avait gardé, avec sa lucidité, la vivacité de ses reparties et son humour grinçant. Au cours de ses promenades en voiture dans le parc, il suivait inlassablement le vol des nuages et des passereaux à travers les branches.

Son père était arrivé la veille par le train. Le moribond l'avait accueilli avec un sourire ironique et lui avait dit :

— Un grand chasseur comme vous ne pouvait manquer l'hallali. C'est bougrement dur de mourir.

Il vit avec stupeur le comte prendre un élastique et s'en servir pour chasser les mouches qui importunaient son fils.

Le lendemain, qui était un dimanche, au milieu de la nuit, alors que l'orage menaçait, le comte, trouvant le temps long, monta au sommet d'une tour et, histoire de se distraire, se mit à tirer sur les chouettes et les chauves-souris, mêlant ses coups de feu aux roulements du tonnerre. Il ne redescendit de son poste que lorsqu'un serviteur lui annonça que son fils venait de s'éteindre. Il était deux heures du matin.

En matière d'excentricité, le comte n'était pas allé au bout de son talent. Les obsèques venues il remplaça au pied levé le conducteur du corbillard qu'il fit partir au galop, si bien qu'il arriva au cimetière de Saint-André-des-Bois avec une large avance sur le cortège.

— Dans cette famille, ajouta Zando, la comédie et le drame se côtoient en permanence. Lorsqu'on écrira la vie de Lautrec l'auteur devra passer sans relâche du rire aux larmes. Lautrec semblait se plaire dans cette équivoque et l'entretenir.

Il poursuivit :

— Je viens d'apprendre une bonne nouvelle : le prochain Salon des Indépendants présentera une rétrospective Toulouse-Lautrec. C'est un honneur qui lui était dû.

Suzanne revint à son domicile agitée par des sentiments contraires. Avait-elle aimé Lautrec ou aurait-elle pu aimer ce personnage qui semblait tout faire pour qu'on le détestât ? Il ne restait de leurs relations, après des années de séparation, qu'un goût d'orage suscité par le violent amour et les bourrasques de colère qui les dressaient l'un contre l'autre. Elle se répéta ce qu'elle lui avait dit avant son départ : « Nous aurions sombré ensemble. » Il avait sombré ; elle aussi, mais dans un autre monde et sans menace de perdition.

Lorsque, pour se rendre à son domicile de la rue Cortot, Suzanne longeait la façade du numéro 6, elle avait un regard pour les fenêtres fermées du « placard » qu'avait habité Erik Satie. L'appartement était à louer.

Satie avait quitté Montmartre quatre ans auparavant, tête basse. Son opéra avait été refusé ; ses symphonies et ses œuvrettes aux titres insolites n'éveillaient aucun intérêt ; l'effondrement de l'Église qu'il avait créée et dont il était le seul fidèle l'avait affecté. Il avait senti, comme dans le poème de Stéphane Mallarmé, que les oiseaux étaient ivres et qu'il était temps de prêter l'oreille au chant des matelots. Il avait levé l'ancre.

Son nouveau port d'attache se situait à Arcueil, une banlieue située entre la porte d'Orléans et L'Haÿ-les-Roses. Il s'y rendait par la ligne Paris-Limours. Il avait fait ce premier trajet jadis avec sa maîtresse. Il s'était épris de cet endroit ; elle l'avait détesté : l'air était empuanti par des fumées d'usine et des relents de tannerie ; des rues sans joie s'étiraient interminablement entre des files de masures, de potagers et de terrains vagues.

Quand on demandait à Satie les raisons de son choix, il répondait : « C'est le lieu d'élection de Notre-Dame de la Bassesse », ce qui n'avait de sens que pour lui.

Il choisit de s'installer au premier étage du café des Quatre Cheminées, sous l'aqueduc, près de la place de la République. Son déménagement à la cloche de bois, avec l'aide de Suzanne et de quelques amis, relevait de l'exploit. Il avait entassé son modeste mobilier dans une voiture à bras. Les naturels regardèrent d'un œil à la fois inquiet et compatissant arriver dans leur village ce Juif errant exténué mais radieux, aux allures de brocanteur.

— L'endroit me plaît, dit-il au patron du bistrot. Silence... dénuement total... Oui, je sais, il y a l'odeur des tanneries, mais on s'y fait. Quant aux moustiques qui me sont envoyés par les francs-maçons, j'en viendrai à bout.

Satie vivait dans ce taudis en célibataire. Il prenait ses repas au rez-de-chaussée, faisait son ménage, puisait l'eau à la fontaine voisine. Le patron, ses clients, les ouvriers qu'il croisait se demandaient de quoi pouvait bien vivre cet original vêtu d'un costume de velours rapé, sans que personne osât lui poser la question. Il payait régulièrement son loyer, se montrait discret et n'amenait jamais de femme dans sa chambre.

Les ressources dont vivait le musicien étaient des

plus modestes. Il composait et parvenait à faire éditer des pièces brèves : *Danse de travers... Sonatine bureaucratique... Embryons desséchés...* Il écrivait des chansons pour le music-hall. Depuis son départ de Paris il avait renoncé à taper le clavier à l'Auberge du clou mais avait gardé un souvenir attendri de cet endroit où il avait rencontré celle qui avait été son grand et unique amour : Suzanne Valadon, son « Biqui ».

Suzanne... Il l'avait si peu oubliée qu'il lui dédia son nouveau sanctuaire et sa solitude. Il avait transmué son désespoir en une mystique de l'absence. On ne lui connaissait que deux aventures sérieuses : la première avec une compagne abusive dont il ne s'était débarrassé qu'en appelant la police ; la seconde avec Suzanne, et c'est elle, cette fois, qui avait rompu. Se marier ? Il y avait songé et avait même demandé la main de Suzanne, mais il avait fini par se persuader qu'il avait une vocation de solitaire et que ses activités cérébrales n'avaient nul besoin des stimulants de la passion.

S'il n'aimait guère les femmes, son amour pour Suzanne l'avait profondément marqué et son culte n'avait pas été terni par le temps. Il avait tapissé son logis de souvenirs : un auto-portrait vénéré comme une icône, un peigne à chignon, un mouchoir maculé de rouge à lèvres, un foulard oublié, les quelques lettres qu'elle lui avait adressées...

Lorsque, ivre de cognac, il regagnait son domicile, il pliait les genoux et s'abîmait dans une prière à l'Élue.

Ses amis, Claude Debussy, Maurice Ravel, avaient fait leur chemin ; il était resté en rade. Si les journaux parlaient de lui, c'était sur le ton de la moquerie : une célébrité importune.

Petit à petit, par des informations glanées dans les milieux artistiques, Suzanne était parvenue à reconstituer le puzzle de cette existence.

Satie avait traversé sa vie comme un météore, laissant dans sa mémoire des traces de lumière et des bouquets d'étincelles. L'avait-elle aimé ? Comme pour ce qui était de Lautrec, elle en doutait. Les quelques bribes d'émotion qui surnageaient de leurs rapports ne suscitaient pas le moindre regret de leur rupture. Un sourire lui montait aux lèvres lorsqu'elle songeait à sa ridicule demande en mariage. Quel couple auraient-ils pu faire ? Quelle vie auraient-ils pu mener ? C'était la perspective d'une bohème sans issue, d'une misère noire avec à terme une séparation inéluctable.

Elle ne pouvait oublier les propos de sa mère : qu'elle persiste à mener cette vie de patachon et elle finirait sur le trottoir ! Paul Moussis, avec son assise sociale, son élégance de fonctionnaire, son charme discret, lui avait tendu la main au bon moment.

Suzanne avait donné son accord à la suggestion de Paul de faire interner Maurice.

Après son poste au Crédit lyonnais, il s'était fait renvoyer de l'usine à plâtre, un travail qui ne lui convenait pas et qui l'eût conduit très vite à la déchéance. Libre de son temps, il trouvait toujours un expédient propice à une fugue qui le conduisait sur ses lieux de prédilection : les bistrots de Montmagny et de Pierrefitte.

Depuis les incidents qui avaient marqué ses récentes beuveries, les mastroquets étaient enclins à la méfiance et lui mesuraient la boisson, mais, comme ils étaient nombreux dans les parages, il trouvait toujours le moyen de satisfaire ses exigences.

Que faire ? Monsieur Paul proposa de poser des grilles aux fenêtres ; Suzanne s'y opposa : trop d'humiliation pour son fils. Il avança l'idée d'un garçon de son âge, qui pût faire office de gardien : cette fois-ci c'est Maurice qui regimba. Monsieur Paul baissa les bras.

C'est alors que Suzanne proposa une thérapeutique plus douce et moins coûteuse.

Elle avait observé que son fils prenait intérêt à son travail d'artiste. Elle se souvenait de la réflexion du professeur de dessin du collège Rollin : « Élève doué mais n'en faisant qu'à sa tête. » Elle sonda Maurice : ne s'intéressait-il aux séances de travail de sa mère que pour lorgner le modèle nu, la petite Rosalie en l'occurrence, par le trou de la serrure, ou sentait-il en lui une attirance pour le dessin et la peinture ?

Un jour où la pluie lui interdisait tout vagabondage, il resta une heure auprès de sa mère pour la regarder travailler au fignolage d'une petite nature morte représentant quelques fruits, une bouteille et un verre. Pour ne pas donner à Maurice des idées perverses elle supprima la bouteille et le verre.

— Observe bien, dit-elle. Avec ces fruits, tout est dans la nuance, le dégradé. Il faut pour ces pommes un rouge qui insensiblement se fonde dans le vert. Avec la poire, c'est plus facile : elle est d'un jaune de chrome pratiquement uniforme que je vais atténuer avec du blanc de zinc. Là... tu vois ? Avec le verre de la coupe à fruits il faut évoquer la transparence. Et là, c'est plus délicat...

— Et le fond ? demanda Maurice.

— Je l'ai voulu tout simple afin qu'il ne surcharge pas la toile et ne disperse pas l'intérêt : des aplats bleus pour le décor du bas, ce qui fait ressortir la luminosité des fruits. Pour le haut j'ai prévu un mélange de couleurs ternes.

— La bouteille et le verre... Pourquoi tu les as supprimés ?

— On ne boit pas de vin rouge avec les fruits...

Il revint chaque jour surveiller l'élaboration de l'œuvre.

— Ça n'est pas du Cézanne, dit-elle d'un ton dépité. Je ne parviens pas à traduire la qualité de sa lumière, le velouté qu'on voit dans ses natures mortes. Tiens ! j'ai omis un détail : cette tache, là, sur la pomme rouge, celle de gauche. C'est comme pour les modèles nus : s'il y a un défaut il faut l'indiquer. Veux-tu essayer ?

Il se plut à cette tentative, cisela le bord de la tavelure d'un trait ocre.

— C'est très bien ! s'écria Suzanne. Tu es très doué, mon chéri.

Le soir, elle dit à Paul :

— Je crois que mon idée était la bonne. J'ai mis

Maurice au pinceau et ça semble lui plaire. Nous avons peut-être trouvé la voie que nous cherchions.

Maurice sauvé du naufrage ? On n'en était pas encore là.

En rentrant de Paris Paul trouva les deux femmes plongées dans la consternation : Maurice n'était pas rentré de toute la journée. Il faisait une de ces nuits de printemps lourdes et sombres comme la poix.

— Il faut le retrouver, dit Suzanne. Je crains qu'il lui soit arrivé un accident. Il est parti s'acheter des cigarettes et nous ne l'avons pas revu.

Un accident ? Paul avait son idée : Maurice devait être en train de cuver. Mais savoir où ? Suzanne insistait : il fallait partir à sa recherche ; il ne devait pas être bien loin.

— Si tu surveillais mieux ton fils... dit Paul.

— Je ne suis pas un garde-chiourme, et toi tu te moques de ce qui peut bien lui arriver !

Ils partirent dans la nuit, chacun muni d'une lanterne et se partagèrent l'investigation. Maurice avait effectué des stations dans trois bistrots ; il avait quitté le dernier avec une bouteille dans la poche. Pour aller où ? Mystère. Paul, harassé, monta jusqu'à la Redoute, interrogea les nomades, faillit se faire mordre par un chien, poussa jusque chez le gardien du fort... Personne ne put lui fournir la moindre indication.

— Rien ! bougonna-t-il au retour. J'en ai plein les bottes. Je vais me coucher.

Suzanne veilla toute la nuit au coin de la cheminée en lisant un roman de Zola. Elle absorba du laudanum pour trouver une heure ou deux de sommeil, sans y parvenir.

Ce n'est qu'au début de la matinée qu'elle vit revenir Maurice, dans un triste état : la mine sombre, le col de sa veste remonté, son pantalon maculé de boue jusqu'aux genoux. Il traversa la salle à manger sans un mot, repoussa violemment Lello qui gambadait autour de lui et se fit chauffer un bol de café à la cuisine.

— Nous t'avons cherché des heures, dit Suzanne. Où étais-tu ?

Il avait passé la nuit dans une casemate de la Redoute. Rien de surprenant à ce qu'on ne l'ait pas trouvé dans cette taupinière géante. Il s'était enivré, oui ! Et alors ? Ça n'était pas la première fois.

Il ajouta d'un air hostile :

— Fous-moi la paix ! Je suis assez grand pour me conduire à ma façon.

— Cette fois-ci tu as passé les bornes. Paul est furieux.

— Je l'emmerde !

En se levant il décocha un coup de pied à Lello et s'engouffra dans sa chambre. À midi on l'attendit pour déjeuner ; il dormait encore. Il ne daigna se montrer qu'à la fin du dîner, maussade, les yeux rouges, la bouche amère.

— Te voilà enfin ! s'écria monsieur Paul. Décidément, découcher devient chez toi une habitude. Tu pourrais au moins prévenir.

— Fallait pas vous faire de la bile. Je suis majeur.

— Certes, mais incapable de te conduire.

— Laissez-moi tranquille. J'ai soif.

Il tendit la main vers la bouteille. Monsieur Paul la lui retira, lui intima l'ordre d'aller se changer et de faire un brin de toilette.

— Donnez-moi cette bouteille ! dit Maurice d'une voix qui cachait mal sa colère.

— Passe d'abord à la salle de bains.

— Je vous dis que j'ai soif, nom de Dieu !

— Eh bien, tu vas boire.

Monsieur Paul lui servit un verre d'eau. Maurice, avec un sourire ironique, prit le verre et lui en jeta le contenu au visage. Surpris de la riposte, monsieur Paul lâcha la carafe qui se brisa sur le parquet. Il s'essuya le visage, se leva, se dirigea vers son beau-fils et le gifla à toute volée. Maurice s'apprêtait à répliquer à coups de poing quand Suzanne et Madeleine s'interposèrent.

— Maurice, s'écria Suzanne, tu vas faire des excuses à ton beau-père.

— Il peut crever !

Il prit une assiette, l'envoya se fracasser contre la cloison, puis une autre et une autre encore, en criant :

— Le beau service en limoges de monsieur Paul, en miettes ! Ses cristaux, en poussière !

— Non ! glapit Madeleine, pas les cristaux !

Enfermé dans sa colère, Maurice fit la sourde oreille. Il tira brutalement sur la nappe, envoyant tout par terre. Les mains sur le visage, Madeleine se réfugia dans la cuisine pour laisser libre cours à ses lamentations. Comme Maurice, ivre de fureur, s'apprêtait à faire le vide dans le buffet et que monsieur Paul jurait qu'il allait le tuer, Suzanne, bras écartés, debout contre le marbre, lui lança un défi.

— Tu ne toucheras pas à ce buffet ! Ou alors il faudra me frapper. Eh bien, ose donc ! Frappe !

Soudain, alors qu'elle s'attendait à être bousculée, elle vit avec stupeur son fils s'effondrer à ses pieds, en larmes, lui entourer les jambes en gémissant.

— Oh ! maman... Te frapper, toi ! Je serais le dernier des salauds !

De l'entendre geindre avec sa voix de môme, de le voir sortir son mouchoir, s'essuyer le visage, de le deviner soudain désarmé et repentant, elle sentit fondre son ressentiment et, de très loin, renaître en elle l'indulgence qu'elle manifestait devant ses caprices d'enfant. Elle le releva, le pressa contre sa poitrine en le soutenant comme un infirme et le mena à la salle de bains. Elle l'aida à se défaire de ses vêtements souillés de vomissures et de terre. Aux odeurs sui generis de son corps se mêlaient des effluves de vin et d'herbe écrasée.

Elle ne l'avait pas vu nu depuis longtemps : depuis

leur déménagement de la rue Tourlaque, sept ans auparavant. Il était alors, disait la grand-mère, « beau comme le Christ de Bessines ». Il avait bien changé : ventre plat comme une galette, bras et jambes fluets et tendineux, une apparence pitoyable, avec des traces d'ecchymoses sur les reins et les fesses, une coupure toute fraîche à la lèvre.

— Tu t'es encore battu ?
— On m'a provoqué. Je me suis défendu.
— Si tu étais resté à la maison...

Elle badigeonna la plaie avec de l'alcool, ajouta :
— Puisque tu es à jeun, tu comprendras que nous ne pouvons continuer à vivre dans ces conditions. Ça finirait dans le drame. Alors, qu'allons-nous faire de toi ?

Elle versa de l'eau dans le tub, le força à s'agenouiller, le lava à l'éponge et au savon, comme Madeleine naguère. Il haussa les épaules. Une grimace parut annoncer une nouvelle crise de larmes. Il ne sut que répondre.

— À ton âge, ajouta Suzanne, on poursuit ses études ou on travaille. Monsieur Paul n'acceptera jamais que tu vives à ses crochets. Si seulement tu pouvais renoncer à boire... Eh bien, réponds-moi ?

— Maman, tu ne peux pas savoir combien j'ai honte. Te promettre de renoncer à boire, c'est facile, mais tenir parole, c'est autre chose. Le vin agit sur moi comme une drogue. Je bois un verre, puis un autre, et tout change autour de moi, je me sens plus fort, plus intelligent, maître de mes pensées et de mes actes. C'est après que ça se gâte, mais alors je ne suis plus moi, nous sommes deux, le vrai moi s'efface et c'est l'autre qui dicte ma conduite. Je devrais renoncer à ce premier verre qui est la cause de tout, mais c'est plus fort que moi : j'en ai besoin. Si on me le refuse, je suis capable de tuer. Ça a failli m'arriver. Est-ce que tu comprends ?

Suzanne se souvenait de l'étude au crayon bleu que

Lautrec avait faite d'elle au début de leurs relations : il la représentait à la table d'un bistrot, avachie, le regard dans le vague ; il en avait fait une huile qu'il avait intitulée *La Buveuse* ou *Gueule de bois*. Elle ne pouvait non plus oublier ses beuveries en compagnie de Boissy et de Lautrec, surtout certain soir de désespoir où la main gantée de noir d'Yvette Guilbert s'était posée sur son épaule, où elle lui avait dit à l'oreille : « Ça n'a pas l'air d'aller, ma fille. Vous avez trop bu. Un chagrin d'amour ? »

— Oui, dit-elle. Je te comprends.

Elle allait ajouter qu'au temps où elle évoluait dans l'orbite de Lautrec, elle était coutumière du fait et que les promesses qu'elle se formulait ne résistaient pas à la tentation mais elle se retint pour ne pas le déculpabiliser.

— Alors, mon petit, que décides-tu ? Vas-tu enfin te conduire en homme ?

— Je me pose chaque jour la question, dit-il, mais je ne trouve jamais la réponse.

La réponse, monsieur Paul l'avait trouvée au lendemain de l'algarade. Il dit à Suzanne :

— J'ai rencontré, à l'heure de l'apéritif, la semaine passée, un ami de Fourneuse, le docteur Vallon. Sans le nommer, j'ai fait état de la situation de ton fils. Il m'a répondu par un mot savant : dipsomanie, soit un alcoolisme périodique suivi de la décompensation d'une structure névrotique alternant avec des périodes d'abstinence. Ce sont ses propres mots. Ils décrivent parfaitement le cas qui nous intéresse. Souviens-toi : lorsque Maurice nous a suivis en Bretagne, il n'a pas bu une goutte de vin. Parce que nous étions présents, parce qu'aucun de ses actes ne pouvait nous échapper. Conclusion : il lui faut de nouvelles vacances.

— Des vacances ? Aurais-tu l'intention de repartir ?

— Je pensais à la maison de santé du docteur Vallon, à Sainte-Anne, au 1, rue Cabanis, quartier de la Glacière.

— Mais c'est chez les fous ! Et Maurice n'est pas fou !

— Pas encore, mais il peut le devenir. Le docteur Vallon m'a rassuré : ce cas ne relève pas de la psychiatrie. Autrement dit, nous pouvons encore le sauver. Du moins je me plais à l'espérer...

5

HOSTIES À L'ABRICOTINE

Le temps où il ne se passe rien est un temps mort ; exister n'est pas vivre.

Rejetée par un mouvement centripète, mais non contre sa propre volonté, hors du tourbillon de Montmartre, Suzanne rêve d'y replonger de nouveau pour s'y refaire une place, s'y retrouver, y rencontrer de nouveau ses amis et ses collègues, s'y exprimer par son talent et son comportement.

Elle se rend de plus en plus fréquemment à Paris, par le train ou en tilbury. Elle devine que le temps est proche où elle devra se décider, sans abandonner la Butte-Pinson, à s'installer de nouveau dans la capitale.

Maurice est resté deux mois à Sainte-Anne et son état s'est amélioré. Il a pris l'apparence d'un petit saint, mais, dans son cas, comment ne pas se méfier des apparences ?

Diagnostic du docteur Vallon :

— Je vous le rends guéri, mais il faudra le surveiller, éviter une rechute qui nécessiterait un nouvel internement. Au début, il nous a donné du mal avec ses crises de délirium : il se colletait avec les infirmiers, refusait de s'alimenter, réclamait sans cesse du vin. Nous lui en avons donné en diminuant les rations chaque jour. Rassurez-vous : ce cas ne relève pas de la psychiatrie. Depuis quand a-t-il commencé à boire ?

— Il avait treize ans environ. Avec une bande de copains, à Montmartre. C'était un enfant difficile et nous ne pouvions, ma mère et moi, avoir toujours l'œil sur lui.

Maurice a rapporté de l'asile un carnet de dessins. On le voyait souvent dans le parc, occupé à griffonner, principalement les locaux de l'établissement et les bâtiments d'alentour. Suzanne l'a feuilleté.

— Pas mal, dis donc... Tu as fait des progrès. Il va falloir continuer.

— Tu crois que je pourrais devenir un artiste, comme toi ?

— Pourquoi pas ? Il faudra te montrer raisonnable. Je t'y aiderai.

Maurice a dessiné la villa de la Butte-Pinson, celle des parents de Rosalie, le café Dauberties, des roulottes de ses amis romanos, des cabanes de jardinier... Lorsqu'on sera installé à Montmartre il ne manquera pas de motifs.

— Nous déménagerons bientôt, mon chéri. Monsieur Paul est en pourparlers pour acheter une grande maison, rue Cortot, tout près de celle que nous occupions. Nous aurons un atelier avec de grandes fenêtres donnant sur Paris.

— Grand-mère nous suivra ?

— Grand-mère... Lello... bien sûr. Il y a un grand jardin en pente derrière la maison. Tu pourras dessiner en plein air, comme ici, te faire des amis parmi les peintres de la Butte. Il y en a tout un groupe au Bateau-Lavoir.

— Un bateau-lavoir ? Mais il n'y a pas de rivière, à Montmartre !

— On l'appelle ainsi à cause de son allure. Il ressemble à ceux qu'on voit sur la Seine.

Si Suzanne a compté reprendre ses randonnées dans le Maquis, elle en est pour ses frais. Cet espace sauvage, au nord-ouest de la Butte, entre la rue Tholozé et la rue Caulaincourt, vit ses derniers jours. Un par un les parcs à l'abandon, les jardinets de retraité, les bosquets de noisetiers, de clématites et de lilas, les prairies où Madeleine allait cueillir les pissenlits et ramasser les escargots ont fait place à des chantiers de construction. Un grignotement lent, continu, obsédant, a transformé en désert ce petit paradis peuplé de chèvres et de chats à demi sauvages. Un désert où, déjà, s'élabore le schéma des futures cités et des hôtels particuliers. Le temps est proche où, ayant perdu son caractère, Montmartre perdra son âme. La qualité de l'air, déjà, semble avoir changé : dans les effluves qui montent des buissons en fleurs on respire l'âcre remugle des engins de démolition.

Ambroise Vollard était aux anges : il venait, d'un coup, de vendre un Caillebotte, deux vues de la Creuse par Guillaumin et trois Pissarro à des Allemands que lui avaient envoyés les Natanson. Il rayonnait de plaisir.

— Les affaires reprennent ! dit-il à Suzanne. J'ai presque vendu votre *Nu sur un divan*. J'ai appâté le client. Il reviendra sûrement.

Il examina la *Nature morte aux pommes* que Suzanne lui présentait. Cela lui plaisait.

— Du Cézanne, ma chérie, mais avec une autre pâte, plus franche, plus robuste. Il manque encore dans cette toile un peu de métier, un travail plus subtil sur la lumière, mais la couleur est superbe. Ça sera facile à vendre.

Comme elle s'apprêtait à se retirer il lui dit :

— Miguel Utrillo... l'avez-vous revu ?

— Pour ça il faudrait que j'aille à Barcelone.

— Ce serait inutile : il est à Paris.

Vollard avait reçu sa visite. Il avait acheté l'un des derniers albums de Suzanne et s'était attardé à contempler le *Nu sur un divan*.

— J'ai bien cru qu'il allait m'acheter cette toile !

Suzanne, les jambes sciées, se laissa tomber dans le

fauteuil de vannerie. Miguel... Miguel à Paris... Et pas le moindre signe de vie pour elle et son fils.

— Comment est-il ? Je veux dire : a-t-il changé ?

— Un gros visage empâté, le cheveu rare, l'allure indolente, élégant... Encore quelques années et il me ressemblera.

Ils avaient parlé. Miguel vivait à Barcelone, animait un cabaret qui rappelait Le Chat noir : El Quatre Gats (Les Quatre Chats). Il avait récemment consacré une exposition au jeune peintre Pablo Picasso, qui avait son atelier au Bateau-Lavoir et commençait à faire parler de lui.

— Vous aurez sûrement l'occasion de rencontrer cet artiste, dit Vollard. Le Bateau-Lavoir n'est pas loin de la rue Cortot.

À quelques jours de sa dernière visite à Lautrec, Suzanne fit la connaissance du père Deleschamps. Aidée de Zando, elle venait lui livrer un charreton plein de défroques dignes du magasin aux accessoires du Châtelet.

Dans le milieu pittoresque de la Butte, Deleschamps tenait le haut du pavé. Il avait plusieurs cordes à son arc : brocanteur, marchand de tableaux, poète et, à l'occasion, cocher de fiacre. Il rappelait au physique le personnage haut en couleur du *Bon Bock*, de Manet : une trogne d'éthylique rachetée par une faconde subtile et un penchant pour la philosophie, la lèvre humide sous la moustache d'officier de l'armée des Indes.

Il avait affiché au fronton de son hangar une inscription dont Suzanne lui demanda ce qu'elle signifiait : *Premier Ministre de la mort*.

— Élémentaire ! dit-il. On trouve chez moi des objets qui ont servi, ne servent plus, serviront peut-être de nouveau. Madame Moussis, cette boutique est un cimetière et j'en suis le gardien.

Comme elle se montrait surprise qu'il connût son nom, il éclata de rire : il connaissait toute la population de Montmartre, des rempailleurs de chaises aux artistes en passant par les matelassiers.

— Je sais plus de choses sur vous, ma petite dame, que vous ne pourriez le supposer. Tenez, regardez...

Il lui montra une porte d'armoire où il avait épinglé des articles de journaux qui parlaient d'elle.

— Suzanne Valadon... dit-il. J'aime ce nom. Il sonne bien.

Il lui rappela ses multiples activités, son rôle d'argus notamment, de service de renseignements dans tous les domaines de la vie montmartroise. Cela expliquait qu'il fût souvent absent de sa boutique.

Zando l'avait aidé à trier et à examiner les costumes que Lautrec lui faisait livrer pour quelques sous. Il ne s'attendait pas à en tirer un gros bénéfice en les vendant, mais il pourrait les louer pour des bals masqués.

— Trouvez pas qu'il fait soif ? dit-il d'un ton jovial.

Sans attendre la réponse il sortit d'une armoire Louis XV une bouteille de beaujolais entamée et deux verres qu'il essuya avec son tablier. Lorsqu'ils eurent vidé le leur, le vieux bonhomme montra ce qu'il appelait par dérision sa « galerie » mais qui, à quelques exceptions près, ne se composait que de croûtes.

— Je paie ces barbouilles avec des haricots, dit-il, et je les revends à des madames qui souhaitent décorer leur salle à manger ou leur salon avec un sous-bois aux cerfs.

Tandis que Zando examinait un faux Degas, Suzanne annonça à Deleschamps qu'elle allait s'installer rue Cortot. Il lui faudrait des meubles. Le broco finit son verre, s'essuya les moustaches et, par jeu, entama un boniment d'arracheur de dents.

— Dix francs pour ce meuble de bureau ayant appartenu à M. de Talleyrand ! J'y ajoute ce globe terrestre qui a servi à Magellan pour faire le tour du monde. Quinze francs seulement, je dis quinze, pour l'armoire de Marie-Antoinette, avec en prime les robes qu'elle portait à Trianon ! Joséphine a couché dans ce lit, à la Malmaison. Eh bien, ma petite dame, pas cinquante francs, pas vingt, pas quinze, dix seulement et il est à vous !

Alors que Suzanne étouffait un rire derrière ses mains, le broco ajouta :

— Tout ça, vous l'avez compris, c'est du baratin pour les gogos. Revenez quand vous voudrez, vous trouverez ici tout ce qui vous conviendra, et moins cher que chez Dufayel. J'ajoute qu'il y aura toujours une bouteille au frais...

Les rapports entre monsieur Paul et Maurice se cantonnaient dans un modus vivendi. Maurice avait renoncé à ses excès de boisson ; monsieur Paul à ses humeurs.

Lorsque Clotilde, à la requête de Suzanne, vint rendre visite à son amie dans la maison de la rue Cortot, elle ne tarit pas d'éloges. C'était autre chose que la Butte-Pinson.

— Il était temps que je déménage, dit Suzanne. À Montmagny je commençais à prendre racine et à me fossiliser. J'aime la nature, mais, là-bas, elle avait fini par ressembler à un décor d'enterrement. Ici je recommence à vivre et à respirer.

— Où en sont tes rapports avec Paul ?

— Nous nous tolérons. Triste à dire. Question sentiment, c'est le point mort, ou peu s'en faut. Depuis qu'il a quitté la société Fourneuse pour la Banque de France, il fait son monsieur, se met en rogne chaque fois que ma mère a mal repassé ses chemises. Il gagne davantage d'argent mais m'en donne de moins en moins. Il a loué un pied-à-terre dans le centre de Paris et y a installé sa maîtresse.

— Sa maîtresse ! s'écria Clotilde. Il a donc une maîtresse ?

Suzanne avait eu cette révélation par un mot discret de Mme Fourneuse qui voulait ainsi se venger de la rupture occasionnée par son amant.

— Elle s'appelle Marie Augier, ajouta Suzanne. Une petite chanteuse de beuglant qui rêve de devenir une vedette des Folies-Bergère.

— Et toi, tu...

— Oui, moi je laisse faire. Ça fait belle lurette que je ne suis plus jalouse. Paul a sa vie, j'ai la mienne. De mon côté, calme plat...

— À ton âge, encore séduisante, tu ne peux rester seule. Les occasions ne doivent pas te manquer ?

— Si je cédais, je sais où cela me mènerait, mais je ne peux jurer de rien. Je ne vais pas finir ma vie dans la continence.

Clotilde avait fini par donner son congé à la patronne de La Souris. Elle avait découvert rue de Steinkerque, au bas de la Butte, un local qu'elle avait mis en travaux pour y installer une boîte. Elle avait même trouvé le nom : ce serait le Manhattan.

— À cause des Amerloques, tu comprends ? Je compte sur toi pour l'inauguration.

Dès le premier jour de leur installation Madeleine se plut rue Cortot. Elle avoua à sa fille que la solitude de la Butte-Pinson commençait à lui peser et qu'elle s'y ennuyait. Ici les commerces étaient à proximité, elle pourrait tailler une bavette avec les voisines, regarder passer les gens...

Maurice menait une vie normale. Toujours aussi taciturne, impénétrable, il quittait le matin le domicile familial pour se rendre à son travail chez un fabricant d'abat-jour et d'éventails où Suzanne lui avait trouvé un emploi. Il y resta un mois, le temps de se convaincre que ce métier ne lui convenait pas et que douze heures par jour de travail, c'était au-dessus de ses forces.

Suzanne eut recours aux services du père Deleschamps qui se mit en campagne et proposa une place de livreur chez Félix Potin. Au bout d'une semaine Maurice était renvoyé pour des raisons qu'il ne daigna pas révéler. Il se maintint quatre mois dans un poste de débardeur aux Halles pour un salaire de misère et des horaires de nuit qui l'épuisaient, si bien que Suzanne elle-même lui demanda d'arrêter.

Il décida qu'il serait artiste. Au cours de ses flâneries il avait observé des rapins plus ou moins talentueux qui plantaient leur chevalet dans les vieilles rues de la Butte. Il s'était dit qu'il pourrait en faire autant.

Un matin il partit avec un carnet à dessin et un crayon Conté pour aller dessiner une enfilade de moulins. Au retour il montra ses essais à sa mère : elle lui demanda de persévérer ; il était sur la bonne voie. Elle fit voir ces esquisses à Paul.

— Eh bien quoi ? dit-il. Rien d'extraordinaire. À son âge je dessinais aussi bien que ton fils et ça ne m'a pas réussi. Si tu crois qu'il va gagner sa vie avec ça...

Un matin que Maurice était occupé, une planche à dessin sur les genoux, à croquer la façade du Bateau-Lavoir dominant les derniers espaces vierges du Maquis, il devina une présence dans son dos. Comme il n'aimait guère être observé dans son travail il se leva pour partir. Une voix l'interpella.

— Eh bien, jeune homme, je vous fais peur ?

Celui qui l'abordait ainsi était un personnage qui paraissait un peu plus âgé que lui. De taille modeste, rondelet, précocement chauve, le menton ombré d'une légère barbe, le sourire affable, il avait une curieuse dégaine avec sa cravate noire nouée sur un col de chemise grisâtre, son caban breton à doublure rouge cerise, son pantalon trop large et trop long d'auguste.

— Me permettez-vous de jeter un coup d'œil sur votre dessin ?

Maurice lui tendit sa planche d'un air maussade.

— Mais, dites-moi : où avez-vous appris à dessiner ?

— Avec ma mère.

— Pas mal... Pas mal du tout... Vous avez bien rendu la perspective, l'allure bancale de cette bicoque du premier plan. Vous venez souvent dessiner dans ces parages ? Vous demeurez dans le quartier ? Comment vous appelez-vous ?

— Utrillo. Maurice Utrillo.

— Utrillo ? Cela me dit quelque chose. J'ai connu un certain Miguel Utrillo. Il vivait, je crois, avec une artiste peintre, Suzanne Valadon.

— Ce sont mes parents.

— Tiens, tiens... Si vous avez terminé votre dessin, faisons quelques pas ensemble, voulez-vous ? J'habite à deux pas d'ici, rue Gabrielle. Mon nom est Max Jacob...

Au printemps, Maurice s'attaqua à la peinture. Sans enthousiasme, avec les mêmes réticences que sa mère autrefois. Suzanne l'y encouragea.

Elle le faisait sortir du lit de bonne heure.

— Allez, mon garçon, file sur le motif, et plus vite que ça !

Il ne se faisait pas prier. Le motif, c'était pour lui la place Saint-Pierre, la rue Saint-Vincent, le Château des Brouillards, Le Bateau-Lavoir... Dès qu'un groupe de curieux se formait dans son dos il faisait mine de plier bagage et ne reprenait sa tâche que lorsque le dernier importun avait disparu.

Un jour que Suzanne était allée trinquer avec le père Deleschamps, le broco lui montra deux dessins d'un jeune artiste : une vue du Lapin agile et une perspective de la rue Norvins.

— Encore un peu maladroit mais assez bien vu, dit-il. Ce garçon est un débutant, ça se sent, mais il promet. Regardez le bas de la feuille : c'est signé « M. Valadon ».

— Mais c'est mon fils ! s'écria Suzanne.

— J'ai fait affaire avec lui. Pour ces deux dessins je lui ai donné dix francs, ce qui est très bien payé. Je lui aurais annoncé qu'il exposerait au Salon d'Automne, il n'aurait pas été plus heureux.

Précédé de Lello, Maurice revenait du motif et s'engageait dans l'allée quand Suzanne l'intercepta.

— Tu as bien travaillé aujourd'hui ? Tu es content de toi ?

— Comme ça... Des bricoles...

— C'est bien, mais tu aurais pu me parler de tes rapports avec le père Deleschamps. Dix francs, c'est une jolie somme. C'est ton beau-père qui va être agréablement surpris.

— Ne lui dis rien, je t'en prie. Ça ne le regarde pas. Je me moque de son opinion comme lui se moque de mes dessins.

La première visite de Maurice à Max Jacob lui avait donné envie de retourner à son domicile de la rue Gabrielle.

Il y avait un tel décalage entre cet aimable excentrique et sa demeure que Maurice, à sa première visite, crut rêver. Max logeait dans une cabane en planches, au fond de la cour, commune à plusieurs immeubles. Des monceaux de détritus, des flaques d'eau sale, des effluents de tinette montait une odeur fétide. Les fenêtres, d'où des ménagères portant un enfant dans leurs bras l'observaient sans aménité, étaient pavoisées de linges douteux.

— Mon palais ! lança joyeusement Max Jacob. Il ne paie pas de mine mais je ne le changerais pas pour un hôtel particulier à Neuilly. Entrez donc, mon jeune ami ! Inutile de vous essuyer les pieds.

Poète et artiste peintre, Max était trop pauvre pour se payer le matériel nécessaire à la peinture à l'huile : il se contentait de la gouache. Il montra quelques œuvrettes à son visiteur qui lui en fit compliment. Il lui donna lecture de quelques passages d'un conte qu'il rédigeait : *Histoire du roi Kaboul Ier et du marmiton Gauvain*.

Durant la lecture Maurice laissa son regard embrasser le décor pittoresque du « palais » : murs couverts de zodiaques mêlés à des images pieuses, sommier posé sur des briques en guise de lit, rangées de livres sur des étagères affaissées en leur milieu, table surchargée de paperasses et d'un encrier en faïence bretonne, placard à vêtements doté d'un seul battant... La lumière crue tombant de la lucarne ouverte dans la toile goudronnée accentuait les détails sordides du lieu.

Maurice commençait à se sentir mal à l'aise. Il s'apprêtait à prendre congé, quand Max lui dit :

— Nous nous connaissons depuis moins d'une heure mais déjà je devine en vous un personnage hors du commun, en proie à des contradictions. J'aimerais, si cela vous agrée, établir votre horoscope. En attendant, donnez-moi votre main. Je vais tâcher d'y lire votre caractère et votre destin.

Maurice lui tendit une main moite qui semblait répugner à s'ouvrir et à se livrer. Le poète promena sur la paume un œil inquisiteur et referma la main comme un coffret.

— Vous avez de belles lignes, dit-il, et très bavardes, si vous ne l'êtes guère. Pas beaucoup de femmes dans votre vie, hein ? Vous êtes l'homme d'une passion et d'une seule, qui est l'art. Je vois surgir des difficultés, des choses qui vous grignotent et risquent de faire obstacle à votre réussite. On parlera beaucoup de vous...

Lorsque Maurice lui raconta son entrevue avec ce personnage singulier, Suzanne lui dit :

— Prends garde, mon chéri : la Butte est le refuge d'un tas de personnages originaux qui peuvent être dangereux.

Deleschamps connaissait bien Max Jacob.

— C'est un Juif breton, né à Quimper. Il a une réputation d'homosexuel et d'excentrique, mais peu redoutable. Il a vécu durant quelques années chez son frère, un tailleur d'habits du boulevard Barbès. Il vit de peu :

des contes et des articles, quelques gouaches, et il lit dans les lignes de la main...

Fasciné autant que rebuté par ce personnage, Maurice revint quelques jours plus tard chercher son horoscope. Max s'apprêtait à passer sa soirée sur les boulevards ; il s'était mis sur son trente et un : redingote, gilet de soie, huit-reflets et monocle : une image parfaite de gentleman.

— J'ai travaillé pour vous, mon cher, dit-il. Voici l'image de votre destin en quelques traits...

Il lui tendit une feuille graisseuse sur laquelle figuraient des lignes mystérieuses traversant une circonférence entourée d'une ronde de signes cabalistiques. Max parla de Saturne et d'Uranus, de l'influence des astres, de magnétisme et de nombre d'or : un charabia auquel le pauvre Maurice ne comprit goutte.

— Vous avez devant vous, conclut le magicien, un destin exceptionnel. Ne me remerciez pas : je suis fier d'être votre ami.

Il offrit à Maurice une pilule dans une innocente boîte de pastilles de menthe, ajoutant que c'était de l'abricotine, autre nom pour l'éther. L'odeur fit grimacer Maurice.

— Mes voisins, dit Max, se plaignent de ce que l'odeur de l'éther monte jusque chez eux. Ils exagèrent, pour me nuire mais je m'en fiche. L'abricotine, mon cher, cela aide à supporter l'insuccès et la misère.

Il ajouta en ajustant son monocle qui venait de choir sur le revers de sa redingote :

— Êtes-vous croyant ?

Pris de court, Maurice répondit par un bredouillis.

— Au moins, n'avez-vous rien contre la religion ?

— Ben, non, mais...

— Alors il faudra que nous nous soutenions mutuellement. Je suis à la recherche de la foi et tout me dit qu'il en est de même pour vous. Venez me rejoindre demain à Saint-Pierre. Nous prierons ensemble. La prière est le meilleur chemin pour aller vers Dieu.

Saint-Pierre de Montmartre... Maurice avait déjà dessiné et peint cette église, sans que l'envie ou la curiosité le poussât à y pénétrer. Dans son émouvante banalité cette architecture lui plaisait.

Il y retrouva Max le lendemain. Le poète avait perdu sa fraîcheur de la veille et son alacrité : il avait du sang au coin des yeux et la bouche amère. Il invita Maurice à lui donner la main et à prier à haute voix : il lui suffirait de répéter.

— Mais, dit Maurice, ces gens, autour de nous...

— Ces gens sont des fidèles. Nous ne ferons que traduire ce qu'ils ont d'amour pour le Christ dans le cœur. Nous sommes dans la maison du Seigneur, ne l'oubliez pas : il peut tout entendre de ses fils.

Ils prièrent à haute voix. Peu à peu, la gêne qu'il avait ressentie au début fit place chez Maurice à une impression de sérénité : ce que Max qualifia d'« introduction à l'état de grâce ». La vie de Maurice allait en être bouleversée.

Dans les jours qui suivirent, Maurice guetta le changement annoncé et n'en perçut pas les moindres symptômes. Il gardait de cette première séance de prière une impression diffuse mais agréable qui se confirma le jour où Max lui montra le chemin du confessionnal. Il se trouva confronté à un jeune prêtre à peine plus âgé que lui, qui lui parla et l'interrogea sans y mettre trop de formes, sur des problèmes que Maurice laissait macérer en lui. Cette confession que ne suivit aucun pensum lui causa un tel sentiment d'euphorie qu'il revint de lui-même solliciter un nouvel examen de conscience de la part de ce jeune religieux qui avait su le comprendre et l'absoudre. Un jour, poussé par Max, il demanda la communion.

— Eh bien ! lui dit Suzanne, qu'est-ce que j'apprends ? Tu tournes à la bigoterie ? On t'a vu sortir de Saint-Pierre. Je suppose que ce n'était pas pour dessiner la nef et le crucifix...

Il se referma comme une huître. Elle ajouta :
— Après tout, ça m'est égal. Je préfère te savoir à l'église que dans les bistrots.

Informé du comportement singulier de son beau-fils, monsieur Paul ne cacha pas sa satisfaction. Lui-même était croyant et pratiquant, ce qui occasionnait parfois des frictions avec son épouse qui, elle, en raison des mauvais traitements subis chez les sœurs, se méfiait de tout ce qui avait trait à la religion.

— Notre Maurice saisi par la grâce ! s'exclama-t-il. Il n'a pas fini de nous étonner, le bougre. S'il pouvait entrer au séminaire nous en serions débarrassés...

En même temps qu'à l'hostie à laquelle Max l'avait préparé, le néophyte avait pris goût à l'abricotine. Ce mélange, affirmait le poète en se référant à la secte médiévale des Haschischin, ne pouvait que conforter l'état de grâce. Maurice devait convenir que les boulettes procuraient un réel soulagement.

— Un jour, lui assura Max, les portes du Ciel s'ouvriront pour nous. Sans les premiers élans de la foi qui m'animent, crois-tu que j'aurais pu supporter la misère et l'indifférence ?

Depuis que la grâce l'avait effleuré de son aile il attendait le Signe qui le ferait pénétrer dans le domaine des certitudes éternelles.

Un soir qu'ils venaient de prier ensemble après une débauche d'abricotine, Max lui dit d'une voix pâteuse :
— Il faut, puisque nous marchons côte à côte comme deux pèlerins sur le chemin de Jérusalem, que nos êtres se confondent, que notre chair soit à l'unisson de nos âmes.

Ce pathos laissa Maurice éberlué. Il demanda à Max ce qu'il attendait de lui. Le poète n'y alla pas par quatre chemins ; qu'il se déshabille et se mette au lit.

— Indispensable, ajouta-t-il, si nous souhaitons sincèrement ne faire qu'un, devenir en quelque sorte des époux mystiques.

Dans un état second, Maurice fit ce que son directeur de conscience lui demandait. Nu, il s'allongea sur les draps crasseux et puants où s'ébattaient des punaises. Agenouillé à son chevet, Max laissa ses mains courir sur le corps du néophyte qui, à défaut de la communion attendue, sentait lui courir sur la peau des picotements désagréables.

— Les punaises ! gémit-il. Sales bêtes ! Elles vont me dévorer !

— N'insulte pas les punaises, dit Max. Ce sont des créatures de Dieu. Laisse-toi plutôt pénétrer par la grâce.

Les expériences juvéniles de Maurice s'étaient bornées, avec la bande de voyous de la Butte, à des attouchements mais il en avait appris suffisamment pour percer à jour les intentions perverses du poète dont l'exaltation ne faisait que croître et qui gémissait :

— Créature de Dieu, montre-moi le chemin de l'extase !

Maurice bascula hors du lit, se gratta avec des gestes frénétiques et se rhabilla.

— J'en ai assez de vos simagrées ! cria-t-il. Hypocrite ! Faux dévot !

Toujours agenouillé au bord du lit, mains jointes sur la poitrine, Max battit sa coulpe.

— Pardonnez-moi, Seigneur ! Merci de m'avoir permis, grâce à cet agneau pétri d'innocence, de sonder la profondeur de mon infamie ! Béni sois-tu, Maurice ! Grâce à toi j'ai triomphé du démon.

On ne pouvait plus habilement retourner à son avantage une situation embarrassante.

— Décidément, ricana Maurice, vous avez réponse à tout. Adieu...

Paul contemplait le tableau, s'en éloignait, y revenait : un manège qui exacerbait les nerfs de Suzanne. C'était la deuxième peinture de femmes nues à laquelle elle s'était appliquée, après le *Nu sur un divan* que Vollard avait fini par vendre.

— Vas-tu enfin me dire ce que tu en penses ?

De plus en plus fréquentes et vives depuis que Paul découchait deux ou trois fois par semaine, ces disputes ne la privaient pas de solliciter ses avis en matière d'art, car, ayant gardé la nostalgie d'une vocation contrariée par sa famille, il avait le goût assez sûr et avait conservé avec les milieux artistiques des rapports constants. Accompagné souvent par son épouse, il assistait aux vernissages. Il avait acquis des estampes japonaises pour sacrifier à la mode et des œuvres de Pissarro par goût de l'impressionnisme : une école qu'il plaçait au-dessus de toutes les autres.

— Cette toile me déconcerte, je l'avoue, dit-il. *La Lune et le Soleil*... C'est un bon titre, mais deux femmes ! C'est contraire à la mythologie...

— Oh, moi, la mythologie, répliqua Suzanne, je m'en moque. Tu n'as pas tort, mais représenter un homme nu sur une toile, quel scandale ! Dis-moi plutôt ce que tu penses de l'exécution.

Il se gratta la joue. Cette composition le surprenait : elle révélait l'influence de Puvis de Chavannes, mais avec une touche très personnelle ; de Gauguin aussi : les premières poses avaient été réalisées dans un coin discret des jardins du Luna Park, avec un fond de verdures exotiques. Les aplats étaient trop tranchés, le cloisonnement trop vigoureux, le parti pris de réalisme trop évident.

— On ne peut pas dire que tu donnes dans la nymphette ! Qu'est-ce qui t'incite à peindre des bouchères ?

— J'aime les femmes aux formes généreuses, tu le sais.

Revenant au titre, il proposa : *La Brune et la Blonde*.

— Tu as raison, soupira Suzanne. Tu as toujours raison.

Vollard manifesta moins de réticences que Paul : il trouvait cette œuvre réaliste, virile. Il dénicherait facilement un acheteur : les Allemands étaient friands de ce genre de toiles.

Il lui proposa d'examiner quelques œuvres du jeune Pablo Picasso, qu'on appelait le Malaguène du fait qu'il était natif de Málaga. Vollard avait organisé une première exposition de cet artiste du Bateau-Lavoir deux ans auparavant, en 1901 : une soixantaine d'œuvres rapportées d'Espagne, scènes de tauromachie, paysages urbains de Barcelone, spectacles de la rue, et quelques portraits...

Ce qui avait occasionné l'échec de cette exposition, c'était en partie la diversité des styles qui donnait l'impression désagréable que l'artiste se cherchait : il évoluait entre Lautrec, Degas, Kees Van Dongen. Son talent, son énergie partaient dans tous les sens. On eût aimé une force centripète ; elle n'était que centrifuge.

— Ce garçon fera son chemin dès qu'il se sera débarrassé de toutes ces influences, dit Vollard.

Il s'avoua surpris que Suzanne ne l'eût pas encore rencontré, le Bateau-Lavoir étant proche de la rue Cortot. Picasso vivait là, dans la dèche, avec un groupe de peintres aussi nécessiteux que lui. Depuis le début du siècle et son arrivée en France, il faisait des aller-retour

111

entre l'Espagne et Paris, comme s'il cherchait où nicher. Il semblait avoir choisi Paris.

Suzanne partageait l'avis du marchand : il y avait dans ces toiles un talent fougueux qui pouvait annoncer une grande œuvre.

Vollard entraîna Suzanne dans l'entresol, avec un sourire narquois. Il dégagea une toile d'un alignement.

— Vous vous lancez dans le paysage montmartrois ? dit-il. Pas mal du tout cette rue Norvins...

La toile était signée M. Valadon. Même scène que chez Deleschamps et même stupéfaction pour Suzanne ! La moutarde lui monta au nez : elle avait pourtant intimé à Maurice l'ordre de ne plus signer Valadon. Il s'appelait Utrillo ; il devait signer Utrillo !

— Vous devriez intervenir sans tarder pour éviter toute équivoque, suggéra Vollard. Il a porté des œuvres du même tabac chez d'autres marchands.

— Je sais, dit sombrement Suzanne. Chez le père Deleschamps notamment...

Elle l'avait reconnu de loin, bien qu'il fût assis sur une borne et qu'il lui tournât le dos. Picasso était facile à reconnaître avec sa combinaison bleue d'ouvrier.

Elle venait de descendre de l'omnibus Pigalle-Halle-aux-Vins (Pigalle-aux-Vins, comme on disait). Les bras encombrés d'emplettes, elle avait remonté la rue Lepic. En débouchant sur le square Saint-Pierre elle avait aperçu le jeune peintre : il était entouré d'un groupe de gamins pour lesquels il dessinait sur le sol avec la pointe d'une branche. Il leva la tête et lui sourit.

— Vous êtes Pablo Picasso ?
— Et vous Suzanne Valadon ?
— Si je ne suis pas indiscrète, que faites-vous là ?
— Vous le voyez : j'enseigne la peinture dans mon université de la rue. Ces gosses sont curieux de nature. Au lieu de leur farcir le crâne de sciences et de mathématiques on devrait leur apprendre l'art. Le monde en serait changé.

Il se leva, frotta amicalement quelques crânes tondus.

— Allons boire un verre chez Émile, dit-il. Je vous invite.

Il avait gardé un reste de son accent malaguène, avec une suave lenteur dans son élocution, comme s'il voulait éviter d'achopper sur des mots difficiles. Il prit d'autorité les paquets, proposa de s'installer sur la terrasse, au soleil. Elle commanda une bière, lui un café.

— Je ne bois pour ainsi dire jamais d'alcool, dit-il. Je m'en méfie. On sait où ça mène.

Il avait vu ses dessins et ses toiles chez Vollard et lui en parla avec chaleur. Ils restèrent une heure à bavarder. Il lui raconta comment il travaillait dans cette ruche qu'était le Bateau-Lavoir, en compagnie de Fernande Olivier, une superbe odalisque brune, son modèle et sa maîtresse. Elle lui parla de la Butte-Pinson et de son nouveau domicile de la rue Cortot. De Maurice aussi...

— Je le vois parfois, dit Pablo, avec Max Jacob, en train de vadrouiller autour de Saint-Pierre. J'ai bien connu son père, Miguel, et je lui dois beaucoup. C'est grâce à lui si je peux travailler ici. Il fait du bon travail, à Sitges et à Barcelone.

Il ajouta en se levant :

— Une famille d'artistes... Quelle chance vous avez !

6

JEUNE HOMME BLOND AVEC ÉCHELLE

Au début de l'été Suzanne décida de passer quelque temps à la Butte-Pinson pour se reposer.

La campagne, la vraie, lui manquait. Elle trouvait dans les longues promenades menant à la lisière de la forêt de Montmorency, seule ou en compagnie de Lello et de la petite chienne Trompette que Rosalie lui avait offerte, une détente nécessaire.

Un autre motif l'avait décidée à lever l'ancre : Maurice avait replongé dans ses mauvaises habitudes. Au cours de ses pérégrinations on le trouvait plus souvent chez Émile ou au Clairon des chasseurs que devant son chevalet. Il avait suffi qu'il se laissât, un jour de grande chaleur, entraîner par un rapin pour que le cycle infernal reprît. Il évitait Max Jacob comme un lépreux.

Lorsque Suzanne lui avait annoncé sa décision il avait fait grise mine et protesté.

— Pars seule avec grand-mère. Moi je reste. Qu'est-ce que j'irais foutre dans ce bled ?

— Ne discute pas. ! Si je te laissais seul tu ne dessoûlerais pas. À Montmagny tu pourras peindre. Il y a de jolis paysages dans les environs.

Maurice n'aimait les paysages qu'à condition qu'il y eût dans la perspective l'enseigne d'un bistrot.

— Je compte sur toi pour surveiller ton fils, dit monsieur Paul. Je n'aimerais pas qu'il occasionne d'autres scandales. Avec ma nouvelle situation, tu comprends...

Elle comprenait fort bien : durant ces quelques

semaines il pourrait se donner quotidiennement à sa jeune maîtresse.

Suzanne était installée depuis une semaine quand la sonnette du portail lui annonça une visite. En écartant le rideau elle aperçut une grosse femme qui ne lui était pas inconnue : elle la croisait parfois dans les commerces, autour de la gare de Pierrefitte.

Suzanne la fit entrer et demanda à Madeleine de leur servir du vin sous la charmille.

— Nous nous connaissons sans nous connaître, dit la visiteuse. Adèle, ça vous dit quelque chose ? À plusieurs reprises j'ai eu la tentation de vous aborder, mais j'ai renoncé : un grand peintre qui expose dans les salons et les galeries...

Adèle était une forte femme rousse, au visage plein, sans une ride. Elle devait, comme Suzanne, graviter autour de la quarantaine. En raison de la chaleur elle portait une tunique légère qui laissait deviner une charpente puissante, et une modeste clinquaille de bijoux. Elle demeurait près du Bon Coin, dans un pavillon avec jardinet dominant le paysage.

— Nous nous sommes sans doute rencontrées à Paris, dit Adèle, mais de part et d'autre d'une rampe. Vous fréquentiez l'Élysée-Montmartre en compagnie de Lautrec : un couple qui ne passait pas inaperçu, vous belle comme Diane, et lui...

— Vous étiez...

— Une danseuse vedette, et ça durant des années. La galère !

Elle habitait alors Montmartre et fréquentait le Cabaret des Assassins où son ami André Gil déclamait des poèmes mêlant l'anarchie à la gaudriole. Cette boîte était devenue un repaire de marlous et de prostituées. Chaque soir ou presque on tirait les couteaux.

— Lorsque Gil est mort, dit Adèle, j'ai pris sa succession après avoir fait ma pelote. Je n'avais pas froid aux yeux. J'ai mis la clientèle au pas, malgré les injures et les coups. J'avais de l'abattage comme on dit et j'ai tenu bon face à ces voyous.

Le Cabaret des Assassins était devenu le Lapin à Gill, puis le Lapin agile, en référence à l'agilité de celui qui sortait de la casserole, dans le panneau réalisé par l'artiste défunt.

— Faut dire qu'en plus de la gambille, sans me vanter, je suis bonne cuisinière. De plus j'ai appris à animer une soirée par des chansons et des histoires drôles. De ce coupe-gorge j'ai réussi à faire une honnête auberge de village. Il fallait bien, de temps en temps, que je mate les fortes têtes, mais personne n'osait me résister. J'ai fait des poids et haltères et, avec mon gabarit, je peux tenir la dragée haute aux lutteuses de la fête à Neuneu. Je suis bonne fille mais faut pas m'emmerder...

Adèle avala un deuxième verre et soupira.

— Tout a une fin. Il y a deux ans, j'ai vendu mon auberge. Ça m'a fait peine. Aristide Bruant, l'ancien patron du Mirliton, a acheté la boîte et y a mis un gérant : Frédéric, qu'on appelle le père Frédé. Un dur à cuire lui aussi.

— Vous avez donc pris votre retraite ? Si jeune...

— Ma retraite, à quarante ans ? Pas question ! J'ai des projets...

Adèle avait décidé de créer un restaurant au cœur de la Butte, rue Norvins. Rien de luxueux : une bicoque en planches d'un style intermédiaire entre le chalet suisse et la cabane de trappeur. Elle l'appellerait Le Chalet.

— Les travaux seront terminés dans un mois environ. Ma clientèle, je la connais déjà : des artistes. Montmartre en regorge. Comme ce sont pour la plupart des traîne-guenilles je leur servirai le repas à deux francs, vin compris, mais attention, pas de la gnognotte ! Ces rapins veulent qu'on les traite comme des rupins !

Elle ajouta en se levant :

— J'espère avoir votre visite, madame Moussis. Il y aura toujours une place pour vous.

Maurice se mettait à table, mangeait sans un mot et allait se coucher. Suzanne et Madeleine avaient fini par prendre leur parti de cette attitude, d'autant qu'il ne montrait aucune hostilité déclarée à son milieu familial. Il vivait replié sur lui-même, montrait les dents à la moindre observation mais sans ces éclats qui, naguère, le rendaient odieux.

Il partait de bonne heure, son attirail sur le dos, accompagné de ses chiens, comme pour un rendez-vous qui ne souffrirait pas de retard. C'était bien d'un rendez-vous qu'il s'agissait : avec cette campagne qui semblait avoir vaincu ses préventions et le fascinait.

L'une des premières toiles qu'il eût peintes de sa fenêtre représentait la maison Dauberties : *Café-Vins*. Le style ne manquait pas de vigueur. Il avait employé des couleurs en mineur, dans les ocres avec, ici et là, des taches de verdure. Une peinture sans joie.

Il craignait trop de s'exposer à des observations sévères en montrant ses toiles à sa mère : à la moindre critique il se bloquait et les compliments l'importunaient. Ces toiles qu'il lui cachait, elle savait où les dénicher. Chaque fois c'était une surprise. Elle retrouvait sa manière à elle, ses couleurs, son coup de pinceau, mais sa propre personnalité commençait à se dessiner.

— Ces croûtes, disait Madeleine, tu crois qu'il pourra les vendre ?

— Ça n'est pas facile mais il y arrive. Ce qu'il peint est d'une tristesse... Une peinture de malade.

— Maurice est malade ?

— Pas plus que toi et moi mais sa peinture donne cette impression.

Suzanne le surprit un jour à préparer sa palette pour peindre les maisons qu'il apercevait du perron. Il puisait d'étranges substances dans les boîtes à cirage et les mêlait aux couleurs des tubes.

— Quels sont ces mélanges ? demanda-t-elle.

Il consentit à lui expliquer que, pour donner plus de vérité aux sujets comportant des maisons, il incorporait aux couleurs traditionnelles les matériaux dont elles étaient bâties ou crépies : brique, ciment, plâtre, sable...

— Drôle d'idée... dit Suzanne. Mais enfin, pourquoi pas ?

Il lui montra quelques essais ; elle les jugea intéressants mais s'abstint de crier au génie. Une question lui trottait dans la tête.

— Ce garçon qui t'a raccompagné hier, en bleu de chauffe, avec une échelle sur le dos, tu aurais pu le faire entrer et lui offrir un rafraîchissement.

Maurice avait rencontré André Utter la semaine précédente, alors qu'il venait de planter son chevalet à l'ombre d'un platane, une bouteille de vin à ses pieds, pour peindre l'église de Pierrefitte. Un gamin s'était approché, puis un autre. Il y en eut bientôt une dizaine autour de lui, se poussant du coude en rigolant. Quand Maurice leur avait demandé de lui foutre la paix ils s'étaient dispersés mais étaient revenus en force.

Lorsqu'une pierre lancée par l'un d'eux brisa sa bouteille il entra dans une fureur telle que tout le quartier en fut alerté. La femme du boucher se planta sur le seuil de sa boutique, prit dans ses bras son chérubin affolé et menaça de prévenir la police si cet énergumène n'abandonnait pas la place. Des clientes de la boulangère s'alignèrent sur le trottoir en protestant.

— Si c'est pas une honte ! Injurier ces pauvres petits !

— Il ferait mieux d'aller travailler, cet ivrogne.

— Qu'il ose toucher à mon fils, tiens !

Bouillant d'indignation, Maurice commençait à replier son matériel quand il vit un jeune ouvrier plombier en salopette, une échelle sur l'épaule, coiffé d'une casquette de cuir d'où dépassait une opulente chevelure blonde, se planter d'un air de défi devant les mégères. De ce qu'il leur dit, Maurice ne put rien entendre, mais il vit les femmes refluer dans les boutiques et l'arrière-garde de la bande s'égailler.

L'ouvrier traversa la rue, posa son échelle contre le platane et s'avança vers Maurice.

— J'ai assisté à la scène, dit-il. Ces gens sont odieux.

— Que leur avez-vous dit pour les calmer ?

— Que vous étiez un grand artiste et qu'ils vous fichent la paix. Je peins moi-même à mes moments libres, mais sans ambition.

— Je vous offre un verre, dit Maurice.

Il commanda deux mominettes au Café de la gare, écouta le plombier lui raconter comment il avait pris goût à la peinture en fréquentant un peintre juif italien rencontré à Paris : Amedeo Modigliani, dont Maurice n'avait pas entendu parler. Rien d'étonnant : cet artiste était arrivé récemment en France. Modi, comme il l'appelait, l'avait entraîné dans une orbite infernale : les femmes, l'alcool, la drogue. Après quelques semaines de cet enfer, le médecin lui avait conseillé d'aller se refaire une santé en banlieue. Comme il n'était pas maladroit et que la bohème ne nourrissait pas son homme, il avait trouvé un boulot dans une entreprise de plomberie.

— Intéressant, dit Maurice. Une autre mominette ?

— Merci. L'alcool ne me réussit pas. Si je rentrais ivre chez mon patron, ce serait la porte.

— J'aimerais que nous nous revoyions.

— Ça me plairait aussi. J'ai mes dimanches, mais je profite de ce que les jours sont encore longs pour aller peindre une petite heure dans les parages.

Il demeurait chez son patron, sentier des Cailloux, entre la ligne Créteil-Paris et l'avenue Élisée-Reclus. Maurice pourrait l'y retrouver.

— Vous demanderez André Utter, dit-il. Je finis ma journée à six heures car je commence tôt.

En l'espace de quelques mois Rosalie avait dépassé le stade que Suzanne appelait « fraise à la crème » pour devenir une adolescente, presque une femme. Au moment de la pose Suzanne voyait surgir un petit personnage pétri dans une pâte de sucre rose et blanc qui répandait l'odeur sui generis musquée qu'ont parfois les filles de cet âge postpubère.

Suzanne s'était rendu compte qu'elle devrait renoncer à la peindre : la gamme de couleurs dont elle usait ne convenait pas pour exprimer la fraîcheur de cette peau d'ange, sa texture subtile et lumineuse. Renoir et Berthe Morisot l'auraient sûrement trouvée à leur convenance, pas elle. En revanche, elle la fit poser de dos pour des dessins.

— Pourquoi tu me fais pas poser de face ? lui demandait la gamine. J'ai pas de beaux seins, peut-être. Et mon ventre ? Faudrait peut-être que je maigrisse...

Il était difficile à Suzanne d'expliquer la raison de ce parti pris. L'explication la plus plausible était que Rosalie la troublait. Elle s'ouvrit de ce comportement équivoque à Clotilde.

— Quand elle est revenue poser à ma demande, je l'ai aidée à défaire son corset. Un corset, à cet âge ! Il est vrai qu'elle a tendance à s'épaissir. Elle a bien changé, en peu de temps, cette gamine. Tu quittes une enfant et, une saison plus tard, tu la retrouves presque femme. Lorsque ma main a effleuré sa peau j'ai senti comme un courant magnétique. J'en suis au point où je n'ose plus la faire poser de face. Cette poitrine déjà formée, ce ventre un peu lourd, ces cuisses de paysanne, ce sexe apparent sous la première toison, cet air qu'elle prend comme pour me défier... Je n'ai jamais ressenti une telle sensation en présence d'un modèle féminin. Qu'est-ce qui m'arrive ?

Clotilde se mit à rire.

— Ma chérie, c'est que tu es amoureuse. C'est exactement ce que j'ai éprouvé la première fois que j'ai couché avec une fille de cirque. Rassure-toi : c'est naturel.

Elle demanda à Suzanne depuis combien de temps Paul ne l'avait pas baisée. Elle ne s'en souvenait plus ! Il avait assez à faire avec sa jeune maîtresse qu'il venait d'installer rue Lepic.

— Tu ne peux pas continuer comme ça. Il te faut un homme. Un conseil : ne touche pas à cette gamine, ça pourrait mal tourner si les parents apprenaient...

— Je ne m'y risquerai pas, mais cette fille est amoureuse de moi, alors que je fais tout pour la décourager.

— Renonce à elle, trouve-toi un autre modèle.

— J'y songe, mais, vois-tu, j'ai besoin de sa présence et j'en ai honte. Pourtant elle est vulgaire et sotte comme une cruche.

Lorsque Suzanne annonça à Rosalie qu'elle n'avait plus besoin de ses services, la petite éclata en sanglots, s'accrocha à son cou, la supplia de la garder. Par Madeleine, qui se rendait fréquemment chez les grands-parents, elle apprit que Rosalie traversait une période difficile : elle boudait, refusait de sortir, mangeait du bout des dents et avait de fréquentes crises de larmes.

On expliquait cela par la puberté, mais ce n'était pas si simple. Suzanne se sentait responsable : elle avait aidé Rosalie à s'extraire de son cocon de fillette, lui avait donné conscience de sa beauté charnelle, de sa vénusté, avait éveillé en elle les premiers élans amoureux. La pauvrette n'avait fait qu'éprouver ce que tout modèle féminin doit ressentir pour l'artiste masculin auquel elle offre le spectacle de sa nudité. Cette sensation, Suzanne l'avait souvent connue, jadis, sous l'œil des maîtres.

Au contact d'André Utter, Maurice s'était assagi. Leurs relations n'avaient pas tardé à se muer en une amitié scellée par un goût commun pour les arts.

Maurice allait souvent retrouver André dans la bicoque, une ancienne cabane de jardinier, où il avait élu domicile ; elle était ornée d'un portrait du jeune plombier, signé de Modigliani, une simple étude au crayon sur un mauvais papier, et de croquis qu'il avait réalisés dans les environs. Lorsqu'il partait sur un chantier, son échelle légère sur l'épaule, il avait toujours dans la poche son carnet à dessin.

La patronne, Mme Soulet, avait interdit à son employé d'amener dans son logis des « créatures », mais n'avait pu éviter que sa fille, Armandine, ne lui rendît visite : elle lui apportait ses repas, faisait son lit et l'aidait volontiers à le défaire. Les parents désespéraient de trouver un fiancé à cette grande bringue osseuse et maniérée. Ils avaient bien pensé que leur ouvrier pourrait se dévouer, mais, à la réflexion, on ne voulait pas d'artiste dans la famille.

Elle n'avait manifesté aucune réserve lorsque André l'avait attirée sur son lit ; elle n'en manifesta pas davantage lorsque, son ami tardant à rentrer, Maurice avait profité de cette absence. Son expérience en la matière, à vrai dire, était assez sommaire ; elle suppléa à ses carences. Il avait espéré découvrir sous l'effeuillement de la jupe et des trois jupons les trésors de Golconde ; il fut déçu de ne découvrir qu'un article de brocante passablement usagé.

Lorsque le traître lui avoua son forfait, André se contenta de sourire.

— N'aie aucun remords. Cette fille n'est rien pour moi. Tous les ouvriers du père Soulet y ont passé avant nous. Si tu as pris ton plaisir avec elle, ne t'en prive pas...

Il se tenait timidement devant Suzanne, son échelle sur l'épaule. Elle lui demanda de la poser contre le poirier.

— Il fait chaud. Nous allons boire une bière bien fraîche.

Elle remonta du puits un casier à bouteilles qu'elle posa avec des verres sur la table du jardin, sous le poirier où la température était plus clémente. Aux alentours la chaleur bourdonnait dans la soirée comme une colonie d'essaims. Au-dessus de la plaine, du côté de Sarcelles, une grosse soupe d'orage mitonnait sur un feu d'éclairs.

André ôta sa casquette et s'essuya le visage en essayant de cacher ses ongles sales. En dépit des efforts que faisait Suzanne pour le mettre à l'aise, il était dans ses petits souliers. Suzanne lui demanda de lui parler de Modigliani qui avait récemment rendu visite à Vollard. Il parut gêné : comment avouer qu'il avait partagé durant quelques semaines la vie de ce bohème qui avait voué son existence aux plaisirs autant qu'à la peinture ?

— C'était l'enfer, dit-il. J'en suis sorti à temps. C'est cette échelle et cette boîte à outils qui m'ont sauvé : je veux dire mon travail.

Il ne resta que le temps de sécher une canette. Il voulait rentrer avant que l'orage n'éclatât.

— Revenez quand vous voudrez, dit Suzanne.

Alors que l'orage venait d'ouvrir ses vannes, elle dit à Maurice de préparer le tilbury et d'atteler la mule pour raccompagner le plombier. Elle lui dit en aparté :

— Ton copain me plaît. Il a une bonne influence sur toi. Tu peux le ramener à la maison. J'aimerais voir ses dessins.

Elle ajouta :

— Crois-tu qu'il accepterait de poser pour moi ?

L'automne ramena la famille rue Cortot. Ce séjour lui avait été bénéfique. Suzanne n'avait pas oublié les fantasmes qui l'obsédaient en présence de Rosalie. L'adolescente venait d'ailleurs de réintégrer le collège ; Suzanne ne la revoyait que de loin, lorsqu'elle jouait dans le jardin des grands-parents avec des copines.

Paul n'avait fait que deux ou trois apparitions à Montmagny, son poste à la Banque de France lui laissant peu de loisirs. Il descendait avec des paquets plein les bras de la voiture de location qu'il prenait à la gare de Pierrefitte. Pendant un jour ou deux on faisait bombance car les produits qu'il rapportait venaient des meilleurs fournisseurs.

Ses rapports avec son beau-fils semblaient évoluer favorablement : plus de ces querelles qui dégénéraient ; une indifférence glacée, une attention distante mais judicieuse pour les toiles de l'artiste.

Au début d'octobre, Suzanne confia à Ambroise Vollard quelques natures mortes auxquelles il ne prêta qu'une attention distraite, en lui promettant de les négocier : le marché de l'art avait repris ; il venait de vendre deux petits Renoir un bon prix. Il chantonnait en baisant la main de Suzanne et la prit familièrement par la taille.

— Il est rare de vous voir d'humeur aussi joyeuse,

dit-elle. D'ordinaire on a l'impression de déranger un ours en hibernation.

— Comment ne le serais-je pas ? Savez-vous qui m'a acheté mes deux petits Renoir ? Ces gens, au fond de la boutique. La grosse dame, c'est Gertrude Stein. La maigre s'appelle Alice Toklas, une sorte de gouvernante à tous usages si vous voyez ce que je veux dire. Lui, le gandin qui les chaperonne, c'est Michael, le frère de Gertrude. Ces Juifs américains couchent sur des matelas de dollars et ils ont un goût parfait en matière d'art.

Il partit d'un rire gras qui fit se retourner le trio.

— À propos de Renoir, ajouta le marchand, il ne vous a pas oubliée, ma chérie. Lorsqu'il est venu en chaise roulante m'apporter ses toiles il m'a parlé de vous avec la larme à l'œil. Vous lui manquez. Allez donc lui faire une visite.

Pour rencontrer Renoir il fallait jouer les chasseurs de papillons. En l'espace de trente ans il avait déménagé plus de dix fois, mais jamais loin de la Butte. Plusieurs mois par an il séjournait à Essoyes, près des parents d'Aline, ou chez ses amis Baudot, à Louveciennes, quand ce n'était en Provence où il faisait construire une villa.

Renoir venait de quitter son domicile de la rue de la Rochefoucauld pour installer ses pénates au 43 de la rue Caulaincourt. Suzanne tenta une approche par un billet ; la réponse ne se fit pas attendre : elle serait la bienvenue. Le billet était signé Aline.

Suzanne se rendit le jour même chez son vieil ami avec sous le bras un carton où elle avait glissé quelques dessins de Rosalie. Elle comptait lui en faire choisir un.

Elle eut un sursaut d'émotion en le revoyant ; elle aurait eu du mal à le reconnaître. Sous le chapeau rond qu'il ne quittait jamais, son visage, comme dévoré de l'intérieur, était celui d'un vieil ermite ; le nez paraissait s'être allongé, au-dessus d'une barbe grise et rare ; il se déplaçait avec des béquilles. Lorsqu'il lui tendit la main elle se contenta de l'effleurer tant elle lui semblait fragile.

Aline aida le maître à s'asseoir dans son fauteuil de travail capitonné de coussins, devant le chevalet où figurait, brossée à grands traits, une nature morte. Aline dit à Suzanne :

— Nous recevons peu de visites car cela fatigue mon mari. La vôtre est la bienvenue. Il m'a parlé de vous toute la matinée.

Assise sur un escabeau, Suzanne laissa le regard du peintre l'envelopper de tendresse et, peut-être comme naguère, estimer son potentiel esthétique, sans qu'il pût se hasarder à la palper comme une pouliche sur un champ de foire, ainsi qu'il le faisait au temps où elle posait pour lui.

— Je vous en veux, dit-il. Cela fait cinq ans, peut-être plus, que nous ne nous sommes pas rencontrés.

Cela faisait près de dix ans. Leur dernière entrevue remontait à l'année 1894, au Château des Brouillards, pour le baptême de Jean, son deuxième fils.

— Montmartre..., dit-il. Le Château des Brouillards... J'ignore qui habite aujourd'hui cette demeure. Que de souvenirs, nom de Dieu ! Combien de mes toiles sont sorties de cet atelier, de ce jardin merveilleux !

Il partit d'un rire grinçant en se remémorant une anecdote qui l'avait amusé. Une bigote qui se rendait aux vêpres de l'église Saint-Pierre venait d'apercevoir, à travers les grilles du parc, Renoir en train de peindre un modèle nu. Elle avait prévenu la police qui avait failli mettre au trou cette folle.

— Montmartre a bien changé, soupira-t-il. Ça me rend triste. Les émules du baron Haussmann s'en donnent à cœur joie, les salauds ! Qu'est devenu notre Maquis ? Qu'ont-ils fait de la maison de Berlioz, de celles de Mimi Pinson et de l'ouvrière Jenny ? À leur place nous allons voir pousser des immeubles pour les bourgeois. Ce sera plus sain, affirment les constructeurs, ces vandales. Tu parles ! Quand ils auront supprimé les derniers espaces sauvages on ne respirera plus que l'odeur des automobiles. C'est beau, le progrès !

— C'est son dada, dit Aline. Ça le rend malade.

Il bougonna dans sa barbe, demanda à Suzanne ce qu'elle lui apportait dans ce carton. Elle lui montra ses croquis et lui proposa d'en choisir un. À ses bruits de gorge, à son sourire, elle comprit qu'il était satisfait. Il choisit celui qui représentait Rosalie debout, vue de dos, appuyée au dossier d'un fauteuil. Sa main s'anima sur la feuille comme pour redessiner le croquis avec un air de jubilation.

Il lui dit d'un air contrit :

— Maria, je vous dois des excuses. Je suis un vieil imbécile pour n'avoir pas cru à vos dons artistiques. Il était inconcevable pour moi qu'une femme qui n'était pas passée par une académie puisse prétendre devenir artiste. Vollard, lui, a deviné votre talent. Il me parle de vous comme s'il était amoureux. Ma petite, vous irez loin.

Il s'indigna des faux Renoir qu'il avait localisés chez Durand-Ruel, parla de sa maladie qui faisait des progrès incessants depuis quelques années : les rhumatismes prenaient possession peu à peu de cet organisme débilité ; ils s'attaquaient à l'œil gauche et aux mains, si bien qu'il avait du mal à tenir son pinceau et sa palette.

— Je n'ai pas oublié le temps où vous posiez pour moi, dit-il. J'étais alors vif comme un gardon. Je jonglais avec des pommes, je jouais au bilboquet, je pouvais sauter d'un bond sur une table. Et aujourd'hui, misère...

Il lui parla de son projet d'installation aux Colettes, près de Cagnes, du besoin de plus en plus impérieux qu'il avait de la vraie lumière et de la chaleur. Il ajouta :

— Merci pour votre dessin. Il sera en bonne place aux Colettes. Ce qui m'aurait plu c'est que vous fassiez mon portrait au temps où j'étais encore présentable.

— Ç'aurait été un grand honneur, maître, mais il n'est pas trop tard.

Il eut un geste de la main au-dessus de sa tête pour signifier qu'il n'était plus temps.

Il arrivait sur la pointe des pieds, repartait de même, si bien que Suzanne et sa mère se demandaient si elles n'avaient pas été l'objet d'une hallucination.

Chaque jour, presque à la même heure, il entrait par la porte de derrière pour ne pas déranger, accédait à la chambre de Maurice et s'y enfermait avec son ami jusqu'à l'heure du dîner.

— Vous pouvez rester, disait Suzanne. Nous allons ajouter un couvert.

Il ne se faisait pas prier. Suzanne se plaisait à constater la fascination qu'elle exerçait sur ce garçon de vingt ans plus jeune qu'elle. Ses gaucheries, la rougeur qui inondait son visage de blond dès qu'elle lui adressait la parole l'amusaient et l'émouvaient. Au cours du repas elle s'efforçait de formuler les propos du quotidien, d'observer un comportement banal afin qu'il se sentît délivré de sa timidité et consentît à s'exprimer sans contrainte. Elle le mettait à l'aise, lui suggérait les réponses qu'il était lent à formuler, le provoquait en lui demandant d'évoquer ses succès sentimentaux.

— Beau garçon comme vous l'êtes, vous devez en faire, des conquêtes !

Il piquait du nez dans son assiette, le rouge au front.

Elle l'avait observé avec quelque inquiétude, au début de ses relations avec son fils, mais avait vite acquis la certitude que cette amitié n'avait rien d'équivoque. Elle eût aimé qu'André se confiât à elle : après tout il eût pu largement être son fils, bien que la différence d'âge qui les séparait ne fût guère sensible lorsqu'on les voyait ensemble.

D'un air enjoué elle le poussait aux confidences.

— Avez-vous passé une bonne nuit ? Vous avez l'air fatigué. Comment s'appelait votre *fatigue* ?

— Pas de *fatigue* cette nuit, madame. Pas plus que les autres d'ailleurs.

C'était devenu un jeu entre eux. Parfois il s'inventait des *fatigues* auxquelles il donnait des prénoms imaginaires. Il pouvait même, pour le plaisir de la revanche, lui fournir des détails salaces.

— Il se vante ! décrétait Maurice. Depuis cette grande perche d'Armandine je ne lui connais aucune aventure.

Seule avec son fils elle lui disait :

— Tu me racontes des sornettes. À son âge, plein de santé et beau comme un demi-dieu germanique, tu ne me feras pas croire qu'il n'a pas une amie !

Il devait convenir qu'il allait parfois au bordel ou montait avec une prostituée, mais il n'avait aucune attache. Elle ne pouvait se défendre d'une impression de soulagement.

Au début de l'automne, le moment venu de revenir à Paris, Maurice avait promis à André de lui trouver une place dans la capitale. Rien ne s'opposait à ce que l'ouvrier plombier abandonnât sa situation, d'autant que les exigences d'Armandine lui pesaient : elle s'était mis en tête d'informer ses parents de leur liaison, ou de les mettre au pied du mur en se faisant engrosser.

Pour lui dénicher un emploi on fit appel à monsieur Paul qui avait des relations dans tous les milieux du commerce et de l'industrie. Au printemps suivant on lui proposait un poste à la Compagnie générale d'électricité, sous-station de l'avenue Trudaine, dans le bas de Montmartre. Sa convalescence laborieuse à Pierrefitte lui avait réussi : il avait retrouvé vigueur et entrain, et l'amitié qu'il partageait avec Maurice lui donnait le sentiment de n'être plus seul au monde.

Discret en ce qui concernait son travail d'artiste, Maurice l'était davantage encore pour ce qui était de sa vie sentimentale.

Les investigations de Suzanne ne lui avaient révélé aucune piste sérieuse. Aucune image féminine n'émergeait de ses cahiers de dessin. Alors, Maurice, impuissant ? Elle avait du mal à l'imaginer ; sa brève liaison avec Armandine témoignait du contraire, de même que les traces suspectes relevées dans ses draps.

Sans qu'il s'en rendît compte, elle suivait attentivement ses progrès en peinture. Quelle différence entre son premier tableau brossé sur la Butte-Pinson et ceux qu'il avait exécutés dans Paris !

Peu à peu elle avait obtenu qu'il lui livrât ses espoirs et ses doutes, qu'il commentât les toiles dont il était satisfait — mais l'était-il jamais ? La peinture avait été au début un moyen d'échapper à son vice et à l'ennui né de l'oisiveté, puis un mode d'expression, enfin une passion. Il n'envisageait plus de faire autre chose.

Sa mère l'emmena un jour visiter une exposition de Sisley. Cette révélation fit sur lui l'effet d'une décharge électrique. *Vue de la Seine à Marly... La Tamise à Hampton Court... L'église de Moret par temps gris... Effet de neige...* Il passait d'un tableau à l'autre, haletant comme s'il venait de courir, essuyant avec son mouchoir son visage en sueur, trépignant dans l'exaltation. Il interrogeait sa mère du regard comme pour l'implorer de lui offrir une de ces œuvres.

Sur le chemin du retour, alors qu'il se trouvait dans un état second, elle tenta de le sonder mais n'en tira que des propos confus : il jugeait Sisley supérieur à Claude Monet et à Camille Pissarro. S'il avait été vivant il aurait aimé le rencontrer. Sisley était mort quelques années auparavant, dans la misère ; sa gloire avait suivi de peu.

De retour dans sa chambre-atelier, il se planta devant

son chevalet et passa une partie de la nuit à travailler à la chandelle.

Au petit matin, attirée par des exclamations furieuses, Suzanne poussa la porte de son fils. Maurice avait jeté la toile sur le plancher et la frottait à l'essence de térébenthine en hurlant :

— J'y arriverai pas, nom de Dieu ! J'y arriverai jamais !

Il se rua sur sa mère avec une telle impétuosité qu'elle chancela. Il la serra contre lui en gémissant.

— Je ne ferai jamais rien de bon, je le sens ! J'ai passé la nuit sur cette toile. Le résultat : de la merde !

— Calme-toi, dit-elle. Le fait que tu juges aussi sévèrement ton travail est un bon signe. Ça révèle une exigence de ta part. Les médiocres sont rarement déçus d'eux-mêmes et surestiment leur talent. Tu as encore beaucoup à apprendre, et d'abord la patience. Même si ça t'échappe, tu as fait des progrès.

Elle se reprocha de l'avoir conduit à l'exposition Sisley : cette visite avait ouvert à Maurice une porte ; il s'y était engouffré, persuadé qu'il avait découvert sa voie et s'était trouvé dans une impasse, face à ses insuffisances. Il avait buté de plein fouet contre la statue du dieu et avait deviné en lui une médiocrité de larve.

Maurice sentait le vin. Il avait bu deux bouteilles durant la nuit.

Maurice ne reparut pas de trois jours, enfermé dans sa chambre-atelier. Il ne sortait que pour se rendre aux toilettes, bousculait la grand-mère, restait muet quand on l'interrogeait. Aux heures des repas, Madeleine glissait un plateau dans sa chambre, comme pour un prisonnier. Il exigeait qu'on l'accompagnât d'une bouteille de vin.

À André Utter, surpris qu'il ne donnât pas signe de vie, Suzanne répondait qu'il était en crise à la suite de la visite de l'exposition Sisley.

— Au moins, est-ce qu'il peint ?
— Comment le savoir ? Il refuse qu'on entre dans sa chambre. Il dort, il mange, il boit : trois ou quatre bouteilles par jour. Si on les lui refuse, il menace de tout briser. Je crains qu'il ne sombre de nouveau dans l'ivrognerie.

Elle savait gré à André de jouer le rôle de mentor : il avait réussi à imposer à son ami une sobriété à laquelle Maurice s'était plié de mauvaise grâce. Ils passaient leurs dimanches sur la Butte, à la recherche de quelque motif, comparant leur travail, échangeant leurs impressions. Ils peignaient rarement sur place pour ne pas risquer de se voir entourés de badauds. En fin de soirée, ils faisaient halte chez Émile ou au Chalet, chez Adèle, qui venait d'ouvrir son restaurant, buvaient un bock ou deux. C'était parfois une virée chez Bruant qui avait installé dans son parc une piste pour cyclistes, et ils pédalaient allègrement.

— Croyez-vous qu'il va rester longtemps à bouder ? demanda André. Peut-être, si j'essayais de forcer sa retraite...
— Je vous le déconseille : il n'accepte aucune présence. Hier, lorsque ma mère a ouvert la porte pour lui demander son linge sale il lui a jeté son oreiller à la figure. La pauvre vieille en était toute retournée.
— Je vais tout de même essayer.

Il s'installa sous la fenêtre de Maurice, au milieu de l'allée et, les bras croisés, attendit que le prisonnier volontaire se montrât. Lorsqu'il aperçut sa silhouette derrière la vitre, il lui fit un signe de la main. Maurice disparut.

Un matin, à une semaine du début de sa retraite, Maurice fit sa toilette, se rasa, coiffa son chapeau plat, prit sa canne et partit sans un mot. Suzanne entreprit de le suivre de loin : elle le vit longer la rue Norvins, traverser la place Jean-Baptiste-Clément, s'engager dans la rue Ravignan qui menait au Bateau-Lavoir, obliquer vers la rue Gabrielle. Il s'arrêta dans l'entrée d'une venelle aboutissant à un immeuble collectif d'allure sordide, parut hésiter, s'y engagea.

Elle revint vers la rue Cortot en se disant que, pomponné comme il l'était, il devait se rendre chez une prostituée. Cela la rassura.

7

L'ARCHANGE AUX YEUX MORTS

Maurice frappa avec le pommeau de sa canne. N'obtenant pas de réponse, il poussa la porte déglinguée que Max Jacob ne fermait jamais. L'odeur, qui lui était pourtant familière, le fit reculer.

— Qui est là ? marmonna une voix grasseyante.

Max était encore couché. Il se redressa lentement, se frotta les yeux en bâillant. Il se montra surpris d'une visite aussi matinale.

— Il est onze heures, dit Maurice. Si je vous dérange...

Max gratta furieusement sa poitrine constellée de taches roses.

— Vous avez bien fait de me réveiller, dit-il. J'ai rendez-vous chez Adèle avec Modigliani. Quelle nuit, Seigneur ! Une bringue du tonnerre...

En basculant au bord du lit il reprocha à Maurice sa longue absence. L'abbé Jean lui-même s'en inquiétait.

— J'étais à Montmagny, bredouilla Maurice.

— Passez-moi la cuvette. Le broc à eau est sous la table.

— Il n'y a plus d'eau.

— Eh bien, allez en chercher, tonnerre ! La fontaine est au fond de la cour.

Max se baigna les pieds dans l'eau additionnée d'une poignée de sel gris, puis utilisa la même eau pour se laver le reste du corps, sans oublier les parties basses. Il se frotta vigoureusement le torse à l'eau de

Cologne en chantonnant *Tarara boum di he*, puis il dit brusquement en s'habillant :

— Qu'est-ce qui vous amène, mon petit ? On a besoin des conseils de tonton Max ? Une boulette d'abricotine, peut-être ? Non ?

— Je traverse une période difficile, dit Maurice. Plus de goût pour la peinture. J'ai fourré sous mon lit tout mon attirail, et...

— Préparez-moi du thé. Vous savez où trouver le nécessaire. Vous disiez ?

— Que je n'arrive plus à peindre. En fait depuis une visite à l'exposition Sisley. J'en suis sorti enthousiasmé, puis découragé. Jamais je n'arriverai à peindre comme lui.

Max eut un rire encombré ; il cracha dans la cuvette, se mit à chantonner.

— Alfred Sisley... Effets de neige... inondations... bords de Seine... Pouah ! tout ça sent la terre pourrie. C'est du passé, mon petit. L'avenir est aux peintres du Bateau-Lavoir : Picasso, Van Dongen, Derain, Vlaminck, les fauves, les cubistes... L'impressionnisme, c'est de l'histoire ancienne. Vous devriez vous mêler à leur groupe. Vous en tireriez des leçons profitables. Qu'est-ce que vous peignez, vous ?

— Des maisons, maître.

Max prit une voix d'enfant.

— Des maisons... Des petites maisons... Moi aussi, quand je portais encore les culottes courtes, je dessinais des maisons, puis je me suis dit que je n'étais pas architecte. Faites donc des portraits, des nus, de la vie, quoi ! Peignez les gens tels que vous les voyez, comme votre mère. Elle a compris, elle !

— Je ne pourrai jamais. J'ai essayé. Ça ne vient pas. Je doute de moi au point que j'ai songé à me suicider.

— Bon signe ! Ça prouve que vous avez la peinture dans les tripes. Les imbéciles, eux, ne doutent jamais.

Maurice se dit qu'il avait entendu cette réflexion quelque part.

— Mon petit, j'ai deux conseils à vous donner : prier et travailler. Il y a longtemps que vous n'êtes pas entré dans une église, c'pas ?

— Oui, maître, très longtemps.

— Alors, si vous voulez retrouver la foi en vous il faut rechercher la foi en Dieu. Amen !

Maurice prit la brosse que lui tendait le poète et brossa sa redingote. Max lui montra une liasse sur la table à tout faire.

— J'ai commencé une pièce de théâtre, mais je peine, pouvez pas savoir ! Je n'ai qu'une certitude, un joli titre : *Le terrain Bouchaballe*. Z'aimez ?

— Original, dit Maurice.

Ils remontèrent ensemble la rue Norvins jusqu'au Chalet d'Adèle. Modigliani attendait sur la terrasse, devant une absinthe, mais c'est une Adèle froufroutante qui vint à leurs devants. Elle embrassa Max et dit à Maurice en posant sur ses épaules ses lourdes mains baguées :

— Toi, je te reconnais ! Tu es le fils de Suzanne. Nous nous sommes rencontrés à Montmagny durant mon *exil*. Dis à ta mère que j'attends toujours sa visite.

La belle rousse s'effaça, laissant un sillage de patchouli. Modigliani n'avait pas bougé. Il serra mollement la main que lui tendait Maurice et ferma les yeux comme s'il allait se rendormir. Il avait déjà trois soucoupes devant lui.

— Vous avez bien connu l'un de mes amis, dit Maurice. André Utter...

Modi rouvrit les yeux, gratta son menton rêche ; balbutia :

— Utter... André Utter... Ça me rappelle quelqu'un. Un blondinet un peu con qui se prenait pour un artiste.

Maurice n'insista pas : André s'était fondu dans les brumes d'une mémoire à forte teneur éthylique. Avec son costume de velours gris, sa chemise à carreaux bleus, le foulard rouge négligemment noué au cou, sa beauté romaine, Modi dégageait une étrange fascination : son visage de *carbonaro* semblait avoir pris au soleil une teinte de miel blond sous les cheveux noir corbeau.

Arrivé à Paris au début de l'année précédente, cet artiste s'était installé dans la misère comme dans un état naturel. Avec les deux cents francs mensuels venant de sa mère, il menait une existence de clochard sans cesser de peindre et de dessiner des visages ovales, des femmes madones et, accessoirement, de sculpter des cariatides. L'alcool, les stupéfiants, les amours de hasard, une tuberculose mal soignée avaient miné son moral et son physique d'archange déchu.

— Nous attendons le docteur Alexandre, un ami des arts, dit Max. Il a des projets qui pourraient vous intéresser. Voulez-vous rester déjeuner avec nous ?

Prétextant un rendez-vous, Maurice déclina cette invitation. Il eût aimé en savoir davantage sur le peintre maudit mais il se sentait paralysé devant lui.

D'une allure détachée, il se dirigea vers le square Saint-Pierre. Peut-être l'abbé Jean accepterait-il d'entendre en confession ce néophyte négligent...

Lorsque Maurice rentra rue Cortot, ayant déjeuné d'une galantine chez Émile, il trouva sa mère au comble de l'indignation.

— Les salauds ! s'écria-t-elle. Parce qu'ils ont un pouvoir sur l'opinion ils se croient tout permis !

Elle venait de jeter dehors un journaliste que Vollard lui avait adressé dans l'intention de lui consacrer un article. Avec ses petites moustaches cirées, son col dur, sa chevelure frisée au « fer ondulatoire », ce personnage falot prenait des allures de grand patron de presse, ce qui, d'emblée, avait mis Suzanne mal à l'aise. Ils avaient bavardé durant une heure devant un verre de liqueur ; il avait pris des notes et paraissait intéressé par le parcours original de l'artiste. L'interview terminée il lui avait dit du ton le plus naturel :

— Je compte vous consacrer environ cent lignes. Cela vous coûtera deux cents francs.
— J'ignorais qu'il faille payer pour avoir un article.
— C'est la coutume, madame.
— Je ne dispose pas de cette somme.
— Eh bien, il n'y aura pas d'article. J'en suis navré.

Il avait toussé d'un air embarrassé avant de proposer un arrangement : le célibataire qu'il était aurait aimé la recevoir dans son petit intérieur, un jour prochain.

Les nerfs à vif, elle lui avait lancé :

— Je suppose que c'est également une de vos coutumes ! Je vais tâcher de transiger avec votre patron.

Il avait vivement réagi : qu'elle n'en fasse rien ! Il débutait dans la profession et tenait à son emploi. Elle l'avait jeté dehors en résistant à la tentation de lui botter l'arrière-train.

Curieusement, la scène que Suzanne venait de vivre avait purgé de ses miasmes l'ambiance délétère que la crise de Maurice avait fait peser sur la famille. Une solidarité dans la colère entre Suzanne hors d'elle et Maurice jurant de la venger avait accompli ce miracle. Paul annonça qu'il allait informer le directeur du journal de ces pratiques honteuses. Suzanne l'en dissuada.

— Les critiques parisiens, dit-elle, c'est le copinage allié à la corruption. Ton intervention serait inutile.

Le lendemain Maurice accueillit André, venu aux nouvelles, comme si rien ne s'était passé.

— J'ai rencontré ton ami Amedeo, dit-il. Il ne t'a pas oublié. Selon Max Jacob il ne tardera pas à faire parler de lui. J'ai vu une de ses toiles chez Émile : foutrement bien torché. Quant à trouver un public...

Il ajouta :

— Faut m'excuser. J'étais en pleine crise. Aujourd'hui je me sens mieux, j'ai repris confiance.

Il lui raconta sa visite à Max, sa rencontre avec Modi, sa confession au père Jean...

— Toi, Maurice, à l'église ? Si ta mère apprenait...

143

— Elle est au courant et ça ne change rien.

Il avoua qu'il cherchait une simple réponse à ses doutes. Il l'attendait. Il était sûr qu'elle viendrait : Max et le prêtre le lui avaient certifié. Jour après jour, durant sa crise, il avait senti des certitudes se concrétiser en lui, former un noyau dur qui lui permettrait d'affronter ses doutes et de reprendre ses pinceaux.

Vollard avait réussi à vendre la peinture de Suzanne : *La lune et le soleil*, la petite *Nature morte aux pommes*, ainsi que quelques dessins et sanguines. L'argent qu'elle avait tiré de cette vente était le bienvenu car Paul limitait au plus strict l'aide à son ménage en prétextant des frais de représentation. Elle savait trop bien ce que cachait cette expression.

Elle avait commencé à travailler sur une composition à deux personnages analogue à la précédente. Elle sollicita Clotilde qui se présenta avec une jeune amie anglaise, Dolly : stature de paysanne, cuisses monumentales et seins lourds ; tout ce qu'aimait Suzanne.

Après avoir recherché la posture idéale elle s'était arrêtée à une sortie de bain. Dolly avait tout son temps libre et Clotilde se faisait remplacer au Manhattan. Elles s'amusaient comme des adolescentes un peu délurées, se bécotaient et se caressaient sans la moindre pudeur, si bien que Suzanne devait jouer les censeurs.

— Hé, les filles ! On n'est pas dans un bordel pour gouines. Gardez la pose. Vous ferez joujou plus tard.

Peu satisfaite de son travail, elle décida d'en référer à Degas qui revenait d'un voyage en Italie. Rue Victor-Massé l'ambiance était pesante : Degas, au cours de son voyage, s'était fait voler mille francs et avait rapporté une bronchite compliquée d'une adhérence de la plèvre au poumon.

— Savez-vous comment mon médecin, ce morticole, me soigne ? Par des applications de coton iodé et de thermogène. Ça brûle comme le diable qui figure sur la boîte, et ça fait des cloques. La peau de ma poitrine ressemble à celle d'un cochon qu'on fait brûler après la saignée...

Il s'attarda peu, mais avec émotion, sur son voyage : il avait tenu — « avant de mourir » — à revoir la baie de Naples, berceau de la famille de Gas, le Vésuve, Sorrente, Capri...

— Un beau voyage mais qui m'a coûté cher ! Mille francs que des brigands m'ont volés du côté de Milan !

Il frappa le parquet avec sa canne et demanda à Argentine de leur apporter du thé. Suzanne profita d'une trêve dans le lamento pour lui présenter ses esquisses. Il les feuilleta en grognant mais s'en montra satisfait et avoua sa préférence pour celle qui représentait les deux femmes nues sortant du bain.

— Décidément, dit-il avec un rire grinçant, vous donnez de plus en plus dans la bouchère !

Ils dégustèrent leur thé en silence, puis il lui demanda si elle pouvait consacrer une petite heure à lui faire la lecture. Il lui tendit le roman de Rachilde : *La Jongleuse*.

— Reprenez au chapitre VI : *Je suis comme un petit enfant nu dans un grand vent...* Lisez lentement. D'ordinaire c'est Zoé qui me fait la lecture, mais j'ai l'impression de l'entendre me dire « Essuyez-vous les pieds » ou « Finissez votre soupe ». Votre voix à vous, Suzanne, est faite pour les mots d'amour. Et puis, cette pauvre Zoé s'endort à peine la lecture commencée. Demander à Argentine ? Cette cruche, elle ne sait pas lire !

Suzanne commença le chapitre en lisant avec application. Elle était à peine parvenue à la fin de la page qu'elle entendit un léger ronflement : le maître s'était endormi, en écoutant les « mots d'amour ».

En les voyant arriver le père Frédé se gratta la barbe en se disant que la soirée allait être chaude.

On avait beau, au Lapin agile, accueillir avec plaisir les artistes, il en est certains qu'on eût aimé voir moins souvent : le trio Jacob-Modi-Utrillo notamment.

Depuis qu'il avait pris en gérance le cabaret abandonné par Adèle, Frédéric Gérard, ancien poissonnier à Montmartre, devait rendre des comptes à Bruant qui, fortune faite, avait pris sa retraite. Frédé avait du goût pour la romance ; il avait maîtrisé ses cordes vocales en vantant ses maquereaux et sa morue sur le banc des marchés.

Il avait liquidé son fonds de commerce mais conservé son vieux compagnon : l'âne Lolo qui faisait office de chien de garde et d'attraction sous l'acacia de la cour, dans l'attente du tabac et de la gnôle que des âmes généreuses lui proposaient. Frédé avait inscrit sur un panneau, sous l'enseigne d'André Gil, sa devise : *Le premier devoir d'un honnête homme est d'avoir un bon estomac* — un hommage indirect aux vertus culinaires de son épouse, Berthe. La clientèle n'était pas déçue.

En voyant surgir le trio, le père Frédé se demandait ce que cette soirée allait lui coûter en matière de casse. Il avait conservé l'essentiel de la décoration qui datait de l'époque où Adèle avait fait du coupe-gorge un établissement convenable, sinon luxueux. Il n'avait guère modifié le décor intérieur qui rappelait davantage une gargote qu'un cabaret chantant : une petite salle où officiait un garçon beau comme une image de gazette, Victor, son beau-fils, une arrière-salle plus vaste dotée d'une large cheminée, d'une longue table, ornée d'une image d'apsara, d'un crucifix grandeur nature en ronde-bosse, d'une statue en plâtre de Terpsichore, de quelques tableaux de peintres indigènes. Un massacre fréquent de souris et de rats avait laissé survivre quelques spécimens qu'on voyait courir le long des plinthes.

Au début de leurs relations, Max avait dit à Maurice :
— Paraît que tu exposes avec ta maman ?
— Où ça ?
— Au Lapin agile. Faut aller voir ça de plus près.

Pour cette visite Max avait revêtu son caban breton, son huit-reflets et s'était collé son monocle à l'œil.

Le père Frédé ne présentait en fait qu'un dessin de Suzanne et une peinture d'Utrillo, mais, pour saluer cette découverte, les Dioscures, comme disait Max en parlant de lui et de son compagnon, avaient bu sec.

La clientèle du Lapin agile était très éclectique, mais les peintres étaient en majorité. On y voyait fréquemment la bande à Picasso, mêlée à des écrivains et à des poètes : Pierre Dumarchey qui se faisait appeler Mac Orlan, Francis Carco, un poète d'origine roumaine né à Nouméa, André Salmon, mémorialiste, romancier et poète... Le plus assidu était le chantre des bistrots, le Beauceron Gaston Couté : il avait élu domicile chez Frédé, se trouvait dès le matin en état d'ébriété et dormait sous les tables, nomadant de l'une à l'autre.

Le reste de la clientèle se composait de personnages gyrovagues, joyeux ivrognes pour la plupart, de gens de la haute venus s'encanailler à bon compte et se faire brocarder par le patron, des étrangers d'agences de voyages en goguette...

Les soirs d'été, les veillées se déroulaient sous l'acacia de la terrasse. Frédé s'accompagnait à la guitare pour débiter la chansonnette que l'assistance reprenait en chœur.

Lorsqu'il eut quitté Max et Amedeo sur la terrasse du Chalet d'Adèle, Maurice s'était dit que, malgré la fascination qu'il éprouvait pour cet archange chassé du paradis, il n'aurait pas de relations suivies avec Modigliani. À quelques jours de cette rencontre, alors qu'il revenait du chantier du Sacré-Cœur pour quelques croquis, sa mère lui tendit un billet arrivé au courrier du matin : un mot très bref de Modigliani lui demandant de passer à son domicile, rue Caulaincourt.

— Je n'aime guère ce personnage, lui dit Suzanne. Un ivrogne, un détraqué. Tu n'as pas intérêt à le fréquenter alors que tu négliges André Utter.

La curiosité fut la plus forte. Le lendemain, Maurice frappait à la porte de la chambre occupée par l'artiste, sous les combles de la plus minable cage à punaises du quartier. Il n'obtint pas de réponse mais perçut une rumeur, comme s'il venait de déranger des cambrioleurs. Modi vint lui ouvrir la porte ; il était torse nu et bouclait sa ceinture. Près du lit une fille rousse était en train d'enfiler sa combinaison.

— Si je dérange..., bredouilla Maurice.

Modi fit signe qu'il n'en était rien. Il livra passage à Maurice, envoya la fille chercher de l'eau sur le palier, invita son visiteur à s'asseoir. Il régnait dans ce galetas une chaleur torride mêlée d'une odeur composite : sueur, vomi et urine. Modi avait épinglé aux cloisons quelques dessins et aligné des toiles retournées derrière son chevalet.

— Je te proposerais bien un verre de vin, dit le peintre, mais il est tiède et c'est mauvais pour l'estomac. Nous irons tout à l'heure au bistrot.

Il s'arrosa le torse et le visage avec l'eau que la fille avait rapportée. Il était bâti comme un Praxitèle avec, sous une peau légèrement brune de Ligure, de délicats jeux de muscles. Il dit en enfilant sa chemise :

— Je te présente... au fait, tu t'appelles comment ? Ah, oui ! Thérèse. Thérèse, voici un jeune peintre de mes amis : Utrillo.

Il se pencha vers l'oreille de Maurice.

— Si tu as envie de cette fille, te gêne pas. Elle est un peu grosse, avec une odeur de rousse, mais c'est le *Vesuvio* !

— Merci, dit Maurice. Je ne veux pas abuser.

Modi sortit quelques pièces de sa poche, les glissa dans la main de la rousse qui venait de se rhabiller. Thérèse fit la grimace. Il se peigna longuement devant la glace, faisant glisser l'épaisseur de sa chevelure sur le côté droit, et se frotta la joue.

— Pas rasé, dit-il, mais *basta* ! On me prend comme je suis.

En longeant la rue de l'Abreuvoir ils se retrouvèrent rue des Saules, puis sur la place du Tertre. Adèle était en train d'ouvrir ses parasols pour quelques Anglais avachis devant leur bock.

— Du rouge ! lança Modi. Une bouteille.

Il paraissait détendu. Les mains dans les poches, ses jambes courtes allongées sous la chaise de Maurice, son chapeau garibaldien sur les sourcils, il sifflotait. « Qu'est-ce que ce type peut bien me vouloir ? » se demandait Maurice. Ils n'avaient pas échangé un mot de tout le trajet, comme s'il y avait urgence à se trouver sur cette terrasse.

Au deuxième verre, Modi annonça qu'il allait déménager, en évitant, ce qui allait de soi, de régler son loyer qui avait trois mois de retard. Il fit le compte sur ses doigts de ses déménagements : ce serait le cinquième et sûrement pas le dernier. Il n'aimait pas se fixer dans le même lieu plus de quelques mois. D'ailleurs, avec ce que lui versait sa mère, il n'en avait pas les moyens. Sa peinture ? Il trouvait peu d'acheteurs et ils le payaient avec des haricots.

Entre deux verres il sortait de la pochette de sa chemise une boulette d'éther qu'il savourait d'un air méditatif.

— Faut m'excuser pour mon accueil, dit-il. J'avais oublié notre rendez-vous. Je dormais quand tu es arrivé. Cette garce m'avait épuisé.

Son territoire de chasse se situait dans les quartiers bas de Montmartre. Il ne s'y rendait que rarement le soir, où l'on trouvait les plus belles filles, mais à des tarifs qui dépassaient ses moyens. Dans la matinée, en revanche, on découvrait des occasions plus abordables : les marlous mettaient sur le trottoir de vieilles prostituées qui montaient pour quelques francs tandis que la jeunesse se reposait de sa nuit de labeur.

— Trois francs le moment, dit-il. Tarif raisonnable, et en plus elles ont de l'expérience.

Il commanda une autre bouteille sans se préoccuper de qui réglerait l'addition. Maurice en était toujours à se demander ce qui avait incité le peintre à lui proposer cette rencontre qui paraissait sans objet immédiat. Sous la fascination que le bel Italien exerçait sur lui et l'effet du vin aidant, il se disait que ces considérations étaient inopportunes. Des filles s'arrêtaient pour les regarder et leur envoyer des sourires auxquels Modi répondait en levant la main au-dessus de son genou.

— Hier, dit-il, j'ai fait un scandale à l'hôtel. La patronne réclamait mon retard de loyer, ce qui est son droit, et me reprochait mes mauvaises fréquentations, ce que je ne pouvais pas accepter. Il paraît que j'ai une conduite *immorale* !

Il parlait si haut que certains clients se retournèrent. Il poursuivit avec une véhémence accrue.

— Je déteste la morale de tout le monde ! Nous autres, artistes, nous avons des besoins différents de tous ces cons qui nous entourent et m'écoutent ! Oui, messieurs et dames ! Nous sommes des êtres d'exception et nous avons des droits imprescriptibles ! Ceux qui ne sont pas d'accord, je les emmerde !

Alertée par l'esclandre, Adèle intervint.

— Et alors, mon petit Amedeo, on fait sa crise ? Il va falloir te calmer ou déguerpir. Vous avez assez bu tous les deux. Qui va régler l'addition ?

Maurice jeta quelques pièces sur la table avec l'impression qu'on ne s'arrêterait pas en si bon chemin. Modi commençait à devenir intéressant : il divaguait mais avec l'éloquence d'un sénateur romain face à la plèbe. Discrètement, Maurice compta sa fortune : il lui restait quelques francs sur la vente d'un tableau ; il en avait donné une partie à sa mère.

Modi décréta en se levant qu'on allait finir la journée au Lapin agile. En chemin ils firent halte dans deux bistrots, séchèrent chacun une chopine chaque fois, si bien que leur entrée dans le cabaret, en compagnie de Max que Modi avait tenu à inviter, ne passa pas inaperçue.

Modi, en vue du cabaret, se mit à chanter *O sole mio*. Lolo lui répondit par un braiment joyeux.

La soirée s'annonçait chaude.

C'était un soir d'hiver doux pour la saison. La neige avait laissé des franges de vieille dentelle sur le revers des talus et le toit de tuiles. Personne dans le bar où Victor essuyait des verres en compagnie de Margot, la fille de Frédé, qui portait en permanence une corneille apprivoisée sur l'épaule. En revanche, dans la grande salle, on menait un train d'enfer. Devant la cheminée où crépitait un grand feu, Mac Orlan fêtait son entrée en littérature : un journal avait publié trois de ses contes. On en était à la tournée générale et l'ambiance tournait au beau fixe.

L'entrée du trio fut accueillie par des ovations.

— Du vin pour nos amis ! s'écria le héros du jour.

Il libéra Margot qui venait de se poser sur son genou, afin qu'elle procédât au service.

— Béni soit le père Noé qui inventa la vigne ! s'écria Max Jacob. Mes amis, on nous a trompés : la vérité ne sort pas d'un puits mais d'une barrique. Et nous sommes tous les enfants de la Vérité !

— Un poème ! s'écria Francis Carco.

On hissa Max sur une table. D'un geste majestueux il rejeta les pans de son caban sur ses épaules et, au lieu du poème, chanta *Étoile d'amour*. On lui fit un triomphe. Vlaminck le prit dans ses bras d'hercule de foire pour lui faire effectuer un tour de piste. Un jeune théâtreux, Charles Dullin, déclama un poème un peu leste de Baudelaire avec des mines de diva. Mac Orlan prit la suite avec son répertoire de la Légion.

— À toi, Frédé, lança-t-il, et tâche de ne pas nous faire pleurer !

On reprit en chœur la *Chanson des orfèvres* et *Les Filles de La Rochelle* en frappant en cadence sur les tables. Durant ce récital la bande à Picasso, sa *cuadrilla* composée d'artistes espagnols aussi nécessiteux que lui, s'était glissée près de la cheminée.

Maurice, en état d'ébriété avancée, crut rêver en voyant, tout près de lui, une main qui surgissait en tremblant de sous la table et tâtonnait sur le rebord. Ce pauvre Gaston Couté, l'oublié de la fête, venait de se réveiller et réclamait sa part à tue-tête. On le fit sortir de sa cachette en le tirant par les pieds. Il tenait à peine debout, comme secoué par un vent de galerne.

— Et un litron pour Gaston ! s'écria Carco.

Couté se contenta d'avaler un verre mais, raflant une bouteille, réintégra sa niche sans un mot.

— Pauvre type, dit André Salmon, il finira dans un asile. Pas de conseil à vous donner, mais apprenez que notre pire ennemi c'est l'alcool. Vous en avez le triste exemple sous les yeux. À la vôtre.

— À la vôtre ! répondit Maurice.

Il avala un dernier verre, s'allongea, appuyé contre Picasso qui, lui, ne touchait que rarement au vin et à l'alcool. Il s'endormit alors que Frédé entonnait *La Pomponette*.

8

LA FONTAINE SCELLÉE

Suzanne jeta une bûche dans la cheminée, tisonna à gestes nerveux, posa la casserole de café sur des braises et revint s'asseoir sur la carpette, près d'André Utter.

— Quelque chose m'avertit que Maurice ne rentrera pas de la nuit, dit-elle. Qui sait où il est et ce qu'il est en train de faire ?

Questions absurdes. Elle savait avec qui il traînait : avec ses deux complices de débauche, Max Jacob et Modigliani.

— Vous au moins, André, ajouta-t-elle, vous êtes un garçon sérieux. Vous devriez tenter de lui faire entendre raison. Vous avez une certaine influence sur lui...

— La raison ? Il s'en moque. S'il continue...

— Ne l'abandonnez pas. Vous êtes le seul qu'il écoute.

L'odeur du café réchauffé commençait à se répandre dans la pièce. Suzanne se leva pour remplir les tasses. Elle jeta un regard dans le jardin. Au-dessus de l'avenue Junot, dans l'échancrure entre deux immeubles en construction, le ciel avait pris sa couleur mauve des soirs d'hiver. Elle resserra son châle sur ses épaules en frissonnant. Le bruit d'une chaise remuée puis d'un sommier grinçant vint de la chambre voisine où Paul était en train de se coucher. Sa colère s'il apprenait que Maurice n'était pas encore rentré, qu'il ne rentrerait sans doute que le matin, et dans quel état !

— Buvez votre café tant qu'il est chaud, dit-elle.

Elle lui tendit la tasse ; il garda quelques secondes sa main contre la sienne et dit d'une voix qui tremblait un peu :

— Vous devriez lui couper les vivres.

Elle avait essayé ; il s'était rebellé jusqu'à lever la main sur elle. Il avait osé ce geste pour la première fois.

— S'il m'avait frappée, moi, sa mère, je l'aurais jeté dehors. Pour l'argent il se débrouille, et vous savez comment...

Lorsque Maurice manquait d'argent pour s'enivrer il payait avec une toile. Ses œuvres tapissaient presque tous les bistrots de la Butte ; on en trouvait chez les brocanteurs, chez des commerçants qui les exposaient devant leur étalage, à même le trottoir. C'étaient pour la plupart des croûtes qu'il n'aurait jamais dû signer.

— Navrant, dit André.

Il se leva pour prendre congé ; Suzanne le retint.

— Pourquoi partez-vous déjà ? Je vous ennuie ? Vous avez un rendez-vous ?

— Personne ne m'attend, vous le savez bien.

— Vraiment ? Pas une femme dans votre vie ? C'est curieux.

— Personne. Au risque de vous choquer je puis vous dire qu'une seule femme compte pour moi et qu'elle n'est pas loin d'ici.

— Vous voulez parler de ce petit modèle de la rue Sainte-Rustique, la fille de la crémière ? Je sais qu'elle vous fait les yeux doux...

— Ne faites pas l'innocente. Vous savez qu'il s'agit de vous.

Elle pouffa dans ses mains.

— Vous plaisantez ? Moi ? Je suis presque une vieille femme. Mais regardez-moi, bon Dieu !

— Ça fait longtemps que je vous regarde et je vous trouve de plus en plus séduisante : belle, mystérieuse...

Comment ne vous êtes-vous pas rendu compte que je suis amoureux de vous ?

Il expliqua que la fascination qu'elle exerçait sur lui avait débuté dans son atelier. Il avait été séduit par sa façon de parler aux modèles, de dessiner, de peindre. Inconsciemment peut-être, il avait subi son influence dans sa propre peinture. Maurice lui disait : « Voilà que tu te mets à faire du Valadon ! »

Suzanne se leva d'un mouvement nerveux et revint se poster près de la fenêtre. La nuit était totale, à peine grignotée par les auréoles des réverbères. La grise luminosité du ciel semblait annoncer une nouvelle chute de neige. Un couple s'arrêta près du portail en s'étreignant. Un ivrogne passa en titubant, s'affala dans le ruisseau qui drainait les eaux sales. C'était une nuit ordinaire, sauf que Maurice était absent et que ce garçon, là, derrière elle, lui ouvrait une porte qu'elle croyait condamnée.

— À ton âge, lui avait dit Clotilde, on ne renonce pas à l'amour. Si quelque occasion se présente, ne la laisse pas passer, mais évite la grande passion. On ne sait pas où ça va s'arrêter.

Suzanne avait renoncé à attendre l'aventure qui changerait sa vie. Son mariage avec Paul, en l'installant dans l'aisance et la sécurité, avait éteint ses derniers feux, du moins le croyait-elle en le regrettant. Elle s'était faite à l'idée d'une retraite sentimentale, mais son retour à Montmartre l'avait réveillée. Les peintres attablés aux terrasses des cafés en compagnie de leurs modèles, les petites ouvrières qui remontaient dans la soirée la rue Lepic, escortées de galopins provocateurs, les amoureux surpris dans le Maquis ou les fortifs réveillaient en elle la nostalgie des amours de jeunesse.

Elle revint s'asseoir près d'André, but dans sa tasse ce qui restait de café chaud et décida de le mettre à l'épreuve.

— J'ai lu récemment chez Degas quelques pages du

roman de Rachilde : *La Jongleuse*. L'héroïne, Élianthe, annonçait à son prétendant qu'elle était *morte comme la fontaine scellée des Écritures*. Elle espérait ainsi le décourager.

— Mais vous n'êtes pas morte ! protesta-t-il. Une fontaine scellée peut redonner son eau. Laissez-moi une chance. Nous sommes libres tous les deux puisque votre mari n'est plus rien pour vous.

— Un autre mot d'Élianthe : *On n'est libre que lorsqu'on a éliminé tout le monde autour de soi...* En fait elle a dit *tué* !

— Faudrait-il que je tue monsieur Paul ?

Elle éclata de rire, jeta sa tête dans l'épaule du garçon et renversa dans sa vivacité la tasse de café sur sa chemise.

— Pardonnez-moi ! dit-elle. On va nettoyer ça.

Le café ayant traversé le tissu elle lui demanda d'ôter sa chemise et son linge de corps. Elle passa dans la salle de bains pour procéder au nettoyage, étendit le linge propre sur le pare-feu. Dans moins d'une demi-heure tout serait sec et il pourrait repartir.

— Suzanne, dit-il, vous êtes une magicienne.

— Si vous m'aviez dit que j'étais une mère pour vous, je crois que je vous aurais giflé. Vous ne l'avez pas dit. Ça mérite une récompense.

Elle lui abandonna ses lèvres.

Max Jacob était euphorique. À l'issue d'une nuit mémorable au Lapin agile, une virée dans une boîte de la place Pigalle spécialisée dans les *visions artistiques* et, pour finir, dans un gros numéro de la Goutte-d'Or, il avait décidé, à l'heure des éboueurs, qu'on n'allait pas se séparer si tôt.

— À cette heure-ci, dit-il, les bourgeois en goguette vont déjeuner d'une soupe à l'oignon aux Halles ou d'un bol de lait frais au Pré-Catelan. Avez-vous l'argent nécessaire ?

Ils retournèrent leurs poches sans trouver la moindre pièce.

— Alors, ajouta Max, aux grands maux les grands remèdes.

Il précéda ses acolytes vers un immeuble de l'avenue de Clichy. Il savait comment s'y prendre pour passer la loge du concierge sans avoir à tirer le cordon. Ils grimpèrent aux étages et firent une razzia de bouteilles de lait, de croissants et de petits pains qu'ils allèrent consommer au square d'Anvers.

— Il va falloir que je rentre, dit Maurice. Ma mère doit être folle d'inquiétude.

— La pauvre femme, dit Modigliani. Elle ne mérite pas que tu la fasses souffrir.

Le beau peintre italien avait rencontré Suzanne dans la modeste boutique du marchand de peintures Clovis Sagot, rue Laffitte : un ancien boulanger reconverti dans le commerce de l'art. Le besoin immédiat de quelque argent l'avait poussée jusque-là avec des dessins sous le bras.

— Quatre dessins et une gouache, dit-elle. Combien m'en donnez-vous ?

Il avait haussé les épaules.

— Des dessins ! Ma bonne dame, regardez, mes murs en sont couverts. Les vôtres sont de bonne qualité, j'en conviens, mais je ne suis pas sûr de les vendre. Laissez-les-moi en dépôt, on verra bien.

— J'ai besoin d'argent tout de suite. Dites un prix.

— Ben... dix francs pour le lot, ça vous irait ?

— Vous plaisantez !

— C'est à prendre ou à laisser.

Une voix leur parvint du fond de la boutique. Modigliani s'était avancé, avait demandé à voir les dessins et la gouache.

— N'insistez pas, madame Valadon, dit-il. Ce vieux grigou veut vous rouler. Allons voir le père Soulié : il est plus honnête, bien que ce ne soit pas un petit saint.

Il prit d'autorité Suzanne par le bras, l'entraîna jusqu'à la boutique de la rue des Martyrs où officiait le vieil ivrogne, ami de beuverie de l'artiste. Soulié considéra avec intérêt les œuvres qui lui étaient présentées. Modi souffla à l'oreille de Suzanne :

— Ne vous y trompez pas : il fait semblant d'apprécier vos œuvres mais la vérité c'est qu'il n'entend rien à la peinture. C'est un ancien athlète de fête foraine reconverti dans la toile à matelas puis dans la galerie. Laissez-moi faire...

— Eugène, dit-il, il faut te décider. Sagot offre dix francs pour chacun de ces dessins et vingt pour la gouache. Une misère. Ce vieux *ladrone*...

— Tu te fous de moi, Amedeo ! s'écria le marchand. Votre nom est connu, ma petite dame, mais tout de même... Je vous offre trente francs pour le tout.

— Vieux grigou ! lança Amedeo. *Assassino !*

— Peux pas faire plus. Désolé. Les dessins se vendent mal. Je peux aller jusqu'à quarante, mais pas davantage.

— D'accord, dit Suzanne.

Ils allèrent fêter cette aubaine au bar du cirque Medrano, en face de la boutique de Soulié.

— Tu la fais souffrir, cette pauvre femme, bougonna Max, alors qu'elle t'a élevé et t'a appris à peindre !

— Elle m'a sans doute appris à dessiner et à peindre, répliqua Maurice, mais si je suis devenu un ivrogne, c'est aussi la faute de ma famille ! Un père en Espagne, un beau-père qui me déteste, une mère qui ne me comprend pas...

Amedeo lui tapa dans le dos. Il n'allait pas se mettre à pleurer, non ? Ce qu'il fallait pour le moment, c'était aller dormir.

— Eh bien ! dit Max en bâillant, allons faire dodo.

Il partit de son côté, Maurice et Amedeo dans une autre direction, accrochés l'un à l'autre, chaloupant dans la montée de la rue des Martyrs. À mi-pente, Modi annonça qu'il allait rebrousser chemin pour taper le père Soulié d'une ou deux thunes. Au retour il inspecta comme à la revue une rangée de vieilles prostituées, fit son choix, entraîna sa proie dans son nouveau domicile, rue des Trois-Frères : un ancien hangar transformé en chambre et en atelier. Il garda le lit pour ses ébats et fit dormir Maurice dans un fauteuil bancal.

À midi, il mit à la porte son copain et la pute.

— Excuse-moi, dit-il. Faut que je travaille, tu comprends ?

Il venait de neiger. Paris était tout blanc, magique comme une toile de Sisley.

Cette alacrité qui montait en elle dès le réveil et l'incitait à sauter du lit avant l'heure habituelle, elle savait d'où elle lui venait : elle était amoureuse de nouveau. « Amoureuse, moi, à plus de quarante ans ! C'est insensé. C'est merveilleux. »

Ce qui lui paraissait plus insensé, plus merveilleux encore, c'est qu'elle fût aimée. Elle ne pouvait en douter : ce « gamin », André, s'était pris pour elle d'une folle passion ; il lui faisait l'amour avec l'ardeur d'un ruffian et la tendresse d'un Éliacin. Il ne cessait de lui répéter qu'il l'aimait, et elle savait ce que ces simples mots : « Je t'aime », sont difficiles à prononcer quand on n'est pas sincère.

Comme dans le roman de Rachilde, la fontaine scellée avait cédé ; il avait suffi que son jeune amant la pénétrât pour qu'elle se sentît inondée de bonheur. Elle n'avait pas eu besoin d'éliminer son entourage pour se sentir libre : elle se contentait de l'ignorer. Paul, Maurice, Madeleine, ses chiens composaient autour d'elle un manège sans consistance.

Elle s'était remise au travail avec acharnement, décidée à en finir avec sa toile intitulée *Après le bain*, comme pour se débarrasser au plus vite d'une corvée.

Elle imposait à Clotilde et à Dolly des temps de pose inhumains ; lorsqu'elles protestaient, elle leur disait :

— Consolez-vous en pensant que vous figurerez dans des galeries, des expositions, que des milliers de visiteurs viendront vous admirer.

Pour les remercier de leur patience, elle les conviait chez Adèle qui les traitait comme des princesses.

Cette composition, malgré sa hâte d'en finir, elle avait eu plaisir à la brosser. Elle avait pétri ces chairs épaisses comme un boulanger prépare sa fournée. Le résultat la comblait. Elle se disait que Renoir aurait aimé cette toile. À la fraîcheur des nus du maître, à ses fondus lumineux, à la carnation de fruit qu'il donnait à ses nus, répondaient chez elle a contrario la rudesse du trait et de la matière, une violence, un parti pris de réalisme qui donnaient de la virilité à son œuvre.

Un soir de neige, alors que Maurice remontait la rue des Saules pour regagner son domicile, il fut abordé par un inconnu qui lui réclama un petit sou pour manger. Il était sans argent, ayant tout dépensé au Lapin agile. C'est alors que deux acolytes sortirent de l'ombre d'une porte cochère et se mirent en devoir de le fouiller. Il protesta, se débattit. Un coup de poing au visage le fit basculer. Il perdit connaissance. En revenant à lui il constata qu'on lui avait volé son manteau.

En le voyant surgir dans la cuisine, Madeleine poussa un gémissement et alerta Suzanne. Assis sur une chaise, Maurice paraissait sur le point de rendre l'âme : costume couvert de boue, visage tuméfié, barbe gluante de sang.

— Un jour il se fera tuer ! gémit Madeleine.

— Qu'as-tu fait de ton manteau ? demanda Suzanne en le conduisant au cabinet de toilette.

— Je viens d'être agressé par trois voyous. Pas pu résister...

— Parce que tu étais sans doute ivre.

Ça, il ne pouvait le nier. Il était parti le matin avec

sous le bras trois cartons peints, qu'il était allé présenter à Eugène Soulié. Il en avait tiré quatre thunes : de quoi faire la noce.

— Avec Modigliani, comme d'habitude, et Max Jacob sans doute. Il faudra que je leur dise deux mots à ceux-là !

Non ! cette fois-ci sa mère avait tort. Il était venu seul au Lapin agile où il était tombé sur une bande de soiffards qui avaient séché son pécule. C'est en sortant qu'il s'était fait agresser.

Il réclama du vin.

— Un verre, dit Suzanne. Pas plus. Mais je vais d'abord te soigner et te nettoyer. Ah ! tu es propre...

Le lendemain, lorsqu'il voulut partir, Suzanne lui interdit la porte. Il faisait trop froid pour qu'il sorte sans manteau.

— Nous irons t'en acheter un autre un de ces jours. En attendant, au travail !

Maurice avait depuis peu entrepris de peindre des monuments religieux pour lesquels il employait une pâte singulière : une sorte de boue argileuse vaguement colorée, avec, plaqués ici et là, des frottis d'émail. Il s'était pris d'un vif intérêt pour ces architectures massives, ces contreforts puissants, ces tours et ces clochers aux formes lourdes.

L'influence de l'abbé Jean y était pour quelque chose, plus que celle de Max Jacob dont la foi lui paraissait suspecte et qui prenait le confessionnal pour un cabinet de toilette où se laver des souillures du péché. C'est à son confesseur que Maurice avait parlé en premier de son intention, et c'est à lui qu'il avait offert sa première toile : une vue de la basilique de Saint-Denis, brossée dans un élan mystique favorisé par l'absence de curieux.

— C'est bien, lui avait dit Suzanne. Tu fais des progrès. Pourtant je préfère tes paysages de Montmartre, si vides soient-ils de personnages.

Elle s'expliquait mal la propension de son fils à ne peindre que des paysages urbains déserts, comme si quelque exode les avait dépeuplés. Maurice peignait le vide, ce qui conférait à ses toiles cette mélancolie poignante, exempte de lyrisme. Maurice peignait mieux qu'il ne voyait ; il peignait comme il sentait : son propre univers condamné à la dramatique solitude de l'ivrogne et du fils mal aimé.

Lorsqu'elle allait faire ses courses ou s'arrêtait pour consommer dans un café, Suzanne n'était plus surprise de voir, alignés sur le trottoir ou accrochés aux murs, des cartons peints signés Maurice Utrillo V. « C'est ainsi, lui avait dit André Utter, que ton fils règle ses additions : une ou deux toiles pour une ardoise ! » Dans certains bistrots on lui procurait les pinceaux, les couleurs et le carton en lui demandant d'aller peindre dans l'arrière-salle avec une bouteille pour lui tenir compagnie. On lui disait en lui proposant des cartes postales ou des photos : « Fais-moi l'hôtel des postes d'Enghien. » Il torchait la toile en un tournemain et repartait guilleret.

S'il manifestait de la mauvaise volonté ou se montrait exigeant, on le jetait dehors avec un coup de pied au cul.

André faisait montre de scrupules pour passer la nuit rue Cortot.

Madeleine n'était pas tombée de la dernière pluie ; elle s'était vite aperçue que les visites assidues du jeune homme n'étaient pas motivées seulement par des considérations artistiques, mais elle n'en soufflait mot. Monsieur Paul était cocu ? il l'avait bien mérité : il trompait Suzanne et la traitait, elle, comme une esclave.

Rien n'indiquait que monsieur Paul eût vent de cette liaison qui avait fait son nid sous son toit. Ses rapports, devenus inexistants avec son beau-fils, s'étaient dilués avec son épouse, dans l'indifférence. Il découchait sans prévenir, se rendait aux bains de mer à Deauville avec sa maîtresse. Son double ménage lui coûtait cher : ce qu'il économisait sur la rue Cortot il l'investissait rue Lepic.

Émotion, pour Suzanne, lorsque André lui annonça qu'il était convoqué pour passer le conseil de révision.

— Vivre l'un sans l'autre pendant deux ans, c'est insupportable !

André revint une semaine plus tard, radieux : il était réformé ! Le médecin-major avait relevé une défaillance musculaire consécutive à la chute qu'il avait faite dans sa jeunesse et qui le rendait inapte aux marches et aux manœuvres.

— Tu ne peux vivre, lui dit Suzanne, dans ce taudis qui te sert de logement. Ces caisses qui composent ton mobilier, ce lit trop étroit pour deux, ces carreaux cassés...

Elle ne supportait ni le délabrement ni la saleté. De cette pièce unique donnant sur le boulevard de Rochechouart elle avait décidé de faire un lieu agréable. Elle acheta quelques meubles à Deleschamps, les rafistola avec le concours d'André, organisa le coin cuisine, installa des étagères, tendit des rideaux de cretonne à fleurs, aménagea une petite bibliothèque. Il restait peu de place pour l'atelier mais André, pris par son travail à la Compagnie générale d'électricité et par ses rendez-vous avec sa maîtresse, trouvait peu de temps pour se consacrer à son art.

— Il manque à ta peinture, lui disait Suzanne, une touche personnelle, mais tu es doué. Tu devras te débarrasser des influences, la mienne notamment. Si je signais certaines de tes toiles on n'y verrait que du feu.

Il décida de faire le portrait de sa maîtresse ; elle lui promit de faire le sien. Un échange qui rappela à Suzanne celui qu'elle avait réalisé avec Erik Satie. Il la fit poser nue, insista sur le ventre proéminent, les membres musclés. Elle ne lui fit aucun reproche de cette vision réaliste de sa personne mais lui rappela qu'il persistait à « faire du Valadon ».

— Rien de grave, lui dit-elle. L'essentiel c'est notre amour. Car tu m'aimes, n'est-ce pas ?

Il se complut à le lui confirmer et à le lui prouver : elle était à la fois sa maîtresse, sa femme, sa mère. Sa famille ? il avait deux sœurs qui ne donnaient guère de nouvelles.

Il souhaita qu'elle lui fît un enfant. Elle s'esclaffa : ce grand fou ! À son âge cette perspective était absurde.

— Me vois-tu annonçant à Maurice : tu vas avoir un petit frère ou une petite sœur ? Et Moussis, qu'est-ce qu'il dirait ?

— Tu divorcerais et je t'épouserais...

Maurice venait de peindre la façade de l'église des Petits-Pères, dans le quartier de la Bourse. Dans le coin d'ombre où il s'était installé, la chaleur était intense et le bruit assourdissant. Il avait fini sa bouteille et, de temps à autre, laissant sur le trottoir son chevalet, il allait siffler une mominette au café.

Furieux de voir les passants s'agglutiner derrière lui, il finit par replier son attirail et se demanda, ivre comme il l'était déjà, comment il allait remonter à Montmartre avec son chargement. Prendre un sapin ? Il plongea la main dans sa poche, en retira trois malheureuses pièces de dix sous.

Une idée lui vint à l'esprit : proposer au patron du café de lui vendre sa toile. Il fut mal reçu : c'était une heure de pointe, avec la sortie d'une séance à la Bourse ; ces messieurs commençaient à rappliquer.

Occupé à essuyer des verres, le patron ne daigna pas accorder un regard à son chef-d'œuvre.

— C'est l'église des Petits-Pères, bredouilla Maurice. Entre deux appliques ça ferait de l'effet.

— L'église, je l'ai sous les yeux toute la sainte journée. Alors, votre barbouille...

— Vous ne savez pas à qui vous parlez, monsieur. Je suis Maurice Utrillo...

— Connais pas ! Rien à foutre de cette croûte.

— Donnez-m'en une thune.

— Vous me l'offririez que j'en voudrais pas. Fichez-moi la paix. Ma clientèle arrive.

— Votre clientèle, je l'emmerde ! J'ai besoin de deux francs pour prendre un fiacre.

Le patron prit la mouche, menaça d'alerter la police, demanda au garçon de jeter dehors cet énergumène entêté. Maurice se retrouva sur le trottoir avec son matériel éparpillé autour de lui. Fou de colère, il monta sur une chaise et, descendant son pantalon, montra son derrière aux passants en criant que les mastroquets étaient tous des jean-foutre et qu'il pissait sur les croquenots des sergots. Une voix raide l'interpella par-dessus la foule des badauds hilares.

— Descendez de là sans faire d'histoire !

Maurice considéra d'un air béat cette pèlerine à grosses moustaches et le bâton blanc qui se tendait vers lui.

— Mon ange gardien ! minauda-t-il. Il va me délivrer de ces salauds qui méprisent les artistes. Le patron, au bloc ! C'est un béotien...

— C'est pas le patron que je vais foutre au bloc, s'écria la pèlerine, mais toi. Remonte ton pantalon et suis-moi au commissariat.

Paul arpentait la salle à manger comme un ours en cage.

— Je ne lèverai pas le petit doigt pour ton ivrogne de fils. Qu'il sombre dans sa turpitude, ça le regarde, mais qu'il se livre à l'exhibitionnisme sur la voie publique, ça, c'est intolérable ! Il est à la Santé ? Qu'il y reste !

Lorsque Suzanne rendit visite à Maurice, accompagnée d'André, le directeur de la prison lui dit :

— Votre fils s'est rendu coupable d'un grave délit, madame.

— J'en ai conscience, monsieur le directeur, mais il faisait très chaud et il avait bu.

— Ce n'est pas une excuse. Il a eu un comportement inadmissible. À peine était-il interné qu'il a dessiné des cochonneries sur les murs !

— Des cochonneries ?

— Des dessins abracadabrants. Détérioration de bâtiment public, ça peut aller loin. Un conseil : faites-le interner.

L'affaire en resta là. Deux semaines après son arrestation, Maurice était libéré. Un patron de bistrot de ses amis, le père César Gay, ancien officier de police qui avait gardé des relations avec l'administration, avait obtenu l'élargissement de son client.

— Mon petit, dit-il, je t'ai épargné le pire. À partir de maintenant tu vas te montrer raisonnable et travailler.

Ce petit bonhomme voûté, d'allure mielleuse, avait dans la voix un reliquat d'autorité militaire qui prenait des accents de sommation.

Moussis, quant à lui, avait tenu parole : il s'était refusé à faire intervenir ses relations pour faire libérer son beau-fils.

— Quelques mois de cellule lui feront le plus grand bien, avait-il dit à Suzanne. Ainsi, toi et moi nous en serons débarrassés pour quelque temps...

Ils allaient une fois par semaine au cinéma et une fois par mois au Louvre ou au Luxembourg. André frémit d'émotion en retrouvant sa maîtresse sous forme d'allégories dans les toiles de Puvis de Chavannes, ainsi que dans les nus de Renoir. Il se prenait à détester ces maîtres qui l'avaient vue et peinte sans voiles, ces curieux qui l'admiraient.

— J'ai la certitude, dit-elle, de ne jamais mourir tout à fait tant que ces toiles vivront. On se souviendra de ces peintres mais aussi de quelques-uns des modèles qui les ont inspirés.

Un jour de mai, alors qu'ils flânaient dans les derniers espaces sauvages du Maquis, en marge des fortifs, leur attention fut attirée par un groupe campé sur une esplanade, entre deux casemates. Une chorégraphe d'origine américaine, Isadora Duncan, y faisait répéter ses élèves. Elles évoluaient dans des figures libres, au son de la flûte, vêtues de tuniques qui laissaient leurs jambes apparentes.

Ce spectacle insolite avait alerté la population, puis ému les autorités. C'était beaucoup de montrer ses chevilles, mais exhiber ses jambes relevait du scandale. Sans compter que les tuniques à l'antique ne cachaient pas grand-chose de leurs formes. Il y avait des établissements spécialisés dans ces spectacles honteux.

Une matrone expliquait vigoureusement son indignation.

— Dire que même les enfants peuvent regarder ça ! La police y mettra bon ordre. Je vais lancer une pétition !

Il n'y eut pas de pétition et Isadora put poursuivre ses répétitions sans être inquiétée.

Ils avaient décidé de ne plus se cacher.

On les voyait dans les cafés, les restaurants, les spectacles, bras dessus, bras dessous. Ils s'arrêtaient de temps à autre pour se bécoter comme des adolescents à leurs premières amours. « Tu as rajeuni de dix ans ! » lui disait Clotilde. Elle ne s'était jamais sentie si bien dans sa peau.

Elle poussait André à travailler à sa peinture. Parfois, lorsqu'elle recevait un modèle, elle lui proposait de la rejoindre. Il lui disait : « Si Maurice pouvait s'associer à notre couple, nous pourrions former un groupe : l'École Valadon, spécialité de nus en tous genres. » Elle aimait qu'il plaisantât.

Suzanne avait provisoirement donné congé à Clotilde et à Dolly en se réservant de faire ultérieurement appel à leurs services car elles correspondaient à sa conception du nu. Ses nouveaux modèles étaient des gamines ou des adolescentes à peine pubères ; elle les recrutait dans les parages, sans trouver de réticences de la part des mères : une artiste dont on parle dans les journaux, c'est rassurant...

Il y avait eu Ketty, la fille de la crémière, qu'André appelait la « rose crémière » ; il y en eut d'autres. Alors qu'avec ses modèles adultes Suzanne s'était astreinte à l'évocation des maturités généreuses, elle trouvait avec ces gamines l'innocence et la gracilité de ceux qu'elle avait dessinés jadis, rue Tourlaque et à Montmagny. Aucune concession à la beauté classique : une recherche constante, appliquée de la vérité du corps. Elle ne situait pas ses modèles dans des cadres agrestes à la Renoir mais dans des intérieurs banals où les objets prenaient de l'importance, comme dans les œuvres des artistes japonais. Ce qui retenait son intérêt c'étaient ces lignes de la préadolescence, ces femmes en train d'éclore, ces attitudes libres et naturelles.

Les mères accompagnaient souvent leurs filles. Elles étaient admises dans la salle à manger, faisaient du tricot ou lisaient des gazettes comme dans la salle d'attente d'un dentiste. Quelques-unes réclamaient des émoluments ; la plupart se contentaient d'un dessin.

Certaines de ces toiles étaient composées comme des scènes de genre : des fillettes nues flanquées d'une matrone qui transportait des brocs d'eau du lit au cabinet de toilette, maniait l'éponge et le savon avec la dextérité de servantes de hammam.

Suzanne retrouvait dans l'exécution de ces œuvres l'exaltation ressentie plusieurs années auparavant à la Butte-Pinson alors qu'elle dessinait cette fille à la fois fleur et fruit, docile et provocante : Rosalie. De cette époque elle n'avait gardé qu'un pastel : *La Toilette*, groupe de trois personnages, une servante et deux filles nues. On relevait jusque dans le choix des couleurs l'influence de Puvis de Chavannes. Elle avait placé cette œuvre dans sa chambre, en face de son lit, de manière à la voir chaque matin au réveil, annonciatrice, avec ses couleurs lumineuses, d'une journée féconde.

Ce matin-là, ce n'est pas Max qui vint ouvrir à Maurice mais un individu qu'il avait croisé à diverses reprises chez Frédé et au Moulin de la Galette.

Élysée Maclet était devenu depuis peu le locataire de Max avec lequel il partageait le taudis de la rue Gabrielle. Maurice ne s'était absenté qu'une quinzaine, pour aller méditer à la Santé sur les risques de l'exhibitionnisme, et déjà de nouveaux personnages surgissaient autour de lui.

On avait baptisé Élysée Maclet le Paysan de Montmartre. Du paysan il avait l'allure et les compétences. On lui avait confié l'entretien des jardins du Moulin de la Galette et il aurait pu s'en tenir là, mais il avait d'autres ambitions : il peignait et se disait élève de Puvis de Chavannes.

Il fit entrer Maurice et s'excusa pour le désordre : il n'avait pas eu le temps de faire le ménage. Il expliqua qu'il vivait avec Max depuis que la patronne de l'hôtel du Poirier l'avait mis à la porte pour défaut de règlement du loyer.

— Max m'a recueilli et hébergé. Quand il est absent, ce qui lui arrive souvent, il me prête son lit. Un cœur d'or, Max.

En sondant les profondeurs d'une caisse pleine de paperasse, Maclet découvrit une bouteille de vin à peine entamée. Il posa deux verres sur le manuscrit de Max et dit en les remplissant :

— Je vous connais : vous êtes Utrillo et votre mère est Suzanne Valadon. Une sacrée bonne femme, tonnerre de Dieu, et quelle artiste ! Faudra que je lui montre mes fleurs...

Ils trinquèrent comme de vieilles connaissances. Le premier verre du matin faisait toujours le même effet à Maurice : il diluait ses angoisses et ses cauchemars, lui conférait l'assurance nécessaire pour aborder du bon pied une nouvelle journée.

— Vous voulez l'attendre ou vous préférez revenir ? demanda l'artiste-jardinier. Il est allé entendre la messe à Saint-Pierre. Il y passe des heures depuis l'apparition.

Maurice demanda de quelle apparition il s'agissait.

— Z'êtes pas au courant ? On parle que de ça à Montmartre. On a même reçu la visite de l'évêque. Faut que je vous raconte...

Une nuit, alors qu'il était seul, Max avait entendu frapper à la porte. Il s'était trouvé en ouvrant en présence d'une image lumineuse : une sorte de brume dont se dégageait la silhouette du Christ en tunique bleu et or. L'image évaporée, il avait passé le reste de la nuit dans les transes et, à l'aube, avait couru réveiller l'abbé Jean pour qu'il sonnât les cloches annonciatrices de la nouvelle. Max se fit rembarrer, le prêtre le soupçonnant d'avoir abusé de l'abricotine. Max s'était défendu, avait donné des détails sur les attributs du Seigneur ; ce n'était d'ailleurs pas sa première apparition.

— Encore un verre, monsieur Utrillo ?

Ils avaient achevé la bouteille avant le retour de Max et Élysée Maclet s'apprêtait pour un nouveau sacrifice quand le poète fit irruption, le visage empreint de gravité, l'air d'un communiant touché par la grâce. Il serra Maurice contre sa poitrine, lui demanda comment il avait supporté son incarcération.

— Toi et moi, dit-il, nous ne sommes pas vraiment de ce monde. Nous vivons notre existence terrestre entre la grâce et la lapidation. Personne ne nous comprend mais le Seigneur nous garde sa confiance. Élysée a dû te raconter la bonne nouvelle. Tu me crois, au moins ? Tu sais que je ne suis pas un affabulateur.

Maurice hocha la tête. On avait vidé la deuxième bouteille et il commençait à flotter sur les vignes du Seigneur quand Max décida d'aller faire rayonner la grâce chez Frédé.

Max avait donné rendez-vous au Lapin agile à une vieille amie, Lucie Rapin, et à une fille, Rara, qui tenaient à rencontrer le miraculé. La première, ancienne horizontale des Batignolles, se promenait en permanence avec un réticule bourré de caporal qu'elle distribuait comme une manne sans oublier Lolo qui se mettait à braire d'envie chaque fois qu'il respirait l'odeur du tabac ; la seconde, ancienne danseuse de l'Élysée-Montmartre, tirait orgueil de sa pointure qui rappelait celle des Chinoises : son pied mignon tenait dans un bock à bière.

Les deux femmes attendaient Max sagement sous l'acacia en roulant des cigarettes. Il commanda un kirsch dans lequel il jeta une boulette d'éther. Il n'y avait pas foule, le gros de la clientèle n'arrivant que vers midi. Tandis que Maurice et Élysée allaient sécher au bar une ou deux chopines, il bavarda avec ces hétaïres sur le retour, entreprit de les catéchiser et les pria de lui abandonner leur main pour y lire une destinée que leurs mœurs et leur intempérance rendaient aléatoire.

Frédé était dans tous ses états : la salle principale avait été réservée pour un grand événement qui revenait chaque année, à date fixe, comme le 14 Juillet ou la Saint-Sylvestre.

Midi venait de sonner au clocher de Saint-Pierre quand une rumeur de fanfare et de cris joyeux descendit de la rue des Saules. On ne tarda pas à voir surgir l'avant-garde composée de tambours, clairons et mirlitons. Chaque année, à la même date, le dessinateur humoristique Poulbot, citoyen de Montmartre, invitait amis et connaissances à une noce virtuelle avec sa maîtresse, dont il ne pouvait se séparer et qu'il se refusait à épouser. Le joyeux défilé traversait la Butte à partir de l'avenue Junot où l'artiste avait son domicile, donnait l'aubade devant chaque bistrot, ce qui pouvait prendre des heures et, suivi d'une ribambelle de gamins amateurs de dragées, mettait le cap sur le Lapin agile.

Max se leva en titubant.

— Mesdames, dit-il, veuillez pardonner à l'émissaire du Seigneur. Un grand événement se prépare et je me dois d'être présent. D'ailleurs vous ne serez pas de trop. Lucie, daignez me rouler une cigarette, je vous prie. Et n'oubliez pas cet autre compagnon du Christ, l'âne Lolo.

Pris dans le tourbillon de la noce fictive, gavé de vin et de mets choisis concoctés par Marthe, Maurice, au milieu de l'après-midi, fit voile comme sur un nuage vers son domicile mais, en cours de route, conscient de risquer d'être accueilli par des bordées de récriminations, changea de cap et se retrouva chez son ami César Gay, son sauveur. C'était jour de fermeture.

Deux cartons sous le bras — il ne se déplaçait que rarement sans ce bagage qui lui servait de monnaie d'échange — il cingla vers la galerie Druet, rue Royale, à quelque distance de la Butte et dans un quartier chic, où il venait de se souvenir qu'un vernissage avait lieu.

Il y avait foule lorsque Maurice, titubant, dépenaillé, fit irruption dans ce cénacle huppé. Il bouscula le larbin qui lui demandait son carton et, passant de groupe en groupe, exhiba ses œuvres, s'attirant sourires de mépris et quolibets.

— Dix francs, madame, cette rue Norvins... Monsieur, pour huit francs, cet effet de neige place Saint-Pierre est à vous... Hein, quoi ? Ça vous intéresse pas ? Foutus bourgeois ! Personne pour encourager les jeunes artistes !

Il fallut l'intervention de M. Druet pour tenter de le faire renoncer à ses singeries et le prier de vider les lieux.

— Mon jeune ami, revenez me voir un de ces jours. En attendant, je vous prie de vous retirer.

Frantz Jourdain, architecte de la Samaritaine, s'avança, cigare aux lèvres, et demanda à voir les œuvres proposées par Utrillo. Il les examina attentivement, murmura :

— Pas mal... Pas mal du tout... Une réelle maîtrise, une ambiance fascinante... Mais que signifie ce V., à la suite de votre nom ?

— Valadon. Suzanne Valadon est ma mère.

Jourdain lui demanda à combien il estimait ces cartons peints. Maurice lança un prix qui ne fit pas sourciller l'amateur d'art mais provoqua la réaction de Druet : c'était beaucoup trop cher ! C'est alors qu'intervint un troisième larron : Chappedeleine, le comptable de la galerie. Si Jourdain renonçait à cet achat, il était preneur pour quarante francs les deux.

La journée de Maurice, commencée au gros rouge, se termina au champagne. Son ivresse avait fait place à l'exaltation. Persuadé d'avoir accédé à une autre sphère, il revint rue Cortot, interpellant les passants, brandissant ses billets. Quarante francs ! C'était la première fois qu'on lui donnait une telle somme pour deux toiles.

De retour à Montmartre il piqua droit vers le logis de Max qui était en train de cuver. Il lui fit renifler son magot.

— Je suis content pour toi, mon ami, lui dit Max. J'ai toujours su que tu avais du talent. Cesse de boire et tu auras du génie...

9

ENFERS ET PARADIS

Il fallait en arriver là un jour ou l'autre.

Campée sur ses positions, Suzanne attendait l'attaque de pied ferme. Elle éclata un soir où Paul rentra plus tôt que d'habitude en faisant voler sa canne avec des gestes d'escrimeur. Il avait, dit-il, un compte à régler. Quel compte et avec qui ? En le regardant évoluer à travers la salle à manger, l'air faraud et provocateur, Suzanne se dit qu'il devait avoir ingurgité quelques whiskies pour se donner le courage d'affronter son épouse.

— Vous arrivez un peu tôt, dit Madeleine. J'ai pas encore mis la table.

Paul lui montra d'un geste autoritaire la porte de la cuisine.

— Vous, la vieille, déguerpissez ! J'ai deux mots à dire à votre fille, seul à seule.

Suzanne lui reprocha vivement de traiter sa mère comme une bonniche ; il riposta qu'elle n'était rien d'autre.

— Qu'est-ce que tu as à me dire ? Parle au lieu de brandir ta canne. Tu veux me provoquer en duel ?

Il sortit de sa poche un billet qu'il exhiba comme un acte d'accusation.

— Eh bien, quoi ? C'est un de mes dessins. Où l'as-tu trouvé ?

— Dans un de tes cartons. Tu me reproches de ne pas m'intéresser suffisamment à ton travail ? Eh bien, tu vois, ça m'arrive, et je fais des découvertes. Ce garçon entièrement nu, qui ressemble au Christ sous les outrages, il me semble le reconnaître.

— Rien de surprenant. Tu l'as rencontré souvent, ici même. J'avais besoin d'un nu masculin. J'ai fait poser Utter, un ami de Maurice.

— Maurice et lui ne se voient plus depuis que ce garçon est devenu ton amant.

Suzanne resta un moment sans répondre, certaine qu'il n'eût pas lancé cette accusation sans quelque autre preuve. Elle tourna la chose à la dérision pour reprendre l'avantage.

— Mon amant... Si je couchais avec tous mes modèles...

— Avec Utter tu te conduis comme une catin ! On te voit partout avec lui. Tu en es fière, tu l'exhibes ! Plusieurs de mes connaissances vous ont vus ensemble.

Elle accepta de faire un pas de clerc, reconnut qu'elle se montrait assez fréquemment avec lui, mais parce qu'elle n'aimait pas sortir seule et que ce n'était pas lui, Paul, qui lui fournissait les occasions de se distraire. Il lui était facile de riposter en lui jetant à la figure sa liaison mais elle gardait cette ultime cartouche en réserve.

Il déchira le dessin, le jeta dans les cendres de la cheminée en reprenant.

— Si tu avais besoin d'un modèle masculin, tu avais ton fils... ou moi, mais je n'ai jamais eu cet honneur !

— Maurice est trop maigre et manque de patience. Quant à toi, mon pauvre ami, regarde-toi...

Il chancela sous le trait, s'essuya le visage et se laissa tomber sur une chaise. Il devait convenir qu'il avait bien changé en quelques années : il avait pris du ventre, perdu quelques dents et beaucoup de cheveux. Trop de bons repas dans les meilleurs restaurants, d'alcool, de travail sédentaire, d'excès amoureux, peut-être... Il n'avait pas toujours été ainsi et jamais elle ne lui avait proposé de poser pour elle. Il le lui dit ; elle répliqua :

— Je n'ai peint jusqu'à ces derniers temps que des sujets féminins. Il se trouve qu'aujourd'hui il me faut un modèle masculin. Je l'ai découvert.

Elle s'assit à son tour ; ils restèrent un moment silencieux, face à face, avec entre eux le bouquet de houx. Ils auraient pu prolonger cette trêve mais ils n'avaient envie ni l'un ni l'autre de désarmer. C'est Madeleine qui, interprétant ce silence comme la fin de la querelle, mit involontairement le feu aux poudres. Elle pointa le nez et demanda d'une voix timide si elle pouvait mettre le couvert. Paul avait trouvé une proie facile ; il se leva en hurlant.

— Bouffez-la votre soupe, vieille sorcière, et foutez-nous la paix !

Paul passait les bornes. Suzanne se leva lentement, exigea des excuses ; il éclata de rire.

— Ta mère est devenue ta complice : une véritable mère maquerelle ! Elle ne peut ignorer les rapports que tu entretiens avec Utter, sous mon propre toit, et elle s'est bien gardée de m'en informer.

— Et s'il en était ainsi ? Et si je couchais avec Utter, ici ou ailleurs, tu n'aurais rien à redire. C'est toi qui as rompu le contrat, qui as fait ta maîtresse de cette fille de brasserie !

Après ce demi-aveu elle ressentit une joie perverse à verser une goutte de poison dans le vinaigre.

— Mon pauvre ami, tu es cocu sur toute la ligne.

Il sursauta, éclata d'un rire qui sonnait fêlé, porta ses regards autour de lui comme pour prendre un public imaginaire à témoin de cette incongruité. Il dit d'une voix étranglée :

— Quelle est cette invention ? Marie me tromperait ? La bonne blague...

— Tu es bien le seul à l'ignorer. Renseigne-toi auprès de la concierge de la rue Lepic. Marie a vingt ans de moins que toi. Tu paies le salaire de ta décrépitude. Veux-tu des détails ?

Il se leva, fit le tour de la table.

— Merci bien ! J'ai entendu assez de mensonges. Tu ne sais qu'imaginer pour te venger.

Suzanne excellait dans la fabulation : elle aurait pu imaginer une identité à l'amant de Marie, révéler à Paul leurs lieux de rendez-vous. Il se rassit, s'accouda à la table, la tête dans ses mains, bredouilla :

— Mon Dieu, comment en sommes-nous arrivés à ce point ?

— À toi de trouver la réponse. Je t'ai aimé, Paul. Je te suis reconnaissante de m'avoir évité de sombrer dans la misère et la déchéance. La bonne épouse que j'ai été pour toi n'a pas abusé de la liberté que tu me laissais, je le jure. Si j'ai pu continuer à travailler et à me faire connaître, c'est en grande partie à toi que je le dois, mais il est normal que nos rapports aient évolué avec le temps. C'est ainsi pour tous les couples. Tout a changé du jour où cette garce est entrée dans ta vie.

Elle constata qu'il pleurait. Il avait emporté la première manche ; la seconde était pour elle. Elle ajouta :

— Qu'allons-nous faire ? Divorcer ?

Le mot lui fit l'effet d'une décharge électrique.

— Il n'en est pas question ! Songe à ma famille, à mon travail, à mes relations. Dans mon milieu on ne divorce pas. Ne prononce plus jamais ce mot devant moi !

Elle s'efforça de conserver sa sérénité pour répliquer :

— C'est pourtant la seule solution qui s'impose.

— Aurais-tu l'intention d'épouser ce garçon ? Il a vingt ans de moins que toi, je te le rappelle. Votre union sombrerait dans le ridicule ! Dis-toi bien que tu n'obtiendras jamais le divorce. Nous continuerons à vivre chacun de notre côté. Après tout, c'est ainsi que vivent beaucoup de couples que je connais.

La porte de la cuisine se rouvrit. Madeleine lança :

— Allez-vous bientôt cesser de vous disputer ? Cette soupe, je la sers, oui ou non ?

Maurice sentait monter en lui une de ces colères qu'il ne pouvait maîtriser. Il sortait d'une querelle avec Adèle : son ardoise avait pris des dimensions impressionnantes. Elle la lui mit sous le nez alors qu'il venait de demander suavement à la gargotière de lui trouver une table pour régaler Max, Modi et un jeune peintre madrilène qui venait de débarquer : Juan Gris.

— La maison ne fait plus de crédit ! lui lança Adèle. Tu règles ton ardoise ou vous allez manger à la soupe populaire, devant le poste de police du Louvre.

Maurice répondit avec hauteur :

— J'ai de quoi payer ! Regarde : j'ai là trois tableaux.

— Dignes du Louvre, dit Modi.

— Des chefs-d'œuvre, ajouta Max.

Elle consentit à regarder les cartons peints et haussa les épaules.

— Tu ne me feras plus le coup du paiement en nature, vaurien ! Des Utrillo j'en ai jusque dans les chiottes. Alors, du vent !

Elle prit les cartons, les jeta sur le trottoir en se promettant d'aller dire deux mots à la « pauvre Suzanne » sur son galopin de fils.

— Ma mère s'en fout ! C'est pas une ancienne pute qui la fera changer d'avis. Nous sommes dans un lieu public. On ne peut pas nous en expulser.

— Jules ! s'écria Adèle, flanque-moi tous ces gens dehors.

Le garçon, une sorte de colosse à tête de légionnaire, aux avant-bras couverts de tatouages, s'avança en crachant dans ses mains ; il prit Maurice au collet et l'envoya rouler entre les boulingrins en criant :

— Au suivant de ces messieurs !

— Nous partons, dit Max d'une voix blanche, mais permettez-moi de protester : une telle conduite envers un grand artiste est inqualifiable.

— Allez vous faire foutre, cul béni ! lui jeta la rousse. Mon établissement n'est pas l'Armée du salut !

Penauds, ils s'interrogèrent. Ils avaient faim ; ils avaient soif. Max proposa de se rendre chez l'ami Émile, mais Modi y avait une ardoise monumentale. Maurice avança le nom de Bernon, le marchand de primeurs de la rue Norvins mais, à cette heure-ci, la boutique était fermée.

— J'ai une idée, dit Juan Gris : allons voir Fernande. Elle ne nous refusera pas le *pan y vino*.

— Si elle est bien lunée, dit Max.

— On peut toujours essayer, ajouta Modi.

Ancienne fabrique de pianos transformée en bâtiment d'habitation, Le Bateau-Lavoir avait une drôle d'allure. D'une part on se trouvait au rez-de-chaussée ; de l'autre au troisième étage. On devait, pour découvrir l'appartement d'un locataire, traverser cette termitière en empruntant un système complexe d'escaliers, de galeries, de corridors en forme de coursives. Le logis de Pablo Picasso et de Fernande Olivier se situait au cœur de ce labyrinthe.

C'est là que Victoriano González, alias Juan Gris, avait posé son maigre bagage et commencé à prendre racine. Pablo qui, à l'occasion, faisait office de bureau de placement, lui avait trouvé, outre ce logement, des commandes de dessins humoristiques pour *Le Charivari* et *L'Assiette au beurre*, mais c'est la peinture avant tout qui motivait sa présence à Paris.

L'atelier de Picasso, au deuxième étage de la rue

Ravignan et au troisième de la rue Émile-Goudeau, dominait une cascade de jardinets et de baraques en planches où logeaient la concierge, Mme Coudray, et de pauvres familles d'ouvriers, autour d'une grotte dotée d'une fontaine.

En respirant les odeurs de cuisine qui suintaient des dix ateliers répartis sur trois étages, le quatuor des affamés pressa l'allure. Le long des coursives qu'ils empruntèrent, le parquet vermoulu ployait sous leurs pas. Il était recommandé de marcher sur la pointe des pieds et par groupe de trois au maximum pour ne pas risquer d'occasionner un effondrement.

Fernande leur ouvrit la porte. Modèle et compagne du peintre, elle veillait jalousement à entretenir autour de lui une ambiance favorable à la création. Un rôle ingrat : l'argent était souvent rare et Pablo aimait à s'entourer d'amis plus impécunieux encore que lui, sa fameuse *cuadrilla*.

Cette jolie brune indolente et pulpeuse ne s'interrogea pas sur les raisons de cette visite impromptue. Elle mit le couvert en un tournemain, posa sur la table une bouteille et une tourte de pain.

— Y a pas gras aujourd'hui, dit-elle. Des restes de midi : de la soupe, du riz au safran et du fromage.

— Cela nous conviendra, mon ange, dit Max. Dieu te le rendra au centuple.

— Je n'en demande pas tant. En revanche, évitez de faire trop de bruit. Pablo est en train de faire sa sieste. Vous ne le verrez peut-être pas : il travaille à une grande toile d'un style nouveau. Il y a passé une partie de la nuit, à la chandelle.

— Ce sera l'événement de l'année, ajouta Juan. Du jamais vu. Une révolution qui se prépare.

Ils mangèrent et burent en silence sous les yeux de Fernande adossée au buffet, un chat dans les bras. La cuisine faisait office de chambre à coucher, avec un simple rideau pour faire le partage — la *chambre d'amour*, disait l'artiste. Il faisait dans cette pièce une chaleur intense, accentuée par la flamme du réchaud, si bien que Fernande n'était vêtue que d'une tunique légère laissant largement découverts les épaules et le haut de la poitrine.

Maurice pénétrait pour la première fois dans ce phalanstère pittoresque mais vétuste, bien qu'il l'eût peint de l'extérieur à plusieurs reprises. Ce laboratoire empirique de la nouvelle peinture le fascinait et l'intriguait. Il aurait aimé se mêler à la *cuadrilla* qu'il retrouvait parfois au Lapin agile, mais ces gens d'une désespérante sobriété n'étaient pas des compagnons fréquentables.

Ils en étaient au fromage et achevaient leur troisième bouteille quand Picasso daigna se montrer. En raison de la chaleur il portait une simple écharpe rouge autour de la taille. Il marmonna un salut, se versa un demi-verre de vin qu'il additionna d'eau.

— Tu vois, dit Juan, nous nous sommes invités. Sans Fernande nous serions morts d'inanition. Tu as bien avancé dans ton travail ? Où en sont tes *Demoiselles* ? On peut leur dire un petit bonjour ?

Picasso se gratta le menton et fit la grimace.

— Presque terminé, dit-il. Venez quand vous aurez fini.

Lorsqu'ils se retrouvèrent dans l'atelier, Maurice s'accrocha au bras de Modigliani.

La toile de grandes dimensions semblait éclabousser le décor banal et grisâtre de la pièce. C'était une sorte de fenêtre ouvrant sur un univers éclaté, assemblage de verres de couleur dégageant une étrange luminosité. Fasciné par l'art nègre qu'il avait admiré au musée du Trocadéro et chez son ami Vlaminck, Pablo avait transposé ses émotions esthétiques dans cette œuvre coupée des précédentes.

La composition groupant cinq femmes rappelait les *Grandes Baigneuses* de Cézanne quant à la disposition. Elles n'avaient d'humain que leur corps à peine suggéré et peint en à-plat. Picasso avait démantibulé la réalité de ces personnages pour la reconstituer à sa manière, portant son intérêt sur les visages dont il avait fait des masques grotesques imités de l'art nègre. Ils étaient, ces visages, d'une telle laideur qu'on ne pouvait en détacher son regard ; l'une de ces femmes avait l'apparence d'un cynocéphale.

— Fa-bu-leux ! s'exclama Max. Voilà une toile qui va révolutionner l'art moderne. Braque, Matisse, Derain n'ont qu'à se passer la corde au cou !

— Jamais rien vu de tel, dit Modigliani. Ton univers, Pablo, est peuplé de monstres.

— C'est envoûtant ! décréta Juan Gris. Chaque fois que je vois cette toile, je reçois un choc.

Maurice se garda de formuler un jugement. Bouleversé, il s'était assis sur un tabouret et, bouche bée, se demandait comment pénétrer dans cet « univers » dont parlait Modi. Les toiles cubistes exposées dans des galeries l'avaient laissé éberlué. Elles lui étaient apparues comme ces pétards annonciateurs d'un feu d'artifice qui risquait de faire éclater le ciel. L'orage de feu, il était là, sous ses yeux.

C'est dans un état second qu'il écouta les commentaires que Picasso faisait de ses *Demoiselles d'Avignon* : cette toile rappelait le souvenir des prostituées du Barrio Chino de Barcelone, célèbre pour ses lupanars : la *carrer* d'Avinyo, un nom que l'artiste avait francisé en Avignon.

— Tes femmes, dit Modigliani d'un ton acerbe, sont des remèdes contre l'amour. Leur place serait au Jardin des Plantes. Dans la cage aux singes, plutôt que dans une galerie.

— Et les tiennes, protesta Max, font l'effet de chipolatas mal cuites. Tu devrais les exposer dans la vitrine d'un charcutier. Ne critique pas cette peinture : tu n'y entends rien !

Le ton virait à l'algarade quand Juan s'interposa.

— Mes amis, laissons Pablo à son travail. Je vais vous montrer mon atelier à moi, si vous voulez bien.

Par un escalier branlant et une coursive délabrée qui puait les latrines et la soupe de pauvre, il les fit accéder au troisième étage, celui qui donnait directement sur la rue Ravignan. La pièce était vaste, bien éclairée, flanquée d'un placard profond qui servait de cuisine.

— J'attends ma femme et mes enfants, dit-il. Ils doivent arriver de Madrid dans quelques jours. Le fléau, c'est les punaises. J'ai commencé la chasse mais elles sont des myriades ! Le père Deleschamps m'a promis du crédit pour quelques meubles qu'il va me livrer. Quand j'ai débarqué il me restait moins de vingt francs. On devra s'éclairer au pétrole et aller chercher l'eau dans la cour, mais nous nous y ferons. Cet endroit me plaît. L'air y est plus salubre qu'à Madrid.

— Tu ne manqueras de rien et tu deviendras célèbre, dit Max. C'est écrit dans les lignes de ta main...

On aurait dit que le siècle qui venait de naître tenait à se débarrasser des vieilles gloires impressionnistes pour ouvrir ses portes à une nouvelle génération.

Lorsqu'elle visitait les expositions ou assistait aux vernissages, Suzanne avait l'impression de traverser le Père-Lachaise.

Paul Gauguin ? Mort aux Marquises, en butte aux tracasseries des autorités civiles et religieuses. Vincent Van Gogh ? Suicidé d'une balle de revolver à Auvers-sur-Oise. Alfred Sisley ? Décédé à la suite d'un cancer de la gorge, dans une misère insondable. Lautrec ? Parti pour un voyage sans retour vers le Japon de ses rêves. Camille Pissarro ? Trouvé mort dans son atelier du boulevard Morland. Fantin-Latour ? mort à Buré, dans l'Orne...

Cézanne venait lui aussi de mourir à la fin d'octobre 1906. On l'avait découvert sans vie sur le revers d'un talus, sous une pluie d'orage. Suzanne n'avait rencontré qu'une fois, chez Vollard, cet artiste austère, intransigeant, qui avait suivi son chemin tout droit, l'œil fixé sur son étoile, proclamant son indifférence aux critiques, sa détestation du parisianisme, son mépris pour les quelques impressionnistes qui lui reprochaient de pousser trop loin ses recherches picturales. Elle avait renoncé à l'aborder : un simple regard de ce rustre à barbe en hérisson la glaçait.

Renoir lui avait raconté qu'au temps où il peignait autour de Paris, Cézanne jetait aux buissons et dans le fleuve les toiles dont il était mécontent, ou les cédait à des aubergistes pour le prix d'un repas. Son fils, qui portait le même prénom que lui, battait la campagne pour les retrouver.

C'est au cours d'une rétrospective consacrée à cet artiste maudit que Suzanne avait rencontré Jules Pascin.

Il était arrivé quelques mois auparavant, par l'Orient-Express, de sa ville natale, Vidin, en Bulgarie, attiré par Paris comme par un miroir aux alouettes. Ce n'était pas un inconnu : il collaborait par des dessins humoristiques à une revue allemande et avait fini par décrocher un contrat qui le mettait à l'abri du besoin. Il ne se cachait pas de vouloir assumer deux obsessions majeures : baiser et peindre.

Le groupe de journalistes et d'artistes venu l'attendre à la gare le conduisit à Montparnasse pour fêter l'événement au Dôme. Peu après, c'est vers Montmartre que se tournaient ses regards : cette Mecque de la peinture le fascinait. Le Moulin-Rouge, Le Moulin de la Galette, Lautrec, la Goulue, Yvette Guilbert étaient devenus pour lui des mythes. Les œuvres des artistes de la nouvelle génération faisaient dire à ce Juif séfarade qu'il avait du retard à rattraper.

Ce qui avait surpris Suzanne, c'était d'abord l'énorme cravate violette que Pascin arborait sur un costume d'une élégance dépassée ou volontairement provocatrice ; sa beauté ensuite : teint légèrement olivâtre, longs yeux asiatiques, lèvres délicatement ourlées, chevelure abondante et soignée dont les ondulations brunes retombaient de chaque côté du visage. Son audace aussi...

Pourquoi l'avait-il remarquée, noyée qu'elle était avec sa robe toute simple, dans cette volière de perruches ? Mystère. Il était venu vers elle, une coupe de champagne à la main, s'était incliné, lui avait baisé la main en lui disant avec un accent qui donnait du charme à la banalité de ses propos :

— Madame Valadon, je suis heureux de vous rencontrer. Vous êtes une grande artiste, m'a-t-on dit.
— Qu'est-ce qui vous fait dire que je suis une artiste ?
— Ceci, madame.
Il posa l'index sur la main de Suzanne, à l'endroit où une tache de couleur avait échappé à l'essence de térébenthine.
— Qui vous dit que ce n'est pas en repeignant le buffet de ma cuisine ?
— Non, madame. Comme vous dites à Paris, *on ne me la fait pas*. Et puis vous êtes tellement différente de toutes ces dindes qui nous entourent... Il y a quelque chose en vous qui proclame cette singularité. D'ailleurs je vous connais par vos œuvres et par ce que Vollard m'a dit de vous.

Vollard... Suzanne l'avait aperçu en discussion au milieu d'un groupe de fauves et de cubistes.
— Permettez que je me présente, dit-il. Julius Mordecaï Pinkas. J'ai changé ce nom en Jules Pascin. Il faut prononcer Paskine.

Il avait ajouté :
— De toute manière nous étions appelés à nous rencontrer. J'habite rue Lepic à l'hôtel Beauséjour avec ma compagne, Hermine David, qui est aussi mon modèle. Mon atelier se situe impasse Girardon, près du Château des Brouillards.

Elle avait senti qu'au point où l'on en était de ce bavardage elle risquait de devoir subir souvenirs de jeunesse et confidences, quand soudain il s'excusa de devoir la laisser pour rejoindre ses nouveaux amis.

À quelques jours de ce vernissage, Suzanne reçut deux lettres. L'une venait d'André Utter qui attendait de passer en conseil de révision ; l'autre, écrite sur papier filigrané, émanait de Jules Pascin qui sollicitait une visite et l'attendait dans son atelier.
— Tu rentreras souper ? demanda Madeleine.

— Je n'en sais rien. Si je ne suis pas revenue à temps tu te mettras à table sans moi.

Elle reprit le chemin du Château des Brouillards. L'impasse Girardon s'enfonçait sous un réseau d'arbustes dépouillés par l'hiver, vers l'immeuble du numéro 2 où, dans le soir brumeux, scintillaient quelques lampes.

Comme elle s'étonnait qu'il fût seul il lui expliqua qu'Hermine était allée passer la soirée chez sa mère et que cela leur permettrait de bavarder plus librement. Il avait revêtu une robe de chambre orientale en soie, d'un rouge agressif, à grandes fleurs multicolores, rappelant celle que portait la femme du *Paravent doré*, de Whistler. Il en lissait les revers noirs comme pour mettre en valeur la finesse de ses mains.

— Il fait très chaud ici, dit-il. Hermine est frileuse. Mettez-vous à l'aise.

Il avait préparé un plateau pour le thé. Tandis qu'il le faisait infuser, elle parcourut du regard le décor agencé avec goût malgré l'abus des tapisseries turques ou bulgares qui répandaient une odeur de poussière et d'arrière-boutique d'antiquaire.

Il lui offrit des cigarettes qu'elle refusa, de même que le whisky. Il lui confia qu'il avait tendance à abuser des deux.

— J'aimerais voir vos toiles, dit-elle. Ne suis-je pas venue pour ça ?

Il s'excusa de sa négligence qui n'était que de la modestie. En fait, ce n'est pas la peinture qui l'attirait mais le dessin. Il trouvait l'essentiel de ses sujets au cirque Médrano où il se rendait souvent, au bal Tabarin et dans des maisons closes comme Le Chabanais ou Le Sphynx. Son ambition était de peindre des scènes de music-hall dans le style de Lautrec, son dieu. Il lui montra quelques ébauches dont une *Soirée à Tabarin* : un tournoiement vertigineux de personnages des deux sexes.

— C'est surtout sur le nu que je travaille, dit-il. Que pensez-vous de ces croquis ?

Il s'assit près d'elle sur le bord du sofa en laissant ses jambes nues glisser hors de la robe de chambre. Sa cigarette entre l'index et le majeur il feuilletait lui-même la liasse posée sur les genoux de Suzanne.

Des femmes nues, encore et toujours. Des modèles aux allures provocantes dans leur abandon, dessinées à main levée d'un trait mince et tremblé, sans maladresse, avec un surprenant réalisme. Certaines parties du corps étaient simplement suggérées, d'autres mises en évidence. Celles qu'il montrait habillées — des filles de bordel — ne laissaient rien ignorer de leur intimité en relevant leurs jupes. Tout semblait le ramener au sexe.

Il se tenait si proche d'elle, lui communiquant sa chaleur et le moindre de ses frissons, qu'elle aurait pu deviner le mouvement subtil des muscles sous la peau. Le vétiver de son parfum se mêlait subtilement aux fragrances du thé et du tabac blond. Elle eut le sentiment qu'il avait dû étudier cette scène dans tous ses détails car elle se déroulait sans le moindre à-coup, comme dans un rêve lisse. Elle se sentait gagnée par un envoûtement auquel, en eût-elle eu la volonté, elle se sentait impuissante à résister.

Elle avait refusé le whisky mais accepté de goûter au raki, une liqueur qui, mêlée à de l'eau, prenait une blancheur d'opale. Elle en but deux verres tandis qu'il évoquait ses rapports avec Hermine, compagne, dit-il, « discrète et peu jalouse ». Il lui parla de son métier : elle était peintre sur ivoire.

Lorsque Suzanne, légèrement éméchée, se leva pour partir, il protesta.

— Si tôt ? Êtes-vous donc si pressée ? Je pensais que vous resteriez plus longtemps. Hermine ne rentrera que demain. Nous pourrions sortir. Que diriez-vous d'une soirée au Tabarin ?

— Je regrette, dit-elle. Je dois rentrer. Ma mère

s'inquiéterait si je tardais à revenir. D'ailleurs, à mon âge...

Il se leva à son tour et s'écria avec une attitude de théâtre.

— À votre âge ! Je connais beaucoup de jeunes femmes qui envieraient votre fraîcheur, votre galbe, votre vivacité ! Restez encore un peu, je vous en prie. Si vous m'abandonniez dans les ruines de mes illusions j'en mourrais !

Il la prit dans ses bras, chercha ses lèvres qu'elle lui refusa, lui pétrit les hanches en geignant dans son cou, si bien que Suzanne sentit fondre ses réticences. Elle avait beau songer à Madeleine qui l'attendait, à André qui rêvait d'elle dans sa caserne, à Maurice en train de traîner sur la Butte, la grisaille du quotidien et ses obligations s'effritaient sous l'assaut des couleurs, de la lumière tamisée, des parfums trop forts qui montaient de ce corps d'homme.

Elle se laissa entraîner vers le lit. Sous sa robe de chambre dont il défit la ceinture, Pascin était nu.

Trop ivre pour retrouver son chemin dans la nuit, Maurice s'était allongé sur un banc, au milieu du terre-plein du boulevard de Rochechouart, proche de la place d'Anvers, en face des grands abattoirs d'où montaient des meuglements lamentables. Une virée au Ratmort en compagnie de Van Dongen l'avait mis sur le flanc : il supportait mal le mélange d'éther et d'alcool, alors que son ami avalait cette mixture comme du petit-lait.

Protégé du froid et de la brouillasse par son manteau, il était sur le point de s'endormir malgré le roulement incessant des charrettes qui conduisaient le bétail à l'abattoir, quand on lui secoua l'épaule. Une voix l'agressa.

— Hé, l'ami, réveille-toi ! Tu es couché sur notre banc.

Ouvrant les yeux il perçut à travers la pénombre la

silhouette inquiétante de trois hommes, quatre peut-être, qui se poussaient du coude. Il bredouilla :

— Des bancs, y en a à côté.

— Ouais, mais celui-ci est à nous. Tu vas déguerpir ou payer la location.

— Allez vous faire foutre ! dit-il. J'y suis, j'y reste.

— Voilà qu'il nous insulte ! jeta une autre voix. Fringué comme tu l'es, t'es pas un gars de la cloche. On est bons princes : une thune pour qu'on te fiche la paix.

— J'ai plus d'argent. Laissez-moi dormir.

Lorsqu'ils tentèrent de le fouiller il se débattit mais sans succès. L'un des voyous lui arracha sa montre, lointain cadeau d'anniversaire de monsieur Paul. Il ne restait dans la poche de son gilet que de la menue monnaie et rien dans son portefeuille qu'ils jetèrent dans la boue. Ils allaient le laisser tranquillement cuver sa cuite quand il attrapa une main au vol et la mordit au sang. Le type se mit à gémir en dansant sur place.

— Ça, dit un autre voyou, tu vas nous le payer ! Faut pas rigoler avec les gars de La Chapelle.

Ils l'empoignèrent, le traînèrent sur un espace de gazon boueux, assez loin du réverbère pour ne pas attirer l'attention des agents cyclistes. Ils lui arrachèrent ses vêtements, lui laissant seulement son linge de corps, lui attachèrent sur le dos avec sa ceinture une lourde bûche restant de l'abattage d'un vieil arbre. À coups de pied, usant de branches mortes pour le flageller, ils le sommèrent d'avancer à quatre pattes jusqu'au kiosque où il pourrait finir la nuit.

— Allez ! hue cocotte !

— Flanche pas, mon gars ! Encore dix mètres.

— T'arrête pas, sinon gare !

Il avançait par petits sauts de crapaud. Lorsqu'il s'arrêtait, épuisé, et se laissait aller dans la boue, un coup de pied dans le flanc ou une piqûre de surin dans les fesses le remettait sur ses membres. Lorsqu'il tardait trop à se relever, un croquenot pesait sur sa nuque, lui écrasait le visage dans la gadoue jusqu'à le faire hurler.

Il cria qu'il allait crever de froid. Un des voyous lui dit à l'oreille :

— Nous sommes de bons bougres. Nous allons te réchauffer.

Il ressentit soudain une sensation délicieuse, comme d'une pluie chaude glissant sur son dos, tandis qu'une odeur d'urine se répandait autour de lui.

— Ça suffit, les gars, dit un voyou. Il a son compte. Filons avant de nous faire choper par les sergots. Nous allons nous partager ses fringues.

En se disputant le manteau ils faillirent en venir aux mains. Il fallut l'apparition de deux pèlerines à bicyclette pour qu'ils disparaissent dans la pénombre.

L'impression de chaleur agréable que Maurice avait ressentie s'était vite dissipée. Il avait maintenant la sensation que son corps et ses membres étaient en train de geler. Dégrisé, il se dit que, s'il restait allongé dans cette boue glacée, on le retrouverait mort seulement le lendemain : à cette heure de la nuit le quartier était presque désert. De temps à autre un convoi de bétail tiré par de lourds percherons s'engouffrait dans un concert de meuglements et de bêlements sous le porche de l'abattoir. On ne tarderait pas à voir déambuler les attelages des glacières de Pantin et les convois à destination des Halles.

Il parvint à se défaire de la lourde bûche qui lui meurtrissait les reins, à se mettre debout et à s'avancer en direction du boulevard. Traversé de douleurs lancinantes, il tomba sur les genoux mais réussit à traverser la chaussée et à se diriger vers un bistrot qui n'avait pas encore fermé son rideau. C'était un de ces bars à putes où il se retrouvait parfois avec Modigliani. Le patron le reconnut et le traîna jusqu'au poêle.

— Si c'est pas malheureux ! dit-il. Ce pauvre monsieur Utrillo. Encore un coup des apaches de La Chapelle...

Une putain en faction devant un verre de café lui lava le visage tandis que la patronne le frictionnait et cherchait une couverture pour le couvrir. Il avala cul sec le verre de rhum que lui tendait une main compatissante. À la suite de quoi il sombra dans une syncope. Quand il reprit conscience, il déchaîna les rires en demandant s'il était au ciel.

— Non, monsieur Utrillo, répondit le patron. Ici c'est La Lune verte. Vous venez souvent consommer, et pas de la limonade.

— Je vous ai eu comme client la semaine dernière, ajouta la pute. Vous m'avez déjà oubliée ? Il est vrai que c'était pas le grand amour.

Il secoua la tête : il ne se souvenait de rien, pas même de la tête des apaches. Ne lui revinrent en mémoire que des bribes de sa soirée avec Van Dongen. Ce salaud l'avait laissé se débrouiller pour rentrer chez lui.

— Faut qu'on prévienne la police, suggéra la patronne.

— Non, bredouilla Maurice. Elle m'aime pas beaucoup, la police. Faites plutôt prévenir ma mère, rue Cortot.

— J'y vais, bougonna le patron, mais c'est pas la porte à côté. Faut que je prenne mon revolver. On sait jamais.

Suzanne revenait de son rendez-vous avec Pascin chez qui elle avait passé une partie de la nuit. Elle dormait quand on frappa à la porte. Après avoir pris des vêtements de rechange pour son fils, elle suivit le patron de La Lune verte. Quand elle aperçut Maurice devant le poêle, à demi inconscient, elle étouffa un cri.

— Madame Moussis, dit la patronne, lorsque votre fils aura retrouvé ses esprits, dites-lui qu'on lui a sauvé la vie et que ça vaut bien une peinture...

Sans raisons apparentes, Picasso était hanté par l'idée de la mort : elle semblait rôder autour de lui en attendant son heure.

Elle avait frappé dans sa famille, emportant sa petite sœur, Concepción, victime de la diphtérie. Lorsque son ami espagnol Carlos Casagemas s'était suicidé, il avait évoqué sa fin tragique et ses obsèques dans une toile qui rappelait l'*Histoire de saint Bonaventure* de Zurbarán avec son cortège de femmes dévêtues, et la *Vision de saint Jean*, du Greco. Pauvre Casagemas : il était amoureux fou de son modèle qui ne répondait pas à ses élans ; au café de La Rotonde il avait tiré sur elle, n'avait fait que la blesser, et avait retourné son arme contre lui.

Cet événement avait eu lieu peu après l'arrivée de Pablo à Paris, au début du siècle. Cette scène ne cessait de l'obséder. Et voilà que cet autre ami, le peintre allemand Wieghels, venait à son tour de se donner la mort.

Son atelier se situait en face de celui de Picasso. De temps en temps, par la fenêtre, ils se faisaient des signes ou bavardaient. La misère, l'insuccès avaient poussé cet artiste vers la drogue et l'alcool : il fumait de l'opium avec Fernande et buvait avec Van Dongen.

Un matin, surpris de voir derrière les vitres le visage de son copain, convulsé et dans une position bizarre, il s'était rué chez lui et l'avait trouvé pendu à l'espagnolette. La raison essentielle de ce suicide était évidente :

il était amoureux de Fernande et ne supportait pas de trahir son ami Pablo.

Tous les locataires du Bateau-Lavoir aimaient Wieghels. Ses amis battirent le rappel pour qu'il ne franchît pas seul le trajet qui l'amènerait de la Butte au cimetière de Saint-Ouen. Les obsèques ne passèrent pas inaperçues : toute la colonie des peintres était présente.

L'air accablé, les yeux battus, Fernande dit à Suzanne :

— Nous avons renoncé à faire à Wieghels des obsèques conventionnelles. Nous revêtirons tous nos tenues les plus colorées ou même des travestis. Nous sommes persuadés qu'il aurait aimé ça.

Elle ajouta :

— Ce pauvre Wieghels avait perdu la boussole. Il se demandait ce qu'il faisait là, lui, un peintre décadent, au milieu des fauves et des cubistes. Il avait perdu ses amarres. La misère, la drogue, les déceptions amoureuses ont causé sa décision. C'était beaucoup pour un seul homme.

Au jour et à l'heure dits, Suzanne se rendit rue Ravignan. La foule était déjà rassemblée autour du corbillard et d'un fiacre où s'étaient installés quelques modèles qui chantaient, riaient en brandissant des bouquets, jetaient des baisers à l'assistance et aux agents de police qui s'étaient invités à la cérémonie. Un groupe de musiciens dirigés par le père Frédé interpréta des airs populaires en place de la « Marche funèbre » de Chopin. Placide, harnaché d'une housse andalouse sur laquelle était juché Victor, l'âne Lolo menait le cortège.

Rien d'attristant dans cette foule, si ce n'est le corbillard et Jules Pascin qui avait décidé d'observer le deuil traditionnel par une tenue sombre et une grosse cravate noire. Près de lui, en manches de chemise, se tenait le compagnon et voisin du défunt, l'Allemand Freundlich qui cachait ses larmes sous un chapeau à large bord.

Il faisait une chaleur accablante lorsque le cortège s'ébranla au son de l'orchestre qui jouait *Nini Peau d'chien*, l'air préféré de Wieghels. Quand on croisait des sergots, les modèles du fiacre, conduit par Deleschamps, leur adressaient des baisers ; ils répondaient en saluant au garde-à-vous.

Malgré la gêne que lui procurait cette indécente mascarade, Suzanne suivit le cortège funèbre jusqu'au cimetière : plusieurs kilomètres à travers de mornes espaces de jardins, de bicoques, d'immeubles en construction, dans une chaleur d'étuve.

La fête ne prit fin que tard dans la soirée, au Lapin agile, portes closes pour éviter les importuns, par une beuverie offerte par Frédé. Les proches du défunt improvisèrent des discours ; Max Jacob et Guillaume Apollinaire y allèrent de leur poème. Jamais l'expression *noyer son chagrin*, n'avait paru aussi juste.

Mort, Wieghels. Disparues les *Demoiselles d'Avignon*.

Picasso avait pris son parti des mouvements d'hostilité et, pis, d'indifférence, que sa grande composition avait suscités. Michael et Gertrude Stein avaient été les seuls à manifester quelque intérêt pour cette œuvre déconcertante. Il avait roulé la toile, mis les *Demoiselles* en quarantaine dans un coin de son atelier et était passé à autre chose.

Lorsqu'on lui reprochait ses outrances, il répondait qu'il avait plusieurs pinceaux et que chacun avait sa raison d'être. En fait, il cherchait sa voie, s'installait dans des périodes, bleue ou rose, donnait du champ à ses pinceaux sans parvenir à se définir de façon satisfaisante. Avec cette grande toile il croyait avoir trouvé sa voie ; elle l'avait trahi. Il était à mi-corps dans un œuf dont il ne parvenait pas à briser complètement la coquille.

Lorsque Suzanne rencontra Fernande Olivier chez la crémière, la compagne de Pablo lui dit :

— On ne vous a jamais vue au Bateau-Lavoir. Pourquoi ?

— Je suis sauvage, répondit Suzanne. Je sors peu, je ne reçois que mes modèles, quelques amis, des acheteurs parfois. Le Bateau-Lavoir est pour moi un autre monde et je m'y sentirais mal à l'aise. Je suis très éloignée de Pablo et de ses amis.

— Je vous comprends, mais vous ne pouvez ignorer notre groupe. Il représente l'avenir, comme jadis les impressionnistes.

Elle invita l'artiste à l'accompagner, lui fit visiter l'atelier de Pablo en l'absence du peintre. Suzanne fut frappée, elle qui travaillait dans un décor banal, du désordre pittoresque qui y régnait : un poêle rouillé trônait comme un dieu aztèque sur une tribu de statuettes et de masques africains, dans un décor de toiles et d'esquisses qui escaladaient les cloisons jusqu'au plafond. On marchait en écrasant des tubes de couleur vides, des pinceaux, des palettes jetées comme des coquillages sur une grève. On respirait une oppressante odeur de térébenthine, d'urine de chat et de chien mouillé.

Elle aurait aimé voir les *Demoiselles d'Avignon*, dont son fils lui avait parlé avec un ton de désarroi.

— Escamotées ! dit Fernande. Interdiction d'y toucher !

Elle se contenta de lui montrer quelques études préparatoires sabrées de couleurs. Les visages simiesques qui avaient tant impressionné Maurice n'étaient qu'esquissés.

Fernande servit une bière à Suzanne et lui annonça que le couple allait déménager.

— Pablo est victime d'une obsession : il croit que Le Bateau-Lavoir lui porte la guigne. Nous avons en vue un appartement plus vaste et plus confortable, boulevard de Clichy. Celui-ci servira de dépôt pour les toiles, de second atelier et de refuge pour nos amis.

« Fernande, lui avait confié Pascin, est sans doute

un modèle convenable, mais c'est un bas-bleu, comme on dit chez vous. » Suzanne ne partageait pas cette sévérité. Fernande n'était pas une cruche prétentieuse ; hormis quelques querelles dues au caractère difficile de Pablo, ils formaient un couple uni.

Alors qu'elles conversaient, Pablo surgit, salua Suzanne sans lui adresser un mot, prit une canette et alla s'enfermer dans son atelier.

— Il vient de recevoir un nouveau choc, dit Fernande : son ami Victor vient de mourir assassiné.

Suzanne avait entendu parler du beau-fils de Frédé par André qui se rendait souvent au Lapin agile en compagnie de Maurice. Il lui avait dit : « Imagine une sorte d'ange blond auquel on aurait coupé les ailes et qui traînerait dans la boue. »

Victor, fils de Berthe, la compagne de Frédé, tenait le bar avec compétence, veillait à conserver au cabaret une ambiance décente sans rien lui enlever de son originalité. Sa beauté, son charme, son esprit lui avaient attiré de nombreuses conquêtes féminines. Il avait eu la faiblesse ou l'inconscience de piétiner les plates-bandes des marlous de La Chapelle, ce qui avait causé sa perte.

— La semaine passée, dit Fernande, il faisait la plonge quand un type est entré pour demander de la monnaie. Ce n'est pas un billet qu'il a sorti de sa poche mais un revolver. Pauvre Victor ! abattu d'une balle en plein front... L'ambiance du Lapin ne sera plus ce qu'elle était. Frédé et Berthe sont comme fous. Margot est tombée malade de chagrin. Pour Pablo, toutes ces morts autour de lui, ça n'est pas normal.

Les rapports de Suzanne avec Jules Pascin avaient pris un tour nouveau.

Un soir qu'elle avait rendez-vous avec lui impasse Girardon, elle eut une émotion : c'est la maîtresse du peintre, Hermine David, qui vint lui ouvrir. Vêtue comme à la ville, elle paraissait attendre sa visite.

Hermine la fit entrer et lui proposa de s'asseoir. Elle était telle que Pascin la lui avait décrite : jolie en dépit d'une coquetterie à un œil, élégante, des manières bourgeoises, un brin de raideur — elle prétendait descendre des Habsbourg — et une certaine indolence dans la démarche.

— C'est Julius que vous veniez voir, dit-elle. Il est absent. Il a dû oublier ce rendez-vous, étourdi comme il l'est.

— Je voulais simplement... balbutia Suzanne.

— Ne cherchez pas un faux-fuyant, ma chère. Je suis au courant de vos rapports avec Jules. C'est une créature transparente : il ne me cache rien et, ce qu'il préférerait me cacher, je le devine.

— Je ne voudrais pas vous importuner. Je vais partir.

— Restez un moment. Je vais vous préparer du thé. Chine ? Ceylan ? Japon ?

Suzanne hocha la tête pour signifier que cela importait peu.

— Jules est très occupé ces temps-ci, reprit Hermine. Il dessine et peint comme s'il lui restait peu de jours à vivre. Peut-être sous votre influence. Peut-être sous celle de Lucy.

— Qui est Lucy ?

— Il ne vous en a pas parlé ? C'est sa nouvelle égérie. Il l'a rencontrée récemment dans une académie où elle posait. Depuis il est amoureux fou et ne comprend pas qu'elle ose lui résister. D'ordinaire, d'un simple regard, il fait tomber les femmes à ses pieds.

Elle déposa le thé et une coupe de gâteaux secs sur le guéridon et ajouta :

— Pour ce qui vous concerne, je suppose qu'il y a entre vous des affinités artistiques. Je sais que vous peignez et j'aime ce que vous faites. J'ai vu vos femmes nues au Salon d'Automne. C'est d'une vigueur...

— Il est avec elle ce soir ?

— Avec Lucy Vidil ? Non. Ce soir, mon cher Julius

doit être au Chabanais. Vous savez que la chambre japonaise présentée par cet établissement à l'Exposition universelle a obtenu le premier prix. Il n'y a pas de bordels à Montmartre. Alors Jules va chercher ailleurs. Il dessine et il consomme. Quel homme...

Hermine montra à Suzanne la maquette d'un catalogue.

— Les titres de ses œuvres sont tout un programme : *Danseuse du Moulin-Rouge... Fillette en chemise rose... Nu aux bas noirs... Les Trois Grâces...* Évocateur, hein ? On devine l'influence de Renoir et de Degas. Lait ou citron ?

— Citron, dit Suzanne. Cette Lucy Vidil, où lui donne-t-il rendez-vous ?

— Mais ici, ma chère ! Ils couchent dans ce lit mais elle n'a pas encore accepté le sacrifice. Cela ne saurait tarder. On ne résiste pas longtemps au charme bulgare, vous en savez quelque chose. Allons, ne rougissez pas ! Je ne suis pas jalouse. J'aime Jules. Je lui sers de modèle, de maîtresse, de gouvernante. Je partage de sa vie ce qu'il veut bien m'abandonner. Ce qui m'ennuie...

Hermine toussota en buvant sa première gorgée.

— ... ce qui m'ennuie, ce sont ses mauvaises fréquentations.

Curieux de folklore comme tout étranger débarquant à Montmartre, Pascin se mêlait à la faune interlope des quartiers dangereux du XVIIIe arrondissement. Il fréquentait dans les bouges les marlous, les apaches, les trafiquants de drogue. On l'éjectait en le traitant de youpin, de rastaquouère sans parvenir à le décourager. Il se faisait plumer par les voyous et appréhender par la police. Il s'amusait comme un fou.

— Ça lui jouera un mauvais tour, dit Hermine. Il est inconscient des dangers qu'il court mais, à l'entendre, il est protégé par la baraka.

Elle se leva la première pour signifier que l'entretien était terminé. Elle embrassa Suzanne en lui faisant promettre de revenir la voir : ils allaient recevoir les Stein qui voulaient acheter des dessins de Julius.

— Pardonnez-moi de vous chasser, dit-elle. J'ai du travail.

Aux abords de l'automne la soirée était tiède. La terre caressée par une petite averse d'après-midi exhalait des odeurs de campagne. Suzanne avançait comme sur un nuage en se disant que c'en était fini de ce bel amour qui avait une apparence d'illusion. Sa rencontre avec Hermine lui donnait l'impression d'avoir été le jouet d'un divertissement pervers.

André allait revenir dans quelques jours : il avait été jugé inapte pour le service.

Fernande ne décolérait pas. Elle tournait en rond dans la cuisine, gémissait, prenait Maurice à témoin de son désarroi.

— Pablo est complètement fou ! Dépenser dix francs pour cette croûte...

— Dix francs, marmonna Maurice, c'est pas grand-chose pour une toile de cette dimension.

— On voit bien que tu ne tiens pas la queue de la poêle !

Prudent, prévoyant la bordée qui l'attendait, Pablo avait fait retraite dans son atelier. Il avait acheté à Eugène Soulié un portrait en pied de Clémence, la première femme du Douanier Rousseau. Ce qui l'avait séduit dans cette grande femme noire c'est qu'elle tenait une plante déracinée à la main, avec, originalité symbolique, les racines en haut. Il se sentait des affinités avec ce doux imbécile de la rue Perrel, qui tricotait dans son atelier ses nostalgies exotiques en toiles géantes.

Pablo eut l'idée, avec quelques complices, d'organiser une fête en l'honneur du vieil artiste. Max Jacob y voyait une sorte de célébration. Apollinaire y ajoutait des banderoles et des drapeaux. Derain proposa que cela se fît place du Tertre. Pablo préférait son atelier et ajouta que Fernande et quelques amies se chargeraient de l'intendance.

Vlaminck proclama son désaccord : voilà que l'on se mettait à célébrer la connerie ! Comme si l'on ignorait que ce pauvre Rousseau était le plus mauvais barbouilleur de Paris !

— Sans doute, dit Max, mais ce sera justement une bonne occasion de se payer une tête de Turc. Il est tellement naïf qu'il n'y verra que du bleu.

On fixa les réjouissances à la fin décembre, peu avant les fêtes. Au risque de provoquer un effondrement on devrait compter sur une trentaine de convives.

Lorsque Pablo lui annonça ce projet, Fernande regimba : tout le travail allait retomber sur elle. Et pourquoi ? pour célébrer ce fada qui était la risée de tout Paris. Elle exagérait : certains critiques tenaient le Douanier pour un génie.

Bonne fille, Fernande finit par prendre son parti de cette épreuve et commanda chez Félix Potin le plus gros du menu.

Le jour dit, à six heures, les premiers convives se présentèrent : Guillaume, accompagné de la femme peintre Marie Laurencin, sa maîtresse, André Salmon, Derain, Vlaminck et quelques autres. C'était trop tôt : on n'avait pas encore livré la commande.

C'est à Guillaume que revenait la charge d'aller chercher à l'autre bout de Paris, dans le quartier de Plaisance, le héros du jour et de le ramener en fiacre.

Huit heures sonnaient à Saint-Pierre et toujours aucune nouvelle de la maison Félix Potin. La catastrophe ! À cette heure-ci le magasin était fermé. Fernande avait dû se tromper de date. Elle mit ses compagnes sur pied de guerre, les envoya collecter du riz et des conserves dans les boutiques de la Butte qui n'avaient pas encore baissé leur rideau, si bien qu'on remplaça le balthazar par un gigantesque plat de riz préparé à la manière espagnole et par une foule de menus plaisirs.

Quand tout fut prêt, sur le coup de neuf heures, Fernande envoya chercher au bistrot voisin les convives qu'elle avait éjectés.

Coup de théâtre ! Déjà passablement éméchée, Marie Laurencin se prit les pieds dans un tapis et s'effondra sur le divan où l'on avait déposé les pâtisseries. On la releva barbouillée de crème alors que Guillaume et le Douanier faisaient leur entrée. Ils formaient un contraste frappant : le premier haut, massif, bedonnant ; le second l'air d'une musaraigne apeurée sous son béret à large bord, son violon sous le bras.

— Quelle surprise ! glapissait le Douanier. Comme vous êtes gentils, tous !

Il faillit tomber en pâmoison lorsqu'il aperçut la banderole tendue au-dessus du fauteuil Louis-Philippe où il allait trôner : *Honneur à Rousseau* ! Il voulut jouer un air sur son violon mais on le lui confisqua : ce serait pour plus tard.

Dans la cuisine, Guillaume était en train de régler son compte à Marie. On l'entendait hurler.

— Comment n'as-tu pas honte ? Dehors, pocharde ! Débrouille-toi pour rentrer seule !

Maurice était de la fête. Il fut sidéré comme toute l'assistance en constatant que l'atelier était méconnaissable. Pablo en avait évacué presque tout ce qui rappelait qu'il s'agissait de son lieu de travail. Max avait tendu des guirlandes de 14 Juillet, déployé des drapeaux, disposé des bouquets sur l'immense table à tréteaux.

En plus des trois ou quatre litres qu'il avait séchés au cours de la journée, Maurice s'était fait servir trois absinthes au bar Fauvet pour trouver une forme proche de la perfection et semblait y être parvenu.

On n'avait pas attaqué la charcutaille que Braque entreprit d'interpréter à l'accordéon quelques rengaines de bastringue. Alors qu'on apportait sur la table les plats de riz, trois membres de la *cuadrilla* : Pichot, Gris et Agero dansèrent et chantèrent le flamenco sur un air de guitare, Pablo tenant les castagnettes.

— Mon violon ! s'écria le Douanier. Qu'est-ce qu'on a fait de mon violon ? Je vais vous interpréter...

— Tout à l'heure ! lui lança Guillaume, c'est à moi à présent.

Il s'essuya les lèvres, se leva et réclama le silence pour déclamer le poème qu'il sortit de sa poche avec une lenteur étudiée :

Les tableaux que tu peins tu les vis au Mexique.
Un soleil rouge ornait le front des bananiers
Et, valeureux soldat, tu troquas ta tunique
Contre le dolman bleu des braves douaniers...

Rousseau épongea quelques larmes avec sa serviette. Qu'il n'eût jamais posé pied au Mexique, ni endossé l'uniforme de militaire, pas plus que celui de douanier alors qu'il n'était qu'employé d'octroi, lui importait peu. Ces mensonges pieux s'intégraient à sa conception de la peinture, comme l'image virtuelle de la femme nue que l'on voyait, dans une de ses toiles, allongée dans la forêt vierge sur un divan de Dufayel. On eût fait de lui le ministre des Beaux-Arts de la République mexicaine ou le chef d'une tribu nègre, il n'y aurait pas vu malice.

— Quel hypocrite, cet Apollinaire, souffla Salmon. Rousseau lui a offert son portrait avec Marie Laurencin. Il l'a jeté dans sa cave !

Les conversations particulières tournaient au bourdonnement confus lorsque Salmon se dressa, fit quelques pas en arrière et s'effondra en gesticulant. C'était un numéro de choix : des flocons de crème Chantilly au coin des lèvres, il mima une scène de délirium tremens. Gertrude Stein se précipita pour lui porter secours et Michael demanda que l'on prévînt un médecin, quand Vlaminck, éclatant de rire, s'écria :

— C'est une de ses farces. Tu as fait ton effet, André, tu peux te relever.

André Salmon était bel et bien ivre. Pour couper

court au chapelet d'insanités qu'il débitait, Picasso et Derain l'enfermèrent dans un placard qui faisait en l'occurrence office de vestiaire.

Insensible à ce charivari, le Douanier sombrait dans une innocente somnolence, malgré les gouttes de suif qu'une bougie faisait pleuvoir sur son crâne. Au moment du toast final il réclama de nouveau son violon pour interpréter un de ses morceaux favoris : la *Polka des bébés*.

C'est alors que l'on vit avec stupéfaction surgir à pas de loup une théorie d'amis plus ou moins proches du couple Picasso, alléchés par la perspective de vider quelques verres et de se sustenter des restes du dessert.

— Entrez, mes amis, dit Pablo. Vous êtes les bienvenus.

— Cette fois-ci, dit Guillaume, nous ne coupons pas à la catastrophe. Il me semble avoir entendu les craquements annonciateurs de l'effondrement !

Les nouveaux convives firent honneur à l'invitation. Non contents de se partager ce qui restait du dessert ils raclèrent les fonds de marmite, de boîtes de sardines, et séchèrent les dernières bouteilles.

Salmon lui aussi ressentait une petite faim. Au fond de son placard il se faisait les dents sur le magnifique chapeau d'Alice Toklas, que l'on devait retrouver en lambeaux.

— Et maintenant, bredouilla le Douanier, la *Valse des clochettes*...

On salua cette bluette par des salves de vivas, puis Braque, reprenant son accordéon, joua l'*Air des adieux*.

Guillaume s'inquiétant de trouver à cette heure tardive un sapin pour raccompagner Rousseau chez lui, Pablo suggéra de descendre jusqu'à la station de la place d'Anvers où il y avait des fiacres en permanence.

La fête terminée, après les congratulations et les embrassades, Guillaume prit le Douanier dans ses bras pour descendre l'escalier : le premier était ivre ; le second endormi. Surprise de Guillaume en arrivant essoufflé en haut de la rue Ravignan : Marie l'attendait, assise sur une borne.

Le surlendemain, le livreur de Félix Potin frappa à la porte de Fernande : il apportait le dîner pour trente personnes...

10

ADAM ET ÈVE

Il fut difficile à Suzanne et à André de faire relater par Maurice ce fameux banquet du Douanier. Il y avait assisté en état second ; seules quelques bribes lui revenaient à la mémoire.

Il n'était que de passage, pour demander un peu d'argent à sa mère. Depuis qu'André était revenu de la caserne il s'arrêtait rarement rue Cortot. Il couchait dans des logements de hasard, notamment chez Marie Vizier, une cabaretière que l'on appelait la Belle Gabrielle, du nom de sa gargote, ou chez un voisin de cette dernière, César Gay, qui tenait le bistrot à l'enseigne du Casse-Croûte ; c'est là, chez ce vieil ami, que Maurice avait trouvé le gîte et le couvert, plus à l'aise que chez sa mère où l'intimité de cette dernière avec André l'indisposait ; il se sentait frustré, privé à la fois d'une amitié et d'une affection ; il en souffrait plus qu'il n'osait l'avouer. Le seul être qui pût lui manifester compréhension et indulgence, c'était elle ; il souffrait mal le partage qu'elle lui imposait.

Maurice avait révélé à sa mère qu'il avait rencontré une femme susceptible de le faire renoncer à ses mauvais penchants. Sophie travaillait chez une couturière. Petit salaire, petite vie, petites amours. Elle le retrouvait à l'issue de sa journée de travail, rue Tholozé, chez sa mère qui fermait benoîtement les yeux sur leurs ébats.

Maurice, au contact de Sophie, s'était acheté une conduite. Il se contentait d'un litre ou deux par jour, évitait de se laisser entraîner par Modi ou Van Dongen dans des beuveries dangereuses.

Il passait chercher la jeune femme à son travail. Tout au long du parcours il l'écoutait jacasser et y prenait beaucoup de plaisir. Le dimanche, il l'emmenait à la messe à Saint-Pierre, puis au restaurant. Il tenta de l'honorer d'un portrait mais il le jugea si mauvais qu'il le détruisit. Représenter un être humain l'effrayait : sa main tremblait, il n'arrivait pas à saisir la ressemblance. Il n'était à l'aise que dans l'immobilité de la pierre.

Maurice resta quelques semaines sans abuser de la boisson, mais, petit à petit, persuadé qu'on ne pouvait longtemps contraindre sa nature, il reprit ses mauvaises habitudes. Par manque de moyens ou, peut-être, pour ne pas donner à son galant une image défavorable, Sophie montrait une sobriété exemplaire en présence de son ami. Lorsque Maurice reprit ses habitudes d'intempérance elle suivit son exemple. Les choses se gâtèrent un soir où, parfaitement ivre, elle lui fit une scène triviale, lui reprochant des relations imaginaires, avec la Belle Gabrielle notamment, à qui il l'avait présentée.

Tolérant envers les abus éthyliques de ses compagnons de beuverie, Maurice ne supportait pas le spectacle d'une femme soûle, qu'il trouvait dégradant. Il informa sa mère de sa décision de rompre. Elle en parut peinée : libéré de sa liaison, Maurice risquait de sombrer de nouveau.

— Je le regrette, dit-elle. Sophie était une fille toute simple, sage et pas sotte.

— J'en conviens, dit-il, mais elle s'est mise à boire, et ça je ne le supporte pas !

Paul Moussis ne donnait pour ainsi dire plus signe de vie.

Il venait deux ou trois fois par mois déposer le montant du terme et prendre des nouvelles. Il avait encore grossi, fumait de longs cigares et prenait des airs de grand bourgeois : vernis impeccables, chapeau haut de forme, manteau à revers de fourrure, gants de pécari. Immergé dans le monde de la banque, il en avait adopté très vite les habitudes.

Suzanne avait appris que la fausse révélation faite à Paul sur l'infidélité de Marie Augier avait porté ses fruits : Paul avait fait avouer à sa concubine qu'elle le trompait avec un jeune employé aux écritures du Crédit lyonnais. Il avait passé l'éponge après une scène digne du *Théâtre d'amour*, de Porto-Riche et, bon an, mal an, le couple avait retrouvé une relative stabilité.

Les quelques instants qu'il passait rue Cortot à chacune de ses visites, il voyait André détaler pour se réfugier dans la cabane du jardin. Attitude ridicule, se disait Suzanne : il faudrait bien qu'ils se rencontrent un jour ou l'autre. Paul touchait avec sa canne le bord de son chapeau et repartait sans ajouter un mot. Il s'était offert la dernière Panhard-Levassor du Salon de l'automobile ; il aurait bientôt son chauffeur.

Suzanne avait obtenu d'André Utter qu'il cessât de travailler à la Compagnie générale d'électricité. Il avait regimbé : son travail n'était pas une sinécure mais il lui plaisait ; il espérait accéder rapidement au poste supérieur et pensait que son salaire, ajouté aux revenus de Suzanne, leur permettrait de vivre assez largement, d'autant qu'il avait renoncé à son galetas pour loger rue Cortot. Elle n'eût pas supporté qu'il en fût autrement.

Lorsque Suzanne recevait ses modèles féminins, elle faisait en sorte qu'il s'éloignât, de crainte que la vue de ces filles et de ces femmes ne lui donnât des idées d'aventure. Il aurait aimé lui aussi peindre des nus féminins ; elle faisait barrage.

— Je t'ai déjà servi de modèle et je suis toujours à ta disposition. Qu'est-ce que ces modèles t'apporteraient que je n'ai pas.

— Que tu le veuilles ou non, elles sont différentes

de toi. Et puis... tu dois bien te rendre compte que tu as changé, depuis dix ans que nous nous connaissons.

— Tu veux dire que j'ai grossi, que j'ai enlaidi ? Eh bien, dis-le !

— Loin de moi cette idée, mais il faut bien convenir que, comparée à Cécile...

Elle n'aimait pas qu'il évoquât le souvenir de cette fille qu'il avait rencontrée au Café anglais, un an auparavant, seule à la terrasse, et avec laquelle il avait engagé la conversation. Il lui avait parlé peinture ; elle lui avait avoué que c'était une de ses passions. Il lui avait proposé de poser pour lui et l'avait amenée rue Cortot. Elle avait déguerpi devant l'accueil glacial de Suzanne qui avait averti André : s'il revoyait cette fille il devrait prendre ses responsabilités et aller vivre avec elle.

Il avait protesté : c'était en tout bien tout honneur. Il n'y avait pas obligation pour un modèle de coucher avec l'artiste. Qu'il se taise ! elle savait à quoi s'en tenir ; elle lui avait cité l'exemple de Pascin et de Lucy Vidil.

— Pascin ! s'était-il esclaffé, parlons-en ! J'ai appris que, pendant que je passais mon conseil de révision, tu ne te privais pas de lui rendre visite. C'était pour des séances de pose, peut-être ?

Elle l'avait giflé ; il avait disparu, était resté trois jours sans donner de nouvelles. Qui avait pu lui raconter ça ? Elle songea à Heuzé, cette vipère...

Edmond Heuzé avait l'âge d'André. Ils s'étaient connus à l'école primaire de Montmartre dont le directeur était M. Farigoule, père de l'écrivain Jules Romains. Ils avaient vadrouillé de concert dans le Maquis et s'étaient essayés au dessin sur le motif. Lorsque Edmond, ayant décidé qu'il serait peintre, avait annoncé la nouvelle à son père, il s'était attiré cette réplique : « Je ne veux pas de voyous dans ma famille. » Il avait donc décidé de se faire « voyou ». Pour vivre il avait essayé une dizaine de métiers. Au

Moulin-Rouge il avait été le partenaire de la Goulue, avait exercé à Saint-Pétersbourg les fonctions de conservateur de musée. De retour en France il avait tâté du cyclisme professionnel avant de se faire hercule de fête foraine. Entre autres métiers... « Cent métiers, cent misères », disait Madeleine.

Il avait conservé avec André plus qu'avec Maurice, dont il supportait mal le comportement, des rapports amicaux. Il connaissait tout de Montmartre, du milieu des peintres notamment ; il pouvait, des heures durant, relater leurs succès, leurs déceptions, leurs amours et leurs drames intimes.

Il avait trouvé récemment à s'embaucher au cirque Médrano pour un numéro de clown, sans cesser de s'adonner à la peinture. Il avait, comme Utter, un aimable talent mais ne nourrissait aucune illusion : ses œuvres ne seraient jamais exposées au Louvre.

— Préviens ton ami Heuzé que j'aimerais le voir, dit Suzanne.

— Qu'est-ce que tu lui veux ?

— Lui demander si c'est lui qui fait courir le bruit de ces prétendus rapports avec Pascin.

Il ne lui amènerait pas Heuzé. D'ailleurs il ne savait où le dénicher : il changeait aussi facilement de logement que de travail.

— Tu mens ! dit-elle. Je vous ai vus ensemble la semaine dernière...

Ils ne parvenaient pas à trouver une issue à cet imbroglio de fausses vérités et de vrais mensonges. Cela donnait lieu à des scènes qui affligeaient Madeleine et faisaient s'esbigner Maurice quand, d'aventure, il était présent rue Cortot.

— Pourquoi ne pas vous séparer ? dit-il à André.

— Parce que j'ai besoin d'elle comme elle a besoin de moi.

Il ne pouvait vivre longtemps sans elle. Son séjour en caserne lui avait été insupportable au point qu'il avait songé à s'évader. Suzanne, attentive comme une mère, passionnée comme une jeune maîtresse, souffrait mal ses absences et l'attendait des heures quand il rentrait tard. Elle ne se souvenait pas avoir aimé avec une telle intensité et avoir ressenti un tel sentiment d'exclusive et de jalousie.

Le lit était le lieu privilégié de leurs réconciliations. Allongés l'un contre l'autre, ils oubliaient leurs ressentiments et leurs querelles ; ils mettaient une telle ardeur dans leurs étreintes qu'il leur paraissait inconcevable de vivre éloignés l'un de l'autre. Leur différence d'âge était un leurre auquel ni l'un ni l'autre ne se laissait prendre. Madeleine leur portait leur déjeuner au lit, écartait les rideaux pour que le jour pénètre.

— Tu te prépares à sortir, disait Suzanne à André.

— Je vais faire le tour des marchands pour voir s'ils ont vendu quelques toiles de toi ou de Maurice. Il faut bien que quelqu'un s'en occupe.

— Tâche d'être là pour déjeuner. Tu sais que je n'aime pas te voir traîner dans les rues.

Un drame faillit éclater le jour où elle découvrit dans une de ses poches un mouchoir qu'elle ne reconnaissait pas et qui portait du rouge à lèvres. Elle le lui brandit sous le nez en criant :

— Ça vient d'où, ça ? C'était à qui ce rouge à lèvres ?

— J'ai eu un léger saignement de nez chez Berthe Weill et, comme je n'avais pas de mouchoir, elle m'a prêté un des siens. J'irai le lui rapporter quand tu l'auras lavé.

— J'irai le lui rapporter moi-même !

Ce qu'elle fit. Elle revint, confuse : Berthe lui avait confirmé l'incident. Elle demanda à André de lui pardonner ses soupçons.

— Ta jalousie devient insupportable ! s'écria-t-il. Un jour je partirai.

Elle se suspendit à son cou.

— Si tu fais ça, je me tuerai.

Suzanne travaillait avec acharnement à une toile qu'elle intitulerait *Adam et Ève*.

Les personnages, sans un soupçon de voile, témoignaient de leur amour. Utter l'assistait dans son travail, à titre de modèle et de conseiller. Elle avait prévu de faire figurer les deux personnages sur un fond neutre ; il lui suggéra de donner plutôt une impression de paradis terrestre : des fruits rouges sur l'arbre du Savoir, un espace de gazon et un ciel bleu. Il lui demanda de modifier l'allure un peu lourde qu'elle avait donnée au corps d'Ève, de laisser sa chevelure couler jusqu'aux reins. Ce qu'elle accepta.

— Je crains, dit-il, la réaction de Vollard devant cette toile. Il n'est pas bégueule, mais cet homme entièrement nu risque de le choquer.

Lorsque André déballa le châssis, le marchand le prit à deux mains, chercha le bon éclairage et se mit à grogner comme un ours.

— Excellent, dit-il, mais invendable, ma chère Suzanne. Je n'oserais même pas exposer cette toile dans ma boutique. À moins que...

— Dites !

— À moins que vous n'acceptiez de rhabiller Adam. Rassurez-vous : une simple feuille de vigne suffirait.

— Ainsi, une femme a le droit de figurer nue dans une toile, mais pas un homme !

— C'est ainsi, ma chère ! La pudeur est peut-être à sens unique mais elle ne transige pas. Nous vivons une époque bourgeoise, donc hypocrite. J'ai vu récemment une fille entièrement nue aux Folies-Bergère et personne n'a protesté. Ç'aurait été un homme, on aurait crié au scandale. Dans l'Antiquité et sous la Renaissance, le nu masculin était admis. L'évolution des mœurs n'a pas suivi le progrès. C'est bien regrettable. Je ne prendrai cette toile en dépôt que lorsque vous aurez fait de votre Adam un Abélard.

La rectification exigée par Vollard ne demanda pas plus d'une demi-journée. Suzanne estimait qu'habiller Adam d'une seule feuille de vigne signifierait une soumission à la morale et que plusieurs pourraient passer pour un élément décoratif. Elle noua à la taille d'Adam un chapelet de feuilles du plus beau vert et Vollard accepta le tableau.

Suzanne et André n'avaient pas les mêmes rapports amicaux avec les autres marchands de tableaux.

Eugène Soulié et Clovis Sagot n'étaient que de vulgaires brocanteurs pour qui une toile de maître n'avait pas plus d'importance qu'un article d'occasion. Soulié venait de mourir dans des conditions lamentables ; à la suite d'une affaire de mœurs et de malversations, il avait sombré dans l'ivrognerie la plus sordide qui l'avait conduit à l'hôpital. Ami de Maurice, il ne le laissait manquer ni de vin ni de matériel pour peindre.

Clovis Sagot était d'une autre trempe. Il avait hérité du père Tanguy le goût des artistes novateurs : il voyait en eux une mine à exploiter au moment opportun. Il thésaurisait, achetait des Utrillo, des Valadon, des œuvres de peintres cubistes sur lesquelles il eût été incapable de porter un jugement mais qui lui laissaient espérer de bonnes affaires.

Sa rapacité était proverbiale. Picasso vint un jour lui proposer une scène de cirque ; Sagot lui en offrit sept cents francs ; Picasso repartit avec sa toile sous le bras. Comme il était pressé par le besoin, il retourna chez Sagot qui, ayant réfléchi, ne put lui proposer que cinq cents francs ; nouveau refus du peintre. Le lendemain, poussé par Fernande qui n'avait plus un sou, il laissa la toile à Sagot pour trois cents francs.

Lorsque Suzanne constata qu'elle n'avait plus d'argent, elle demanda à André de la suivre chez la mère Besnard, une marchande de tableaux avec laquelle elle était en compte.

— Laisse-moi faire, dit André. Avec elle je sais comment procéder.

Mme Besnard occupait, rue de La Rochefoucauld, l'ancienne boutique de marchand de couleurs de Clauzel. Son mari mort d'un cancer, elle tenait seule la boutique et, comme ses confrères, entassait toile sur toile. Veuve et encore appétissante, elle avait une réputation de mante religieuse. André en savait quelque chose : au début du siècle, alors qu'il était impécunieux, il lui avait proposé une aquarelle.

— Mon pauvre chérubin, lui avait-elle dit avec un air de commisération, que veux-tu que je fasse de cette chose ? C'est bâclé ! En revanche on devine que tu as des sentiments à exprimer.

Elle était habile à soutirer des confidences et André était prêt à se livrer à une oreille attentive. Quand elle l'eut confessé, elle baissa son rideau, prit André par la main et le conduisit dans sa chambre.

La veuve joyeuse ne lui acheta pas sa toile mais lui permit de revenir quand il voudrait, avec ou sans aquarelle.

— Tu n'es pas le seul à être tombé dans le piège de ce fourmi-lion, lui dit Heuzé. Elle a l'habitude de payer les jeunes peintres en nature. Et elle met beaucoup de conviction et d'ardeur dans ses règlements.

Il n'en allait pas de même avec Berthe Weill.

Cette vieille dame revêche, qui s'habillait à la friperie, myope, coiffée de cheveux d'un blanc d'argent, était habile à déceler le talent chez un artiste. Lorsqu'un rapin lui portait une mauvaise toile, elle ne l'épargnait pas.

— Qu'est-ce que c'est que cette merde ? Va voir Soulié, il est moins regardant.

Elle avait ses têtes. Picasso n'était pas de ses amis. Quelques jours après être arrivé à Paris, comme elle venait de lui refuser une vue de Barcelone, il l'avait menacée d'un revolver. Elle n'aimait pas Degas non plus : il avait juré en public qu'il ne mettrait jamais les pieds chez cette « youpine ». En revanche elle témoignait une sympathie efficace à Suzanne et à Maurice, ainsi qu'à l'avant-garde des jeunes artistes qu'elle menait à la baguette comme une institutrice.

Certains jours, sa boutique rappelait un atelier de blanchisserie : elle faisait sécher autour de son poêle et sur des fils les aquarelles et les gouaches qu'on lui apportait encore humides.

Derain appelait Berthe la « petite merveille ».

En juin, le trio des Valadon se rendit au vernissage que Durand-Ruel consacrait à une œuvre géante de Claude Monet : *Les Nymphéas*. Deux heures pleines ils restèrent sous le charme de cette peinture considérée comme le chant du cygne des impressionnistes.

Depuis environ vingt ans, Monet avait élu domicile à Giverny, à l'ouest de Paris. Il avait pris le sarrau du jardinier sans jeter aux orties la blouse du peintre. Le vaste espace qui entourait sa vieille demeure avait été par ses soins transformé en jardin d'agrément. Pour créer un plan d'eau en forme de jardin japonais, il avait fait détourner un ruisseau, puis avait semé des fleurs, composé une harmonie subtile de couleurs, d'ombres et de lumière, avec, sur l'eau du bassin, un tapis de nymphéas.

Ces « paysages d'eau », premiers d'une longue série, se présentaient comme une suite d'images informelles, un brouillon de formes indistinctes pétries de couleurs violentes, de fuseaux de lumière tombés d'un ciel absent. Le premier contact laissait dubitatif mais, au fur et à mesure que l'on pénétrait dans cet univers paradisiaque, la surprise faisait place à l'émotion et l'on se plongeait dans une immersion totale, flagellé par des effets lumineux, attiré vers les fonds où brasillaient des feux multicolores mêlés à des reflets somptueux.

Suzanne aurait aimé approcher le peintre mais il était très entouré et trop encensé pour qu'elle osât s'y risquer. Entre les rangs des visiteurs, elle distinguait une image décomposée du peintre : il était beau comme un patriarche d'Athènes avec sa barbe fluviale, ses formes lourdes mais majestueuses, sa démarche timide. Près de lui, son ami Georges Clemenceau l'aidait à expliquer son art, si tant est qu'il y eût matière à cette précaution.

— Lorsque l'on a vu cette œuvre, soupira Suzanne, on se dit : à quoi bon continuer à peindre ? On fera peut-être aussi bien, mais jamais mieux.

— On fera autre chose, dit Maurice.

La Butte se dépeuplait peu à peu de ses artistes.

Les errances de Modigliani d'hôtel louche en garni pouilleux, de banc public en salle d'attente de gare, semblaient terminées. Il avait vécu quelque temps rue du Delta, dans une sorte de phalanstère créé et géré par son ami, le docteur Alexandre. L'immeuble comportait, outre des appartements réservés aux artistes en détresse, une galerie d'art au rez-de-chaussée. Modi vécut là quelques mois, soulagé de ses soucis financiers. Il s'était remis à la sculpture, taillant la pierre volée sur des chantiers.

Le docteur Alexandre avait espéré le sauver de sa déchéance ; il dut déchanter. Peu avant Noël, en état d'ébriété avancée, le peintre avait détruit quelques œuvres exposées dans la galerie et mis le feu aux guirlandes qui annonçaient la fête.

Ces violences devaient marquer la fin de son séjour à Montmartre. Dégrisé, il avait présenté ses excuses à Alexandre et à ses confrères. On avait passé l'éponge en lui faisant comprendre qu'il devrait déloger.

Il s'installa rue de Douai dans une ancienne institution religieuse promise à la démolition, au milieu d'une colonie d'indigents, d'un groupe de danseurs noirs et de comédiens sans emploi. Même pour quelqu'un d'aussi peu délicat qu'Amedeo, cette ambiance était insupportable. Il traversa la Seine et s'installa à Montparnasse.

Le départ de Picasso et de Fernande allait sonner le glas du Bateau-Lavoir.

Pablo venait de passer quelques semaines d'été en Espagne, dans le village de Horta de Ebro, au milieu des vignobles, en compagnie de Fernande, lorsque Suzanne se rendit chez le couple.

Rien de prémédité dans cette visite. Suzanne était en train de promener le chien Lello lorsque, en passant rue Ravignan, son regard avait été attiré par un spectacle révoltant : un bébé était suspendu dans un sac, à la mode indienne, contre un volet, gigotant et pleurant. Elle grimpa jusqu'au logement des Picasso et raconta à Fernande l'objet de sa visite.

— C'est le bébé de Juan Gris, dit Fernande. Leur logement est si exigu que, lorsqu'ils reçoivent, ils suspendent le petit à la fenêtre. Rassure-toi, il n'est pas en danger.

Fernande lui raconta leur séjour à Horta de Ebro, l'exaltation de Pablo peignant au milieu de ces paysages baignés de soleil, de ces montagnes rousses et dorées, de ces paysans qui l'avaient adopté. Il avait rapporté de ce bain de jouvence des toiles qui enchantaient Vollard.

— Nous allons déménager dans quelques jours, poursuivit-elle. Il me tarde de quitter ce taudis, mais que de soucis...

— Je pourrai t'aider.

— Ça ne sera pas nécessaire. En revanche, si tu veux m'accompagner demain... Je dois prendre des mesures pour les rideaux de l'appartement. Tu me conseilleras.

Malgré ses courses à travers la montagne, Fernande avait un peu grossi ; son teint avait pris une matité qui s'alliait à la plénitude généreuse de son visage, à ses yeux de biche, à son allure indolente d'odalisque.

— Et toi, dit-elle, tu es restée à Paris tout cet été ?

Suzanne avait passé quelques semaines à la Butte-Pinson en compagnie de Madeleine et d'Utter, sans toucher à ses pinceaux. Séjour bénéfique certes, mais, sortant d'une période de travail intense, elle se sentait comme paralysée.

— J'ai dû repartir plus tôt que prévu. Chaque matin en me levant je me disais que la journée ne se passerait pas sans que je reçoive de mauvaises nouvelles de Maurice qui avait refusé de nous suivre. Il m'inquiète de plus en plus.

Quelques jours avant le départ de Suzanne, scandale à Saint-Pierre ! À la suite d'une discussion assez vive avec un jeune peintre dont il ne partageait pas les conceptions, Maurice l'avait agressé, avait renversé son chevalet et piétiné sa toile. Conduit au poste de police, il en était ressorti à demi inconscient, le visage tuméfié.

Peu après, nouveau scandale, cette fois-ci à la Closerie des lilas où il s'était laissé entraîner par Amedeo.

Comme on refusait de servir ces deux ivrognes, ils avaient saisi des bouteilles de whisky, en avaient arrosé le plancher et les tables. Modi était parvenu à prendre le large mais Maurice, après un pugilat avec les sergots, avait fini sa virée au poste de police puis chez un médecin aliéniste, le docteur Clérambault, qui avait prescrit son internement.

— Tu comprends, dit Suzanne, dans quel enfer je vis et que je sois mal dans ma peau. Heureusement j'ai Utter...

Elles passèrent la journée du lendemain au 11 de l'avenue de Clichy, pour prendre les mesures des rideaux et prévoir l'emplacement des meubles.

— C'est un magnifique appartement ! dit Suzanne. Cela va changer votre vie.

Fernande ne partageait pas cet enthousiasme. Elle regrettait déjà les deux pièces de la rue Ravignan, l'ambiance chaleureuse de cette bâtisse, le compagnonnage permanent des artistes et des écrivains, les soirées au Lapin agile... Elle allait devoir mener une existence de bourgeoise et cette perspective l'accablait.

La grande pièce qui servirait d'atelier, haute de plafond et lambrissée, ouvrait sur le nord. L'appartement donnait au midi, sur une rangée de platanes où pépiaient des nuées d'oiseaux. On trouvait dans les parages de nombreux commerces et des lieux publics. La station de fiacres et l'arrêt de l'omnibus étaient à deux pas.

— Ce que je crains, dit Fernande, c'est que Pablo, qui n'a aucun goût pour l'ameublement, ne transforme cet appartement en boutique de broco. Si tu voyais les meubles qu'il a commandés à Deleschamps... Mais l'essentiel est qu'il soit à l'aise pour travailler. Il est actuellement sur un portrait de Vollard. Tu verrais ça ! On dirait que ce pauvre Ambroise a été réduit en miettes. Je préfère celui qu'il a fait de Gertrude Stein. Au moins c'est ressemblant. Il a prévu de faire le portrait de Guillaume Apollinaire...

— ... et de Marie Laurencin ?

— Ne me parle pas de cette pimbêche, de cette langue de vipère ! Tu la connais ? Non ? Elle te débine comme elle débine toutes ses consœurs. À l'en croire, elle est la seule grande artiste féminine.

Suzanne se souvenait d'avoir rencontré cette mijaurée au visage caprin sur un corps affligé d'une croupe d'enfant de Marie. Depuis que le poète Jean Moréas lui avait dédié un poème elle se croyait immortelle.

Suzanne avait eu le loisir de mesurer ce qui la séparait des œuvres de la compagne d'Apollinaire : elles étaient à l'opposé. Chez Suzanne, des sujets aux formes pleines, traités dans une pâte virile ; chez Marie Laurencin, des illustrations pour boîtes de confiseries.

Marie détestait les locataires du Bateau-Lavoir ; ils lui rendaient la pareille. Guillaume supportait mal son caractère et ses manières vulgaires, mais il la voyait avec les yeux de l'amour.

Alors que Maurice subissait son internement, le Salon d'Automne lui avait réservé une place, ainsi qu'à sa mère. Pour lui, insuccès total ! Il est vrai que l'on avait placé ses toiles « aux frises », c'est-à-dire près du plafond, où elles étaient passées pratiquement inaperçues. Pas un mot dans la presse ni de commentaires dans le public. Maurice avait mauvaise réputation : on connaissait sa manie de brader sa peinture pour des bouteilles de vin, ce qui la dévaluait.

Suzanne, en revanche, avait reçu un accueil favorable pour sa toile *Adam et Ève*. L'encouragement de la critique eut sur son moral un effet roboratif.

— Ne sois pas déçue pour ton fils, lui dit André. Un jour il sera reconnu. Il a peint une série de cathédrales comme personne ne l'avait fait avant lui, sauf Monet.

— J'ai peine à y croire. J'ai perdu un peu de ma confiance en lui le jour où j'ai appris qu'il peignait d'après des cartes postales. C'est sur le motif qu'il faut travailler. Le lui ai-je assez répété !

Elle savait bien les raisons qui s'opposaient à ce qu'il peignît en extérieur : il ne supportait pas d'être entouré de curieux souvent malveillants. Il avait pour le travail sur cartes postales, qu'il quadrillait méticuleusement, une facilité qui s'ajoutait au fait que personne ne venait l'importuner.

André avait proposé à Suzanne de tenter de reprendre Maurice en main au sortir de l'asile : il risquait, s'il ne renonçait pas à la boisson, de finir assommé dans un commissariat, dépouillé et saigné par les apaches, ou de se jeter dans la Seine. L'intention était louable mais la réalisation aléatoire. L'enfermer dans sa chambre-atelier de la rue Cortot, avec des grilles aux fenêtres comme l'avait suggéré monsieur Paul, c'était risquer de voir le prisonnier devenir fou à brève échéance. Louer les services d'un infirmier qui veillerait sur lui en permanence ? Suzanne n'en avait pas les moyens et monsieur Paul se désintéressait du sort de son beau-fils. L'envoyer rejoindre son père à Barcelone ? Miguel aurait refusé ce cadeau empoisonné.

Un matin, alors que Suzanne sortait du cabinet de toilette, elle se trouva nez à nez avec Maurice. Il laissa tomber son baluchon à ses pieds, s'avança sans un mot vers sa mère, la prit dans ses bras en sanglotant.

— Maman ! Oh, maman ! Il faut me pardonner. Est-ce que tu me pardonnes, dis ? Je suis un mauvais fils. Je ne mérite pas ton affection mais je te demande pardon. Tu es la seule qui puisse me comprendre. Dis que tu me pardonnes. Dieu, lui, m'a pardonné.

En lui essuyant le visage avec sa serviette de toilette, elle constata qu'il s'était laissé pousser la barbe, ce qui lui donnait un air de gravité. Ses traits s'étaient creusés, ses yeux avaient une bordure rouge et ses vêtements gardaient une odeur de prison.

— Il faut bien que je te pardonne, puisque je suis ta mère, dit-elle, mais à condition que tu me promettes de rester sage. Va embrasser ta grand-mère : elle a souffert autant que moi de ton absence. Elle va te préparer un café.

— Mon petit ! gémit la pauvre vieille. Toi, enfin ! Est-ce qu'ils t'ont bien traité ? Ils ne t'ont pas battu, au moins ? Tu avais suffisamment à manger ?

— Laisse-le ! dit Suzanne. Il a besoin de repos plus que de jérémiades.

— Ils m'ont traité comme les autres malades, sauf que je n'étais pas fou, moi. Il n'a pas été facile de les en convaincre.

— Cette barbe... ajouta Madeleine. Il faudra la raser. Elle te vieillit.

— Elle lui va très bien, au contraire, protesta Suzanne. Je trouve qu'elle lui donne l'air viril.

Maurice, ayant bu son café, se laissa entraîner par sa mère dans le cabinet de toilette. Tandis que Madeleine mettait l'eau à chauffer pour le tub, Suzanne aida son fils à se dévêtir. Il n'avait que la peau sur les os et des taches rosâtres sur tout le corps.

— Les poux... les punaises... dit-il. Ma paillasse en était infestée. Sales bestioles ! On en tue dix, il en sort cent. J'avais fini par en prendre l'habitude quand on m'a changé de cellule du fait que je ne suis pas fou, mais il doit en rester dans mes vêtements.

Lorsque Suzanne lui demanda des détails sur son internement, il resta muet. Trop d'humiliations, de mauvais traitements, de colères rentrées.

— Tout ça, c'est du passé, dit-il. Je vais tâcher d'oublier.

Il finit par avouer à sa mère qu'il s'était évadé.

11

LA SAINTE FAMILLE

Il y avait trop de zones d'ombre dans le passé de sa maîtresse pour qu'André pût se contenter de quelques bribes de souvenirs lâchés par hasard ou par lassitude lorsqu'il l'assiégeait.

— Raconte-moi le Moulin-Rouge, Youyou. Tu l'as bien connu au temps de Lautrec, dis ?

Elle n'aimait pas ce surnom qu'il lui donnait depuis peu : Youyou. Ridicule ! Elle devait se faire violence pour se replonger dans ses souvenirs, attiser les étincelles qui brûlaient encore sous une couche de cendres froides. Ces questions d'enfant curieux l'importunaient.

— Youyou, parle-moi de ton amie la Goulue.

— Elle n'était pas mon amie ! Cette pocharde vulgaire, à gueule de raie, qui mangeait et buvait comme un curé, mon amie ? Ah ça, non ! Mais, je dois le reconnaître, quel abattage ! Dès qu'elle entrait sur la piste avec Valentin le Désossé, quel spectacle !

Suzanne avouait lui préférer Jane Avril, qu'on appelait Mélinite en raison de son caractère explosif. C'était une chic fille, menue comme une souris et aussi pudique que la Goulue était triviale. Pour danser une figure qu'on appelait la rémoulade, elle tenait son linge à pleines mains pour cacher sa petite culotte. Mais quel piquant ! Des gens de lettres s'étaient épris d'elle ; certains même l'avaient demandée en mariage.

Fortune faite, Valentin s'était retiré. De Jane Avril, aucune nouvelle. Yvette Guilbert, qui avait failli être une véritable amie pour Suzanne, parcourait l'Europe et le monde. Quant à la Goulue, elle promenait une baraque foraine de la fête à Neuneu à la foire du Trône, ou ailleurs.

André n'aurait pu dire pourquoi, mais c'est le souvenir de la Goulue qui suscitait chez lui le plus d'intérêt. Peut-être à cause de l'aura d'abjection qui s'attachait à sa personne.

— La Goulue, dit Suzanne, je peux te la montrer quand tu voudras. Tu ne la verras pas danser. Elle y a renoncé depuis plus de vingt ans à la suite d'une fausse couche qui a mal tourné, d'un avortement, peut-être. Elle ne pouvait plus faire le grand écart et se faisait siffler.

Tous les ans, peu avant Noël, des baraques foraines s'installaient sur le terre-plein du boulevard de Rochechouart. Celle de la Goulue était des plus attirantes avec ses grands décors brossés par Lautrec, encadrée de guirlandes lumineuses et d'images exotiques. Un escalier de cinq marches menait à ce palais des illusions. La Goulue elle-même faisait le boniment pour vanter *un spectacle réalisé par les plus grands artistes de Paris, une exhibition de danses orientales par des hétaïres venues spécialement des harems d'Istanbul* ! Le spectacle normal coûtait cinquante centimes ; deux francs pour la danse du ventre interdite aux mineurs.

Un matin de décembre, Suzanne emmena André voir la Goulue.

La parade alignait six prostituées de remonte collectées dans le quartier de la Goutte-d'Or. Drapée dans une tunique destinée à cacher ses formes adipeuses, constellée d'étoiles et de croissants de lune, l'ancienne du Moulin-Rouge se donnait des allures de reine des *Mille et Une Nuits* mais n'évoquait qu'un vieil eunuque travesti.

— La voilà, ta Goulue ! dit Suzanne. Agréable

tableau, n'est-ce pas ? Elle tient à peine sur ses guibolles !

— J'aimerais la rencontrer, la faire parler, la peindre.

— Ne te donne pas cette peine. Elle n'accepte que les journalistes et ses interviews coûtent cher. Tu n'apprendrais pas grand-chose : c'est une affabulatrice, et tu devrais prendre garde à ta vertu : une ogresse !

Ils poussèrent jusqu'à Pigalle où, dans le tumulte des pianos mécaniques, des limonaires, l'odeur de la guimauve et des marrons chauds, ils tâchaient d'oublier les lamentables exhibitions des partenaires de la Goulue. Pour remonter vers la Butte, ils longèrent le boulevard de Clichy. En passant devant le numéro 11, Suzanne leva la tête vers l'appartement occupé par le couple Picasso. Il devait y avoir réception car la salle à manger était illuminée. Depuis peu le ménage s'était assuré les services d'une bonne ; il ne tarderait pas à posséder une voiture automobile avec chauffeur. Après son départ du Bateau-Lavoir, la renommée de Pablo s'était répandue dans tout Paris ; on lui avait laissé accomplir sur la Butte son temps de bohème comme une période probatoire. Il pouvait désormais, dans un cadre digne de son talent, recevoir des journalistes et organiser des repas avec le plus beau linge de la capitale.

Depuis qu'ils avaient emménagé, Suzanne n'était revenue qu'une fois rendre visite à Fernande. La maîtresse du peintre avait vu juste en redoutant que l'atelier ne se transformât en boutique de broco : Pablo se toquait d'un meuble, l'achetait sans se soucier s'il pourrait s'incorporer à l'ensemble sans détonner ; dans ce bric-à-brac on remarquait une monumentale armoire normande, un piano à queue en acajou, une table de marqueterie de style italien, un immense divan-lit, une profusion de statuettes et de masques nègres alternant avec des tableaux encadrés de paille tressée, une collection de bouteilles vides, des fragments de tapisseries anciennes...

Ils fréquentaient de plus en plus assidûment les Stein qui avaient leur jour lorsqu'ils recevaient dans leur vaste appartement transformé en pinacothèque. Ils accueillaient surtout leurs anciens amis : Apollinaire qui arrivait inévitablement flanqué de sa souris aux tenues élégantes et au rire vulgaire, Max Jacob, Braque, Matisse, et ces deux fauves : Derain et Vlaminck qui avaient l'appétit féroce mais le jugement subtil.

Suzanne avait été surprise du billet que lui avait adressé son mari : il lui donnait rendez-vous rue Royale, au Weber, où il avait ses habitudes. Il avait des révélations capitales à lui faire. Des révélations ? Capitales en plus ?

Elle le trouva attablé devant un whisky, seul, un cigare aux lèvres. Il se leva pour l'accueillir et l'embrassa, signe, se dit-elle, qu'il était dans ses petits souliers. Elle commanda un bock. En le voyant manipuler nerveusement sa boîte d'allumettes, elle se dit qu'il était parti pour tourner autour du pot ; elle décida de le brusquer. Qu'avait-il de si « capital » à lui révéler ?

— Une chose grave : mon amie exige que je divorce.

— Tiens, tiens... Je croyais que tu ne voulais pas entendre ce mot !

— Les choses ont pris une nouvelle tournure. Devant l'ultimatum de Marie, j'ai parlé de cette possibilité à mes parents. Leur réaction a été violente, mais ils se sont calmés quand je leur ai avoué que nous vivions séparés toi et moi et que tu me trompais.

— Tu t'es bien gardé de leur dire que tu avais pris les devants !

Il bredouilla en rallumant son cigare :

— C'est vrai : je n'ai jamais eu le courage de leur révéler ma liaison avec Marie. Alors, voilà : es-tu disposée à accepter le divorce ?

— Il fallait en venir là. Ta décision ne me surprend pas. Tu peux d'ores et déjà entreprendre les démarches et arranger les choses au mieux. Je suppose que ce divorce sera prononcé à ton avantage ?

— Indispensable ! À cause de ma famille, tu comprends ?

Défenderesse défaillante, Suzanne fut chargée de tous les maux. Elle s'attendait à cette décision, mais l'acte du divorce déclencha sa fureur. Le tribunal estimait que l'on n'avait à reprocher au sieur Moussis *qu'un excès de bonté envers sa femme, qu'elle le harcelait sans cesse de demandes d'argent, le traitait de lâche, de cochon, de salaud, qu'elle lui reprochait de faire obstacle à sa carrière artistique, qu'elle découchait...* Pour comble : Suzanne était condamnée aux dépens !

André la trouva en larmes. Elle lui tendit un feuillet.

— Lis ! dit-elle. C'est une honte. Moussis m'a trahie.

Il lut l'acte de divorce, la prit dans ses bras et lui dit à l'oreille pour la consoler :

— Tu sais ce qu'il nous reste à faire : nous marier.

— Tu parles sérieusement ?

— Crois-tu que je veuille t'abandonner ? Les premiers temps seront sûrement difficiles. Nous devrons régler les dépens, ton ex-mari va te couper les vivres, te déloger d'ici et de Montmagny.

— Il nous laissera Montmagny, sinon je ferai un scandale auprès de sa famille.

Les Valadon durent quitter le domicile du 2, rue Cortot, pour un petit appartement de l'impasse Guelma donnant sur le boulevard de Clichy. On y serait à l'étroit, en attendant mieux. Et puis il y avait Montmagny où Suzanne avait obtenu son maintien avec la propriété des lieux. Elle avait également obtenu que Moussis l'aidât à régler les dépens.

Ses affaires semblaient prendre un tour favorable :

six de ses toiles avaient été acceptées au Salon des Indépendants et Clovis Sagot préparait une exposition personnelle. Paradoxalement le divorce paraissait lui avoir ouvert la voie du succès. André n'y était pas pour rien.

L'immeuble de l'impasse Guelma rappelait Le Bateau-Lavoir, sauf qu'il était de construction récente et doté d'un confort convenable. Mis en service récemment il avait déjà trouvé plusieurs locataires, artistes et écrivains. Le peintre futuriste Gino Severini avait été le premier ; étaient venus ensuite Raoul Dufy, Georges Braque, le poète Pierre Reverdy... Une sorte de phalanstère s'organisait, comparable à celui du docteur Alexandre.

L'appartement était exigu pour trois personnes ; il devint carrément invivable pour quatre, surtout lorsque le quatrième fut Maurice.

André fit la grimace lorsqu'il le vit paraître et s'installer. Il fallut pourtant lui faire place ; il l'exigeait d'ailleurs : le cadre et la proximité des boulevards lui convenaient.

— Si tu décides de vivre avec nous, lui dit Suzanne, tu devras te tenir tranquille. Ma santé est fragile et j'ai besoin pour travailler d'une ambiance paisible.

Promis, juré : il ne boirait plus, ou modérément. On se serra pour lui faire une place.

Durant une semaine chacun travailla de son côté. De temps à autre Suzanne mobilisait ce qu'elle appelait sa Sainte Famille, pour un portrait de groupe. Les choses se gâtèrent le jour où Maurice décida de reprendre son indépendance.

Un soir, Severini le ramena ivre mort, le visage tuméfié, alors que l'artiste sortait du commissariat de police et tentait de retrouver son chemin. Une autre fois, c'est Dufy qui le découvrit assis sur un banc public, sous la pluie battante, un litre entre les jambes, en train de s'en prendre aux passants. Suzanne le sermonna rudement.

— J'avais ta parole que tu renoncerais à boire. Tu as trahi ma confiance. Si tu persistes, tu iras coucher ailleurs ou alors je te ferai interner.

Il persista.

Chaque soir ou presque il rentrait ivre. Comme il supportait mal les remontrances et plus encore les contraintes, il se mettait en colère et brisait la vaisselle. Un soir, au comble de la fureur, il jeta un fer à repasser à la tête d'André qui évita l'objet, lequel alla atterrir, en crevant une verrière, sur la table de Reverdy. Cela fit un fameux chambard ! Accompagné du concierge, le poète protesta et menaça, si ces scènes se renouvelaient, de faire évacuer les lieux occupés par cette famille de forcenés.

— Tous nos locataires, ajouta le concierge, se plaignent de vos disputes et de vos pugilats. Je vais être contraint de faire un rapport.

Maurice mit un comble à sa violence une nuit où, rentrant à une heure tardive, il trouva fermée la porte vitrée donnant sur la cour intérieure. Ôtant une de ses chaussures, il la fit voler en éclats, ce qui réveilla tout l'immeuble. Lorsque Suzanne le vit surgir, elle faillit perdre connaissance : il avait les mains et le visage en sang.

Après une nouvelle et ultime mise en demeure de la part du concierge, elle dit à André :

— Il a passé les bornes. Nous allons devoir déménager. Nous avons trois semaines devant nous. Je pensais que nous pourrions nous installer à Montmagny en attendant de trouver un autre logement.

— Ce serait une erreur, dit André. Nous devons rester à Paris. Sagot est en train d'organiser ton exposition et il reste à préparer les Indépendants. Je dois en outre m'occuper des rapports avec d'autres marchands, Vollard notamment, qui réclame des tableaux. Si je comptais sur toi...

— Tu en as de bonnes ! C'est ton travail, après

tout ! Je ne vais pas, jeune comme tu l'es, te nourrir à ne rien faire !

De nouveau dépressive, elle décida de prendre un peu de repos. Terminées les ébauches destinées à sa grande composition familiale, elle remit à plus tard l'exécution finale ; Vollard attendrait.

Elle ne souffrait de rien de précis mais se sentait dépourvue d'énergie, de volonté et de passion. Elle pouvait rester des heures au coin de la fenêtre à feuilleter des gazettes, à commencer la lecture de romans qui lui tombaient des mains au bout de quelques pages. Elle ne sentait autour d'elle aucune hostilité flagrante : Madeleine l'entourait d'une affection geignarde, André d'un amour attentif, Maurice d'une indifférence bourrue. Elle détestait ce vide floconneux qui s'emparait d'elle dès son réveil.

Elle décida un jour de se faire violence. Le terme de la location approchait ; il était temps de se mettre en quête d'un autre logis, puisque André refusait un exil à la Butte-Pinson.

Elle chercha dans les parages, ne trouva rien et n'insista pas, d'autant que le quartier ne lui plaisait guère : trop de mouvement, trop de bruit, une ambiance peu favorable à la création... Elle avait gardé la nostalgie de la Butte : l'air y était plus vif, le silence et le calme assurés.

Elle trouva enfin de quoi satisfaire ses exigences : un appartement au 12 de la rue Cortot, du même côté que le précédent, récupéré par Moussis.

— Cette maison, lui dit un voisin, appartenait au peintre Émile Bernard, qui vient de partir pour l'Italie. Drôle de bonhomme : il s'est brouillé avec tout le quartier. Vous, en revanche, vous semblez être une personne calme. Je suis convaincu qu'il n'y aura pas d'histoires...

Les Valadon emménagèrent quelques jours plus tard. Maurice avait promis son aide mais avait prudemment pris le large au dernier moment.

Suzanne trouva, affiché contre la porte ouvrant sur une cour intérieure succédant à un porche, un panneau rédigé par l'ancien propriétaire : *Que celui qui ne croit pas en Dieu ni en Raphaël ni en Titien n'entre pas ici.* Cette malédiction digne de celle des Pharaons l'amusa sans la faire reculer.

— Magnifique ! s'écria André. Ici au moins nous serons à l'aise pour vivre et travailler. Quel calme ! Et ce grand jardin à l'arrière, et cette vue sur Paris...

— En été, je pourrai peindre sous le tilleul. Et l'atelier est assez vaste pour trois.

— Pour deux. Je ne supporterai pas la présence de ton fils : il me vole mes pinceaux, mes châssis, mes tubes...

— Et toi, tu me voles bien, aussi ! Si tu refuses sa présence, nous lui trouverons un autre endroit.

Ils emménagèrent dans une exaltation qui les jetait dès l'aube à bas du lit. Après un ménage soigné, Suzanne et André allèrent s'approvisionner en mobilier chez le père Deleschamps qui leur fit un prix d'ami et déboucha en l'honneur de leur retour une bouteille de beaujolais.

Si la maison était vaste et agréable avec son allure de villa de banlieue, le jardin laissé sans soin était retourné à l'état sauvage. Le premier jour, en prenant possession des locaux, Suzanne découvrit dans un placard un carton à dessin et un lot de toiles abandonnées par Émile Bernard avec, sur un feuillet, quelques mots pour rappeler que ces « articles » étaient son bien et qu'il viendrait les récupérer.

Elle défit les ficelles. Le carton était rempli d'ébauches et de textes manuscrits sur l'art du Quattrocento, que l'artiste était allé admirer *in situ*. Ce qu'elle découvrit de l'œuvre peint lui donna un choc au cœur. C'étaient principalement des vues de la Bretagne où le peintre avait longtemps travaillé avec Gauguin devenu son ami. Amitié fragile : Gauguin était le type même de l'extraverti sûr de lui, ostentatoire, et Bernard son contraire. Gauguin ne manquait aucune occasion de se poser en chef d'école et Bernard refusait de passer pour son élève. Leurs relations tournèrent à l'aigre, jusqu'à la rupture.

Il y avait dans ce lot une dizaine de toiles sur des sujets divers : Bretonnes en coiffe, scènes rurales, spectacles de pardons... Toutes étaient traitées dans une pâte solide, contrastée, un peu lourde.

— L'influence de Gauguin est évidente, dit Suzanne. Il aurait presque pu signer certaines de ces œuvres.

— À moins, dit André, que Gauguin ne se soit inspiré de Bernard. De toute façon, les affinités sont évidentes.

— J'espère qu'il ne tardera pas trop à venir reprendre son bien. J'aimerais le rencontrer.

— Tu risques d'être déçue. Il a mauvais caractère.

— J'aime les gens qui ont du caractère, qu'il soit bon ou mauvais. Degas, par exemple...

Passé sa période de dépression, Suzanne avait retrouvé, avec son énergie, une soif de création. Une semaine après leur installation elle fit poser sa mère dans le jardin, sous les arbres, devant un muret.

— Encore moi ! protesta la pauvre vieille. Quand je serai morte, comment feras-tu ? Il y a bien assez de jeunes femmes parmi tes modèles au lieu de t'en prendre au vieux croûton que je suis !

Sa toile terminée, elle la montra à André.

— Beau travail ! dit-il. Pourtant... pourtant tu sembles brouillée avec la lumière, contrairement à Renoir qui, lui, en était amoureux. Tu devrais te mettre aux paysages pour apprendre à maîtriser la lumière. Elle existe, nom de Dieu ! Aussi importante que la couleur. Et tu fais comme si tu l'ignorais...

Elle jeta sa palette sur la table de jardin, se laissa tomber sur une chaise en soupirant.

— Tu as raison. Tu as toujours raison. Il faudrait

que je peigne des vues de la Butte-Pinson, comme Maurice autrefois.

— Écoute, Youyou, c'est la vraie lumière qu'il te faut. Si nous avons l'argent nécessaire nous irons peindre dans le Midi. Pourquoi pas en Corse, tiens ?

Elle sursauta.

— En Corse ! Et pourquoi pas en Grèce, tant que tu y es ?

— La Grèce, ce sera pour plus tard, quand tes toiles se vendront mieux.

Le Salon des Indépendants fut un succès pour Suzanne. La critique fut élogieuse et trois de ses toiles trouvèrent des acquéreurs.

— Tu peux commencer à faire tes bagages ! dit André. Nous allons prendre deux billets pour la Corse.

— Trois, dit Suzanne. Je me refuse à laisser Maurice à Paris. Là-bas nous pourrons le surveiller.

Quelques semaines plus tard, alors que Suzanne mettait la dernière main à sa *Sainte Famille*, la sonnette de l'entrée retentit. Elle se trouva en présence d'un homme qui paraissait avoir son âge. Vêtu de sombre, coiffé d'un large chapeau noir, il paraissait morose et suspicieux.

— Je suis Émile Bernard, dit-il, et je sais qui vous êtes : Suzanne Valadon. Je voudrais rentrer en possession de mon bien.

— J'en ai pris le plus grand soin, *maître*.

Le mot fit fleurir sur les lèvres maussades un sourire amusé. Par l'escalier qui faisait communiquer l'appartement avec l'atelier, elle le conduisit jusqu'au placard où elle avait rangé le carton et les toiles enrobées dans une couverture. Il en fit le compte, estima qu'il ne manquait rien et remercia.

— C'est un bel endroit, n'est-ce pas ? Cette lumière, ce jardin, cette vue sur Paris et le Sacré-Cœur...

— J'attendais votre visite avec impatience. Je me suis permis de regarder vos œuvres. Vous m'avez donné une leçon de lumière, à moi à qui l'on reproche de l'ignorer.

— Elle viendra à vous, elle vous inondera comme celle de Dieu. C'est à Pont-Aven, au cours d'un pardon, que j'en ai eu la révélation. Ah ! la lumière de Bretagne, si fluide, si délicate. Pont-Aven : c'est bien loin...

Elle se retint à temps de lui parler de Gauguin, pour ne pas lui rappeler des souvenirs qu'il avait sans doute reniés. Elle l'écouta avec respect commenter favorablement ses propres œuvres, puis il lui parla des nouvelles tendances de sa peinture, de son mysticisme, de son retour à une conception classique de l'art, de ses recherches du côté de la Renaissance et des primitifs. Son érudition semblait insondable.

Il revint aux œuvres de Suzanne.

— La lumière, bien sûr... dit-il. Elle vous apportera de grandes joies, mais le dessin, voilà votre véritable voie. Il faut continuer...

Elle aurait aimé qu'il restât plus longtemps, qu'André pût le rencontrer, mais il était déjà sur le départ, chargé de son bagage qui pesait lourd.

— Je vous ai distraite de votre travail, reprit-il. Il faut excuser ma manie du bavardage. Revenez à votre chevalet. Madame Valadon, je suis heureux de vous avoir rencontrée. Vous êtes une grande artiste. J'aimerais vous revoir, mais je suis comme l'oiseau sur la branche. Aujourd'hui à Paris, demain Dieu sait où...

Lorsqu'elle le vit traverser la cour, Suzanne songea que, pour galoper ainsi, Maurice devait avoir la police à ses trousses. La porte ouverte, il lui tomba dans les bras en pleurant. Ce n'était pas la police qui lui courait après mais le succès. Il se rua dans la salle à manger, plongea ses mains dans ses poches, en retira des poignées de billets qu'il jeta en l'air et fit retomber en pluie.

— Qu'est-ce qui t'arrive ? Tu as pillé une banque ?

Il revenait de chez son nouveau marchand, Louis Libaude, avec lequel il avait passé un contrat moral. Un jeune artiste fortuné, Francis Jourdain, arrivant en compagnie du docteur Élie Faure, amateur d'art, devant la galerie du marchand, était tombé en arrêt devant un ensemble de toiles d'Utrillo. L'un et l'autre avaient acquis plusieurs de ces œuvres et invité deux amis collectionneurs : Gallimard et Kapferrer, à les imiter. Jourdain avait dit à Libaude : « Cela me rappelle les premières œuvres de Pissarro. » Ce n'était pas un mince compliment.

— Cinq cents francs ! s'écria Maurice en dansant autour de la table. Libaude a dû empocher le double mais je m'en fous !

Il empoigna une dernière liasse, la porta à ses lèvres et la jeta au visage de Madeleine qui s'écria :

— Il est devenu fou, ce pauvre petit !

Elle alla chercher à la cuisine une pelle et un balai pour ramasser cette fortune éparse, comme des feuilles mortes.

— C'est pas tout ! poursuivit Maurice. Une de mes toiles a été vendue aux enchères à Drouot. J'attends le règlement.

— Qu'est-ce que tu comptes faire de tout cet argent ? demanda André.

— Le dépenser ! C'est fait pour ça, non ? Il nous sera utile pour le voyage en Corse.

Il confia le plus gros de son magot à sa mère et alla dépenser — on savait où et comment — le reliquat qu'il avait gardé pour faire la noce.

André dit à Suzanne à quelques jours de là :

— Si le succès de ton fils se confirme, il serait bon que je prenne ses intérêts en main. Il en est incapable. Pour son bien, évidemment...

— Évidemment... répéta Suzanne. Ainsi se confirmerait ta vocation d'imprésario. En attendant, j'aimerais savoir ce qu'il est devenu. Ça fait une semaine qu'il n'a pas donné de nouvelles.

André décida d'aller s'informer dans les commissariats de police. Il les visita tous, terminant par celui de la rue Lambert dont Maurice était un habitué. Il apprit qu'il avait occasionné un esclandre sur la voie publique, ce qui ne le surprit nullement, en distribuant des billets de banque aux passants, ce qui le consterna.

— Il n'est pas en prison, dit le commissaire, mais à la maison de santé du docteur Revertégat, à Sannois. Nous avons de bonnes raisons de penser que, s'il n'est pas fou, il ne tardera pas à le devenir.

Il y avait sur le mur, au-dessus du bureau, deux toiles signées de Maurice Utrillo V...

Sur les conseils d'André, Suzanne avait renoncé à intituler sa grande toile *La Sainte Famille*, ce qui eût créé une équivoque autour d'un groupe familial qui n'était pas en odeur de sainteté, pour lui donner un titre à la fois plus simple et plus direct : *Portrait de famille*.

La composition lui avait occasionné quelques problèmes : comment organiser cette œuvre en fonction des personnages ? Quelle importance leur donner ? Quelle expression qui fût conforme à leur caractère ?

Divers essais sur carton avaient stimulé son ambition et provoqué les encouragements d'André. Armée de ses pinceaux et de sa palette comme d'un bouclier, elle avait affronté la toile vierge avec, en face d'elle, lui semblait-il, à la fois des adversaires et des protagonistes. Elle n'avait pratiquement, jusqu'à ce jour, été confrontée qu'à des personnages uniques ; devoir les peindre en groupe, avec elle au centre de la toile, lui causait un malaise. Et pourtant, cette toile, elle y tenait comme à une promesse et à un défi : pour montrer que *les Valadon*, comme on disait avec une nuance d'ironie, avaient en tant que famille une existence incontestable.

André avait dû insister pour qu'elle consentît à occuper le centre de ce groupe familial, dans l'attitude d'une reine sur son trône, entourée de ses proches. Elle y consentit mais œuvra en sorte que l'on ne se fît aucune illusion sur ses qualités physiques ; elle s'attacha à faire porter à son regard, le seul à fixer le spectateur droit dans les yeux, le témoignage de son autorité sur la tribu.

Utter figurait sur la partie gauche, debout, dans une attitude dominatrice, cheveux plats et barbe courte. Plus bas, semblant s'appuyer contre lui, Suzanne, dans sa plénitude charnelle, portait une main à plat sur sa poitrine. C'est Maurice qui lui donna le plus de mal : elle le montrait assis, la tête posée sur sa main droite, un coude sur son genou, dans l'attitude du *Penseur* de Rodin et dans celle qu'il avait peut-être, à Sannois, au bord de son grabat. Le visage de Madeleine, assise à droite, rappelait une pomme oubliée dans une cave ; son regard traduisait une expression de fatalité acceptée, comparable aux toiles précédentes : un ange gardien sénile qui n'aurait pas renoncé à veiller sur la tribu maudite. Elle avait adjoint le chien Lello à cet ensemble mais, sur les instances d'André qui ne le supportait pas, elle l'avait exclu.

Elle avait souhaité pour cette composition un équilibre : il était la perfection même.

Une fois par semaine, Suzanne prenait le train à la gare Saint-Lazare pour se rendre à Sannois par la ligne d'Ermont. Elle apportait à son fils quelques gâteries et de quoi dessiner et peindre. Elle le trouvait le plus souvent dans le jardin, seul, assis sur un banc, en train de jeter du pain aux moineaux et aux pigeons. Il paraissait avoir retrouvé sa lucidité mais sombrer peu à peu dans l'indifférence.

Elle lui posait des questions sur sa vie quotidienne : son appétit était revenu et la nourriture lui convenait ; il dormait mal au début mais le sommeil était de nouveau paisible ; pour tromper son ennui, il dessinait et peignait.

L'entretien que Suzanne eut avec le docteur Revertégat ne la rassura qu'à moitié.

— Votre fils va mieux, c'est certain. Au début de son internement il a manifesté des sentiments de révolte, mais il s'est apaisé au bout de quelques jours, sous l'influence des médicaments. Que se passera-t-il quand il sera de nouveau lâché seul dans Paris ? Je compte sur vous pour le surveiller.

Suzanne hasarda l'idée d'un long voyage en sa compagnie.

— Cela ne peut que lui être bénéfique, madame. Il faudra éviter de le contrarier, le laisser dessiner à sa guise. Votre fils a beaucoup de talent. Il ne faut pas qu'il le gâche...

Maurice participa à un voyage en Bretagne avec sa mère et André, comme au temps de monsieur Paul. Ils évoluèrent une semaine entière à travers d'aigres crachins, des risées de soleil, des vents généreux, le long des falaises et des grèves, dans une lumière qui rappelait à Suzanne les toiles d'Émile Bernard. Taciturne comme à son ordinaire, Maurice se laissait conduire, participait aux séances de dessin, assis entre eux devant une vieille chapelle, un calvaire, une ferme couverte de chaume...

L'été suivant, pour satisfaire à l'idée d'André, c'est vers la Corse que les Valadon se dirigèrent.

Une révélation pour Suzanne : elle ne connaissait les paysages et la lumière du Midi qu'à travers les toiles de Renoir, de Cézanne et de Van Gogh. À peine avait-on débarqué à Bastia qu'elle fut saisie à la fois d'une impression d'émerveillement et d'un sentiment d'impuissance.

André lui avait dit avant le départ :

— Nous emporterons de quoi peindre. Nous trouverons là-bas des sujets à chaque tournant de la route.

— Tu comptes donc te remettre à la peinture ?

— Oh ! moi...

Il semblait avoir admis que son talent avait trouvé ses limites et qu'il serait ridicule de se faire des illusions : il n'accrocherait jamais ses œuvres dans les Salons. Il en avait pris son parti sans trop d'amertume.

— Ces paysages me font peur, avoua-t-elle. Cet enchevêtrement de vieilles baraques, ce foisonnement de verdure, ces montagnes qui changent sans cesse de couleur, cette lumière trop pure à laquelle je ne suis pas habituée...

Il la rassurait.

— Van Gogh non plus ni même Renoir n'étaient habitués à cette lumière et à ces paysages. Pourtant ils les ont maîtrisés. Tu feras de même, ma chérie.

Elle dut se battre contre elle-même pour se contraindre à affronter le motif et vaincre son sentiment d'impuissance. Maurice, quant à lui, ne semblait pas obsédé par ces problèmes : il ne répugnait pas à poser son chevalet en plein vent, certain de ne pas être assailli par des groupes de gamins frondeurs ; il peignait des paysages urbains de préférence : Bastia... Corte... Belgodère... Il était plus sensible à la pierre qu'à la forêt.

André ne cacha pas sa satisfaction devant un paysage de Suzanne représentant un champ d'oliviers entouré d'un mur de pierres sèches avec une montagne roux et bleu en fond de décor.

— Cézanne n'aurait guère fait mieux ! s'exclamat-il. Et cette vue de Corte : une merveille ! C'est peint dans un style naïf mais tu as parfaitement traduit la lumière.

Il laissait Suzanne et Maurice partir en quête d'un sujet et les attendait en se reposant sous le mûrier de l'auberge, devant une bouteille de vin muscat. Suzanne s'inquiétait de ce parti pris d'inactivité quand elle surprit un manège équivoque entre lui et une jeune paysanne de Belgodère, servante de l'auberge, Teresa. Elle les observa et les surprit alors qu'ils sortaient, main dans la main, d'une bergerie abandonnée proche du village. Elle dit sèchement :

— Finies les vacances ! Nous rentrons.

— Nous avions prévu de rester une quinzaine ! protesta André. Je commençais à me plaire ici et vous faites, ton fils et toi, du bon travail.

— Je comprends que tu veuilles rester ! Ce patelin est plein d'attraits pour toi et tu en profites, surtout en mon absence. L'idylle avec Teresa, terminée ! À moins que tu ne décides de refaire ta vie avec cette maritorne.

Elle plongea la main dans son sac de voyage, en sortit un titre de transport qu'elle lui jeta au visage. Blême de fureur, il riposta : qu'elle apporte la preuve de ses soupçons !

— Rien de plus facile ! dit-elle.

Penchée à la fenêtre, elle appela Teresa. À peine était-elle entrée, elle lui administrait une paire de claques.

— Inutile de nier, ma fille : je sais tout !

Teresa cacha ses larmes dans un coin de son tablier : elle croyait que monsieur André était le fils de Mme Valadon.

Lorsque Maurice, alerté par les éclats de voix, surgit à son tour, la dispute tourna au pugilat sous un déluge d'imprécations.

— Salaud ! tu trompais ma mère !
— Tu crois qu'elle se gêne, elle ?
— Répète !
— Je ne discute pas avec un ivrogne.

Suzanne les sépara à coups de canne. Elle sentait la colère refluer en elle insensiblement. Après tout, qu'André fût attiré par cette gamine, elle trouvait cela naturel ; de plus elle ne pouvait oublier qu'elle avait trahi André avec Pascin. Elle n'avait à lui reprocher que son manque de discrétion. Elle avait appris sans surprise, mais non sans amertume, qu'il avait à Paris, de temps à autre, des aventures qui n'étaient que de banales coucheries de hasard. Ici toute la population devait être au courant du manège des amoureux, et cela l'indisposait.

Ils quittèrent Belgodère dès le lendemain mais, au lieu de reprendre le bateau pour Marseille, ils passèrent le restant de leurs vacances dans les environs de Bastia.

Le vaudeville sentimental mis à part, ces vacances

avaient été profitables à Suzanne : les longues marches en montagne avaient fait courir dans ses veines un sang neuf ; elle s'était enivrée de lumière, de soleil, de couleurs ; elle avait brossé une douzaine de toiles et pris quantité d'esquisses ; la nourriture simple et roborative lui avait redonné de l'énergie. En reprenant pied sur le continent elle se sentait disposée à de nouveaux efforts et à de nouvelles luttes.

Maurice, ayant mis à profit cette cure d'abstinence, avait acquis la certitude qu'il pouvait peindre et dessiner sans le secours du vin et de l'alcool. Il n'avait dérogé qu'une seule fois. C'était à Corte, un soir de fête où le vin coulait à flots ; il avait insulté les musiciens sous prétexte qu'ils se refusaient à jouer un air populaire : *À Ménilmontant*.

Madeleine avait traversé une période difficile : alitée à la suite d'une indigestion, elle avait gardé la chambre durant trois jours et avait senti la mort rôder autour d'elle.

— Je sais que je n'en ai plus pour longtemps, mes pauvres petits, dit-elle. J'aurais bien aimé qu'on m'enterre à Bessines, auprès de mes vieux, mais c'est trop loin. Quand mon cercueil sera dans la tombe...

— Arrête, maman ! Tu n'en es pas là !

— ... il faudra veiller à le recouvrir de paille pour que j'entende pas le bruit des pelletées de terre qu'on jettera sur moi...

À peine les Valadon avaient-ils rangé leurs bagages, Suzanne reçut la visite de Fernande Olivier qui fondit en larmes dans les bras de son amie.

— C'est fini ! gémit-elle. J'ai cessé de plaire à Pablo. Il est tombé amoureux d'un de ses modèles, Eva, et refuse de s'en séparer. Et s'il n'y avait qu'elle... Je ne suis pas jalouse, tu le sais, parce qu'un artiste a besoin d'aventures, mais j'ai craqué hier. Il me donne à choisir : accepter la présence d'Eva sous notre toit ou le quitter. J'ai choisi de partir. Ça lui a fait de la peine mais il se consolera vite. Qu'aurais-tu fait à ma place ?

— Ce que tu viens de faire. Mais ce choix, pourras-tu l'assumer ? Qu'est-ce que tu vas devenir ?

— Je l'ignore. Ça fait trois ans que nous vivons

ensemble, que nous partageons les mêmes soucis, les mêmes joies, les mêmes amitiés. Nous n'aurions jamais dû quitter le Bateau-Lavoir. Depuis que nous demeurons boulevard de Clichy il n'est plus le même. Le décor a changé, le milieu a suivi. Il a fait de nouvelles rencontres, des hommes et des femmes. Il me délaisse...

— Le changement, dit Suzanne, mais aussi l'usure, le pire ennemi de l'amour. J'ai connu ce phénomène, moi aussi.

Deux ans avant son voyage en Corse, Suzanne avait mis en chantier une toile de grandes dimensions qu'elle avait intitulée *La Joie de vivre*. Elle en avait fait deux versions. La première avait donné un haut-le-cœur à André. C'était une huile sur carton de dimensions réduites, qui rappelait *Le Bois sacré* de Puvis de Chavannes : un groupe de femmes nues en train de s'habiller au sortir du bain avec, à droite, un homme accompagné d'un chien : André et Lello.

— On dirait que ça ne te plaît pas, constata-t-elle.
— On dirait un groupe de fantômes dans un cimetière. Je comprends ton souci de créer des contrastes, mais ce lieu est sinistre. Et puis c'est maladroit, sec, empesé...

En rangeant la toile dans un placard, elle avait eu un réflexe de colère. Quelque temps plus tard elle reprit cette œuvre qu'elle avait exécutée dans un moment d'exaltation lyrique et s'attacha à tenir compte des critiques d'André : elle éclaircit le décor, assouplit les formes des personnages, supprima le chien. André se montra satisfait de ce nouvel essai, en regrettant la présence d'un arbre mort qui, dans le coin gauche, semblait faire pendant à son propre personnage et qui déséquilibrait l'ensemble.

— Cet arbre, dit-elle, restera où il est. Sa présence est symbolique. Cette végétation luxuriante, ces êtres pleins de vie finiront comme cet arbre. C'est ce que

Gauguin a voulu exprimer dans son tableau : *D'où venons-nous ? Que sommes-nous ? Où allons-nous !* Et d'ailleurs, si ça ne te plaît pas, tant pis ! J'en suis satisfaite, moi, de cette toile.

Au retour du voyage en Corse, Maurice dut affronter une épreuve redoutable. Le père Pigeard, qu'on appelait le Baron, lui présenta un verre d'eau salée en lui disant :

— Mon gars, si tu veux t'initier à la navigation, faut avaler ça cul sec, sans recracher !

Maurice fit la grimace en avalant la mixture dans un concert d'ovations.

— Tu es des nôtres ! ajouta le Baron. L'Union marine de la butte Montmartre est heureuse d'accueillir un grand peintre amoureux de la mer.

Il lui accrocha à la boutonnière une ancre de marine et lui donna l'accolade. Le dîner traditionnel comportait des huîtres, des fruits de mer, du poisson et des galettes bretonnes. On trouvait dans les précédentes promotions des noms illustres : Max Jacob, Pablo Picasso, Amedeo Modigliani...

Pigeard avait installé un chantier naval sur un des derniers espaces libres du Maquis. Aidé de ses sociétaires, il construisait périssoires, yoles et skiffs destinés à des promenades dominicales sur la Seine. Poussé par sa mère qui avait vu dans cette activité un moyen de l'arracher à ses mauvaises fréquentations, Maurice s'était présenté et avait été agréé par le vieux loup de mer.

Le repas terminé, Maurice, éberlué, dut satisfaire à deux autres épreuves : chiquer du gros-cul de terreneuvas et chanter ou reprendre en chœur une chanson de marin.

— *La Paimpolaise* ! annonça le Baron. Une... deux...

J'aime Paimpol et sa falaise...

Plutôt que de s'abîmer l'estomac, Maurice préféra recracher la chique, à peine l'eut-il en bouche.

Le Baron entreprit de lui enseigner les rudiments de la natation, à plat ventre sur un tabouret. Maurice rentrait le soir rue Cortot en fredonnant *La Paimpolaise*. Il avait passé sa journée à tailler des planches, à raboter, à clouer. Après dîner, il s'enfermait dans sa chambre pour peindre les toiles qu'André se chargeait de négocier.

— Ça fait plaisir de le voir revenu à une vie normale, constatait Suzanne. Il ne boit plus que du cidre breton.

André ne pouvait qu'en convenir ; en revanche Maurice peignait moins bien. Il ne pouvait pourtant souhaiter, pour améliorer sa peinture, qu'il retournât à ses anciennes habitudes.

Maurice semblait avoir renoncé au vin et pourtant, certains soirs, il réintégrait son logis dans un état second, la démarche incertaine, un sourire béat aux lèvres. Quand on l'interrogeait, il répondait mystérieusement :

— J'ai visité le nirvana...

— C'est quoi encore, cette histoire ? demandait Suzanne. Le Nirvana... Une nouvelle boîte, sans doute...

Maurice, sans cesser de sourire, secouait la tête, un index sur ses lèvres. On n'en saurait pas plus.

Militaire au Tonkin au temps de Jules Ferry, le Baron en avait rapporté des habitudes d'opiomane. Il avait installé dans un coin de son chantier naval une fumerie de style indochinois : tentures orientales, lits de camp, et tout l'attirail nécessaire pour atteindre l'extase. Invité à une promenade dans ces paradis artificiels, Maurice y avait découvert, avec des rêves éthérés, une nouvelle nature d'ivresse.

Un soir, à la suite d'un abus, le nirvana prit les couleurs de l'enfer. Maurice quitta sa couche en titubant, criant qu'il était Gengis Khan et qu'il allait massacrer dix mille infidèles. Il ne fit qu'agresser le Baron et la petite Tonkinoise qui lui tenait compagnie, balayant dans sa colère inspirée le mobilier, écrasant les pipes sous son talon. On mit le forcené à la porte, on lui arracha son insigne, on le renia.

Maurice avoua à sa mère, d'un ton chagrin, ses nouveaux égarements et son éviction. Il réclama une pipe et de l'opium que Suzanne lui refusa avec fermeté. Soit ! mais il ne reprendrait ses pinceaux qu'à condition qu'on le laisse boire à sa soif. Suzanne transigea pour un litre par jour.

André avait négocié au nom d'Utrillo un contrat avec Louis Libaude. Bon prince, le marchand avait accepté de régler l'arriéré des frais d'internement à Sannois mais exigé qu'on lui fournît six toiles par mois. Il envisageait en outre une exposition particulière d'une trentaine de toiles à la galerie Blot, rue Richepanse.

Le succès de cette manifestation dépassa ses espérances.

C'est alors que le marchand décida de traiter directement avec l'artiste, les exigences d'Utter lui paraissant exagérées. Il s'engageait à régler le montant des frais médicaux éventuels et à verser à Utrillo une rente mensuelle de trois cents francs.

Six toiles par mois ? Bagatelle ! Maurice aurait pu les brosser en une journée. Le premier mois il en fournit une vingtaine à Libaude qui leva les bras au ciel : c'était du travail bâclé ; qu'il s'applique davantage ! Maurice chargea André de fourguer le reliquat aux gargotiers. Suzanne en conserva quelques-unes, parmi les meilleures, en prévision des mauvais jours...

Les soirées au Lapin agile n'étaient plus ce qu'elles avaient été. Maurice avait renoncé à s'y rendre.

Victor assassiné, Margot mariée à Dorgelès, Gaston Couté envoyé dans un asile, les bandes de Picasso et de Modi réduites à quelques têtes médiocres, le cabaret du père Frédé avait perdu son âme.

Les Valadon y avaient passé une soirée au retour de la Corse et s'étaient promis de n'y plus reparaître. L'ambiance y était sinistre. Le répertoire du patron se cantonnait dans les rengaines d'autrefois ; les poètes étaient médiocres et impécunieux plus que jamais ; il fallait, à chaque morceau qu'ils débitaient, cracher au bassinet.

Dans le public devenu composite, on côtoyait des filles mal poudrées, aux sourcils faits à l'allumette, des apaches en casquette et foulard, des trafiquants de drogue, des indicateurs, de faux marlous et de vrais truands. On y voyait aussi paraître, certains soirs, des touristes en goguette, sidérés de se voir soudain transplantés dans le repaire de la pègre. L'ambiance ne s'animait qu'à l'occasion des bagarres qui, Dieu merci, étaient fréquentes.

Avant de mourir de sa belle mort, l'âne Lolo avait connu son heure de gloire en devenant artiste peintre.

Avec la complicité de quelques comparses et en présence d'un huissier, Roland Dorgelès avait imaginé une farce de carabin. Avec la queue de Lolo en guise de pinceau, il avait brossé une toile intitulée *Coucher de soleil sur l'Adriatique* et signée Boronali, anagramme d'Aliboron. Au Salon des Indépendants, un amateur en offrit cinq cents francs. Il aurait pu s'offrir un Monet ou un Pissarro pour beaucoup moins...

12

LE ROI LEAR

La lettre de Zoé avait des accents désespérés : de sa belle écriture d'ancienne institutrice elle sollicitait la venue de Suzanne chez Edgar Degas. D'urgence.

Suzanne trouva le peintre effondré dans son atelier. Il venait de donner congé à Pauline, son jeune modèle. Face à une toile bâclée, il tripotait, comme si elles tombaient de la lune, les fournitures pour photographie que venaient de lui livrer Tasset et Lhote.

— Vous, enfin ! dit-il dans un souffle. Que vous ai-je fait pour que vous m'abandonniez ?

— Je suis restée longtemps absente pour des voyages en Bretagne et en Corse, dit-elle.

— C'est en Italie que vous auriez dû aller. Moi, j'ai dû renoncer à voyager. Si je reste quelques jours loin de mon atelier, je me sens coupable, indigne, ridicule. Je suis comme ces vieilles bêtes qui dépérissent loin de l'étable.

Il avait failli lui écrire à plusieurs reprises mais, outre que le moindre billet lui demandait un effort, il ignorait sa nouvelle adresse. Elle l'inscrivit sur un feuillet qu'elle lui tendit.

— Tiens, tiens... mais c'est l'ancienne maison d'Émile Bernard et, avant lui, de ce fou de Léon Bloy.

Avec son opulente barbe blanche, des plis amers au coin des lèvres, Degas rappelait le patriarche d'Israël se lamentant sur l'exil de Babylone.

— Si je vous ai demandé de venir, c'est que je me

trouve dans le plus cruel embarras. Approchez, je vous prie. Outre que je vous distingue à peine, je deviens sourd. Rien n'aura été épargné à mes vieux jours. Ayez la gentillesse de me rouler une cigarette. Le gros-cul est sur la commode. Je vais être contraint de déménager. Cet immeuble que j'habite depuis vingt ans est promis à la démolition. Je dois trouver à me reloger dès que possible mais je suis incapable de faire les démarches qui s'imposent.

Suzanne alluma la cigarette qu'elle venait de rouler et la lui tendit. Il ajouta en tirant la première bouffée :

— J'ai décidé de m'adresser à vous pour prendre l'affaire en main. Pourrez-vous me rendre ce service ?

— Dès demain, maître.

Lorsqu'elle eut quitté le peintre, Zoé l'intercepta sur le palier.

— Le maître me donne bien du souci, dit-elle. L'idée de déménager le bouleverse. Il a l'habitude de cette maison. Pourra-t-il travailler ailleurs ?

Sa seule distraction était de se promener sur les boulevards et de faire halte dans un café pour y boire un verre de lait chaud. Il fallait qu'il fît mauvais temps pour qu'il renonçât à cette pratique. Il s'arrêtait souvent devant les ateliers de blanchisserie, collait son visage aux vitres et se faisait houspiller par les ouvrières qui le prenaient pour un voyeur. Il se rendait parfois chez une modiste de ses amis afin de satisfaire sa passion pour les chapeaux féminins : il les caressait de l'œil, de la main, les respirait...

— Pensez-vous, ajouta Zoé, pouvoir lui trouver un appartement qui lui conviendra ? Le loyer importe peu. Il faut voir grand pour arriver à caser ces meubles, ces bibelots, ces peintures dont il n'accepterait pas de se séparer.

Vollard lui avait conseillé d'acheter l'immeuble dont il était locataire et de stopper le projet de démolition, mais où voulait-on qu'il trouve l'argent nécessaire ?

Suzanne tint parole : dès le lendemain elle se mettait en campagne pour prospecter dans les parages en s'adressant aux concierges.

À la suite de multiples démarches elle découvrit, au 6 du boulevard de Clichy, un sixième sans ascenseur proche de la place Pigalle. Restait à procéder au déménagement et, là, ce furent des scènes dignes de *L'Odyssée*.

Degas loua les services d'un déménageur professionnel et battit le rappel de ses amis ; ils vinrent peu nombreux puis, l'un après l'autre, devant les exigences et la mauvaise humeur du vieil homme, s'esbignèrent. Seule Suzanne resta jusqu'au terme de cette épreuve, soutenant Degas lors des navettes qu'il s'imposait entre les deux immeubles. Il ne se montrait patient qu'avec elle et elle supportait sans se plaindre ses humeurs et ses caprices.

Le déménagement terminé, il dit à Suzanne :

— Sans vous, Maria, je n'aurais pas pu mener ce déménagement à bien.

L'appartement lui convenait et les six étages n'étaient pas un inconvénient majeur. De ses balcons, il embrassait la place Blanche et la place Pigalle où il allait jadis s'approvisionner à la foire aux modèles. Zoé ne partageait pas sa satisfaction : six étages ! on voyait bien que ce n'était pas lui qui faisait les courses...

Suzanne laissa s'écouler quelques semaines avant de prendre l'initiative d'une nouvelle visite. Elle trouva Degas vautré dans un fauteuil, sa casquette sur le nez, au milieu du capharnaüm initial, comme le roi Lear dans les ruines de son palais.

— Maître, dit-elle, vous n'allez pas rester incrusté dans ce fatras. Si cet appartement ne vous convient pas, il faudra en chercher un autre.

— Dieu me garde de déménager une autre fois. Cela me tuerait. Je ne sais ni où je suis ni où j'en suis. Je dois avoir l'air d'un voyageur oublié par un paquebot sur le quai avec ses bagages, dans l'attente d'un autre bateau qui ne viendra pas.

— Voulez-vous que je vous aide à emménager ? Au moins votre atelier, pour que vous puissiez travailler.

— Laissez, Maria. Pour le moment je n'ai plus envie de peindre ni de dessiner. Zoé me tarabuste sans succès. Secouez un arbre mort, vous n'en ferez pas tomber de fruits...

Sollicitée pour de nouvelles séances de pose, Clotilde s'était dérobée, trop prise qu'elle était par son bar de la rue de Steinkerque où elle n'avait pas tardé à attirer une clientèle interlope de gousses de tout poil et de diverses nationalités. En revanche, après Dolly qui avait disparu, elle lui avait adressé une jeune Anglaise, Diana, qui travaillait pour une agence de voyages et qui avait été séduite par les dessins de Suzanne que Clotilde lui avait montrés.

— Ma toile, dit Suzanne, s'intitulera *L'Avenir dévoilé* ou *La Tireuse de cartes*. Nous commencerons quand vous serez libre. Il faudra poser nue, évidemment.

Durant un mois, Diana revint régulièrement à l'atelier de la rue Cortot. Elle était de bonne composition et se montrait peu exigeante quant aux émoluments.

Cette rousse bien proportionnée, de carnation laiteuse, à la toison flamboyante, posa allongée sur un divan, une main sur son genou droit relevé, le visage incliné vers le tapis où une sorte de duègne vêtue de noir alignait des cartes pour y lire l'avenir.

Francis Carco, dans l'intention de recueillir quelques souvenirs du vieux Montmartre, fit une visite à Suzanne. Il tomba en arrêt devant cette toile à laquelle ne manquaient que quelques retouches.

— Ce tableau me surprend, dit-il. Au risque de vous choquer, je dirais que ce n'est pas une peinture de femme. En revanche, on peut affirmer que c'est votre chef-d'œuvre.

Carco l'amusait. Il était de petite taille, avec un visage taillé en traits un peu lourds. Son regard pétillant d'esprit et de bienveillance fouinait dans les coins et recoins de la Butte pour une collecte de portraits et d'anecdotes dont il comptait faire un ouvrage. Il avait toujours au coin de la bouche une cigarette dont la fumée le faisait grimacer.

— Ce n'était pas un sujet facile, ajouta-t-il. Vous l'avez traité avec une fermeté, une tranquille audace qui me confondent. Tout y est : le décor soigné, l'attitude du modèle, la façon dont le poids du corps s'équilibre, la majestueuse puissance des volumes, le contraste entre les divers plans et surtout la générosité de la matière.

Elle avait l'impression qu'il allait encore parler de cette œuvre durant des heures quant il ajouta abruptement :

— J'aurais aimé rencontrer votre fils, Utrillo.

— Je ne l'ai pas revu depuis une semaine et j'ignore où il se trouve. J'attends chaque jour des nouvelles de lui. Si vous entendez parler de quelque chose...

Depuis qu'une scène violente l'avait opposé à Utter, il semblait vouloir se faire oublier. André lui avait reproché de peindre de plus en plus négligemment, comme si seule sa signature pouvait donner de l'importance à ses toiles. Il avait ajouté :

— Je n'invente rien. C'est l'avis de Vollard, de Berthe Weill, de Libaude...

— Je les emmerde tous !

— C'est ton droit, mais si tu continues dans cette voie, plus personne ne voudra de ta peinture.

— C'est ça qui t'embête, hein ? Si mes toiles se vendent mal, plus de beaux costumes, de soirées mondaines, de petites maîtresses pour monsieur Utter !

— Si je n'avais pas pris tes intérêts en main tu serais à la soupe populaire et aux asiles de nuit...

— Et si la poule aux œufs d'or renonce à pondre, c'est monsieur Utter qui sera de la cloche !

— Et toi, tu finirais dans un asile psychiatrique.

— Escroc ! Profiteur !

— Ivrogne !

Ils en étaient venus aux mains. Lorsque Suzanne était arrivée, de retour de chez Degas, elle avait trouvé Maurice, le visage marqué, en train de faire son baluchon. Elle le questionna.

— Je pars, dit-il d'une voix sombre. Je ne supporte plus Utter et l'ambiance de cette maison. Nous nous sommes battus.

— Tu veux partir ? As-tu pensé à moi ? Ta mère n'est donc rien pour toi ?

Il s'assit au bord du lit, dans une pose familière, le front dans sa main, et se mit à sangloter. Elle prit place près de lui, l'attira contre elle.

— Ne pars pas, dit-elle. Je vais tâcher de vous réconcilier.

— Ce serait peine perdue, maman. Je ne veux plus rien avoir à faire avec cet incapable qui vit à nos crochets.

— Il fait le travail que je lui ai confié : il s'occupe de nos intérêts. Tu devrais te montrer plus indulgent. Si tu as besoin d'argent, il faut me le dire.

Maurice haussa les épaules. L'argent... l'argent... ils n'avaient que ce mot à la bouche. Jadis, il savait pouvoir compter sur l'affection de sa mère en toutes circonstances ; aujourd'hui, il n'y en avait que pour Utter. Conclusion :

— J'ai décidé de partir, dit-il. Je partirai.

— Partir ? Et où iras-tu ? À l'hôtel ? Dans un garni ?

— Je sais où aller, rassure-toi. Demain matin, quand tu te lèveras, je ne serai plus là...

Suzanne n'avait pas oublié la réflexion de Francis Carco : « La première des conditions pour réussir est d'être un homme. La misogynie est votre ennemie primordiale... » Elle eût aimé qu'il lui en dît davantage sur ce sujet, lui qui connaissait mieux qu'elle la « bonne société parisienne ».

Quand elle mesurait le chemin parcouru depuis son arrivée à Paris, sa menotte dans la main de Madeleine, serrant sa poupée de bois sous son manteau, elle sentait un vertige se creuser en elle. C'était en 1870 et elle avait cinq ans ; sa mère, elle s'en souvenait, courait les gares de Paris à la recherche de l'homme qui l'avait abandonnée.

Depuis, que de domiciles, d'événements, de personnages ! Que d'amours aussi...

Carco avait raison : elle avait dû, pour imposer sa peinture, dépenser plus de conviction, d'énergie, de talent qu'un homme ne l'eût fait à sa place. Et cependant, aujourd'hui encore, cette discrimination suscitait des obstacles.

Berthe Weill lui avait dit récemment :

— Mes clients aiment votre peinture, son réalisme, sa violence. Elle les attire, les subjugue mais, dès qu'ils lisent la signature, ils ont un mouvement de recul. J'en entends de belles ! De quoi se mêlent ces bonniches ? Peuvent pas rester à torcher leurs mômes ? D'ici qu'elles réclament le droit de vote... C'est tous les jours que j'entends ça, ma petite, tous les jours que je me bats pour vendre vos toiles...

André aussi se battait pour elle. Par conviction, par amour ou par intérêt ? Sans doute en vertu de ces trois motifs, avec sans doute une priorité au dernier.

S'il lui réclamait souvent de fortes sommes, ce n'était pas, disait-il, par goût du luxe — elle connaissait la simplicité de ses mœurs — mais...

— Comprends-moi : je me dois d'observer une tenue correcte, d'avoir des costumes taillés par les meilleurs couturiers, des vernis des meilleurs bottiers. Cela fait sérieux. Cela inspire confiance. Pour conclure une vente, je ne peux inviter mon client à déjeuner dans une gargote des Halles...

Lorsqu'il avait suggéré l'achat d'une automobile, Suzanne avait regimbé : il avait la folie des grandeurs ! Il se prenait pour Durand-Ruel ou Bernheim ! Une voiture... Pourquoi pas un hôtel particulier, une villa sur la Côte d'Azur ? Non, non et non !

Ses nouvelles fréquentations lui avaient tourné la tête. Il parlait des écrivains et des artistes en renom comme de vieux amis. L'ancien agent de la Société générale d'électricité ne supportait plus les ragoûts de Madeleine. Il usait d'un langage châtié, même dans l'intimité, certains soirs où il prenait Youyou dans ses bras, après que les libations avaient stimulé ses ardeurs.

Au plus fort de sa rancune contre André, Maurice avait révélé à Suzanne que l'argent qu'il leur soutirait ne servait pas seulement aux frais de représentation. Les petites maîtresses lui coûtaient cher.

Lorsque Suzanne, discrètement, lui fit grief de ses dépenses, il protesta.

— C'est ton fils qui t'a mis ces idées dans la tête. S'il m'arrive de sortir avec de jeunes femmes, il s'agit de modèles qui me fournissent des informations sur la cote des peintres, et pas pour la bagatelle.

Suzanne baissait pavillon. Au milieu de ces incertitudes, une évidence : elle avait quarante-huit ans ; André vingt-sept. Comme on dit en Limousin, leur amour avait « passé fleur ». La maîtresse ardente et généreuse qu'elle avait été ne pouvait lui offrir que des fruits blets. Plutôt que de macérer dans ses doutes, elle eût préféré qu'il lui avouât ses écarts. Mais, jalouse comme elle l'était, eût-elle supporté ces révélations ?

Le départ de Maurice, l'ignorance où l'on était de sa nouvelle résidence mettaient André dans l'embarras.

Bien décidé à tenter une manœuvre de réconciliation, il s'était mis à sa recherche. On signalait sa présence à tel endroit, mais l'oiseau s'était envolé quand il s'y rendait. Après avoir couru les établissements publics de haut en bas de Montmartre, il eut recours à Edmond Heuzé, l'argus de ces quartiers. Il en fut pour ses frais.

— Tu devrais, lui dit Suzanne, chercher dans les asiles, les hospices, les hôpitaux...

— Et pourquoi pas dans les prisons ?

— En effet : pourquoi pas ?

Il se remit en campagne et dut renoncer : Maurice Utrillo était insaisissable.

13
À LA BELLE GABRIELLE

Ce début de siècle n'avait rien de banal : il se révélait plein de drames, d'heureux événements, de surprises.

Un mage, qui se faisait appeler modestement Nostradamus, annonçait non la fin du monde mais des incidents qui allaient bouleverser l'ordre des choses.

Ce fut en effet le temps des grandes catastrophes. Un coup de grisou avait laissé mille trois cents mineurs au fond d'une mine de Courrières... À Saint-Pétersbourg une journée d'émeute avait occasionné la mort de plus de deux mille manifestants... À la Martinique, on estimait à trente mille le nombre des victimes d'une éruption volcanique... Les massacres, en Chine, se soldaient par des centaines de milliers de victimes... Le Midi des viticulteurs était à feu et à sang... La bande à Bonnot terrorisait Paris... Les soubresauts du siècle mort secouaient la planète.

La capitale vivait dans les transes et n'en dormait plus : on avait volé *La Joconde* ; les soupçons s'étaient portés sur Guillaume Apollinaire et Pablo Picasso : deux « sales métèques ». Une autre affaire bouleversait l'opinion : la danseuse Mata-Hari avait attaqué en justice Antoine, le directeur de l'Odéon, pour avoir, disait-elle, « révélé les secrets de ses danses hindoues ».

L'opinion n'était jamais en repos. Une nouvelle affaire venait de l'ébranler : des danseuses se montraient sur scène « nues et sans maillot » ; l'une d'elles,

Colette Willy, avait déclaré : « Je ne comprends pas la pudeur locale. » Mistinguett exhibait aux Folies-Bergère les plus belles jambes de Paris. On allait de scandale en scandale. Les évêques de France avaient violemment réagi contre ces vagues d'indécence en interdisant dans leur diocèse une danse nouvelle : le tango. La morale était sauve.

Dans cette chienlit, quelques notes réconfortantes : rompant les barrières du machisme ordinaire, la Justice avait ouvert ses portes à une femme magistrat, Mme Petit, qui avait fait la couverture du supplément illustré du *Petit Journal*. Même la science pensait aux femmes : des savants avaient découvert un remède contre les « microbes de l'obésité » et une pilule miracle pour « engraisser et faire des femmes décharnées des êtres potelés et séduisants ».

L'emprunt russe avait mobilisé sur tout le territoire la masse des épargnants.

En voyant André surgir, brandissant une liasse, Suzanne se dit qu'il avait dû gagner à la loterie.

— Mieux que ça, Youyou ! Ce sont des bons de l'emprunt russe. J'en ai pris pour mille francs !

Elle en eut un vertige. Il voulait les ruiner ? Mille francs...

— La France entière en achète ! Les intérêts vont progresser à une allure fantastique. La Russie est un pays d'avenir mais elle a besoin de fonds pour lancer son économie. Nous allons être riches !

Elle céda à ce mouvement d'enthousiasme. Après tout, pourquoi se priver d'une chance de devenir millionnaire ?

C'est grâce au père Deleschamps, qui connaissait Montmartre aussi bien qu'Edmond Heuzé, que Suzanne eut des nouvelles de son fils.

— Allez fouiner du côté de la rue du Mont-Cenis, dit-il. Il doit crécher dans les parages.

On avait donné à Marie Vizier l'éponyme de son

établissement installé rue du Mont-Cenis : La Belle Gabrielle. Une invention de poète pour rappeler que l'une des maîtresses d'Henri IV avait eu pignon sur rue dans les parages.

Cette Junon forte en gueule, d'une rudesse généreuse, d'une majestueuse vulgarité, avait le verbe gouailleur des grenouilles des Halles, rendu rauque par l'abus du gros gris.

Maurice n'avait pu manquer de faire escale chez elle au cours de ses pérégrinations.

Peu après son voyage en Corse, il s'était rendu chez son vieil ami César Gay, l'ancien policier qui l'avait fait élargir alors qu'il se trouvait à la Santé. Ils avaient fêté leurs retrouvailles. Comme il restait à Maurice quelques toiles à placer, il alla les proposer à une voisine, la tenancière de La Belle Gabrielle. Elle l'avait accueilli cigarette au bec et lui avait lancé :

— Et pour monsieur, ça sera ?

Il avait déballé sa marchandise.

— Qu'est-ce que tu veux que je fasse de cette barbouille, mon coco ? Regarde ! Les murs en sont tapissés... Mais faut dire... faut dire... T'es pas manchot. Y a du jus là-dedans. Tu en veux combien ?

— Vingt francs le lot de trois.

— Eh là ! mon coco, je suis pas Mme Rothschild ! Deux thunes, ça te va ?

— Plus un casse-croûte et un litre. Vous faites une bonne affaire, madame. Chez Sagot et Berthe Weill c'est plus cher.

— Voilà tes dix balles. Une soupe, de la galantine, du fromage, ça te va ? Avec un litre, bien sûr.

Elle avait appelé la servante.

— Céline, occupe-toi de cet artiste et soigne-le bien.

Elle avait placé les cartons sur une étagère, derrière l'amer Picon et le bocal de cerises à l'eau-de-vie.

— C'est quoi, ce « V », à la suite d'Utrillo ?

— Valadon. C'est le nom de ma mère.

Marie avait paru surprise.

— Suzanne Valadon ? Mais tout le monde la connaît ! J'ai lu un article de Francis Carco sur elle. Dis donc, mon coco, elle est célèbre, ta maman !

Ce soir-là, qui était un samedi, il vint une foule de clients : des calicots, de petits fonctionnaires aux vêtements fatigués, une équipe de matelassiers, de timides arpètes novices de comptoir et un nombre respectable de grenouilles de trottoir.

Sur le coup de sept heures, en raison de l'affluence, Maurice s'était replié sur les arrières du bistrot pour dîner en toute tranquillité et s'était endormi.

Il faisait nuit lorsque Céline commença à ranger les chaises pieds en l'air sur les tables, à balayer et à projeter de la sciure sur le parquet. Marie Vizier secoua l'épaule de l'artiste.

— Dis donc, coco, tu vas prendre racine ? La Belle Gabrielle n'est pas un asile de nuit.

Elle l'aida à se lever. Il fit quelques pas, s'accrocha au comptoir, tomba sur les genoux.

— Ben, mon colon, lui lança la gargotière, il te suffit d'une chopine pour être poivre ?

En fait Maurice pouvait se prévaloir d'états de service éloquents : il venait de sécher sa dixième bouteille de la journée et se sentait encore une petite soif. Quand il réclama une autre chopine, la patronne la lui refusa.

— Où que tu vas crécher cette nuit ? ajouta-t-elle.

Il n'en savait rien.

— Tu as bien un domicile ? Ta mère, elle habite où ?

— Rue Cortot.

— Céline va t'accompagner.

— Je peux pas rentrer chez moi. Pourriez pas me garder pour la nuit ?

— T'en as de bonnes, mon coco ! Je fais pas hôtel. Si tu veux une piaule...

— Pas besoin. Un coin avec une couverture, ça ira. J'ai l'habitude. Vous aurez une autre toile.
— Y a bien la cave... proposa Céline.
— Il aurait froid, ce chérubin, et puis, toutes ces bouteilles, ça lui donnerait des idées. Il dormira dans un fauteuil de ma chambre. Je risque rien. Il est pas dangereux.

Elles le soutinrent jusqu'à la chambre, lui ôtèrent ses vêtements et ses chaussures. Il n'avait pas changé de linge depuis plusieurs semaines et l'odeur les fit reculer.

— Dieu vous rendra vos bontés... bredouilla-t-il.
— Et avec intérêts, j'espère ! dit Marie.

Les chansons d'un groupe de fêtards remontant l'escalier de la rue du Mont-Cenis réveillèrent Maurice au milieu de la nuit. Incapable de se souvenir de l'endroit où il se trouvait, il se crut revenu rue Cortot, se mit à injurier André et à appeler sa mère. Marie se leva, s'agenouilla près du fauteuil.

— Eh bien, mon coco, on rêve, on appelle sa maman ? Tu me raconteras ta peine demain. Allez, dodo...

Il ne pourrait pas se rendormir : il avait froid et ce fauteuil n'avait rien d'un pullman. Il demanda à Marie de lui faire une place dans son lit. Elle bougonna puis finit par accepter, à condition qu'il se tienne tranquille. Il se rendormit quelques instants plus tard, enlacé par des bras de nourrice, dans une agréable odeur de graillon et de patchouli. Le rire gras de Marie le fit sursauter.

— Eh bien, mon chéri, si c'est vrai que t'es pas manchot, t'es pas non plus paralysé de la quéquette, nom de Dieu ! T'as envie, on dirait. Alors viens, mon chérubin, fais l'amour à la Belle Gabrielle...

C'est la bonniche qui lui apporta son déjeuner au lit : café-croissants. Il se sentait un appétit d'ogre. Appuyé au dosseret, il s'efforça de reconstituer les événements de la veille. Bilan confus : une première chopine au Billard en bois, une halte chez l'ami Émile et au Clairon des chasseurs puis au Consulat d'Auvergne où il avait dû brosser rapidement une toile pour régler l'addition... Et ainsi de suite. Une fameuse virée !

— Et alors, s'écria Marie, on fait la grasse matinée ? Il est dix heures. Faut que Céline fasse la chambre, et moi j'ai du boulot.

— Moi aussi. Faut que je peigne quelques toiles.

— Tu m'en as promis une hier, tu te souviens ? Où tu vas te mettre pour travailler ?

— Ben, ici, si tu n'y vois pas d'inconvénient.

— Dans ma chambre ? Pas question !

— Tu me mets à la rue ? Je pensais que tu avais de la sympathie pour les artistes.

Elle battit des bras comme pour lancer un signal de détresse. Mettre à la porte un artiste comme Utrillo... Il la prenait par les sentiments. Bonne fille, elle céda. Il pourrait s'installer dans le débarras pour une journée ou deux.

— Après, du vent, mon coco !

Elle lui demanda où il allait, un dimanche, trouver le matériel nécessaire : il portait toujours sur lui sa panoplie de pinceaux et de tubes et il trouverait bien dans la cave de vieux cartons d'emballage qui lui serviraient de toiles.

Il fit un brin de toilette, s'attarda à regarder Paris somnoler au creux du cratère d'où partaient les escaliers, dans la rumeur des cloches et la brume ensoleillée du matin.

À la fin de la journée, il avait torché trois toiles et bu seulement deux litres. Marie le récompensa de cette journée de labeur par une nuit ardente et lui fit des confidences plus ou moins imaginaires. Elle prétendait descendre en droite ligne de la maîtresse d'Henri IV, Gabrielle d'Estrées. À vingt ans, disait-elle, elle avait à ses pieds tous les rapins de Montmartre et quelques maîtres. On pouvait la retrouver à titre de modèle sur des toiles qui figuraient dans les musées. Elle avait fait sa pelote dans une brasserie de filles au bas de Montmartre et avait ouvert La Belle Gabrielle grâce à la générosité de quelques amants fortunés.

— Rien de sélect, comme tu vois, mais une clientèle fidèle et qui se plaît chez moi où la cuisine est de qualité et bon marché. Je suis originaire du Périgord, tu comprends ?

À quarante ans passés, elle donnait dans la matrone mais avec encore quelque apparence de séduction et cette vulgarité qui plaisait tant aux hommes.

— Surtout, ne va pas croire que je suis une putain ! J'aime les vrais hommes, ceux qui en ont dans le pantalon. Alors, le peu de temps qui me reste à m'envoyer en l'air, je le mets à profit.

Elle s'exprimait d'une voix lente et profonde dans laquelle jouaient des harmoniques de goualeuse de bastringue, que l'abus du crapulos rendait un peu rauque.

Il lui fit cadeau de deux toiles : l'une représentant sa gargote, l'autre une vue de Paris depuis l'escalier. Reconnaissante, elle lui accorda un nouveau délai.

Elle lui dit un soir :

— Je trouve que tu faiblis, mon coco. Tu as besoin d'un revigorant. Céline te fait les yeux doux. Tu lui mets la main aux fesses, ça marchera.

— Si tu étais moins avare de ton picrate, ça marcherait peut-être mieux avec toi. Deux litres seulement par jour, c'est pas humain. Je perds mes moyens.

Coucher avec Céline n'avait rien d'une perspective exaltante : elle était assez jolie quand on n'y regardait pas de trop près, malgré ses cheveux filasse qui lui tombaient sur les joues et son odeur de serpillière mal essorée. Il accepta néanmoins pour ne pas peiner Marie et y trouva quelque plaisir. Puis, comme de la patronne, il ne tarda pas à trouver la pilule amère.

Marie avait accepté de monter la barre à trois litres, ajoutant :

— Ça me plaît d'héberger un artiste, mon coco, mais faut pas abuser de ma bonté. Je veux pas d'un ivrogne chez moi.

Elle lui annonça un soir qu'elle allait fermer boutique pour quelques jours : elle devait rendre visite à sa vieille mère, en Dordogne.

— Je te laisse Céline. Amusez-vous bien en mon absence. Travaille et n'essaie pas de lui voler les clés de la cave.

L'idée lui vint qu'il devrait, pour remercier Marie de son hospitalité, lui faire un cadeau digne d'elle. Il passa une journée et demie enfermé dans les cabinets avec une lampe à pétrole et son attirail, à peindre sur les murs crasseux quelques vues de Montmartre et de La Belle Gabrielle, avec Marie sur le pas de la porte.

— Qu'est-ce que c'est que ça ? s'exclama-t-elle à son retour. T'es devenu fou ? Et toi, Céline, t'aurais pas pu le surveiller ? Qu'est-ce que les clients vont penser ? Que j'ai transformé les chiottes en galerie d'art ? Tu vas m'effacer ça, et tout de suite !

La mort dans l'âme, armé d'un chiffon imprégné d'essence de térébenthine, Maurice dut faire le sacrifice de son chef-d'œuvre. De ce jour les relations avec la patronne tournèrent au vinaigre. Il en conçut du chagrin. Sans renoncer à la bonne hôtesse, il allait, dans la journée, se consoler ailleurs.

Un soir il rentra ivre mort, s'engouffra dans son atelier et vomit en giclées généreuses.

— Cette fois-ci, lui dit Marie, tu as passé les bornes. Tu iras t'arsouiller ailleurs, et que je ne te voie plus.

Elle jeta ses cartons et tout son matériel sur le trottoir en lui criant des injures.

Pour la première fois depuis l'abandon du domicile familial, Maurice se sentit seul et désemparé. Ses cartons sous le bras, il erra dans les rues de la Butte. Il s'achetait un quignon de pain et de la galantine ici, un litre de rouge là, allait faire la sieste dans le Maquis et passait ses nuits dans un coin du chantier naval qui avait cessé ses activités depuis que la police avait découvert la fumerie clandestine et mis à l'ombre le Baron.

À la tombée de la nuit, passant devant le 12 de la rue Cortot, il résista à l'envie qui l'étreignait d'aller embrasser sa mère et sa grand-mère, d'implorer leur pardon, mais il redoutait qu'André ne fût présent et ne lui cherchât de nouveau querelle. Il y avait de la lumière dans la salle à manger où Madeleine devait mettre le couvert et dans le « grenier » où Suzanne était occupée à peindre.

Des souvenirs d'une douceur de nid lui firent chavirer le cœur. Il se dit qu'il faudrait bien que lui, l'enfant prodigue, qui avait rompu avec les lois et trompé la confiance de la tribu, revienne en son sein, repentant. Il prendrait dans ses bras sa mère et sa grand-mère, donnerait le baiser de paix à André et tous les quatre commenceraient une nouvelle existence rayonnante de bonheur paisible. C'est le tableau biblique que dressait pour lui, lorsque Maurice allait lui rendre visite, l'abbé Jean. Il retrouverait la place qu'il n'eût jamais dû quitter et joignait ses mains pour une prière jaculatoire à Dieu et à la famille.

Renonçant à satisfaire ce premier élan, il passa son chemin en direction de la place Saint-Pierre, évita le bar-tabac où il venait de reconnaître le père Deleschamp en train de vider une chopine avec Sagot, afin de n'être pas tenté de les rejoindre.

Il songea soudain qu'à cette heure l'église devait être encore ouverte et qu'il pourrait y rencontrer l'abbé Jean. La lumière des vitraux semblait lui faire signe.

André posa son chapeau sur la table et rejeta son veston en arrière en le tenant par les revers, ce qui traduisait chez lui anxiété ou colère.

— Il est enfin revenu, dit-il. Qu'est-ce qu'il te voulait ?

— De qui veux-tu parler ? demanda Suzanne.

— De ton fils, évidemment ! Je l'ai vu sortir de la cour avec ses cartons. Il voulait de l'argent ?

Elle eut du mal à lui faire comprendre qu'elle ne l'avait pas vu et lui reprocha de n'avoir pas cherché à le rattraper. Il eut un mouvement de lassitude.

— Il reviendra de lui-même, dit-il, quand il sera à bout de ressources. L'ennui, c'est qu'il continue à distribuer ses toiles comme des prospectus !

Au printemps dernier, dans une salle des ventes, une vue de Notre-Dame avait coté quatre cents francs, mais ensuite la cote avait baissé, jusqu'à soixante francs pour une *Église de Montigny*.

André avait d'autres motifs d'inquiétude : la guerre s'installait dans les Balkans, au terme d'un imbroglio où se brouillaient les responsabilités entre l'Autriche-Hongrie, la Serbie, la Russie, la Roumanie et la Turquie. Ça tiraillait en tous sens et il était à craindre que des obus ne vinssent s'écraser à l'ouest de l'Europe.

Ses craintes se confirmèrent avec l'assassinat, en Serbie, à Sarajevo, au mois de juin, de l'archiduc François-Ferdinand et de son épouse morganatique, la duchesse de Hohenberg. Excellent prétexte pour l'Autriche-Hongrie de déclarer la guerre à la Serbie et pour la Russie, alliée à cette petite nation, d'envoyer un ultimatum à Vienne.

— Le tsar, dit André, vient de mobiliser ses troupes. La guerre n'est pas loin. C'est dire que j'ai des inquiétudes pour les titres de l'emprunt. Nous risquons de ne jamais en voir les intérêts.

Il dîna de mauvaise humeur, refusa le dessert et déclara qu'il allait se coucher.

— Je vais avoir besoin de toi, lui dit Suzanne, pour une petite heure de pose.

— Je suis fatigué et je n'ai pas que ça à faire. Au lieu de m'embêter, trouve-toi un autre modèle masculin.

— Ça ne peut être que toi, tu le sais.

Suzanne travaillait depuis plus d'un mois sur une œuvre de dimensions importantes : *Le Lancement du filet*. Elle avait décidé de procéder à la manière du cinématographe, en décomposant la scène en trois images : celles d'un lanceur de filet qu'elle avait observé en Bretagne. Pour donner plus de véracité à sa toile elle avait acheté un véritable filet qu'André s'était attaché à manier correctement. Les trois esquisses le montraient nu. Pour celle qui occupait la partie droite, Suzanne devait préciser l'équilibre des jambes sur le rocher.

André se dévêtit de mauvaise grâce, prit la pose.

— Ton bras droit bien tendu, à l'horizontale, légèrement crispé. Le gauche replié mais sur la même ligne. Enroule plusieurs fois la corde autour de ton poignet et regarde la rivière, pas moi !

Comme elle le sentait angoissé par les événements dont il venait de lui parler, elle lui proposa de partager son lit. Ils parlèrent longtemps avant de faire l'amour. Elle avait confiance en l'avenir : les hommes n'étaient pas assez fous pour déclencher un conflit qui embraserait l'Europe.

— Ils ne sont pas fous, dit-il, mais irresponsables. Ils considèrent la guerre comme un événement inéluctable. Il y en a toujours eu ; il y en aura toujours. Telle est leur logique. Et, comme les fabricants de canons poussent à la roue pour écouler leurs stocks, un conflit me semble inévitable. Il y aura une mobilisation générale en France et, pour nous, tu sais ce que ça signifie...

— Tu as été exempté, il y a sept ans.

— Cette fois-ci, ils n'y regarderont pas de si près...

Passé l'office du soir, Maurice trouva l'abbé Jean occupé avec le bedeau et une bigote à préparer le décor de la messe dominicale.

— Tiens ! dit le prêtre, revoilà notre néophyte.

— Il faut me pardonner, dit Maurice. Du travail... des ennuis... Puis-je vous parler ?

Maurice lui confia qu'il était toujours tenté par le

diable, que son vice s'accrochait à sa chair comme un chancre, qu'il ne savait plus que faire.

— Je ne vois que deux solutions, lui dit le prêtre : l'internement en maison de santé et la prière. Priez-vous ?

— Ben... Euh... Ça m'arrive. Rarement à vrai dire.

— Max m'a raconté que vous vous êtes évadé de Sannois. Il faut y revenir. Vous pourrez vous confier à l'abbé qui dessert la chapelle. C'est un ami.

— S'il n'y avait que ça, mon père...

Maurice lui raconta son séjour chez Marie Vizier, son éviction brutale, la brouille avec sa famille, l'écrasante sensation d'abandon qu'il éprouvait, la tentation qui l'obsédait de mettre fin à ses jours.

— En tant qu'homme, je ne vaux rien. En tant qu'artiste, pas grand-chose. Qui me regretterait ?

— Ça n'arrangerait rien ! Vous vous retrouveriez en enfer avec tous vos vices sur les reins.

— L'enfer, je le connais, dit Maurice. J'y vis depuis longtemps.

Hébergé pour la nuit par l'abbé Jean, Maurice quitta le presbytère à l'heure du laitier pour ne pas importuner son hôte. Son carton sous le bras, il alla rôder dans les parages du Sacré-Cœur, prit son petit déjeuner à l'Abri Saint-Joseph où une œuvre caritative prenait en charge les nécessiteux. On lui servit un chocolat et une tartine. La provende lui parut-elle insuffisante ou l'attitude des bigotes de service hostile ? Pris d'un accès de fureur qui ne devait rien à l'alcool, il s'en prit à une serveuse, l'injuria, renversa les tables, jeta dehors les panières de pains. Seuls les policiers parvinrent à le maîtriser.

Cette fois-ci au moins on savait où trouver Maurice : la famille avait été prévenue. André déclara qu'il finirait chez les fous ; Suzanne protestait qu'il s'agissait d'une crise de délirium et que, plutôt que de savoir son fils chez les fous, elle eût préféré...

Elle n'en dit pas plus. André ajouta :

— Nous ne pourrons pas demander à Louis Libaude de payer les frais d'internement. Il nous renverrait aux termes de notre accord. Souviens-toi : il faisait toutes réserves pour le cas où Maurice, à la suite de sa dernière cure, échapperait à ta tutelle.

Les relations avec ce marchand patient mais retors, qui avait fait d'excellentes affaires avec Utrillo, devenaient précaires : il avait dû quitter Paris afin d'aller soigner sa fille en traitement à Berck pour une tuberculose osseuse.

Triste... Le petit monde des marchands montmartrois se dépeuplait. Après Eugène Soulié, Clovis Sagot venait de passer l'arme à gauche, victime d'une cirrhose. La veuve avait bradé son fonds de commerce : des Picasso, des Braque, des Van Dongen, des Juan Gris, des Utrillo, des liasses de dessins, à bas prix. Résultat : un effondrement des cours.

Montmartre connut les prémices de la guerre sans qu'on eût à regretter une victime.

Farceur invétéré, Francisque Poulbot, dessinateur humoristique, qui avait fait fortune grâce à ses dessins publiés par *L'Assiette au beurre*, *Le Rire* et quelques autres gazettes illustrées, avait organisé comme chaque année un divertissement guerrier de grand style. Il avait procédé à la mobilisation générale de ses amis et connaissances, les avait revêtus d'uniformes militaires de location, les avait armés de vieilles pétoires datant de la Révolution et de cartouches à blanc, avait fourni à ses grenadiers des pétards et des fusées de feu d'artifice.

Au matin d'une nuit de beuverie patriotique et guerrière où les chansons de corps de garde avaient alterné avec des hymnes belliqueux, il avait lancé ses troupes à l'assaut du Moulin de la Galette dans un concert de hurlements, de détonations et de musique militaire.

Panique générale sur la Butte. Les indigènes quittaient leur domicile en hurlant :

— Les Prussiens sont de retour ! Ils attaquent !

Personne n'avait oublié les événements de la guerre de 70 et de la Commune.

La cloche de la chapelle desservie par le père Georges scandait paisiblement les heures calmes du bel été francilien. Les journées s'effilochaient sans heurts, comme de la laine de mouton dans les arbres du parc. Maurice passait l'essentiel de son temps en promenades dans les allées, en compagnie des pensionnaires et des infirmiers, le reste à peindre et à lire, notamment des poèmes de Verlaine qu'il apprenait par cœur. Le docteur Revertégat lui avait confié le recueil de *Sagesse* en lui disant :

— Vous trouverez dans ce livre des affinités avec votre situation, ainsi qu'un apaisement. Gardez-vous de montrer cet ouvrage au père Georges : Verlaine, pour lui, c'est le diable qui préférait l'odeur de la « verte » à celle de l'encens. Verlaine a écrit ces poèmes au cours d'un internement à la prison de Mons, à la suite de la blessure infligée à son ami Rimbaud. Vous n'êtes pas dans une prison, vous, Utrillo...

> *Le ciel est, par-dessus le toit,*
> *Si bleu, si calme !*
> *Un arbre, par-dessus le toit,*
> *Berce sa palme...*

Maurice ne se lassait pas de lire, de relire, de se réciter les vers du « pauvre Lélian » et parfois, dans son sommeil, ces vers lui tournaient dans la tête. Ils lui faisaient l'effet d'un dictame et lui procuraient plus de bien-être que les remèdes. Il imaginait le poète à la fenêtre de sa cellule, regardant les pluies tomber interminablement sur les grisailles du Nord :

Il pleure dans mon cœur
Comme il pleut sur la ville...

Le docteur Revertégat avait fait d'Utrillo son pensionnaire favori. Il lui avait pardonné son évasion et ne restait pas une journée sans prendre de ses nouvelles ou lui rendre visite. Ce gros homme au visage de lémurien l'avait pris en affection et l'encourageait à peindre et à dessiner.

— Quelle différence, lui disait-il, avec ce que vous peigniez naguère à Montmartre ! Vos toiles sont plus soignées. La pâte est à la fois plus dense, plus souple, plus travaillée. Et tout ça avec une palette très limitée...

— Une leçon de ma mère : pour elle, cinq couleurs suffisent.

Proche de la fin de son internement, il n'avait pas l'idée de prendre la clé des champs. Sa liberté, il la trouvait dans ses promenades et dans son travail. L'essentiel de la sérénité où il baignait lui venait surtout de la contemplation des arbres : il pouvait passer des heures à regarder des nuées d'oiseaux faire la fête dans leurs ramures. Le père Georges lui disait :

— Chacune de vos toiles, mon fils, est un hommage adressé au Créateur à travers sa création.

Il lui proposa de peindre un chemin de croix pour sa chapelle. Maurice s'y essaya puis renonça : les scènes de genre n'étaient pas son fort. D'ailleurs il évitait de peindre des personnages ; on voyait évoluer ici et là des silhouettes vues de dos, comme s'il craignait d'affronter leur regard ; ses femmes dotées de croupes volumineuses ressemblaient à des fourmis.

Chaque semaine sa mère lui rapportait de Paris des gâteries, des tubes de couleur et des nouvelles.

C'est par elle qu'il apprit que Jaurès avait été assassiné, que la guerre venait d'éclater et qu'Utter s'était présenté comme engagé volontaire.

— Il s'est décidé il y a quelques jours, dit Suzanne. Les médecins-majors n'ont tenu aucun compte de sa réforme précédente. Bon pour le service ! Il sera cantonné au nord de Villefranche-sur-Saône. Je crains qu'on ne t'appelle sous les armes, toi aussi, mon chéri...

Elle ajouta en triturant son mouchoir :

— Nous allons nous marier. C'est dans l'ordre des choses, tu comprends ?

Maurice s'inclina : il comprenait fort bien.

— Tu vas quitter bientôt cet établissement. Le docteur Revertégat est content de toi. Il estime que tu es guéri. Te sens-tu disposé à reprendre une vie normale ? Tu reviendras à la maison. C'est là qu'est ta place. Dans ta chambre, rien n'a bougé. Tu y retrouveras de quoi peindre.

Maurice demanda des nouvelles de la grand-mère : sa santé s'était dégradée et l'annonce de la guerre l'avait ébranlée : elle disait qu'elle ne voulait plus revivre cela, qu'elle préférait mourir.

— Je crains que ça ne tarde guère, dit Suzanne. Elle a quatre-vingt-cinq ans, tu sais...

Lorsque le bourdon du Sacré-Cœur annonça la déclaration de guerre, Suzanne travaillait à son *Lancement du filet*. Le paysage à la Poussin, traité en tonalités délicates, donnait aux lointains une image de paradis terrestre alors que le monde allait sombrer dans l'enfer. Elle posa sa palette, ses pinceaux, se prit la tête à deux mains et pleura.

Utter sous les armes en compagnie de son ami Edmond Heuzé, Maurice absent, Madeleine alitée depuis une semaine, cette demeure ne donnait plus une impression de vie que par sa présence et celle de Lello ; elle la sentait se refermer sur elle peu à peu, comme pour l'étouffer. La vie était ailleurs, avec ses exaltations scandées par le bourdon qui lui semblait sonner sous son crâne depuis une éternité.

Prise de suffocation, elle sortit en cheveux, dans sa blouse d'atelier maculée de peinture. Sur le pas des portes, les femmes interrogeaient le ciel, comme si des zeppelins ou des *Tauben* allaient surgir ; elles faisaient quelques pas dans la rue, rentraient, scrutaient l'horizon de leurs fenêtres. Des murmures de voix inquiètes montaient des places, s'amplifiaient au fur et à mesure que Suzanne approchait de la place du Tertre où des passants s'agglutinaient autour du tambour de ville. Des enfants pleuraient dans les bras de leurs mères.

— On les aura ! criaient des patriotes. Ils tiendront pas trois mois !

— Ils ont eu Jaurès, nous aurons Guillaume !

— À Berlin ! Vive la France !

Elle descendit la rue Lepic en direction des boulevards. On faisait queue devant les magasins d'alimentation, les femmes étant persuadées que la guerre allait amener des restrictions.

La rumeur s'amplifiait à l'approche des boulevards : roulements de tambour, chants patriotiques, sonneries de clairon. Des femmes pleuraient en silence et résistaient aux mains qui voulaient les entraîner dans ce délire.

C'était bien d'un délire qu'il s'agissait : une manière de 14 Juillet qui aurait pris les accents d'une réjouissance guerrière. Les bus pavoisés transportaient sur l'impériale des groupes qui entonnaient *La Marseillaise* et *Le Chant du départ*. Des voitures passaient en trombe, surchargées de passagers brandissant des drapeaux. Des artilleurs qui passaient par là en groupes joyeux furent fêtés comme des héros, entraînés au bistrot, abreuvés de vin et d'alcool.

Parvenue place Pigalle, Suzanne s'apprêtait à rentrer à son domicile quand elle aperçut une silhouette familière : celle d'Edgar Degas, assis à la terrasse d'un café, devant un verre de lait. Elle s'assit près de lui, prit sa main. Il sursauta.

— Qui êtes-vous ? Que me voulez-vous ?

— Je suis Maria, maître, rassurez-vous. Pourquoi ne rentrez-vous pas ? On dirait que ces gens sont devenus fous.

— Je ne comprends pas ce qui se passe. Quelle est cette fête qu'on célèbre ?

Non seulement il était quasiment aveugle mais il devenait sourd. Aveugle et sourd dans une vie qu'il avait rendue désertique par son mauvais caractère. Ludovic Halévy, israélite et dreyfusard, Pissarro, anarchiste, Mary Cassatt trop susceptible, avaient disparu de son horizon. Zoé était allée mourir dans sa province, faisant place à des domestiques inhabiles à servir ce vieil infirme coléreux. Il n'avait conservé de relations qu'avec Paul Bartholomé, le peintre espagnol Zuloaga y Zabaleta, Georges Rouault, Marc Chagall et un acteur et auteur dramatique, Sacha Guitry.

— Comment pouvez-vous l'ignorer, maître ? C'est la guerre. Tout Paris est en ébullition. À deux pas d'ici on vient d'envoyer des pavés dans une vitrine qui exposait des produits d'Allemagne.

Il se mit à bouger nerveusement sur son siège en frappant le sol du bout de sa canne.

— La guerre ? Ainsi nous sommes en guerre, nom de Dieu ! La vie va devenir encore plus difficile. Ma pauvre Maria, je crois que l'humanité devient folle. Je crois que j'aurais dû faire comme Mary Cassatt : foutre le camp !

Mary Cassatt... Ils s'étaient de nouveau chamaillés au sujet d'un portrait qu'il avait fait de sa vieille amie ; il lui plaisait si peu qu'elle l'avait vendu à Durand-Ruel. Installée à Grasse, non loin de chez Renoir, elle était devenue elle-même aveugle et avait renoncé à peindre. Suzanne désespérait de jamais connaître la nature exacte de leurs rapports : ils étaient intimes sans que personne pût savoir où s'arrêtait cette intimité.

Elle le raccompagna chez lui en le tenant par le bras ; les passants se retournaient sur le couple étrange que formaient cette femme en cheveux, revêtue d'une blouse de peintre, et cette sorte de Mathusalem. Il s'arrêtait pour soupirer de cette voix geignarde qu'elle détestait : « Il vaudrait mieux que je sois mort... À mon âge, voir une nouvelle guerre... Si seulement je pouvais travailler... »

Rien n'avait bougé dans l'atelier où les deux petites servantes n'avaient pas le droit de pénétrer sans son autorisation : c'était le même entassement désordonné encombrant toute la superficie de la pièce, avec des circuits vermiculaires pour accéder à divers points.

— Restez encore un peu, dit-il, et ouvrez cette fenêtre. On crève de chaleur dans cette turne ! Parlez-moi de vous. Ah ! terrible Maria, si vous saviez comme vous me manquez...

Suzanne arpentait son atelier de long en large, cognant du poing au passage contre les meubles et le mur.

— Jamais je n'aurais dû céder ! s'écriait-elle. Jamais ! Où est-il maintenant et que fait-il ?

Ce que faisait Maurice, elle en avait pourtant une petite idée : il était en train de courir les comptoirs en compagnie de Max Jacob devenu son rabatteur pour un marchand nommé Guillaume, qui, pour spéculer, recherchait des Utrillo. Ils ne se quittaient pour ainsi dire plus : on les rencontrait à Saint-Pierre, au Sacré-Cœur, dans les bistrots ou sur un banc de square en train de pique-niquer, des bouteilles à leurs pieds.

Retour de Sannois, Maurice était resté tranquille quelques jours, attentif à l'état de santé de sa grand-mère, aidant sa mère aux soins du ménage, passant des heures, la nuit surtout, à son chevalet. Détendu, sobre, affectueux...

Comme Suzanne se plaignait de ne plus recevoir la visite des collectionneurs et des marchands, la mobilisation ayant dépeuplé leurs rangs, Maurice se proposa pour aller lui-même prospecter la clientèle. Il avait amassé une quantité importante de toiles et Suzanne avait elle-même brossé quelques natures mortes, des portraits et des bouquets.

— Inutile ! avait-elle répondu. La guerre terminée, ils reviendront d'eux-mêmes. Ça ne tardera guère : d'ici quelques mois nos poilus seront à Berlin.

— J'ai besoin de prendre l'air, dit-il. Si je reste enfermé dans cette maison j'en crèverai ou je deviendrai fou.

— Tu peux te promener dans le jardin, t'y installer pour peindre. L'air y est meilleur que dans les bistrots.

— Il faut que je me procure des cartes postales.

— Je t'en rapporterai du bureau de tabac. D'ailleurs, c'est une manie : tu peux très bien faire sans ça.

Un matin qu'il peignait sous le tilleul la voix de Max l'interpella.

— On ne te voit plus, Maurice ! Où étais-tu passé ?

En l'absence de Suzanne partie promener Lello, ils se rendirent au Bouscarat pour boire une absinthe, puis ils finirent la soirée par une prière commune à Saint-Pierre. Max lui parla de ce marchand, Guillaume, qui l'avait chargé de faire la tournée des bistrots pour en ramener des Utrillo.

Un soir où il s'attarda, Suzanne lui demanda d'un air sévère d'où il venait. Il était allé livrer quelques toiles à Guillaume. Il n'avait pas bu plus que de raison, et même il avait fait quelques emplettes de denrées devenues rares : du café, du sucre, des conserves... Il y ajouta quelques billets. Elle rafla le tout.

— Je ne tolérerai plus ces escapades, dit-elle. Je sais comment elles risquent de se terminer. Tu étais sans doute avec ton ami Max. Il me déplaît que tu fréquentes ce drogué.

— Il a du talent et c'est une vieille connaissance.

Il avait passé avec Max une partie de la journée dans le quartier de la rue du Mont-Cenis. La Belle Gabrielle avait fermé ses volets, l'essentiel de sa clientèle étant sous les drapeaux, et Marie avait regagné son Périgord. En revanche Le Casse-Croûte était resté ouvert malgré la crise. Cette gargote se situait à l'angle de la rue Paul-Féval ; c'était un bouchon de piètre apparence, aux murs constellés de toiles d'Utrillo et de quelques autres artistes nécessiteux, dont le patron, César Gay, faisait un discret commerce.

— Et revoilà notre Maurice ! s'écria le père Gay. Tu as une mine superbe, et toi de même, Max. Mes amis, les retrouvailles, ça s'arrose !

Il déboucha une bouteille de derrière les fagots et glissa à l'oreille de Maurice :

— Si tu te trouves dans l'embarras, dis-toi que le tonton César est toujours là. Faudra qu'on parle sérieusement tous les deux.

Le Casse-Croûte n'avait rien d'un assommoir. Désuet, dépourvu de toute superfluité, il présentait un aspect rassurant. Dans l'immeuble locatif dont le bistrot occupait le rez-de-chaussée, il hébergeait deux artistes renommés : le dessinateur Jules Depaquit et le peintre d'histoire Tiret-Bognet, deux joyeux lascars qui avaient échappé à la mobilisation.

Jouant les intermédiaires, Max proposa quelques toiles d'Utrillo. César Gay en acheta trois, payées recta, avec une autre tournée. Max proposerait les autres à Guillaume. Le patron déboucha une autre bouteille de mousseux.

— Mes amis, encore une autre que les Boches n'auront pas ! Restez dîner. Il y a du cassoulet de midi.

Max dit à l'oreille de Maurice :

— Ce vieux salaud peut bien se fendre d'un dîner. Il a fait une bonne affaire. Il revendra ces toiles dans quelque temps le double de ce qu'il les a payées.

Jules Depaquit arriva assez tôt pour mettre les pieds sous la table.

Maurice avait rencontré à diverses reprises cette

grande bringue longiligne et mollassonne, au visage maussade sous la casquette en peau de lapin. Il avait une manie : celle de suivre tous les enterrements, en pantoufles, lorsque le temps le permettait. Quand on lui demandait s'il ne trouvait pas à la longue ce passe-temps monotone, il répondait que non, puisque ce n'étaient jamais les mêmes qu'on portait en terre. Il pénétrait dans les bistrots en rasant les murs comme un adolescent aux portes d'un bordel, choisissait le coin le plus éloigné de l'entrée.

Ce soir-là, Depaquit avait son compte. Alors qu'on en était au fromage il monta sur sa chaise et se mit à entonner d'une voix de basse des chants patriotiques.

— Les Boches l'ont dans le cul ! s'écria-t-il.

— Dans le cul... répéta Maurice.

— On ira baiser leurs Gretchen à Berlin !

— À Berlin, oui...

Après une ingestion d'éther, Max somnolait, un sourire béat aux lèvres, le gilet gonflé de cassoulet.

— Faut célébrer la victoire ! ajouta l'ivrogne.

— C'est ce que nous venons de faire, mon gars, lui rappela César. Que veux-tu que nous fassions de plus ?

— Organiser un défilé. Où sont tes drapeaux ?

Depaquit ouvrit la porte donnant sur l'escalier intérieur et lança :

— Tiret-Bognet, descends de suite ! On va célébrer la victoire de la Marne !

On vit apparaître, l'air parfaitement ahuri, la silhouette falote du peintre d'histoire, en robe de chambre et en pantoufles.

— Faudrait peut-être que je remonte m'habiller, dit-il.

— Inutile ! Cette robe de chambre te donne l'allure d'un cosaque. Apporte ta carabine.

Manquait le troisième larron de la bande à César : Georges Delaw, un illustrateur qui se disait pompeusement « Imagier de la Reine », sans préciser de quelle reine il s'agissait. Il demeurait à deux pas, rue du Mont-Cenis, et rappliqua quelques minutes plus tard.

— Un défilé ? dit-il. Vous êtes devenus fous ? Vous le ferez sans moi ! Je ne tiens pas à passer la nuit au poste !

— Il ferait beau voir qu'on emprisonne des patriotes ! s'écria Maurice.

Depaquit monta chercher dans le grenier un tambour datant de la Révolution, mobilisa quelques soiffards qui achevaient une partie de manille en leur promettant une tournée. Il s'écria :

— Debout les morts ! La victoire est à nous ! *Allons, z'enfants de la Patri-i-eu...*

César en tête, battant du tambour, un vieux képi d'ordonnance sur le crâne, le cortège se mit en route. Par la rue Saint-Vincent puis la rue des Saules, il se dirigea vers la place du Tertre en jouant ici et là, devant les terrasses des bistrots, des sérénades endiablées. Des gens se montraient aux fenêtres ou sortaient sur le pas des portes, certains se mêlant au défilé, attirés par la perspective d'une tournée générale.

En passant rue Cortot, Maurice sollicita et obtint une halte devant sa demeure. Roulement de tambour, *Marseillaise*... La silhouette de Suzanne se montra en chemise de nuit, à la fenêtre donnant sur la cour.

— C'est ma mère ! cria Maurice en brandissant son drapeau. Maman, nous avons gagné la guerre !

Une ronde de pèlerines à bicyclette fit se disperser les patriotes les moins ardents ou les plus méfiants. Les irréductibles furent conduits au poste de police. César, tant bien que mal, en tant qu'ancien de la maison, arrangea les choses. On avait occasionné un tapage nocturne, soit, mais c'était pour relever le moral de la population.

Le brigadier de service les libéra, sauf Maurice : il l'avait surpris en train de pisser dans le porte-parapluies.

La colère de Suzanne, le lendemain...

— Je ne veux plus de toi dans ma maison. Puisque tu te plais tant avec tes amis, reste avec eux !

— Je me suis laissé entraîner. Et puis nous n'avons rien fait de mal. Je regrette...

— Trop tard ! D'ailleurs je dois m'absenter pour quelques jours. André a été blessé. Il est en traitement dans l'Isère. Une voisine s'occupera de ta grand-mère. À propos, ça rimait à quoi, ce charivari ? Je t'ai reconnu, tu sais ! Vous vous amusez alors que nos soldats se font tuer sur la Marne ! Où as-tu passé la nuit ?

— Au poste de police.

— Ils auraient dû te garder plus longtemps. J'ai préparé ta valise. Nous nous reverrons à mon retour. Peut-être...

À Mézieux, à une trentaine de kilomètres de Lyon, avaient été regroupés des contingents de blessés et de mutilés. Pour Suzanne, le voyage fut long et épuisant : trains rares, encombrés, inconfortables, horaires improbables... Elle trouva André hâve, dépenaillé, hirsute, au fond d'un dortoir de collège.

— Une balle dans la cuisse, dit-il. On n'en meurt pas, mais je suis réformé à titre définitif. Heuzé lui aussi a été réformé, en raison d'une vieille blessure qu'il s'est faite en dansant au Moulin-Rouge. Parfois, quand je pense à l'ambiance de l'arrière, je me dis que j'aurais préféré rester sur le front avec les copains.

Il pestait contre le gouvernement qui avait caché à la population les défaites ayant marqué le début des hostilités, ces retraites successives, cette honte qui s'attachait à des chefs incapables que Joffre avait renvoyés dans leurs foyers.

— Si tu peux rester quelques jours de plus, dit-il, je rentrerai avec toi...

14

L'ESCLAVE

Le local n'avait rien d'un cabinet particulier : une pièce étroite, en rez-de-chaussée, voisine de la salle de café. On vida cette resserre à marchandises, on la nettoya de sa poussière et de ses toiles d'araignée. On y installa Maurice Utrillo.

— Entendons-nous bien, lui dit César Gay : tu auras le gîte et le couvert assurés, mais donnant, donnant : tu vas te remettre à peindre sous ma surveillance. Je ne veux plus te voir gaspiller ton talent dans les bistrots !

— Si je comprends bien, répliqua Maurice, je suis au pain sec et à l'eau !

— Je ne suis pas un garde-chiourme ! Tu auras ta ration de pinard puisque ça t'est indispensable pour travailler, mais pas plus de deux litres par jour et trois si tu fais du bon travail.

Maurice se remit à la tâche sans enthousiasme. César lui fournissait le nécessaire, sans oublier un lot de cartes postales. Le peintre prenait ses repas en famille. Comme César était bon cuisinier il s'étoffa et reprit des couleurs.

Deux litres, c'était la portion congrue : il en réclama un troisième que César lui refusa. Qu'à cela ne tienne ! Il trouva un subterfuge : par la fenêtre grillagée, il guettait le passage des gamins dont certains s'arrêtaient pour le voir à son chevalet. Il les envoyait chercher une bouteille ou deux à l'épicerie voisine. Parfois du rhum. Il leur laissait la monnaie.

— C'est curieux, lui disait César, avec seulement

deux litres tu es ivre. Comment expliques-tu ce mystère, mon garçon ?

Maurice se garda bien de l'expliquer.

Un dimanche où César avait baissé son rideau, condamné la porte de la cave et celle de la salle de café, Maurice, ayant séché ses deux litres, se sentit une soif persistante. Il grimpa à l'étage où César avait son logement, fouilla armoire et placards, ne trouva qu'un flacon d'eau de Cologne qu'il vida à moitié, ce qui le propulsa au septième ciel.

Interrogé au retour de César sur cet étrange phénomène d'évaporation, Maurice fit le mort. On en resta là.

— Je trouve, lui dit César, que tu peins de moins en moins bien. Ce Sacré-Cœur que tu viens de terminer, c'est du caca ! Je me suis montré trop généreux avec toi. Désormais, ce sera un litre.

— Vieux grigou ! Esclavagiste ! glapit Maurice. Je vais faire grève ! Si tu crois que je suis pas au courant de ton trafic... Combien tu les vends, mes toiles, hein ? Combien ?

— Calme-toi, mon petit ! Tu n'es pas bien chez tonton César ? On est aux petits soins pour toi. Tu devrais m'en être reconnaissant !

— Reconnaissant à un garde-chiourme ? Jamais !

Maurice foula aux pieds la peinture qu'il avait commencée, brisa ses pinceaux, les jeta par la fenêtre.

— Ne te fâche pas, mon petit, gémit César. Si c'est du vin qu'il te faut, tu en auras tant que tu voudras, mais gare ! J'exige de la qualité. Si tu continues, personne ne voudra de ta peinture.

L'incarcération volontaire cessa le jour où Maurice reçut sa feuille de mobilisation. Il la tourna, et la retourna, la lut et la relut comme s'il s'agissait d'une erreur du ministère.

— Tu te plaignais de vivre comme un planqué, lui

dit Max. Voilà l'occasion de montrer que tu es un patriote.

Maurice partit pour le dépôt d'Argentan dans les mêmes dispositions d'esprit qu'un condamné marchant à l'échafaud. Il fut exempté pour « maladie nerveuse », avec une mention en marge de la fiche de révision : *Fils d'Espagnol.*

Son retour chez le père Gay fut fêté comme si Maurice revenait avec sur l'épaule la colombe de la paix. En fait il ne ramenait qu'une cuite carabinée.

— Ces fumiers ! s'écria-t-il. Ils voulaient me faire passer pour fou. Fou, moi !

— Tu n'es pas fou, non ! dit le tonton Gay avec des larmes dans la voix. Toi, le meilleur peintre français du moment !

On fêta ce retour par des agapes généreuses auxquelles César associa quelques vieilles bouteilles. Le lendemain il laissa Maurice dormir tout son soûl mais, à l'heure de la soupe, il lui dit :

— Fini de plaisanter ! Tu dois montrer que la France en guerre n'a pas cessé d'être la terre des arts. Tu vas me torcher trois toiles par jour et tu auras autant de pinard que tu pourras en boire. Tiens : tu devrais peindre la cathédrale de Reims en flammes. J'ai découpé l'image dans *Le Petit Journal*. Ces sujets-là, ça se vend comme des petits pains.

— La cathédrale de Reims..., bredouilla Maurice. Les Boches ont bombardé la cathédrale de Reims ? Ces barbares, ces salauds !

— Ton œuvre, ajouta Max, témoignera aux yeux du monde du vandalisme de l'ennemi.

Soudain inspiré, persuadé qu'il était investi d'une mission humanitaire, Maurice décida de se mettre au travail sur-le-champ. On lui fit comprendre que l'heure était tardive et qu'il y verrait plus clair, le lendemain, à jeun. Il ne voulut pas en démordre.

Alors qu'il se levait de table en emportant une bouteille de secours pour la nuit, il sursauta.

— Qu'est-ce qu'on entend ? dit-il. Pourquoi ces coups de feu ?

Les convives s'esclaffèrent : c'était le peintre d'histoire, Tiret-Bognet, qui, de sa fenêtre du troisième, tirait avec sa carabine pour effrayer les passants.

Une main le secoua dans son sommeil. La voix de César lui dit :
— Il faut te lever, Maurice : ta grand-mère vient de passer. Utter a demandé qu'on te prévienne.

Maurice sentit le monde chavirer, un vide se creuser autour de lui. Madeleine, morte... Il se répétait cette litanie sur le chemin de la rue Cortot. Pour lui, la grand-mère ne pouvait pas mourir. Depuis sa naissance, sa véritable mère, ç'avait été elle. Secoué de sanglots, il se dit qu'il ne verrait plus sa silhouette lente et grise, sa chevelure poivre et sel, la pèlerine qui lui couvrait les épaules en toutes saisons. Omniprésente, elle avait veillé sur lui, attentive à sa santé, gémissant lorsqu'il ramenait de mauvaises notes, qu'il revenait avec des vêtements sales et déchirés, ivre de colère ou de vin. Elle était de ces êtres dont la présence n'apparaît indispensable que lorsqu'ils disparaissent.

Ni Suzanne ni Utter ne se dérangèrent lorsqu'il se présenta. Il se pencha vers le lit mortuaire, embrassa le front d'une froideur de marbre, dont les rides semblaient s'être assouplies, s'émut du regard vitreux filtrant des paupières mi-closes.

— Tu restes avec nous jusqu'à l'enterrement, dit Utter. Après nous parlerons.

Au cimetière de Saint-Ouen, lorsque le cercueil descendit dans la tombe, Suzanne se souvint trop tard du vœu de la défunte : elle souhaitait que l'on mît sur le cercueil une couche de paille pour assourdir le bruit des pelletées de terre...

Aussi brève eût-elle été pour lui, la guerre avait mûri André Utter. Il était revenu conscient de son devoir et de sa capacité d'assumer la subsistance de sa petite famille. Il s'était persuadé de deux évidences : il n'aurait pas d'enfant de Suzanne qui, d'ailleurs, ne l'avait pas souhaité ; il n'avait donc plus qu'elle pour l'attacher à la vie et à la société, à l'exception de deux sœurs qui demeuraient loin de la capitale.

Il retint Maurice par les basques lorsque, de retour du cimetière, il s'apprêtait à prendre la tangente, dans la crainte d'une explication.

— Ta mère, dit André, va avoir besoin de nous deux. La mort de Madeleine lui a causé beaucoup de chagrin. Elles ont toujours vécu ensemble. Cette pauvre vieille était son ombre, sa réplique. Que comptes-tu faire ? Revenir vivre parmi nous, te montrer raisonnable, ou continuer à mener cette vie de patachon ?

Maurice savait qu'il n'échapperait pas à cette question, mais il préférait que ce fût son beau-père qui la lui posât : avec sa mère il n'eût pas été certain de trouver la fermeté et la détermination nécessaires pour lui résister. Sur le chemin qui le ramenait à Montmartre, il avait eu le temps de préparer une réponse.

— Ma présence auprès de ma mère ne s'impose pas, dit-il, puisque te voilà revenu. À mon tour de te poser une question : vas-tu toi-même te montrer raisonnable et renoncer à ta vie de millionnaire ?

Cette riposte, André ne l'attendait pas. Il se frotta le menton. Maurice allait-il lui échapper une nouvelle fois ? D'autres se chargeraient d'exploiter la poule aux œufs d'or, et il savait qui. Aller trouver l'esclavagiste, faire un esclandre ne servirait qu'à fortifier l'intention de Maurice d'échapper à l'emprise familiale et risquerait de provoquer une rupture définitive. Mieux valait attendre qu'il eût touché le fond de la déchéance et, alors qu'il serait rejeté du cercle de ses faux amis, le ramener dans le giron du couple, l'apprivoiser, le domestiquer...

— Tu fais peu de cas, ajouta André, de l'affection

que ta mère te porte, des nuits blanches passées à t'attendre, à pleurer devant son impuissance à te raisonner.

— Ma mère est plus forte que tu ne le penses. Plus forte que toi et que moi. C'est un roc. Tu te trompes si tu crois qu'elle me laisse indifférent. Je l'aime comme un fils doit aimer sa mère, malgré quelques incohérences de ma part.

Surprise d'André : il n'avait jamais vu Maurice aussi calme, résolu, maître de ses propos, comme si la mort de la grand-mère avait détaché de lui les scories l'incitant à un jugement erroné sur sa propre nature. Il fit un pas de clerc.

— Quoi que tu en penses, tu seras toujours le bienvenu dans cette maison. Elle est la tienne.

Maurice avait retrouvé sa cellule du Casse-Croûte dont la porte lui était grande ouverte.

Les premiers temps d'après son retour, subjugué par le vandalisme des Allemands, il avait peint la cathédrale de Reims en proie au sinistre. Cette image l'obsédait, lui arrachait des cris de rage. Il mêlait ses larmes à sa peinture comme Picasso le faisait, ou du moins s'en vantait-il, du caca de bébé. Ce qui sortit de son atelier durant cette période d'affliction était marqué par l'angoisse et la colère. Lui qui s'intéressait si peu aux événements, il feuilletait le supplément du *Petit Journal* pour y découvrir des images de barbarie qui l'exaspéraient et le stimulaient.

Il profita d'un beau jour d'été pour sortir de sa coquille. César lui demanda où il allait.

— Me balader, répondit-il. Besoin de respirer. Je vais aller faire quelques promenades en banlieue. J'ai besoin d'argent. Cinquante francs, ça devrait aller.

— Tu donneras des nouvelles, mon petit. Si tu es en difficulté, sache que tonton César est toujours là.

Dans les jours qui suivirent cette fugue, il adressa à tonton César des cartes postales avec quelques mots destinés à le rassurer : *Pas soûl... Tout va pour le mieux... Bu un seul rhum aujourd'hui... Sage comme une image...*

Il ne travaillait pas ; il se promenait, prenait plaisir à bavarder avec des gens de rencontre, qui se demandaient ce que cet énergumène bavard et gesticulant leur voulait. Il finit par se rendre suspect à la gendarmerie car, moins sobre qu'il l'affirmait dans son courrier, il semait ici et là de menus scandales. En revanche, à la suite du saccage d'un cabaret à Aubervilliers, il avait été appréhendé et gardé à l'ombre deux jours durant.

Le Lancement du filet avait fait sensation au Salon des Indépendants.

La critique avait enfin découvert en Suzanne Valadon une femme peintre qui, par la puissance et la virilité de ses toiles, changeait des nymphettes sclérosées de Marie Laurencin dont la rupture avec Apollinaire, parti pour la guerre, alimentait les ragots.

Francis Carco revenait de plus en plus fréquemment rendre visite à celle qu'il considérait à la fois comme un grand peintre et comme une amie ; il lui apportait des livres, des coupures de journaux, parfois des nouvelles de son fils qu'il rencontrait chez César Gay.

André avait reproché à son épouse de ne pas peindre ce qu'elle avait sous les yeux : la maison, le jardin, la vue sur le Sacré-Cœur et sur Paris.

— Nous avons la chance, lui dit-il, de vivre dans un lieu exceptionnel et tu sembles t'en désintéresser. Les toiles que tu as rapportées de Corse montraient tes dons pour le paysage et ont trouvé facilement des acquéreurs. Alors, pourquoi cette indifférence pour ceux que tu as sous les yeux ?

Aux paysages, elle préférait les femmes nues. Les modèles se succédaient dans son atelier : des amies, des relations de Clotilde, des professionnelles. Pourtant elle ne pouvait nier avoir connu de grandes joies à peindre, en Corse, à l'ombre des oliviers et des châtaigniers.

Elle se décida enfin à suivre l'avis d'André. Elle brossa des vues de la longue maison émergeant de l'exubérance d'un jardin qui lui rappelait certains coins sauvages du Maquis d'avant sa désertification. Elle peignit l'arrière, avec son allée en pente, son escalier à demi enfoui sous la végétation. Campée à la fenêtre de son « grenier », elle exécuta une vue de l'énorme coupole byzantine du Sacré-Cœur, d'un blanc de craie, émergeant d'une tempête de toitures. André était sous le charme.

— Excellent ! s'écriait-il. Cette toile fera grand effet à la galerie de Berthe Weill.

Après le succès de Suzanne aux Indépendants, l'exposition chez la « petite mère Weill » (la « petite merveille », précisait Derain) connut un triomphe.

L'argent affluait et André avait réfléchi à la manière de le dépenser. Durant sa convalescence à Meyzieu il avait, en compagnie de Suzanne, visité les environs. Elle avait rapporté de ces excursions quelques toiles et André une idée.

— Ce château que nous avons visité, à Saint-Bernard, au bord de la Saône, est à vendre. Si nous l'achetions ?

— Mais c'est un tas de pierres. Il est inhabitable !

— C'est vrai, mais nous l'aurions pour une bouchée de pain et nous pourrions le restaurer, en partie du moins.

Elle se dit que ce jeune fou revenait à ses ambitions passées : un hôtel avenue Junot, une villa dans le Midi, une voiture, et aujourd'hui ce château !

— Cesse de rêver ! dit-elle. Tu nous vois menant une vie de châtelains ?

Déçu, il avait enfermé ce projet dans le coffret aux illusions, sans renoncer tout à fait à l'en ressortir. Suzanne, quant à elle, sentait peu à peu faiblir sa défense. Après tout, Saint-Bernard pourrait être pour la famille un Montmagny bis, une retraite favorable à la création et un lieu de détente. Et puis, ces pierres qui racontaient le passé, cette vue majestueuse sur le fleuve...

On pouvait s'offrir cette fantaisie mais rien ne pressait.

Au début d'août Suzanne reçut une nouvelle de plein fouet : Maurice venait d'être interné de nouveau, cette fois-ci dans l'asile d'aliénés de Villejuif.

— Tu entends, André ? À Villejuif, chez les fous !

Ce qui avait mis, si l'on peut dire, le feu aux poudres, c'est l'émotion que Maurice avait provoquée à Montmartre. Le planqué qu'il prétendait être avait pris les armes : en l'occurrence des pétards dont, un briquet à la main, il menaçait les passants. L'intervention de la police avait mis un terme à cette provocation.

— Eh quoi ! avait-il protesté, c'est pas la grosse Bertha ! On peut bien s'amuser un peu...

Cet amusement d'ivrogne n'était pas du goût du brigadier. On l'avait mis à l'ombre après lui avoir confisqué ses jouets. Pour s'excuser, Maurice avait adressé au procureur de la République une lettre démente, déclarant qu'il était *catholique militant de la France indulgente* et ajoutant en marge : *Une bouteille de vin à 10°*. Il avait signé : *Maurice Utrillo-Valadon*.

Sur sa lancée il avait envoyé à Matisse un billet du même tabac :

Je soussigné, peintre paysagiste, déclare avoir, dans un moment alcoolique, allumé en état d'ivresse manifeste par l'éther, allumé un pétard de 100 grammes à la main, parce que j'étais un peu fou et malade, rue Saint-Vincent. À remettre d'urgence télégramme téléphoné à Monsieur Matisse, artiste peintre. J'adore votre talent de peintre et m'incline devant vos provocations insultantes.

C'était la première fois que Maurice acceptait l'idée d'être « un peu fou », mais sa provocation ne confinait qu'en apparence à la folie. On estima que la panique qu'il avait provoquée relevait de la facétie de carabin et on le relâcha.

Le lendemain, dégrisé, sa décision était prise.

— On n'a pas le droit, s'écria Suzanne de l'interner avec les fous ! Si l'on devait enfermer tous les ivrognes de Paris, il faudrait créer une centaine d'asiles supplémentaires.

— Tu as raison, dit André, mais la vérité c'est qu'il se conduit comme un dément.

— Il faut faire quelque chose : ameuter l'opinion, les autorités !

— L'opinion se moque de ton fils et les autorités ont d'autres chats à fouetter.

— On dirait que tu en prends ton parti et même que ça te soulage de le savoir à Villejuif ! Tu détestes mon fils, avoue-le !

— Et toi, reconnais qu'il fait tout pour se rendre insupportable.

— Il n'en serait pas là s'il avait pu compter sur ton affection et ta compréhension...

— Et s'il avait trouvé auprès de toi un amour sincère. Tu ne lui manifestes quelque intérêt que lorsqu'il lui arrive des tuiles.

Suzanne s'arma d'énergie et de patience pour courir les administrations, remuant ciel et terre. Elle revenait de ces démarches découragée, au bord de la crise de nerfs.

— Il faut que je le voie. Accompagne-moi à Villejuif.

— J'ai autre chose à faire que rendre visite à un aliéné.

Elle partit seule, prit à la porte d'Italie le tramway qui la déposa à l'angle des avenues de Fontainebleau et de la République, dans les parages immédiats de l'asile. Elle dut attendre deux heures avant d'être reçue par le directeur, un nabot barbichu, aux allures militaires qui, ayant feuilleté le dossier de l'interné, lui fit une révélation.

— Madame, c'est votre fils lui-même qui a demandé à être interné. Il n'est pas fou mais il risque de le devenir. Au début de son séjour nous avons dû lui passer la camisole de force. Vous ne pourrez pas le voir, du moins aujourd'hui : il a fait une nouvelle crise et nous l'avons enfermé au pavillon des agités. Quand vous reviendrez, apportez-lui de quoi peindre. S'il pouvait se raccrocher à cette passion, il serait sauvé.

Maurice resta à Villejuif d'août à novembre.

Peu à peu, il avait retrouvé son calme et s'était plié au régime de sobriété qu'on lui imposait. Au fur et à mesure que sa guérison se précisait, il supportait de moins en moins la présence des autres pensionnaires et devait s'isoler pour peindre des images de sérénité : arbres, toitures, pans de mur... La présence de ces fous autour de lui tournait à l'hallucination. Ils le poursuivaient dans les allées pour le regarder peindre, lui volaient ses tubes de couleur dont ils avalaient le contenu avec des mines gourmandes. Il ne trouvait de repos que dans sa cellule.

Le matin de novembre où sa mère vint le chercher, elle le trouva comme transfiguré : son visage avait repris les traits délicats de sa jeunesse, sa démarche de la souplesse et de l'assurance, sa parole toute sa facilité d'élocution. Elle le traita avec infiniment de délicatesse comme un vase rafistolé que le moindre choc eût risqué de mettre de nouveau en miettes.

En dépit de l'opposition d'André, il réintégra sa chambre-atelier et sa place sous le tilleul du jardin où il se réfugiait par beau temps pour peindre le panorama sur le Sacré-Cœur qui le fascinait.

Dès le premier jour Utter avait posé ses conditions.

— Tu peux rester puisque ta mère l'a décidé, mais n'oublie pas que tu es en liberté surveillée. À la première incartade, retour à Villejuif et, cette fois-ci, tu risques de ne plus en sortir !

Maurice baissait la tête comme un enfant menacé d'être puni.

L'accalmie se poursuivit jusqu'aux fêtes de fin d'année. Du fait de l'état d'enlisement de la guerre, elles furent discrètes, d'autant que les restrictions devenaient draconiennes et que l'argent manquait. La vente des toiles de Suzanne et d'Utrillo parvenait difficilement à faire vivre le ménage. On recevait beaucoup de visiteurs amenés par André, mais ils repartaient le plus souvent les mains vides. Suzanne avait entrepris une série de toiles de modestes dimensions faciles à écouler : natures mortes, bouquets et portraits, mais le bénéfice qu'elle en tirait n'était pas à la hauteur de son talent. De même pour les œuvres de son fils, qui encombraient le marché et se négociaient à bas prix dans les bistrots.

Maurice avait apporté à Paris les tableaux sur carton réalisés à l'asile ; ils marquaient la fin de ce que la critique appelait un peu abusivement sa « période blanche ». André put en placer quelques-uns chez un nouveau marchand, Henri Lalloue.

Lorsque Maurice vit arriver dans son atelier le poète Francis Carco, mégot aux lèvres, la mine réjouie, il était d'humeur maussade et l'accueillit sans aménité, en poursuivant son travail au chevalet : il n'aimait pas qu'on le regardât en train de peindre d'après des cartes postales, ce qu'il faisait couramment.

— Encore une toile de la « période blanche », Maurice ?

— La clientèle ne veut que ça. C'est pas une vie. Le bagne ! Ils veulent du blanc ? Je leur en donne. Comme s'il n'y avait que cette couleur, nom de Dieu !

— Tu devrais laisser libre cours à ton talent et à tes goûts, ne pas tenir compte de l'opinion des épiciers.

— Je me ferais engueuler par Utter ! Si je t'écoutais, qui achèterait mes toiles ?

— Moi... Quelques connaisseurs...
— Te vendre une toile, à toi ? Donne-moi un jour ou deux et je t'offrirai un joli paysage, avec de la couleur.

Il reposa sa palette, rejeta son chapeau sur sa nuque.
— Si on allait s'en jeter une ?
— Interdit ! Si Utter ou ta mère apprenaient...
— Utter, je l'emmerde. Quant à ma mère, elle apprendra rien si tu lui dis rien. Et puis je suis libre d'aller me balader quand ça me plaît. Nous ne sommes pas à Cayenne !

Ils se dirigèrent vers Le Bouscarat. En cours de route, Maurice raconta à Carco ses subterfuges destinés à se procurer du vin et du rhum. Son pourvoyeur était un gosse du quartier qui lui faisait passer les bouteilles par la fenêtre à l'aide d'une corde. Il affirma qu'il buvait modérément, le soir de préférence, pour ne pas attirer l'attention.

— Je tiens pas à replonger, tu comprends ? Le père Gay souhaiterait que je revienne chez lui, mais je résiste. Pas question de retomber dans ses griffes !

Installés à la terrasse, sous un soleil timide, ils parlèrent de Max Jacob. Le poète venait de publier un recueil : *Le Cornet à dés*, où il racontait en vers son enfance bretonne et sa vie misérable à Montmartre. Il avait depuis quelques mois élu domicile à Montparnasse où il avait retrouvé son ami Modigliani, Picasso, Pascin et quelques autres joyeux compagnons.

Francis apprit à Maurice que Max songeait à se faire baptiser. Le Christ lui était apparu de nouveau et, cette fois-ci, sur un écran de cinéma, en superposition aux images du film. Il avait suivi des séances d'instruction religieuse avant son baptême, avec Pablo comme parrain. On en riait sous cape.

Maurice confia à Francis qu'il avait lu à Villejuif son recueil : *La Bohème et mon cœur*.

— C'est simple et beau comme du Verlaine, dit-il. Je me souviens : *Le doux caboulot/Fleuri sous les branches/ Est tous les dimanches/Plein de populo*...

— Un jour, dit Francis, j'écrirai sur toi et ton œuvre. J'y pense depuis quelque temps déjà...

Suzanne était revenue à un genre qui lui était familier depuis ses débuts : le portrait. Elle travaillait pour le plaisir ou sur commande. Un jour qu'elle était occupée à peindre un jeune modèle, Gaby, Maurice pénétra sans prévenir dans son atelier et s'arrêta sous le coup de l'émotion. Ce qui l'avait surpris, c'était moins la nudité de la jeune fille qui posait en chemise et bas noirs que son regard d'un bleu de mer en Bretagne et son air de biche étonnée..

— Gaby, dit Suzanne, je vous présente mon fils. Eh bien, Maurice, dis bonjour à la demoiselle !

Il revint le lendemain sous un prétexte futile, s'assit dans un coin de fenêtre en faisant mine de croquer le Sacré-Cœur. De temps à autre, distraitement, il laissait son regard flotter autour de Gaby que sa présence ne paraissait pas incommoder. N'était-il pas lui-même un artiste ? Le manège se répéta plusieurs jours de suite, si bien que Suzanne confia à André :

— J'ai l'impression que notre Maurice en pince pour Gaby. Une aventure sentimentale pourrait lui être bénéfique. D'ailleurs, à son âge, vivre seul, ça n'est pas sain.

— Si ça pouvait déboucher sur un mariage, ce serait encore mieux.

— N'anticipons pas ! Ils n'ont pas échangé trois mots. Tout se passe dans le regard. Et il la dévore des yeux.

Le lendemain Suzanne dit à Gaby :

— Ma petite, je crois que Maurice éprouve pour toi autre chose qu'une simple curiosité.

— Que voulez-vous dire, madame ?

— Qu'il est amoureux, tiens !

Un soir, après la pose, elle les réunit autour d'une

cerise à l'eau-de-vie, puis fit en sorte de les laisser seuls. Quand elle revint, Gaby était assise sur l'accoudoir du fauteuil occupé par Maurice. Quelques heures plus tard Suzanne entra dans la chambre de son fils.

— Parlons franchement, dit-elle. Est-ce que cette fille te plaît ? J'ai l'impression qu'elle n'attend qu'une chose : que tu te déclares.

Elle leur laissa la bride longue, leur suggéra même d'aller passer un dimanche à Argenteuil. Gaby ferait des bouquets de fleurs sauvages pendant qu'il peindrait ; elle veillerait à ce qu'il évite de boire. Cette idée leur plut. Ils prirent le tramway place de Clichy jusqu'à la gare d'Argenteuil d'où ils gagneraient les bords de la Seine. De tout le trajet il ne la quitta pas des yeux au point que, mal à l'aise, elle lui demanda ce qui pouvait tant l'intéresser en elle.

— Votre regard, Gaby. Un regard que... un regard qui... En vérité, tout me plaît en vous.

Elle éclata d'un rire un peu vulgaire et lui prit la main. Utrillo amoureux d'elle ? Oh ! là là !...

Ils déjeunèrent dans un bouchon aux murs tapissés de deux superbes Pissarro et de quelques croûtes néo-impressionnistes. Il mangea peu et but modérément pour lui faire plaisir ; elle de même. Au moment de la promenade, il lui dit avec des graviers dans la voix :

— Il fait vraiment trop chaud pour sortir. Je vais retenir une chambre pour ma sieste. Me tiendrez-vous compagnie ?

— Monsieur Maurice, minauda-t-elle, vous n'êtes pas sérieux.

Il fit un autre pas audacieux en décidant de la tutoyer.

— Je ne pense qu'à ça depuis que je te connais. Veux-tu que je parle franchement ? Alors, voilà : j'ai envie de toi ! Si tu te refusais à moi, je serais capable de me jeter dans la Seine.

Elle cacha un rire derrière sa main.

— Je suis persuadée que vous ne le feriez pas.

— C'est que tu me connais mal.

Il se leva, ôta son veston, se dirigea vers le fleuve. Elle se jeta à sa poursuite en protestant : il était fou ! qu'il cesse de lui faire peur ! Accroché aux branches, il s'avança sur un tronc d'arbre couché au-dessus de l'eau.

— As-tu changé d'avis, Gaby ?
— Non ! Oui ! Revenez, je vous en prie.

Déçu par cette réponse évasive, il se laissa tomber dans le fleuve en criant qu'il ne savait pas nager. Par chance, l'eau ne lui montait qu'à la ceinture.

— C'est donc que vous m'aimez vraiment ! dit-elle. Revenez. C'est oui.

Elle n'en était pas à ses premières armes mais il n'eut garde de s'en formaliser. Ils passèrent cet après-midi de grande chaleur à faire l'amour, fenêtre close sur la rumeur du bal et le ronron des vapeurs remontant vers Paris, tandis que les vêtements de Maurice séchaient aux volets. Il lui demanda si elle était obligée de regagner Paris dans la soirée ; elle avoua que personne ne l'attendait, que ses parents lui laissaient toute liberté.

Leur idylle durait depuis un mois, sous l'œil protecteur de Suzanne, quand un soir elle vit Maurice remonter l'allée en titubant, le chapeau de travers, le visage en larmes. À peine entré, il s'accrocha à sa mère.

— C'est fini ! dit-il. Oh ! maman, maman...
— Qu'est-ce qui est fini, mon grand ?
— Gaby et moi. Nous nous sommes querellés.
— Tu avais bu ?
— Un peu.

Décidée à en avoir le cœur net, Suzanne se rendit chez Gaby dont les parents tenaient une crémerie dans les parages. Elle demanda à Gaby de lui raconter l'événement qui avait motivé cette rupture.

Maurice, en état d'ébriété, avait fait irruption dans la chambre séparée de celle de ses parents, où ils se retrouvaient d'ordinaire. Jusqu'à ce jour, elle avait toléré ses humeurs, sa jalousie injustifiée, ses colères lorsqu'il rentrait ivre. Ce soir-là, il avait passé les bornes : il l'avait frappée, avait vomi dans l'évier, l'avait traitée comme une prostituée.

— Il était comme fou, madame Valadon ! J'ai cru qu'il allait me tuer. Regardez : je porte encore des marques.

Exit Gaby, Maurice resta quelque temps à se morfondre. Malgré les mises en garde de ses proches sur le danger d'une récidive, il avait repris ses tournées dans les bistrots. Au cours d'un repas qu'Henri Lalloue lui avait offert au chalet de Chez Adèle, il avait confié au marchand :

— J'ai conscience que la liberté ne me vaut rien. Je ne mène une vie normale que dans une maison de santé. Je vais demander une nouvelle fois mon internement. Pas à Villejuif, évidemment. Je ne le supporterais pas.

Lorsqu'il se souvenait de ce lieu maudit, la sueur lui venait aux tempes.

Lalloue lui fit une proposition : il connaissait le docteur Vicq, directeur de la maison de santé d'Aulnay-sous-Bois, dans la banlieue nord-est de Paris. Il pourrait le recommander ; il serait soigné comme un coq en pâte, sans avoir à subir la promiscuité des aliénés.

— Bien entendu, ajouta-t-il, suivant les termes de notre contrat, je réglerai vos frais de cure, moyennant quoi vous me réserverez la primeur de votre production. Car vous continuerez à peindre, évidemment.

— Évidemment... répondit Maurice.

Un matin de septembre 1917, Edmonde, une des jeunes servantes de Degas, fit irruption au 12 de la rue Cortot.

— Mon maître veut vous voir, madame Valadon. Je crois qu'il va passer.

Avenue de Clichy, Suzanne trouva Paul Bartholomé en larmes. Il la prit dans ses bras en sanglotant.

— Nous arrivons trop tard, dit-il. Juste avant sa mort Degas a tenu à prévenir deux amis seulement : vous et moi. Pour passer de vie à trépas, il n'a pas eu de frontière à franchir : depuis quelques années, vous le savez, il n'avait plus goût à la vie ni à son travail. Ses dernières œuvres sont bien décevantes. Il s'en rendait compte et attendait la mort avec sérénité.

Avec sérénité ? Voire. Il avait confié à Suzanne : « Je pense sans arrêt à la mort. Je me demande ce qu'il peut bien y avoir là-bas, derrière. Ça m'inquiète... » Les problèmes religieux n'entraient pas dans ses préoccupations ; pourtant il avait été bouleversé par un voyage à Lourdes, en curieux. « Ah! Maria... ces chants, cette musique, ces prières, ces cris... »

Mary Cassatt avait pris sur elle de lui faire administrer l'extrême-onction, l'avant-veille de la congestion cérébrale qui l'avait emporté.

— Regardez comme il est beau, dit Suzanne. Ses traits sont détendus sous la barbe blanche, son sourire s'est fait légèrement méprisant. Il ressemble au vieil

Homère. Que va-t-on faire de ses collections ? Il y en a pour une fortune.

Bartholomé lui confia qu'une nièce de l'artiste, Jeanne Fèvre, qui s'occupait de lui depuis peu, prendrait l'affaire en main. Cet atelier et l'appartement étaient un véritable musée ; tout serait dispersé dans une vente.

Le jour des obsèques, un radieux soleil de septembre baignait Paris. C'est dans le caveau de famille que furent déposés, après un service funèbre à l'église Saint-Jean, rue des Abbesses, les restes d'Edgar Degas. Claude Monet avait quitté Giverny pour assister à la cérémonie. Près de lui, Mary Cassatt, appuyée à son bras, le visage dissimulé sous une voilette qui cachait un chagrin et, peut-être, une blessure d'amour jamais cicatrisée. Autour d'eux, une trentaine d'amis artistes s'interrogeaient du regard en attendant les discours. Il n'y en eut pas, Degas s'y étant opposé.

André attendait Suzanne au retour des obsèques. Il eut un sourire narquois pour lui dire :

— Alors, beaucoup de monde pour porter en terre ton amant ?

Elle jeta son sac sur la table, le défia du regard.

— Degas n'était pas mon amant.

— C'est faux ! Je suis bien placé pour le savoir.

Il faisait allusion à une scène à laquelle Suzanne n'avait guère attaché d'importance et dont elle se souvenait à peine.

Il y avait dix-sept ans, alors qu'elle recevait dans son ancien appartement de la rue Cortot Utter et Heuzé, elle leur avait dit en entendant des pas dans l'escalier : « C'est sûrement Degas. Cachez-vous dans le placard. » Un éternuement d'Heuzé, peut-être volontaire, avait révélé leur présence. Degas avait ouvert la porte du placard en marmonnant : « Il vous en faut deux, à présent ! » Cette scène digne d'un vaudeville à la Feydeau avait laissé croire aux deux amis que le maître était son amant.

— J'affirme que je n'ai jamais été sa maîtresse, dit Suzanne, mais, s'il me l'avait proposé, j'aurais sûrement accepté. Ton ami Heuzé, qui fait courir ce faux bruit, est une langue de vipère. Il me déteste comme il déteste Maurice.

Malgré le bel automne qui rayonnait sur la Butte, les jours et les semaines qui suivirent parurent incolores. Suzanne se reprochait de n'avoir pas été plus sensible à l'affection du maître, d'être restée parfois des mois sans daigner donner de ses nouvelles ou lui rendre visite. Elle se souvenait des billets qu'il lui adressait pour la sermonner : *Alors, terrible Maria, on oublie son vieil ami ?* Elle avait partagé avec lui une amitié équivoque mais profonde, tissée d'incertitudes quant à leurs sentiments réciproques, de non-dits, d'espoirs déçus peut-être. Suzanne se demandait si, en fait, ils n'avaient pas peur l'un de l'autre, si leurs caractères abrupts ne risquaient pas, au cas où leurs rapports auraient évolué vers la passion, de provoquer des étincelles et un incendie dévastateur.

Maurice resta six mois à Aulnay et ne semblait pas s'y ennuyer. Henri Lalloue, non sans gémir, réglait la pension avec une régularité exemplaire et Maurice, tout aussi régulièrement, lui remettait le nombre de toiles convenu.

Du fait de la guerre et peut-être de la prolificité de l'artiste, les toiles de Maurice se vendaient mal. Les bistrots et les épiciers de la Butte en regorgeaient ; à eux seuls, Marie Vizier et César Gay en possédaient des dizaines. La plupart, il est vrai, étaient bâclées, ce qui donnait de la valeur à celles que Maurice peignait dans le calme de son ermitage.

Alors que le conflit tirait à sa fin, Lalloue, quasiment ruiné, dut résilier leur contrat. Un marchand attaché à

Modigliani, Zborowski, le lui racheta, persuadé que le talent d'Utrillo ne tarderait pas à être reconnu et que sa peinture vaudrait de l'or.

Carco dit à Suzanne :

— Je ne comprends pas cette prévention persistante contre votre fils ! J'ai montré ses œuvres à des amateurs fortunés sans parvenir à les persuader qu'ils feraient une bonne affaire. Maurice est victime de cette réputation de scandale qui reste attachée à lui. Il n'a pas réussi par son talent à désarmer cette fatalité. Je crois en ce talent et je suis convaincu qu'il réussira à l'imposer. Personne avant lui n'a peint de tels sujets et avec un tel tempérament.

Femme à la contrebasse... Nu se coiffant... L'Acrobate faisant la roue... Nature morte catalane... Le Service à thé... Suzanne ne chômait pas. Son style avait pris de la maîtrise, sa pâte de la densité, ses couleurs de la vigueur, dans les contrastes notamment. Peu à peu les influences de Van Gogh, de Gauguin, de Cézanne se diluaient dans une vision personnelle du modèle. Elle avait appris à faire éclater à bon escient un rouge, à laisser se dégrader un bleu ou un vert.

Carco travaillait pour elle : il avait décidé, comme pour Maurice, de l'imposer et y parvenait sans avoir à jouer les maquignons. Certains critiques la portaient au pinacle.

Elle poursuivait ses études de nus au crayon gras, au fusain, au pastel. Elle se sentait là dans son véritable élément, comme dans le reliquat amniotique de ses débuts : celui qui avait fait dire à Degas, lors de leur première entrevue, qu'elle était une véritable artiste.

Une relative aisance financière l'autorisait à louer les services de modèles choisis pour leurs formes généreuses sans tomber dans l'obésité comme lorsqu'elle peignait sa servante, Catherine.

— Pourquoi, lui disait Carco, ne pas faire votre autoportrait ? J'aime beaucoup celui que vous avez peint à dix-huit ans, ce regard de défi, comme d'une louve prisonnière.

— Mon autoportrait ? Vous plaisantez, Francis. Je

suis une vieille femme sans attrait. Et puis, il y a la photo...

Elle aimait bien celle que Paul avait prise avant la guerre, à son chevalet, en compagnie de Maurice. Elle était alors dans la maturité rayonnante de la cinquantaine. Belle encore, sans une ride.

— Vous êtes toujours très belle, Suzanne, je vous l'assure.

Il portait à ses lèvres une main qui sentait l'essence de térébenthine et la baisait entre deux taches de couleur.

Maurice lui manquait.

La nouvelle de son internement volontaire avait fait le tour de la capitale. Les visiteurs qui demandaient à sa mère des nouvelles de l'artiste s'attiraient la même réponse : il allait bien, il travaillait...

Il écrivait à sa mère des lettres confuses, un pathos où les mouvements de repentir alternaient avec des élans d'affection. Elle lui rendait rarement visite, bien qu'Aulnay fût proche de son domicile, de crainte qu'il ne lui demandât de le ramener à Paris où il ne tarderait pas à replonger dans son vice.

À sa dernière visite, il lui avait dit :

— Maman, il me tarde de rentrer. Paris me manque. Parfois, j'ai des idées d'évasion.

— Pourquoi ? Tu es bien, ici. Tu fais de la bonne peinture, dans un milieu agréable. Le docteur Vicq est content de toi.

Cet asile douillet lui donnait l'impression de ne pas être dans son élément, de perdre son temps. L'air de Montmartre lui manquait avec l'odeur des verdures sauvages, des ruelles qui sentaient l'évier et le salpêtre, des filles qui passaient en groupe et se moquaient de sa dégaine. Ici, il ne respirait que celle des pelouses fauchées, de la cuisine et du laudanum. Il gémissait.

— Viens me voir plus souvent. Ne m'abandonne pas.

— J'ai beaucoup de travail, répondait-elle. Et puis ces va-et-vient me fatiguent.

Mauvais prétextes : il faisait mine d'y croire alors qu'elle-même n'y croyait pas.

Un matin de la mi-novembre, à onze heures, un clairon avait sonné la fin des combats.

En sortant du wagon de Rethondes, le général Pétain avait signé le dernier communiqué de la guerre et conclu par ce post-scriptum : *Fermé pour cause de victoire...*

Ce même jour, un souffle de tempête heureuse avait balayé Paris. Les boutiques avaient baissé leurs rideaux, les écoles fermé leurs portes et les maisons leurs volets. Paris n'était plus dans Paris : la foule se pressait sur les places, sur les Champs-Élysées où défilaient des mutilés. Pétain recevait son bâton de maréchal des mains du président Poincaré. Dans Strasbourg libéré, Foch faisait une entrée solennelle.

Sans un mot, tête basse, Maurice posa son baluchon sur la table et se laissa tomber dans un fauteuil, les bras ballants, le chapeau sur l'œil.

— Je viens de m'évader, dit-il d'un air sombre. Ça ne devrait pas t'étonner : je t'avais prévenue.

— Il ne te restait que deux ou trois semaines pour être libéré. Qu'est-ce qui t'a pris ?

Il avait cédé à une impulsion irrésistible. Ce matin, il avait rassemblé son bagage, pris quelques cartons sous son bras et, à pied, avait pris le chemin de Montmartre. Comme il avait choisi de partir de bonne heure, son évasion était passée inaperçue.

— Il faut prévenir le docteur Vicq, dit-elle. Tu dois t'excuser...

— Inutile ! Je n'y reviendrai pas. J'en avais assez du prêchi-prêcha du bon docteur Vicq, de ces infirmiers toujours sur mes talons, de ces cons qui voulaient que je leur raconte ma vie et que je fasse leur portrait...

— Mais tu étais libre !
— La liberté surveillée, c'est pas la liberté...

Le cycle infernal ne tarda pas à reprendre, et de plus belle.

Maurice avait rencontré par hasard son ami Modigliani en vadrouille sur la Butte et ils avaient fêté leurs retrouvailles par un pèlerinage : chez Adèle où ils furent éjectés à coups de balai, chez César Gay qui leur fit grise mine et leur fit payer leur écot, au Bateau-Lavoir où ne nichaient plus que des rapins impécunieux, au Lapin agile où l'ambiance n'était plus ce qu'elle avait été...

À la nuit tombante, complètement poivres, s'épaulant pour ne pas choir dans la gadoue, Modi déclara qu'il était temps de rentrer à Montparnasse : Zborowski devait l'attendre à La Coupole, avec un client.

— Trop tard, dit Maurice. Tu vas souper et dormir à la maison. Zborowski reviendra demain.

En les voyant paraître, hilares, Suzanne ne se sentit pas d'humeur à se remettre à ses fourneaux. Elle s'écria :

— Dehors, bande de poivrots ! Un grand peintre comme vous, Amedeo, vous soûler comme un vulgaire clochard...

— J'ai honte..., bredouilla Modi, mais j'y peux rien.
— Ben, dit Maurice, reste plus qu'à trouver où bouffer et pieuter. À la belle étoile, hein ? Ça nous connaît. Ou alors dans la cabane du jardin. S'il pleut, nous serons à l'abri.

Ils passèrent la nuit couchés à même le sol de terre battue, serrés l'un contre l'autre à cause du froid. Lorsque la fraîcheur de l'aube réveilla Maurice, il se demanda ce qu'il faisait là. Quand il monta boire un café, sa mère voulut savoir où se trouvait l'*autre*.

— Quel autre ?

— Ton copain Modi, tiens ! Il est déjà reparti ?

Modi ? Il ne se souvenait pas de l'avoir rencontré la veille. Il avala son café, alla le vomir dans l'évier.

— Malade à crever... dit-il. Ça me grouille à l'intérieur. J'ai du coton dans les guibolles et du brouillard dans le crâne. Qu'est-ce qui m'arrive, nom de Dieu ?

Il annonça qu'il allait se coucher et demanda à sa mère d'appeler le médecin. Lorsque ce dernier arriva, Maurice venait de traverser une crise de délirium et avait encore de la bave aux lèvres et des soubresauts. Il décréta que Maurice serait inguérissable si l'on ne se décidait pas à lui faire subir une sérieuse cure de désintoxication. Il proposa de le faire entrer à Picpus.

Utter entreprit les démarches destinées à l'admission : entreprise difficile, l'établissement étant encombré de malades et de blessés des suites de la guerre. On lui trouva néanmoins une place au fond d'un dortoir. Un avantage : cette maison se situait dans le XIIe arrondissement, près de la gare de Lyon.

Léopold Zborowski, comme l'avaient fait avant lui Libaude et Lalloue, accepta de régler les frais d'internement et les soins, avec un contrat en bonne et due forme. Maurice se laissa conduire à Picpus, pour ainsi dire par la main.

Interné à la fin de l'année, il s'évada au début de l'année suivante. Si cette cure s'était prolongée, avouat-il, c'est pour le coup qu'il serait devenu fou furieux. L'administration préfectorale lui affecta un infirmier à domicile, pris sur le contingent de Picpus : un nommé Pierre.

— Nous ne pouvons garder chez nous, dit Utter, ce grand malade et son garde du corps. Ils gâcheraient notre intimité.

Il leur trouva un petit appartement meublé rue Saint-Vincent.

« Notre intimité »... Le mot avait fait sourire Suzanne. Elle ne voyait son mari que le matin, au petit déjeuner, et le soir, lorsqu'il revenait de ce qu'il appelait ses « prospections ». En fait, s'il rendait visite aux marchands, aux clients, aux journalistes, c'est surtout dans les bars à la mode qu'il « prospectait ».

Et la peinture n'avait rien à y voir.

La dernière fois que Suzanne avait rencontré Renoir il lui avait fait promettre de venir lui rendre visite aux Collettes, la villa qu'il avait fait construire près de Cagnes-sur-Mer, au milieu des vignes et des oliviers. Sa chère Aline disparue, il se sentait seul dans ce paradis, malgré les soins dont on l'entourait. Suzanne n'irait pas à ce rendez-vous : le maître qui l'avait aimée et l'avait si souvent représentée dans ses œuvres venait de mourir.

Réduit à l'état de squelette, torturé par les rhumatismes déformants, le vieux maître n'avait pu se résoudre à abandonner son chevalet. La veille de sa mort, alors qu'on ôtait ses pinceaux de ses doigts recroquevillés, il avait murmuré avec une étincelle de malice dans l'œil : « Je crois bien que je commence à y comprendre quelque chose... » À la peinture ? À la vie ?

Une de ses dernières joies avait été une visite particulière au Louvre où l'une de ses œuvres était exposée. On l'y avait promené dans sa chaise à porteurs : un siège de vannerie suspendu à deux grosses tiges de bambou, dont il se servait pour ses promenades autour des Collettes. Il était resté un moment, comme en extase, devant *Les Noces de Cana*, de Véronèse.

Il était mort à la suite d'une rupture d'anévrisme, au milieu de ses nus, des roses et des anémones qui tapissaient les murs de sa chambre. Il n'eût pas souhaité d'autre décor.

Les temps qui suivaient la fin des hostilités étaient comme un jour des morts qui n'en finirait pas.

L'obituaire s'ouvrit en novembre 1918 avec la disparition de Guillaume Apollinaire : elle avait jeté la consternation dans les milieux des poètes et des artistes. Naturalisé français, combattant volontaire dans l'artillerie dès les premiers jours de la guerre, il avait reçu à la tête un éclat d'obus qui le marquait comme d'une étoile ; les gaz asphyxiants avaient ajouté à sa souffrance ; la grippe espagnole qui faisait des ravages dans tout le pays l'avait achevé. Il n'avait jamais pu oublier Marie Laurencin, Lou, et lui avait dédié ses plus beaux poèmes.

Victime non de la guerre mais de son âge, Federico Zandomeneghi l'avait précédé de quelques mois : il avait près de quatre-vingts ans et n'avait jamais pu, malgré son talent, accéder à la notoriété, du moins de son vivant. Durant quelques mois, Suzanne avait partagé avec cet étrange personnage une existence difficile du fait du caractère abrupt du peintre italien et de la misère qui était leur lot. Par son apparence physique, il rappelait le Bossu, de Paul Féval. Suzanne ne pouvait oublier qu'il l'avait aidée à sortir de son anonymat.

Après son évasion de Picpus, la vie de Maurice avait pris très vite l'allure d'une cavalcade frénétique dans les cafés de Montparnasse où il retrouvait quelques artistes qui avaient déserté la Butte.

Un jour où il était à jeun, Modi lui avait proposé de faire son portrait : il ne transforma jamais en peinture l'esquisse au fusain faite sur une nappe de gargote. Il vivait rue de la Grande-Chaumière en compagnie de Jeanne Hébuterne, fille sage au visage de vierge romane, qui lui avait donné une petite Nannoli. L'argent ne manquait pas au ménage, Zborowski ayant fait des pieds et des mains pour imposer le peintre. Une exposition chez Berthe Weill avait été un succès.

— Moi et Berthe, disait Modi, nous avons failli finir au trou. Le commissaire de police du quartier voulait dresser procès-verbal pour les nus exposés dans la vitrine. La connerie humaine est sans limite !

Il avait vendu quelques toiles, gagné de l'argent qu'il dilapidait au fur et à mesure. Après une série de cariatides, sculptures réalisées avant la guerre, il avait exécuté des nus et des portraits aux formes allongées, aux orbites énucléées imprégnés, disait-il, de réminiscences gothiques et byzantines. Depuis qu'il avait rencontré Jeanne, trois ans plus tôt, à La Rotonde, il lui consacrait son talent mais sans dévoiler sa nudité. Par pudeur ? par jalousie ? Il aimait cette fille comme il n'avait jamais aimé personne, à sa manière qui mêlait adoration et brutalité.

Depuis sa dernière rencontre avec Utrillo, sa santé s'était dégradée. La tuberculose, alliée à l'alcool et aux stupéfiants, le minait ; il crachait du sang.

Il invita Utrillo à dîner chez Rosalie, rue Campagne-Première, un bouchon où il avait ses habitudes.

— Cette gargote est pleine de rats, dit-il. Et tu sais de quoi ils se nourrissent ? De mes dessins que Rosalie a entassés dans sa cave.

Il était ce jour-là d'humeur sinistre. Il dit à Maurice :
— Je crois que je ne vais pas tarder à quitter ce monde de merde et devenir cendre. J'en ai assez appris sur la vie et sur l'art. Je peux crever.

Maurice l'avait secoué : il paraissait en bonne santé, il gagnait un peu d'argent, il était reconnu. Modi secouait la tête d'un air obstiné et répondait :
— Il ne me reste qu'un bout de cervelle déjà bien malade, mais je suis lucide.

Quelques semaines plus tard, victime d'une « atteinte méningée et cérébrale de nature tuberculeuse », Modigliani était transporté à la Charité et mourait quelques jours après. Inconsolable, Jeanne Hébuterne se jeta par la fenêtre du cinquième étage. C'était en janvier 1920.

Si, après sa mort, la cote des Modigliani avait atteint un niveau insoupçonnable, celle d'Utrillo connaissait la même escalade. L'armistice avait ouvert les vannes du marché. Artistes, marchands, collectionneurs ayant quitté l'uniforme retrouvaient avec la vie civile leur activité ou leur passion.

Un soir, André Utter arriva rue Cortot, le feu aux joues.

— *La Maison rose*, vendue mille francs à la vente Mirbeau ! s'écria-t-il. Le mois prochain, à la vente Descaves, les prix devraient flamber. Eh bien, Maurice, c'est la gloire ! Qu'en dis-tu ?

Maurice n'en pensait rien ou pas grand-chose. Tout ce bruit fait autour de lui commençait même à l'exaspérer.

— Je veux te faire un cadeau, ajouta Utter, au comble de l'exaltation. Quelque chose de chouette. Dis-moi ce qui te ferait plaisir : un beau chevalet à crémaillère ? un voyage dans le Midi ? un repas au Grand Hôtel ?

— Non, dit Maurice en versant une rasade de vin dans ce qui restait de sa soupe : un train électrique.

— Tu te moques de nous ! dit Utter. Pourquoi pas une poupée ?

— Laisse ! dit Suzanne. Maurice ne plaisante pas. Eh bien, mon chéri, tu l'auras, ton train électrique.

Le ménage avait dû congédier le garde du corps de Maurice. Pierre s'était révélé très vite incompétent et dangereux. Non seulement il négligeait son travail de surveillance mais il était devenu le compagnon de beuverie de son malade sans cesser de le pousser dans la voie d'un mysticisme frelaté : ils ne quittaient le bistrot que pour aller à l'église.

Inlassablement, les marchands écumaient les lieux publics et les épiceries de la Butte. Quantité de toiles d'Utrillo sortaient des arrière-boutiques, des caves et des greniers.

Après son train électrique, Maurice réclama un harmonium. Suzanne lui en trouva un, passablement désaccordé, chez le père Deleschamps. La sonorité de cet instrument sur lequel il pianotait d'un doigt lui rappelait le temps où, en compagnie de Max, il priait à Saint-Pierre. Désormais, depuis le départ de son garde du corps, il priait seul : Max s'était retiré au monastère de Saint-Benoît-sur-Loire. D'une vieille commode Maurice avait fait un oratoire sur lequel il avait placé deux statuettes en plâtre de la Vierge et de Jeanne d'Arc, sous une constellation d'images pieuses.

Une de ses distractions, lorsqu'il ne peignait pas ou laissait en repos son train électrique, consistait à envoyer d'une chiquenaude ses crayons et ses pinceaux dans le jardin où Suzanne allait les repêcher. Elle avait pris soin, de crainte que Maurice, un jour de dépression, ne sautât par la fenêtre, d'y faire poser une grille.

Elle entrebâillait la porte, y passait la tête.

— Eh bien, mon chéri, elle avance, cette *Rue Sainte-Rustique* ?
— Ça presse pas, maman. J'ai changé de motif.
— Et qu'est-ce que tu as décidé de peindre ?
— Ma cage.

Francis Carco arriva un matin chez les Valadon accompagné d'un couple descendu d'une voiture : Robert Pauwels et son épouse. Il leur avait tant parlé de cette famille d'artistes qu'ils avaient souhaité la rencontrer et lui acheter quelques toiles.

Fille d'un cabaretier d'Angoulême, Mme Pauwels s'était lancée dans la carrière artistique avec plus d'ambition que de talent. Elle avait joué les seconds rôles dans Molière et dans Feydeau. Au Théâtre du Parc de Bruxelles, elle avait rencontré avant la guerre un financier qui avait fait déposer dans sa loge un bouquet et un billet signé Robert Pauwels. Ils étaient tombés amoureux et s'étaient mariés. La paix revenue, le couple avait quitté le château d'Everberg, province du Brabant, pour vivre à Paris.

Un soir, Robert était revenu avec une toile sous le bras, pour l'offrir à son épouse. Elle s'écria :

— *Le Pont de Compiègne* ! Un Utrillo ! Il est magnifique !

Elle avait conclu par un baiser cette série de points d'exclamation et avait ajouté :

— Je meurs d'envie de connaître ce peintre. Arrangez un rendez-vous par l'intermédiaire de Carco.

La distinction du financier faisait contraste avec la faconde un peu vulgaire de son épouse, mais sans aucune discordance, comme par contrepoint. Il restait figé sur son siège ou debout dans un angle de la pièce ;

elle allait et venait, répandant autour d'elle une fragrance de patchouli.

— Trois artistes sous un même toit ! s'exclamait-elle. Quelle chance vous avez...

Remarquant que Maurice Utrillo était absent, elle se hasarda à demander la raison de cette absence.

— Il travaille souvent la nuit, répondit Suzanne, alors il se lève tard. André va le prévenir de votre visite.

Lucie Pauwels tournait de temps à autre son regard vers l'escalier comme s'il conduisait à un trésor d'église. Debout devant la fenêtre, fumant un cigare, Robert Pauwels paraissait fasciné par la vue sur Paris.

— Vous pouvez monter ! lança Utter. Le maître vous attend.

Maurice avait refusé de changer de chemise mais accepté d'enfiler une robe de chambre chinoise qui « faisait artiste ». Il paraissait d'humeur maussade comme lorsqu'on lui refusait une bouteille. En voyant paraître le couple il se réfugia derrière son chevalet.

— Et voici notre cher Maurice Utrillo ! ajouta Utter avec l'accent d'un bonimenteur annonçant la vedette d'un spectacle de fête foraine. Maurice, je te présente deux de tes admirateurs qui souhaitaient te rencontrer. Eh bien ! viens saluer Mme et M. Pauwels !

Maurice s'inclina, grimaça un sourire, balbutia une salutation confuse comme pour signifier que l'artiste doit s'effacer derrière son œuvre.

— Il faut excuser mon fils, dit Suzanne : il est un peu sauvage, comme beaucoup d'artistes.

Elle leur proposa de visiter l'atelier et leur présenta une dizaine de toiles qu'Utter sortait du placard.

— Comme c'est étrange..., dit Mme Pauwels : ces maisons tristes, ces portes et ces fenêtres fermées...

— Il y a un symbole là-dessous, dit Utter. Cela permet d'imaginer, derrière ces façades, des amours, des drames, la vie, quoi...

— Fascinant ! soupira Mme Pauwels. Robert, que

pensez-vous de cette *Place des Abbesses sous la neige* ?

M. Pauwels sortit son carnet de chèques, son stylo, et demanda :

— Combien ?

La France des années folles avait fini de danser sous les drapeaux et les guirlandes de l'armistice pour accoucher d'une société nouvelle. Elle y pénétrait en foulant des tapis de confettis et de fleurs de papier. Elle traînait les pieds ; elle avait la gueule de bois.

La crise... On se méfiait de ce mot comme de la peste dans la fable. Il fallait pourtant bien l'appeler par son nom, la regarder en face.

Les ministères se succédaient en cascade sur fond de faillite, d'anémie boursière, de flambées de colère d'un peuple inquiet du chômage et de la hausse des prix.

Ce que les Pauwels avaient pu arracher à la guerre, la crise le leur grignotait. Ils avaient pu conserver quelques rentes, un hôtel particulier rue Flandrin, près du bois de Boulogne, une maison de campagne proche d'Angoulême et un verre d'amertume à absorber chaque matin.

Conscients d'avoir trouvé avec les Valadon une relation susceptible de leur ouvrir le cercle de la société artistique, ils les recevaient et leur rendaient fréquemment visite. Leur train de vie était à la baisse ; celui des Valadon flambait. Convaincu qu'il leur fallait un cadre digne de leur notoriété, Bernheim leur avait trouvé un petit hôtel particulier au 11 de l'avenue Junot ; il était doté du confort moderne et se situait à peu de distance du cœur de Montmartre. Au grand dam d'Utter, c'est au nom d'Utrillo que fut passé l'acte de vente.

Renouant avec un vieux projet, Utter avait obtenu de Suzanne qu'elle achetât le château de Saint-Bernard. Une visite qu'ils y firent leur révéla l'ampleur des travaux. Vue de la rive opposée, cette forteresse avait belle allure avec ses tours, ses courtines, ses jardins en terrasses ; de près, c'était une ruine ou presque, l'histoire en guenille, une armure rouillée jetée au fond d'une cave.

— Comment pourrons-nous vivre là ? gémissait Suzanne. Pas d'électricité ni de chauffage, l'eau dans le puits...

— Oui, répliquait Utter, mais quelle allure ! Un château du XIVe siècle, tu te rends compte ? Nous pourrons recevoir des amis parisiens, organiser des fêtes. Et pour travailler nous ne trouverons jamais un lieu plus favorable. Je suis persuadé que Maurice s'y plaira.

En remontant dans l'express de Paris, il se sentait lui pousser la particule, comme des ailes.

Avenue Junot, les Pauwels furent parmi les premiers invités des Valadon.

Le dîner où ils furent conviés au début de janvier devait leur laisser un souvenir ambigu : le menu était princier mais la place de Suzanne resta inoccupée. Utter prétexta une indisposition : le déménagement, sous une pluie battante, l'avait exténuée.

— Mensonge..., marmonna Maurice. Ils se sont encore battus.

— Ne l'écoutez pas ! protesta Utter. Il est vrai que nous nous sommes chamaillés mais demain il n'y paraîtra plus.

— Querelle d'amoureux..., dit Mme Pauwels. Un petit orage...

— Vous connaissez cette chère Suzanne, poursuivit Utter : une santé fragile, une susceptibilité à fleur de peau, un caractère difficile... La moindre contrariété la rend malade. Rien de grave, je vous l'assure.

Après avoir avalé cul sec un premier verre, Maurice piqua du nez dans son assiette et se tut : il aurait pourtant aimé ajouter que des disputes quotidiennes affectaient la vie familiale. Leur plus récente querelle concernait Lucie Pauwels : Suzanne s'était prise d'un sentiment de jalousie depuis que son mari faisait office de secrétaire et de conseiller pour le couple et, pensait-elle, suppléait les déficiences sexuelles du mari. « Ridicule ! protestait-il. Tu me vois baiser cette rombière, cette cruche ? » Il exagérait sciemment : Lucie avait encore de beaux restes, avec un certain goût, sinon pour la peinture, du moins pour la toilette.

Suzanne en était convenue quand elle avait compris que les visites répétées de l'ancienne théâtreuse s'attachaient moins à elle ou à Utter qu'à Maurice : elle avait pour lui des attentions touchantes, des regards qui trahissaient une sorte de fascination, des gestes équivoques.

Entre une fugue et un scandale dans un lieu public, Maurice traversait par foucades des aires de passion aussi intense que brève. Il s'était amouraché de Lydia, une mulâtresse posant dans l'atelier de Suzanne pour une *Esclave couchée*. Rabroué par la belle esclave, il gémissait : « Une négresse, refuser mes avances... »

Il avait senti un autre flux de passion lorsqu'une sœur d'Utter, Gabrielle, jolie blonde à la chevelure en cascade, avait pris la suite de Lydia, mais sans se dévêtir. Elle s'était montrée réceptive aux premiers élans du benêt mais l'avait vertement éconduit un soir où, pris de vin, il avait vomi devant elle.

Suzanne n'avait pas tardé à comprendre l'attirance de son fils pour les toilettes, les parfums, les grâces mondaines de la belle Lucie. Il lui avait dédié, « avec toute sa sympathie », un poème « satirique » qui semblait préluder à un chant d'amour. Ce *Montmartre-cancan* n'avait aucune qualité littéraire mais Lucie le remercia d'un baiser fougueux sur la bouche, en lui lançant avec un geste de théâtre :

— Ah ! cher grand artiste... Vous avez tous les talents !

Bouleversé, Maurice lui dédia un autre poème dont la belle Lucie retint particulièrement trois vers :

D'un déluge de fleurs je vous suis redevable
Pour l'ultime soirée, ô repas ineffable
Où vous me servîtes ô force vins nouveaux...

Le Parnasse de Maurice semblait couvert de pampres sur lesquels soufflait un vent de passion amoureuse. Il avait dû, se dit Lucie, rédiger ce poème sur le coin d'une table de gargote car il était constellé de taches de graisse et de vin, mais elle négligea ce détail en songeant que, si le ciel s'assombrissait d'une part — Robert était vieux et malade —, il s'éclairait de l'autre : Maurice l'aimait.

Quelques signes du destin confirmèrent ses espoirs.

Alors qu'elle se trouvait dans sa propriété de l'Angoumois, Doulce-France, une voyante lui fit des révélations bouleversantes : elle voyait dans son existence un homme éminent, pour lequel elle avait plus que de la sympathie mais qu'elle devrait surveiller et dorloter comme un enfant.

C'est alors que, procédant par élimination, elle se dit que ce ne pouvait être que Maurice Utrillo.

15

UN CHÂTEAU EN BEAUJOLAIS

Suzanne se penche sur la balustrade qui court le long du chemin de ronde passant en partie sous la toiture. Au-delà de la cour, de la haute tour carrée de l'entrée, la vallée de la Saône baigne dans une brume de printemps. Entre les embranchures des saules et des peupliers, on distingue les éclats de verre marquant la course plane du fleuve sur lequel glissent des embarcations descendant vers Lyon et Marseille.

— Nous serons bien, ici, dit-elle à Maurice. Quelle lumière ! Quel silence ! Et toutes ces pierres qui ont envie de nous raconter leur histoire... Je resterai une semaine seulement avec toi, mais je reviendrai.

Il s'approche d'elle, lui entoure les épaules avec son bras.

— J'aimerais, dit-il, que nous restions ici, toi et moi, seuls, toujours.

— Ça me plairait aussi, mon chéri, mais tu sais bien que c'est impossible ! Tous ces rendez-vous, ces expositions, ces réceptions...

— Oui, soupire-t-il. Je sais.

Elle n'aime pas rester longtemps loin d'André : il a toujours en tête quelque chimère ou de simples caprices. Quelques semaines avant cette visite à Saint-Bernard il lui a dit :

— Il nous faut une voiture. Tous nos amis ou presque en ont une. Bernheim m'a proposé de nous avancer les fonds nécessaires, mais l'argent de la vente de tes

Deux Baigneuses et de quelques toiles de Maurice devrait suffire.

— Une voiture, a répondu Suzanne. Est-ce bien nécessaire ?

— Dans notre situation, ça me semble indispensable.

— Indispensable... Surtout pour lui...

Maurice sursaute.

— Que dis-tu, maman ?

— Excuse-moi. Je me parlais à moi-même : une manie de vieille.

André pensait au tonneau, la voiture légère de huit chevaux lancée par De Dion-Bouton qu'il avait admirée au Salon. Suzanne avait objecté qu'il ne savait pas conduire ; il apprendrait ; en attendant on ferait appel à un chauffeur de maître.

— Tant que tu y es, avait-elle ironisé, nous pourrions embaucher une cuisinière, un valet de chambre, une gouvernante...

— J'y songeais. Tu es fatiguée et il me déplaît de te voir abîmer tes mains au ménage et à la cuisine. Je pensais aussi qu'une gouvernante...

André obtint sa voiture, la gouvernante, mais pas la cuisinière : Suzanne tenait à cette fonction depuis la mort de sa mère ; cela lui procurait une détente.

Miss Lily Walton, jeune Anglaise au physique agréable mais au caractère ingrat, avait été recommandée à Utter par les Kats, des amis de la famille. Elle aurait à veiller sur la bonne marche de la maison, à s'occuper des chiens et des chats. À surveiller Maurice.

Suzanne l'avait mise en garde contre Utter.

— S'il vous fait des avances, ma petite, flanquez-lui une paire de claques.

Ce qu'elle fit en diverses occasions, sans s'attirer autre chose de la part d'Utter que des menaces de renvoi. Elle se défendait moins vigoureusement des avances du simple d'esprit qui, en la regardant évoluer dans son atelier, bavait d'envie derrière son chevalet.

Surprise de Suzanne le jour où la belle Anglaise annonça qu'elle tirait sa révérence aux Valadon : elle en avait assez de servir de tampon lors des disputes et des pugilats du couple et aspirait à une atmosphère plus paisible.

Suzanne s'en prit à son mari.

— C'est ta faute si elle nous quitte. Toujours à lui passer la main sous les jupes...

— Elle s'est plainte à moi que tu étais sans cesse dans son dos, à la surveiller !

— C'est faux ! Tu es un salaud !

— Et toi une vieille chèvre !

Le départ de Lily brisa le cœur du pauvre Maurice. Désespéré, il se remit à boire de plus belle.

Un soir de neige, alors qu'il remontait la rue Lepic en compagnie de Carco, son attention fut attirée par un attroupement autour d'un fardier lourdement chargé de futaille. L'un des chevaux de l'attelage avait glissé et ne parvenait pas à se remettre sur ses pieds...

— Fumier de canasson ! hurlait le conducteur. Tu vas te relever, oui ou merde ?

Sous les coups de fouet dont il le harcelait, le pauvre animal hennissait, le cou tendu, de l'écume plein la bouche. Maurice se précipita pour faire cesser les coups, en criant que le cheval ne pouvait se relever parce qu'il avait une jambe cassée. Il injuria copieusement les badauds que ce spectacle amusait.

— De quoi que tu te mêles, bonhomme ? s'écria le conducteur.

Carco s'approcha à son tour et ordonna au tortionnaire d'interrompre la correction. Indifférent à ces interventions, il se mit à frapper de plus belle en criant :

— Tu vas te lever, feignasse !

Maurice se rua sur lui, arracha le fouet, l'en flagella et le poursuivit sur la chaussée au milieu des rires de la foule. Lorsqu'il retourna sur les lieux de l'incident, deux pèlerines l'attendaient en discutant avec Carco qui prenait la défense de Maurice, contre la foule qui le huait.

— Ainsi c'est vous, Utrillo, qui occasionnez ce scandale, dit un agent. On vous connaît bien dans le quartier. Encore ivre, sans doute...

— Il n'est pas ivre, protesta Carco. Je puis en témoigner.

— On dit ça... Sommes pas forcés de vous croire. Utrillo, vous allez nous suivre.

Lorsqu'on lui mit la main au collet il se défendit, cria qu'il était à jeun, qu'il s'était contenté de faire un geste d'humanité, rien n'y fit. Il passa une nuit au commissariat de la rue Lambert. Libéré aux aurores, il eut du mal à regagner son domicile : il avait le visage en sang ; on l'avait tabassé avec des sacs de sable.

Ce n'était pas la première fois qu'ils se trouvaient au château de Saint-Bernard mais ils y découvraient toujours du nouveau : de grandes salles au parquet vermoulu, des cheminées de pierre, des moellons sculptés, des restes d'un appareil guerrier, des espaces de jardins en terrasse livrés à la flore sauvage.

— Le maire de Saint-Bernard, dit Suzanne, m'a assuré qu'il existe des escaliers menant à une immense salle souterraine ornée de statues représentant les quatre saisons, mais que l'on n'en connaît pas l'entrée. Si ça t'amuse de la chercher... Mme Jacquinot t'y aidera peut-être.

Suzanne était en quête d'un factotum en jupons lorsque le maire lui avait proposé d'en parler à cette voisine, une brave paysanne rougeaude qui, sachant lire et écrire, pourrait donner des nouvelles de Maurice et se charger de le surveiller.

— Il faudra vous montrer attentive, dit Suzanne. Maurice est un brave garçon mais, quand il a bu, il est capable du pire.

Elle donna la consigne à la gouvernante : ni vin, ni courrier, ni colis. Elle devrait se gendarmer, ne pas hésiter à le punir le cas échéant.

Mme Jacquinot sursauta : interdire à M. Maurice de boire, en plein vignoble du Beaujolais !

— Je compte sur vous, ajouta Suzanne, pour me tenir informée chaque semaine, plusieurs fois si c'est nécessaire, par téléphone ou par lettre si ce n'est pas urgent. Dites-vous que c'est un grand artiste qui vous est confié...

Les quelques jours qu'elle resta à Saint-Bernard, Suzanne les passa en promenades dans cette vallée à laquelle le fleuve conférait poésie et majesté. D'aigres pluies printanières tombaient parfois de la montagne proche, balayaient les vignobles des pentes et, dès que le soleil réapparaissait, faisaient des fêtes de lumière sur les eaux.

— Lorsque je reviendrai, dit-elle, j'apporterai de quoi peindre. La région est superbe.

Elle avait tout prévu pour occuper son fils : un chevalet neuf, des couleurs, des châssis, sans oublier le train électrique. Elle l'aida à s'installer dans une pièce de la tour carrée et à la meubler sommairement. Il aurait une vue étendue sur les jardins et le fleuve. Elle n'avait pas oublié une collection de nouvelles cartes postales.

— Je suis persuadée que tu te plairas ici, lui dit-elle au moment du départ. Annette Jacquinot, comment la trouves-tu ?

— C'est une emmerdeuse...

Pauvre Annette Jacquinot ! Elle ignorait encore à quoi elle s'exposait.

Maurice se conduisait en châtelain mélancolique et solitaire, écrasé par l'ampleur, la majesté et l'austérité de son domaine. Sur les conseils de sa gouvernante et histoire de se donner un peu d'exercice, il entreprit de nettoyer la cour, autour du puits, et s'amusa à voir couleuvres et vipères fuir devant sa serpe.

Annette le conduisait chaque jour à l'église où officiait un brave homme de prêtre : l'abbé Brachet. Maurice obtint la confession, s'amusa à inventer des horreurs et, pour se faire absoudre, fit cadeau au prêtre d'un tableau qu'il venait de brosser : une vue de l'église sous la neige.

— De la neige ! s'étonna l'abbé. Pourtant vous n'étiez pas là l'hiver dernier.

— J'y suis venu pour quelques jours et cette neige est restée dans ma mémoire.

Il avoua à Annette, horrifiée, que s'il croyait en Dieu et fréquentait l'église, il n'avait pas été baptisé.

— Rassurez-vous, ajouta-t-il. Dès que possible, je me présenterai devant le Seigneur pour réparer cet oubli dont je ne suis pas responsable. D'ailleurs, ça m'est devenu nécessaire. J'ai l'impression que le baptême me délivrera de mes démons.

Un matin, en lui portant son petit déjeuner, Annette trouva la chambre vide et le portail ouvert. Affolée, elle courut dans le bourg, s'informa de maison en maison et revint bredouille. Elle téléphona à Suzanne qui la rassura : c'était une fugue ordinaire ; il faudrait simplement veiller à ce que cela ne se renouvelât pas.

Annette passa la nuit dans les transes, veillant à la chandelle. Au matin il était de retour, crotté jusqu'aux genoux. Il avait pris la veille au soir la route d'Ars, s'était égaré, avait dormi dans un buisson où des paysans l'avaient retrouvé et remis dans la bonne direction. Il jura qu'il n'avait bu que deux à trois litres.

— Mais où avez-vous trouvé l'argent ?

— J'ai échangé une gouache au bistrot contre du vin. Je recommencerai pas, je le jure.

Promesse d'ivrogne.

Annette trouva quelques jours plus tard son protégé complètement ivre, allongé sur le plancher, en pleine crise de délirium. Il avait forcé la porte de l'armoire où sa mère rangeait ses bouteilles d'apéritif et de liqueur. Nouveau coup de fil à Mme Valadon : que la gouvernante ne se mette pas martel en tête, mais qu'elle se montre plus vigilante. Elle en avait de bonnes Mme Valadon ! Annette ne pouvait tout de même pas le tenir enfermé et lui passer les menottes...

Au début de l'hiver, les Valadon débarquèrent de leur De Dion-Bouton pour tâcher de rapporter quelques toiles de Maurice : il avait peint des paysages des environs mais surtout des vues de Montmartre. Ils le trouvèrent sage comme une image mais taciturne. Questionné par Suzanne, il répondit :

— Tous ces démons, dans ma tête... Ils n'arrêtent pas de me harceler. Il faut que je me fasse baptiser.

— Quelle est cette nouvelle lubie ? Enfin, si ça peut t'apporter la paix, nous y pourvoirons...

Suzanne et Utter ne restèrent que quelques jours. Au moment de repartir, elle dit à son fils :

— Tu as bien travaillé. Continue et tâche de ne pas ennuyer cette pauvre Annette qui t'est si dévouée.

— Tu as bien de la chance, ajouta Utter. Le calme, un cadre princier, une gouvernante, aucun souci... Je t'envie. Si tu savais la vie que nous menons à Paris...

Maurice travaillait souvent la nuit, à la chandelle. Pris d'insomnie, il allait réveiller Annette qui couchait à l'étage supérieur.

— J'arrive pas à dormir. Ces hiboux, ces chouettes font un tel raffut. Et puis ça continue à bouger, là, dans ma pauvre tête...

Il redescendait dans sa chambre et se couchait, dans l'attente de l'express Lyon-Paris, qui passait à deux heures du matin. Parfois un rapace venait se percher sur le dosseret au fond de son lit pour observer cet étrange locataire.

Plusieurs fois par semaine, il écrivait à sa mère et, deux à trois fois par mois, Annette se rendait à la poste d'Anse pour expédier les dernières toiles. Tous les quinze jours Suzanne envoyait un mandat de cinq cents francs.

Le printemps venu, Annette régala son « grand artiste », comme elle disait, de salades de pissenlit. Elle fit l'acquisition de quelques oies qu'elle lâcha dans le jardin. Maurice les appelait ses *yoyottes* et se plaisait à suivre leurs jeux avec le chat Raminou.

La solitude dont se plaignait parfois Maurice était toute relative. Il recevait quelques visites, de femmes surtout, en tout bien tout honneur. Elles s'attachaient à lui arracher des confidences sur sa peinture et sa vie d'artiste parisien, repartaient avec un dessin ou une gouache en échange d'une bouteille de beaujolais. Annette piqua une grosse colère le jour où elle en découvrit une cachée dans le broc à toilette.

— Monsieur Maurice, ce n'est pas sérieux ! Vous m'aviez promis... Je vais être obligée de vous interdire ces visites. Si votre mère apprenait...

— Ma mère s'en fout ! Du moment que je lui envoie des toiles...

Il n'aimait pas ces curieux qui venaient rôder dans l'enceinte de son domaine. Lorsqu'il voyait une silhouette glisser furtivement sous les arbres ou longer les murs il tirait des coups de pistolet dans leur direction en criant :

— Propriété privée, nom de Dieu !

Deux ans avaient passé depuis le début de son exil lorsque Maurice fut sommé de revenir à Paris où l'on réclamait sa présence. Utter vint le chercher en voiture et invita Annette Jacquinot à les suivre. Veuve et sans attaches, elle accepta.

Le petit hôtel particulier avait bien changé. On y menait la grande vie ; certains jours, les Valadon y donnaient des repas où se retrouvait le gratin de la société artistique. Parmi les visiteurs et les convives les plus assidus, Paul Pétridès, ancien tailleur reconverti dans le marché de l'art. On avait chauffeur, bonne, gouvernante et même cuisinière, Suzanne y ayant enfin consenti. Le mobilier désuet de la rue Cortot avait fait place à des meubles de prix.

— Nous avons gardé ton atelier en l'état, mon chéri, dit Suzanne. Tu pourras te remettre à travailler quand tu le voudras bien.

Elle avait maigri et semblait s'être tassée. Ses lunettes à monture d'écaille lui donnaient l'air d'un lémurien. Pourtant elle n'avait rien perdu en apparence de son énergie et menait sa domesticité à la baguette.

— Vous, Annette, dit-elle, vous veillerez principalement sur Maurice. En certaines occasions, notamment pour les dîners, vous aiderez à la cuisine. Je ne veux plus vous voir porter ces vêtements de paysanne. Vous aurez une toilette décente. Quant à toi, Maurice, tu ne peux plus continuer, étant donné ta notoriété, à porter ces vieilles frusques.

Le jour où Annette reçut une rebuffade d'Utter, elle accourut en larmes rendre compte à la patronne de l'algarade.

— Madame, je ne peux plus rester dans cette maison. Je sens que je n'y suis pas à ma place. On me le fait trop souvent comprendre. Monsieur ne perd aucune occasion de me rabrouer.

Suzanne devait convenir qu'il n'épargnait pas cette pauvre fille : c'était tantôt ses chaussures qui étaient mal cirées, ses chemises mal lavées, ses costumes qui faisaient des plis. Annette pleurnichait : on ne l'avait pas embauchée pour ça !

— Vous l'ai-je assez répété, s'indignait Suzanne : vous n'avez pas à vous occuper de la toilette de monsieur. Lorsqu'il vous demandera vos services, envoyez-le promener ou dites-lui de venir me trouver.

— Je n'oserai jamais, madame.

Ce qui navrait le plus la pauvre créature, c'étaient les disputes continuelles entre les deux époux : un véritable théâtre de marionnettes où tous les coups semblaient permis, où chacun cachait un poignard dans ses manchettes. Maurice, qui avait l'habitude de ces scènes, lui conseillait de ne pas s'en formaliser. Il en avait de bonnes, son « grand artiste » ! Il s'enfermait dans son atelier, refusait de recevoir les visiteurs quand il était mal luné, excepté quelques vieilles connaissances comme Francis Carco, les Pauwels et des peintres émigrés à Montparnasse, qui lui rappelaient le bon temps du Bateau-Lavoir et du Lapin agile. Il oubliait ou faisait semblant d'oublier qu'Annette se trouvait en permanence en contact avec les protagonistes d'un vaudeville qui menaçait en certaines occasions de tourner au drame.

La jalousie de Suzanne s'était exacerbée avec l'âge. Alors qu'Utter, à moins de cinquante ans, avait encore des allures de dandy, elle sentait peser sur elle ses soixante-cinq ans et les maux qui commençaient à l'accabler.

Outre ses rencontres de hasard, Utter s'était entiché d'une lionne de bastringue, Zélia. Il s'affichait avec elle, lui offrait robes et bijoux chaque fois qu'il parvenait à placer des Valadon et des Utrillo. Un jour Suzanne lui proposa trente mille francs pour qu'il renonçât à cette catin ; il accepta mais se garda de tenir parole.

Il lui dit un jour :

— J'ai besoin de repos. Je vais aller passer quelques jours à Saint-Bernard.

— Bonne idée, dit Suzanne. Moi aussi j'ai besoin de calme.

— Non. Toi, tu restes. Je te rappelle que Berthe Weill attend avec impatience ta *Femme aux bas blancs* et ta *Nature morte aux tulipes*. Nous aurons besoin de son argent.

L'argument était incontournable ; elle battit en retraite.

Il ajouta qu'il partirait seul. Elle le regarda avec un sentiment de détresse, en essuyant ses lunettes embuées, monter dans sa voiture comme s'il n'allait jamais revenir. Elle avoua à Annette qu'elle n'avait pas confiance en lui ; elle était persuadée qu'il allait retrouver quelque femme là-bas.

— Je le saurai, madame, lui dit Annette. Le curé me raconte tout. Mais faut dire que toutes les femmes du pays sont plus ou moins amoureuses de lui, bel homme qu'il est, et qu'on gagnerait à le surveiller.

Surveiller Utter... Cette idée trotta dans la tête de Suzanne. Elle supportait mal la présence d'Utter et son absence lui était intolérable. Dans l'impossibilité de se maîtriser, elle loua les services d'un taxi et fonça vers Saint-Bernard en brûlant les étapes.

Stupeur d'Utter en la voyant paraître.

— Toi, ici ? Qu'est-ce que tu me veux ? J'ai droit à un peu de tranquillité, il me semble, avec tout le mal que je me donne pour toi et ton fils !

Elle dut convenir, après une visite méticuleuse des lieux, qu'il était seul. Et cependant...

— Je sais que tu as des aventures dans le pays. On dit même que tu t'intéresses aux gamines.

— Ma pauvre vieille, tu perds la tête. Ça fait deux fous dans la famille.

— Ajoutes-y un obsédé sexuel !

Elle passa son temps à le surveiller. Dès qu'une gardeuse d'oies s'aventurait devant le château, elle tâchait de le surprendre en train de l'observer.

— Elle te plaît, cette petite, hein ? Faut voir comment tu la reluques.

L'enfer. Elle n'eut de cesse de le ramener à Paris où elle-même avait à faire. Il baissa pavillon.

Dès le retour les disputes reprirent de plus belle.

Utter reprochait à sa femme ses toilettes négligées, l'invitait à suivre l'exemple de Lucie Pauwels ou de Marie Laurencin, deux arbitres des élégances féminines. Elle répliquait que son ambition se situait à un autre niveau et qu'elle se préoccupait peu de singer les dames du parc Monceau.

— Tu ne vas tout de même pas aller dîner chez les Pascin avec ce vieux pull-over ?

— M'en fous ! Ils me prendront comme je suis.

— Tu as décidé de me faire honte ?

— J'ai décidé d'être moi-même.

À la fréquentation des étoiles de la constellation parisienne elle préférait celle des planètes ignorées ou en voie de formation, de ces artistes nécessiteux autant que talentueux qui gravitaient autour du Bateau-Lavoir et dont Utter se moquait.

— Le Bateau-Lavoir... Ma pauvre amie, il n'existe plus ! Tout ce qu'on y trouve, c'est du résidu de lessive, du vieux linge, de la crasse... Aujourd'hui, c'est à Montparnasse qu'on trouve le gratin et l'avant-garde. Montmartre n'est plus qu'une sorte de village nègre pour touristes américains.

Elle protestait pour la forme. Utter avait raison. En partie seulement.

Juan Gris résidait encore au Bateau-Lavoir et semblait s'y plaire. Du séjour qu'il avait fait à Céret avant la guerre, il avait pris conscience, au contact de Picasso et de Braque, de la séduction que le cubisme exerçait sur sa peinture. Il avait réalisé plusieurs compositions dans lesquelles il incluait des éléments matériels qui accentuaient leur réalisme. Il avait acquis une force d'évocation, une qualité de travail, un sens de la construction qui en faisaient l'égal des meilleurs peintres cubistes. Il ne roulait pas sur l'or mais les collectionneurs s'intéressaient à lui.

Eugène Paul, qu'on appelait Gen-Paul, était revenu de la guerre unijambiste. Né rue Lepic, il avait exercé dans le quartier la profession de tapissier, mais sa passion était la peinture, et notamment l'expressionnisme, mode basée sur l'émotion et la subjectivité. Il jouait avec talent du mouvement et de la couleur, balayait ses toiles avec des raclures de palette, à gros traits, avec une violence panique qui donnait au sujet des sursauts de séisme et en dispersait les éléments. Grande gueule, difficile à vivre, il avait peu d'amis mais se sentait solidaire de quelques grands peintres, la plupart des étrangers, comme le Russe Chaïm Soutine, le Belge Willem de Kooning, l'Autrichien Egon Schiele.

Raoul Dufy, l'un des derniers adeptes du fauvisme, avait trouvé refuge impasse Guelma, dans l'appartement occupé naguère par les Valadon. Il avait évolué vers une peinture aérée, lumineuse, suave, fragmentant l'espace d'une manière rigoureuse, avec une apparente négligence. Peu fortuné, il apportait autant d'élégance dans sa tenue que dans son art. À l'opposé de Gen-Paul qui, dans ce domaine, se foutait du tiers comme du quart.

Las de l'ambiance de Montparnasse, Pascin était revenu à Montmartre et s'était installé boulevard de Clichy. Déboussolé, pris au piège entre sa légitime, Hermine David, et son égérie, Lucy Vidil, qui avait épousé le peintre d'origine norvégienne Per Krohg, il flottait comme une épave.

Lorsque Utter lui proposait de déménager une nouvelle fois pour s'installer à Montparnasse, Suzanne protestait :

— Jamais de la vie ! Ce quartier est plus connu pour ses bars à la mode que pour les artistes qui y travaillent. Et moi, les bistrots...

Il n'insistait pas : après tout c'était elle qui tenait les cordons de la bourse et, si elle se montrait généreuse avec les quémandeurs, elle refusait les dépenses superflues et ne voulait pas se laisser imposer un mode de vie.

Elle entretenait avec sa vieille amie Berthe Weill des rapports de confiance et d'amitié. Berthe s'était promis de l'imposer, en dépit des préventions du public pour la peinture des femmes, et elle y était parvenue. Chaque fois que Suzanne lui apportait une toile, elle rougissait de plaisir et d'émotion. Les nus surtout l'enthousiasmaient.

— Quelle pâte ! Quelle vigueur dans le dessin et la couleur ! On peut dire que vous n'avantagez pas vos modèles, mais pourquoi le feriez-vous ? Marie Laurencin, cette poseuse, ne vous monte pas à la cheville. Elle fait de la peinture de nursery...

Un dictame pour Suzanne. Elle buvait cette liqueur roborative dont elle avait besoin pour ne pas douter de son talent et pour survivre. Sa santé se dégradait ; l'abus qu'elle faisait depuis quelques années du tabac altérait sa santé, son équilibre et son moral. Dans son ménage l'ambiance virait du vinaigre au poison.

Certaines visites qu'on lui faisait la réconfortaient : celles de Francis Carco notamment. Il projetait d'écrire un ouvrage sur Utrillo et sur elle. Édouard Herriot, l'« homme à la pipe », disait Utter, était de ses fidèles. Il lui avait fait lire le texte de la préface qu'il avait rédigée pour le catalogue d'une exposition de cette artiste. *Suzanne*, écrivait-il, *c'est le printemps*...

Les familiers de l'avenue Junot avaient fait leur choix entre elle et son mari : Utter n'était plus pour eux qu'un peintre raté qui avait laissé un gentil talent en jachère et ne devait un semblant de notoriété qu'à Suzanne et à son fils en les exploitant d'une manière éhontée.

— Utter est un esclavagiste ! lui disait Nora Kats.
— Ne vous laissez pas faire ! conseillait Lucie Pauwels.

« Sans jamais cesser de sourire... »

C'est ainsi qu'Erik Satie avait décidé de vivre, et c'est ainsi qu'il était mort, après six mois passés à l'hôpital Saint-Joseph, dans le quartier de Plaisance. À ce sourire qui ressemblait à un défi ou à un regret, s'ajoutaient des traits d'humour qui balayaient ce que sa vie comportait de désillusion.

Suzanne l'avait croisé à plusieurs reprises dans les quartiers bas de Montmartre. Ce musicien dont Jean Cocteau disait que le talent était « sec mais chargé de fleurs » avait pris, avec sa barbe grise, son front dégarni, ses petites lunettes de fer, l'allure d'un vieux savant égaré dans ses cogitations moroses. La jeune génération boudait ses œuvres.

Le « vieux solitaire d'Arcueil », comme on l'appelait, avait occupé jusqu'à ses derniers jours son appartement transformé en sanctuaire. Là, régnait le souvenir de celle qui avait été son premier et son unique amour : Suzanne Valadon. Il ne l'ouvrait qu'à quelques amis ; ils pouvaient découvrir au-dessus de son lit le portrait de son ancienne maîtresse peint par elle-même. Dans un coffre ouvert après sa mort, son frère Conrad avait découvert des liasses de lettres non ouvertes et de partitions non jouées.

Au cours d'un banquet donné en son honneur à La Maison rose, par le critique Adolphe Tarabant, pour l'inauguration d'une exposition chez Bernheim jeune, Suzanne tenta d'évoquer le souvenir de ce musicien original mais trop discret et trop secret. Personne n'avait entendu l'une de ses œuvres en concert. On ne se souvenait que de ses boutades et des titres singuliers de ses compositions. Loin de se formaliser de cette ignorance, il en aurait souri et aurait dit : « Mon cher Biqui, laisse courir ! J'ai semé ; il faut attendre la germination. Je ne serai pas là pour y assister. Toi, peut-être... »

La notoriété d'Utrillo gagnait en ampleur de jour en jour. Il se dit qu'il avait atteint un sommet lorsque la direction du théâtre Sarah-Bernhardt lui confia la décoration et les costumes d'un ballet de Serge de Diaghilev, le créateur des Ballets russes : *Barabau* et *Jack*. Ce dernier ballet avait été conçu sur une musique d'Erik Satie. Utrillo travailla sur ces œuvres avec le concours d'André Utter.

Une émotion pour Suzanne : le nom de son fils associé à celui de son amant...

— Mon chéri, dit Suzanne, tous ces honneurs finissent par fatiguer. Nous avons bien mérité quelque repos. Un séjour à Saint-Bernard nous fera le plus grand bien.

La campagne baignait dans le bel été du Beaujolais rayonnant sur les vignes et le fleuve lorsque la voiture conduite par le chauffeur déposa le trio dans la cour du château.

La végétation avait de nouveau pris possession de la cour et des jardins hantés par des lapins sauvages et des serpents. Suzanne passa les premiers jours dans une inactivité totale, se gorgeant de soleil, se faisant promener en barque sur la Saône par des pêcheurs et dans les collines par la voiture. Elle se disait que, si la décision n'avait tenu qu'à elle, ce n'est pas avenue Junot qu'elle eût fini ses jours. Elle aimait ces vieilles pierres qui semblaient boire le soleil et changeaient de couleur avec la lumière et le temps ; elle aurait aimé leur arracher leurs secrets, y trouver peut-être un écho à sa propre existence. Comment Maurice pouvait-il s'enfermer dans sa tour pour y peindre la rue Saint-Vincent et la place des Abbesses alors que chaque jour ici était une fête païenne ?

Ses promenades en voiture dans la contrée constituaient pour elle une source de découvertes permanentes.

Dans les parages de Trévoux, alors qu'Utter, la pipe au bec, somnolait sur la banquette arrière, elle s'amusa au spectacle de sa chienne Mirza avec une chevrette qui, sans s'émouvoir, présentait ses cornes en bataille. Cette chèvre, elle la voulait ; on lui en demanda cinq cents francs. Marché conclu.

— Tu es folle ! bougonna Utter. C'est dix fois plus qu'elle ne vaut. Et que vas-tu en faire ? L'amener à Paris ?

Elle se dit qu'elle pouvait bien s'offrir un caprice de temps en temps. Elle nourrit la chevrette de carottes, s'amusa à la traire, fit des fromages. Un fermier de Saint-Didier lui échangea, contre une gouache d'Utrillo, une ponette qu'elle appela Fanny ; elle la monta à cru dans le jardin puis le long du fleuve, au risque de se casser les reins dans une chute, mais elle était si légère et la ponette si docile que tout risque était écarté.

Une quinzaine plus tard, lasse de ces jeux puérils, elle rapporta sa ménagerie aux anciens propriétaires sans demander de dédommagement.

Un matin elle décida qu'il était temps de rentrer. C'était bien l'avis d'Utter, qui s'ennuyait ferme.

— Si tu préfères rester, dit-elle à Maurice, libre à toi. Après tout, tu travailles aussi bien sinon mieux ici qu'à Paris. En revanche, pas question de te laisser seul. Je vais te confier à un ami : le docteur Laforêt qui dirige une petite maison de santé dans les environs. Tu y seras comme un coq en pâte. Tu l'as d'ailleurs déjà rencontré : c'est un ami de Vlaminck et du sculpteur Salandre.

Maurice fit grise mine : il s'était vu maître des lieux, avec en poche la clé de la cave. Et voilà qu'on voulait de nouveau l'interner !

— C'est pour ton bien, renchérit Utter. Chez le docteur Laforêt tu pourras travailler sans le moindre souci et tu seras libre, à condition de ne pas abuser de ta liberté. Souviens-toi que Pétridès attend une vingtaine de toiles pour la fin du mois...

Maurice resta deux semaines dans la maison de santé, objet d'une surveillance et de soins constants. Il travaillait jusqu'au milieu de la nuit, sans omettre, avant de s'endormir, ses prières à la Vierge et à la Pucelle.

La veille de son départ, alors qu'aucun excès de boisson n'était venu perturber sa cure, le fils du directeur lui proposa une excursion à Lyon avec quelques copains, histoire de lui faire découvrir divers aspects de cette ville, qu'il ignorait. Le soir venu, ils firent la tournée des bistrots et des bordels jusqu'au petit matin.

Alors que son église venait tout juste d'ouvrir sa porte, le curé de Bron vit s'avancer un groupe de fêtards qui poussaient devant eux en rigolant un énergumène gesticulant et vacillant sur ses jambes. L'ivrogne s'inclina, fit le signe de la croix et, tout de go, demanda le baptême. Le prêtre le pria de déguerpir et de revenir quand il serait à jeun : il n'était pas en état de recevoir la grâce divine.

— T'inquiète pas, dit le fils du directeur, puisque c'est ton jour, il faut y passer. Nous allons te baptiser nous-mêmes, comme les compagnons du Christ.

Ils lui firent cortège jusqu'aux quais du Rhône, l'aidèrent à ôter ses vêtements et l'ondoyèrent au nom du Père, du Fils, du Saint-Esprit...

— Ainsi soit-il, conclut le fils Laforêt.

Maurice se rhabilla en grelottant, ses larmes de joie se mêlant à l'eau lustrale qui sentait l'égout. Il gémit.

— Ah ! mes amis, mes chers amis, vous venez de m'ouvrir le chemin de la vraie foi.

Le concierge de l'immeuble où demeurait Pascin, avenue de Clichy, arrêta Suzanne au moment où, ayant traversé le groupe des badauds, elle s'engouffrait sous le porche. Il lui demanda où elle allait ; elle avait appris la mort du peintre et voulait lui faire une dernière visite.

— Il y a déjà du monde là-haut, dit le concierge. M. Pascin est mort depuis plusieurs jours déjà. Si vous avez le cœur bien accroché...

En abordant le palier sur lequel ouvrait l'appartement du peintre, elle eut un mouvement de recul : on y respirait une odeur de cadavre mêlée à celle du désinfectant et des fleurs. C'est un ami du peintre, André Salmon, qui la conduisit jusqu'à la chambre où reposait Pascin. Le sculpteur lituanien Jacques Lipchitz était occupé à prendre l'empreinte du visage. La chaleur suffocante qui régnait dans la chambre rendait insupportable l'odeur de décomposition. Assise dans un fauteuil, Hermine David se lamentait avec de petits cris aigus, comme ceux d'un animal pris au piège. Debout près d'elle, le visage lisse et fermé sous un casque de cheveux plats, une main sur l'épaule de sa compagne, se tenait Lucy Krohg.

Libéré du masque de plâtre frais, le visage de Pascin réapparut, gonflé, bleuâtre, ses lèvres effleurées d'un sourire amer.

Hermine, Lucy, plusieurs de leurs amis avaient durant trois jours frappé à sa porte, interrogé les voisins et le concierge sans obtenir de réponse. Lorsque le serrurier avait ouvert, on avait découvert une scène atroce : des traces de sang un peu partout, le cadavre de Pascin, poignets ouverts, pendu à l'espagnolette d'une fenêtre.

— Rien ne laissait supposer une fin aussi tragique, dit Salmon. L'avant-veille nous étions à La Cigogne avec quelques amis. Pascin paraissait normal, avec pourtant cette pointe de mélancolie qu'il avait parfois dans son sourire.

— Pourquoi ? dit Suzanne. Il ne manquait de rien. La vie lui souriait...

— En apparence, oui. L'essentiel lui faisait défaut et porte un nom : Lucy. Cette passion contrariée et sans espoir lui a été fatale. Il ne parvenait pas à faire son choix entre Hermine et elle.

Des femmes, ses anciens modèles pour la plupart, arrivèrent avec des gerbes de fleurs et des bouquets de lis qu'elles déposaient sur le lit.

— Pascin, dit Salmon, aimait les lis blancs. Il les comparait au corps de la femme.

Il prit Suzanne par le bras, la conduisit à la cuisine que l'on avait nettoyée des dernières traces de sang, sauf une : sur la porte d'un placard, Pascin avait écrit de la pointe d'un doigt trempée dans son sang : *Adieu Lucy*.

— Notre ami, reprit Salmon, souffrait surtout, je crois, d'une affection contractée dès son arrivée à Paris : le mal de vivre. À un ami aussi fidèle que moi, ça ne pouvait échapper.

Il tendit à Suzanne le billet que Pascin avait posé sur un guéridon à l'intention de Lucy : *Il faut que je m'en aille pour que tu sois heureuse... Adieu ! Adieu !*

Suzanne surgit, une fureur de walkyrie sur le visage, dans l'atelier de Maurice. Elle brandit sous son nez une feuille de papier comme pour le moucher et lui dit d'un ton âpre :

— Qu'est-ce encore que cette farce ? Il paraît que tu as voulu te faire baptiser ?

Il bredouilla lamentablement :

— Je n'ai pas voulu t'en parler... mais... je suis baptisé, oui...

C'était une lettre du docteur Laforêt. Son fils lui

avait raconté l'odyssée rhodanienne. Navré de l'incident, ce brave homme...

— Tes copains se sont moqués de toi, pauvre innocent, et tu n'y as vu que du bleu !

— Je suis baptisé, maman. Je suis l'oint du Seigneur. Les apôtres étaient présents à mon baptême. Ils peuvent en témoigner. Il le fallait, maman : j'avais le diable dans la tête au point de me demander si le diable, c'était pas moi.

Au comble de l'exaspération, elle se jeta sur la commode à usage d'oratoire, saisit les deux statuettes sulpiciennes et les lança dans le jardin. Blême d'indignation, suffoqué d'une telle audace, Maurice protesta.

— Eh quoi ! s'écria Suzanne. Tu ne vas pas faire d'histoire pour des idoles en plâtre à trois sous pièce !

Il la bouscula, se rua dans l'escalier, remonta avec les deux statuettes serrées contre sa poitrine, et lança à sa mère :

— Ne fais plus jamais ce geste sacrilège, sinon je quitte définitivement ta maison.

— Et où irais-tu, pauvre naïf ? Tu es incapable de te diriger seul.

— J'irai rejoindre Max chez les moines de Saint-Benoît. Il a trouvé la paix, lui.

Elle s'esclaffa.

— Chez les moines ! La bonne blague. Ils seraient fiers d'avoir un grand artiste dans leurs murs mais ils ne te confieraient jamais le vin de messe.

Elle ajouta :

— Quand ton beau-père apprendra cette histoire de baptême, il sera furieux lui aussi.

Il descendit quelques marches vers elle.

— Je t'en prie, maman, ne lui dis rien !

Elle haussa les épaules. Révéler cette pantalonnade à Utter, provoquer une scène de plus, peut-être une guerre sainte, à quoi bon ? L'ambiance familiale était bien assez agitée sans ce surplus de tracas. L'atmosphère entre elle et son mari n'avait jamais été aussi tendue, de même qu'entre Maurice et son beau-père...

— ... et moi, ma chère Lucie, je suis au milieu et je reçois des coups des deux côtés au point que ma vie est devenue un enfer.

Elle pétrit son mouchoir, s'en essuya le visage. Une expression de détresse semblait accentuer ses rides, gâter son teint, colorer de mauve ses paupières fripées.

— Je ne sais plus que faire. Nous nous sommes de nouveau querellés, André et moi, à cause de Maurice qui n'a pas une production suffisante selon lui. Comme si mon fils était un esclave et moi le garde-chiourme !

— Maurice... Vous auriez dû le marier depuis longtemps. Je veux dire lui faire épouser une vraie femme, consciente de ses responsabilités et suffisamment énergique pour le maintenir dans le droit chemin. Pas une de ces gigolettes que je vois parfois tourner autour de lui. Une femme forte et qui ait de la religion.

Elle posa sa main sur le genou de Suzanne et ajouta :

— Vous avez eu tort de lui faire cette scène au sujet de son faux baptême. Vous lui avez d'un coup fait perdre les illusions qui lui sont nécessaires, autant ou presque que sa peinture. Cette farce peut vous choquer, vous qui ne croyez ni en Dieu ni au diable, et cela me choque aussi, mais, envers votre fils, il faut faire preuve de plus de compréhension et de tolérance.

— Vous avez raison, soupira Suzanne, mais je ne supporte pas qu'on se moque de lui... Quant à le marier, je ne vois pas qui pourrait le supporter...

Elle ajouta :

— C'est une femme comme vous, Lucie, qu'il lui aurait fallu.

C'est par les journaux que Suzanne apprit le décès de Paul Moussis, sans en éprouver la moindre émotion : il n'y avait jamais eu entre eux de véritable passion, mais une simple attirance consécutive à la disparité de leurs natures, de leurs comportements, de leurs goûts. Leur existence commune était à base de malentendus : il lui apportait la sécurité et l'aisance ; elle lui ouvrait des perspectives sur le domaine de l'art. Une pomme de discorde, Maurice, avait fait voler l'illusion en éclats.

Elle apprit avec stupeur que le frère de Paul s'était opposé à ce qu'elle touchât l'héritage : cinquante mille francs et, pour Maurice, une montre en or et un fusil. Ils n'eurent rien.

Maurice manifesta son intention de revenir à Saint-Bernard pour échapper à l'ambiance délétère de la famille. On lui accorda cette faveur à condition que ce fussent des vacances laborieuses.

Suzanne et Utter restèrent avec lui le temps de prendre le bol d'air et le bain de sérénité auxquels l'un comme l'autre aspiraient. Ils laissèrent Maurice seul.

Seul, Maurice ne le resta pas longtemps. Annette avait donné congé à ses maîtres pour se marier, non sans verser quelques larmes sur les joues de son « grand artiste » qu'elle ne reverrait jamais. En revanche, il ne manqua pas de compagnie.

Transfuge de La Frette-sur-Seine où ce fauve avait peint quelques toiles, Maurice de Vlaminck fut des premiers à rendre visite au châtelain de Saint-Bernard. Maurice aimait la compagnie de ce « colosse viandeux », comme disait Max, anarchiste et protestant, qui se libérait d'un trop-plein d'énergie créatrice dans sa peinture, ses romans et ses poèmes.

Vlaminck entraîna dans son sillage Raoul Ponchon, un poète qui se vantait d'avoir écrit plus de cent cinquante mille vers et avait commis un recueil qui, pour Maurice, constituait à lui seul un programme alléchant : *La Muse au cabaret*. Vinrent ensuite Othon Friesz, ami de Derain, de Guillaumin et de Braque qui, après avoir reçu en dépôt la grâce de son maître, Cézanne, s'était égaré dans la forêt des fauves. Vint enfin un sculpteur de la région, familier du château : le sculpteur Salandre.

Les agapes de ce cénacle haut en couleur et en propos se déroulaient dans la cour par les chaudes journées d'été. On buvait sec, on parlait d'abondance, on refusait le monde et l'on célébrait de nouvelles noces de Cana autour d'un Christ à la voix pâteuse et aux propos abscons.

Utter trouvait parfois que Suzanne exagérait.

Qu'elle donnât libre cours, avec ses modèles, à son goût pour le naturalisme, qu'elle ne leur épargnât aucune tavelure, aucune ride, aucune boursouflure de cellulite, passe encore. Mais qu'elle s'offrît elle-même en spectacle, nue jusqu'à la ceinture, à son âge, lui donnait une sensation d'écœurement.

Le jour où elle lui dévoila cette peinture : *Autoportrait aux seins nus*, il proféra un juron.

— Nom de Dieu ! Quelle mouche t'a piquée ? Quel besoin de montrer ta décrépitude ? C'est toi, ce bloc de saindoux ?

Elle avait serré les dents pour ne pas lui envoyer sa palette à travers la figure.

— C'est moi, cette vieille, oui, telle que je suis. Et je n'en ai pas honte !

Elle ne s'était pas avantagée. Et pourquoi l'eût-elle fait ? Impitoyable avec ses modèles, elle s'était refusé la moindre complaisance envers elle. Tout y était de ce qui provoquait la répulsion d'Utter : le teint jaunâtre de la peau, les seins défaillants, jusqu'aux traces de fatigue et aux deux tendons qui semblaient étirer le cou.

— C'est pas du Marie Laurencin, j'en conviens ! dit-elle, mais, à mon âge, je ne vais pas me mettre à tricher avec moi-même. Si ça peut te rassurer, ce sera mon dernier autoportrait. Une sorte d'adieu...

Elle eût aimé, sinon se justifier, du moins lui en dire plus. Il était parti en claquant la porte.

Suzanne traversait une période difficile.

L'exposition rétrospective organisée par la galerie Georges Petit, avec un catalogue préfacé par Édouard Herriot, président du Conseil et maire de Lyon, lui avait valu des critiques élogieuses mais peu de ventes. De même pour l'exposition de son œuvre dessiné et gravé à la galerie du Portique. À Genève, à Prague, le public avait boudé ses expositions. L'album de luxe réalisé et édité par l'atelier de Daragnès, consacré à ses gravures exécutées chez Degas, n'avait trouvé que peu d'acheteurs.

Elle reportait sa rancœur sur Utter, lui reprochait de faire pour Utrillo ce qu'il ne faisait pas pour elle. Il se récriait ; Suzanne ne pouvait s'en prendre qu'à elle, elle n'avait qu'à peindre des toiles dans le goût du jour et plus ces anatomies de Gargamelles. Il aurait aimé qu'elle soignât sa toilette, se montrât davantage dans le monde, organisât davantage de dîners mondains...

— ... mais tu as choisi de te conduire en sauvage ! Tu préfères la compagnie de tes chiens et de tes chats à celle des critiques !

Ses chiens... Il ne lui en restait qu'un. Les autres reposaient au fond du jardin. Quant à ses chats, ils étaient pour elle le charme de sa vie, des amis muets mais fidèles.

Elle se plaisait de plus en plus à Saint-Bernard mais le moment ne tarderait guère où elle devrait renoncer à s'y rendre : ce long voyage la fatiguait et l'entretien de cette grande bicoque lui paraissait une tâche insurmontable. Lorsqu'elle avait décidé de mettre le château en vente, ni Maurice ni Utter ne s'y étaient opposés.

Ses périodes d'abattement alternaient avec des moments de gaieté morbide qui laissaient mal augurer de sa santé mentale. Le diabète et l'insuffisance rénale dont elle souffrait depuis longtemps ajoutaient à la précarité de son état.

La disparition de Degas lui avait été si pénible que ce vide qu'il avait ouvert s'élargissait de jour en jour. Comment aurait-elle pu oublier qu'il avait été le premier à proclamer son talent, à l'encourager, à lui révéler la magie de l'art ? Elle se reprochait de ne l'avoir pas incité à peindre un portrait d'elle, ou du moins à la faire figurer dans une de ses compositions, afin que subsistât quelque témoignage de leur attachement. Il ne resterait de cette profonde amitié, de cette affection discrète, qu'un brouillon de souvenir qui s'effacerait avec elle.

C'est par le *Gil Blas* qu'elle apprit la mort, à Sitges, de Miguel Utrillo. Elle en éprouva un chagrin intense, de même que Maurice.

Quelques années auparavant, il lui avait envoyé la copie d'une photo sur laquelle il figurait en compagnie de son vieil ami Santiago Rusiñol, sur un bord de mer : une silhouette malingre, un visage souffreteux sous un large chapeau noir...

À l'occasion d'une Exposition universelle à Barcelone, Miguel avait reçu la Légion d'honneur. La ville lui avait confié la réalisation du Pueblo Espagnol. La peinture ne suffisant pas à cet artiste divers et prolifique, il avait passé par tous les secteurs de la création artistique et créé un musée d'art à Sitges, sa seconde patrie. La mort de son épouse et de quelques-uns de ses amis peintres rencontrés à Montmartre au temps du Moulin de la Galette avait hâté sa fin.

Elle l'avait aimé, lui. Aimé vraiment, corps et âme, mais avait compris trop tard que Miguel n'était qu'un oiseau de passage, que rien ni personne n'aurait pu le mettre en cage. Que gardait-elle de lui ? Peu de chose : un portrait au crayon et la photo d'une peinture le représentant dans le cadre du Moulin de la Galette, élégant et racé.

Lorsque Utter avait proposé à Suzanne d'exposer au Salon des Femmes artistes modernes, la réaction avait été vive : elle ne voulait rien avoir à faire avec ces « bas-bleus », ces « bonnes femmes », ces « tricoteuses ». D'ailleurs il était probable que ses peintures naturalistes seraient refusées.

Il fallut la visite, inspirée par Utter, de l'organisatrice, Marie-Anne Camax-Zoegger, pour la décider.

— Vous vous faites de fausses idées sur nos intentions, ma chère, lui dit la dame. Les femmes se réveillent. Elles réclament le droit de vote et les mêmes avantages que les hommes. Votre place est parmi nous !

Elle avait passé en revue les dernières toiles de Suzanne, portant son choix, de préférence aux nus, sur des natures mortes et des paysages de Saint-Bernard.

Pour les nus, qu'elle jugeait un peu trop naturalistes, on verrait plus tard...

C'est Utter qui lui apporta la triste nouvelle : Robert Pauwels était à l'agonie.

Ses premières crises d'urémie l'avaient abattu alors que le couple se trouvait dans son petit domaine de la Doulce-France, proche d'Angoulême. Il avait souhaité finir ses jours en Belgique mais il n'avait là-bas plus aucune attache, et d'ailleurs Lucie l'en avait dissuadé : leur vie était en France depuis la guerre, entre leur hôtel particulier du boulevard Flandrin et leur domaine des Charentes.

Leurs amis n'étaient pas en Belgique mais en France, et les Valadon étaient les plus chers et les plus fidèles.

16
LA « BONNE LUCIE »

L'ambiance délétère entre Suzanne et Utter semblait avoir atteint le point de non-retour. Elle allait insensiblement du vinaigre au poison.

Passé la cinquantaine, l'humeur d'André Utter s'était aigrie, en même temps que ses aventures amoureuses se multipliaient dans le milieu urbain qu'il fréquentait assidûment ; c'était comme si, prévoyant une baisse d'énergie, lui était venu le souci de dévorer la vie à belles dents.

Une lettre découverte par Suzanne dans son veston et la photo qu'elle avait découpée dans une gazette avaient mis le feu aux poudres.

Elle lui montra les deux pièces à conviction.

— Jolie fille, cette Sabine ! Au moins, est-ce qu'elle est majeure ? Je suppose que tu vas la prendre en main et même à bras-le-corps pour faire franchir la porte du succès à cette artiste...

— Encore une de tes inventions ?

— Cette lettre est une invention, peut-être ? La nuit que vous avez passée au Helder, c'était, je suppose, pour lui donner des leçons de peinture ? Et cette légende sous la photo : *Monsieur André Utter en compagnie de sa dernière découverte, à la Closerie des lilas...*

Utter réagit avec virulence, mais par une contre-attaque de flanc : elle lui faisait les poches ! C'était inadmissible !

Elle avait fermé les yeux sur beaucoup d'infidélités

de son mari, encaissé sans broncher son infortune, mais là, il passait les bornes en portant ses infidélités sur la place publique. Elle lui lança :

— Si cette fille te plaît, si tu comptes refaire ta vie avec elle, ne te gêne pas !

Il s'approcha d'elle, tenta de lui arracher la lettre. Il y parvint en lui tordant le poignet et la jeta dans la cheminée.

— Tu pues le whisky ! s'écria-t-elle. Il est vrai qu'à ton âge il te faut des stimulants...

Il la gifla avec une telle violence que les lunettes s'envolèrent et que Suzanne s'effondra sans connaissance. Il appela la bonne, réclama de l'eau de Cologne dont il lui frotta les tempes, puis ils la portèrent sur son lit. Elle avait un hématome à la tête et saignait du nez. La bonne proposa d'alerter le médecin.

— Inutile, dit Utter. Elle va revenir à elle.

Lorsque Suzanne retrouva ses sens, Utter, à son chevet, le visage marqué par l'inquiétude, lui tapotait la main. Comme à travers une brume, elle reconnut le dessin de Renoir en face de son lit et, sur le chevalet, le bouquet qu'elle avait fini de peindre.

— Mes lunettes..., dit-elle.
— Rassure-toi, elles ne sont pas cassées.
— Qu'est-ce qui m'est arrivé ?
— Rien de grave. Une syncope à la suite d'une chute dans l'escalier. Comment te sens-tu ?
— Bien. Heureusement que tu étais là...

À quelques jours de cette algarade, il prit un air sévère pour lui dire :

— Nous ne pouvons plus continuer à vivre dans ces conditions. Tes accès de jalousie deviennent insupportables.

Elle ne broncha pas. Assise au coin d'une fenêtre, dans le fauteuil que Paul Pétridès venait de quitter, elle suivait de l'œil le manège des mésanges dans le tilleul.

— J'ai longuement réfléchi à nos problèmes,

ajouta-t-il en s'asseyant sur l'accoudoir. Il faut envisager un changement, mais dans la sérénité.

Elle porta la main à son côté gauche avec une grimace : une douleur familière qui annonçait une crise de tachycardie. Le médecin l'avait prévu, elle fumait trop et ne se donnait pas suffisamment d'exercice.

— Pourquoi ne réponds-tu pas ? dit-il. Avoue que tu es toi-même excédée par ces disputes continuelles et que tu souhaites qu'on en finisse...

Elle répéta en écho :

—... qu'on en finisse.

— Tu es donc d'accord ? Tant mieux. Voilà ce que je te propose...

Ils se sépareraient. Elle garderait le petit hôtel de l'avenue Junot et veillerait sur son fils, avec au besoin le secours d'un garde permanent. Il ferait quelques travaux destinés à rendre l'appartement de la rue Cortot, où il demeurerait, plus habitable, sinon luxueux. Ils auraient des contacts fréquents pour les affaires mais chacun vivrait de son côté.

— Il est bon de garder quelques relations amicales. C'est la seule vraie richesse qui nous reste.

— Notre amitié, oui...

— Tu es d'accord sur tout ?

Suzanne tourna vers lui un regard sec et glacé ; elle haletait légèrement, la bouche ouverte, les pommettes avivées de rouge.

— Tu es souffrante ? Tu veux que j'appelle le docteur Gauthier ?

— Oui. Appelle-le...

Une ombre s'interposa entre la fenêtre et le lit que Suzanne occupait dans une chambre de l'Hôpital américain de Neuilly.

— Vous allez mieux, dit Lucie Pauwels. Vous pourrez sortir d'ici quelques jours. Si ça vous convient, je resterai près de vous jusqu'à votre départ. On va m'installer une couchette dans votre chambre.

Elle s'assit au chevet de la malade.

— J'ai appris votre décision de vous séparer d'Utter. C'est la sagesse même. Ces disputes avaient fini de miner votre santé. N'oubliez pas, ma chère, que vous aurez soixante-dix ans cette année ! Il faut vous ménager, cesser de prendre les événements trop à cœur.

Lucie lui donna des nouvelles de son fils. Il se montrait raisonnable depuis qu'Utter lui avait fait part de leur décision commune ; il travaillait avec assiduité et ne buvait pour ainsi dire plus.

— Il n'est pas venu me voir et il ne viendra pas, soupira Suzanne, mais je ne lui en tiens pas rigueur. Il n'aime pas les hôpitaux et je le comprends.

Elle montra à son amie la brochure qu'Utter venait de déposer sur sa table de soins : un texte qu'Adolphe Basler, journaliste et écrivain d'origine polonaise, venait de consacrer à son œuvre. La lecture de cet ouvrage avait réveillé en elle d'ardentes velléités : elle se sentait au bout des doigts un fourmillement qui se communiquait à son corps, comme lorsqu'elle s'asseyait devant son chevalet. Encore une semaine de patience et on lui ôterait des narines ces mèches qui lui donnaient une voix nasillarde ; elle pourrait d'ici peu se remettre à peindre.

Elle avait crayonné le portrait de l'interne attaché à ses soins : un jeune praticien plein d'attentions pour elle. À la suite de quoi les infirmières l'avaient une à une sollicitée : « Un simple dessin au crayon, madame Valadon... »

— Lucie, dit Suzanne, il faut que je vous parle. J'ai bien réfléchi à la condition de Maurice, à la suite de ce que vous m'avez dit concernant son célibat. Il faudra bien qu'un jour il renonce à ma présence, comme Utter. Je ne suis pas éternelle...

— Vous n'y pensez pas sérieusement, ma chérie ? Qu'est-ce qu'il deviendrait sans vous ? Une épave...

— Je n'ai jamais songé à l'abandonner à lui-même, moi vivante. En revanche...

Elle prit la main de Lucie, la serra dans la sienne.

—... en revanche le mariage lui serait salutaire. Vous êtes veuve, il est libre...

— Parlez franchement : vous souhaiteriez me faire épouser votre fils ?

— Si cette idée vous semble absurde, n'en parlons plus ! Pourtant, s'il est une femme, une seule, qui puisse lui permettre de mener une existence normale, c'est bien vous.

— Je reconnais que nous avons d'excellents rapports, mais de là à...

— Maurice vous aime à sa manière. Vous êtes la seule femme dont il accepte la présence dans son atelier sans jouer les sauvages.

Lucie ne le savait que trop bien : Maurice était amoureux d'elle. Il lui avait dédié des poèmes ; il avait pleuré sur son épaule en apprenant la mort de Robert Pauwels. Il l'avait même un jour, peu après son veuvage, demandée en mariage mais elle avait cru à une plaisanterie. Devenir la femme d'Utrillo, associer son nom à celui de l'un des plus grands peintres de l'époque...

Prise d'un vertige, elle sortit son mouchoir, s'épongea le front.

— Êtes-vous certaine qu'il veuille de moi ? Je ne suis plus de la première jeunesse, vous le savez...

— Si vous êtes d'accord, je lui parlerai.

Suzanne ajouta :

— Pas un mot à Utter de notre entretien. S'il apprenait notre projet, il serait capable de peser sur la décision de Maurice. Il tient encore la poule aux œufs d'or et ne voudrait pas qu'elle lui échappe...

Les dimensions de la maison lui parurent démesurées lorsque, au retour de Neuilly, elle en franchit le seuil. Déserte, elle laissait éclater ses limites, au point que Suzanne avait l'impression de pouvoir s'y promener des heures en découvrant des détails nouveaux, y respirer un air et des odeurs qu'elle n'y avait pas connus auparavant. Vide, la chambre d'Utter. Vide, celle de Maurice. Vides, les pièces affectées au personnel, sauf celle où logeait Fernande, sa bonne, une vieille demoiselle un peu grincheuse qui avait pris son service depuis peu et qui lui rappelait la gouvernante de Degas, Zoé.

Depuis le départ d'Utter puis celui de Maurice qui était parti pour Angoulême où il devait épouser Lucie, Suzanne se retrouvait dans une solitude idéale, les volets de la façade fermés afin qu'on la crût absente.

Elle passait ses journées à peindre des bouquets venus du jardin, à somnoler en fumant des cigarettes sur le divan des modèles, à lire des romans et des journaux, à jouer à la belote avec Fernande.

Utter avait profité du séjour de sa femme à l'hôpital pour déménager : peu de mobilier, l'essentiel se trouvant rue Cortot. Suzanne avait tourné en rond dans cette chambre curée jusqu'à l'os, en quête de quelque trace de sa présence, fouillant dans les placards, jusque sous son lit, cherchant son odeur sur une couverture oubliée, recueillant les cendres de sa pipe sur la bordure de la fenêtre.

Elle n'avait gardé de lui, hormis quelques dessins et deux toiles sur lesquelles il figurait, que le portrait à la pierre noire qui datait des premières années du siècle : il portait une chevelure ondoyante, une ombre de moustache, des lèvres boudeuses... Elle le plaça en face de son lit, sous le Renoir. Une présence qui la réconfortait sans la guérir ; il avait suffi qu'il mît à exécution son projet de séparation pour qu'elle jugeât de l'intensité d'une passion qu'elle avait mesurée jusqu'à ce jour à l'aune de la jalousie. Elle aurait tout donné pour qu'il revienne ; s'il l'avait exigé, elle aurait même renoncé à peindre.

Quelques jours après son retour de Neuilly, il avait

sonné à la porte. Elle s'était refusée à lui ouvrir puis se l'était amèrement reproché ; elle avait même été sur le point de courir rue Cortot pour lui dire qu'elle lui pardonnait ses incartades et cesserait de le harceler. Mais qui, rue Cortot, viendrait lui ouvrir la porte ? Lui ou Sabine ?

— Fernande ! Si monsieur téléphone, répondez-lui que je suis souffrante...

Les tourtereaux donnaient de leurs nouvelles par lettre ou par téléphone plusieurs fois par semaine. C'était tantôt la sage écriture d'écolière de Lucie, tantôt celle, confuse, de Maurice. Ils semblaient savourer un bonheur sans nuage.

Les fiançailles avaient eu lieu à Chartres, en avril, le mariage religieux en l'église Saint-Ausone d'Angoulême, en présence du préfet, la cérémonie civile en mai, à la mairie du XVIe arrondissement. Suzanne prenait prétexte de son état de santé pour couper court à ces simagrées. Utter ne donna pas signe de vie.

La lune de miel avait eu pour cadre la ravissante demeure de la Doulce-France, au bord de la Charente. Maurice avait renoncé, sinon à boire, du moins à s'enivrer ; la présence de la bonne fée veillant sur lui chaque heure de chaque jour, lui prodiguant soins et affection, lui avait été salutaire.

Elle l'avait prévenu :

— Mon chéri, je tolérerai deux verres par jour, un à chaque repas et, si tu as bien travaillé, une prune à l'eau-de-vie avant de dormir.

Elle lui faisait feuilleter son album de famille.

— Là, c'est moi, en 1904, alors que j'étais l'élève de Talbot, sociétaire de la Comédie-Française et que je jouais sous le nom de Lucie Valore dans *Le Malade imaginaire*.

Il trouvait le nom de Valore très joli.

— Là, c'est moi en tenue de princesse orientale, au bal de l'Opéra, en 1923. Voici mon attelage de poneys.

À côté, c'est mon cher Robert conduisant son automobile, en Belgique...

Maurice ne se sentait pas dépaysé à la Doulce-France. Les pièces étaient tapissées de toiles et dessins des Valadon ; au-dessus de leur lit figurait une grande œuvre de Suzanne, un nu de jeune fille datant de 1922.

Elle le tirait de sa sieste en lui disant :

— Tu t'es assez reposé. Il faut te remettre au travail. Regarde comme la nature est belle ! Tu ne manqueras pas de sujets. Tu devrais peindre des vaches charentaises...

Il s'installait en grommelant à son chevalet et quadrillait à la règle à calcul une carte postale représentant un monument. Lorsque Lucie partait se promener dans le jardin, il passait sur la pointe des pieds à la cuisine et se servait un verre de vin ou deux.

Coup de sonnette. Suzanne écarta le rideau. C'était Carco. Elle ne pouvait laisser croquer le marmot à ce vieil ami.

— Que se passe-t-il, Suzanne ? Je viens d'apprendre que tu as passé quelques semaines à l'hôpital et que tu refuses les visites. J'ai téléphoné. On m'a répondu que tu étais souffrante. Songerais-tu à entrer au couvent ? La diablesse aurait-elle idée de se faire nonne ?

Depuis peu, à l'initiative de Suzanne, ils se tutoyaient. Francis était une des rares relations à laquelle elle pût se confier en toute liberté, sans redouter que ses confidences fussent divulguées. Elle appréciait ses conseils et acceptait ses critiques.

— J'ai appris de même, ajouta-t-il, que tu t'es séparée d'André Utter. J'espère que vous n'irez pas jusqu'à divorcer. À ton âge, ce ne serait pas raisonnable. Et Maurice ? Parti pour Cythère à ce qu'on m'a dit. J'espère que son talent n'en souffrira pas. Et toi, ma chérie, comment te portes-tu ?

— Oh ! moi... Comme une vieille.

— Tu n'es pas si vieille que ça ! Ce n'est pas le moment de te laisser aller. Tu es libre, débarrassée de deux personnages qui te rendaient la vie difficile. Tu dois en profiter pour te remettre à peindre.

— Encore faut-il en avoir envie.

— Il suffira de te jeter à l'eau. Si tu crois que je n'ai pas connu, moi aussi, des traversées du désert, des périodes de découragement... Tu as la chance d'être connue, célèbre même. La plaquette de Basler a de nouveau attiré l'attention sur toi. On se demande pourquoi tu fais la morte. Basler est venu te rendre visite il y a peu : il a trouvé porte et volets fermés. Au téléphone, une voix qui n'est pas la tienne lui répond invariablement que tu es souffrante.

— Tu m'excuseras auprès de lui. Tu lui diras... Et puis non : je lui écrirai.

Ils fumèrent quelques cigarettes tandis qu'elle lui montrait ses dernières œuvres.

— J'aime tes bouquets, dit-il. Un peu décoratif, une palette trop limitée, un trait un peu insistant, mais quel éclat et quelle vigueur...

Il ajouta ex abrupto :

— Fais un brin de toilette. Je t'emmène dîner sur les boulevards. Il faut que tu sortes de ta coquille, que tu voies du monde.

— Mais je n'ai rien à me mettre, Francis !

— Presque toutes les femmes disent ça au moment de sortir. Habille-toi comme si tu allais chez la crémière. Tout le monde s'en fout, tu sais, à commencer par moi.

Ils s'attablèrent chez Laure, rue des Martyrs. Cette petite maison tenue par Mme Taillandier, ancienne actrice reconvertie dans la galanterie puis dans la restauration, n'était ni le Foyot ni le Tortoni mais la cuisine était soignée et les prix honnêtes.

Suzanne n'était pas entrée dans un restaurant depuis des lustres. L'ambiance animée, un peu turbulente même, la mit mal à l'aise ; sans la présence de Francis elle eût fait demi-tour.

Il lui parla de son travail : de nouveaux articles sur Utrillo, qui feraient suite au livre que Bernard Grasset avait publié quelques années auparavant : *La Légende et la Vie d'Utrillo*. Il allait publier également un livre de souvenirs qu'il était en train de fignoler.

— J'ai trouvé son titre : *Nostalgie de Paris*. Il y sera question de toi et de ton fils que je compare à François Villon. J'ai observé beaucoup de similitudes dans leurs destinées.

Il récita à voix basse quelques vers d'un recueil en préparation : *Petite Suite sentimentale*. Plus que le roman ou le journalisme, la poésie était sa passion.

Carco fut interrompu par l'irruption d'un groupe de musiciens ambulants qui faisaient la manche.

— Tiens ! dit-il, la bande à Gazi... Je les vois souvent opérer. Ce sont d'excellents chanteurs et musiciens, malheureusement sans emploi. Gazi, c'est le guitariste. On l'appelle le Tartare à cause de son physique. Joli garçon, au demeurant...

Le jeune musicien s'approcha de Carco, s'inclina devant Suzanne.

— Je vous connais, madame Valadon, dit-il. Lorsque je jouais à l'Auberge du clou, on m'a parlé de vous et de votre amitié avec Erik Satie. Ça m'a donné envie de vous connaître. Si vous permettez, nous allons jouer une de nos compositions pour vous : *Rêve tzigane*...

— Je comprends, dit-elle à Carco, pourquoi on l'appelle le Tartare : ce teint basané, ces yeux bridés, ce visage d'Asiate... Il a beaucoup de charme, ton Gazi.

— Dis donc, tu ne vas pas en tomber amoureuse ?

— Et pourquoi pas ? Rien ne me l'interdit.

Leur morceau terminé, Carco offrit aux musiciens une tournée de bières. Gazi revint boire son bock à leur table.

— Je suis heureux de vous avoir rencontrée, madame Valadon, dit-il. Je joue de la guitare et je compose des airs à la mode, mais ma véritable passion c'est le dessin et la peinture. J'ai peint votre ancienne maison de la rue Cortot il y a quelques années. Comme vous me regardiez de votre fenêtre, j'ai failli pousser le portail, mais je suis trop timide.

Elle lui demanda quels étaient ses sujets favoris.

— Des nus, des vues de Montmartre, quelques portraits d'amis et... des copies de vos œuvres et de celles de votre fils. On dit que quelques-unes de vos peintures seront bientôt exposées au Luxembourg...

— C'est vrai, dit Carco, et ce n'est que justice.

Il ajouta :

— Si Suzanne est d'accord, peut-être pourrais-tu lui présenter tes œuvres.

— Volontiers, dit Suzanne. Vous me trouverez 11, avenue Junot. J'y vis en permanence.

Les musiciens jouèrent un dernier morceau, firent passer le chapeau et se retirèrent.

— Et voilà ! dit joyeusement Carco. Le début d'une idylle entre le célèbre peintre Suzanne Valadon et un prince tartare !

Lucie avait décidé de se remettre à la peinture mais n'en trouvait pas le loisir.

Elle avait commis dans sa jeunesse et après son mariage avec Pauwels quelques aquarelles qui ne donnaient aucune certitude quant à son talent. Sa récente cohabitation avec Utrillo l'ayant incitée à s'initier à la peinture à l'huile, elle s'offrit le matériel nécessaire et se lança dans quelques essais sous l'œil sceptique de Maurice. Elle exécuta et signa Lucie Valore quelques ébauches que n'eussent pas reniées des élèves du cours de dessin d'un collège. Découragée, elle reporta ses tentatives à plus tard.

Lucie avait revendu le petit hôtel de l'avenue Flandrin où trop de souvenirs lui rappelaient son cher défunt pour un pied-à-terre modeste, rue de la Faisanderie. Peu après, elle achetait une charmante villa au

Vésinet, sur un bord de Seine. Elle la fit restaurer à grands frais et l'appela La Bonne-Lucie. Une vaste pelouse précédait la demeure de modestes dimensions, flanquée d'une sorte de mirador vitré effleuré par les embranchures d'un grand chêne. Ils succédaient dans cette maison au sculpteur Antoine Bourdelle.

Lucie installa Maurice dans une vaste pièce transformée en atelier, proche de la cuisine. De temps à autre, lorsqu'elle s'absentait pour s'occuper de ses rosiers, il allait discrètement s'« en jeter une ». Lucie n'était pas dupe : tant qu'il n'était pas ivre...

— Mon chéri, tu as encore bu de la chartreuse !
— Mais non, mon amour, je t'assure...
— Alors elle a dû s'évaporer.

Elle marquait d'un trait le niveau de la liqueur, faisait le compte des bouteilles de vin mais se gardait de provoquer un drame en constatant une disparition. Elle le laissait vaquer dans les parages car il n'y avait pas de café à proximité.

Lucie aimait recevoir : des fournisseurs, des artistes, des gens de lettres. Maurice en prenait ombrage et se réfugiait derrière son chevalet.

— Maurice, dis bonjour à la dame ! Maurice, tu feras bien une petite gouache pour Mme Joséphine Baker ? Maurice, pourquoi ne dis-tu rien ? Il faut l'excuser. Quand il est à sa peinture il devient un peu sauvage, comme tous les grands artistes. Il ne vit que pour son œuvre...

Plusieurs fois par mois, ils prenaient le train à la gare de Saint-Germain, descendaient à celle de Saint-Lazare d'où le métro les conduisait rue de la Faisanderie ou à Montmartre. Suzanne les gardait à déjeuner, ce qu'ils appréciaient car Fernande, sous ses abords rébarbatifs, était une excellente cuisinière.

Échange de compliments biseautés :

— Alors, ma grande, disait Lucie, il semble que tu aies rajeuni. Je te trouve une mine superbe, mais tu devrais surveiller ton tour de taille. Et ces quelques rides...

— Et toi, ma chérie, ripostait Suzanne, tu resplendis. L'amour, je suppose... Tu devrais te surveiller. À ton âge...

— Oh ! tu sais, avec Maurice, c'est rare et vite expédié. À ton âge...

Lors de sa dernière visite, Lucie avait surpris la fuite furtive d'un jeune homme qui portait sous le bras un carton à dessin.

— Il est bizarre, ce garçon, dit-elle. Il fait un peu bohémien. Tu lui donnes des leçons de peinture ?

— Gazi est un voisin de la rue Norvins. Je lui donne des conseils. Il a du talent mais il manque de personnalité.

Lorsque Lucie demandait des nouvelles d'Utter, Suzanne répondait qu'elle le voyait rarement. Une fois par semaine il sonnait à sa porte, tournicotait dans l'appartement et finissait par avouer le but de sa visite : « Je suis un peu gêné ces temps-ci. Si tu pouvais me prêter mille francs... » Elle les donnait, certaine qu'elle n'en reverrait jamais la couleur.

— Ma grande, tu as tort de te montrer généreuse avec lui. Tu sais où va cet argent ?

— Je ne le sais que trop. Sa maîtresse a les dents longues. Mais, après tout, Utter est encore mon mari et il me déplairait de le savoir dans la gêne.

— Il finira mal, j'en ai le pressentiment. Il vivra d'expédients puis sombrera dans la dèche ou même en prison, qui sait ?

Utter avait installé son atelier rue Cortot, dans l'ancien « grenier » de Suzanne, et repris ses pinceaux. Il n'était pas sans talent mais ne se faisait guère d'illusions, et les marchands non plus : s'ils lui achetaient quelques toiles, c'était pour obtenir des Utrillo. Le mariage de son beau-fils l'avait ulcéré : il lui avait échappé pour tomber sous la coupe de cette veuve autoritaire. Il s'était opposé à ce mariage au point d'ébranler la résolution de Suzanne, mais s'était heurté à l'obstination des amoureux.

— Tu devrais venir nous voir plus souvent au Vésinet, ma grande. C'est à vingt minutes de Paris. Mon chauffeur pourrait venir t'attendre à la gare.

Le chauffeur, c'était Valentin, un Polonais qui, quelques années auparavant, avait été attaché à Maurice. Avec la cuisinière, la bonne et une secrétaire à mi-temps, Marguerite, il complétait la domesticité de La Bonne-Lucie. C'est dire que la maison était pleine de monde.

Suzanne se sentait étrangère au milieu de ce cénacle de perruches caquetantes, les jours de réception. Étrangère et, qui plus est, réprouvée. Certains de ces bas-bleus vésigondins la tenaient pour une garce, les autres pour une prostituée qui avait réussi.

Maurice lui-même fuyait ces pécores. Il avalait sa tasse de thé, jetait quelques petits fours dans sa poche et revenait à son chevalet ou allait flâner dans le jardin. De son fauteuil, Lucie le voyait, debout devant les grilles du parc, les mains dans le dos, guettant le passage des promeneurs et des voitures, surveillé de loin par le Polonais. Elle le devinait fasciné par les espaces de liberté d'au-delà des grilles, nostalgique du mouvement, de la gaieté, de la chaleureuse fraternité de Montmartre. Prêt, peut-être, à s'évader...

Suzanne lui demanda un jour s'il était heureux avec sa « bonne Lucie » et s'il ne regrettait rien. Elle ne put en tirer que deux mots :

— Elle m'emmerde !

Suzanne avait souhaité en savoir plus, et comment celui qu'on avait appelé le « maniaque de la solitude » vivait la cohabitation permanente avec Lucie. Était-il heureux ? Pouvait-il travailler à sa convenance ?

Il avait fait tourner sa cigarette entre ses longs doigts secs, l'avait portée à ses lèvres qu'il avait toujours humides et avait regardé autour de lui comme s'il craignait d'être entendu. Tranquille ? Oui : plus de soucis, plus de crises, des journées tracées au cordeau comme les allées du parc et aussi nues que les pelouses. Ce « foutu Polack » ne le quittait pas d'une semelle, le suivait lorsqu'il s'approchait du portail, l'accompagnait dans ses promenades.

Quant à Lucie...

Elle veillait sur lui comme une vestale, proclamait à tous vents qu'il était le plus grand peintre contemporain. De temps en temps, elle lui jetait une friandise, comme à ses pékinois : une embrassade généreuse ou un verre de liqueur. Chaque dimanche, par ostentation plus que par conviction religieuse, ils allaient ensemble à la messe dans l'église communale ornée de vitraux du peintre nabi Maurice Denis. Lucie portait en ces occasions d'étonnants bibis et des toilettes de châtelaine.

Elle s'était mis en tête de donner des récitals. Maurice pianotait agréablement ; elle avait une voix de diva pour noces et banquets.

Il confia à sa mère, en mâchonnant son mégot :

— Il m'arrive souvent de regretter la rue Cortot et l'avenue Junot. Là-bas, au moins, on s'ennuyait pas. Tes corridas avec Utter, ça, c'était quelque chose ! Tu te souviens le jour où tu lui as envoyé une carafe en travers de la gueule ?

Ils échangèrent des souvenirs, s'en amusèrent. Il reprit son sérieux pour ajouter :

— Ce qui m'emmerde, c'est quand on reçoit des journalistes et des photographes ! Là, c'est la grande mise en scène : « Assieds-toi là ! non, là ! Souris ! Prends Lolo dans tes bras, moi je prendrai Baba ! Agenouille-toi et fais semblant de prier ! Embrasse la Bible ! » Si je me suis montré docile j'ai droit à un susucre, je veux dire un verre...

Il ajouta en fronçant ses sourcils broussailleux :

— Dans une maison de santé je serais aussi tranquille et j'aurais davantage de liberté. C'est terrible à dire, mais c'est comme ça !

Elle pétrissait son mouchoir entre ses mains, s'essuyait le visage.

— Maurice, dit-elle d'une voix étranglée, est-ce que tu me pardonnes ?

— Te pardonner quoi, maman ?

— De n'avoir pas été pour toi une mère digne de ce nom, d'avoir été trop souvent absente, de n'avoir pas vraiment cru en toi à tes débuts, de ne pas t'avoir donné l'exemple de la bonne conduite...

Il lui prit les mains, les porta à ses lèvres.

— Tu es ma mère et je t'aime. Si tu n'avais pas été ce que tu es, je ne serais pas ce que je suis.

Lucie revenait du jardin dans un concert de jappements, accompagnée de Lolo et de Baba. Coiffée d'un chapeau de soleil, la taille ceinte d'un tablier de jardinier, une petite pelle à la main, elle semblait au bord de l'apoplexie.

— Il fait une chaleur d'enfer, dit-elle. Il faut arroser chaque jour sinon tout serait sec très vite. Je dois m'occuper de tout, ma grande. Si je comptais sur Maurice et sur ce fainéant de Valentin... Quant à mon vieux jardinier, moins il en fait et mieux il se porte...

— Je dois repartir, dit Suzanne. Mon train ne va plus tarder. Merci de ton accueil.

— Reviens dès que possible. Maurice est tellement heureux de te revoir. N'est-ce pas, mon chéri ?

Elle appela Valentin qui lisait *Le Petit Parisien* à l'ombre du chêne.

— Sortez la voiture pour conduire Mme Valadon à la gare. Vous irez ensuite promener monsieur sur le bord de la Seine pour lui changer les idées. Et ne revenez pas trop tard : il n'a pas fait une seule toile de la journée !

17

PAR UNE NUIT D'AVRIL

Gazi lui rendait visite presque chaque jour. Il lui fallait à peine cinq minutes pour aller de la rue Norvins à l'avenue Junot. Il ne venait que dans la journée, pris qu'il était, chaque soir, à faire la manche.

Il entrait et disait :

— Bonjour, Mémère !

Il se laissait tomber dans un fauteuil, allumait sa pipe, soupirait à pleines joues comme s'il venait d'escalader au galop l'escalier de la rue du Mont-Cenis. Elle s'asseyait sur l'accoudoir, lui caressait les cheveux. Il lui baisait la main, l'attirait sur ses genoux, l'embrassait sur la nuque. Elle fermait la porte à clé pour qu'on ne les surprît pas, mais Fernande était aux provisions et Utter à Saint-Bernard avec sa maîtresse.

— Utter... disait-il. Utter, on s'en fout ! Tu n'as pas de comptes à lui rendre. S'il revient et te provoque il aura affaire à moi.

Gazi avait raison : Utter vivait à sa manière et elle à la sienne. N'empêche : elle n'aurait pas aimé qu'il les surprît dans les bras l'un de l'autre, même si ces épanchements n'étaient que le signe d'une tendresse pudique. Un réflexe hérité peut-être du vieux fond paysan qu'elle sentait en elle solide comme un roc.

Il lui apportait des nouvelles.

Chaque jour, à midi tapant, il allait avec ses compagnons boire un Pernod fils à la terrasse du Bouscarat et lire les journaux. Elle l'écoutait distraitement car tout ce qu'il pouvait lui raconter, elle l'avait déjà appris par la radio le matin. Pourtant elle ne pouvait se défendre d'un mouvement de panique en songeant que la guerre était proche et que son petit prince tartare pourrait bientôt la quitter.

L'Occident tremblait sur ses bases. Le premier frisson du séisme était venu d'Espagne, puis l'orage s'était déplacé vers l'Europe centrale. L'Allemagne venait d'annexer l'Autriche au mépris des traités et de la simple humanité. Demain, elle s'en prendrait à la Tchécoslovaquie, à la Hongrie, peut-être à la Pologne, avant de se tourner contre la France et l'Angleterre. Et alors...

—... et alors, Mémère, soupirait Gazi, il faudra bien que j'aille me battre.

— Ne dis pas ça ! Je ne le supporterais pas. Tu déserteras, je le veux. Nous irons vivre en Amérique.

Une nouvelle mobilisation générale, la guerre... Elle avait trop présent à la mémoire son désarroi lorsqu'elle avait appris, en 14, le départ d'Utter, pour ne pas se sentir profondément affectée par cette nouvelle éventualité.

Il n'y avait pas qu'à l'extérieur des frontières nationales que la terre tremblait : le chômage prenait des dimensions inquiétantes ; le patronat s'opposait à toute avancée sociale qui risquait de compromettre ses profits, la guerre civile larvée opposant le Front populaire aux ligues fascistes ensanglantait le pavé de Paris ; le régime républicain vacillait sur ses fondements.

— Viens, mon chéri, je vais te montrer ma dernière toile. J'y ai travaillé tard dans la nuit pour que tu puisses la voir achevée. C'est un portrait...

Elle avait fini par céder à la « bonne Lucie » qui, depuis des années, lui réclamait le sien comme un dû. Elle le voulait vraiment, ce portrait ? Eh bien elle allait être servie...

Suzanne l'avait ébauché quelques mois auparavant, l'avait tourné contre le mur, repris, abandonné de nouveau. Comme elle ne tenait pas à se brouiller avec sa belle-fille, elle avait décidé d'en finir.

— Ben, dis donc... fit Gazi, tu l'as pas arrangée, la Lucie ! Elle fait plus vieux que toi !

Le visage lourd, balayé de rouge comme de traces de couperose, surmonté d'une haute coiffure à oreilles de lapin, était posé sur un cou gras cerné par un collier de bavettes d'un blanc douteux.

— Coquette comme elle l'est, ajouta Gazi, je crains qu'elle n'apprécie pas beaucoup ton parti pris de réalisme.

Elle haussa les épaules.

— Que veux-tu, c'est dans ma nature. J'ai horreur de peindre des sucreries, des siroteries pour faire plaisir à ces dames. C'est à prendre ou à laisser ! Plus les femmes sont laides, plus je me plais à les peindre. L'ai-je assez répété ?

Force lui était pourtant de convenir qu'elle avait quelque peu forcé la note, qu'elle avait mêlé à cette peinture un sentiment pervers de vengeance : Lucie avait réussi là où elle avait échoué ; elle avait fait de Maurice un modèle de soumission, maîtrisé ses mauvais penchants, mis son œuvre en valeur : elle gérait avec autorité le fonds de commerce qui lui était échu, le pauvre Maurice étant incapable de le prendre en main. Elle avait écarté les marchands véreux qui se succédaient dans l'atelier du Vésinet, ne gardant que Pétridès depuis qu'il l'avait alertée sur la présence dans certaines boutiques de faux Utrillo.

Suzanne devait l'admettre, et même Francis Carco ne pouvait qu'en convenir : Lucie était la femme qui convenait à son fils. À défaut d'une réelle affection, elle ne pouvait se défendre d'avoir pour elle de l'estime.

L'année passée, Lucie avait fait irruption dans l'hôtel de l'avenue Junot en brandissant un exemplaire de *Paris-Soir*.

— Lis ça, ma grande ! Nous devenons, Maurice et moi, les héros d'un roman d'amour...

Ils avaient rencontré Jean Brulart à Royan où ils étaient en vacances. Comme les tourtereaux cherchaient où nidifier, il leur avait signalé la villa du Vésinet. Peu après, il leur proposait d'écrire leur roman par épisodes dans son journal. Lucie avait accepté, à condition que la vérité ne fût pas travestie. Le romancier s'était mis au travail, avait collecté des souvenirs, des anecdotes et des témoignages.

Le premier chapitre déclencha un hourvari dans le milieu des artistes. Une pétition signée de Picasso, Derain, Vlaminck, Gen-Paul, Dufy et quelques autres peintres, avait été adressée au directeur du journal sans pour autant que l'on décidât d'interrompre la publication. La réponse de Maurice, dictée par Lucie, ne surprit personne : il ne voyait aucun inconvénient à ce que sa vie et ses amours fussent étalées sur la place publique. Il aurait eu tort de demander que l'on interrompît le feuilleton : grâce à lui, sa cote atteignait des sommets.

— Et toi, mon chéri, dit Suzanne, as-tu travaillé ?

Gazi avait peint quelques toiles dont il était assez satisfait, même s'il ne se faisait guère d'illusions sur leur succès éventuel.

Elle avait présenté quelques-unes de ces œuvres à Carco. Il avait fait la moue.

— Pas mauvais... On peut pas dire le contraire... On sent comme un frémissement, mais tout ça est trop sage. Pas la moindre audace...

Elle répliquait avec humeur :

— Pour attirer l'attention sur lui, peut-être devrait-il se mettre à boire, comme mon fils !

— Ça ne lui apporterait rien. Au contraire. Utrillo avait un tempérament, personne n'a jamais peint comme lui. Ce n'est pas le cas de Gazi.

Il ajouta en passant un bras autour des épaules de Suzanne :

— Ce qui fait que ta peinture et celle d'Utrillo ne risquent pas de passer de mode, c'est que vous avez échappé à tous les « ismes », de l'impressionnisme au symbolisme. En restant en dehors de toute école, vous vous êtes singularisés et cela vous a réussi.

Parfois, interrompant leurs interminables parties de belote, elle disait à son compagnon :
— Je suis lasse. Il faut que je m'allonge un moment. Suis-moi.

Elle le prenait par la main, le menait jusqu'à sa chambre et lui demandait de se coucher près d'elle. Si la main du garçon s'avançait pour la caresser, elle le rabrouait sans colère :

— Tsss... Bas les pattes, mon chéri ! Si tu as envie de faire l'amour, tu n'as que l'embarras du choix. Je ne suis pas jalouse, Dieu merci ! Ça n'est plus de mon âge. Si j'avais vingt ans de moins, en revanche... Mon pauvre chéri, n'insiste pas. Tu serais déçu.

Il protestait.

— Mais tu fais largement vingt de moins que ton âge réel, Mémère ! Tu es encore très désirable.

— Pas de flagorneries entre nous ! De toute manière je n'ai pas envie de toi. Je souffrirais d'être privée de ta présence, de ton affection, mais ça ne va pas plus loin.

Il nichait sa tête entre l'épaule et le cou de Suzanne et, une main à plat sur son ventre, faisait mine de somnoler. C'étaient des moments bien calmes ; le soleil d'avril poudroyait sur les arbres du jardin ; un rouge-gorge frappait à la vitre pour réclamer des miettes ; du proche carrefour de la rue Lepic montait une rumeur faite de cris et de chants.

— Une émeute ? dit-elle.

— Non. Une manifestation contre le gouvernement,

la misère, le chômage. Bientôt, je le crains, ce sont des bruits de bottes que nous entendrons...

Parfois, lorsqu'il se préparait à prendre congé, elle glissait quelques billets dans sa poche.

— Moi, tu sais, l'argent, j'en ai plus qu'il ne m'en faut. Je suis venue sur terre pauvre et nue. Pauvre et nue je souhaite la quitter. Pour le temps qu'il me reste, à vivre...

Pauvre et nue, comme à Bessines ? Elle n'en était pas à ce point.

À plusieurs reprises elle avait été tentée d'aller y retrouver quelques souvenirs susceptibles de la rattacher à sa situation présente, de s'assurer d'une continuité de son existence. Au moment de partir, elle se disait que la collecte risquait d'être dérisoire et sans objet. Elle se contenterait des bribes d'impressions, de sensations, d'émotions qui surnageaient, recréées ou artificielles, dans une mémoire défaillante.

Du décor de sa prime enfance, qu'est-ce qui restait dans son souvenir ? La longue maison grise de l'auberge où elle était née, l'église aux contreforts massifs dans laquelle elle avait assisté à sa première messe de minuit. De la rivière, la Gartempe, la seule image qui surnageât était celle d'une branche de saule au ras de l'eau, qui semblait jouer avec le courant dans le vol lumineux des libellules.

Peu d'éléments sonores lui revenaient mais elle aurait pu reconnaître entre mille la voix de la patronne de l'auberge, la veuve Gombaud. Elle criait en agitant les bras :

— Maria, cesse de caresser ce cheval ! Avec les bêtes on sait jamais. Oh ! cette drôlesse...

Gazi arriva un matin avec, plié dans sa poche, un numéro des *Hommes du jour*, un magazine publié par un journaliste d'origine corrézienne, Henri Fabre. Deux pleines pages étaient consacrées à Suzanne : la première était occupée par un long article et la seconde par la reproduction de son autoportrait datant de 1883, alors qu'elle avait dix-huit ans.

Elle se souvenait de la visite, quelques semaines auparavant, d'un jeune journaliste, René Civry, venu s'entretenir avec elle et prendre une photo de son autoportrait. Sans nouvelles depuis ce jour, elle s'était dit que ce projet était passé aux oubliettes, sans en éprouver de ressentiment.

Elle sentit son cœur s'affoler, sa vue se troubler derrière ses lunettes, sa respiration s'accélérer. Comme Gazi s'inquiétait, elle lui dit :

— Ce n'est qu'un léger malaise, comme ça m'arrive assez souvent. Tiens, lis-moi cet article...

Il s'agenouilla près de son fauteuil et commença la lecture :

« S'il est une artiste à qui de fastueux patronages semblaient devoir procurer une prompte récompense de ses mérites, c'est bien Suzanne Valadon. Grandie à l'ombre de ses maîtres, c'est une vraie enfant de la balle du monde pictural. Toute sa vie se résume en ce mot : peinture. Elle a été la compagne de peintres, mère de peintre — et duquel : Utrillo —, sa vie est peinture comme sa peinture est vie... »

Il interrompit sa lecture, toucha l'épaule de Suzanne.

— Mémère, est-ce que tu m'entends ?

Yeux clos, bouche ouverte sur une respiration rauque et précipitée, elle paraissait avoir perdu connaissance. Il appela Fernande qui épluchait des légumes dans la cuisine.

— Je vais prévenir le docteur Gauthier, dit-elle. C'est sa troisième crise de la semaine.

— Mais... elle ne m'en a rien dit ! Pourquoi ?

— Pour ne pas vous inquiéter. La vérité, c'est que madame est patraque depuis quelques mois. Elle fait de l'urémie, du diabète, et elle fume beaucoup trop.

Après que Fernande eut alerté le médecin, ils la portèrent dans sa chambre. Suzanne revint à elle comme le docteur Gauthier entrait. Il lui demanda de quoi elle souffrait ; elle désigna sa nuque.

— Qu'éprouvez-vous ? dit-il. Parlez-moi.

Elle ouvrit la bouche mais aucun son n'en sortit. Le pouls s'était accéléré et la température était alarmante ; les membres semblaient inertes.

Le docteur Gauthier attira Fernande à part et lui dit :

— Je crains qu'il ne s'agisse d'une hémorragie cérébrale, d'une attaque si vous préférez. Ça peut être très grave. Il faut la faire hospitaliser d'urgence et prévenir la famille.

Il se tourna vers Gazi.

— Qui êtes-vous, jeune homme ? Un de ses proches ?

— Nous étions très proches, en effet, Mme Valadon et moi. M. André Utter, son mari, est au château de Saint-Bernard. Maurice Utrillo demeure au Vésinet.

— Étiez-vous présent lorsqu'elle a eu cette défaillance ?

— J'étais en train de lui lire un article la concernant. Elle paraissait normale et, tout à coup... Pensez-vous qu'elle pourra guérir ?

— Cela me surprendrait. Elle est paralysée du côté gauche et n'a plus sa conscience. Elle peut vivre encore quelques jours. N'attendons pas de miracle...

Lucie arriva affolée. Seule.

— J'ai préféré ne rien dire à Maurice, ma pauvre Fernande. Il n'aurait pas supporté, sensible comme il est.

Elle se pencha vers la malade.

— Eh bien ! ma grande, qu'est-ce qui t'arrive ?

— Elle ne vous entend pas, dit Gazi.

— Ne me dites pas qu'elle est morte !

— Non, madame, répondit le médecin, mais cela ne saurait tarder. On ne guérit pas d'une hémorragie cérébrale.

Lucie décréta qu'on ne pouvait la laisser là, sans

soins ; elle proposa, comme l'avait suggéré le praticien, de la faire hospitaliser. Elle avait fait soigner sa mère à la clinique Piccini et avait été satisfaite des soins qu'on lui avait prodigués. Elle forma le numéro : il n'y aurait pas de chambre libre avant dix heures du soir. Restait à prévenir une ambulance, Gazi s'en chargea. Lucie venait de sombrer dans une crise de larmes.

La nuit tombait lorsque la malade parut émerger du coma. Sa main valide se crispa sur le drap ; un souffle rauque malaxant des mots inaudibles sortit de ses lèvres. Lucie se pencha vers elle.
— Parle, ma grande ! Dis quelque chose...
Elle colla l'oreille contre la bouche de Suzanne, se redressa, bouleversée.
— J'ai compris : *Maurice*. Ou peut-être *mort*.
Gazi se pencha à son tour et dit à l'oreille de Suzanne :
— Ma chérie, parle encore. C'est moi, Gazi. Si tu m'entends, fais-moi un signe des paupières ou serre ma main.
Il s'écria en se redressant :
— Elle est consciente ! Elle m'a fait un signe. Elle va vivre, je le sens, je le sais. Regardez, elle sourit...
— C'est aux anges qu'elle sourit, murmura Fernande.

L'ambulance arriva peu avant dix heures, dans une bourrasque de pluie glacée. Lucie prit les devants en voiture pour s'assurer qu'une chambre était prête à recevoir la malade. Une voisine des Valadon, Mme Kvapil, épouse d'un peintre ami, vint offrir ses services et se proposer pour accompagner Suzanne.
— Je vous suivrai, dit Gazi. Je ne veux pas la quitter.

Où est-elle ? Que fait-elle dans cette voiture qui fonce à travers des trous d'ombre, resurgit dans les bouquets de lumières violentes qui balaient la nuit pluvieuse ? Vers quelle destination l'emporte-t-on ? Elle a envie de crier, de protester, de dire qu'à cette heure elle devrait être devant sa cheminée ou au creux de son lit. Elle se sent un peu lasse, comme dans un cocon, avec cette douleur à la nuque et cette nausée, comme lorsqu'elle a trop fumé.

Elle ouvre grand la bouche, parvient à articuler :

— Ra... me... nez... moi...

— Elle a parlé ! s'écrie Gazi. Répète, Mémère, répète !

L'ambulance vient d'aborder les Champs-Élysées dans un flot de voitures et le bruit obsédant de l'avertisseur. Le moteur s'irrite, s'emballe. Tout au fond, dans un faisceau de lumière électrique, se dessine l'Arc de Triomphe.

« Il doit faire froid dehors », songe Suzanne. La vitre, au niveau de sa tête, est couverte de buée avec, derrière, un jeu fugace de lumières électriques, comme un vol de lucioles. Elle parvient à soulever son bras droit, à poser son index sur la glace, à tracer, d'un geste lent du doigt, une ligne verticale, à disperser autour quelques points, comme des pétales autour de leur tige.

— Regardez ! dit Mme Kvapil. On dirait qu'elle veut dessiner...

La main retombe lourdement. L'Arc de triomphe n'est plus qu'à quelques dizaines de mètres. L'ambulance freine, s'insère lentement dans un intervalle entre les embouteillages.

Mme Kvapil se penche vers la malade, lui prend le pouls, colle son oreille à la poitrine.

— Avertissez le chauffeur pour qu'il rebrousse chemin, dit-elle. Le cœur de Suzanne s'est arrêté...

« Décidément, ils commencent à me porter sur les nerfs, ces Utrillo... »

Francis Carco étouffe dans sa robe de chambre qu'il ne quitte pas de la journée quand il travaille. Il se lève de son fauteuil, ouvre sa fenêtre sur le tumulte de la rue et l'odeur des verdures printanières montant du jardin public proche de son domicile. Un accès de toux lui déchire la gorge. Il fume trop, il en a conscience ; il vient d'entamer son deuxième paquet de la matinée. Utrillo, c'était l'alcool ; lui, c'est le tabac. Ils n'ont rien à se reprocher l'un à l'autre.

Il referme la fenêtre et retourne à son bureau. D'une main nerveuse il tapote l'invitation adressée par Paul Pétridès pour le vernissage de l'exposition conjointe d'Utrillo et de Lucie Valore.

« Les œuvres récentes d'Utrillo, tu parles ! »

Lucie Valore lui fait reprendre des tableaux peints jadis, alors qu'il créchait chez ces sangsues : César Gay et Marie Vizier ; docile, il exécute sans rechigner ces répliques honteuses. Utrillo... Il est devenu le singe savant qui obéit non au fouet mais au susucre. Quant à la peinture de Lucie, oh ! là là... Si elle ne se posait pas comme la vestale du temple, son nom resterait aux oubliettes !

« Elle ne craint pas le ridicule, la "bonne Lucie" ! »

Lors de sa dernière visite au Vésinet, Francis a remarqué une sorte d'abri de jardin aux murs faits de treillages de bois, portant une croix sur le fronton. Une cabane de jardinier ? Non : une chapelle privée. Pour avoir Dieu à domicile, sous la main pour ainsi dire. On y conduit Utrillo pour les journalistes, on le photographie agenouillé, en train de prier, avec la « bonne Lucie » près de lui pour éviter qu'il ne fasse la grimace ou ne se livre à quelque pitrerie. Pauvre Maurice ! jamais de sa part la moindre protestation...

— Redresse tes lunettes, mon chéri ! Enlève ton mégot ! Fais semblant de lire ton livre de messe ! Pose ta main sur ton cœur ! Non, à gauche...

« Si Suzanne revenait, si elle assistait à cette comédie... »

Le choc que Francis a éprouvé lors de sa dernière visite à celle qui fut sa grande amie... Le visage était reposé, comme poli par une main amoureuse, mais le sourire n'avait pas changé. Était-ce un sourire, d'ailleurs ? Il semblait que les lèvres de la morte se fussent scellées sur ses secrets. La « terrible Maria » de Degas, la « folle Suzanne » de Lautrec, la « tendre Biqui » de Satie préservait ce mystère dont elle s'était entourée sa vie durant. Il semblait dire, ce sourire équivoque : « Vous n'avez rien à faire ici ! Laissez-moi en paix... » Des mots qu'il avait souvent entendus dans son atelier quand des visiteurs imbéciles l'importunaient. Pas toujours facile à vivre, Suzanne. Imprévisible.

Sur le chevalet, au pied du lit, était posée la dernière toile : un bouquet de fleurs rouges avec, sous sa signature, ces quelques mots maladroitement écrits : *Vive la jeunesse !*

Un détail avait choqué Francis : cette croix sur la poitrine de la morte, alors qu'elle était restée jusqu'à la fin de sa vie étrangère à la religion. Francis doutait des propos de Lucie : « Elle avait fini par se rapprocher de Dieu. Alors, nous lui donnerons des obsèques religieuses. Dans notre condition, vous comprenez, il ne pouvait en être autrement. »

On avait prudemment écarté Maurice de la cérémonie à Saint-Pierre de Montmartre. De même du cortège conduisant le corps au cimetière de Saint-Ouen où l'attendait Madeleine. Pauvre Maurice ! Lorsqu'il avait vu sa mère sur son lit de mort il avait eu une telle crise de nerfs que Valentin avait dû le reconduire au Vésinet. Il avait sangloté des heures et des heures ; il avait renoncé à peindre des jours et des jours.

C'est décidé : Francis n'ira pas à ce vernissage. Il déteste Paul Pétridès dont Lucie, en revanche, s'est entichée. Un vampire, comme la plupart des marchands d'art. Suzanne les détestait de même ; elle lui disait : « Jamais je ne signerai de contrat avec des marchands. Je veux pouvoir vendre mes œuvres seule, à qui me plaît, à mes conditions, sans contrainte de production, les offrir si ça me convient. C'est ça, ma politique... » Elle s'en était tenue longtemps à cette conception de son métier.

Francis se dit qu'il est temps de se remettre à la tâche. Les Éditions du Milieu du Monde lui réclament le manuscrit de son recueil de souvenirs : *Nostalgie de Paris*. Il y parle de ses amis peintres et écrivains. D'Utrillo notamment, avec un parallèle constant avec François Villon, le poète maudit. De Suzanne aussi, bien sûr : des phrases qui sonnent comme un ultime adieu :

Cette très grande artiste qui fréquentait vers 1885 l'atelier de Lautrec, rue Tourlaque, et qui transmit plus tard à son fils Utrillo, les leçons qu'elle avait apprises, non seulement du peintre de la Goulue mais de Renoir lui-même et surtout de Degas, assurait la liaison entre nos trois générations.

Après bien des hasards elle s'était fixée sur le versant nord de la Butte, dans une ancienne maison de la rue Cortot. La « terrible Suzanne » ressemblait encore au portrait que Lautrec avait fait d'elle. La légende affirmait qu'elle avait été écuyère dans un cirque.

C'était une de ces petites femmes qu'on appelle des « fausses maigres » dans le langage familier. Vive et désordonnée, spontanée, généreuse, entêtée, dépensière, elle a jusqu'à sa mort peint, avec une fougue qui la mettait en transe, des nus si bien modelés et construits, des paysages si denses et des natures mortes si savoureusement orchestrées et subtiles que ceux de ses admirateurs qui la connaissaient mal ne voulaient point admettre que tant de frénésie et parfois de violence aboutît, chez cet être orageux, à tant de force, de fermeté, d'équilibre...

Utrillo lui doit d'avoir trouvé sa voie. C'est pour l'empêcher de boire qu'elle s'avisa d'en faire un peintre...

Francis relut son texte. Il en était assez satisfait. Un « être orageux »... Cette expression lui plaisait. La Suzanne Valadon qu'il avait connue était bien une fille des orages.

Il se laissa aller dans son fauteuil et alluma sa vingt-quatrième cigarette de la journée.

ÉPILOGUE

C'est le 7 avril 1938 qu'est morte Suzanne Valadon.
Maurice Utrillo est décédé au Grand Hôtel de Dax, le 5 novembre 1955, à l'âge de soixante-douze ans ; cinquante mille personnes l'ont accompagné au cimetière Saint-Vincent de Montmartre.

Lucie Valore, son épouse, disparaissait dix ans plus tard.

Malgré un talent incontestable, André Utter ne réussit jamais à imposer sa peinture. Il disparut à la suite d'une maladie, rue Cortot, en 1948.

Michel Peyramaure, romancier de l'Histoire

Cléopâtre, reine du Nil (n° 10447)

Le destin fabuleux d'une reine belle, intelligente et ambitieuse dans les fastes et les intrigues de la cour d'Alexandrie.

Henri IV
1. L'enfant roi de Navarre (n° 10367)
2. Ralliez-vous à mon panache (n° 10368)
3. Les amours, les passions et la gloire (n° 10369)

La romanesque histoire du "bon roi Henri", des châteaux du Béarn aux complots du Louvre : une reconstitution magistrale de cette extraordinaire vie de guerre, d'amour et de paix.

Les tambours sauvages (n° 3631)

De 1630 à 1690, du Périgord à Montréal, les aventures de deux jeunes orphelins, Catherine et Denis, qui, poussés par la misère, s'embarquent pour le Canada : une belle épopée qui retrace, à travers le destin des deux héros, la construction de la "Nouvelle France".

Pacifique Sud (n° 4358)

En 1768, Bougainville et les équipages de ses deux navires d'exploration partent à la découverte du Pacifique, mais les vivres et l'eau commencent à manquer, quand soudain on crie : "Terre en vue !"...

Les flammes du paradis (n° 2890)

C'est à Séverine Laveyssade et non à ses frères, l'un incapable, l'autre artiste, qu'échoit la direction des forges familiales : la saga de cette famille de maîtres de forges du Périgord nous fait revivre l'histoire de la France pré-industrielle du XIXᵉ siècle.

L'orange de Noël (n° 10049)

En Corrèze, les combats et les joies de Cécile Brunie, une jeune institutrice au coeur de la querelle scolaire, pendant la Première Guerre mondiale.

Les demoiselles des écoles (n° 10050)

La suite de *L'orange de Noël* : Cécile, à force de persévérance, a réussi à conduire Malvina, une petite paysanne que tout le village rejetait, jusqu'au certificat d'études : en 1917, elle entre à son tour à l'école normale d'institutrices. Mais les deux femmes tombent amoureuses du même homme, Fabien, un jeune communiste...

Il y a toujours un Pocket à découvrir

Photocomposition : Nord Compo
59650 Villeneuve-d'Ascq

IMPRIMÉ EN FRANCE PAR BRODARD ET TAUPIN
3218 – La Flèche (Sarthe), le 13 juillet 2000
Dépôt légal : avril 2000

POCKET – 12, avenue d'Italie - 75627 Paris cedex 13
Tél. : 01.44.16.05.00